Südafrikanische Juden und Jüdinnen stellten im Verhältnis zu ihrer Anzahl überproportional viele Gegner*innen der Apartheid. Über fünf Jahrzehnte leisteten jüdische Aktivist*innen wie Esther und Hymie Barsel, Lionel »Rusty« und Hilda Bernstein, Rica Hodgson, Bram Fischer, Denis Goldberg, Joe Slovo und Ruth First Widerstand gegen das Apartheid-Regime. Ihre Bereitschaft, ihr Leben für die Befreiung vom rassistisch begründeten weißen Minderheitsregime zu riskieren, war keineswegs selbstverständlich. In diesem Buch untersucht Hanno Plass das Phänomen der überproportionalen Beteiligung jüdischer Südafrikaner*innen hinsichtlich der Rolle, des Einflusses und der Motive der jüdischen Oppositionellen. Welche Erfahrungen haben sich in ihren Entscheidungen zum Widerstand niedergeschlagen? Lässt sich darin eine »jüdische Erfahrung«, eine Art »jüdischer Erfahrungsraum« erkennen?
Nach einem historischen Überblick, der einerseits die wesentlichen Weichenstellungen für die Gesellschaft der Apartheid skizziert und andererseits die Koordinaten der jüdischen Community aufgreift, stellt Hanno Plass unter Rückgriff auf biographische Zeugnisse und Interviews die Widerstandspraxis mit dem Hauptaugenmerk auf die jüdischen Aktivist*innen und deren Beteiligung wie auch ihre Stellung innerhalb der Opposition dar.

Hanno Plass, geboren 1980, studierte Geschichte und Soziologie an der Universität Hamburg. Er ist Fellow am Zentrum für Antisemitismusforschung in Berlin. 2015 hat Hanno Plass den Sammelband »Klasse Geschichte Bewusstsein. Was bleibt von Georg Lukács' Theorie?« im Verbrecher Verlag herausgegeben. Heute ist er unter anderem in der politischen Bildungsarbeit der Rosa-Luxemburg-Stiftung in Hamburg tätig.

Hanno Plass

ZWISCHEN ANTISEMITISMUS UND APARTHEID

Jüdinnen und Juden in Südafrika (1948–1990)

VERBRECHER VERLAG

Veröffentlicht mit Unterstützung der
Herbert und Elsbeth Weichmann-Stiftung Hamburg

HERBERT UND ELSBETH
WEICHMANN-STIFTUNG

Erste Auflage
Verbrecher Verlag Berlin 2020
www.verbrecherei.de

Lektorat: Theresa Meschede
Satz: Christian Walter
Druck und Bindung: CPI Clausen & Bosse, Leck

ISBN 978-3-95732-432-0

Printed in Germany

Der Verlag dankt Fabrice Rüping.

In memoriam Denis Goldberg
(1933–2020)

Abkürzungen

AAM	Anti-Apartheid Movement
AAM	Anti-Apartheid Movement Archives, Rhodes House, Bodleian Library, Oxford
AES	Army Education Scheme
AGM	Annual General Meeting (Jahreshauptversammlung)
ANC	African National Congress
ARM	African Resistance Movement
Bund	Allgemeiner jüdischer Arbeiterbund (osteuropäische jüdische Arbeiterpartei)
CLAAG	City of London Anti-Apartheid Group
COP	Congress of the People
CPC	Coloured People's Congress (ehemals SACPO)
CPSA	Communist Party of South Africa (bis 1950)
EC	Executive Committee
FEDSAW	Federation of South African Women
Frelimo	Frente de Libertação de Moçambique
ICS	Institute of Commonwealth Studies, Senate House, London
JAA	Jews Against Apartheid
JFJ	Jews for Justice (Kapstadt)
JSJ	Jews for Social Justice (Johannesburg)
JWC	Jewish Workers Club / Yiddisher Arbeter Club
KP	Kommunistische Partei
LBC	Left Book Club
LBIYB	Yearbook of the Leo Baeck Institute
MCA	Mayibuye Centre Archives, University of the Western Cape, Kapstadt
MCF	Movement for Colonial Freedom
MK	Umkhonto We Sizwe, Speer der Nation
MP	Member of Parliament, UK
MPLA	Movimento Popular Libertação de Angola
NEUM	Non-European Unity Movement
NC	National Committee
NCL/ARM	National Committee for Liberation / African Resistance Movement
NP	National Party
PAC	Pan-African Congress

RCG	Revolutionary Communist Group
SACPO	South African Coloured People's Organisation (später CPC)
SADET	South Africa Democracy Education Trust
SAHA	South African History Archive, Johannesburg
SACP	South African Communist Party (ab 1950/1953, vorher CPSA)
SACTU	South African Congress of Trade Unions
SAIC	South African Indian Congress
SOMAFCO	Solomon Mahlangu Freedom College
SPSL	Society for the Protection of Science and Learning (heute CARA, Council for Assisting Refugee Academics)
SWAPO	South-West Africa People's Organisation (Namibische Befreiungsbewegung)
TIC	Transvaal Indian Congress
USAA	Union of South African Artists
Wits	University of the Witwatersrand Johannesburg
UCT	University of Cape Town (Universität Kapstadt)
UNHCR	United Nations High Commissioner of Refugees
UWC	University of the Western Cape (Universität des Westkaps)

1. EINLEITUNG

Im Jahr 2011 wurde durch drei verschiedene afrikanische Staaten ein Set von Sammlerbriefmarken herausgegeben, das auf den ersten Blick sonderbar schien. Die zwölf Marken waren südafrikanischen Apartheidsgegnern gewidmet, allerdings nicht den bekannten wie Nelson Mandela, Steve Biko oder Desmond Tutu. Die »legendären Helden Afrikas« waren explizit jüdische Aktivistinnen und Aktivisten. Eine begleitende Internetseite stellte sie in kurzen Porträts vor.[1] Die Ehrung wird auf der Website wie folgt begründet:

> In the anti Apartheid South African Liberation struggle, it was estimated that Jews were over represented by 2,500 percent in their proportion to the governing population. This stamp issue acknowledges the extraordinary sacrifices made by Jews to the liberation of their African brethren, and these stamps recognize some of the most significant contributors to global humanity in the 20th Century.[2]

Die Marken überraschen auch, weil die Gewürdigten in einem als »schwarz« wahrgenommenen Konflikt als »weiß« galten und damit Mitglieder der »rassisch« privilegierten Bevölkerungsminderheit waren. Aus welchem Grund sollten sie also ihre Privilegien, ihre Karriere, ihre

1 Siehe www.legendaryheroesofafrica.com/ (letzter Zugriff: 28.05.2013).
2 Siehe ebd. Mittlerweile ist der Inhalt der Website unter lhoa.weebly.com/ zu finden (letzter Zugriff: 24.8.2016).

Familien, ihre Gesundheit oder gar ihr Leben riskiert haben, um ein Gesellschaftssystem zu verändern, das ihnen nur Annehmlichkeiten versprach?

Erstaunlich war, dass kein Staat des subsaharischen Afrikas die Marken ausgab, sondern die westafrikanischen Staaten Liberia, Gambia und Sierra Leone. Obwohl Sierra Leone zeitgleich mit dem ostafrikanischen Tansania die Unabhängigkeit von Großbritannien erlangt hatte und Liberia sowieso unabhängig von den europäischen imperialen Mächten gewesen war, war keines der ausgebenden Länder für eine profilierte Unterstützung des Kampfes gegen den Apartheidstaat bekannt.

Aufklärung brachte ein Artikel im *Jewish Journal* aus Los Angeles.[3] So hatte Grant Gochin, selbst südafrikanisch-jüdischer Emigrant, die Idee gehabt, die Gedenkbriefmarken herauszugeben. Er wollte der populären Gleichsetzung des israelischen Staates mit dem Apartheidsregime etwas entgegensetzen, teilte er der Zeitung mit. Die Gedenkbriefmarken sollten dazu dienen, die Schmähung Israels als »Apartheidstaat« zurück- und auf den außerordentlichen Anteil jüdischer Südafrikaner und Südafrikanerinnen am Befreiungskampf hinzuweisen. Gochin ist verwandt mit zwei der Porträtierten: Hymie und Esther Barsel waren sein Onkel und seine Tante. Neben dem beabsichtigten aufklärerischen Anspruch würden die Briefmarken den herausgebenden Ländern Deviseneinkünfte ausländischer Sammler und Sammlerinnen bringen. Dies sei für die drei afrikanischen Staaten ein Grund gewesen, die Marken auszugeben. Solch eine Praxis sei nicht ungewöhnlich, denn in manchen Ländern würden diese Sondermarken 80 Prozent der Jahreseinnahmen der Post ausmachen, wie der Zeitungsartikel betonte, auch wenn Puristen diese Praxis nicht goutierten.[4]

Esther und Hymie Barsel teilten einige elementare Aspekte ihres Lebens. Neben ihrer politischen Überzeugung als passionierte Kom-

3 Siehe Jonah Lowenfeld: African Stamps Honor Jews Who fought Apartheid, Jewish Journal, 12.04.2011, www.jewishjournal.com/passover/article/african_stamps_honor_jews_who_fought_apartheid_20110412 (letzter Zugriff: 28.5.2013).

4 Vgl. Lowenfeld, African Stamps.

munisten war dies ein Einwanderungshintergrund. Esther war in Litauen geboren worden; Hymie war Sohn litauischer Einwanderer nach Südafrika. Die ostjüdische, genauer: litauisch-jüdische – litwakische – Herkunft, die, wenn nicht die eigene, so doch die familiäre Erfahrung von Hunger, Ausgrenzung, staatlicher Diskriminierung und antisemitischer Gewalt bedeutete, konstituierte ihren Erfahrungshintergrund, vor dem sie die Diskriminierung, Ausbeutung, Ausgrenzung und Gewalt gegen die schwarze Mehrheit Südafrikas wahrnahmen. Gochin rekapitulierte den Impuls der jüdischen Aktivisten, die sagten: »Wie kannst du nur daneben stehen und zuschauen, wie anderen das angetan wird, was uns angetan wurde. Du musst dich erheben.«

Für Hymie und Esther Barsel zog ihr Engagement schnell Repressionen nach sich. Ihre Tochter Sunny Lubner, die 1976 in die USA auswanderte, erinnerte sich, dass sie immer wussten, dass ihr Telefon abgehört wurde. Ihr Vater war auch einer der Angeklagten im »Hochverratsprozess« von 1956, bei dem er aber wie auch alle anderen Angeklagten freigesprochen wurde. Ihre Mutter hingegen wurde 1964 für drei Jahre inhaftiert und stand danach vier Jahre unter Hausarrest.[5]

Die zwölf auf den Briefmarken abgebildeten Jüdinnen und Juden stehen stellvertretend für die signifikante Beteiligung von südafrikanischen Juden am breit gefächerten Widerstand gegen die Apartheid. Das gesamte Spektrum der Opposition wird hier aufgegriffen: von Helen Suzman, die für eine liberale, parlamentarische Opposition steht, über Baruch Hirson, der den trotzkistischen Flügel repräsentiert, und Ronald Segal, der eine undogmatische sozialistische Position verkörpert, bis zu einer Reihe führender Kommunisten wie dem Ehepaar Barsel oder Lionel »Rusty« Bernstein und dessen Frau Hilda. Dieser radikale Flügel des Widerstands gegen die Apartheid steht im Zentrum der Aufmerksamkeit dieser Arbeit.

5 Siehe Lowenfeld, African Stamps.

1.a Fragestellung

Das Phänomen der überproportionalen Beteiligung jüdischer Südafrikaner am Kampf gegen die Apartheid kann als allgemein anerkannt gelten.[6] Jedoch wird dieses Phänomen selten weitergehender behandelt und auf die Rolle, den Einfluss und die Motive der jüdischen Oppositionellen hin befragt. Dieses Desiderats der Forschung soll sich in der vorliegenden Arbeit angenommen werden. Im Folgenden wird von drei Forschungshypothesen ausgegangen. Die erste konstatiert das Phänomen einer erkennbaren Gruppe jüdischer Südafrikaner, die einen prominenten Platz in der Opposition eingenommen haben. Es wird nach deren gemeinsamen Merkmalen gefragt und untersucht, welche Erfahrungen sich in deren Entscheidungen zum Widerstand niedergeschlagen haben und ob sich darin eine spezifisch jüdische Erfahrung, eine Art jüdischer Erfahrungsraum, erkennen lässt.

Zweitens wird angenommen, dass die gemeinsame Opposition in Südafrika einen Kontakt über die Schranken der »rassischen« Gruppen und ethnischen Grenzen hinweg impliziert. Inwiefern war dieser Kontakt Teil einer radikalen Praxis und Widerständigkeit? Drückte sich in diesem Kontakt auch eine Utopie einer zukünftigen egalitären, demo-

6 Vgl. Joshua N. Lazerson: Against the Tide. Whites in the Struggle Against Apartheid, Mayibuye 50, Boulder 1994, S. 25; Immanuel Suttner: Introduction, in: ders. (Hg.): Cutting Through the Mountain. Interviews with South African Jewish Activists, Johannesburg 1997, S. 2–4, hier S. 2; James T. Campbell: Beyond the Pale. Jewish Immigration and the Left, in: Milton Shain / Richard Mendelsohn: Memories, Realities and Dreams. Aspects of the South African Jewish Experience, Johannesburg 2000, S. 96–162, hier S. 98; Gideon Shimoni: Accounting for Jewish Radicals, in: Shain/Mendelsohn, Memories, Realities and Dreams, S. 163–186, hier S. 163; ders.: Community and Conscience. The Jews in Apartheid South Africa, Hanover/London 2003, S. 73 f.; Shula Marks: Review Apartheid and the Jewish Question, Journal of Southern African Studies, Jg. 30 (2004), H. 4 (Special Issue: Writing in Transition in South Africa: Fiction, History, Biography), S. 889–900, hier S. 899; Richard Mendelsohn / Milton Shain: The Jews in South Africa. An Illustrated History, Johannesburg/Kapstadt 2008, S. 145.

kratischen Gesellschaft aus? Es soll auch untersucht werden, wie weit die Beziehungen zwischen den jüdischen Aktivisten und ihren Mitstreitern reichten und ob es – entgegen der Ideologie des Apartheidstaates – ein gemeinsames Milieu gegeben hat. Zudem wird beleuchtet, ob nicht erst diese Utopie den Juden des Landes einen Platz in einer feindseligen ethnozentristischen – nicht nur rassistischen, sondern auch antisemitischen – Gesellschaft wie der südafrikanischen sichern sollte. Zuletzt stellt sich die Frage, weshalb die jüdischen Aktivisten bereit waren, ihre Privilegien zu opfern und ihr Leben aufs Spiel zu setzen.

Drittens soll die Kontinuität der einflussreichen politischen Arbeit dieser distinkten Gruppe zum Anlass genommen werden, ihre Rolle im Befreiungskampf in Südafrika und nach ihrer Flucht in den 1960er Jahren im Exil zu untersuchen. Welchen Einfluss hatte sie auf die Exilorganisationen? Wandelten sich ihre Erfahrungen? Die Erfahrungen und die politische Arbeit nach der Transition 1990/1994 – ihrem Sieg – bildeten den Abschluss vieler Lebenswege der jüdischen Aktivisten.

Der Untersuchungszeitraum erstreckt sich also von 1948 bis in die 1990er Jahre.

In der Forschung wurden die genannten Aspekte bisher zwar gesondert, jedoch nicht in einer zusammenhängenden Form behandelt. Auch die Motive und Erfahrungen der jüdischen Oppositionellen blieben nur ein randständiges Thema. Sie selbst empfanden es bisweilen als geradezu natürlich, in Widerstand und Opposition aktiv gewesen zu sein.[7] Dieser Erfahrung entsprechend behauptete ein führender Historiker der jüdischen Minderheit Südafrikas schlicht, jüdische Oppositionelle würden nicht »gemacht, sondern so geboren«.[8] Jedoch – darauf wies Ezra Mendelsohn hin – gebe es eine radikale Traditionsbildung, vor allem im linken osteuropäischen Judentum, die nicht nur zu konstatieren, sondern auch erklärbar sei.[9]

7 Vgl. Albie Sachs, SAHA AL2460, A19.1a, S. 8.
8 Vgl. Shimoni, Accounting, S. 186; ders., Community, S. 104.
9 Vgl. Ezra Mendelsohn: On Modern Jewish Politics, New York / Oxford 1993, S. 32.

Die Verbindung zwischen Jüdischkeit und linker politischer Haltung ist ein Phänomen, das auch Lenin schon würdigte.[10] Die Frage nach den Gründen dieser, wie Lenin sagte: »Aufgeschlossenheit für die fortschrittlichen Bewegungen des Zeitalters«[11], ist auch der Hintergrund der vorliegenden Arbeit.

1.b Forschungsstand

Innerhalb der Forschungsliteratur lassen sich drei verschiedene thematische Felder eingrenzen. Das erste behandelt die Geschichte der jüdischen Minderheit und der linken Strömung in ihr. Diese wird wesentlich von südafrikanisch-jüdischen Autoren vorgelegt und ist Teil einer selbstkritischen Auseinandersetzung mit dem Verhalten der Gemeinschaft während der Apartheid und einer Reflexion des jahrzehntelang dominanten Narrativs einer homogenen, harmonischen und erfolgreichen jüdischen Minderheit. Das zweite, kleinere Feld bezieht sich ebenfalls im Wesentlichen auf die südafrikanische Geschichte und fokussiert die Geschichte der Linken des Landes und deren Beitrag zu einer gemeinsamen, nichtrassistischen Oppositionsbewegung. Die Kategorien, entlang derer die rassistischen Unterscheidungen und deren Durchkreuzung dargestellt werden, folgen denen des Apartheidsystems – weiß, schwarz, indisch, *coloured*. Schließlich untersucht das dritte Feld der Forschungsliteratur das Exil der politischen Opposition und den Anti-Apartheids-Kampf in Großbritannien. Darin wird jedoch nicht nach unterschiedlichen Migrationserfahrungen der Exilanten und auch nicht hinsichtlich ihrer Erfahrungen im Zufluchtsland differenziert.

10 Vgl. Lenin: Kritische Bemerkungen zur nationalen Frage, in: ders.: Werke, Bd. 20, S. 1–37, hier S. 10.

11 Ebd.

Historiographische Forschungen über politisch radikale jüdische Organisationen behandeln besonders Vorläufer oder Organisationen aus dem Umfeld der Südafrikanischen Kommunistischen Partei (bis 1950 CPSA, ab 1953 SACP). Diese Vorgeschichte des Widerstands gegen die Apartheid datiert in eine Zeit des politischen Aufruhrs im Lande, in welcher sich aber das Ende der rassistischen Herrschaft erahnen ließ. Die erste dieser Arbeiten war Taffy Adlers Studie über den *Jewish Workers' Club* (JWC) in Johannesburg aus dem Jahr 1979.[12] Adler zeigt anhand der Aktivitäten des JWC auf, dass auf der Ebene der gemeinsamen Politik »Rasse«-Schranken regelmäßig überschritten wurden.[13] Nach fast zehn Jahren folgte Evangelos A. Mantzaris Arbeit über den jiddisch-sprachigen Zweig der *International Socialist League* in der Zeit zwischen den Weltkriegen, welche eine der Gründungsorganisationen der CPSA 1920 war.[14] Mantzaris trug auch mit seiner Darstellung zu den Kapstädter jüdischen Gewerkschaften dazu bei, die Geschichte der jüdischen Radikalen vor der Apartheidära zu erforschen.[15]

Auch in einer der Studien zur Geschichte der jüdischen Gemeinschaft in Südafrika aus dem Jahr 1980 kommt der Autor, Gideon Shimoni, auf die jiddisch-sprechenden Radikalen der ersten Hälfte des 20. Jahr-

12 Siehe Taffy Adler: Lithuania's Diaspora: The Johannesburg Jewish Workers' Club, 1928–1948, in: Journal of Southern African Studies, Jg. 6 (1979), H. 1, Special Issue on Urban Social History, S. 70–92.

13 Vgl. ebd., S. 81–84.

14 Siehe Evangelos A. Mantzaris: Radical Community. The Yiddish-speaking branch of the International Socialist League, 1918–1910, in: Belinda Bozzoli (Hg.): Class, Community and Conflict. South African Perspectives, History Workshop 3, Johannesburg 1987, S. 160–179. Michael Harmel, selbst jüdischer Kommunist und zeitweise theoretischer Kopf der SACP, schrieb 1971 in seiner Eloge auf die KP Südafrikas nur von einer »ähnlich gesinnten Gruppe«, die gemeinsam mit einer ultralinken Abspaltung der *International Socialist League* zur CPSA übergegangen wäre (A. Lerumo [d. i. Michael Harmel]: Fifty Fighting Years. The South African Communist Party 1921–1971, London 1971, S. 40).

15 Siehe Evangelos A. Mantzaris: Jewish Trade Unions in Cape Town, South Africa, 1903–1907: A Socio-Historical Study, in: Jewish Social Studies, Jg. 49 (1987), H. 3/4, S. 251–264.

hunderts zu sprechen.[16] Shimoni war der Erste, der die jüdischen Radikalen der 1950er und 1960er Jahre benannte und ihre außergewöhnliche Sichtbarkeit betonte.[17] Weiterhin nahm sich Shimoni als Erster der Frage an, wie sich die jüdische Gemeinschaft zu dem Umstand, in einem rassistischen System zu leben, verhalten habe. Shimoni kommt nach Darstellung und Abwägung zu dem Schluss, dass die Mehrheit der Juden des Landes zwar stillschweigend die Privilegien der Apartheid akzeptiert habe, politisch dennoch nicht mit den rassistischen Doktrinen übereingegangen sei, wenngleich die prominenten liberalen und radikalen jüdischen Kritiker der Apartheid nur eine Minderheit ausgemacht hätten.[18]

Erst mit dem Systemwechsel, der sich durch die Wahl Nelson Mandelas zum Präsidenten des Landes manifestierte, war es auch möglich, die Geschichte der jüdischen Community neu – und weitaus kritischer – zu schreiben.[19] Die offiziöse Darstellung der Geschichte der Juden in Südafrika war bestimmt von einem Anpassungswillen an die gegebenen politischen Verhältnisse und dem Wunsch, nicht mit den Autoritäten in Konflikt zu kommen.[20] Die viele Jahre lang maßgebliche Studie, die Gustav Saron und Louis Hotz herausgegeben hatten, endete abrupt: Die durchaus einschneidenden Jahre 1910 bis 1955 wurden als Epilog abgehandelt, der sich betont unpolitisch gab.[21] Die gesamte Darstellung kannte weder die Konflikte um die jiddische Sprache noch die um Zionismus und (jüdischen) Anti- und Nichtzionismus, keine jüdische Kriminalität und schon gar keine jüdische radikale Opposition.[22] Doch in den Jahren der Neubestimmung der Position der jüdischen Gemeinschaft

16 Siehe Gideon Shimoni: Jews and Zionism. The South African Experience, Oxford 1980, S. 84 f., S. 86–90, S. 291 ff.

17 Vgl. ebd., S. 227 f.

18 Vgl. ebd., S. 304.

19 Vgl. Richard Mendelsohn / Milton Shain: Constructing a Usable Past: History, Memory and South African Jewry in an Age of Anxiety, in: Jewish Culture and History, Jg. 9 (2007), H. 2–3, S. 49–59, hier S. 55.

20 Vgl. ebd. S. 55.

21 Siehe Gustav Saron: Epilogue, 1910–1955, in: ders. / Louis Hotz (Hg.): The Jews in South Africa, Kapstadt u. a. 1955, S. 370–400, hier S. 374.

22 Vgl. Mendelsohn/Shain, Constructing a Usable Past, S. 55.

am Kap blieb die Frage nach dem Verhalten der Community während der Apartheid nicht aus. In diese Phase der Selbstreflexion der Community fielen 1997 zwei Publikationen: Zum einen erschien eine Ausgabe der Zeitschrift *Jewish Affairs*, die von dem *South African Jewish Board of Deputies* (SAJBD) herausgegeben wurde, mit dem Schwerpunkt »Jews and Apartheid«.[23] Zum anderen wurde zeitgleich ein Band mit 27 Interviews mit jüdischen Gegnern der Apartheid, von denen einige dem liberalen Flügel zuzuordnen waren, die Mehrheit aber aus der radikalen, kommunistisch geprägten Opposition stammte, herausgeben.[24] Da die genannte Ausgabe der *Jewish Affairs* Teil der Diskussion um das Verhalten der jüdischen Community während der Apartheid ist, das in der vorliegenden Arbeit behandelt wird, wurden die Interviews als Quellen für diese Arbeit herangezogen.

Die akademische Auseinandersetzung mit der vielschichtigen jüdischen Geschichte Südafrikas fand ihren Niederschlag in einem Symposium an der Universität Kapstadt (UCT) im Jahr 2000, welches die Stereotype der südafrikanisch-jüdischen Erfahrung auf den Prüfstand stellte.[25] In der zugehörigen Publikation nahmen sich drei Beiträge der Frage nach der überproportionalen Beteiligung von jüdischen Südafrikanern an der Opposition an.[26] Alle drei Autoren zehrten von den Debatten innerhalb der jüdischen Community, die zu diesem Zeitpunkt schon einige Zeit andauerten. In ihren Untersuchungen der jüdischen Präsenz in Opposition und Widerstand führten sie als Gründe für die Entscheidung, zu opponieren, neben Entfremdungserfahrungen durch Migration sowie innerhalb der weißen Minderheit, kommunale Marginalität und Zufall der Geburt auch eine in der jüdischen

23 Siehe Jewish Affairs, Jg. 52 (1997), H. 1.

24 Siehe Suttner, Cutting.

25 Vgl. Milton Shain / Richard Mendelsohn: Introduction, in: dies., Memories, Realities and Dreams, S. 7–14, hier S. 7, Fn. 1.

26 Siehe Campbell, Beyond the Pale; Shimoni; Accounting for Jewish Radicals; Glenn Frankel: The Road to Rivonia: Jewish Radicals and the Cost of Conscience in White South Africa, in: Milton Shain / Richard Mendelsohn, Memories, Realities and Dreams, S. 187–198.

Geschichte enthaltene Tradition, auf Unterdrückung mit Widerstand zu reagieren, an.[27]

Franklin Hugh Adler fasste die bis dato erschienenen Darstellungen und Interpretationen in einem Beitrag in der Zeitschrift *Patterns of Prejudice* im Jahr 2000 zusammen.[28] Zur Beschreibung der Motive gab Adler Aussagen der Aktivisten wieder,[29] unterstrich aber die generelle Trennung zwischen radikalen und liberalen Aktivisten, die in der Opposition bestand.[30] Adler selbst brachte die theologische Figur des *tikkun olam*, der Erlösung der Welt, als ein Element jüdischen Denkens, welches sich im radikalen wie liberalen Engagement ausdrücke, ein.[31]

Im gleichen Jahr hatten sich auch Simon Adams und Mark Israel in ihrer Forschung der Stellung der Juden in der KP Südafrikas angenommen.[32] Sie konstatierten, dass es seitens der jüdischen Radikalen nur selten eine Verbindung zwischen ihrer Herkunft und ihrer politischen Haltung gegeben habe, zudem sie der Religion wie dem jüdischen Establishment entfremdet gewesen seien.[33] Die Autoren heben bei den Motiven, die die jungen Juden in Südafrika bei ihrem Weg in die politische Opposition geleitet hätten, vor allem die Verknüpfung von Afrikaaner-Nationalismus und Antisemitismus hervor.[34]

27 Vgl. Campbell, Beyond the Pale, S. 158 ff.; Shimoni, Accounting, S. 168 f., S. 171 f., S. 186; Frankel, Road to Rivonia, S. 195, S. 197.

28 Siehe Franklin Hugh Adler: South African Jews and Apartheid, in: Patterns of Prejudice, Jg. 34 (2000), H. 4, S. 23–36. Der gleiche Artikel erschien im selben Jahr hier: Franklin Hugh Adler: South African Jews and Apartheid, in: Macalester International, Jg. 9 (2000), H. 1, S. 185–197 (online abrufbar unter digitalcommons.macalester.edu/macintl/vol9/iss1/12 [letzter Zugriff: 10.6.2016]).

29 Siehe ebd., S. 33.

30 Vgl. ebd., S. 32.

31 Vgl. ebd., S. 35.

32 Siehe Mark Israel / Simon Adams: »That spells Trouble«. Jews and the Communist Party of South Africa, in: Journal of Southern African Studies, Jg. 26 (2000), H. 1, S. 145–162.

33 Vgl. ebd., S. 153.

34 Vgl. ebd., S. 154, S. 162.

Joseph Sherman, ein Doyen der jiddischen Literatur in Südafrika,[35] unterschied 2001 zwischen dem internationalistischen und dem jiddischen Flügel im apartheidkritischen Spektrum des südafrikanischen Judentums. Sein Hauptaugenmerk galt der jiddischen Literatur, die von einer verschwindenden Gruppe von Einwanderern getragen worden sei, die vor allem durch den Bund[36] geprägt worden sei.[37] Ihre potentielle praktische Opposition jedoch schwand mit der Erkenntnis, dass ihr Leben in der neuen Heimat weitaus besser sei als in Osteuropa, so Sherman.[38] Zeitgleich mit Shermans Artikel erschien ein Ausstellungskatalog in Kapstadt, der den Beitrag jüdischer Südafrikaner zum Befreiungskampf würdigte, gleich ob sie Liberale oder Radikale gewesen waren.[39] Die Ausstellung war 1998 an der UCT zu sehen gewesen und hatte für gewissen Unmut unter manchen Aktivisten gesorgt, da sie das Gefühl hatten, von denjenigen, die sie früher geschmäht hatten, nun vereinnahmt zu werden.[40] Von dem anschaulichen Bildmaterial wurden ausgewählte Stücke ins Jüdische Museum Kapstadts übernommen.

Aus der Kontroverse um das Schweigen der jüdischen Community während der Apartheid ging 2003 die Studie Gideon Shimonis »Community and Conscience« hervor, in welche er vorherige historiographische Beiträge zur Debatte um die jüdische Opposition in Südafrika

35 Vgl. Joseph Sherman (Hg.): From a Land Far Off. A Selection of South African Yiddish Stories, Kapstadt 1987.

36 Bund steht für *Allgemeiner jüdischer Arbeiterbund*, eine sozialistische jüdische Arbeiterpartei, die eine wichtige Rolle im politischen Leben des osteuropäischen Judentums bis Mitte der 1930er Jahre spielte.

37 Vgl. Joseph Sherman: The Image of Apartheid in South African Yiddish Prose, in: Gennady Estraikh / Michail Krutikov (Hg.): Yiddish and the Left. Papers of the Third Mendel Friedman International Conference on Yiddish, Legenda 3, Oxford 2001, S. 299–314, hier S. 300.

38 Vgl. ebd., S. 302.

39 Siehe Shain, Milton u. a. (Hg.): Looking Back. Jews in the Struggle For Democracy and Human Rights in South Africa, Kapstadt 2001.

40 Siehe Barry Feinberg: Time To Tell. An Activist's Story, Johannesburg 2009, S. 149.

aufnahm.[41] Begleitet wurde die Buchpublikation durch die Veröffentlichung einer Synopsis seiner Forschungsergebnisse im gleichen Jahr.[42] Sein Urteil über die jüdische Gemeinschaft fällt dem Titel entsprechend aus: sie habe mehr als andere ethnische Minderheiten, die als Weiße von der Apartheid profitiert hätten, sich ihr gegenüber kritisch und distanziert verhalten und zusätzlich zu der radikalen und liberalen Opposition sich mehr als andere für die nicht-weiße Bevölkerungsmehrheit eingesetzt beziehungsweise ein größeres Bewusstsein für die Übel der Apartheid gezeigt.[43]

In ihrer bebilderten Geschichte der Juden Südafrikas versuchten Richard Mendelsohn und Milton Shain 2008 das bisherige apologetische und schönfärberische Narrativ der jüdischen Historiographie, wie es in den großen Würdigungen bis 1955 vorherrschte, zu korrigieren.[44] Sie integrierten die radikalen und liberalen Kritiker der Apartheid in die Geschichte der jüdischen Minderheit und wollten es zugleich vermeiden, eine pompöse Erfolgsgeschichte einer nur scheinbar monolithischen, homogenen und unproblematischen Community über zwei Jahrhunderte zu schreiben.[45] Die Auseinandersetzung mit dem Afrikaaner-Nationalismus und der Apartheid ist einer von mehreren roten Fäden, die sich durch ihre Darstellung ziehen, denn auch Dissidenten, Abweichler und Kritiker bekommen prominente Plätze eingeräumt. Dezidiert gingen Mendelsohn und Shain der Frage nach dem Antrieb der jüdischen Aktivisten nach und gaben dazu die unterschiedlichen Ansichten Immanuel Suttners, Glenn Frankels, Gideon Shimonis und James Campbells wieder.[46] Sie fassten die jüdischen Linken schließlich unter dem Terminus

41 Siehe Shimoni, Community, S. 73–95. Diese basiert wesentlich auf Shimonis Beitrag »Accounting for Jewish Radicals«.

42 Siehe Gideon Shimoni: The Jewish Response to Apartheid, in: Ezra Mendelsohn (Hg.): Jews and the State. Dangerous Alliances and the Perils of Privilege, Studies in Contemporary Jewry XIX, Oxford 2003, S. 17–49.

43 Vgl. Shimoni, Community, S. 275 f.; Shimoni, Jewish Response, S. 44 f.

44 Siehe Mendelsohn/Shain, The Jews in South Africa.

45 Vgl. ebd., S. ix.

46 Vgl. ebd., S. 146 f.

der »nicht-jüdischen Juden«, den sie vom Marxisten Isaac Deutscher übernahmen, zusammen.[47] Mendelsohn und Shain revidierten mit ihrer Darstellung den bis dahin quasi-offiziellen Diskurs, indem sie die unbeachteten Themenfelder in eine Gesamtdarstellung integrierten.

Wenige Jahre später griff Susan Pennybacker die Biographien jüdischer Kommunisten aus Südafrika auf, um der Frage nach der Jüdischkeit der Aktivisten nachzugehen.[48] Diese changiere zwischen der Ablehnung einer solchen Zuschreibung und der Affirmation als Bestandteil eines kulturellen Erbes.[49] Die Frage, weshalb so viele Juden Radikale gewesen seien, hatte Pennybacker mit Verweis auf eine historische Vielzahl jüdischer Revolutionärer nicht vereinheitlichend beantworten, sondern individuell differenzieren wollen. Wenn es nur einen Grund dafür gegeben hätte, hätte nicht eine Vielzahl von Erfahrungen den Aktivismus anstoßen können, folgerte Pennybacker.[50]

Betrachtet man die Literatur, die sich mit Fragen des Einflusses der jüdischen Herkunft der Aktivisten beschäftigt, fällt auf, dass sich die Diskussion bis auf wenige Ausnahmen in einem südafrikanisch-jüdischen Milieu abgespielt hat. Bei vielen Darstellungen hallten die internen kommunalen Auseinandersetzungen, deren Akteure die Autoren bisweilen waren, nach. Allesamt umkreisten die Darstellungen die Jüdischkeit als eine säkulare Erscheinung, die für die Aktivisten – im Gegensatz zu anderen Oppositionellen, deren ethnische Herkunft gewürdigt und der Gewicht für ihr politisches Handeln beigemessen wurde, – als arbiträr oder wenig relevant erachtet wurde.[51] Immanuel Suttner sprach im Hinblick auf die jüdischen Aktivisten davon, dass sie sich ein Schweigen über ihre Herkunft selbst auferlegt hätten.[52]

47 Vgl. ebd., S. 148.

48 Siehe Susan D. Pennybacker: Anti-apartheid testimony. Unmaking the Histories of South African Jewish Communists, in: Simone Gigliotti u. a.: Ethics, Arts, and the Representation of the Holocaust. Essay in the Honor of Berel Lang, Lanham u. a. 2014, S. 121–140, hier S. 124.

49 Vgl. ebd., S. 130, S. 132 f.

50 Vgl. ebd., S. 136.

51 Vgl. Adams/Israel, Trouble, S. 160 f.

Diese Herkunft jenseits der vier großen »Rasse«-Gruppen der Apartheid – weiß, schwarz, *coloured* und indisch – spielte für die historiographischen Darstellungen des nicht-»rassischen« Kontakts innerhalb der Opposition und deren Organisationen ebenfalls nur eine untergeordnete Rolle. Julie Frederikse veröffentlichte im Jahr der Entbannung des ANC ihre auf 200 Interviews basierende Untersuchung des *Non-Racialism* in der südafrikanischen Opposition.[53] Wenngleich Frederikse einige jüdische Aktivisten zitieren kann, die auch ihre jüdische Herkunft als Resonanzboden für die rassistische Unterdrückung in Südafrika anbringen,[54] so zieht sich doch die Geschichte des Widerstands in seinem Facettenreichtum und seinen Ausprägungen in den einzelnen Jahrzehnten als Leitlinie durch die Darstellung. Frederikse griff die vereinzelten Hinweise der Aktivisten auf die Relevanz ihrer jüdischen Herkunft nicht systematisch auf, wohl auch, weil angesichts der sich ankündigenden politischen Wende die Frage nach der zukünftigen Gestalt der südafrikanischen Gesellschaft weitaus dringlicher erschien.[55]

Vier Jahre darauf erschien Joshua Lazersons Studie »Against the Tide«, in welcher er den Anspruch der Kongress-Allianz auf *Non-Racialism* kritisch untersuchte und sich auf die drei frühen Organisationen der weißen Opposition – CPSA, *Springbok Legion* und *Congress of Democrats* – fokussierte.[56] Von dieser Darstellung zehrt die vorliegende Arbeit in vieler Hinsicht, auch weil Lazerson der herausragenden jüdischen Präsenz Raum einräumte. Jedoch ging er den Motiven nicht weiter nach.[57] Ähnlich gelagert war David Everatts Studie über die »Ursprünge des Non-Racialism« aus dem Jahr 2009, deren Zeitraum der Untersuchung der weißen Opposition auf die zwei Dekaden bis 1960

52 Vgl. Immanuel Suttner: Afterword, in: ders., Cutting, S. 597–628, hier S. 600.

53 Siehe Julie Frederikse: The Unbreakable Thread. Non-Racialism in South Africa, London 1990.

54 Vgl. Ray Alexanders, in: ebd., S. 11; Esther Barsel, in: ebd., S. 46; Albie Sachs, in: Ebd., S. 55.

55 Vgl. ebd., S. 266–270.

56 Siehe Lazerson, Against the Tide, S. 2.

57 Vgl. ebd., S. 99.

beschränkt ist.[58] Seine Darstellung folgte den Auseinandersetzungen innerhalb der weißen Oppositionsgruppen – liberal oder radikal, kommunistisch oder undogmatisch – und denen der weißen Organisationen mit dem ANC und den ethnischen Kongressen, ohne aber der jüdischen Gruppe größere Aufmerksamkeit zu schenken. Everatts Augenmerk lag primär auf dem politischen Charakter der Organisationen.[59] Politisch gelagert war auch die Perspektive von Allison Drews Studie über die »uneinigen Genossen«: eine Arbeit, die ihren Fokus mehrheitlich auf die politische Linke in Südafrika vor der Apartheid legte und nur einen Ausblick auf die Jahre während des Kalten Krieges gab.[60] Sie konnte das reiche, widersprüchliche und wetteifernde politische Leben der Linken in Südafrika vor der Apartheid gekonnt abbilden und auch die Erfolge in der nicht-»rassischen« Organisierung aufzeigen, verfolgte jedoch die Motivationen und Erfahrungen der Akteure nicht weiter. Eddy Malokas jüngste Studie zur SACP im Exil und danach, erstmals 2002 in Pretoria veröffentlicht und 2013 neu aufgelegt, setzte wiederum erst mit der Razzia im SACP-Unterschlupf von Rivonia 1963 und der darauffolgenden »Rekonstruktionsperiode«[61] ein. Auch er legte wie Everatt und Drew seinen Schwerpunkt auf die institutionelle Geschichte der Partei.

Das Exil des ANC und einer großen Zahl an Südafrikanern fand ebenfalls Niederschlag in der Forschung. Nicht nur, dass Roger Fieldhouse dem südafrikanischen Einfluss auf das *Anti-Apartheid Movement* (AAM) in seiner umfassenden Studie der Geschichte dieser Institution Tribut zollte,[62] auch Mark Israel und Hans-Georg Schleicher untersuchten

58 Siehe David Everatt: The Origins of Non-Racialism. White Opposition to Apartheid in the 1950s, Johannesburg 2009.

59 Vgl. bspw. ebd., S. 117.

60 Siehe Allison Drew: Discordant Comrades. Identities and Loyalties on the South African Left, Aldershot 2000.

61 Eddy Maloka: The South African Communist Party. In Exile and after Apartheid, Johannesburg 2013, S. 14.

62 Siehe Roger Fieldhouse: Anti-Apartheid. A History of the Movement in Britain. A Study in Pressure Group Politics, London 2005, S. 27.

die Exilgruppen der südafrikanischen Opposition.[63] Beide erkundeten die Exilsituationen und Erfahrungen der Exilanten, wobei im Falle der Arbeit Israels südafrikanischer Emigrant zu sein zumeist auch hieß, der Apartheid ablehnend gegenübergestanden zu haben, wenn man nicht, wie es im Falle der Studie Schleichers der Fall ist, die Mitgliedschaft im ANC, MK und SACP zu einer Grundlage der Arbeit machte. Während Israel ethnische Migrationsmuster in Fällen südafrikanischer Exilanten wirken sah,[64] orientierte sich Schleicher wiederum an einer Struktur von politischen Kategorien, da es ihm vor allem um die Prägung der nach 1994 an die Macht gekommenen (Funktions-)Elite des ANC durch ihr Exil ging.[65] Beide setzten hauptsächlich ab dem Jahr 1960 an und sahen die Erfahrungen in Südafrika eher als Hintergrund für die Erfahrungen im Exil.

Zuletzt veröffentlichte Stephen Ellis eine Studie über die Auslandsmission des ANC.[66] Sein Hauptaugenmerk lag auf der institutionsinternen Entwicklung, insbesondere darauf, wie seines Erachtens die SACP die Kontrolle über den ANC erlangt hatte.[67] Im Wirken der SACP im ANC sah Ellis eine der primären Schieflagen in der theoretischen Konzeption des Kongresses.[68] Nur hinsichtlich der Frage der Mitgliedschaft in der SACP und dem klandestinen Wirken im ANC greift Ellis bestimmte Personengruppen auf.

Demgegenüber nahm sich Vladimir Shubin mit einem größeren Verständnis für die gemeinsamen politischen Ziele von SACP und ANC der Verbindungen zwischen dem ANC und der Sowjetunion an. In sei-

63 Siehe Mark Israel: South African Political Exile in the United Kingdom, Basingstoke 1999; Hans-Georg Schleicher: Südafrikas neue Elite. Die Prägung der ANC-Führung durch das Exil, Hamburger Beiträge zur Afrika-Kunde 74, Hamburg 2004.

64 Vgl. Israel, Political Exile, S. 130 f.

65 Vgl. Schleicher, Elite, S. 19.

66 Siehe Stephen Ellis: External Mission. The ANC in Exile, 1960–1990, London 2012.

67 Vgl. ebd., S. 2, S. 5, S. 47, S. 47 f., S. 77, S. 289 f.

68 Vgl. ebd., S. 293, S. 298 f.

ner Arbeit wurde die Vermittlungsrolle der SACP deutlich erkennbar.[69] Die Beziehungsgeschichte war dieser kenntnis- und detailreichen Studie wichtiger als die individuellen oder kollektiven Motivationen oder Erfahrungen.

Angesichts des internationalen Widerhalls der Apartheid griff Marjorie N. Feld in ihrer jüngst erschienenen Studie die Auseinandersetzung innerhalb des US-amerikanischen Judentums über die Frage einer Positionierung zur Apartheid auf.[70] Field legte ihren Schwerpunkt auf die Konflikte innerhalb der verschiedenen Strömungen des nordamerikanischen Judentums, welche sich auch im Aufbegehren radikaler jüdischer Gruppen gegen das Establishment ausdrückten.[71] Die dort zu Tage tretenden Konflikte zwischen jüdischen radikalen Linken und reformorientierten oder apolitischen Kräften spiegelten sich auch in der Darstellung Percy S. Cohens über »Jewish Radicals and Radical Jews« wider.[72] Cohen versuchte Erklärungen für das Phänomen einer deutlich sichtbaren Beteiligung jüdischer Radikaler an der Neuen Linken und ihrer Nachfolgeorganisationen zu geben.[73] Sein Interesse lag auf der Diskussion jüdisch-partikularer Erfahrungen und der Hinwendung zu universalistisch-progressiven Haltungen.[74] Dies stellt auch das Leitmotiv der vorliegenden Untersuchung dar.

Die neueste historiographische Forschung geht mittlerweile von dem Faktum der globalen Anti-Apartheid-Bewegung aus.[75] Der Konflikt

69 Siehe Vladimir Shubin: The ANC. A View From Moscow, Kapstadt 1999, S. 34.

70 Siehe Marjorie N. Feld: Nations Divided. American Jews and the Struggle over Apartheid, New York 2014.

71 Vgl. ebd., S. 4 ff., S. 41–46.

72 Siehe Percy S. Cohen: Jewish Radicals and Radical Jews, London 1980.

73 Vgl. ebd., S. x, S. 1 u. ö.

74 Siehe bspw. ebd., S. 5.

75 Vgl. Detlef Siegfried: Internationale Reaktionen auf Südafrikas Apartheid. Neuere Literatur zu einem globalen Konflikt in der zweiten Hälfte des 20. Jahrhunderts, Forschungsbericht, 11.2.2016, (online abrufbar unter www.hsozkult.de/searching/id/forschungsberichte-1229?title=internationale-reaktionen-auf-suedafrikas-apartheid-neuere-literatur-zu-einem-globalen-konflikt-in-der-zweiten-haelfte-des-20-jahrhunderts&q=detlef%20siegfried&sort=&f

um die rassistische Herrschaft wird nicht mehr nur als Auseinandersetzung auf regierungs- und protogouvernementaler Ebene erachtet, sondern auch im Hinblick auf die globalen Prozesse einer internationalen Zivilgesellschaft und Menschenrechtspolitiken untersucht.[76] Zugespitzt gesagt wäre der Erfolg des AAM in den 1980er Jahren nicht möglich gewesen ohne die unermüdliche Arbeit und den Einfluss der südafrikanisch-jüdischen Exilanten in London. Dies hätte auch auf die mittlerweile vorliegende historiographische Auseinandersetzung mit der Geschichte westlicher Anti-Apartheid-Bewegungen gewirkt. Wahrscheinlich wäre sowohl die Geschichte wie die Geschichtsschreibung weitaus weniger inter- und transnational geworden.[77]

... q=&total=385&recno=16&subType=fdl [letzter Zugriff: 6.9.2016]); s. a. Anja Schade: »Free Nelson Mandela« – Die Solidarität der DDR aus Sicht des African National Congress, Vortrag, 22.4.2016, Potsdam, die die Exilerfahrungen südafrikanischer Exilanten in der DDR untersucht. Ich danke Anja Schade für die Übersendung des Vortragsmanuskripts.

76 Siehe Håkan Thörn: Anti-Apartheid and the Emergence of a Global Civil Society, London 2009; Steven L. B. Jensen: Embedded or Exeptional? Apartheid and the International Politics of Racial Discrimination, in: Zeithistorische Forschungen, Jg. 13 (2016) H. 2, S. 314–323 (online abrufbar unter www.zeithistorische-forschungen.de/2-2016/id=5364 [letzter Zugriff: 6.9.2016]); Jan Eckel: Verschlungene Wege zum Ende der Apartheid. Südafrika in der internationalen Menschenrechtspolitik 1945–1994, in: ebd., S. 306–313 (online unter www.zeithistorische-forschungen.de/2-2016/id=5362 [letzter Zugriff: 7.9.2016]); Simon M. Stevens: Warum Südafrika? – Die Politik des britischen Anti-Apartheid-Aktivismus in den langen 1970er Jahren, in: Jan Eckel / Samuel Moyn (Hg.): Moral für die Welt? Menschenrechtspolitik in den 1970er Jahren, Schriftenreihe der FRIAS School of History 5, Göttingen 2012, S. 316–342.

77 Vgl. ebd., S. 45 ff.; vgl. das Beispiel der belgischen Anti-Apartheid-Bewegung, die erst spät mit dem ANC und dem AAM in Kontakt trat: Wouter Goedertier: Erst radikal, dann liberal? Die belgische Anti-Apartheid-Bewegung in den 1980er Jahren, in: Hanno Balz / Jan-Hendrik Friedrichs (Hg.): »All We Ever Wanted ...«. Eine Kulturgeschichte europäischer Protestbewegungen der 1980er Jahre, Rosa-Luxemburg-Stiftung Manuskripte 98, Berlin 2012, S. 224, S. 227.

1.c Theoretische Rahmung

Biographische Darstellungen verschiedener Art – von audiovisuellen Interviews über Autobiographien bis hin zu lebensgeschichtlichen Interviews – bilden den zentralen Quellenkorpus dieser Studie. Die in ihnen enthaltenen Aussagen sollen im Folgenden die Forschungshypothesen belegen und auf die Frage nach den Handlungsgründen und Motiven des Erfahrungsraums der jüdischen Aktivisten Antworten geben. Erfahrung ist, wie der Historiker Reinhart Koselleck begründete, eine Kategorie von historischer Relevanz, denn in der Erfahrung seien die Ereignisse der »gegenwärtige[n] Vergangenheit« durch »rationale Verarbeitung« und »unbewußte Verhaltensweisen« zusammengeschlossen worden.[78] Auf den Einwand, Erfahrung sei »subjektive Reflexion«, nicht »objektive Geschichte«, konterte Koselleck mit dem Argument, dass »objektive Befunde, die in die Weise ihrer Verarbeitung« in die Erfahrung eingegangen und damit in ihr enthalten seien.[79] Der Raum, in welchem sich die Erfahrung mit der »objektiven Geschichte« verbände, sei jedoch ein dynamischer, der durch seine eigene Änderung sowohl die Erfahrung wie auch deren auf die Zukunft gerichtetes Gegenstück, den Erwartungshorizont, beeinflusse.[80]

Im Hinblick auf Kosellecks Bemerkung, dass auch Historie in individuelle Erfahrung einfließe, sind es Menschen, die aufgrund dieser Erfahrungen durch ihr Handeln Geschichte machen.[81] Die nachträgliche

78 Vgl. Reinhart Koselleck: »Erfahrungsraum« und »Erwartungshorizont« – zwei historische Kategorien, in: ders.: Vergangene Zukunft. Zur Semantik geschichtlicher Zeiten, Frankfurt a. M. 1989, S. 349–375, hier S. 354.

79 Vgl. ebd., S. 360.

80 Vgl. ebd., S. 366 f. Ich sehe mit dem Wissen um die nicht identische Wiederholung und Konstruktion von Geschichte aus Interessen der Gegenwart heraus (vgl. Karl Marx: Einleitung [Zur Kritik der politischen Ökonomie], in: Marx-Engels-Werke, Bd. 13, S. 615–642, v. a. S. 631–639) Kosellecks Beharren auf der Wiederholbarkeit von Erfahrung aber kritisch (Koselleck, Erfahrungsraum, S. 357, S. 375).

81 Vgl. ebd., S. 351.

Konstruktion ihrer eigenen Geschichte und der Geschichte ihrer Beteiligung am Befreiungskampf hat nicht minder ihr Recht als die ex-post Beschreibung dieser Auseinandersetzung auf Grundlage dieser publizierten Erinnerungen. Erinnerungen dienen hier vielmehr als »Erkenntnisquelle«[82] für die Fragestellungen der Arbeit. Doch gegenüber anderen Tendenzen in der historiographischen Arbeit mit Biographien liegt die Emphase nicht auf der offenbarten Privatheit der Dokumente, die bisweilen eine nüchterne Wissenschaft abschreckt, sondern in dem in den Dokumenten befindlichen Inhalt. Die Problematik von Egodokumenten, selbst Teil eines subjektiven Entwurfs einer Lebensbeschreibung zu sein, wird nicht dadurch aufgefangen, dass ihr Narrativ vernachlässigt und einer Geschichtsschreibung gegenübergestellt wird, die beansprucht objektiv und äußerlich zu sein. Die Quellen lassen es zu, Differenzen und Ambivalenzen aufzuzeigen, die das Spannungsverhältnis von subjektiver Erinnerung und geschichtlichem Verlauf charakterisieren. Diese Würdigung subjektiver historischer Dokumente greift auf, was die Historikerin Miriam Gebhardt an der Forschung bemängelte. Sie kritisierte, dass individuelle Erinnerungen in der wissenschaftlichen Arbeit mehr als Beiwerk der »eigentlichen« Quellen, die zur Verifizierung der subjektiven Darstellung herangezogen würden, dienten.[83] Die Skepsis, mit der Egodokumente betrachtet würden, rühre zu einem nicht unbeträchtlichen Teil von dem identitätsstiftenden Moment des autobiographischen Schreibens her. Dieses konstruiere durch die Vermittlung der Vergangenheit mit der Gegenwart eine lebensgeschichtliche Kontinuität und folge einer inneren Logik zu einem »Endpunkt der Lebensreise«. Diese Festschreibung der eigenen Biographie sei jedoch Produkt des Schreibens selbst, da die Selbst- und Fremdbeschreibungen in der Zeit fluide seien und auch von dem historisch-gesellschaftlichen Zeitpunkt bestimmt würden.[84]

82 Miriam Gebhardt: Das Familiengedächtnis. Erinnerung im deutsch-jüdischen Bürgertum 1890 bis 1932, Studien zur Geschichte des Alltags 16, Stuttgart 1999, S. 17.

83 Vgl. ebd., S. 17 f.

84 Vgl. ebd., S. 21 f.

Gebhardts Interesse liegt darin, autobiographischen Quellen zu ihrem eigenen Recht als historische Dokumente zu verhelfen. Daher sieht sie eine Gefahr, die den autobiographischen Texten drohe, in der Auswahl der Texte nach Kriterien des individuellen Standpunkts.[85] Genau an diesem Punkt setzt die vorliegende Arbeit an, denn gerade auf gemeinsame Merkmale hin sollen die Lebenserfahrungen der jüdischen Aktivisten überprüft werden – bei allen individuellen Differenzen. Die Arbeit will erklärtermaßen ergründen, aus welchen Erfahrungen sich die Motive und Entscheidungen der Aktivisten speisten. In der integrativen Verknüpfung von soziokulturellen Faktoren und »gemachte[n] Erfahrungen«, die ein Individuum in seiner Biographie ausdrückt, ließe sich die historische Konstellation, aus der heraus gehandelt wird, zeigen und interpretieren.[86]

Der Ansatz, der individuell-biographisches Handeln als objektiv vermittelte Praxis begreifen möchte, sollte nicht den »Vorrang des Objekts« vernachlässigen, sondern die Geburt einer »postindustriellen« Gesellschaft, in der sich individuelle Handlungsspielräume eröffneten, mitbedenken.[87] Dass seit den 1970er Jahren auch in der Geschichtswissenschaft biographische Erzählungen weitere Aufmerksamkeit erfuhren, verweist auf einen Gesellschaftszustand, in dem der objektive Vermittlungszusammenhang zwischen den Menschen – Gesellschaft – unter einer Ideologie der Vereinzelung sukzessive verschwindet.[88] Doch zugleich eröffnete sich ein neues Feld der gesellschaftlichen Auseinandersetzung, in welchem individuelle Praxen, Entscheidungen und Urteile bedeutungsvoll werden – auch weil Menschenrechte und damit einher-

85 Vgl. ebd., S. 24 f.

86 Vgl. Boris Zizek: Historische Biographieforschung als Umgangsforschung, in: Zeitschrift für Qualitative Forschung, Jg. 8 (2007), H. 2, S. 329–337, hier S. 329.

87 Vgl. Theodor W. Adorno: Negative Dialektik, Gesammelte Schriften 6, Frankfurt a. M. 1997, S. 7–412, hier S. 186.

88 Vgl. Gerhard Stapelfeldt: Globalisierung, Menschenrechte und das Problem der Gesellschaftkritik, in: ders.: Neoliberalismus – Autoritarismus – Strukturelle Gewalt. Aufsätze und Vorträge zur Kritik der ökonomischen Realität, Kritik und Reflexion 11, Hamburg 2010, S. 379–424.

gehende moralische Verantwortlichkeit in den Vordergrund eines politischen Bewertungsmaßstabs gerückt sind.[89]

Diese vereinzelte gesellschaftliche Erfahrung schlägt sich nieder in der Methode der Oral History, welche sich zum einen als methodischer Zugang zu individuellen Gesellschaftserfahrungen in den Zeitgeist der Epoche einfügt. Zum anderen wohnt ihr aufgrund des »eigensinnigen« Charakters der Forschungsmethode zugleich ein Widerspruch gegen Methoden der »großen« historischen »Erzählungen« inne.[90] Mithilfe der Oral History lassen sich Alltagserfahrungen und damit verbundene Prägungen nachweisen,[91] da auch das Gedächtnis und die Erinnerung gesellschaftlich vermittelte Größen sind.[92] Zugleich fungieren Zeitzeugen, auf deren berichtete Erfahrung sich die Oral History wesentlich stützt, als Korrektiv der Meistererzählungen, deren »Gegenerzählung« Teil einer demokratischen (Erinnerungs-)Kultur ist.[93] Während Oral History und (populär-)wissenschaftliche Würdigung von Zeitzeugen in Deutsch-

89 Vgl. Rob Harrison / Terry Newholm / Deidre Shaw (Hg.): The Ethical Consumer, London u. a. 2005; Samuel Moyn: Die Rückkehr des verlorenen Sohnes, in: Jan Eckel / Samuel Moyn (Hg.): Moral für die Welt? Menschenrechtspolitik in den 1970er Jahren, Schriftenreihe der FRIAS School of History 5, Göttingen 2012, S. 7–21; Jan Eckel: Neugeburt der Politik aus dem Geist der Moral, in: ebd., S. 22–67; Michael Cotey Morgan: The Seventies and the Rebirth of Human Rights, in: Niall Ferguson u. a. (Hg.): The Shock of the Global. The 1970s in Perspective, Cambridge, MA/London 2010, S. 237–250. S. a. Jan Eckel: Die Ambivalenz des Guten. Menschenrechte in der internationalen Politik seit den 1940er Jahren, Göttingen 2014.

90 Vgl. Knud Andresen / Linde Apel / Kirsten Heinsohn: Es gilt das gesprochene Wort. Oral History und Zeitgeschichte heute, in: dies.: Es gilt das gesprochene Wort. Oral History und Zeitgeschichte heute, Göttingen 2015, S. 7–22, v. a. S. 10 ff.

91 Vgl. Christiane Berth: Die Kindertransporte nach Großbritannien 1938/39. Exilerfahrung im Spiegel lebensgeschichtlicher Interviews, Hamburger Zeitspuren 3, Hamburg 2005, S. 11.

92 Siehe Dorothee Wierling: Oral History, in: Michael Mauerer: Aufriß der Historischen Wissenschaften, Bd. 7: Neue Themen und Methoden der Geschichtswissenschaft, Stuttgart 2003, S. 81–151, hier S. 97–105, S. 133 ff.

93 Vgl. Martin Sabrow: Der Zeitzeuge als Wanderer zwischen zwei Welten in: ders. / Norbert Frei (Hg.): Die Geburt des Zeitzeugen nach 1945, Geschichte der Gegenwart 14, Göttingen 2012, S. 13–32, hier S. 22.

land lange Zeit mit einer Reflexion des Nationalsozialismus und seiner Verbrechen verbunden waren[94] und mittlerweile selbst kritisch hinterfragt werden,[95] stehen lebensgeschichtliche Erinnerungen in Südafrika vor allem in Zusammenhang mit dem individuellen Einsatz im Befreiungskampf.[96] Methodisch jedoch liegt mit dieser Arbeit keine typische Oral-History-Studie im von Dorothee Wierling dargelegten Sinne vor, da das Gesagte in seinem Sinngehalt dargestellt und der Inhalt der Aussagen als intentional kommuniziert angenommen wird.[97]

Die Erfahrungen der hier untersuchten Gruppe jüdischer Aktivisten sind aber nicht nur im Hinblick auf ihren praktischen Beitrag zur Befreiungsbewegung von Relevanz, sondern durch ihre Gründe und Motive entwickelten die Handlungen erst ihren Sinn. Diese Gründe flossen als Rationalisierungen ihrer Handlungen in den Kontext ihrer Entscheidungen ein, wie der Philosoph Donald Davidson erläuterte.[98] Seine Überlegungen sind in dem Sinne hilfreich, als dass er die Annahme einer Kausalität zwischen einer Handlung und einem Resultat (Ereignis) auflöst und als Erklärung dafür die Rationalisierungen anführt.[99] In letztere fließen soziale und individuelle Faktoren mit ein.[100] Hinsichtlich der zu untersuchenden Gruppe entfällt somit die Notwendigkeit, eine zwingende Verbindung zwischen der jüdischen Herkunft der Aktivisten, ihren Erfahrungen, ihrem Handeln und ihren Entscheidungen nachzuweisen. Dies würde dem Selbstbild der Aktivisten nicht gerecht werden, die dem

94 Siehe Harald Welzer: Vom Zeit- zum Zukunftszeugen, in: Sabrow/Frei, Die Geburt des Zeitzeugen, S. 33–48.

95 Vgl. die Beiträge in Sabrow/Frei, Die Geburt des Zeitzeugen.

96 Vgl. South African Democracy Education Trust [i. F. SADET] (Hg.): The Road To Democracy. South Africans Telling Their Stories, Bd. 1: 1950–1970, Johannesburg 2008. Kritisch zu den biographischen Erzählungen Elaine Unterhalter: The Work of the Nation: Heroic Masculinity in South African Autobiographical Writing of the Anti-Apartheid Struggle, in: The European Journal of Development Research, Jg. 12 (2000), H. 2, S. 157–178.

97 Vgl. Wierling, Oral History, S. 136 ff., S. 145.

98 Vgl. Donald Davidson: Handlungen, Gründe und Ursachen, in: ders.: Handlung und Ereignis, Frankfurt a. M. 1985, S. 19–42, hier S. 20–25.

99 Vgl. ebd., S. 36.

100 Vgl. ebd., S. 27 f.

Jüdisch-Sein in ihrem bewussten politischen Leben nur einen geringen Stellenwert einräumten,[101] und würde ihre Biographien auf eindimensionale Art verflachen. Dennoch, so die Forschungshypothese, ist ein Zusammenhang zwischen jüdischer Herkunft und der Opposition gegen die Apartheid ersichtlich.[102]

1.d Quellenlage

Während der vier Jahre zwischen der Aufhebung des Verbots der Südafrikanischen Kommunistischen Partei (SACP), des African National Congress (ANC), der Freilassung der politischen Gefangenen im Jahre 1990 und den ersten freien und gleichen Wahlen im Jahr 1994 hatten die Exekutivorgane des Apartheidstaats Zeit, ihre Akten zu zerstören. Tonnenweise fuhren sie die Beweise ihrer systematischen Überwachungs- und Infiltrationsarbeit und der darauf basierenden terroristischen Unterdrückung zu staatlichen und privaten Verbrennungsöfen.[103] Terry Bell sprach in diesem Zusammenhang drastisch von einem »paper Auschwitz«.[104] Er beklagte, dass so ein »nationales Gedächtnis« verloren gegangen sei – das der Unterdrückten und Gefolterten wie auch der staatlichen Akteure, ihrer Komplizen, Agenten, Helfer.[105] All die Beteiligten an der Aufrechterhaltung der Apartheid, deren Ende sich abzeichnete, hatten durch die Zerstörung der Unterlagen nur zu gewinnen.[106]

101 Vgl. Joe Slovo, SAHA AL2460, A19.18, S.4.

102 Vgl. Philip Mendes: Jews and the Left. The Rise and Fall of a Political Alliance, Basingstoke 2014, S.15 f.

103 Vgl. Terry Bell (mit Dumisa Buhle Ntsebeza): Unfinished Business. South Africa, Apartheid and Truth, London 2003, S. 9.

104 Vgl. ebd.

105 Vgl. ebd., S.10.

106 Vgl. ebd.

Da diese Studie ihr Augenmerk auf die Erfahrung und Erinnerung der Aktivisten legt, sind ihre Zeugnisse und die ihrer Organisationen des Widerstands von weitaus größerer Relevanz als die nichtgreifbaren Unterlagen des Apartheidregimes. Doch auch hier klaffen Lücken. Irina Filatova bemerkte, dass die Archive der Londoner SACP »verschwunden« seien,[107] und der stellvertretende Vorsitzende der SACP und ehemalige politische Gefangene Jeremy Cronin bemerkte in einer E-Mail lapidar, dass die Partei kein größeres Archiv behalten habe; was sich erhalten habe, sei in Archiven in Kapstadt und Johannesburg zu finden.[108] Allein Eddy Maloka, der in seiner Arbeit über die SACP im Exil als Ort der genutzten »unsortierten« Archivalien das SACP-Hauptquartier angibt,[109] hat laut Filatova vor der Bereinigung der Partei-Archive mit jenen gearbeitet.[110]

Im Kapstädter *Mayibuye Archive* an der Universität des Westkaps (UWC) waren auch Unterlagen der SACP zu finden – aber sehr wenige. Sie waren zumeist Teil eines Bestandes von ANC-Archivalien. Aus jenem Bestand, den der ANC dem Archiv überlassen hatte, hatte der Kongress jedoch nach Aussage des Archivars wieder Teile an sich genommen. An so mancher Stelle herrschte buchstäbliche Leere in den Aktenordnern.[111]

Doch das *Mayibuye Archive* hatte immer noch eine Fülle von (anderen) Materialien zu bieten, aus denen hier reichlich geschöpft wird. Vor allem die Sammlungen von Interviews, die großteils Hilda Bernstein angelegt hatte und welche die Basis ihres Sammelbandes »The Rift« bildeten,[112] sowie die Interviews, die von 1992 bis 1995 im Rahmen des »Oral

107 Vgl. Irina Filatova: The Lasting Legacy: The Theory of the national-Democratic Revolution and South Africa, in: South African Historical Journal, Jg. 64 (2012), H. 3, S. 507–537, hier S. 526.

108 Vgl. Jeremy Cronin, E-Mail vom 25.3.2014.

109 Vgl. Maloka, The South African Communist Party, S. 185.

110 Vgl. Filatova, Lasting Legacy, S. 526.

111 Mit diesem Umgang mit historischen Unterlagen korrespondiert, dass meine Anfrage auf Archivnutzung und die Gestattung des Angebots, Zugriff zu Onlinematerialien zu erhalten, seitens des ANC Archivs in Fort Hare nicht beantwortet wurde.

112 Siehe Hilda Bernstein: The Rift. The exile Experience of South Africans, London 1994, S. xxvii f.

History of Exiles«-Projektes geführt wurden und dort verfügbar sind, wurden gesichtet. Zudem fand sich dort ein Quellenbestand des *Congress of Democrats*, des weißen Partners der Kongressallianz der 1950er Jahre.

Autobiographische Sammlungen waren in Kapstadt auch in der Manuskriptabteilung der Universität Kapstadt (UCT) zu finden. Unterlagen von Jack und Ray Simons wie auch Harold Wolpe liegen dort; zudem umfangreiche Materialien zur Rechtshilfeorganisation *Defence and Aid Fund*, die bis in die 1960er Jahre in Südafrika bestand. Außerdem finden sich dort die Gerichtsakten zum Prozess gegen das *African Resistance Movement* im November 1964 sowie weitere persönliche Dokumente mit (zivil-)gesellschaftlichen Akteuren und Persönlichkeiten. Einen Einblick in die Lage und Auseinandersetzung innerhalb der jüdischen Gemeinschaft geben die hinterlegten Dokumente des *South African Jewish Board of Deputies* (SAJBD), die für ihren Kapstädter Ableger ebenfalls an der UCT zu finden sind.

In Johannesburg befindet sich das Zentralarchiv des SAJBD, in welchem vor allem Berichte über die jüdischen Aktivisten gesammelt werden. Zudem sind dort interne Korrespondenzen über die Berichterstattung über die Juden des Landes aus der afrikaanssprachigen (nationalistischen) Presse zu finden. Weiterhin beherbergt die Universität des Witwatersrand (Wits) in ihrem *Historical Papers*-Archiv die Unterlagen verschiedener Aktivisten wie Hilda und Rusty Bernstein, Ronald Press oder Michael Harmel. Es sind dort außerdem die Prozessakten des *Treason Trial* (1956–1961) und des *South African Institute of Race Relations* (SAIRR) einsehbar. Weiterhin ist auch in Johannesburg das Bewegungsarchiv *South African History Archive* (SAHA) beheimatet, in welchem eine Reihe von persönlichen Dokumenten ehemaliger Aktivisten wie Esther Barsel und auch die umfangreiche Interviewsammlung von Julie Frederikse zu finden sind, auf welche in dieser Arbeit zurückgegriffen wird. Zuletzt wurde in Johannesburg vom Lilesleaf Museum, das sich der Geschichte des nicht-»rassischen« Befreiungskampfes widmet, die DVD-Dokumentation einer Podiumsdiskussion mit verschiedenen Aktivisten und dem Vorsitzenden des SAJBD über die Frage der Rolle von jüdischen Südafrikanern im Befreiungskampf zugänglich gemacht.

In Europa waren vor allem die im *Institute of Commonwealth Studies* beherbergten *Ruth First Papers*, die von persönlichen Briefen bis hin zu Unterrichts- und Studienmaterialien der einflussreichen Aktivistin, Journalistin und Akademikerin reichen, eine wichtiger Recherchepunkt.[113] In Oxford ist als Teil der *Bodleian Library* das Archiv der wohl wichtigsten Anti-Apartheid-Organisation, dem britischen *Anti-Apartheid Movement* (AAM), zu finden. Im Rhodes House, welches nach dem britischen Minenmagnaten und südafrikanischen Politiker Cecil Rhodes benannt ist, wurden nach der Umwandlung des AAM zu einer anderen Art der Lobby- und Solidaritätsorganisation für das »neue« Südafrika die Unterlagen des AAM dort zugänglich gemacht.

Hinzu kommen Interviews aus Deutschland, die in der Werkstatt der Erinnerung mit ehemaligen Juden aus der Hansestadt geführt wurden, von denen einige nach Südafrika geflohen waren und dort, zumindest eine Zeit, unter dem Apartheidregime lebten oder aber beruflich in Südafrika wirkten.[114]

Bereichert werden diese Archivbestände durch zahlreiche persönliche Interviews, die von Mai 2011 an bis Juli 2015 mit ehemaligen Aktivisten, südafrikanisch-jüdischen Exilanten, und Akademikern, deren Angehörigen und auch Freunden geführt wurden. Einige von ihnen waren auch bereit, persönliche Dokumente zur Verfügung zu stellen.

Dieser Quellenfundus wird noch durch zahlreiche mittlerweile vorliegende autobiographische Schriften ehemaliger Aktivisten bereichert.[115] In dieser Studie wurde mit 30 autobiographischen Publikationen gearbeitet, die seit der Transition von jüdischen Aktivisten verfasst

113 Ich danke dem *Ruth First Papers Committee* für die Gewährung der Einsicht in Unterlagen mit beschränktem Zugang.

114 Ich danke Dr. Linde Apel für den Hinweis auf die Interviews.

115 Lediglich die Darstellung des Lebens und Wirkens von Joe Slovo und Ruth First vom emeritierten Professor für Erziehungswissenschaft Alan Wieder ist eine biographische Arbeit, siehe Alan Wieder: Ruth First and Joe Slovo in The War Against Apartheid, New York 2013. Biographisch, aber auch autobiographisch ist das Buch Gillian Slovos »Every Secret Thing«, das 1997 erstmals erschien (siehe Gillian Slovo: Every Secret Thing. My Family, my Country, London 2009).

worden sind. Hinzu kommt eine Vielzahl dokumentarischer Interviews mit ehemaligen Aktivisten, die, wenn sie nicht schon publiziert worden sind, noch in Archiven lagern. Die für diese Arbeit wichtigste Edition von autobiographisch-politischen Interviews wurde von Immanuel Suttner herausgegeben und versammelt eine Bandbreite wichtiger Akteure der politischen Opposition liberaler, künstlerischer und radikaler Provenienz, die auf ihr Judentum hin befragt wurden.[116]

Hilda Bernstein selbst führte eine große Zahl an Interviews mit südafrikanischen Aktivisten, die auf mehrere Kontinente verstreut auf ein Ende ihres Exils warteten.[117] Zuletzt wurde noch ein Sammelband mit Interviews mit (ehemaligen) südafrikanischen Juden aus dem Umfeld des sozialistischen Jugendbundes *Habonim* veröffentlicht, der auf das ungebrochene Interesse südafrikanischer Juden an ihrer Herkunft und dem damit verknüpften Verhältnis zur Apartheid schließen lässt.[118]

I.e Zum Aufbau der Arbeit

Die vorliegende Studie ist im Wesentlichen chronologisch angeordnet und folgt dem Verlauf des Kampfes gegen die Apartheid. Diese Darstellung wird aufgrund der Komplexität der individuellen Biographien aber gebrochen durch inhaltliche Schwerpunktsetzungen. Exkurse unterstreichen zudem Aspekte, die besonders hervorgehoben werden sollen. Themen der einzelnen Kapitel überschneiden sich bisweilen, weil diese nicht unbedingt chronologisch einzugrenzen sind, ebenso wie auch die Schwerpunkte das rein chronologische Narrativ der historischen Ereignisse mit lebensgeschichtlichen Narrativen überschreiben.

116 Siehe Suttner, Cutting. Im Folgenden werden die Interviews nur mit dem Hinweis auf die relevante(n) Seite(n) gegeben.

117 Siehe Bernstein, The Rift.

118 Siehe Stephen Hellmann / Lindsay Talmud (Hg.): Ideally Speaking. Interviews with South African and ex-South African Jews, London 2011.

Die Arbeit beginnt mit einem historischen Überblick, der einerseits die wesentlichen Weichenstellungen für die Gesellschaft der Apartheid skizziert und andererseits die Koordinaten der jüdischen Community aufgreift. Im nächsten Kapitel folgt eine chronologisch orientierte Darstellung der Widerstandspraxis mit dem Hauptaugenmerk auf die jüdischen Aktivisten und deren Beteiligung wie auch ihre Stellung innerhalb der Opposition. Dieses Kapitel umfasst nicht nur die politische Arbeit in Südafrika, sondern auch die bedeutsame Tätigkeit im Exil, vorrangig England. Zwischen dem Widerstand in Südafrika und dem in England steht der Bruch des Wegs ins Exil, der durch Repressionserfahrungen verschiedener Arten geprägt war. Ein Exkurs erläutert die inhaltlichen Vorstellungen der radikalen Opposition. Die Organisationen, in denen die jüdischen Aktivisten wirkten, werden gleichfalls vorgestellt wie auch die Konflikte, die sich in der südafrikanischen und der exilierten Opposition entsponnen.

Daran schließt sich die Analyse der Verortungen der jüdischen Aktivisten an, welche den Erfahrungsraum der jüdischen Herkunft darstellt. Dabei wird den Erfahrungen der Aktivisten im Kontext des systematischen Rassismus in Südafrika, aber auch Fragen nach der Identität im Spannungsverhältnis von Familie, Herkunft und Exil nachgegangen. Zudem wird in diesem Kapitel dezidiert die Frage nach dem »rasse«-übergreifenden Kontakt erörtert. Am Ende dieses Kapitels steht ein Exkurs zu den politisch bedeutsamen und biographisch prägenden Prozessen der 1950er und 1960er Jahre in Südafrika. Die Arbeit wird abgeschlossen mit einem Blick auf die Rückkehr, die sich mit der Aufhebung des Verbots der SACP und des ANC 1990 und der Freilassung der politischen Gefangenen der 1960er Jahre als Option eröffnete. Die Position und den Einfluss der Remigranten erkundet dieses Kapitel. Eine knappe Darstellung der Rolle der radikalen jüdischen Südafrikaner in der Opposition leitet zum Schluss der Arbeit über.

1.f Vorbemerkungen

Wer ist jüdisch?

Die Diskussion, ob und inwieweit einer der Aktivisten nun jüdisch ist oder nicht, ist selbst Teil historischer Aushandlungen. Generell wurde sich an folgender Arbeitsbestimmung orientiert: Jüdisch sei, wer entweder a) sich selbst so betrachte, b) durch signifikante Andere wie politische Mitstreiter oder Gegner so gesehen wird oder c) wer ein oder zwei Elternteile hat, die nach a), b) oder c) jüdisch sind.[119] Für eine extensive Diskussion mag diese Arbeitsdefinition nicht genügen und allzu pragmatisch sein. Da sich Individuen aus einer Vielzahl von biographischen Aspekten konstituieren, wäre es, wie Immanuel Suttner hervorhebt, »absurd«, allein die jüdische Herkunft als ausschlaggebend für die politischen Entscheidungen zu behaupten. Jedoch wäre es ihm zufolge ebenso beschränkt, den jüdischen Hintergrund der Aktivisten als irrelevant abzutun.[120]

Die Auseinandersetzung mit der vielfältigen und nicht unbedingt einheitlichen Bestimmung, wer jüdisch sei und wer nicht, wäre hingegen ein eigener Forschungsgegenstand.

Schwarz, weiß, indisch und coloured *in Südafrika*

Wie soll mit den rassistischen Einordnungen der Apartheid, welche die Menschen in vier große »Rasse«-Gruppen – weiß (vorher europäisch), schwarz (zeitweise auch *native* oder *bantu*), *coloured*, indisch – einteilte, umgegangen werden? In dieser Arbeit wird »Rasse« als Konstruktion durch Anführungszeichen hervorgehoben und so als ein Begriff der Wirklichkeitsbeschreibung markiert, der mittlerweile nicht mehr als wis-

119 Vgl. Mendes, Jews and the Left, S. 3.
120 Vgl. Suttner, Afterword, S. 625.

senschaftlich gilt. Auch wenn *race* während der Apartheid als soziale Konstruktion aufgefasst wurde,[121] gilt der Begriff als problematisch und erklärungsbedürftig.[122] Die Bezeichnungen wechselten während der Apartheid, wie auch Einzelpersonen von einer Gruppe in eine andere umkategorisiert werden konnten.[123] Trotz eingehender akademischer Diskussion blieb bislang die Kategorisierung nach den vier »Rasse«-Gruppen – auch in der Wissenschaft – bestehen.[124] Jeremy Seekings und Nicoli Nattrass bemerkten zwar, diese vier Kategorien seien eine »komplizierte Angelegenheit«, doch sie behielten sie ebenfalls bei und konnten aufzeigen, inwiefern noch im heutigen Südafrika »Rasse« mit dem gesellschaftlichen und sozialen Status verknüpft ist.[125] Die vorliegende Studie nutzt in diesem Problembewusstsein die vier »rassischen« Kategorien, da jene auch die Lebensrealität der Akteure unter der Apartheid bestimmten.[126]

121 Vgl. Debora Posel: What's in a name? Racial categorisations under apartheid and their afterlife, in: Transformation Nr. 47 (2001), S. 50–74.

122 Vgl. Lazerson, Against the Tide, S. xii f.; Zimitri Erasmus: Apartheid race categories: daring to question their continued use, in: Transformation, Nr. 79 (2012), S. 1–11.

123 Vgl. Erasmus, Apartheid race categories, S. 1; Christoph Marx: Südafrika. Geschichte und Gegenwart, Stuttgart 2012, S. 225 f.; s. a. Saul Dubow: Apartheid, 1948–1994, Oxford 2014, S. 25 ff., S. 37 f.; ders: Scientific Rascism in Modern South Africa, Cambridge 1995.

124 Siehe Harry Garuba: Race classifications, indicators and praxis: a response to Rugguman and Maré, Lefko-Everett, and Erwin, in: Transformation, Nr. 79 (2012), S. 114–118.

125 Vgl. Jeremy Seekings / Nicoli Natrass: Class, Race, and Inequality in South Africa, New Haven / London 2005, S. ix; s. a. Marx, Südafrika, S. 225 f.

126 S.a. die Beiträge zur Debatte der »Erfindung des Europäers« in Matthias Middell (Hg.): The Invention of the European, in: Comparativ, Jg. 25 (2015), H. 5/6.

Gender

Die Sprachwahl in dieser Studie besticht nicht durch besondere Kreativität. Daher wurde auch das generische Maskulinum, sofern es nicht anders erforderlich war, als allgemeine Schreibform gewählt. Dies erfolgte lediglich für den Lesefluss und soll weder die implizite *gender bias* bestätigen noch den Beitrag von Kolleg*innen* an der Forschung oder gar den der *Aktivistinnen* am Befreiungskampf schmälern. Auch wegen der deutlichen Präsenz letzterer sind sie immer mit bedacht.

Persönliche Notiz

Die Karten auf den Tisch zu legen, bedeute nicht, das Spiel zu spielen, bemerkte Theodor W. Adorno 1966 in der Vorrede zu seinem Opus magnum »Negative Dialektik«.[127] Demgemäß sehe ich es als gerechtfertigt an, meine ganz unwissenschaftliche Identifizierung mit der und Bewunderung für die hier untersuchte(n) Personengruppe(n) einzugestehen. Ihr persönlicher Einsatz für eine Befreiung in Südafrika, die ihnen die Bezeichnung als »Helden« eingebracht hat,[128] auch ihre Rechtschaffenheit und Wahrheitsliebe sind beeindruckend. Ihr Ziel, das in der 1955 verabschiedeten *Freedom Charter* formuliert wurde, hat bis heute nicht an Gültigkeit verloren, betonen sie. Die jüdischen Aktivisten haben mit ihren Genossen und Mitstreitern die letzte politische Revolution im 20. Jahrhundert gewonnen – dafür gebührt ihnen anhaltender Respekt. Für mich selbst war diese Arbeit ein Lehrstück über die Probleme gesellschaftlicher Veränderung. Die Geschichte der Aktivisten wirft ein Licht auf die Möglichkeiten und Bedingungen einer solchen radikalen Umwälzung.

127 Vgl. Adorno, Negative Dialektik, S. 9.
128 So Frankel, Road to Rivonia, S. 197; und Suttner, Cutting, S. 341.

2. HISTORISCHER HINTERGRUND

Das historisch-politische Koordinatensystem, in dem sich die Gruppe der südafrikanisch-jüdischen Aktivisten bewegte, war abgesteckt von der gesetzlichen Verankerung rassistisch legitimierter Ausbeutung sowie einer hochgradig ethnisierten Gesellschaft, in denen die Zugehörigkeit zur jüdischen Gruppe einen Erfahrungsgrund konstituierte.

Der spezifische südafrikanische Kontext dieser Parameter wird im Folgenden dargelegt, um jene Momente zu verdeutlichen, auf welche die Aktivisten respondierten. Dieser Überblick über die soziopolitischen Rahmungen greift zum einen die Situierung der jüdischen Community in Südafrika auf. Die Auseinandersetzung um die Platzierung innerhalb der hochgradig »rassen«-bewussten Gesellschaft bestimmte die jüdische Minderheit sehr deutlich. Wenngleich das Selbstbild einer bürgerlichen Akkulturierung überwiegt, so war dieser Prozess nicht bruchlos. Zugleich war für die Generation der Aktivisten elementar, nicht mehr Immigranten der ersten Generation zu sein. Zum anderen stellt er die Entwicklung des Apartheid-Systems und den darauf erfolgenden Widerstand bis circa 1960 dar. Auch wenn diese Darstellung 1948 einsetzt, gehen dem Konzept der Apartheid Formen von Segregation, rassistischer Ausbeutung und staatlichen Zwangs voraus.[1] Was ab 1948 von der *National Party* unter dem damaligen Neologismus »Apartheid« politisch umgesetzt

1 Vgl. Saul Dubow: Racial Segregation and the Origins of Apartheid in South Africa, 1919–1936, New York 1989.

wurde, hatte seine Wurzeln in der gesellschaftlichen Ordnung vor 1948.[2] Dennoch bedeutete dieses Jahr eine politische Wende, deren Ära erst mit der »negotiated revolution« von 1990/1994 endete.[3]

2.a Jüdische Einwanderung nach Südafrika im 19. und 20. Jahrhundert

Die jüdische Gemeinschaft Südafrikas kann auf eine für europäische und nahöstliche Verhältnisse junge – knapp zweihundertjährige – Geschichte zurückblicken. Denn erst nachdem die Briten 1806 das Kap besetzt hatten und den Zwang zur protestantisch-reformierten Konfession, den die vorher herrschende Niederländische Ostindien-Kompanie (*Vereenigde Oostindische Compagnie*, VOC) über ihre Seeleute verhängt hatte, beseitigt hatten, ließ sich eine kleine Gruppe englischer, niederländischer und deutscher Juden am Kap der guten Hoffnung nieder, die sich langsam vergrößerte.[4] Kollektiv traten die südafrikanischen Juden im Oktober 1838 in Erscheinung, als sie den Gouverneur des östlichen Teils der Kapkolonie baten, ihnen die Errichtung einer Begräbnisstätte zu gewähren. 1841 be-

2 Auf vielfältigen Ebenen lässt sich über die Kontinuitäten der Apartheid-Politik sprechen, bspw. die ökonomische Ausbeutung der afrikanischen Südafrikaner, die politische Entrechtung, die Ausnahmen gegen Inder und *coloureds;* ideengeschichtlich kann der Einfluss der europäischen Eugenik auf die rassistische Ideologie der Apartheid untersucht werden (vgl. Dubow, Racial Segregation). Aber dies alles muss an dieser Stelle beiseite stehen, wie auch die Verwobenheit der Geschichte Südafrikas mit der Geschichte des burischen, afrikaanischen Volkes (siehe dazu Hermann Giliomee: The Afrikaners. History of a People, Charlottesville 2003).

3 Vgl. Heribert Adam / Kogila Moodley: The Negotiated Revolution. Society and Politics in Post-Apartheid South Africa, Kapstadt 1993.

4 Vgl. Mendelsohn/Shain, The Jews in South Africa, S. 3 f.; Daniel J. Elazar: Jewish Communities in Frontier Societies. Argentina, Australia, and South Africa, New York / London 1983, S. 151, S. 153; Elazar, Jewish Communities, S. 165.

ging eine Gruppe von 17 Männern einen Gottesdienst am Abend des Yom Kippur.[5] Dies gilt als der Gründungsmoment der ersten jüdischen Gemeinde des südlichen Afrikas, *Tikvath Israel* oder auch *Cape Town Hebrew Congregation*. Mit dem Diamanten-Boom, der in den 1860er Jahren einsetzte, stieg die Zahl jüdischer Immigranten, die auch neue Gemeinden gründeten. Binnen fünfzehn Jahren wurden in Kimberley (dem Zentrum der Diamantenproduktion), Durban (Zuckerrohrproduktion), Johannesburg (Diamanten und Minen), Klerksdorp, Pretoria, Paarl und Germiston neue Gemeinden gegründet.[6] Diese erste Generation südafrikanischer Juden war Teil der anglo-deutschen Mittelklasse, die sich im Zuge der Modernisierung (gemäßigt) aufklärerischen Idealen verschrieben hatte. In diesem bürgerlich-akkulturierten Milieu wurde Religion als Privatangelegenheit erachtet und konfessionelle Unterschiede schmälerten nicht die wechselseitige bürgerliche Respektabilität.[7]

Die Zahl bourgeoiser Juden nahm in der zweiten Hälfte des 19. Jahrhunderts ab, was Sorgen um den Fortbestand der Gemeinschaft hervorrief.[8] Dieser Trend wurde aufgewogen durch die ostjüdische Masseneinwanderung nach dem tödlichen Attentat auf Zar Alexander II. und den sich anschließenden Pogromen. Beides beschleunigte die Auswanderung aus den drückenden Verhältnissen unter einer antisemitischen Gesetzgebung und genereller Armut im Ansiedlungsrayon. Schätzungsweise zweieinhalb bis drei Millionen Juden verließen das östliche Europa.[9]

5 Vgl. Mendelsohn/Shain, The Jews in South Africa, S. 5.
6 Vgl. Elazar, Jewish Communities, S. 153.
7 Vgl. Mendelsohn/Shain, The Jews in South Africa, S. 9; Milton Shain / Richard Mendelsohn / Vivan Beckford-Smith: Testing Cosmopolitan Tolerance: Port Jews in Cape Town during the Late Victorian and Edwardian Years, in: David Cesarani / Gema Romain (Hg.): Jews and Port Cities 1590–1990. Commerce, Community and Cosmopolitanism, London u.a. 2006, S. 235–246, hier 237.
8 Vgl. Elazar, Jewish Communities, S. 166.
9 Vgl. Andrew Godley: Jewish Immigrant Entrepreneurship in New York and London 1880–1914. Enterprise and Culture, Basingstoke 2001, S. 20; Trude Maurer: Ostjuden in Deutschland 1918–1933, Hamburger Beiträge zur Geschichte der deutschen Juden XII, Hamburg 1986, S. 47.

Von ihnen ging die Mehrzahl, circa zwei Millionen, in die USA, ungefähr 150 000 ließen sich in Großbritannien nieder, ca. 50 000 in *Erez Israel* und ebenso viele in Deutschland. Südafrika erlebte zwischen 1881 und dem Ersten Weltkrieg eine Einwanderungswelle von 30 000 bis 40 000 Juden,[10] die als »zufälliges Nebenprodukt« der Einwanderung von litauischen Juden nach Großbritannien gilt.[11] Überwiegend kamen die Einwanderer aus der Provinz Kaunas, ihre Spur lässt sich bis zu wenigen Städten zurückverfolgen.[12] Legenden um ökonomischen Erfolg und sagenhaften Reichtum jüdischer Emigranten fachten die Auswanderung aus dieser sehr umgrenzten Region nach Südafrika an.[13] Ebenso beeinflussten große Reedereien den Verlauf der Auswanderung. In London wie auch in Hamburg vermittelten Reedereien wie Albert Ballins HAPAG oder Donald Curries *Castle-Line* die Passage nach Südafrika.[14] Diese litauischen Juden, Litwaken genannt, sorgten für eine Wiederbelebung der jüdischen Gemeinschaft in Südafrika und wurden zum größten Teil der jüdischen Minderheit.[15]

10 Vgl. Elazar, Jewish Communities, S. 167; Mendelsohn/Shain, The Jews in South Africa, S. 33.

11 Vgl. Shimoni, Jews and Zionism, S. 7.

12 Vgl. Mendelsohn/Shain, The Jews in South Africa, S. 33.

13 Vgl. Mendelsohn/Shain, The Jews in South Africa, S. 33, S. 54 f.; s. a. Shimoni, Jews and Zionism, S. 7. Sammy Marks und sein entfernter Cousin Isaac Lewis bauten vor der Jahrhundertwende ein Firmenimperium im Oranje-Freistaat und Transvaal, den damaligen burischen Republiken, auf; Marks wurde ein enger Vertrauter des burischen Präsidenten Paul Krüger, der trotz seiner Verankerung im englisch-sprachigen Handelsmilieu während des Südafrikanischen Krieges nahe Pretoria bleiben konnte. Die Friedenskonferenz zwischen Engländern und Afrikaanern von Vereeinging 1902 wurde auf Marks' Grundeigentum abgehalten, bei der er in einer nicht unwichtigen Nebenrolle die Positionen der Friedensbefürworter stärkte (Mendelsohn/Shain, The Jews in South Africa, S. 54 f.).

14 Vgl. Aubrey N. Newman u.a. (Hg.): Jewish Migration to South Africa. The Records of the Poor Jews' Temporary Shelter, 1885–1914, o. O. [Kapstadt], o. J. [2007]; Mendelsohn/Shain, The Jews in South Africa, S. 33 ff.; Tobias Brinkmann: »Mit Ballin unterwegs«. Jüdische Migration aus Osteuropa im Transit durch Deutschland, in: Aschkenas, Jg. 17 (2007), H. 1, S. 75–96.

15 Vgl. Elazar, Jewish Communities, S. 156; Mendelsohn/Shain, The Jews in South Africa, S. 29–103.

Ostjüdische Einwanderer wurden von weiten Teilen der weißen Bevölkerung mit Skepsis, Ressentiment und Ablehnung betrachtet.[16] Wie auch in den westlichen Ländern der Immigration[17] wurden sie von ihren bürgerlichen Glaubensbrüdern und -schwestern ebenfalls durchaus kritisch beäugt,[18] Spannungen zwischen Litwaken und anglo-deutschen Juden blieben nicht aus.[19] Gleichzeitig leisteten jüdische Wohlfahrtseinrichtungen Unterstützung und stießen einen Prozess an, welcher erst homogen wahrgenommenes südafrikanisches Judentums schuf. Für diesen wirkte der anschwellende Antisemitismus verstärkend.[20]

16 Vgl. Milton Shain: The Roots of Antisemitism in South Africa, Charlottesville u. a. 1994, S. 49–77.

17 Vgl. Heiko Haumann: Geschichte der Ostjuden, München 1998, S. 162 f.

18 Vgl. Izabela Olszewska: Ostjuden vs. Westjuden, in: Andrzej Katny / Izabela Olsweska / Aleksandra Twardoska (Hg.): Ashkenazim and Sephardim. A European Perspective, Frankfurt a. M. u. a. 2013, S. 113–126; Steven Aschheim: Spiegelbild, Projektion, Zerrbild. »Ostjuden« in der jüdischen Kultur in Deutschland, in: Osteuropa 58 (2008), S. 67–81; s. a. Verena Dohrn / Ann-Christin Saß: Einführung, in: Verena Dohrn / Gertrud Pickhan: Transit und Transformation. Osteuropäisch-jüdische Migranten in Berlin 1918–1939, Charlottengrad und Scheunenviertel 1, Göttingen 2010, S. 9–22; Haumann, Die Geschichte der Ostjuden, S. 162 ff.; Dan Diner: Zweierlei Emanzipation, in: ders.: Gedächtniszeiten. Über jüdische und andere Geschichten, München 2003, S. 124–134.

19 Vgl. Elazar, Jewish Communities, S. 173. Es wäre aufschlussreich, die Herausbildung eines jüdisch-südafrikanischen akkulturierten Selbstbildes mit dem der deutschen Juden zu vergleichen: zum einen im Hinblick auf die Funktion, die das *imago* des Ostjuden zur Bestimmung des Inhaltes der Akkulturation einnahm wie zum anderen mit Blick auf die Selbstverortung der akkulturierten Juden in den jeweiligen Gesellschaften. Angenommen, dass im Konflikt zwischen Afrikaanern und Engländern die Juden die Einzigen waren, die »wirkliche« Südafrikaner waren – und die auf Versöhnung und Interessensausgleich ausgerichtete *South African Party* von Jan Smuts politisch präferierten –, so ähnelt sich diese Mittelstellung in Deutschland, wo die Akkulturation der Juden auch mit der vehementen Bejahung deutscher Bildung und der deutschen Sprache einher ging (vgl. Riva Krut: The Making of a South African Jewish Community, in: Belinda Bozzoli [Hg.]: Class, Community and Conflict. South African Perspectives, Johannesburg 1987, S. 135–159; Mendelsohn/Shain, The Jews in South Africa, S. 102; Aschheim, Spiegelbild).

20 Vgl. Mendelsohn/Shain, The Jews in South Africa, S. 35–39; s. a.: ebd., S. 84; Elazar, Jewish Communities, S. 173 f.

Klassenunterschiede innerhalb der südafrikanischen Juden bestanden en gros nur für eine Generation. Die Kinder der ersten Einwanderergeneration konnten schon alle Privilegien der segregierten Gesellschaft für sich nutzen – vielmehr noch: durch deren rassistische Struktur stiegen sie quasi-automatisch in der Leiter der institutionalisierten »Rassen«-Trennung auf.[21]

Die Eltern- und Großelterngeneration der Aktivisten sah sich noch wesentlich mit den Konflikten von Neueinwanderern konfrontiert. Diese betrafen ihre Stellung innerhalb der etablierten jüdischen Gemeinschaft wie auch innerhalb der südafrikanischen Gesellschaft.

Neben der Frage des Jiddischen und des Bildes des jüdischen Kriminellen, des »Peruvian«, von dem sich die Minderheit dringend zu distanzieren versuchte,[22] waren es Fragen der religiösen und weltanschaulichen Orientierung.[23] Jüdische Politiker nahmen sich – solange es das Wahlrecht gestattete – den Belangen nicht-weißer Südafrikaner an und vertraten diese im Parlament.[24] In Kapstadt bildete sich ein liberaler intellektueller Zirkel heraus, dessen Einfluss noch spätere Generationen anziehen sollte.[25]

Im Zuge des Diamanten- und Goldrausches entwickelte sich neben Kimberley Johannesburg zum Zentrum der Mineralienausbeutung und größten Metropole des Landes.[26] 1886 gegründet, machten Juden 10 Pro-

21 Vgl. Mendelsohn/Shain, The Jews in South Africa, S. 89 ff.; s. a. Saron/Hotz, The Jews in South Africa, S. 348–369, 373 f. Louis Hotz beschrieb darin Südafrika als »land of opportunity« für die jüdischen Immigranten, S. 359.

22 Vgl. Mendelsohn/Shain, The Jews in South Africa, S. 45.

23 Vgl. Kaplan/Robertson, The Formation, S. 27; Marian Robertson / Mendel Kaplan: The Chevra Kadisha – Jewish Helping Hand and Burial Society. Johannesburg's first organised social welfare work, in: Kaplan/Robertson, Founders and Followers, S. 92–14.

24 Siehe das Beispiel Morris Alexanders, siehe: Mendelsohn/Shain, The Jews in South Africa, S. 52 f.; s. a.: ebd., S. 57.

25 Vgl. Hirson, The Cape Town Intellectuals; Ruth First / Ann Scott: Olive Schreiner, London 1980.

26 Äußerst wenige Juden lebten vorher im Transvaal und waren Bürger der burischen Südafrikanischen Republik – trotz deren protestantischen Charakters. Mendel Kaplan und Marian Robertson können einen Fall nachweisen, dass

zent der Einwohner aus, »eine sichtbare Minderheit«[27] aus Abenteurern, Unternehmern,[28] Händlern, Handwerkern,[29] Ärzten, Apothekern, Anwälten[30] und Barbetreibern.[31] In Anlehnung an das bekannte Vereinsleben in Osteuropa bildeten sich spezifische Interessensverbände und -vereine heraus: *landsmanshaftn*, Herren- und Theaterclubs und Lesezirkel.[32] Darunter war auch die erste politische Vereinigung jüdischer Arbeiter, der *Jewish Working Men's Club* (JWMC). Wenngleich seine Tätigkeit durch den Südafrikanischen Krieg überdeckt wurde, initiierte er eine Tradition jüdischer linker, proletarischer Vereinigungen, deren einflussreichste der *Jewish Workers Club* (JWC) werden sollte. Dieser spielte eine zentrale Rolle in der Heraus- und Bewusstseinsbildung linker Vorfeldorganisationen.[33] Die vom JWC ausgehende politische Linie war am »Bund« orientiert.[34] Doch ihr proletarisch-jüdischer Antizionismus wurde nur von einer Minderheit der jüdischen Community aufgegriffen. Die litwakischen Einwanderer waren überwiegend »praktisch« zionistisch orientiert.[35] Dieser Ersatz eines südafrikanischen Nationalbewusst-

... in Ermelo ein jüdischer *burgher* lebte (ders./dies.: Introduction, in: ders./dies [Hg.]: Founders and Followers. Johannesburg Jewry 1887–1915, S. 10–16 S. 14, Fn. 13).

27 Krut, Making, S. 136.

28 Vgl. Marian Robertson: Investing in the Witwatersrand: Jewish Stockbrokers and property developers, in: Kaplan/Robertson, Founders and Followers, S. 35–53.

29 Vgl. Marian Robertson: Investing Talent in the Witwatersrand: Jewish Traders, Craftsmen and small entrepreneurs, in: Kaplan/Robertson, Founders and Followers, S. 115–132.

30 Vgl. Marian Robertson / Denis Diamond: Chemists, doctors and lawyers – some early Jewish professional men in Johannesburg, in: Kaplan/Robertson, Founders and Followers, S. 133–151.

31 Vgl. Mendel Kaplan / Marian Robertson: The Formation of the Johannesburg Jewish Community 1887–1915: An overview, in: dies., Founders and Followers, S. 17–34, hier S. 17 f.

32 Vgl. ebd., S. 33.

33 Siehe Adler, Lithuania's Diaspora.

34 Vgl. ebd; Ezra Mendelsohn: Class Struggle in the Pale. The Formative Years of the Jewish Workers' Movement in Tsarist Russia, Cambridge 1970.

35 Vgl. Krut, Making, S. 148. S. a. Campbell, Beyond the Pale, S. 110 f. Praktische Zionisten richteten ihr Augenmerk auf die reale Einwanderungs- und Sied-

seins spiegelte, dass die jüdische Gruppe nicht so homogen war, wie es seitens eines anglo-deutschen Establishments gewünscht war. Wer nicht zur bürgerlichen Klasse des Gemeindeestablishments gehörte, war von der Schaffung einer südafrikanischen jüdischen Identität, welche in der jüdischen Gemeinschaft in den Jahren von Depression (1896–1906), südafrikanischem Krieg und anschließender Reconstruction auf Betreiben des Establishments stattfand, ausgeschlossen.

Ein Aushängeschild dieses Selbstbildes war das Imago von Südafrika als »Goldene Medina«, einem verheißenden Land, in dem Reichtum einfach zu erlangen und Antisemitismus abwesend war.[36] Erst nach der Jahrhundertwende wurde Antisemitismus ein fester Bestandteil des öffentlichen Diskurses in der weißen Bevölkerung.[37] Das 20. Jahrhundert verhalf den Juden Südafrikas zu einem ungemeinen ökonomischen Erfolg. Ihr politischer Status bedurfte hingegen einer andauernden Auseinandersetzung, in deren Verlauf sich auch die jüdische Minderheit ausdifferenzierte. Beschleunigend wirkte sich die antisemitische Massenbewegung unter den afrikaanischen Südafrikanern und der Zweite Weltkrieg aus. Diese erschütterten die Sicherheit, in der sich jüdische Südafrikaner nach der Gründung der *Union of South Africa* nach dem zweiten südafrikanischen Krieg gewogen hatten.

… lungspolitik in *Erez Israel;* diese Initiativen sollten faktisch einen jüdischen Staat hervorbringen. Politische Zionisten fokussierten sich darauf, von den europäischen Großmächten Konzessionen für einen jüdischen Staat in *Erez Israel* (zum damaligen Zeitpunkt ein Teil des Osmanischen Reiches, nach dessen Untergang am Ende des Ersten Weltkrieg unter britischer Verwaltung) zu erhalten. Politischer Zionismus entsprach deutlich der sich etablierenden jüdischen Mittelklasse, auch weil er mit dem Interesse einer nationalen südafrikanischen Identität einhergehen konnte.

36 Vgl. Mendelsohn/Shain, The Jews in South Africa, S. 38. »Abwesenheit« meinte zwar ausdrücklich nicht politische Gleichstellung oder staatsbürgerliche Rechte, diese sollten außerhalb der Kapprovinz Juden erst nach dem südafrikanischen Krieg in der *Union of South Africa* gewährt werden, wenngleich diese Rechte angefochten wurden.

37 Vgl. Shain, The Roots of Antisemitism, S. 5, S. 49–70, S. 74–77. Unter nichtweißen Südafrikanern wurden Juden nicht spezifisch negativ wahrgenommen, da die Konfliktlinie zwischen Weißen und Schwarzen verlief.

Der zweite südafrikanische Krieg (1899–1902)

Der zweite südafrikanische Krieg[38] löste zwischen 1899 und 1902 in den burischen Republiken Transvaal und Oranje-Freistaat eine Fluchtbewegung jüdischer Bewohner aus. Diese waren keine Bürger, sondern *Uitlanders*, Ausländer ohne Wahlrecht und Bürgerrechte.[39] Zuflucht fanden sie entweder in Kapstadt oder in den der englischen Krone unterstehenden Provinzen.[40] Der Krieg veränderte die Situation derjenigen, die zurückblieben, drastisch. Als die Afrikaaner ihren Guerillakrieg begannen, kam den Läden auf dem Land, die oftmals von Juden betrieben wurden, eine strategisch außerordentlich wichtige Funktion zu: Sie versorgten die Guerillas mit Nahrungsmitteln, Ausrüstung und Viehfutter. Zugleich nahmen sie Farmprodukte ab, auch wenn der afrikaanische Farmer bei den Guerillas war. Diese Schattenökonomie half den afrikaanischen Kommandos, weiter im Feld zu stehen.[41]

Die britische »Politik der verbrannten Erde« zerstörte zwar auch jüdisches Eigentum, ersparte ihnen aber aufgrund ihres Status' als *Uitlanders* die Internierung in englischen Konzentrationslagern.[42] Wer vom Land vertrieben wurde, suchte in den Städten oder an der Küste Zuflucht. Mehrheitlich verhielten sich die Juden während dieses Krieges, der als Auseinandersetzung zwischen Afrikaanern und Briten angesehen wurde, neutral.[43] Doch es folgte ein massenhafter Exodus[44] der jüdischen

38 Im Deutschen wird der Krieg »zweiter Burenkrieg« genannt, was aber die weitreichende Einbindung der gesamten Bevölkerung in das Kriegsgeschehen unterschlägt, weshalb hier in Anlehnung an die neuere englischsprachige Forschung vom (zweiten) südafrikanischen Krieg gesprochen wird.

39 Vgl. Elazar, Jewish Communities, S. 169; Mendelsohn/Shain, The Jews in South Africa, S. 54 f.

40 Vgl. Mendelsohn/Shain, The Jews in South Africa, S. 58 f.

41 Vgl. ebd., S. 58.

42 Vgl. ebd., S. 58.

43 Vgl. ebd., S. 59.

44 Vgl. ebd., S. 58; Mendelsohn und Shain sprechen von einem »wohlesale Exodus« und einem »mass Exodus« der städtischen Juden im Zuge des Krieges; s. a. Robertson/Kaplan, The Chevra Kadisha, S. 101.

Bevölkerung – ungefähr 10 000 Juden verließen den Transvaal.[45] Der Krieg endete mit einem Kompromiss, der den Engländern ökonomische, den Afrikaanern politische Dominanz in der aus den ehemaligen Republiken zusammengeschlossenen *Union of South Africa* überließ. Binnen weniger Jahre waren die jüdischen Gemeinden wieder gewachsen.[46]

Politische Ausdifferenzierung der jüdischen Gemeinschaft

Zusammen mit der 1898 gegründeten Zionistischen Landesgruppe, der *South African Zionist Federation*, bildete das 1912 gegründete *South African Jewish Board of Deputies* (SAJBD) das Fundament, auf dem sich die jüdische Gemeinschaft in Südafrika entwickelte.[47] Mit der politischen Vereinigung des Landes trat das SAJBD mit dem Anspruch auf, die gesamten jüdischen Interessen in der Union wahrzunehmen. Das SAJBD repräsentierte das Gesicht des jüdischen Südafrikas in der neuen Union:[48]

> anglicised, respectably bourgeois, upwardly mobile, comfortably integrated into the English-dominated cities, and far removed from the world of the Peruvian, a continuing source of shame and embarrassment for the aspirant middle class.[49]

Um dem Außenbild entsprechen zu können, war eine Synthese zwischen dem anglo-jüdischen und litwakischen Teil der Community nötig.[50]

45 Vgl. Elazar, Jewish Communities, S. 171; Mendelsohn/Shain, The Jews in South Africa, S. 58 f.; Robertson/Kaplan, The Cevra Kadisha, S. 104.

46 Vgl. ebd., S. 71.

47 Vgl. Shimoni, Jews and Zionism, S. 20. S. a.: Stephen Cohen: The South African Zionist Federation and the South African Jewish Board of Deputies: Samuel Goldreich and Max Langermann, in: Kaplan/Robertson, Founders and Followers, S. 197–210.

48 Vgl. Mendelsohn/Shain, The Jews in South Africa, S. 61–73

49 Ebd., S. 65.

50 Vgl. Elazar, Jewish Communities, S. 174 ff. Mehrheitlich taten die litwakischen Einwanderer dies auch, wenngleich eine sichtbare Minderheit die Unterwelt der Minenstädte Kimberley und des jungen Johannesburgs beherrschte (s. Mendelsohn/Shain, The Jews in South Africa, S. 44 f.).

Die vorherige Trennung war nicht nur kulturell bedingt (wenngleich die überwältigende Mehrheit der jüdischen Südafrikaner Aschkenasen waren[51]), sondern reflektierte auch soziale und ökonomische Unterschiede.[52] Die anfänglichen Differenzen zwischen anglo-deutschen Juden, dem Rabbinat und den Zionisten[53] nivellierten sich bis zum Ersten Weltkrieg.[54] Ebenso wurde jüdischer Nationalismus als ein Teil der Gruppenidentität im ethnisch zerklüfteten Südafrika willkommen geheißen.[55] Ein Bekenntnis zum (politischen) Zionismus wurde ein zentrales Signum der jüdischen Gemeinde Südafrikas, die weltweit den größten Prozentsatz an Zionisten in der jüdischen Bevölkerung besaß und enorme Summen an zionistische Institutionen spendeten.[56] Die linksorientierte zionistische Jugendbewegung der 1930er und 1940er Jahre, vor allem der zionistisch-sozialistische *Hashomer Hatzair*, sollte für die späteren jüdischen Oppositionellen eine nicht unbedeutende Rolle spielen.[57] Demgegenüber optierte das SAJBD für politische Zurückhaltung. Mehrheitlich waren die Juden Südafrikas an Jan Smuts und Louis Bothas *South African Party* bzw. später der United Party orientiert. Diese Partei sah sich als Partei der englischen oder Commonwealth-freundlichen Südafrikaner, die nach dem Krieg auf Ausgleich zwischen Afrikaanern und

51 Einige englische jüdische Pioniere hatten sephardische Vorfahren und eine kleine Minderheit sephardischer Juden kam nach dessen Unabhängigkeit aus dem Kongo (Mendelsohn/Shain, The Jews in South Africa, S. 4 f., S. 16, S. 182); nach Kaplan/Robertson (The Formation, S. 29) wurde schon 1903 eine kleine sephardische Synagoge in Johannesburg gegründet, die im Laufe der Jahre wuchs.

52 Vgl. ebd., S. 174.

53 Shimoni, Jews and Zionism, S. 14 f. nennt ein zentrales Unterscheidungsmerkmal: die englisch-akkulturierte jüdische Mittelklasse, die im SAJBD ihre Vertretung fand und die jiddisch-sprachigen Zionisten, die sich anfänglich nicht im SAJBD repräsentiert sahen. Krut, Making, stellt hingegen pointierter die Ausgangsbedingungen und Strategien der jüdischen Mittelklasse dar, die das Selbstbild der jüdischen Community bestimmte.

54 Vgl. Mendelsohn/Shain, The Jews in South Africa, S. 97.

55 Vgl. ebd.; Shain, The Roots of Antisemitism, S. 68 f.

56 Vgl. Shimoni, Jews and Zionism, S. 30 ff.; James Adams: The Unnatural Alliance. Israel and South Africa, London u. a. 1984, S. 7.

57 Vgl. ebd., S. 34, S. 298; Hellmann/Talmud, Ideally Speaking, S. 345 f.

Engländern bedacht war.[58] Aus ihr ging die *Progressive Party* hervor, die während der Apartheid die einzige legale Oppositionspartei im Parlament war. Spätestens seit den Wahlen von 1921 waren Juden mit der »Mitte« des weißen politischen Spektrums identifiziert.[59]

Zwar hatte auch die extrem rechte *National Party* (NP), die 1948 die Regierungsgewalt übernehmen sollte, Anhänger unter den jüdischen Südafrikanern – vor allem in den Jahren ihrer Regierungskoalition mit der *Labour Party* (1924–1933) –, aber insgesamt war eine Profilierung jüdischer Südafrikaner auf Seiten der extremen Rechten bis in die 1960er Jahre hinein äußerst selten, was auch in der Vergangenheit führender NP-Politiker in antisemitischen und pro-nationalsozialistischen Organisationen begründet lag.[60]

Umgekehrt gehörten Juden zu den (Mit-)Begründern der ersten Organisationen der politischen Linken und hatten dort ein weitaus stärkeres Profil. Ihr Einfluss reichte von den Gewerkschaften über die *Labour Party* bis zur CPSA. Letztere war 1921 aus den Abspaltungen der Sozialdemokratie im Zuge des Ersten Weltkriegs gegründet worden.[61] Die CPSA war es von nun an, die eine »farbenblinde« Rekrutierungsrichtlinie ausgab und Menschen aller Hautfarben als Mitglieder aufnahm, was für die weiße Wählerschaft kaum tragbar war und die Partei auf gewerkschaftliche und außerparlamentarische Arbeit beschränkte.[62]

In den minderheitsinternen Richtungsstreitigkeiten ging die Ablehnung des Zionismus durch die jüdische Linke, vor allem seitens des JWC,[63] so weit, dass es 1931 beim Besuch von Wladimir Jabotinsky, dem

58 Vgl. Shimoni, Community, S. 10 f.

59 Vgl. Shimoni, Jews and Zionism, S. 84 ff.; ders., Community, S. 55.

60 Vgl. ebd., S. 92 ff.; Shimoni, Community, S. 57, S. 112.

61 Vgl. Mantzaris, Radical Community, S. 161; Marx, Südafrika, S. 202; Baruch Hirson: A History of the Left in South Africa. Writings of Baruch Hirson, International Library of African Studies 15, London / New York 2005, S. 1–8.

62 Vgl. Shimoni, Jews and Zionism, S. 87.

63 Vgl. ebd., S. 54 f.; Adler, Lithuania's Diaspora, S. 78 ff.; Mantzaris, Radical Community.

Gründer der Revisionistischen Organisation, zu einer Straßenschlacht zwischen beiden Parteien kam.[64]

Gänzlich blieb die CPSA nicht aus dem parlamentarischen System ausgeschlossen, denn das Wahlsystem Südafrikas sah noch einige Jahre während der Apartheid »Native Representatives« vor. Sie wurden von zugelassenen nicht-weißen Südafrikanern gewählt, mussten selbst aber »weiß« sein. Zwei (jüdische) Kommunisten nahmen diese Positionen immer wieder wahr: Sam Kahn und Hyman Basner.[65] Ein Achtungserfolg gelang Hilda Watts (später Hilda Bernstein) 1944 mit der Wahl als kommunistische Direktkandidatin in den innerstädtischen Immigrantenvierteln Johannesburgs in die Stadtverwaltung.[66]

Ökonomischer Aufstieg – mühsam, aber stetig

Entgegen des Mythos war Südafrika nicht das »goldene Medina«, welches die emporstrebenden Immigranten sich erhofft hatten. Einer von ihnen, der in einer Kantine für schwarze Arbeiter in den Minen arbeitete, klagte: »My dreams are shattered. I work in a kaffir shop for £5 a month, and I am told that I am very lucky.«[67] Juden arbeiteten zudem als *smouse*, fahrende Händler in den ländlichen Gebieten der weißen Farmer und schwarzen Farmarbeiter.[68]

Doch im Laufe von dreißig Jahren gelang es ihnen, sich von überwiegend handwerklichen Gewerben in der Bekleidungsindustrie und dem Zwischenhandel in den Handel und in die Finanzwelt emporzuarbeiten. Als deren Kinder in wachsendem Maße durch einen Universitätsabschluss – in Fächern wie Recht, Medizin, Handel aber auch Geisteswissenschaften – an ihren Eltern vorbeizogen, kam man zu dem Resultat,

64 Vgl. Rowley Arenstein, in: Suttner, Cutting, S. 377 f.
65 Siehe Shimoni, Community, S. 90, S. 79 f.
66 Vgl. ebd., S. 85.
67 Adolph Shapiro, zit. nach: Adler, Lithuania's Diaspora, S. 73. Shapiro scheute nicht den pejorativen Begriff für Schwarze, *kaffir*.
68 Vgl. Mendelsohn/Shain, The Jews in South Africa, S. 40 ff.

dass man eine wohlhabende, aufstrebende Gemeinschaft mit deutlichem männlichem Überhang sei.[69]

Analog ließ sich eine rapide Urbanisierung feststellen, denn in den 1950er Jahren begann die Gruppe der *platteland*-Juden zu verschwinden und überhaupt machten jüdische Farmer nur noch einen sehr geringen Teil der Landbevölkerung aus.[70]

Urbanisierung und ökonomische Konzentration hielten über Jahre hinweg an, auch wenn Juden nur in wenigen Ausnahmen in die Spitzen der führenden Konzerne des Landes vorstießen, denn diese blieben den etablierten »englischen« und dem unter der NP-Regierung neu gegründeten afrikaanischen Monopolisten vorbehalten.

Innenpolitische Konflikte: Einwanderungsbeschränkung und Antisemitismus

Während die rassistische Ordnung des Landes zementiert erschien, fokussierten sich die afrikaanischen Nationalisten ab den 1930er Jahren auf die Agitation gegen die jüdische Minderheit und die Einwanderung. Die nationalistischen Gruppen erstarkten auch wegen der veränderten politischen Landschaft in der weißen Minderheit, welche durch die Vereinigung der »englischen« und afrikaanischen Parteien unter einer Vielzahl von Afrikaanern das Gefühl politischer Heimatlosigkeit bestärkte und sich die extreme Rechte als Ausweg anbot.[71] Die Jahre von 1930 bis 1945 veränderten die politische Landschaft nachhaltig und sollten die Wahrnehmung der NP noch nach dem Zweiten Weltkrieg bestimmen.[72]

69 Vgl. ebd., S. 83–88, S: 90 f., S. 111–114; Saron/Hotz, The Jews in South Africa, S. 368, S. 371.

70 Vgl. Saron/Hotz, The Jews in South Africa, S. 372 f.; Mendelsohn/Shain, The Jews in South Africa, S. 88.

71 Vgl. Marx, Südafrika, S. 208 ff., S. 213–217.

72 Vgl. Shimoni, Jews and Zionism, S. 66; Shain, The Roots of Antisemitism, bspw. S. 6, 42, 46 ff., zeichnet den Antisemitismus innerhalb der gesamten weißen Minderheit nach; vor der Renaissance eines Afrikaaner-Nationalismus in den 1930er

»Engländer« wie auch Afrikaaner standen der jüdischen Einwanderung seit der Jahrhundertwende skeptisch bis ablehnend gegenüber. Gesetzliche Einschränkungen sollten den Zuzug »unerwünschter Osteuropäer« unterbinden, im Extremfall sollten diese schlicht nicht als »weiß« gelten.[73] Nachdem die USA 1924 ihre Einwanderungsquote drastisch senkten, erreichten bis 1930 noch jährlich ungefähr 2000 jüdische Immigranten die Docks von Kapstadt. Die Koalition aus NP und *Labour Party* reagierte darauf mit dem *Quota Act*, der nur die winzige Zahl von nur 50 Einwanderern aus bestimmten Ländern, vor allem Osteuropas, duldete.[74] Aufgrund des Drucks der antisemitischen Bewegung verabschiedete das Parlament den *Aliens Act*, der die jüdische Immigration unterbinden sollte. Bevor er 1937 in Kraft trat vermochten es noch insgesamt circa 6000 Juden auf dem Dampfer *Stuttgart* aus Deutschland nach Südafrika zu fliehen.[75] Bis auf wenige Ausnahmen kam mit Beginn des Zweiten Weltkriegs die jüdische Einwanderung zum Erliegen.[76]

Das Erstarken des Afrikaaner-Nationalismus wurde als existenzielle Bedrohung der jüdischen Minderheit gesehen. Wenngleich individueller Antisemitismus schon lange Zeit vorgeherrscht hatte, so war der prominente Platz, den die Juden im afrikaanischen Nationalismus einnahmen neu und die Machtübertragung an die Nationalsozialisten in Deutschland beflügelte die extrem rechten Gruppen im Land.[77] Von diesem ent-

… Jahren erschien der Antisemitismus oftmals hegemonial in der weißen Minderheit, wenngleich parallel auch subgruppen-spezifische Stereotype existierten.

73 Vgl. Krut, Making, S. 142 f.; Mendelsohn/Shain, The Jews in South Africa, S. 57.

74 Vgl. Campbell, Beyond the Pale, S. 101.

75 Vgl. ebd.; Shimoni, Jews and Zionism, S. 140–144. S. a. Linda Coetzee / Myra Osrin / Millie Pimstone: Seeking Refuge. German Jewish Immigration to the Cape in the 1930s, Kapstadt 2003; Jocelyn Hellig / Myra Osrin / Millie Pimstone: Seeking Refuge. German Jewish Immigration to Johannesburg in the 1930s, o.O. [Johannesburg] 2005.

76 Vgl. ebd.

77 Zu den politischen und ökonomische Begleitumständen sowie der kulturellen Ausprägung des Afrikaaner-Nationalismus siehe Marx, Südafrika, S. 193–201, S. 208–217; Giliomee, The Afrikaners, S. 335–446; s. a. Krut, Making, S. 145; Mendelsohn/Shain, The Jews in South Africa, S. 106; Shimoni, Jews and Zionism, S. 108–115.

lehnten Organisationen wie die *Nuwe Order*, die *Grey Shirts* und *Black Shirts* oder die *Ossewa Brandwag* ihre Ideologien.[78]

Allein die *Ossewa Brandwag* zählte auf dem Höhepunkt ihres Einflusses schätzungsweise 300 000 Mitglieder.[79] Die 1939 durch Jan Smuts herbeigeführte Parlamentsentscheidung, Deutschland an der Seite Großbritanniens den Krieg zu erklären, sorgte für große Entrüstung innerhalb des afrikaanischen Lagers und bescherte der »Gesäuberten« *National Party* und der *Ossewa Brandwag* weiteren Zulauf.[80] Beiden Organisationen gehörten pro-deutsche Kriegsgegner an, die während des Krieges interniert wurden, darunter auch der spätere Justizminister John Vorster.[81] Unter den Demonstranten gegen die Landung der *Stuttgart* 1936 war der spätere Premierminister Henrik F. Verwoed.[82]

Um die antisemitischen Attacken zum Schutz der Community zu kontern, wurde das SABJD in seiner traditionellen Weise als *shtadlanut*, als Vermittler zwischen Regierenden und Gemeinden, aktiv.[83] Da der

78 Siehe Patrick J. Furlong: Between Crown and Swastika. The Impact of the Radical Right on the Afrikaner Nationalist Movement in the Fascist Era, Hanover/London 1991; Christoph Marx: Im Zeichen des Ochsenwagen. Der radikale Afrikaaner-Nationalismus in Südafrika und die Geschichte der Ossewa Brandwag, Studien zur Afrikanischen Geschichte 22, Münster 1998, v.a. S. 221–240, S. 471–474. Hermann Giliomee kritisiert Furlongs Darstellung des faschistischen Charakters des afrikaanischen Nationalismus besonders im Hinblick auf die *National Party* (und unter Absehung von explizit dem Faschismus und/oder Nationalsozialismus angelehnten Organisationen wie *Nuwe Order* oder *Ossewa Brandwag*): Giliomee, The Afrikaners, S. 443 f.

79 Vgl. Marx, Südafrika, S. 216.

80 Vgl. ebd., S. 217.

81 Vgl. Marx, Im Zeichen des Ochsenwagen, S. 480 ff.; s.a. Campbell, Beyond the Pale, S. 117: alle vier Premierminister nach 1948 – Daniel F. Malan, J. G. Strijdom, Hendrik F. Verwoerd und John Vorster – hatten sich in der Zwischenkriegszeit durch anti-jüdische Standpunkte einen zweifelhaften Ruf erworben.

82 Vgl. Giliomee, The Afrikaners, S. 416 f.

83 Der Begriff des *shtadlanut* wird zur Charakterisierung nicht legitimierter Gemeindepolitik in Kapstadt im Jahr 1902 verwendet von Mendelsohn/Shain, The Jews in South Africa, S. 60. Zu Begriff und Praxis des *shtadlanut* siehe F. L. Carsten: The Court Jews. A Prelude to Emancipation, in: Leo Baeck Institute Yearbook (LBIYB) III (1958), S. 140–156; François Guesnet: Die Politik

Präsident Barry Hertzog halbherzig auf Beschwerden des SABJD reagierte, orientierten sich die offiziellen Gemeinderepräsentanten am liberalen Flügel der *United Party*, den Jan Smuts und Jan Hofmeyr repräsentierten. Smuts sprach sich unmissverständlich gegen die Aktivitäten der »Shirt«-Bewegung aus. Hofmeyr bemühte eine Analogie zwischen Afrikaaner und Juden als »auserwähltem Volk«, um die jüdischen Bürger zu beruhigen. Im November 1948 schrieb er in der Zeitschrift des SAJBD:

> Anti-Semitism is a thing which is irreconcilable with the best traditions of the South African people. ... We dare not forget that the literature of the Bible was in the main Jewish literature; that the founder of our religion was a Jewish Messiah. There is very little in our national characteristics of which we are proud, which have not got their origin or been influenced by the attachment of our people in the past to the Jewish Book and the Jewish Messiah.[84]

Die Organisationen der Linken hingegen beschieden sich nicht mit parlamentarischer Debatte und Protestnoten, sie konfrontierten die südafrikanischen Faschisten auf der Straße – auch um jüdische Geschäfte vor antisemitischen Attacken zu schützen.[85] Legendär waren aber die Versammlungen der CPSA auf den Stufen der Johannesburger Stadthalle an den Sonntagabenden. Ein Redner oder eine Rednerin sprach zu einer großen Zahl von Parteimitgliedern, Sympathisanten und Interessierten – und auch zu faschistischen Provokateuren. Die Versammlungen arteten oftmals in Schlägereien aus.[86] Militanter Antifaschismus war ein Merkmal

... der »Fürsprache« – Vormoderne jüdische Interessensvertretung, in: Dan Diner (Hg.): Synchrone Welten. Zeitenräume jüdischer Geschichte, Göttingen 2005, Toldot 1, S. 67–92.

84 Jewish Affairs, November 1948, zit. n.: Shimoni, Jews and Zionism, S. 139. Hofmeyrs liberale Haltung drang nicht bis zur nicht-weißen Bevölkerung Südafrikas durch.

85 Vgl. Hymie Barsel, SAHA AL2460, A2.7.2.

86 Vgl. Mendelsohn/Shain, The Jews in South Africa, S. 130; s. a. Rica Hodgson: Foot Soldier for Freedom. A Life in South Africa's Liberation Movement, Johannesburg 2010, S. 55.

der linken und jüdisch-linken Organisationen. Der Versuch, eine Massenversammlung des *Relief Committee for the Victims of German Fascism* im Jahr 1933 anzugreifen, wurde vom Saalschutz, der von den Gewerkschaften und dem JWC gestellt wurde, unterbunden. Der *Forward* berichtete breitschultrig, dass die Verteidiger

> ... made them [den Angreifern; H. P.] realise that they were not in Berlin fighting defenceless workers and Jews but in Johannesburg where they were liable to receive the medicine which they were intending to administer.[87]

Die Periode des Zweiten Weltkriegs

Zur Ruhe kam die südafrikanische Gesellschaft nicht, weder im Hinblick auf die »Rassenfrage« noch auf die »Judenfrage«. Durch die industrielle Unterstützung der Kriegsanstrengungen bildete sich ein schwarzes urbanes Proletariat heraus. Schwarze strömten vor allem nach Johannesburg, dem industriellen Zentrum, und neue Konfliktlinien kamen zum Vorschein.[88] Die Jahre des Weltkriegs waren für die jüdische Community und ihre Organe geprägt von der Unterstützung des Krieges. Sie erwiderten enthusiastisch die freiwillige Mobilmachung und riefen Organisationen wie den *Jewish War Appeal* ins Leben.[89] Mit Beginn des Zweiten Weltkriegs meldeten sich viele jüdische Südafrikaner zur Armee, die als Teil der britischen Streitkräfte in Ägypten und Italien eingesetzt wurde. In der Heimat stand die jüdische Community – abgesehen von den Kommunisten, die zwei Jahre lang gegen den »imperialistischen Krieg« der Großmächte agitierten – einhellig hinter Smuts.[90] Diese Position brachte den Kommunisten Unglaubwürdigkeit und Mitgliederschwund ein. Erst mit dem Angriff auf die Sowjetunion wurde die CPSA

87 Forward, 10. November 1933, zit. n.: Adler, Lithuania's Diaspora, S. 87.
88 Vgl. Dubow/Jeeves, South Africa's 1940s.
89 Vgl. Mendelsohn/Shain, The Jews in South Africa, S. 120 f.
90 Vgl. ebd., S. 119 ff.

eine anerkannte Massenorganisation.[91] Ab 1941 meldeten sich auch Kommunisten zum Dienst in der britischen Armee. Bisweilen sollte ihre Dienstzeit wichtige Konsequenzen haben: Joe Slovo bekam dadurch die Möglichkeit, ohne formalen Schulabschluss an der Witwatersrand Universität zu studieren, während Jack Hodgsons Expertise in der Herstellung von Bomben und Untergrundmaterial legendär werden sollte.[92]

In der unmittelbaren Nachkriegszeit machten Anhänger der *Ossewa Brandwag* durch Anschläge und Attacken auf Einrichtungen der CPSA von sich reden.[93] Der Historiker Arthur Keppel-Jones malte sich aus, wie ein Wahlsieg der NP zu einem autoritären Regime führen würde, welches in seiner Praxis auch ein Pogrom dulde, das den Juden in Südafrika eine Zukunft verheeren würde.[94] Weder dieses Pogrom noch eine andere antisemitische Politik setzten ein, aber die Stimmung unter afrikaansen wie englischen Südafrikanern war wahrnehmbar antisemitisch geprägt. »Previously you heard occasionally anti-Jewish remarks; now it is a tirade«[95], bemerkte der Sozialpsychologe Simon Herman gegen Kriegsende.

Die Vernichtung der Juden Europas schockierte alle Juden in Südafrika.[96] Mit Bekanntwerden der Katastrophe wurden Trauergottesdienste in den Synagogen von Kapstadt, Johannesburg und Durban anberaumt, die Community war voller Trauer über die Zerstörung ihres alten Heimatlandes und der Ermordung der dort verbliebenen Angehö-

91 Vgl. Parvathi Raman: Yusuf Dadoo. A Son of South Africa, in: Dubow/Jeeves, South Africa's 1940, S. 227–266, hier S. 232–235; Edward Roux: Time longer than Rope, London 1948, S. 310–325; Ray Alexander Simons, in: Suttner, Cutting, S. 22–47, hier S. 42.

92 Siehe Joe Slovo: The Unfinished Biography, Johannesburg 1995, S. 27–33; Rusty Bernstein: Memory Against Forgetting. Memoirs of a Life in South African Politics, 1938–1964, Johannesburg 1999, S. 72–86; Hodgson, Foot Soldier, S. 109–123, S. 194 ff.

93 Vgl. Marx, Im Zeichen des Ochsenwagen, S. 477.

94 Vgl. Arthur Keppel-Jones: When Smuts Goes, London 1947, S. 36–39, S. 86–88. S. a. Shimoni, Jews and Zionism, S. 206.

95 Zit. nach Mendelsohn/Shain, The Jews in South Africa, S. 122. S. a. ebd., S. 121 ff.

96 Vgl. ebd., S. 123 f.; Pauline Podbrey, in: Suttner, Cutting, S. 58 f.

rigen und Freunde.[97] Die Erinnerung an den *Churban*[98] nahm von da an neben dem zionistischen Bekenntnis einen zentralen Platz in der Identität jüdischer Südafrikaner ein.[99]

Aufgrund dieses Schocks und der Wellen des Antisemitismus im eigenen Land stand die jüdische Community im Jahr des Wahlsiegs der NP 1948 den sich ankündigenden Veränderungen furchtsam gegenüber.[100] Über ihnen lag der bedrohliche Schatten des Antisemitismus führender NP-Politiker, die nun an die Macht kamen.[101] In den Organen der Gemeindeinstitutionen ordnete man sich in der kurzen Periode zwischen dem Ende des Zweiten Weltkriegs und dem Beginn der Apartheid den fortschrittlichen Kräften der südafrikanischen Gesellschaft zu, wie die Aufforderung eines Kommentars in den *Jewish Affairs* im Januar 1948 deutlich machte:

> It is doubtful whether there can be a specific Jewish viewpoint, but something, nevertheless, can be expected of the Jew. On racial issues he should take as liberal a view as possible. He should be profoundly sensitive to injustice arising from discrimination based on race or caste. He can and must be progressive.[102]

In den folgenden Jahren blieb von dieser Forderung nur der offizielle Standpunkt übrig, dass sich Juden nur als Privatpersonen politisch engagieren sollten. Einzig der Schutz der Gemeinschaft wie der ihrer Mitglieder gegen Diskriminierung sei die Aufgabe des SAJBD, man sehe sich aber keiner politischen Partei verpflichtet.[103] Damit griff das SAJBD seine traditionelle Haltung der Nichteinmischung in politische Belange wieder

97 Vgl. Shirli Gilbert: Jews and the Racial State. Legacies of the Holocaust in Apartheid South Africa, in: Jewish Social Studies, n.s. Jg. 16 (2010) Nr. 3, S. 32–64, hier S. 37 f.; Pauline Podbrey, in: Suttner, Cutting, S. 58.

98 Zum Begriff des *Churban* siehe Manès Sperber: Churban oder die unfassbare Gewissheit, Wien 1983, S. 65–100.

99 Vgl. Mendelsohn/Shain, The Jews in South Africa, S. 190.

100 Vgl. ebd., S. 46.

101 Vgl. Shimoni, The Jewish Response to Apartheid, S. 19.

102 Zit. nach Shimoni, Community, S. 16.

103 Vgl. ebd., S. 24.

auf. Die Diskussion darüber bestimmte lange Jahre die inneren kommunalen Auseinandersetzungen. Kritiker der jüdischen Community gestanden zu, dass Angst vor Repressionen und Unsicherheit Elemente eines Schweigens waren, aber dennoch sei es vor allem das sozial komfortable Leben gewesen, das südafrikanische Juden gewahrt wissen wollten.[104] Ihrer Ansicht nach war es das Bewusstsein, einer Minderheit mit Diskriminierungs- und Verfolgungserfahrung anzugehören, welches auch zum politischen Handeln oder zumindest einer politischen Haltung – gegen Apartheid – anhalte. Letztlich aber wurde das Muster der Konformität geradezu traditionsbildend.

Daneben gab es eine andere Tradition der Abweichung, die sich mindestens störrisch, oftmals in lautstarker Opposition gegenüber der rassistischen Gesellschaftsordnung zeigte[105] – und darin auch eine Antwort auf den Nationalsozialismus und seine Verbrechen sah.[106]

2.b Die Entwicklung der Apartheid und der Widerstand

Den Wahlsieg 1948, der von einer stärkeren relativen Gewichtung der Stimmen der weißen Landbevölkerung und nicht von absoluten Zahlen abhing, wurde von der NP selbst als eine »göttliche Vorsehung« erachtet, wie es der spätere Premierminister Hendrik F. Verwoerd ausdrückte.[107] Das rassistische Konzept der Apartheid, so ihr Narrativ, wurde quasi vom Reißbrett her entwickelt.[108]

104 Vgl. Colin Tatz / Peter Arnold / Gillian Heller: Worlds Apart. The Re-Migration of South African Jews, Dural 2007, S. 109 f.

105 Vgl. Shimoni, Community., S. 6.

106 Vgl. Wolfie Kodesh, SAHA AL2460, A11.10.

107 Vgl. H. Jack Simons / Ray E. Simons: Class and Colour in South Africa, 1850–1950, Harmondsworth 1969, S. 588.

108 Vgl. Marx, Südafrika, S. 224.

Diese Ära der Apartheid unterteilt der Afrikanist Christoph Marx in fünf verschiedene Perioden ein. Beginnend mit dem Jahr 1948, als die NP die Wahlen gewann, macht Marx ungefähr alle zehn Jahre wichtige Veränderungen in der Apartheidpolitik aus, die sich im Wechsel des Präsidenten ausdrücken.[109] In der ersten Phase 1948 bis 1958, die zwei Premierminister – Daniel F. Malan und J. G. Strijdom – sah, sollte die Apartheid umgesetzt und die Macht der NP gesichert werden. Zwischen 1958 und 1966 wurde unter dem Premierminister Henrik F. Verwoerd die *Homeland*-Politik aufgenommen; nachfolgend zwischen 1966 und 1978 unter Balthazar J. Vorster der Sicherheitsstaat mit der Polizei im Zentrum ausgebaut. Unter Pieter W. Botha wurde dieser dann in ein »autokratisches Präsidialsystem«[110] umgewandelt, dessen Stütze nun auch das Militär war; 1989 ebnete der Premier Frederik Willem de Klerk den Weg für eine Transition zur heutigen Demokratie.

Für die Opposition stellt sich der historische Verlauf anders dar. Vor allem ihre großen Kampagnen und die Niederlagen gegen die staatliche Repression markieren hier die Scheidepunkte. Auch hier kann man mit Marx fünf Perioden unterscheiden. 1948 bis 1960 war die Zeit der Massenproteste und der Kongress-Bewegung, deren nachhaltigste Kampagne die *Freedom Charter*, die Freiheitscharta von 1955, war. Die Jahre 1960 bis 1963 standen im Zeichen des Massakers von Sharpeville und des militanten Widerstands, der mit dem Prozess von Rivonia 1963/1964 bzw. dem »Little Rivonia Trial« 1965 endete.[111] Spätestens nach dem »Fischer Trial« 1965/1966 galt die Opposition innerhalb des Landes als zerschlagen und bis 1976 als faktisch nicht mehr existent. Dies änderte sich mit dem Aufstand von Soweto, der sich an der Einführung von Afrikaans als erster Sprache in afrikanischen Schulen entzündete. Von 1976 bis 1983 begann

109 Vgl. ebd. S. 222.

110 Ebd., S. 222.

111 Vgl. Gregory Houston: The post-Rivonia ANC/SACP underground, in: SADET (Hg.): The Road To Democracy in South Africa, Bd. 1: 1960–1970, Kapstadt 2004, S. 601–660, hier S. 614; Glenn Frankel: Rivonia's Children. Three Families and the Cost of Conscience in White South Africa, New York 1999, S. 298.

der Widerstand in Südafrika zu wachsen und der exilierte ANC baute Zellen im Land auf. Die sechs Jahre von 1983 bis 1989 waren vom Slogan bestimmt, Südafrika unregierbar zu machen. Streiks, Massenproteste und Straßenschlachten in den Townships, Proteste durch (vor allem junge) Dissidenten aller ethnischen Gruppen sowie der brutalisierende und moralisch verheerende Buschkrieg brachten Südafrika in Aufruhr, sodass der damalige Präsident Botha mehrfach den Notstand ausrief. Die Jahre ab 1989 sind für die Opposition vor allem durch die Verhandlungen um eine Transition zu einer Mehrheitsdemokratie gekennzeichnet; hinzu kommen Kämpfe um politischen Einfluss und Macht, die einem verdeckten Bürgerkrieg gleichen. Ende April 1994 ging die Ära der Apartheid mit den ersten freien und gleichen Wahlen in Südafrika zu Ende.

Als die NP 1948 nur mit wenigen Stimmen eine Mehrheit im Parlament erlangte,[112] hatte sie das Schlagwort »Apartheid« im Wahlkampf eingeführt. Der Begriff war schon unmittelbar nach der Implementierung der damit bezeichneten Politik der »Rassen«-Trennung umstritten, international verpönt und negativ besetzt, auch wenn Anhänger der nationalistischen Regierung die Segnungen der »getrennten Entwicklung« durch ihre vermeintliche historische Legitimität glaubhaft zu machen versuchten.[113] Je nach Akteuren und Zeitumständen variierte die Bedeutung des Begriffs, und mitunter erwies sich diese Ideologie als recht flexibel,[114] aber in der Praxis zielte Apartheid immer auf die »›Erhaltung und [den] Schutz‹ des Afrikaanertums, der weißen Vorherrschaft und der weißen Rasse«.[115]

112 Vgl. Simons/Simons, Class and Colour in South Africa, S. 588 f.

113 Vgl. N.J. Rhoodie / H.J. Venter: Apartheid. A socio-historical Exposition of the Origin and Development of the Apartheid Idea, Pretoria 1960. S. a. Dubow, Apartheid, S. 10.

114 Siehe Marx, Südafrika, S. 224; Stanley B. Greenberg: Ideological Struggles within the South African State, in: Shula Marks / Stanley Trapido (Hg.): The Politics of Race, Class and Nationalism in Twentieth-Century South Africa, Harlow 1987, S. 389–418; William Beinart / Saul Dubow, Introduction, in: dies. (Hg.): Segregation and Apartheid in Twentieth Century South-Africa, Rewriting Histories, London / New York 1995, S. 1–24.

115 William Beinart: Twentieh-Century South Africa, Oxford 2001, S. 147; s. a. Dubow, Apartheid, S. 13.

Insgesamt waren die Diskussion und die politische Durchsetzung der »Rassen«-Trennung in Südafrika nicht einzigartig,[116] neu war jedoch der »umfassende Charakter der Rassentrennung nach 1948 [...] wie der radikale Impetus, mit dem sie durchgeführt, wie der bürokratische Rigorismus, mit dem sie umgesetzt wurde«[117]. Die legislative Verankerung der Apartheid hatte ihre Vorgeschichte in der Praxis der Segregation der Jahre zuvor, die Apartheid musste jedoch erst von ihren Ideologen entwickelt werden.[118] Die NP verfügte bei der Regierungsübernahme über kein fertiges Konzept der Apartheid.[119] Dennoch war das Ideologem ein zentrales Thema für die afrikaanischen Nationalisten, weil es gerade »nicht nur um Herrschaftspragmatismus und Optimierung kapitalistischer Ausbeutungsstrukturen«, wie es der Tenor der radikalen südafrikanischen Opposition gewesen war, ging, sondern auch kulturelle Ausdeutungen eine Rolle spielten.[120]

»Die Angst vor kulturellem Substanzverlust und der Rassismus waren treibende Kräfte, die Radikalität in Worten und Taten dokumentieren dies. Die schnelle Abfolge, mit der die wichtigsten Pfeiler des Apartheidgebäudes kurz nach der Regierungsübernahme eingerammt wurden, belegt deutlich die klaren Zielvorgaben der Nationalisten, auch wenn sie sich in den Details pragmatisch zeigten.«[121]

Das System der Apartheid war simultan auf weiße politische Vorherrschaft und weiße ökonomische Prosperität ausgerichtet.[122]

116 Vgl. Dubow, Racial Segregation; ders.: Scientific Racism in Modern South Africa, Cambridge 1995; ders.: Apartheid, S. 16 f.

117 Marx, Südafrika, S. 227.

118 Siehe Dubow, Apartheid, S. 11 f., 16 f.; Beinart/Dubow, Introduction; Harold Wolpe: Capitalism and Cheap Labour, in: Beinart/Dubow, Segregation and Apartheid, S. 60–90 (erstmals veröffentlicht unter dem Titel Capitalism and cheap labour-power in South Africa: from segregation to apartheid, in: Economy and Society, Jg. 1, ([1972] H. 4, S. 425–456).

119 Vgl. Beinart, Twentieth-Century, S. 145 f.; Dubow, Apartheid, S. 14 ff.

120 Vgl. Marx, Südafrika, S. 224.

121 Ebd., S. 224.

122 Vgl. Deborah Posel: The Making of Apartheid, 1948–1961. Conflict and Compromise, Oxford 1991, S. 8.

Um eine Trennung der Bevölkerungsgruppen vorzunehmen, war es für die Politik des Apartheidstaats notwendig, die Bevölkerung nach rassistischen Merkmalen einzuordnen. Der *Population Registration Act* von 1950[123] führte die Kategorie der biologischen Herkunft in jeden Aspekt des gesellschaftlichen Lebens ein »and in so doing made apartheid the most oppressive system of racial rule in the post-war world«[124].

Vier Hauptgruppen wurden unterschieden:[125]

1) die Minderheit der Weißen, die alle umfasste, die »europäischer« Herkunft waren. Hier können die afrikaanische oder burische Minderheit, die von holländischen Kolonisatoren abstammt, von der englischen Gruppe unterschieden werden, ebenso weiße Sub-Gruppen deutscher, griechischer, französischer und jüdischer Herkunft.

2) die Gruppe der *Coloureds*, die primär Abkömmlinge südafrikanischer Sklaven und der Khoisan-Bevölkerung umfasste. Aber letztlich konnte die Kategorisierung jeden treffen, der nicht als Weiß oder Schwarz bestimmt wurde.[126]

3) die Gruppe der Inder, die auch Asiaten genannt wurden. Damit war die indische Minderheit gemeint, da die chinesische Minderheit die Apartheid-Bürokratie durch ihre geringe Größe vor erhebliche Probleme stellte und durch eine Reihe von Ausnahmeregelungen quasi als Weiß behandelt wurde.[127] Die farbige Minderheit wurde selbst in verschiedene Gruppen unterteilt: *Cape Coloured*, Kap-Malayen, Griqua, Inder, Chinesen,

123 Vgl. Michael Ormond: The Apartheid Handbook. A Guide to South Africa's Everyday Racial Policies, Harmondsworth 1985, S. 21; Marx, Südafrika, S. 225; Beinart, Twentieth-Century, S. 148.

124 Dubow, Apartheid, S. 38.

125 Vgl. Ormond, The Apartheid Handbook, S. 20–25.

126 Vgl. Christoph Marx: Zwangsumsiedlungen in Südafrika während der Apartheid, in: Isabel Heinemann / Patrick Wagner (Hg.): Wissenschaft – Planung – Vertreibung. Neuordnungskonzepte und Umsiedlungspolitik im 20. Jahrhundert, Beiträge zur Geschichte der Deutschen Forschungsgemeinschaft 1, Stuttgart 2006, S. 173–195, hier 177; ders., Südafrika, S. 225 f.; s. a. Ormond, Apartheid Handbbok, S. 21.

127 Vgl. Marx, Südafrika, S. 227 f. S. a. Yvonne Erasmus / Yoon Jung Park: Racial Classification, redress and citizenship: The case of Chinese South Africans, in: Transformation, Nr. 68 (2008), S. 99–109.

»andere Asiaten« und »andere Coloured«.[128] Zugleich gab es auch »Ehren-Weiße«, zu denen einige Asiaten gehörten.[129]

4) die Schwarzen, welche die Bevölkerungsmehrheit stellten. Sie wurden selbst in verschiedene Untergruppen, »nationale Einheiten«, wie Sotho, Tswana, Zulu, Swazi, Xhosa, Tsonga und Venda unterteilt.[130] Die Bevölkerungsmehrheit wurde mit verschiedenen Namen belegt: Bantu, Natives, Negro. Hingegen wurde *African*, Afrikaner also, vermieden, um Verwechslungen mit der Selbstbezeichnung der burischen Weißen als »Afrikaaner« vorzubeugen.[131]

Den vielfachen Beteuerungen und Konzeptualisierungen zum Trotz blieb die Politik der Apartheid generell erratisch und nicht zentral koordiniert. Viel hing bei der Umsetzung von politischen Direktiven und Vorgaben von der Initiative Einzelner und dem Zusammenspiel von bürokratischem und Alltagsrassismus ab.[132]

Mit dem Regierungsantritt der NP wurden eine Reihe von Gesetzen verabschiedet, die die Durchsetzung der »Rassen«-Trennung und die Ausschaltung der politischen Opposition zum Ziel hatten. Die Gesetzgebung betraf viele Lebensbereiche: von der Bildung über den Aufenthaltsstatus, über Liebes- und sexuelle Beziehungen, Arbeitsplätze und Freizeitaktivitäten bis hin zu politischen Organisationen und Verbänden.

Die Gesetzesinitiativen lassen sich in fünf verschiedene Bereiche unterteilen:

- den sexuellen Kontakt zwischen den Bevölkerungsgruppen (*Mixed Marriages Act,* 1949, und *Immorality Act,* 1950),

128 Vgl. Ormond, Apartheid Handbook, S. 21.

129 Vgl. N. N.: South Africa: Honorary Whites, in: Times, 19.01.1962, (online abrufbar unter content.time.com/time/magazine/article/0,9171,895835,00.html [letzter Zugriff: 6.5.2015]).

130 Vgl. Ormond, Apartheid Handbook, S. 24.

131 Vgl. ebd., S. 20. Im Englischen ist die Unterscheidung durch das »k« sichtbar: African, Afrikaner; im Deutschen wird zwischen »Afrikaaner«, »Afrikander« oder »afrikaanisch« im Gegensatz zu »Afrikaner« unterschieden.

132 Vgl. Marx, Zwangsumsiedlungen, S. 192; Dubow, Apartheid, 38.

- den alltäglichen Kontakt zwischen ihnen und
- die räumliche Trennung der Gruppen (*Group Areas Act* von 1950 und *Natives [Abolition of Passes and Co-Ordination of Documents] Act 1952*),
- die Ausschaltung der Opposition und der Entzug der Rechte der nicht-weißen Bevölkerung (*Suppression of Communism Act*, 1950 und die Streichung der *Coloured* von der *common voters roll* in der Kapprovinz).[133]

Hinzu kamen Gesetze, die die systematische Ausbeutung schwarzer Arbeitskraft auf den Farmen, in den Minen und der Industrie und den Privathaushalten zum Gegenstand hatten.[134]

Zentrales Instrument der Unterdrückung der Opposition war der *Suppression of Communism Act*, der 1950 verabschiedet wurde. Als »Kommunismus« galt laut dem Gesetz letztlich alles, was nicht dem »Kulturnationalismus« der Afrikaaner entsprach,[135] sodass jegliche Art der Opposition verfolgt werden konnte. Es diente der »gesetzlichen Flankierung« der Durchsetzung der Maßnahmen der Apartheid[136] und erklärte die CPSA[137] für illegal. Die Partei kam der Regierung jedoch zuvor und löste sich vor Inkrafttreten des Gesetzes auf, um in den Untergrund zu gehen.[138]

Nach dem Massaker von Sharpeville 1960 verbot der *Unlawful Organizations Act* zudem noch die beiden letzten einflussreichen Oppositionsgruppen, den *African National Congress* (ANC) und den *Pan African*

133 Siehe Dubow, Apartheid, S. 35.

134 Eine Übersicht der verabschiedeten Gesetze bis 1963 gibt Brian Bunting: The Rise of the South African Reich, Harmondsworth 1964, S. 142–159.

135 Vgl. Marx, Südafrika, S. 234.

136 Vgl. ebd., S. 234. S. a. Bunting, Rise, S. 164–167.

137 Die CPSA gründete sich im Untergrund als *South African Communist Party*, SACP, neu und wird im Folgenden generell unter SACP geführt, außer wenn spezifisch auf die Rolle und Geschichte der Kommunistischen Partei vor 1950 hingewiesen werden soll.

138 Vgl. Bunting, Rise, S. 166; Lerumo, Fifty Fighting Years, S. 91.

Congress (PAC).[139] Somit waren bis auf die liberale *Progressive Party*, die sich den Gesetzen der Apartheid fügte, alle namenhaften Organisationen der Opposition für illegal erklärt und die Mehrheit der Bevölkerung ihrer eigenständigen Parteien beraubt worden.[140] Das Verbot beschleunigte die Hinwendung zum bewaffneten Kampf, der schon seit einigen Jahren innerhalb der Opposition im Gespräch war, auch weil die gewaltfreien Protestformen auf keinerlei Gehör bei der Regierung stießen.[141]

Der *Immorality Act* (1950) und der *Mixed Marriages Act* (1949) verboten jeglichen sexuellen Kontakt über die »Rassen«-Grenzen hinweg. Da Sexualverkehr zwischen weißen Männern und schwarzen Frauen vor allem auf dem Land nicht ungewöhnlich war, zielten diese Gesetze auch auf die soziale Disziplinierung der Weißen, wenngleich die schwarzen Frauen harsche Strafen zu fürchten hatten.[142] Zugleich reflektiert die Verabschiedung dieser zwei frühen Gesetze rassistische Reflexe, wie William Beinart bemerkte.[143] Denn Sexualität bzw. »Rassenmischung« war ein obsessives und emotional hoch aufgeladenes Thema der weißen Gesellschaft, worin sich tief sitzende Vorstellungen wie »rassische Reinheit«, vor allem in Bezug auf weiße Frauen, und sozialdarwinistische Ängste, dass »Rassenmischung« zu »rassischem Verfall« führen würde, ausdrückten.[144] Diese Gesetze betrafen gemischte Paare existenziell, da ihre Ehen in Südafrika, wenn überhaupt, nur unter großen Entbehrungen möglich waren.

139 Vgl. ebd., S. 153, S. 176.

140 Dies trotz der objektiven Schwäche der Organisationen, siehe Tom Lodge: Black Politics in South Africa since 1945, London / New York 1983, S. 232.

141 Vgl. Bernard Magubane u.a.: The turn to armed struggle, in: SADET, The Road to Democracy, Bd. 1, S. 53–146; Stephen Ellis: The Genesis of the ANC's Armed Struggle in South Africa 1948–1961, in: Journal of Southern African Studies, Jg. 37 (2011), H. 4, S. 657–676.

142 Vgl. Beinart, Twentieth-Century, S. 147. S. a. Julius Lewin: Sex, Colour and the Law, in: Africa South, Jg. 4 (1960) Nr. 3, wiederabgedruckt in: Margret J. Daymond / Corinne Sandwith (Hg.): Africa South. Viewpoints, 1956–1961, Scottsville 2011, S. 288–294.

143 Vgl. ebd., S. 147.

144 Vgl. ebd., S. 147. S. a. Ormond, Apartheid Handbook, S. 26–31; Dubow, Apartheid, S. 25 f.

Die räumliche Ordnung der Apartheid zielte darauf ab, weiße und nicht-weiße Wohnbezirke zu trennen und den Zugang der Bevölkerung zu diesen Räumen zu kontrollieren. Der *Seperate Amneties Act* von 1953 setzte die »Rassen«-Trennung im Alltagsleben durch. Daraufhin wurden alle öffentlichen Einrichtungen – von Ämtern bis zu Toiletten – nach »Rassen« getrennt. Dies setzte sich in der Arbeitswelt fort, wo Unternehmen getrennte Eingänge und Kantinen einrichteten, Geschäfte separate Eingänge für Schwarze hatten und Privathaushalte ihre schwarzen Hausangestellten in gesonderten Räumlichkeiten unterbrachten.[145] Die Zugangskontrolle (*influx control*) war ein Schlüsselinstrument, um die Wanderarbeit schwarzer Südafrikaner zu kontrollieren. Letztere war ein Grundpfeiler der kapitalistischen Ökonomie in Südafrika, für die Minen große Hostel-Komplexe für schwarze Arbeiter unterhielten. Während der Jahre der Kriegsökonomie des Zweiten Weltkriegs waren jedoch viele Schwarze illegal in die Städte gekommen, um Arbeit zu finden,[146] was zu einer extremen Bevölkerungsdichte in den Townships führte – und zu einer rasanten schwarzen Urbanisierung.[147] Daraus erwuchsen der Regierung wiederum Probleme:

> Dire accommodation shortages, the lack of adequate social services, poverty and crime, coupled with the absence of any effective political representation for Africans, had turned many of the townships into hotbeds of dissent. For much of the white electorate, this brought the »swart gevaar« all too close to home.[148]

Um die Bewegung der schwarzen Bevölkerung zu kontrollieren, war der *dompas* (auf Deutsch etwa »Inlandspass«) eingeführt worden. Die Passangelegenheiten wurden mit dem *Abolition of Passes and Coordination*

145 Vgl. Marx, Südafrika, S. 226.

146 Siehe Saul Dubow / Alan Jeeves (Hg.): South Africa's 1940s. Worlds of Possibilities, Kapstadt 2005.

147 Vgl. Deborah Posel: Influx Control and Urban Labour Markets, in: Philip Bonner u.a. (Hg.): Apartheid's Genesis. 1935–1962, Johannesburg 1985, S. 411–430, hier S. 412.

148 Ebd., S. 412.

of Documents Act (Gesetz der »Abschaffung der Pässe und Koordination der Dokumente«), so die irreführende amtliche Bezeichnung, vereinheitlicht, um eine bessere Kontrolle zu ermöglichen. Nur einer privilegierten Minderheit schwarzer Südafrikaner war es gestattet, sich länger als 48 Stunden in den Städten aufzuhalten, die schon 1923 als Siedlung der Weißen bestimmt worden waren.[149] Das Recht, sich als Schwarzer dort aufzuhalten, erwarb man entweder durch Geburt oder einen Arbeitsplatz. Der *Group Areas Act* von 1950 spezifizierte diese Bedingungen nochmals und weitete die Passgesetze erstmals auf Frauen aus.[150]

Die Kontrolle des Passes konnte von der Polizei auf der Straße oder bei nächtlichen Razzien in Wohngebieten vollkommen willkürlich vorgenommen werden. Die Konsequenzen der – während der Apartheid auf mehr als 17 Millionen geschätzten – Verstöße gegen die Passgesetze waren gravierend:

> Die Festgenommenen wurden in Eilverfahren, die im Durchschnitt eine Minute dauerten, zu Haftstrafen verurteilt und häufig von den Gefängnissen an Farmer als Sklavenarbeiter ausgeliehen, wo manche von ihnen zu Tode geschunden wurden.[151]

Trotz aller Härte und staatlicher Bemühungen, die Passgesetze durchzusetzen, war die *influx control* nur teilweise erfolgreich, denn im Zuge der Urbanisierung stieg auch die Zahl der städtischen Schwarzen kontinuierlich an.[152]

Das Passsystem war gekoppelt an die Einführung sogenannter *homelands*, als ethnische »Heimat«-Gebiete designierte ländliche Gebiete. Diese *homelands* gründeten auf den »Reservaten«, in denen schwarzer Landbesitz möglich war. Sie umfassten 1936 ca. 13 Prozent des Landes.[153] Diese Politik enteignete die schwarze Bevölkerung ihres Land-

149 Vgl. Marx, Zwangsumsiedlungen, S. 176.
150 Vgl. Beinart, South Africa, S. 158.
151 Ebd., S. 232.
152 Vgl. Beinart, Twentieth-Century, S. 159.
153 Vgl. Marx, Zwangsumsiedlungen, S. 175.

besitzes und bürgerte sie mit der Schaffung der sogenannten »Bantustans« aus der Südafrikanischen Republik aus.[154] Die Bantustans dienten vor allem dazu, die durch die Maschinisierung der Landwirtschaft und kapitalintensive Produktionsmethoden in Industrie und Bergbau ökonomisch überflüssig gewordene Bevölkerung der Städte umzusiedeln. Darüber hinaus bildeten die Bantustans ländliche Reservoirs für schwarze Arbeitskräfte in den industriellen Zentren, welchen auch die Kosten für den Unterhalt für die vom Apartheidstaat offiziell als »surplus people« bezeichneten Menschen übertragen wurden.[155]

Zudem stärkte der Apartheidstaat kooperationswillige traditionelle Notablen und traditionelle Herrschaftsstrukturen[156]:

154 Vgl. Marx, Zwangsumsiedlungen, S. 174. Der Begriff »Bantustan« wurde, weil er den künstlichen, konstruierten Charakter der *homelands* viel deutlicher herausstellte von schwarzen Südafrikanern als ironisierende Kritik geprägt (vgl. ebd., S. 174). Marx bringt die Entstehung der *homelands* auch mit dem Austritt Südafrikas aus dem *Commonwealth* und der Ausrufung der Republik in Verbindung, siehe Christoph Marx: Südafrikas Austritt auf dem Commonwealth 1961, in: Michaela Bachem-Rehm, Claudia Hiepel, Henning Türk (Hg.): Teilungen überwinden. Europäische und internationale Geschichte im 19. und 20. Jahrhundert, Festschrift für Wilfried Loth, München 2014, S. 361–372.

155 Vgl. ebd., S. 178. Da die Bantustans die Kosten der Grundversorgung gar nicht tragen konnten, trug der Apartheidstaat diese minimale Versorgung (ebd.). S. a. Laurine Platzky / Cherryl Walter: Surplus People. Forced Removals in South Africa, Johannesburg 1985.

156 Vgl. Marx, Südafrika, S. 231, S. 244–253. S. a. William Beinart: Chieftancy and the Concept of Articulation, in: ders. / Saul Dubow, Segregation and Apartheid, S. 176–188; Martin Legassick / Harold Wolpe: The Bantustans and Capital Accumulation in South Africa, in: Review of African Political Economy, Nr. 7 (1976), Special Issue on South Africa, S. 87–107; Wolpe, Capitalism and Cheap Labour-Power in South Africa; A. J. Christopher: The Atlas of Apartheid, London / New York 2001, S. 66 f. Es wäre durchaus lohnenswert, die »Erfindung« traditionaler afrikanischer Königsherrschaft in den Bantustans durch das Apartheidregime vor dem Hintergrund der Studie von »invented traditions« zu untersuchen; Terence Ranger beschränkt sich in seinem Beitrag »The Invention of Tradition in Colonial Africa« auf die Zeit bis zum Ersten Weltkrieg (siehe Terence Ranger: The Invention of Tradition in Colonial Africa, in: Eric Hobsbawm / Terence Ranger [Hg.]: The Invention of Tradition, Cambrigde 2010, S. 211–262).

> The state's obsession with African chieftaincy fitted quite neatly with the peculiar mix of ideology that characterized Afrikaner views of themselves: a celebration of the volk married with a determined sense that this could prosper along with technical advance in an industrial state.[157]

Zu den Bantustans kamen dann spezielle Wohngebiete für die schwarze Stadtbevölkerung, die Townships. Mit dem *Natives (Urban Areas) Act* von 1923 waren örtliche Behörden bereits zuvor ermächtigt worden, gesonderte Wohnbezirke, *locations*, für die schwarze Bevölkerung zu schaffen. 1948 waren diese den weißen Städten angegliederten Wohngebiete längst allerorten entstanden.[158] Hinzu kamen innerstädtische Siedlungen für schwarze Arbeiter, illegal besetztes Land und städtische Slums.[159]

Der *Group Areas Act* (1950) und der *Prevention of Illegal Squatting Act* (1951) waren die Instrumente, mit denen die Apartheid-Regierung die Säuberung des urbanen Raumes vornahm. »Spatial division of urban residental areas was central to Nationalist aims.«[160] Vor allem zwei Stadtviertel erlangten internationale Bekanntheit: District Six in Kapstadt und Sophiatown in Johannesburg, slum-ähnliche Wohngegenden, in denen nicht nur Schwarze, sondern alle ethnischen Gruppen zusammen – in Armut – lebten. In diesen *freehold*-Bezirken war es Nicht-Weißen möglich, Land zu besitzen. Zugleich waren sie Orte subkultureller nicht-getrennter Entwicklung. Die Bewohner beider Viertel wurden zwangsgeräumt, umgesiedelt (in Johannesburg in die neugegründeten *South Western Townships, Soweto*) und die Häuser zerstört.[161]

Die Zwangsumsiedlungen in Bantustans und Townships waren auch an ökonomische Interessen der Weißen gekoppelt. Im Falle der Repressionen gegen Inder in Durban lässt sich sehen, wie durch den *Groups Areas Act* die Konkurrenz im städtischen Handel auf die indischen Wohngebiete beschränkt wurde.[162] Das Gesetz gehörte zu einem ideo-

157 Beinart, Twentieth-Century, S. 163.
158 Vgl. Christopher, The Atlas of Apartheid, S. 38.
159 Vgl. Beinart, Twentieth-Century, S. 126 f., S. 159.
160 Ebd., S. 152.
161 Vgl. ebd. S. 153 f.; Dubow, South Africa, S. 36.
162 Vgl. Marx, Südafrika, S. 227.

logischen und praktischen Kernstück der Apartheid und wurde mehrfach erweitert. Ziel war es, die Kontaktpunkte zwischen der weißen und nicht-weißen Bevölkerung auf ein Minimum zu reduzieren.[163]

Eine weitere Säule der Apartheid-Politik war die getrennte Ausbildung an Universitäten und Schulen, offiziell eingeführt mit dem *Bantu Education Act* von 1953, der die schulische Ausbildung der Schwarzen den Missionsgesellschaften, die sie traditionell ausgeübt hatten, entzog und sie in die Hände des Staates überführte. Die Erziehungsaufgabe und -einrichtungen wurden in das Konzept der Apartheid eingepasst, mit der Konsequenz, dass ein Abschluss in einer der Bantu-Schulen nicht-weißen Südafrikanern nicht einmal mehr das Studium an ausländischen Universitäten eröffnete; einzig der Weg, den der damals zuständige Minister Henrik Verwoerd vorgezeichnet hatte, sollte beschritten werden. Die *Bantu Education* zielte auf eine minimale Vermittlung der vier Grundrechenarten, des Lesens und des Schreibens sowie kulturell spezifischer Inhalte im Sinne des Staates: Gesang, praktische handwerkliche Tätigkeiten und auch christliche Religion, immer nach der Maßgabe von »Rassentrennung und Vormundschaft«, *Apartheid* und *baaskap*. Eltern begrüßten anfangs noch die quantitative Ausweitung des staatlichen Bildungswesens, weil es die Kinder von den Straßen holte. Ende der 1950er Jahre wurde die Apartheid dann auch an den Universitäten durchgesetzt.[164] Vor allem in der schwarzen Mittelklasse rief der *Bantu Education Act* Protest hervor, [165] denn die ungefähr einhundert Jahre andauernde Ausbildung einer schwarzen Elite – welche bspw. die Führung des ANC stellte – durch die Kirchen- und Missionsschulen wurde beendet. Die Intention der Subordination der Nicht-Weißen war nirgends deutlicher als in diesem Gesetz. Dies sorgte für den wohl größten Unmut, schätzte der Journalist und kommunistische Aktivist Brian Bunting.[166]

163 Vgl. Ormond, Apartheid-Handbook, S. 33.
164 Vgl. Marx, Südafrika, S. 233.
165 Vgl. Dubow, Apartheid, S. 56.
166 Vgl. Bunting, Rise, S. 212.

Mit den autoritären Erziehungsvorstellungen[167] ging eine ethnonationalistische Auffassung der schwarzen Gesellschaft einher. Ein erzwungener kulturalistischer Relativismus sollte die Apartheid ideologisch-intellektuell legitimieren: »Europäer« und »Nicht-Europäer«, »Natives«, »Bantus« sollten ihrer zivilisatorischen Entwicklung gemäß beschult werden und »sich entwickeln«.[168]

Gegen diese Maßnahmen, die Segregation zu verstärken, als »Apartheid« systematisch auszuweiten sowie die politische und soziale Repression als auch die Ausbeutung fortzutreiben, regte sich Widerstand. Es waren vor allem fünf Organisationen, die eine tragende Rolle im Widerstand bis Ende der 1960er Jahre spielen sollten. Dem rechtlichen Zwang der ethnischen Trennung entsprechend waren sie den »Rasse«-Gruppen gemäß organisiert. Wegen der starken politischen Repression schmolzen die linken Organisationen, Parteien, Klubs und Vereine schnell zusammen und es blieben die miteinander verbundenen Kongresse der einzelnen Bevölkerungsgruppen übrig: der *African National Congress*, ANC, der *South African Indian Congress*, SAIC, der *Coloured People's Congress*, CPC[169], und der *Congress of Democrats,* COD, für die weißen Oppositionellen. Hinzu kam der *South African Congress of Trade Unions* (SACTU), der Kongress der Gewerkschaften und die *Federation of South African Women* (FEDSAW). Die Kongresse verstanden sich als Interessensverbände und politische Bewegungen, nicht nur Wahlparteien, weshalb sie über ein weitaus aktivistischeres Profil und mobilisierungsfähiges Potential verfügten. Die vier Kongresse der »Rasse«-Gruppen verbanden sich zur Kongress-Allianz.

167 Autoritäre Erziehungsvorstellungen galten auch für die weißen Kinder und Jugendlichen. Die NP entwarf ein Curriculum der »Christian National Education« (Christelik-Nasionale Onderwys), das eine Art Kulturkampf zwischen englischen und burischen Weißen hervorrief sowie zu Konflikten mit der jüdischen Minderheit führte; siehe Bunting, Rise, S. 193–204; Shimoni, Community, S. 219.

168 Vgl. Dubow, Apartheid, S. 56; Marx, Südafrika, S. 232 f.

169 Der CPC wurde 1966 im englischen Exil aufgelöst. Siehe Nhlanlha Ndebele / Noor Nieftagodien: The Morogoro Conference: A Moment of Self-Reflection, in: SADET: The Road to Democracy, Bd. 1, S. 573–599, hier S. 579.

Die weiße Opposition bestand in den ersten Jahren vor allem aus ehemaligen Soldaten (dem *Torch Commando* und der radikaleren *Springbok Legion*), der CPSA, der englisch-orientierten *United Party* (später *Progressive Party*) und dem mit ihr verbundenen *South African Institute of Race Relations*.[170] Nach dem Verbot der CPSA blieben als einzige radikale Organisation für weiße Südafrikaner der *Congress of Democrats* und als einzige Partei im Parlament die *Progressive Party* übrig.[171]

Das Charakteristikum der CPSA war es, dass sie Zeit ihres Bestehens allen Südafrikanern gleich welcher »Rasse« offen stand.[172] Sie blieb, bis sich der ANC 1969 für weiße Mitglieder öffnete, die einzige »rassisch« nicht getrennte Organisation Südafrikas.[173] Seitens der antifaschistischen Weißen konnten die Veteranen des Zweiten Weltkrieges in einer beträchtlichen Zahl gegen die NP-Regierung mobilisiert werden. Das *Torch Commando* und die *Springbok Legion* bezogen ihre Kraft aus dem Pathos des Krieges gegen Nazi-Deutschland und seine Verbündeten. Während die Soldaten »im Norden« den Hitler-Faschismus bekämpften, hatten dessen südafrikanische Anhänger ihr Unwesen getrieben und einige prominente NP-Politiker waren während des Krieges als feindliche Kräfte interniert gewesen, nun aber an der Macht.[174] Zwar erklärte das *Torch Commando* in seiner Hochzeit 250000 Mitglieder zu haben und konnte auch Zehntausende zu nächtlichen Fackelmärschen motivieren, aber der Zusammenhalt der Opposition gegen die NP gründete mehr auf einer Nostalgie aus den Kriegstagen als auf einer politischen Zukunftsstrategie. »The non-racism and left-wing views of some of its members were by no means universally shared.«[175] Wenige Jahre nach dem Krieg war es nicht mehr möglich, aus dem Idealismus einer freiwilligen Meldung zum

170 Vgl. Dubow, Apartheid, S. 45 f.

171 Vgl. ebd., S. 127.

172 Vgl. Marx, Südafrika, S. 202.

173 Vgl. Ndebele/Nieftagodien, The Morogoro Conference.

174 Vgl. Dubow, Apartheid, S. 46; s. a. Bunting, Rise, S. 54–68; Milton Shain: A Perfect Storm. Antisemitism in South Africa, 1930–1948, Johannesburg/Kapstadt 2015.

175 Ebd.

Kriegsdienst eine handlungsfähige politische Alternative zu formen. Die Vorstellungen über ein künftiges Südafrika waren zu unterschiedlich. Der fraktionelle Kampf zwischen der CPSA und den linken Gruppierungen, Liberalen und bourgeoisen, anglisierten Südafrikanern war allgegenwärtig und führte zu einer entscheidenden Schwächung der weißen Opposition.[176]

Die größte Massenbewegung des Landes erlahmte in der Nachkriegszeit schnell und löste sich nach dem wiederholten Wahlsieg der NP 1953 auf.[177] Nachdem die NP bewiesen hatte, dass sie eine Massenbasis in der weißen Wählerschaft hatte und fähig war, den außerparlamentarischen Protest in Schach zu halten und niederzuschlagen, wurde der weißen Opposition klar, dass ihre einzige Möglichkeit fortzuexistieren an der Seite der nicht-weißen Organisationen bestand.[178] Letztlich blieb als explizit weiße Opposition nur der COD übrig, denn die kommunistische Partei war seit 1950 verboten, wenn auch viele der ehemaligen und klandestinen Mitglieder in den jeweiligen Kongressen der Kongress-Allianz weiter wirkten.

Ein Bindeglied zwischen der radikalen weißen Opposition und dem ANC war der *South African Indian Congress* (SAIC).[179] Der SAIC wurde 1923 unter anderem von Yusuf Dadoo, einem Mitglied der SACP, gegründet. Der Kongress fungierte als Dachorganisation für verschiedene indisch-südafrikanische Interessensverbände und assoziierte sich eng mit dem ANC und der Kongress-Allianz der 1950er-Jahre. Nach dem *Treason Trial* (1956–1961) war der SAIC faktisch entmachtet durch zahlreiche Bannungen und Hausarreste führender Mitglieder.[180] Sozial stiegen Inder zu einer Händlergruppe innerhalb des segregierten Systems Südafrikas auf; politisch dominierten die Handelsinteressen der reichsten Kaufleute

176 Vgl. Everatt, The Origins, S. 43–47.

177 Vgl. Dubow, Apartheid, S. 46.

178 Vgl. ebd.

179 Vgl. Everatt, The Origins, S. 43.

180 Vgl. Padraig O'Malley: South African Indian Congress, The Nelson Mandela Foundation of South Africa, www.nelsonmandela.org/omalley/index.php/site/q/03lv03445/04lv03446/05lv03502.htm (letzter Zugriff: 28.4.2015).

die indischen Interessensverbände.[181] Zwischen den Weltkriegen stand der SAIC unter dem Einfluss kommunistischer Funktionäre wie Dadoo, Vella Pillay, Harry Alimuthu (H. A.) Naidoo und Gagathura »Monty« Naicker, die mit der früheren Notablen-Politik brachen und an die langjährigen Kämpfe der indischen Arbeiterklasse anknüpften.[182]

Die auch in der schwarzen Bevölkerung zu findenden anti-weißen und anti-indischen Ressentiments wurde kein bestimmender Zug der Politik des ANC.[183] Mit dem Beginn der NP-Regierung stieg der ANC zum führenden Vertreter der Opposition auf. Seit 1912 hatte der ANC für die Rechte der schwarzen Südafrikaner gestritten.[184] Traditionell an einem liberalen politischen Verständnis des »non-racialism« orientiert, formulierte der ANC seine Politik durch Petitionen an die weiße Regierung. Fraktionskämpfe traten zwischen liberal orientierten, kommunistischen und afrikanistischen ANC-Führern auf. 1949 belebte die radikale ANC Jugendliga (ANC *Youth League*, ANCYL) unter der Führung von Nelson Mandela und Walter Sisulu den schwerfälligen ANC.[185] Ihr vom ANC adaptiertes Aktionsprogramm diente als Blaupause für die Kampagnen und Massenaktionen der 1950er Jahre und war weitaus konfrontativer ausgerichtet als zuvor.[186] Dennoch verschrieb sich der ANC bis in die 1960er-Jahre hinein konsequent der Gewaltfreiheit und des Klageweges.[187] Der politische Richtungswechsel ging mit einem Generations-

181 Siehe zur Politisierung der indischen Bevölkerung Südafrikas Maureen Swan: Ideology in organised Indian politics, 1891–1948, in: Marks/Trapido, The Politics of Class and Nationalism, S. 182–208, hier S. 200, S. 192.

182 Vgl. ebd., S. 200, S. 203 f.; Marx, Südafrika, S. 237 f. Fatima Meer: South African Indians. A Historical Perspective, in: Africa Quarterly, Jg. 39 (1999), Nr. 3, Special Issue: South Africans of Indian Origin, S. 103–118; Ebrahim Ismail Ebrahim: Contribution of Indians to the Struggle Against Apartheid: 1948–1994, in: ebd., S. 119–135.

183 Vgl. Lodge, Black Politics, S. 38.

184 Zur Vorgeschichte des ANC siehe André Odendaal: The Founders. The Origins of the ANC and the Struggle for Democracy in South Africa, Lexington 2013.

185 Siehe Walshe, The Rise of African Nationalism, S. 399 ff.

186 Vgl. Saul Dubow: The African National Congress, Stroud 2000, S. 7, S. 15 f., S. 33 ff.

187 Vgl. ebd., S. 34.

wechsel auf der Führungsebene des ANC einher. Politische Führer wie Nelson Mandela, Walter Sisulu und Oliver R. Tambo betraten in den späten 1940ern die politische Bühne[188] und prägten von da an die Formen und Entwicklungen der Widerstandsbewegung. Die Hinwendung zum (Pan-)Afrikanismus und »die offene Herausforderung des Staates durch den Anspruch, das eigentliche Volk Südafrikas zu repräsentieren, schufen die Voraussetzungen für den Wandel des ANC zur Massenbewegung in den 1950er Jahren.«[189] Zwar appellierte der Afrikanismus an die Emotionen der Bevölkerungsmehrheit, er ließ sich jedoch nicht praktisch oder organisatorisch umsetzen. Der ANC blieb ein urbanes Phänomen, er konnte keine Massenbasis auf dem Land entwickeln.[190] Die Zusammenarbeit mit dem SAIC brachte die Führung des ANC von ihren afrikanistischen Ansichten ab und ließ ihn von einem ethnischen Nationalismus zu einem inklusiven Staatsbürgernationalismus umschwenken.[191]

Widerstandskampagnen

Die erste breit angelegte Kampagne war die sogenannte *Defiance Campaign against Unjust Laws* (i. F. *Defiance Campaign,* Trotzkampagne) von 1952. Orientiert an Mahatma Ghandis Konzept des gewaltfreien Widerstands sollte gegen sechs ausgewählte Apartheid-Gesetze durch deren Nichtbeachtung protestiert werden.[192] Die Kampagne kontrastierte das zeitgleich stattfindende 500. Jubiläum der Landung Jan van Riebeeks am Kap der guten Hoffnung 1652. In der Trotzkampagne »for the first time, Africans and Indians with a few Coloureds were engaging in joint political action under a common leadership«[193]. Die sechs Gesetze,

188 Vgl. Marx, Südafrika, S. 237.
189 Ebd., S. 237.
190 Vgl. Walshe, The Rise of African Nationalism, S. 387.
191 Vgl. Marx, Südafrika, S. 238.
192 Vgl. ebd., S. 238.
193 Thomas Karis / Gwendolen Carter (Hg.): From Protest to Challenge. A Docu-

gegen die protestiert wurde, waren die Pass-Gesetze, die Beschränkungen des Viehbestands, der *Group Areas Act,* der *Supression of Communism Act*, der *Coloured Voters Act* von 1951 sowie der *Bantu Authorities Act.*[194]

Die *Defiance Campaign* »was an innovate experiment in the politics of mass civil disobedience«[195] und brach mit dem hergebrachten konservativen Politikstil des ANC. Der Kongress versuchte die breit angelegten, öffentlichen Massenproteste zu kontrollieren, jedoch gelang ihm dies nur teilweise. Der Mord an einer weißen Nonne sowie ein Massaker der Polizei an schwarzen Protestlern in East London, ließ ihn die Kampagne nach fünf Monaten aus Sorge vor einem Kontrollverlust abbrechen.[196] Joe Matthews, zum damaligen Zeitpunkt Präsident der ANCYL, warnte vor »schwarzem Rassismus«, als das anti-weiße Ressentiment im Zuge der Konfrontationen wuchs.[197] Die *Defiance Campaign* erreichte ihr Ziel nicht, denn die Regierung nahm keines der Gesetze zurück; im Gegenteil: diejenigen, die sich an den Aktionen beteiligt hatten, wurden strafrechtlich verfolgt, verurteilt und gebannt, die polizeilichen Maßnahmen verschärft.[198] Der ANC hingegen wuchs während der Kampagne zu einer Massenorganisation an und konnte nun mit Recht behaupten, maßgeblicher Repräsentant der schwarzen Bevölkerung zu sein.[199]

Für die sich gerade konsolidierende Kongress-Bewegung war die *Defiance*-Kampagne trotz ihres politischen Misserfolgs stimulierend und klärend. Den wenigen weißen Aktivisten, die sich der Kampagne an-

… mentary of African Politics in South Africa, 1882–1964, Bd. 2: Hope and Challenge, 1935–1952, Stanford 1973, S. 418.

194 Vgl. ebd., S. 414.

195 Dubow, Apartheid, S. 42.

196 Vgl. ebd., S. 43 f.; Lodge, Black Politics, S. 45, S. 59; Mignonne Breier: The Death that Dare(d) Not Speak its Name. The Killing of Sister Aidan Quinlan in the East London Riots of 1952, Journal of Southern African Studies, Jg. 41 (2015), H. 6, S. 1151–1165.

197 Vgl. Everatt, The Origins, S. 40.

198 Vgl. Dubow, Apartheid, S. 44 f.

199 Vgl. Beinart, Twentieth Century, S. 155.

geschlossen hatten, wurde deutlich, dass sie innerhalb der Bewegung sichtbarer werden und mehr als Fundraising betreiben und Solidaritätsbekundungen an die Presse schicken müssten.[200] Vor allem brachen die Konfliktlinien zwischen liberaler und linker Solidarität mit dem Befreiungskampf auf: Während die Springbok Legion die *Defiance Campaign* unterstützte, lehnten das *Torch Commando* und das *South African Institute of Race Relations* dies rundheraus ab.[201] Seitens des ANC und des SAIC wuchs der Druck auf die oppositionellen Weißen, ihre internen Streitigkeiten dem Kampf gegen die Apartheid unterzuordnen.[202] Dieser Forderung folgend wurde 1952 der *South African Congress of Democrats* gegründet, der denjenigen weißen Oppositionellen, die das universelle Wahlrecht forderten, eine Plattform bot, die als gleichberechtigter Partner der Kongress-Allianz fungierte.[203] Die Allianz bestand nunmehr aus den vier Kongressen (ANC, SAIC, COD und dem *Coloured People's Congress*) sowie der *South African Federation of Women* (FEDSAW) und dem SACTU.[204] Alle nächsten Schritte der Kongress-Allianz folgten dem Anspruch, die gesamte Bevölkerung Südafrikas zu repräsentieren. Die Kongresse verständigten sich darauf, eine Charta der Wünsche, Hoffnungen und Aspirationen der Bürger auf einem öffentlichen Kongress zu verabschieden und ermutigten die südafrikanische Bevölkerung durch Aufrufe, Flugblätter, Zeitungsartikel und Ansprachen, ihre individuellen Forderungen nach politischer Freiheit und Gleichheit zu formulieren. Nach einem einjährigen Vorlauf hielten sie am 25. und 26. Juni 1955 in Kliptown den *Congress of the People*[205] ab. Trotz der Behinderungen durch polizeiliche Einschüchterungen, Bannungen und Verbote gelang

200 Vgl. Everatt, The Origins, S. 41.

201 Vgl. ebd., S. 41.

202 Vgl. ebd., S. 45. Die weiße Opposition spaltete sich vornehmlich in Bezug auf die Frage des Verhältnisses zur KP, die seitens der Liberalen schlicht abgelehnt wurde (ebd., S. 43 ff.). Unter dem *Suppression of Communism Act* konnte aber selbst liberale Opposition, wenn sie »one man, one vote« forderte als »kommunistisch« verfolgt werden.

203 Vgl. ebd., S. 98–122.

204 Siehe Beinart, Twentieth-Century, S. 155 f.; Dubow, The ANC, S. 53 f.

205 Offiziell eingedeutscht als Volkskongress.

es den Vertretern der Kongresse, ein Grundsatzdokument der Befreiungsbewegung zu verabschieden.[206]

Die Freiheitscharta enthielt die grundlegende Forderung nach einem nicht-rassistischen demokratischen Nationalstaat, in dem Rechts- und Chancengleichheit unabhängig von Hautfarbe, Religion oder Geschlecht gelten sollte.[207] Der *Congress of the People* wurde als ein Höhepunkt der Kongressarbeit betrachtet.[208] Die Freiheitscharta sollte bis zum Ende der Apartheid der zentrale inhaltliche Referenzpunkt der Befreiungsbewegung bleiben.[209]

Der Volkskongress von 1955 war für den Apartheidstaat der Grund, gegen die Opposition vorzugehen. Im Dezember des folgenden Jahres – nach der machtvollen Demonstration von über 10 000 südafrikanischen Frauen aller Hautfarben gegen die Apartheid-Politik in Pretoria im August 1956 – verhaftete die Polizei insgesamt 156 Vertreter der Opposition und klagte sie des Hochverrats an. Dieser fünfjährige Prozess ging als *Treason Trial* in die Geschichte des Landes ein – auch, weil alle Angeklagten freigesprochen wurden.[210]

Gravierend wirkte sich die Kampagne gegen die verhassten Inlandspässe aus, die 1960 in den Polizeimassakern von Langa (bei Kapstadt) und Sharpeville, dem Township der Stadt Vereeniging (in der damaligen Provinz Transvaal) kulminierte.[211] Sharpeville blieb als Stigma der Brutalität des Apartheidregimes der nationalen und internationalen Öffentlich-

206 Dieses Gründungsdokument sollte auch die Ziele des ANC zum Ausdruck bringen, hatte Z. K. Matthews, Professor an der Universität von Fort Hare, gefordert (Marx, Südafrika, S. 239).

207 Vgl. Marx, Südafrika, S. 240.

208 Vgl. Turok, Truth, S. 60; Stephen Clingman: Bram Fischer. Afrikaner Revolutionary, Johannesburg 2013, S. 212 f.

209 Vgl. Dubow, Apartheid, S. 69; Denis Goldberg: The Mission. A Life for Freedom in South Africa, Johannesburg 2010, S. 247.

210 Trotz des von der Opposition oftmals vorgebrachten Vorwurfs, ein faschistischer Staat zu sein, bestand trotz der Einführung von Notstands- und Ausnahmegesetzen eine weitgehend unabhängige Justiz fort.

211 Für eine detaillierte Schilderung und Analyse der »Sharpeville Crisis« siehe Lodge, Black Politics, S. 201–230.

keit im Bewusstsein.[212] In der Kampagne gegen die Pässe konkurrierte der *Pan-African Congress* (PAC), der sich 1959 formal als afrikanistische Abspaltung vom ANC unter der Führung von Robert Sobukwe konstituiert hatte, mit dem ANC.[213] Der PAC profitierte einerseits von der Lähmung des ANC durch den *Treason Trial* und andererseits von dessen Versagen, einen Ein-Tages-Streik, den *Stay-at-home* von 1958, erfolgreich zu führen. Auch gewann der PAC Stärke durch seinen harschen Anti-Kommunismus und die Kritik an der Kooperation des ANC mit dem COD. Mit ungefähr gleich großer Mitgliederzahl kündeten der ANC und der PAC jeweils 1959 eigene Kampagnen gegen die Pässe an.[214] Die Strategie sah Massenverhaftungen wegen Passvergehens vor, die das Justizsystem überlasten und zur Abschaffungen der Pässe führen sollten.[215] Der PAC startete seine Kampagne zwar eine Woche vor dem ANC, aber da er über das Land verstreut war, kam es nicht flächendeckend zu Protestmärschen und die PAC-Aktivitäten beschränkten sich auf einige Townships. In Sharpeville versammelten sich am 21. März 1960 mehrere Tausend unbewaffnete Menschen vor der relativ gering besetzten Polizeiwache.[216] Die Polizisten hatten sich geweigert, die PAC-Aktivisten, die sich inhaftieren lassen wollten, festzunehmen.[217] Nach Polizeiprovokationen brach Unruhe unter den Protestierenden aus, eventuell wurden auch Steine auf die Polizisten geworfen. Daraufhin verloren die unerfahreneren Polizisten die Nerven und schossen in die Menge.[218] 69 Men-

212 Das britische *Anti-Apartheid Movement* richtete jährlich am Jahrestag des Massakers eine Demonstration, den Sharpeville Day, aus. Siehe Anti-Apartheid Movement Archives (MSS AAM) MSS AAM 2031; Thörn, Emergence, S. 127–141.

213 Vgl. Dubow, The ANC, S. 59.

214 Vgl. ebd., S. 60 f.

215 Vgl. Lodge, Black Politics, S. 203; Dubow, Apartheid, S. 75 f.

216 Vgl. Dubow, Apartheid, S. 76 f.

217 Vgl. Lodge, Black Politics, S. 210.

218 Nervosität und Unerfahrenheit geben Marx (Südafrika, S. 241), Lodge (Black Politics, S. 210) und auch Nelson Mandela (Der lange Weg, S. 323) als Auslöser für die Schüsse an. Dubow (Apartheid, S. 76) sieht im Gegensatz Stephen Clingman (Bram Fischer, S. 231) keinen Grund daran zu zweifeln.

schen wurden mehrheitlich in den Rücken getroffen und getötet, über 180 wurden verletzt.[219]

Die Nachricht von den Schüssen löste eine Schockwelle und auch internationale Reaktionen aus.[220] »Sharpeville sent a shudder through white and black communities alike.«[221] Doch die heftigste Reaktion kam aus Südafrika selbst: in Langa und Nyanga, Townships bei Kapstadt, kam es ab dem 24. März 1960 zu einer Reihe von Massendemonstrationen, die beinahe zum Parlament in der Innenstadt gelangten,[222] sowie zu Streiks, die mit polizeilicher und militärischer Gewalt beendet wurden.[223] Die Regierung, die sich allerorten mit Massenprotesten konfrontiert sah, erklärte am 30. März 1960 den Ausnahmezustand und verbot wenige Tage später den ANC und den PAC.[224]

Die Passgesetze wurden nach dem Massaker von der Regierung vorübergehend außer Kraft gesetzt. Dies war das erste Mal in der neueren Geschichte Südafrikas, dass politischer Protest solch greifbaren Erfolg zeitigte; dieser Erfolg wirkte sich größtenteils für den PAC vorteilhaft aus.[225]

Die Krise von Sharpeville machte der Opposition zum einen klar, dass die Herrschaft der weißen Minderheit durch politische Aktionen erschüttert werden konnte[226], zum anderen wurden sowohl die Schwächen

219 Vgl. Dubow, The ANC, S. 62; Dubow, Apartheid, S. 180; Lodge, Black Politics, S. 210.

220 Vgl. Dubow, Apartheid, S. 77, S. 83. Thörn, Emergence, S. 127–141; Mandela, Der lange Weg, S. 323.

221 Beinart, Twentieth-Century, S. 166.

222 Vgl. ebd., S. 166.

223 Vgl. Lodge, Black Politics, S. 216–222.

224 Vgl. Dubow, The ANC, S. 63.

225 Vgl. ebd., S. 63.

226 Vor allem auch, weil die Auseinandersetzungen zu einer Kapitalflucht aus dem Land und Einbrüchen an der Johannesburger Börse führten (vgl. Dubow, The ANC, S. 64; Mandela, Der lange Weg, S. 323; Lodge, Black Politics, S. 226). William Beinart diskutiert die ökonomische Entwicklung von 1960 und 1970 und schließt sich den radikalen Wissenschaftlern der 1970er Jahre an, welche diese Jahre als Periode außerordentlicher Wachstumsraten betrachten, in der die Sharpeville-Krise nur ein »Schluckauf« gewesen sei (Beinart, Twentieth-Century, S. 170–200, S. 171).

des ANC und des PAC wie auch die Grenzen des gewaltfreien Protests deutlich.[227] Das Verbot von ANC und PAC und die Härte der staatlichen Repression – die Ingewahrsamnahme bzw. Bannung von über 2000 Oppositionellen aller Hautfarben[228] – trieb die Opposition in den Untergrund, da sie so der legalen Handlungsmöglichkeiten beraubt wurde.[229]

Auf dem Weg in den Untergrund

Überlegungen, im Untergrund den bewaffneten Kampf aufzunehmen, waren schon nach der gescheiterten *Defiance Campaign* seitens der rekonstituierten SACP und einzelner ANC-Mitglieder angestellt worden.[230] Schon 1953 hatte Nelson Mandela den sogenannten »M-Plan«, der den klandestinen Aufbau einer Untergrundorganisation von der Straßenzelle bis zum nationalen Kommandostab vorsah, entworfen. Ende 1960 ersuchten Militante aus dem ANC und SACP in China und der UdSSR Mandela um militärische und logistische Unterstützung, woraufhin Mandela und andere in verschiedene afrikanische Staaten inklusive Äthiopien und Algerien reisten, um die Bedingungen für einen Guerillakrieg auszuloten. Die SACP entschied sich dazu, den bewaffneten Kampf aufzunehmen, was die Entscheidung des ANC, sich daran zu beteiligen, beschleunigte.[231] Auch der PAC gründete seinen eigenen bewaffneten Arm, *Poqo*, während ein Ableger der Liberal Party mit dem *National Committee for Liberation* (später *African Resistance Movement*, NCL/ARM) zu den Waffen griff. Alle Organisationen begannen – unabgesprochen – spätestens Ende 1961 mit ihren Sabotagekampagnen. Im September 1961 versuchte das NCL/ARM das *Bantu Administration Tax Office* in Johannesburg in Brand zu stecken.[232] *Poqo* proklamierte im De-

227 Vgl. Dubow, The ANC, S. 64.
228 Vgl. Dubow, Apartheid, S. 81; Mandela, Der lange Weg, S. 329.
229 Vgl. ebd., S. 86.
230 Ich folge in der Darstellung Dubow, Apartheid, S. 86–93.
231 Vgl. ebd., S. 88 ff.
232 Vgl. ebd., S. 91.

zember 1961 seine Existenz. Anders als bei den anderen Gruppierungen, hatten *Poqo*-Aktivisten keine Bedenken, Zivilisten zu attackieren oder terroristische Methoden anzuwenden.[233]

Der bewaffnete Kampf fand jedoch keine Mehrheit innerhalb der Kongresse. Moses Kotane, Berater des ANC-Präsidenten Albert Luthuli und langjähriges SACP-Mitglied, sprach sich 1961 dagegen aus. Daraus resultierte die Schaffung einer separaten Organisation, die unabhängig von den beteiligten Kongressen war.[234] Der »Speer der Nation«, *Umkhonto We Sizwe* – kurz: MK – wurde von Joe Slovo von der SACP und Nelson Mandela vom ANC geleitet.[235] Als Auftakt wurden am 15. und 16. Dezember 1961 200 Anschläge ausgeführt.[236] In den folgenden anderthalb Jahren wurden die Anschläge auf das ganze Land ausgeweitet. Mutig, enthusiastisch und amateurhaft, so charakterisiert der Historiker Tom Lodge die Aktionen rückblickend.[237] Doch unter den Aktivisten war laut Goldberg eine große Euphorie spürbar, mit der sie der Aufnahme des bewaffneten Kampfes entgegensahen.[238]

Die erste Kampagne MKs wurde von Postern und Flugblättern begleitet, welche die Ziele des bewaffneten Kampfs erklärten. Sorgfältig wurden die Anschläge auf »harte Ziele« wie Einrichtungen der Regierung, Armee, Polizei und infrastrukturelle Ziele wie Hochspannungsleitungen beschränkt, denn zivile Opfer sollten vermieden werden. Die Aktivisten in MK hofften, einen offenen Krieg mit dem Apartheidstaat vermeiden und eine gesellschaftliche Änderung politisch herbeiführen zu können.[239] Der Erfolg und die Wirkung der militanten Kampagnen

233 Vgl. ebd., S. 93.
234 Vgl. ebd., S. 87.
235 Vgl. ebd., S. 87.
236 Vgl. Lodge, Black Politics, S. 235.
237 Vgl. ebd., S. 236.
238 Vgl. Goldberg, The Mission, S. 85.
239 Vgl. Lodge, Black Politics, S. 234 f.; ders.: Secret Party. South African Communists between 1950 nd 1960, Journal of Southern African Studies, Jg. 67 (2015), H. 4, S. 433–464. Lodge stellt aber in Rechnung, dass in Durban und Port Elizabeth Personenschäden in Kauf genommen wurden (ders., Black Politics, S. 236).

auf die weiße Bevölkerung und das Apartheid-System waren jedoch gering.[240]

Poqo wurde 1963 durch den Arrest von 3 000 PAC-Mitgliedern handlungsunfähig. Das links-undogmatische *National Committee for Liberation / African Resistance Movement* existierte wie MK noch bis 1964 fort. Dessen Generalstab wurde bei einer Razzia im Johannesburger Vorort Rivonia 1963 verhaftet und nach einem spektakulären Prozess, dem *Rivonia Trial*, 1964 verurteilt.[241] Auch in nachfolgenden Prozessen wurden sowohl Mitglieder des NCL/ARM wie auch der zweiten Riege von MK zu langjährigen Gefängnisstrafen verurteilt. 1965 galt die interne Opposition für fast eine Dekade lang als zerschlagen.[242] »Eine Konterrevolution war in vollem Schwung«, beschließt Saul Dubow seine Ausführungen zum Widerstand in den 1960er Jahren, der mit dem Hochverratsprozess gegen den Anwalt und führenden Kommunisten Bram Fischer und andere, dem *Fischer Trial*, 1966 endete.[243] Zusätzlich zu der Professionalisierung der Arbeit der »Special Branch«, der politischen Sicherheitspolizei, wurden 1963 durch den *General Laws Amendment Act* die Repressionsmöglichkeiten enorm ausgeweitet. Das Gesetz, auch »90-day law« genannt, erlaubte es der Polizei, Verdächtige für 90 Tage ohne Zugang zu Anwälten oder Besuch in Gewahrsam zu nehmen. Der Gewahrsam konnte nach 90 Tagen unmittelbar erneut verhängt werden, sodass die Polizei Verdächtige faktisch unbeschränkt und ohne Rechtsbeistand, Haftbefehl oder Anklage festsetzen konnte.[244]

Spätestens seit 1960 begannen oppositionelle Aktivisten, sofern sie keine Haftstrafen absaßen, Südafrika zu verlassen. Manche – wie Oliver Tambo vom ANC und Joe Slovo von der SACP – wurden als Emissäre

240 Vgl. ebd., S. 236.

241 Auf den Prozess wird in Kapitel 4 näher eingegangen.

242 Vgl. Marx, Südafrika, S. 242 f.; Steven Friedman: The Sounds of Silence. Structural Change and Collective Action in the Fight against Apartheid, South African Historical Journal, Jg. 69 (2017), H. 2, S. 236–250.

243 Vgl. ebd., S. 98; Clingman, Bram Fischer, S. 330–380.

244 Vgl. Dubow, Apartheid, S. 96. S. a. Ormond, The Apartheid Handbook, S. 160–165.

ihrer Organisationen ins Ausland geschickt, andere weigerten sich zunächst, kämpften sie doch in Südafrika um die nationale Befreiung und wollten dem Druck der Regierung nicht nachgeben. Nach den politischen Prozessen gab es außer der legalen *Progressive Party*, deren Abgeordnete Helen Suzman allein in Opposition zur NP im Parlament saß, vorerst keine Kräfte mehr in Südafrika, die an die Tradition des Widerstands der 1950er und 1960er Jahre anknüpfte. Durch die staatlichen Verbote und gesetzlichen Einschränkungen sollte dies auch unmöglich gemacht werden.

3. WIDERSTAND – FLUCHT – EXIL

Die seit 1948 fortschreitende Konsolidierung der weißen Vorherrschaft, rief einen Widerstand hervor, an dem nicht nur die »farbigen« Kongresse beteiligt waren. Jüdische Südafrikaner brachten sich als Journalisten und Theoretiker, aber auch als Graswurzel-Aktivisten auf der Straße ein. Dieser Kern von Aktivisten stellte bis in die 1960er Jahre hinein den Rumpf der radikalen weißen Opposition dar. Ihr Beitrag und ihr Lebensweg stehen im Folgenden im Zentrum der Darstellung.

3.a Formen des Widerstands gegen die Apartheid

Weichenstellung des Widerstands: Politisierung in der Armee

Für kommunistische Soldaten der südafrikanischen Verteidigungskräfte (Union Defence Forces, UDF), die als Teil der britischen Armee in Nordafrika und Italien gekämpft hatten, war die Erfahrung, die Befreiung Italiens Seite an Seite mit italienischen Partisanen erlebt zu haben, ein einschneidendes Erlebnis.[1] Diese Freiwilligen hatten sich aus politischen Gründen gemeldet und führten den Kampf um demokratische Rechte

1 Vgl. Bernstein, Memory, S. 75, S. 77 f.

innerhalb der Armee mit Sympathisanten und antirassistischen Kameraden fort. Zentraler Konfliktpunkt war hierbei das schwarzen Kameraden (nicht gewährte) Recht, Waffen zu tragen und gleichen Sold zu erhalten.[2] Dies stieß auf Widerstand, denn die »Rassen«-Trennung war kein spezifisch südafrikanisches Phänomen, sondern galt ebenfalls in weiten Teilen der amerikanischen und französischen Armee.[3] Ein demokratisches, antirassistisches Ethos blieb vielen Veteranen auch nach der Demobilisierung erhalten.[4] Viele der politischen Offiziere des in der südafrikanischen Armee initiierten *Army Education Scheme* (AES) hofften zu diesem Zeitpunkt noch auf eine Beteiligung der Soldaten am Aufbau einer egalitären und demokratischen Gesellschaft.[5]

Dieses Erziehungsprogramm wurde aufgelegt, um die Faschismusgefahr innerhalb der südafrikanischen Verteidigungsstreitkräfte einzudämmen, denn die Mehrzahl der Freiwilligen waren Afrikaaner, die sich weniger aus Idealismus freiwillig meldeten, sondern aufgrund patriotischer Pflichterfüllung und den sich aus dem Kriegsdienst ergebenden Aufstiegschancen.[6] Zu der ideologischen Arbeit des AES kam noch eine Art Soldaten-Gewerkschaft hinzu, die *Springbok Legion*.[7] Gemein-

2 Vgl. Lazerson, Against the Tide, S. 56 f.; Hodgson, Foot Soldier, S. 35 f., 42 f.; Bernstein, Memory, S. 65 f., S. 72–87; Slovo, Unfinished Autobiography, S. 28 ff.

3 Vgl. Recherche International (Hg.): »Unsere Opfer zählen nicht«. Die Dritte Welt im Zweiten Weltkrieg, Berlin/Hamburg 2009, S. 79–89.

4 Vgl. Lazerson, Against the Tide, S. 54 f.; Neil Roos: The Springbok and the Skunk. War Veterans and the Politics of Whiteness in South Africa during the 1940s and 1950s, in: Journal of Southern African Studies, Jg. 35 (2009), H. 3, S. 643–661, hier S. 653, S. 659; ders.: Education, Sex and Leisure. Ideology, Discipline and the Contruction of Race among South African Servicemen During the Second World War, in: Journal of Social History, Jg. 44 (2011), H. 3, S. 811–835. Ich danke Neil Roos für den Hinweis auf diesen Artikel.

5 Vgl. Dubow, Apartheid, S. 45. Neil Roos: Ordinary Springboks. White Servicemen and Social Justice in South Africa, 1939–1961, Aldershot/Burlington 2005, S. 45–63. Ich danke Neil Ross, dass er mir ein Exemplar seines Buches zugänglich gemacht hat.

6 Vgl. Roos, Education, Sex and Leisure, S. 814, S. 818; ders., The Springbok and the Skunk, S. 646.

7 Vgl. Roos, The Springbok and the Skunk, S. 648, S. 650.

sam entfalteten sie eine politisierende Wirkung unter den südafrikanischen Soldaten.[8] Viel vom Widerstand der Veteranen gegen die NP-Regierung speiste sich aus der schockierten Reaktion, nach ihrer Rückkehr die »›home front fascists‹«[9] ungeschlagen und ab 1948 an der Regierung vorzufinden.[10]

Für viele Legionäre und Schulungsoffiziere des AES bedeutete die Opposition nach der Demobilisierung eine Art der Fortführung ihres Kampfes um die Befreiung. Nicht wenige der Schulungsoffiziere waren schon vor dem Krieg Kommunisten gewesen: so etwa Brian Bunting, der auch die Zeitschrift der *Springbok Legion*, *Fighting Talk,* herausgab, und Wolfie Kodesh, Rowley Israel Arenstein und ihre nichtjüdischen Genossen Roy du Preez und Guy Routh,[11] Cecil Williams, Fred Carneson und Bram Fischer.[12]

1948: Wahlsieg der »home front fascists«

Die beachtlichen Erfolge der *Springbok Legion* bei der Mobilisierung gegen die südafrikanische extreme Rechte waren nicht von langer Dauer.[13] Ihre Strategie, von den unmittelbaren Belangen ihrer Mitglieder, weißen Veteranen, einen Bogen zu einer anti-rassistischen, fortschrittlichen Politik in Südafrika zu spannen, ging zu weit und entfremdete viele Legionäre.[14] Ein letztes Mal zeigte sie Stärke in einer Demonstration gegen den Wahlsieg der National Party 1948. Die antifaschistischen

8 Vgl. Dubow, Apartheid, S. 45; Neil Roos: The Second World War, the Army Education Scheme and the »discipline« of the white poor in South Africa, in: History of Education: Journal of the History of Education Society, Jg. 32 (2003) H. 6, S. 645–659.

9 Dubow, Apartheid, S. 45.

10 Vgl. ebd.; Bunting, Rise, S. 87, S. 120.

11 Vgl. Roos, Education, Sex and Leisure, S. 821; ders., Ordinary Springboks, S. 53 f.

12 Vgl. Bernstein, Memory, S. 78; Lazerson, Against the Tide, S. 55, S. 57.

13 Vgl. Hodgson, Foot Soldier, S. 60 ff.

14 Vgl. Lazerson, Against the Tide, S. 61.

Südafrikaner hatten in der Wahl 1948 auf einen Sieg der *United Party* und Jan Smuts' gesetzt, auch um die Regierung der NP zu verhindern. Sie wurden vom Sieg der Nationalisten überrascht. Ihre Interpretation, dass seit der Beteiligung der Sowjetunion am Krieg gegen den Faschismus und dessen Niederlage, auch in Südafrika eine neue Zeit angebrochen sei, entpuppte sich als Trugbild.[15] Dennoch hatten so unterschiedliche Zeitgenossen wie der kommunistische Aktivist Rusty Bernstein und der liberale Dozent Julius Lewin die Periode des Zweiten Weltkriegs durchaus ähnlich erlebt und darauf ihre Hoffnungen begründet. Hoffnungsfroh blickte Bernstein zurück:

> Many new possibilities were opening up for us. We could enter elections we had never ventured to enter before, even those we were unlikely to win. [...] In Johannesburg, with an all-white electorate in Hillbrow-Berea, Hilda [damals: Watts, später: Bernstein] won election to the City Council. In the Cape Peninsula where there were still some coloured voters on the electoral rolls, Party candidates won Council seats, and a lone seat as a »native representative« on the Provincial Council. Everywhere, we were breaking new ground. [...] On all sectors for the radical movement we were also racing ahead.[16]

Gleichermaßen nahm Lewin den Fortschritt wahr:

> We have a definite sense of tacking a new direction. The van Eck report ... expresses this and the war itself means that no disabilities will descend. On the contrary, old bones are being shaken – the hated pass laws have been relaxed and Native trade unions are to be recognised ... We [can] get along faster now that the principle of this and that is conceded.[17]

15 Vgl. Everatt, The Origins, S. 12; Dubow, Introduction, in: ders./Jeeves, South Africa's 1940s, S. 2–10.

16 Bernstein, Memory, S. 69.

17 Julius Lewin an R. Hinden, 19. August 1942, zit. n.: Everatt, The Origins, S. 12. Der Bericht der Van Eck-Kommission publizierte Untersuchungen der Arbeitsmarktsituation in Südafrika 1941 zusammen und stellte darin die sträfliche Unterbezahlung schwarzer Arbeitskräfte fest (vgl. Charles H. Feinstein:

Ein Jahr nach dem Ende des Krieges erschütterte ein Streik schwarzer Minenarbeiter das Land und kündigte an, dass eine neue soziale Kraft entstanden war: ein schwarzes städtisches Proletariat.[18] Der Streik sorgte für eine Welle der Politisierung und der Repression, die auch die jüdische Jungkommunistin Ruth First mitriss. Sie kündigte ihre Stelle bei der Stadt Johannesburg und begann als Redakteurin für das Oppositionsblatt *The Guardian* zu arbeiten.[19] Journalismus und Aktivismus überschnitten sich zusehends, bis sie unter der zunehmenden Repression quasi miteinander verschmolzen.

Eine große Zahl von Autoren des *Guardian* spielten eine wesentliche Rolle in der Oppositionsbewegung, nicht nur durch ihre Veröffentlichungen, sondern auch durch ihre aktive Teilnahme, Planung und Koordination der wesentlichen Kampagnen der Opposition.

Mit dem *Suppression of Communism Act* von 1950 wurde sie jedoch entscheidend geschwächt. Das Gesetz verbot nicht nur die *Communist Party of South Africa* (CPSA), sondern zielte auf die gesamte, vor allem weiße, politische Opposition. Denn alles, was der Vorstellungswelt des afrikaanischen Kulturnationalismus widersprach, konnte durch das Gesetz für justiziabel erachtet und mit hohen Haftstrafen belegt werden.[20]

Liberale und linke Kreise hatten sich als Kraft der Zukunft gesehen, doch ihre Aspirationen wurden gründlich enttäuscht.[21]

Die CPSA sah angesichts des Gesetzes und seinen Strafandrohungen keine Möglichkeit, politisch weiter zu arbeiten. Sam Kahn, jüdisches Mitglied des ZKs und Abgeordneter im Parlament (für afrikanische Wähler des Westkaps), erklärte am Tag der Verabschiedung des *Suppression of Communism Acts*, dass die Partei sich auflösen werde. Kahn nutzte

… An Economic History of South Africa. Conquest, Discrimination and Development, Cambridge 2005, S. 134 f.).

18 Vgl. Slovo, Unfinished Autobiography, S. 37.

19 Vgl. James Zug: The Guardian. The History of South Africa's Extraordinary Anti-Apartheid Newspaper, East Lansing / Pretoria 2007, S. 82.

20 Vgl. Marx, Südafrika, S. 234.

21 Vgl. Shula Marks: Afterword: Worlds of Impossibilities, in: Jeeves/Dubow, South Africa's 1940s, S. 267–282.

diese letzte Gelegenheit, im Parlament sprechen zu können, für einen beißenden Angriff auf die Regierung:

> Die wenigen demokratischen Rechte, die es in Südafrika noch gibt, werden im gegenwärtigen Parlament von einer Clique in dem Bemühen vernichtet, dem Land eine Diktatur aufzuzwingen, jegliche Opposition zu unterdrücken und jedes Hindernis für eine faschistische Republik zu beseitigen.[22]

Diese Maßnahmen seien jedoch nicht in der Lage »das Volk von Südafrika von seinem Kampf um uneingeschränkte Demokratie, für die Aufhebung der Rassenschranken, für Gerechtigkeit und Sozialismus zurückzuhalten«[23]. Wenig beeindruckt von den Worten Kahns verabschiedete das Parlament das Gesetz.

Das ZK trug die Entscheidung sich aufzulösen, nicht einhellig.[24] In der beschlussfassenden Sitzung wurden zwei Möglichkeiten präsentiert: Einerseits könne die Partei warten, bis das Gesetz verabschiedet worden sei, dann könnten alle Mitglieder, sofern sie ihren Austritt nicht nachwiesen, strafrechtlich belangt, mit Kontakt- und Versammlungsverboten belegt werden.[25] Mit der Auflösung gäbe es die Möglichkeit, im

22 Erklärung des kommunistischen Abgeordneten Sam Kahn, verlesen am 20. Juni 1950 im Abgeordnetenhaus, in: SACP [Michael Harmel] (Hg.): Dokumente zur Geschichte der Südafrikanischen Kommunistischen Partei, 1915–1980, Berlin 1984, S. 302 f., hier S. 303.

23 Ebd.

24 Vgl. Ray Alexander Simons und Ben Turok erinnerten sich, dass William »Bill« Andrews, *grande seigneur* der CPSA, und Michael Harmel die Auflösung besprochen hätten (Turok, Truth, S. 28; Ray Alexander Simons: All my Life and all my Strength, Johannesburg 2004, S. 196 f.); laut Rusty Bernstein reihte sich Moses Kotane in späteren Jahren in ihre Reihen ein (Bernstein, Memory, S. 124, ebd. Fn. 5). – Das ZK bestand zu diesem Zeitpunkt aus: William »Bill« Andrews, Brian Bunting, Fred Carneson, Yusuf Dadoo, Daniel du Plessis, Michael Harmel, Bram Fischer, Harry Alimuthu (H. A.) Naidoo, Gerald Ponnen, Ike Horvitch, Sam Kahn, James La Guma, J. B. Marks, Edwin Mofutsanyana, Moses Kotane und Jack Simons – drei Inder, einem *coloured,* zwei Afrikaner, neun Weiße, darunter vier jüdischer Herkunft (Simons, All My Life, S. 196).

25 Vgl. Simons, All My Life, S. 220.

Untergrund weiterzuarbeiten. Letzteres stelle aber eine besondere Schwierigkeit dar, da fast alle Mitglieder polizeilich bekannt seien und keine Erfahrung in der klandestinen Arbeit hätten.[26]

Um die Arbeit im Untergrund voranzutreiben, kontaktierte ein Komitee aus dem Afrikaner Moses Kotane, den Juden Michael Harmel und Rusty Bernstein, dem Inder Yusuf Dadoo, dem Afrikaaner Bram Fischer und dem englischen Südafrikaner Vernon Berrangé – alles ehemalige Bezirkskomitee- oder ZK-Mitglieder –, unter den Augen der Sicherheitspolizei ehemalige Parteimitglieder überall im Land mit dem Ziel, neue Parteistrukturen aufzubauen.[27]

Bis diese sich als arbeitsfähig erwiesen, sollten zwei Jahre vergehen. Währenddessen blieben oppositionelle Weiße weitestgehend Zuschauer der nicht-weißen politischen Proteste.[28]

Zwar gab es aktive Einzelpersonen wie den Bischof Trevor Huddleston und für die Politisierung jüngerer Aktivisten wichtige Gruppen wie die multi-ethnische *Modern Youth Society* (MYS) in Kapstadt,[29] doch bei der *Defiance Campaign* des ANC und der SAIC, bei der Aktivisten die Apartheidgesetze brechen sollten, war die Beteiligung von solidarischen Weißen gering.[30]

26 Vgl. Bernstein, Memory, S. 121.

27 Vgl. ebd. S. 127 f., S. 129–132.

28 Vgl. Everatt, The Origins, S. 99.

29 Vgl. ebd., S. 100. Zur *Modern Youth Society* siehe: Turok, Truth, S. 29 f.; Goldberg: The Mission, S. 7 ff., S. 48–51, S. 59 f.; Albie Sachs, in: Suttner, Cutting, S. 352 f., S. 354–357.

30 Lazerson, Against the Tide, S. 66, führt elf weiße *defier* an: unter ihnen der spätere Zahnarzt Percy Cohen, Selma Stamelman und Sidney Shall. Bekannt wurden die jungen Albie Sachs und Hymie Rochman, die während der *Defiance Campaign* im Kapstädter Postamt verhaftet wurden, weil sie den Eingang für »non-Europeans only« benutzt und das Apartheid-Gesetz gebrochen hatten. Siehe Mendelsohn/Shain, The Jews in South Africa, S. 147. S. a. Wieder, Ruth First and Joe Slovo, S. 79, der neben dem Ehepaar Slovo auch Myrtle Berman als weiße *defier* aufführt; Norman Levy erinnerte außer Sachs und Rochman noch Mary Butcher (die bald darauf Ben Turok heiratete) und Arnold Morrison, einen weiteren weißen Aktivisten (Norman Levy: The Final Prize. My Life in the Anti-Apartheid Struggle, Kapstadt 2011, S. 144); s. a. Everatt, The Origins, S. 41.

Der Mangel an einer eigenständigen oder gemeinsamen Organisation hatte sich in der *Defiance Campaign* bemerkbar gemacht. Die *Springbok Legion* verzeichnete zwar noch eine große Mitgliederzahl, konnte den Widerspruch zwischen ihrer grundlegenden Kritik an der Apartheid und ihrer Bindung an die eine selektivere Politik vertretende *United Party* aber nicht mehr überbrücken. Über die stereotypen Ansichten ihrer weißen Mitglieder, machte sich die Leitung der *Springboks* wenig Illusionen.[31] So verlief auch eine 1952 groß angelegte Protestkampagne des *Torch Commando*, einer Gruppe vornehmlich weißer Veteranen mit bis zu einer viertel Million Mitgliedern, die von der *Springbok Legion* und der *United Party* unterstützt wurde, im Sande.[32] Die eigene inhaltliche Unklarheit und die Unentschiedenheit, wie auf die Einschränkungen der Verfassung durch die neue NP-Regierung reagiert werden sollte, beförderten die Paralyse des weißen Protests.[33]

In dieser Krise der weißen Opposition erachteten der ANC und der SAIC wie auch radikale Veteranen und KP-Mitglieder es als notwendig, weißen Südafrikanern eine Plattform zu bieten, um sich am Befreiungskampf zu beteiligen. Diese Beteiligung von Weißen sollte die Opposition davor bewahren, dass der Befreiungskampf essentialistisch zu einem »race war« aufgeladen werde; er sollte als Aufgabe der ganzen Nation verstanden werden.[34]

31 Vgl. Lazerson, Against the Tide, S. 63 f.; Everatt, The Origins, S. 38 ff.

32 Vgl. Everatt, The Origins, S. 35, S. 38 f.; Lazerson, Against the Tide, S. 63 f.

33 Am deutlichsten trat diese Paralyse zutage, als das *Torch Commando* nichtweiße Veteranen 1952 von den Feierlichkeiten des Jahrestages des Sieges in El-Alamein ausschloss, nachdem es im Anschluss an die eigene Demonstration in Kapstadt zu Ausschreitungen gekommen war. Siehe Baruch Hirson: The Defiance Campaign, 1952, in ders., History of the Left, S. 133–155, hier S. 139.

34 Vgl. ebd., S. 48–71, s. a. ebd., S. 102: Everatt führt an, dass Albie Sachs und drei weitere *defier* von Lucas Phillips, dem ANC-Vorsitzenden des Westkaps, auf einem Treffen der *Defiance Campaign* vorgestellt wurden, um die Annahme; alle Weißen stünden auf der Seite der Apartheid, zu negieren.

Da sich viele der bekannten CPSA-Mitglieder in den legalen Oppositionsgruppen fanden, erhielt das zähe Gerücht Auftrieb, sie würden unter dem Deckmantel der Illegalität ihrer Partei die Bürgerrechts- und Befreiungsorganisationen zu unterwandern versuchen.[35] Nicht-kommunistische Oppositionelle aller Hautfarben verhielten sich daher zurückhaltend. Innerhalb der weißen Opposition traten zwischen Liberalen und Radikalen unvereinbare Differenzen offen zutage, als die Gründungsversammlung des *Congress of Democrats* (COD), der als weißer Teil der Kongress-Bewegung konzipiert war, abgehalten wurde.

Das Treffen in der Darragh Hall, November 1952

Anti-weiße Ausschreitungen während der *Defiance Campaign* hatten den ANC zum Abbruch der Kampagne veranlasst. So sollte verhindert werden, dass die Befreiungsbewegung exklusiv und von anti-weißen Ressentiments geleitet erscheine.[36] Darüber hinaus wurde klar, dass die Opposition bis auf wenige Ausnahmen isoliert von der weißen Bevölkerung blieb; die *Defiance Campaign* schien die Gruppen gar noch mehr zu trennen.[37] Zwar hatte eine Gruppe weißer Oppositioneller ihre Sympathie signalisiert und die Kampagne unterstützt, an ihr beteiligt hatten sich hingegen nur wenige Weiße.[38] Vereinzelt ist die Teilnahme junger jüdischer Aktivisten wie Albie Sachs und Hymie Rochman an der Kampagne in Kapstadt dokumentiert, die in deren Rahmen selbst die Gesetze der Apartheid brachen, verhaftet wurden und auf Kundgebungen des ANC auftraten.[39] Zu dieser Zeit war selbst erfahrenen Kommunisten wie Wolfie Kodesh wenig mehr möglich als afrikanische *defier* zu Aktionen

35 Vgl. ebd.

36 So der ehemalige CPSA-Aktivist und Herausgeber der Parteizeitung *Umsebenzi,* Edward Roux, zit. n.: ebd. S. 102; siehe ebd., S. 40.

37 Vgl. Bernstein, Memory, S. 135.

38 Vgl. Lazerson, Against the Tide, S. 68.

39 Vgl. ebd., S. 67.

ins Hinterland zu fahren.[40] Der Ruf nach einer Beteiligung weißer Oppositioneller an der Arbeit der Kongresse war vor diesem Hintergrund gut begründet.

Im November 1952 luden daher der ANC und der SAIC die weißen Unterstützer der *Defiance Campaign* zu einem Treffen ein. Erstmals adressierten führende Mitglieder des afrikanischen und indischen Kongresses Weiße direkt.[41] An die zweihundert Unterstützer – Vertreter des gesamten politischen Spektrums – waren zusammengekommen. ANC-Präsidiumsmitglied Oliver Tambo und Yusuf Cachalia, führendes Mitglied des SAIC, sprachen für die Gastgeber; auch Walter Sisulu war als Repräsentant des ANC anwesend. Tambo und Sisulu erklärten, dass das Schweigen weißer Demokraten zu den Herausforderungen, die die Punkte der *Defiance Campaign* zutage gebracht hätten, nicht als Billigung oder Zustimmung der Maßnahmen der Regierung gesehen werden würde. Dennoch sähen sie die Gefahr, dass ein Schweigen der weißen Demokraten dazu führen könnte, dass Nicht-Weiße annähmen, alle Weißen stünden ihren Forderungen feindselig gegenüber, und dass daraufhin die Situation als ein Kampf Weißer gegen Nicht-Weißer interpretiert werden könnte.[42] Sie riefen zur Gründung einer weißen Oppositionsgruppierung auf, welche mit den Kongressen kooperieren, sie unterstützen sollte und so helfen könnte »diesem Land Gerechtigkeit zu bringen«[43].

In der Johannesburger Darragh Hall näherten sich die »Young Lions«[44] des ANC erstmals weißen Oppositionellen an und begannen ihren afrikanistischen Radikalismus aufzugeben. Die Befreiungsbewegung wandelte sich in eine inklusiv-nationale Bewegung. Die anti-weiße und anti-kommunistische Sicht der Jugendliga wurde abgelegt, auch wenn diese Annäherung in der Folge für Friktionen sorgen sollte.[45] Aber

40 Vgl. ebd., S. 66.
41 Vgl. Everatt, The Origins, S. 102.
42 Vgl. Advance, 27 November 1952, zitiert bei Lazerson, Against the Tide, S. 69.
43 Yusuf Cachlia, zitiert nach: Everatt, The Origins, S. 45 f.
44 Das Akronym YL stand für die ANC Youth League.
45 Vgl. Lazerson, Against the Tide, S. 69 f.

auch für die Binnenverhältnisse der weißen Opposition war das Treffen im November 1952 klärend. Denn vor den Augen Sisulus, Tambos und Cachlias kam es zum Eklat zwischen liberalen und radikalen Oppositionellen.

Unter den Anwesenden war eine große Gruppe an *Springbok Legion-* und ehemaligen CPSA-Mitgliedern sowie eine ganze Reihe bekannter liberaler und nicht-kommunistischer Oppositioneller. Die Animositäten zwischen Liberalen und Kommunisten waren groß und die Bereitschaft mit gelisteten Kommunisten zusammenzuarbeiten war gering. Radikale Oppositionelle teilten die zentrale Forderung der Kongresse nach dem uneingeschränkten Wahlrecht. In ihren Kreisen war es zuvor schon zu Unterredungen über die Gründung einer kongressnahen Organisation gekommen.[46] Liberale planten zu diesem Zeitpunkt schon, die *Liberal Party* als parlamentarische Oppositionspartei ohne »Rassen«-Schranke als Aufnahmekriterium zu gründen. Der Ruf der Kongresse nach einem allgemeinen Wahlrecht wurde explizit zurückgewiesen.[47]

In die Diskussionen mischte sich Rusty Bernstein ein, der konkret vorschlug, eine kongressähnliche weiße Organisation zu gründen, die im Verbund mit den bestehenden Kongressen für einen demokratischen Wandel agitieren sollte. Den liberalen Erwiderungen, die wechselseitige Annäherung durch multi-»rassische« Begegnungs- und Freizeitstätten vorschlugen, stellte Bernstein das Potential politischer Zusammenarbeit auf Augenhöhe in Aussicht. Seine polemischen Worte vermochten es jedoch nicht, die Kluft zwischen Liberalen und Radikalen als überwindbar erscheinen zu lassen.[48]

Letztlich wurden beide Organisationen gegründet. Die *Liberal Party* bestand bis 1968, arbeitete parlamentarisch und wandte sich gegen das uneingeschränkte Wahlrecht und eine enge Zusammenarbeit mit

46 Vgl. Bernstein, Memory, S. 138.
47 Vgl. Everatt, The Origins, S. 46.
48 Vgl. ebd.

ehemaligen CPSA-Mitgliedern.[49] Der *Congress of Democrats* hingegen setzte auf die Aufklärung des Bewusstseins der Weißen, die enge Zusammenarbeit mit ANC und SAIC und wollte innerhalb der weißen Minderheit den Forderungen der Kongresse Gehör verschaffen und der prinzipiellen Ablehnung der Apartheid eine Plattform bieten.[50] Demgemäß berichtete *Fighting Talk*, das Organ der *Springbok Legion*, dass die Bevölkerungsmehrheit endlich sehen und hören wolle, wo denn die Weißen seien, die an ihrer Seite stünden. Nur wenn Weiße sich uneingeschränkt an die Seite der Kongresse stellten, könnte der Kampf um nationale Befreiung nicht einer der »Rassen« sein.[51]

Die Trennung von liberaler und radikaler Opposition

Nach ungefähr einem Jahr wurde die Gründung des COD mit einem Kongress in Johannesburg öffentlich gemacht. Währenddessen hatten vier Organisationen als seine Vorläufer fungiert: die *Cape Town Democratic League*, der *Durban Congress of Democrats*, der Johannesburger *Congress of Democrats* sowie die *Springbok Legion*.[52] Hinzu kamen noch Mitglieder aus Port Elizabeth.[53] *Fighting Talk* hatte permanent nachdrücklich für die neue Kongressorganisation geworben. Es war vor allem Rusty Bernstein, der für eine kongressnahe Organisation und gegen die Liberalen agitierte. Bernstein stammte wie auch Rica Hodgson aus einer jüdischen Familie aus Durban. Seine prägende politische Erfahrung machte er aber in Johannesburg, in einem deutlich jüdisch geprägten

49 Nach dem Verbot des ANC 1960 kamen ANC-Mitglieder aus Mangel an Optionen, da sich auch der ANC erst im Untergrund rekonstituieren musste, in die Verlegenheit, der *Liberal Party* beizutreten. Siehe Raymond Suttner: The African National Congress Underground. From M-Plan to Rivonia, in: South African Historical Journal, 49 (2003), S. 123–146, hier S. 141 f.

50 Vgl. Bernstein, Memory, S. 138.

51 Vgl. N.N.: Salute to Courage, in: Fighting Talk, December 1962, S. 1 und 7.

52 Vgl. Everatt, The Origins, S. 108.

53 Vgl. Helen Joseph: Side by Side. The Autobiography of Helen Joseph, London 1986, S. 39.

Milieu, wo er auf den Architekten Kurt Jonas, der sich einer zionistisch-sozialistischen Partei angeschlossen hatte, den anti-kommunistischen jüdischen Sozialisten Jock Isaacowitz – einem langjährigen Vorsitzenden der *Springbok Legion* – und den bekannten Arzt Max Joffe, der Mitglied der CPSA war, traf.[54] Bernstein, ebenfalls ausgebildeter Architekt, wurde schnell zu einem vielseitig involvierten Aktivisten, sowohl in der *Springbok Legion* wie in der CPSA. Bei *Fighting Talk* war er in den Herausgeberkreis berufen worden und entschied mit Cecil Williams, die Monatszeitschrift unabhängig von der *Sprinbok Legion* mit Ruth First als Chefredakteurin weiterzuführen.[55]

Im Juli 1953 griff Bernstein die *Liberal Party s*charf an. Er erklärte die liberalen Organisationen zu nur vorgeblich progressiven Kräften, die ihr vorurteilsbeladenes Programm kaschieren und der vorbehaltlosen Gleichberechtigung aller Südafrikaner entgegenarbeiten würden.[56] Wenige Monate später legte er in einer Würdigung Bram Fischers nach und entwarf das Modell eines »europäischen« Südafrikaners, der nach einem Ende der rassistischen Unterdrückung strebte.[57] Polemiken gegen die *Liberal Party* waren in *Fighting Talk* oft zu finden, auch gepaart mit der detaillierten Kritik am Programm der neuen Oppositionspartei.[58]

Die Distanz der Liberalen zu den Radikalen wiederum wird beim Blick auf zwei große Nachrufe auf Stalin deutlich. Diese dürften ihre Scheu vor einer Zusammenarbeit verstärkt haben,[59] ebenso wie auch die anhaltende Polemik gegen sie einen Keil in die weiße Opposition trieb.[60]

54 Vgl. Bernstein, Memory, S. 14 f., S. 23 f.

55 Vgl. ebd., S. 140.

56 Vgl. Lionel Bernstein: Federal Futility, in: Fighting Talk, Juni 1953, S. 4.

57 Vgl. L[ionel] B[ernstein]: I Think of Bram Fischer, in: Fighting Talk, September 1953, S. 2.

58 Siehe: N. N.: How Liberal are the Liberals?, in: Fighting Talk, Juni 1953, S. 8 f.; Lionel Bernstein: In Defence of Liberals, in: Fighting Talk, September 1953, S. 14.

59 Vgl. Ben Giles: Stalin. An Obituary, in: Fighting Talk, April 1953, S. 4; N. N.: Stalin – Leader of a New Type, in: Fighting Talk, März 1954, S. 10. Vor dem Hintergrund der schweren Kriegslast, die die Sowjetunion getragen hatte, und dem Umstand, dass Chruschtschows Geheimrede erst in drei bzw. zwei Jahren eine neue Krise des Kommunismus hervorrufen würde, ist diese Parteinahme für Stalin nicht außergewöhnlich. S. a. Levy, Prize, S. 160 ff.

Ein wichtiger Konflikt drückte sich im Schlagabtausch zwischen dem Fotografen – und SACP-Mitglied – Gerhard Cohn[61] und Rusty Bernstein aus. Cohn kritisierte, dass die *Liberal Party* mit der *United Party* und der NP über einen Kamm geschert werde, ohne dass dafür substantielle Fakten vorgebracht worden seien. Er protestierte eindringlich gegen diesen Journalismus, der ihn an die totalitäre Presse erinnere.[62] Bernstein monierte den Ton Cohns, dessen Temperament ihn fehlleite. Die *Liberal Party*, so Bernstein, könne als politische Partei in Südafrika nicht anders, als »für die *natives* [zu] sprechen«, und »Leser Cohn« keine Argumente beibringen, weshalb das »qualifizierte Wahlrecht« etwas anderes als eine Variante der traditionellen weißen Politik in Südafrika sei.[63] Genau mit dieser wollte der COD brechen.

3.b Der Congress of Democrats

Der COD versammelte all diejenigen an der Seite der Kongresse, die als Weiße in Opposition zur Apartheid standen. Seine Agenda proklamierte diese Nähe, mied wegen möglicher Repression jedoch eine sozialistische Terminologie. Die Organisation wollte die Widersprüche und Befangenheiten der weißen Opposition überwinden. Konsequenterweise leitete der COD sein Aktionsprogramm mit einer Kritik an der *Liberal Party* ein. Der Kongress lobte sich selbst dafür, dass er zwischen weißen und nicht-weißen Südafrikanern Augenhöhe hergestellt und frischen Wind in die politische Szenerie des Landes gebracht habe. Durch die Einheit der Kongresse würde verhindert, dass der Befreiungskampf sich gegen

60 Vgl. N.N.: How Liberal are the Liberals, in: Fighting Talk, June 1953, S. 8 f.

61 Siehe: Concord (Newsletter of the Alan Paton Centre), Jg. 1 (1998), H. 2, S. 4.

62 Vgl. [Gerhard Cohn]: Letters to the Editor: In Defence of Liberals, in: Fighting Talk, September 1953, S. 14.

63 Vgl. L[ionel] Bernstein: Letters to the Editor: In Defence of Liberals, in: Fighting Talk, September 1953, S. 14.

die Weißen als Gruppe richtete.[64] Damit schloss *Fighting Talk* auch an die Einheitsfront-Rhetorik der vorherigen Jahre an.[65]

Trotz eines Unentschiedens bei einem Mitgliedervotum[66] entschied die Führung der *Springbok Legion,* die neue Organisation voranzutreiben. Sie argumentierte, dass die Defensive der südafrikanischen Linken zu Ende gegangen sei.[67] Der internationale anti-koloniale Aufbruch gepaart mit südafrikanischen Forderungen nach allgemeiner Gleichheit und Freiheit erfordere es, dass nicht mehr paternalistisch *für* die nicht-weißen Südafrikaner gesprochen, sondern mit ihnen agiert werden müsse, wie überhaupt die »rasse«-übergreifende Kooperation die einzige Möglichkeit sei, den Weg zum Faschismus, den die NP verfolge, aufzuhalten, wie der *Legion*-Vorsitzende Cecil Williams erklärte.[68] Ende des Jahres 1953 wurde die Gründung des COD mit über 500 Mitgliedern in allen größeren Städten verkündet.[69] Dessen Sitz war in Johannesburg und das Exekutivkomitee setzte sich aus Jack Hodgson und zwei weiteren Kommunisten zusammen.[70]

Auffällig am COD waren die kooptativen Mitgliederaufnahmen – man gehörte dazu oder nicht; keine Mitgliederlisten zu führen, sollte vor neuen Repressionen schützen – und die hohe Beteiligung ehemaliger CPSA-Mitglieder.

> I do not remember signing an application for membership of the new organization, but simply accepted that I was part of it, together with practically all the ex-CPSA members I knew. By the time of COD's

64 Vgl. N.N.: »Speaking for the Natives«, in: Fighting Talk, July 1953, S. 5. Diesen Artikel kritisierte Gerhard Cohn zwei Monat später, s. o.

65 Vgl.: N.N.: Unity – or Eclipse?, in: Fighting Talk, January 1951, S. 1.

66 Vgl. Cecil Williams: Now is the Time for All Good Men ..., in: Fighting Talk, July 1953, S. 8 f.

67 Vgl. N.N.: Over to the Offensive, in: Fighting Talk, August 1953, S. 12 f.

68 Vgl. N.N.: Towards a New Organisation, in: Fighting Talk, August 1953, S. 13. Ähnlich auch Jack Hodgson, in: Everatt, The Origins, S. 116.

69 Vgl. N.N.: The Shape of Things to Come, in: Fighting Talk, September 1953, S. 11.

70 Vgl. N.N.: Banners Fly Against the Wind, in: Fighting Talk, November 1953, S. 2. Neben Hodgson war es Pieter Beyleveld und Len Lee-Warden.

funding, however, I had already been recruited to the revived underground Party [...] and found myself in a unit with Rusty Bernstein, Ruth First, Cecil Williams and Rica Hodgson, all of them initially member of the national executive committee of the COD.[71]

Fighting Talk wurde von der *Springbok Legion* als Organ der Kongress-Bewegung fortgeführt;[72] zusätzlich gründete der COD noch das Bulletin Counter Attack.[73]

Die erste Herausforderung war die (weiße) Wahl im Frühjahr 1953. Der COD appellierte an den antifaschistischen und demokratischen Geist der *Springbok Legion*, um die (zuvor geschmähten) Oppositionsparteien zu stärken.[74] Doch trotz ihrer stabilen Stimmenzahl sicherte sich die NP – sogar mit einem besseren Ergebnis als bei der vorherigen Wahl – die parlamentarische Mehrheit.[75]

Welche Wirkungsmöglichkeit hatte der COD abseits der journalistischen Skandalisierung der Zustände im Land – worin er verbunden mit der Agitation unter Weißen eine Hauptaufgabe sah? Als Partnerorganisation der nicht-weißen Kongresse versuchte er ihnen organisatorisch unter die Arme zu greifen, beteiligte sich an Kampagnen gegen Zwangsräumungen im Johannesburger Stadtteil Sophiatown, verteilte Flugblätter, malte Parolen oder war Teil gemeinsamer politischer Diskussionen und Versammlungen, wie sich Norma Kitson erinnerte.[76]

Doch der COD, dem ein beträchtlicher Teil an Ex-Kommunisten angehörte – die alte CPSA bestand nicht mehr, die neue SACP war klandestin –, konstituierte so etwas wie eine »inoffizielle Intelligenzija« der Kongressallianz.[77] Auch *Fighting Talk* war auf die Führung in der Theorie

71 Levy, Prize, S. 149.

72 Vgl. Editors: Fighting Talk Changes Hands, in: Fighting Talk, March 1954.

73 Siehe Wieder, Joe Slovo and Ruth First, S. 88.

74 Siehe R[oy] Cousins: I Fought for My Country, in: Fighting Talk, Jg. IX (1953) H. 4, S. 1; Cecil Williams: I Call on Ex-Servicemen, in: Fighting Talk, April 1953, S. 1 und S. 2; N. N.: The Way Forward, in: Fighting Talk, Mai 1953, S. 1.

75 Vgl. Beinart, Twentieth-Century, S. 148.

76 Vgl. Norma Kitson: Where Sixpence lives, London 1986, S. 93 f., S. 97.

77 Vgl. Lazerson, Against the Tide, S. 116.

und die Interpretation der politischen Situation ausgerichtet, wie sich Rusty Bernstein erinnerte.[78] Diese Rolle führte aber auch zu einer verzwickten Position des COD. Er wurde oftmals als Tarn- und Vorfeldorganisation der Kommunistischen Partei gesehen, die mittels des COD die Kongressallianz zu dominieren versuchte, während zugleich die SACP den Kampf um eine sozialistische Gesellschaftsordnung dem Ende der Apartheid unterordnete.[79]

Seine Mitglieder lebten in dem Widerspruch, ohne offensichtliche persönliche Gründe (als privilegierte Weiße) das Ende der weißen Vorherrschaft zu fordern. In dieser Gruppe schickte sich der COD an, Mitglieder und Sympathisanten zu gewinnen. Generell blieb die Reaktion der weißen Minderheit auf die Anwerbungs- und Überzeugungsversuche aber feindselig.[80] Vielleicht sah der COD daher Bildung als eines seiner zentralen Arbeitsgebiete an. Gerichtet war diese auf Mitglieder wie die weitere weiße Öffentlichkeit. Doch die Resonanz auf die Broschüren und Veranstaltungen war auch hier verhalten. Meist saßen weiße Theoretiker des COD vor einem schwarzen Publikum.[81] Unterlegt waren die Bildungsmittel mit einer marxistischen Interpretation, die Begriffe wie Klasse, Produktionsweise, Mehrwert, Ausbeutung, Imperialismus und Sozialismus aufgriff und im südafrikanischen Kontext erklärte.[82] Der rassistische Parlamentarismus sollte durch eine Volksdemokratie ersetzt werden, die auch die weiße Klassenherrschaft überwinden und Südafrikas Zukunft in die Hände der Arbeiter, Bauern und all jener legen sollte, die erkannten, dass das Glück des Landes »nicht gewonnen werden kann, solange der Staat das Eigentum der Ausbeuter und Unterdrücker«[83] ist.

Dieser enge theoretische Zuschnitt addierte sich zur generellen weißen Skepsis gegenüber des COD und trug zu seinem Misserfolg innerhalb der weißen Minderheit bei, denn trotz aller Argumente prosperierten

78 Vgl. Bernstein, Memory, S. 140 f.
79 Vgl. Lazerson, Against the Tide S. 116; Everatt, The Origins, S. 48–71.
80 Vgl. ebd., S. 117.
81 Vgl. ebd., S. 120 ff., S. 124.
82 Vgl. ebd., S. 121 f.
83 The World We Live In, zit. n. ebd., S. 122.

die Weißen unter der Apartheid sichtlich. Daher richtete der COD seine Arbeit mehr und mehr auf die schwarze Bevölkerung und intensivierte die Zusammenarbeit mit dem ANC und dem SAIC.[84] Ihre gemeinsame Vision eines nicht-rassistischen, gleichberechtigten Südafrikas formulierte der COD schon in seinen ersten Broschüren.[85]

Afrikanistische Kritik an der Beteiligung des COD an der Kongress-Allianz

Die Führungsrolle des COD rief bei manchen schwarzen Aktivisten Unmut hervor und sorgte für die Bildung einer afrikanistischen Fraktion innerhalb des ANC.[86] In der auf dem *Congress of the People* 1955 verabschiedeten *Freedom Charter* und dem in ihr enthaltenen Konzept des »Multi-Racialism« sahen sie lediglich eine verschleierte Kontinuität weißer Dominanz. Diese Spannungen führten 1959 zur Abspaltung des *Pan-Africanist Congress* (PAC), dessen Anti-Pass-Kampagne im Jahr darauf das politisch entscheidende Massaker von Sharpeville auslösen sollte.[87]

Die Kongress-Bewegung hingegen bewahrte ihre Einheit und ließ sich ihren Anspruch auf Führung der politischen Opposition nicht streitig machen.[88] Mitglieder der Exekutive der Kongresse arbeiteten in verschiedenen Komitees zusammen und waren darüber hinaus durch ihre Mitgliedschaft in der SACP miteinander verbunden, so beispielsweise namentlich Walter Sisulu, Moses Kotane, Govan Mbeki oder Yusuf Dadoo.[89]

Die afrikanistische Kritik entzündete sich an dem geringen Wirkungskreis des COD, der sich vornehmlich auf die Kongress-Allianz be-

84 Vgl. ebd., S. 133.
85 Vgl. ebd., S. 120–123.
86 Vgl. Lodge, Black Politics, S. 71, S. 82 ff.
87 Vgl. ebd., S. 84.
88 Vgl. Walter Sisulu: Congress and the Africanists, in: Africa South, Jg. 3 (1959), H. 4, S. 27–34.
89 Vgl. Lerumo, Fifty Fighting Years.

schränkte. Überhaupt waren politische Organisationen der Opposition am Leben zu erhalten, abweichende Sichtweisen und auch radikale Kritik an der Apartheid zu äußern, Teile der politischen Arbeit selbst. Dem COD blieb nur wenig mehr als die Betätigungsfelder der politischen Schulung und des Journalismus. Er konnte die Spalten des *Guardian*, *Fighting Talk* und *Counter Attack* den anderen Kongressen öffnen und ihnen so eine Stimme geben. Praktische Agitation aber oder gar wirksamen politischen Einfluss auszuüben, blieb ihm insofern versagt, dass er am Rande der weißen Minderheit nur wenige Mittel hatte, Sand in das Getriebe der Apartheid zu streuen.

Folgerichtig war daher die Gründung des Verbandes *South African Congress of Trade Unions* (SACTU), der in der Tradition der nicht-weißen Gewerkschaften als zusätzlicher Bestandteil der Kongresse auf der ökonomischen Seite wirken sollte. Doch auch dieser blieb trotz starker Einzelgewerkschaften[90] eher beschränkt: Die Arbeitskämpfe waren »heroisch«, aber »selten erfolgreich.«[91] Während seine Mitgliederzahl dennoch wuchs, verlagerte sich seine ursprüngliche Rolle auf die Verknüpfung des gewerkschaftlichen mit dem politischen Kampf und der Schärfung des Klassenbewusstseins.[92]

Die Arbeit des COD war ähnlich ausgerichtet. Dessen Publikationen sollten das Bewusstsein der Weißen erreichen und Aufklärung betreiben über die katastrophalen Auswirkungen des komfortablen Lebens der weißen Minderheit auf Kosten der Bevölkerungsmehrheit. Seine Zeitungen landeten in den Briefkästen in den weißen Vororten, zirkulierten aber ebenso unter nicht-weißen Südafrikanern.[93] Die wichtigste Funktion war aber wohl, dass mit der Existenz des COD der Nicht-Rassismus der Befreiungsbewegung zum Ausdruck gebracht werden konnte.[94]

90 Vgl. Lodge, Black Politics, S. 190 (SACTU vereinte 19 affiliierte Gewerkschaften mit 10 000 Mitgliedern).

91 Vgl. ebd., S. 192.

92 Vgl. ebd., S. 193.

93 Vgl. Zug, The Guardian, S. 97, S. 131.

94 Vgl. Levy, Prize, S. 149; s. a. Lodge, Black Politics, S. 190.

Nach dem Verbot der CPSA stellte der COD den Versuch dar, eine Organisation des (weißen) Widerstands in der Öffentlichkeit wiederzubeleben und das lose Zirkelwesen, welches innerhalb der kritischen und nonkonformen Bevölkerung bestand, zusammenzufassen. Damit sollten die bestehenden Probleme der Opposition überwunden werden.[95]

Der COD – ein jüdisch geprägtes Sammelbecken der weißen Linken

Der COD stand allen Weißen offen, die sich mit den Zielen des ANC einverstanden erklärten und sich am nationalen Befreiungskampf um ein demokratisches Südafrika beteiligen wollten. Es wäre falsch, ihn als kommunistische Organisation zu bezeichnen, auch wenn viele Mitglieder und besonders seine Führungsriege ehemalige CPSA-Mitglieder waren. Genauso falsch wäre es, den COD als »jüdische« Organisation zu bezeichnen, die sich – wie der JWC, die *Union of Jewish Women* oder die *Zionist Federation* – explizit jüdischen Interessen widmete. Gleichzeitig aber war der COD eine signifikant von Juden und Kommunisten geprägte Organisation, was sich vor allem in der personellen Zusammensetzung ausdrückte.

Abgesehen von den drei Präsidenten des COD bestand die Exekutive zu über 50 Prozent aus jüdischen Südafrikanern – sechs von elf Personen. Von ihnen waren Joe Slovo, Ruth First und die Brüder Julius und Lewis Baker bekannte Kommunisten.[96] Die Wahrnehmung des COD als »jüdisch« zeigt sich auch in der Überraschung, die Ronnie Kasrils – selbst jüdischer Herkunft – empfand, als er in den frühen 1960er Jahren die Klarnamen seiner Genossen erfuhr und erkannte, dass unter ihnen auch Nichtjuden waren.[97] Sein Weg in den Kongress untermalt, weshalb er von dieser ethnischen Prägung ausging. Auf seinen

95 Vgl. Lazerson, Against the Tide, S. 124 ff.; Kitson, Sixpence, S. 90–93.

96 Vgl. Report of South African Conference of Democrats, Johannesburg 10./11. October 1953, Historical Papers, AD1812, Ef3.4, S. 4.

97 Vgl. Kasrils, Armed and Dangerous, S. 28 f.

Wunsch hin, sich in der Opposition zu organisieren, wurde Kasrils an seine Verwandte Jaqueline »Jackie« Lax verwiesen, die mit dem prominenten Regimekritiker und Anwalt Rowley Arenstein verheiratet war.[98] Sie gehörte zu den 1956 im *Treason Trial* angeklagten weißen Oppositionellen.[99] Bei dieser jüdischen Großtante traf Kasrils auch Vera Ponnen, ebenfalls jüdische Kommunistin und COD-Mitglied.[100] Ponnen hatte den indischen Südafrikaner George Ponnen aus Durban geheiratet und war dadurch von den Behörden als ostindisch rassifiziert worden.[101] Sie war die erste Managerin des *Guardian* in Durban und Führungsmitglied im dortigen COD.[102] In der Hafenstadt gehörten Mervyn Susser und Zena Stein zu den Gründungsmitgliedern des COD, welche 1956 nach England und später in die USA auswanderten. Wenngleich sie nicht zur ersten Reihe prominenter Aktivisten gehörten, so verbanden sie ihr politisches Bewusstsein mit ihrer professionellen Arbeit als Ärzte in Johannesburg, wo sie in der Alexandra Clinic im Township Alexandra arbeiteten.[103] In der Klinik traf sich ihre illegale SACP-Zelle, zu der auch Joe

98 Vgl. ebd., S. 25; Rowley Israel Arenstein, in: Suttner, Cutting, S. 370–402, hier S. 372.

99 Siehe Lionel Forman: A Tumpet from the Housetops, London u.a. 1992, Abb. 5, 6/7; Sacks, Jewish Memories, S. 50 f., S. 56.

100 Vgl. Kasrils, Armed and Dangerous, S. 27.

101 Vgl. N.N.: Vera Ponnen, www.sahistory.org.za/people/vera-ponnen (letzter Zugriff: 29.9.2015).

102 Vgl. Les Switzer: Socialism and the Resistance Movement: The Life and Times of the Guardian, 1937–1952, in: ders. (Hg.): South Africa's Alternative Press. Voices of Protest and Resistance, 1880s–1960s, Cambridge 1997, S. 268–307, S. 281.

103 Vgl. Gerald M. Oppenheimer / David Rosner: Two Lives, Three Legs, One Journey: A Retrospective Appreciation of Zena Stein and Mervyn Susser, in: International Journal of Epidemiology 2002, H. 31, S. 49–53. Ein Nebenstrang der politischen Geschichte könnte auch mit Blick auf die jüdischen Ärzte geschrieben werden, die in der epidomologischen Forschung eine internationale Rolle spielten, die sie vielleicht nicht innegehabt hätten, wären sie nicht aufgrund ihres politischen Bewusstseins in Südafrika als Sozialmediziner engagiert und wegen des zunehmenden repressiven Klimas außer Landes gegangen (vgl. Mervyn Susser / Zena Stein: Eras in Epedimiology, the Evolution of Ideas, Oxford 2009, S. vii; Ida Susser: Preface – Southern Africa: A Personal Geography, History and Politics, in: dies.: AIDS, Sex, and Culture. Global Politics and Survival in Southern Africa, Chichester 2009, S. vii–xxii).

Slovo gehörte. In ihrem Umfeld in Durban bewegte sich ebenfalls Helen Navid, die wiederum Norma Cranko, spätere Norma Kitson, politisierte.[104]

Ähnlich verhielt es sich in Johannesburg: Rica Hodgson, deren Ehemann Jack dem COD vorstand, spielte eine wesentliche Rolle für die Arbeit der Opposition. Verbunden mit ihnen waren langjährige Weggefährten aus der CPSA, die jetzt versuchten, die Oppositionsarbeit im COD voranzubringen. Zu ihnen zählten bekannte Personen wie Joe Slovo und seine Ehefrau Ruth First sowie Hilda Bernstein und ihr Ehemann Lionel »Rusty«. Hilda Bernstein war eine stadtbekannte Kommunistin, der es 1943 gelungen war, zur Stadträtin gewählt zu werden.[105]

Die Bezirkssekretärin des COD in Johannesburg war Yetta Barenblatt. Sie hatte die vertrauliche Position von Rica Hodgson übernommen, nachdem diese 1954 gebannt wurde.[106] Neben den üblichen Aufgaben bereitete das Sekretariat in jenem Jahr den *Congress of the People* mit vor.[107] Nachdem Barenblatt wie andere Aktivisten 1956 im *Treason Trial* angeklagt und gebannt wurde, übernahm der junge Ben Turok das Amt des COD-Sekretärs.[108]

Wolfie Kodesh war eines der aktivsten Mitglieder und stellte seine Qualität als Vermittler zwischen schwarzen und weißen Lebenswelten unter Beweis. Er hielt dies für eine wichtige Position, um gegenseitiges Vertrauen aufzubauen:

104 Vgl. Mervyn Susser: A Personal History. Social Medicine in a South African Setting, 1952–5. Part 2, in: Journal of Epediomology and Community Health, Jg. 60 (August 2006), H. 60, S. 662–668 (hier S. 664 und 666), (online abrufbar unter www.ncbi.nlm.nih.gov/pmc/articles/PMC2588069/ [letzter Zugriff: 5.10.2015]); Shimoni, Community, S. 93 f.

105 Vgl. Hugh Macmillan: Hilda Bernstein, Anti-Apartheid Campaigner, Obituary, The Independent, 20.9.2006, (online abrufbar unter www.independent.co.uk/news/obituaries/hilda-bernstein-416691.html [letzter Zugriff: 16.3.2016]).

106 Vgl. Hodgson, Foot Soldier, S. 66.

107 Vgl. N. N.: Yetta Barenblatt, www.sahistory.org.za/people/yetta-barenblatt (letzter Zugriff: 2.10.2015).

108 Vgl. Ben Turok, SAHA AL2460, E5.

> If whites showed they could get into these townships, and you were willing to, then it enhanced the image of whites, their trust in whites. Because look at the whole media, the whole of life. Blacks were inferior, whites were superior. How do you really bridge it? By playing cricket? You bridge it by doing, and going amongst them.[109]

Harold Wolpe, der ein führendes Mitglied in der SACP und dem bewaffneten Arm der KP und des ANC, *Umkhonto We Sizwe* (MK), werden sollte, war ebenfalls im Johannesburger COD aktiv und wurde Anfang 1954 gebannt.[110] Er wurde weltberühmt, als ihm nach der Rivonia-Razzia 1963 die Flucht aus dem Polizeigefängnis von Johannesburg gelang.[111]

Als Mitglieder der Exekutive des SACTU waren die Zwillingsbrüder Norman und Leon Levy eng mit der Kongressbewegung verbunden. Durch die politische Aktivität ihrer Mutter waren sie schon früh politisiert worden. So wurde Norman später der Geschäftsführer des COD und trat der SACP bei während Leon bei der gewerkschaftlichen Arbeit blieb.[112] Eine ihre Genossinnen in der Gewerkschaft war Rose Schlachter. Sie war eine Johannesburger Gewerkschaftsaktivistin und SACP-Mitglied. Schlachter war ebenfalls im *Treason Trial* angeklagt und von 1968 bis 1973 gebannt worden.[113]

Michael Harmel war ein einflussreicher Theoretiker der SACP und ein bekannter Publizist. Er schrieb für den *Guardian* und gab bis zur Auflösung der Partei deren offizielles Organ *Inkululeko* heraus. Maßgeblich war Harmel daran beteiligt, das neue Parteiprogramm der SACP

109 Wolfie Kodesh, in: Lazerson, Against the Tide, S. 147.

110 Vgl. Lazerson, Against the Tide, S. 95; N. N.: More Bannings, in: Counter Attack, o. D. (Januar 1954), S. 1, Historical Papers, AD1812, E.f.3-5-001.

111 Siehe unten.

112 Vgl. Levy, Prize, S. 15; Lerumo, Fifty Fighting Years.

113 Vgl. David Saks (Hg.): Jewish Memories of Mandela, o. O. [Johannesburg] 2011, S. 52; Suttner, Afterword, S. 617 f.; s. a. Historical Papers AD1646; N. N.: Farewell to saints, sinners, Diana, mg.co.za/article/1997-12-23-farewell-to-saints-sinners-and-diana; N. N.: Banned August 1968 – August 1973: v1.sahistory.org.za/pages/people/lives-of-courage/pages/wall/banned/banned_s.html (letzter Zugriff: 3.11.2015).

im Untergrund zu formulieren. »The Road to South African Freedom« wurde 1962 auf einer der geheimen Parteikonferenzen verabschiedet.[114] Auf Geheiß der SACP verließ Harmel im gleichen Jahr Südafrika, um die Parteistrukturen in London zu stärken. Er wurde weiter nach Prag geschickt, um während seiner letzten Lebensjahre die SACP beim *World Marxist Review* zu repräsentieren.[115] Die Partei hatte er schon 1971 in dem in London herausgegebenen Festband »Fifty Fighting Years« unter seinem Pseudonym A. Lerumo gewürdigt.[116]

Neben dieser Prominenz gab es auch weniger öffentlich bekannte Mitglieder. Victor and Marcelle Goldberg kritisierten schon frühzeitig die ethnische Trennung der Kongresse in der Zeitschrift des COD.[117] Goldberg vertrat seine Haltung in den Reihen des COD mit großem Nachdruck.[118] Seine Frau war außerdem stellvertretende Vorsitzende des FEDSAW.[119] Beide wanderten nach London aus.[120]

Anne und Issy Heyman waren ebenfalls ein Aktivistenpaar, das politischer Verfolgung ausgesetzt war. Als »double detainees« waren beide Ehepartner während des Ausnahmezustandes von 1960 inhaftiert.[121] Heymann war 1965 der erste 180-Tage-*detainee* des Landes und versuchte, sich im Gefängnis das Leben zu nehmen.[122]

114 Vgl. Yusuf Dadoo: Michael Harmel, 24.6.1974, www.sacp.org.za/main.php?ID=2330 (letzter Zugriff: 5.10.2015).

115 Vgl. N.N.: Michael Alan Harmel, www.sahistory.org.za/people/michael-alan-harmel (letzter Zugriff: 5.10.2015).

116 Vgl. Lerumo, Fifty Fighting Years.

117 Vgl. Baruch Hirson: Revolutions in My Life, Johannesburg 1995, S. 275.

118 Vgl. Vic Goldberg: One Congress, Mayibuye Archives MCA 229-box 2.

119 Vgl. Historical Papers, AD1137, Ad1.5; The Star 17.4.1959, ebd., Ah2.

120 Vgl. Anti-Apartheid Bulletin, Nr. 6 (Dezember 1961), S. 5; Victor und Marcelle Goldberg scheinen sich im Ausland getrennt und Victor sich in Israel niedergelassen zu haben. Von dort aus wollte er mit seiner zweiten Frau in die USA einreisen, was ihm aufgrund seiner ehemaligen COD-Positionen verwehrt wurde (Lakeland Ledger, 17.7.1982, S. 13A; s. a. das Affidavit von Thomas Karis an das Departement of State, USA, März 1983, Historical Papers A2182).

121 Vgl. Bernstein, Memory, S. 209.

122 Vgl. Clingman, Bram Fischer, S. 352 f.

Als Beispiel für Graswurzel-Aktivismus mag Michael Picardie dienen. Picardie, aufgewachsen in einer jüdischen Familie in einem gemischten Johannesburger Stadtteil, hatte als Freiwilliger Stimmen für den *Congress of the People* auf den Straßen Johannesburgs eingeworben und am Kongress als Delegierter teilgenommen, wo er von der Polizei verhaftet wurde. Picardie besuchte in Sophiatown ANC-Kundgebungen und gemischte Theateraufführungen. 1960 wurde er während des Ausnahmezustandes festgenommen. Über Swasiland floh er nach Großbritannien.[123]

Auch Ronnie Press war Delegierter auf dem *Congress of the People* und vielseitiger Aktivist. Der gelernte Chemiker publizierte,[124] betätigte sich als Gewerkschafter[125] und SACP-Mitglied.[126] Er beteiligte sich auch an der Entwicklung der Technik, die *Umkhonto We Sizwe* für seine Operationen benötigte.[127] Nach der Verabschiedung der *Freedom Charter* saß er einer Kundgebung vor, bei der sie als die »neue Verfassung Südafrika« präsentiert wurde.[128]

Auch Kapstadt glich dem allgemeinen Bild. Ben Turok gelangte über die am Kap sehr wichtige *Modern Youth Society* in die Bewegung. Nach seiner Tätigkeit als Gewerkschaftssekretär und SACP-Mitglied hatte er eine Stelle im Sekretariat des COD angenommen und war mit seiner Familie nach Johannesburg umgezogen.[129] Der Herausgeber des *Guardian,* Brian Bunting, lebte ebenfalls am Fuß des Tafelbergs in Johannesburg. Er war zugleich im ZK der SACP Mitglied und zeitweise

123 Siehe das Porträt Michael Picardies hier www.hineni.org.uk/immigrants-holocaust-survivors-2/nggallery/image/michael-picardie-johannesburg-south-africa-1936/ und hier www.peoplescollection.wales/items/429627 (letzter Zugriff: 2.10.2015), sowie Lazerson, Against the Tide, S. 148 f.

124 Vgl. Ronnie Press: Why Did the Russians Send Up a Dog?, in: New Age, 14.11.1957. Da der *Guardian* mehrfach gebannt wurde, wechselte die Zeitung mehrfach den Namen, unter anderem auch in *New Age.*

125 Vgl. N. N.: Obituary Ronnie Press, www.actsa.org/Pictures/UpImages/News%2009/Nov%2017.09%20Ronnie%20Press.pdf (letzter Zugriff: 24.3.2016).

126 Vgl. Ronnie Press: To Change The World! Is Reason Enough?, Ron Press HisStory, Historical Papers A3239, S. 53.

127 Vgl. ebd., S. 82, S. 103.

128 Vgl. Ronnie Press, Historical Papers, AD1812, E.f.3.

129 Vgl. Turok, Truth, S. 40 f., 42 ff., S. 86.

Native Representative im Parlament.[130] Amy Reitstein (später Thornton) hatte ebenfalls die *Modern Youth Society* besucht und reiste als Delegierte 1952 zur kommunistischen Weltjugendkonferenz nach Bukarest.[131] Reitstein war wie ihre Genossen Mitglied der illegalen SACP; gegen ihre Verhaftung in den 1980er Jahren wurde von der Gruppe *Jews Against Apartheid* (JAA) vehement protestiert.[132] Zusammen mit Raymond Suttner sprach Thornton 1990 auf Einladung der JAA im Londoner *Hashomer House*.[133]

Ein anderes Aktivisten-Ehepaar waren Lionel und Sadie Forman. Lionel Forman starb im Jahr 1959 mit erst 31 Jahren an einer Herzoperation. Er hatte die politische Szene durch seine kontrovers rezipierten Artikel geprägt. Als Forman 1954 zeitweise die Redaktion des *Guardian* übernahm, konnte er auf sein ausgeprägtes Wissen zurückgreifen.[134] Angeklagt im *Treason Trial* verfasste er gemeinsam mit dem nach London emigrierten Ex-Kommunisten und Gewerkschafter Solly Sachs die erste Studie über den Hochverratsprozess.[135] Zehn Jahre nach Lionel Formans Tod verließ seine Witwe das Land, welches ihrer Aussage nach ein »Irrenhaus« geworden sei, in dem man nicht gesund leben könne.[136]

Albie Sachs gehörte auch zu dem Kreis der Aktivisten. Er war in einer linken Familie aufgewachsen, Mitglied der *Modern Youth Society*, ein weißer *defier* der *Defiance Campaign* 1952 und Delegierter auf dem

130 Vgl. Brian Bunting, Mayibuye Archives, MCA 6-249.

131 Siehe Modern Youth Society, Cape Town: New Views, Jg. 2 (1953), H. 1: Amy Reitstein, Our Delegate's Report on World Youth Conference in Bucharest 1952, Historical Papers, AD1812, Ez3.

132 Vgl. Jews Against Apartheid [JAA] Newsletter, Januar 1989; Amy Thornton an Shalom Chalikar [Vorsitzender der JAA], 4.10.1989, MSS AAM 155.

133 Vgl. JAA: South African: Building for the Future, MSS AAM 1888.

134 Vgl. Sadie Forman / André Odendaal: Introduction, in: Forman, A Trumpet, S. xiii–xxxiii, hier S. xvii f.

135 Siehe Lionel Forman / E.S. (Solly) Sachs: The South African Treason Trial, London 1957.

136 Vgl. Sadie Forman, in: Israel, Political Exile, S. 45 f., Zitat S. 46. S. a. Terry Bell: Farewell to a loveable revolutionary, www.groundup.org.za/article/farewell-lovable-revolutionary_2563/ (letzter Zugriff: 24.3.2016).

Congress of the People 1955.[137] Sachs wurde in 90- bzw. 180-Tage-Schutzhaft genommen und mit Schlafentzug gefoltert.[138] Im Oktober 1966 verließ er Südafrika auf einem *exit permit*, das ihm die Staatsbürgerschaft und das Recht auf Rückkehr entzog.[139]

Die Kontakte und Beziehungen der Aktivisten waren nicht ethnisch beschränkt, ganz im Gegenteil: Das Milieu der radikalen Opposition überschritt die »Rassen«-Grenzen und stellte allein durch diesen Umstand ein Phänomen in der südafrikanischen Gesellschaft dar. Nicht wenige Freundschaften und einige Ehen resultierten aus dem politisch vorgeprägten Kontakt; als Mittler fungierte auch die klandestine SACP. Jedoch konnten die strukturellen Unterschiede nicht individuell wettgemacht werden, weshalb die Partys zumeist in den Häusern der weißen Aktivisten stattfanden.[140] Dies führte bisweilen zu der paradoxen Situation, dass die Gäste gemischter Feiern von schwarzem Hauspersonal bedient wurden.[141] Die Sphären der oppositionellen Arbeit überschnitten sich mit denen illegaler Parteiarbeit und halboffenen Diskussionskreisen bis hin zu publizistischer und parlamentarischer Tätigkeit.

Exkurs: The Guardian und Fighting Talk – Publizistik als politische Praxis

Die Bedeutung und die intensive Überschneidung von journalistischer und aktivistischer Tätigkeit wird bei einem näheren Blick auf die Arbeit, den Wirkungsgrad und die Struktur der Presse deutlich.[142] Dies lässt sich

137 Siehe Eli Weinberg: Portrait of a People. A Personal Photographic Record of the South African Liberation Struggle, London 1981, S. 145. Albie Sachs, in: Suttner, Cutting, S. 343–369, hier S. 346, S. 352, S. 354 f.

138 Vgl. Albie Sachs, Mayibuye Archives, MCA 7-1672, unpaginiert.

139 Vgl. Ders., Mayibuye Archives, MCA 6-359, S. 3.

140 Vgl. Kitson, Sixpence, S. 93; s. a. die Örtlichkeiten der Feiern und Empfänge des COD, Historical Papers, AD1812, E.f.3.4.

141 Vgl. Lazerson, Against the Tide, S. 151.

142 S. a. Issy Heymann, Interview (16.2.1983; 26.2.1983), S. 36, Historical Papers A2181.

am Beispiel des zentralen Wochenblatts *The Guardian* und der Zeitschrift *Fighting Talk* zeigen.

Der *Guardian* war bis zu seinem Ende 1963 *das* Blatt der linken Opposition. Er stand der KP nahe[143] und wurde vor allem in den Städten und in den Townships auf der Straße verkauft. Unter dem *Supression of Communism Act* wurde die Zeitung wiederholt verboten, erschien aber in kaum veränderter Gestalt unter neuen Namen wie *Clarion, Advance, New Age.*[144]

Da der ANC seit 1935 über keine eigene Zeitung mehr verfügte, erfüllte der *Guardian* die Funktion eines Sprachrohrs für die Politik und die Kampagnen des ANC und seiner Partner. Zwar reagierten ältere ANC-Führer mit Unmut, doch diese Berichterstattung war von großem Wert. Funktionäre des ANC ermutigten ihre Mitglieder, den *Guardian* zu lesen. Auch *Fighting Talk*, das *Peace Council Bulletin*, *Workers Unity* (eine Publikation des SACTU) wie auch *Couter Attack*, das Organ des COD, fanden unter jüngeren ANC-Mitgliedern ein breites Publikum.[145] Während des Zweiten Weltkriegs stieg die Auflage des *Guardian* von 6 000 auf 50 000 an.[146] Die Mitarbeiterschaft spiegelte die Zusammenarbeit der Kongresse wider. Ruth First wurde Chefredakteurin der Zeitung in Johannesburg; Herausgeber in Kapstadt war Brian Bunting. Ray Alexander Simons berichtete über die Gewerkschaftsarbeit, Sam Kahn

143 Moses Kotane bezeichnete *New Age,* den Nachfolger des *Guardian,* in Abwesenheit der KP als ihr Sprachrohr. Zug, The Guardian, S. 125.

144 Der *Guardian* wurde 1937 gegründet und trug aufgrund der Repression nach 1948 verschiedene Namen, auch wenn die Struktur der Zeitung im Kern gleichblieb. Die Zeitung erschien als *Clarion* für wenige Monate im Jahr 1951, als *People's World* in der zweiten Jahreshäfte 1952, für zwei Jahre als *Advance* bis Ende 1954, als *New Age* von 1954 bis November 1962 und zuletzt als *Spark* in den letzten Monaten von Dezember 1962 bis März 1963. In der vorliegenden Arbeit wird sie generell als *Guardian* bezeichnet, die Angaben beziehen sich aber immer auf die realen Titel. Siehe Zug, The Guardian, S. XIII.

145 Vgl. Thomas Karis / Gewndolen Carter (Hg.): From Protest to Challenge. A Documentary of African Politics in South Africa, 1882–1964, Bd. 3: Challenge and Violence, 1953–1964, Stanford 1977, S. 47.

146 Vgl. Zug, The Guardian, S. 71.

kommentierte das Parlamentsgeschehen; Winnie Kramer half in Johannesburg bei der Erstellung des Blattes. Sie alle waren jüdischer Herkunft und (ehemalige) Mitglieder der KP.[147] Aber nicht nur aus diesem Kreis rekrutierte sich der Mitarbeiterstab. Der weiße Kommunist Ivan Schermbrucker war Fundraiser und Manager in Johannesburg; in Port Elizabeth hatte diese Funktion der afrikanische Kommunist Govan Mbeki und in Durban sein indischer Genosse M. P. »Monty« Naicker inne.[148] Für den Sportteil war der schwarze Starjournalist Henry Nxumalo zuständig, der auch für das populäre Magazin *Drum* schrieb.[149]

Ein Meilenstein in der journalistischen Arbeit waren die Artikelserien Ruth Firsts über die Kartoffelfarmer von Bethal. Dort, östlich von Johannesburg, zwangen Farmbesitzer Schwarze, die von der Polizei wegen sogenannter Passvergehen aufgriffen und verurteilt worden waren, unter unwürdigsten Bedingungen auf ihren Farmen zu arbeiten und schreckten auch nicht vor Misshandlungen und Totschlag zurück.[150] Der öffentliche Skandal führte zu einer Politisierung der schwarzen Arbeiter in Bethal und dazu, dass der *Guardian* bei einem neuen Publikum bekannt wurde: einer afrikanischen Leserschaft. Doch das Vorgehen der Farmer und die Kollaboration der Polizei waren damit nicht beendet[151] und erst die Kombination von publizistischer Skandalisierung und politischer Aktion sorgte für ein Ende des »Farm Slave Schemes«.[152] Nachdem der ANC zu einem Kartoffel-Boykott aufgerufen hatte, nahmen

147 Vgl. ebd., S. 80–84, S. 102. Nicht nur Kommunisten schrieben für die oppositionelle Presse; Zug nennt neben Henry Nxumalo auch Hyman Basner, Colin Legum und Christine Cahrs (ebd., S. 85 f.).

148 Vgl. James Zug: »Far From Dead«. The Final Years of the Guardian, 1960–1963, in: Les Switzer / Mohamed Adhikari (Hg.): South Africa's Resistance Press. Alternative Voices in the Lase Generation under Apartheid, Athens, OH 2000, S. 128–175, hier S. 133.

149 Vgl. Zug, The Guardian, S. 82 ff.; s. a. Sylvester Stein: Who killed Mr Drum?, London 2003.

150 Vgl. ebd., S. 90–94; Don Pinnock: The Journalism of Ruth First and the Guardian, in: Switzer, South Africa's Alternative Press, S. 308–330, hier S. 312–318.

151 Vgl. Pinnock, The Journalism, S. 316.

152 Vgl. Ruth First: Farm Slave Scheme Cracks, New Age 11. Juli 1959, in: Don Pinnock: Voices of Liberation: Ruth First, Kapstadt 2012, S. 62.

die Vorfälle dramatisch ab, auch wenn sie nie ganz verschwanden.[153] Diesen Erfolg konnten die Zeitung für sich verbuchen, denn ohne ihre investigative Arbeit wäre die Zwangsarbeit nicht ans Licht gebracht worden und die Kampagne des ANC hätte keine Basis gehabt.[154]

Ruth First gelang es, sich durch ihre Reportagen im *Guardian* als wohl wichtigste politische Journalistin der 1950er und 1960er Jahre in Südafrika zu profilieren.[155]

Zu diesem Zeitpunkt hatte First die Redaktion des Magazins *Fighting Talk* übernommen.[156] Als die *Springbok Legion* die Zeitschrift wegen finanzieller Einbrüche aufgeben wollte, entschieden die Herausgeber – unter ihnen auch Rusty Bernstein – *Fighting Talk* als Monatsmagazin weiterzuführen und den Herausgeberkreis zu erweitern. Die Aufnahme nicht-weißer Mitglieder wie dem indischen Aktivisten Paul Joseph und dem farbigen Dichter Dennis Brutus, zielte auf ein gesamtes, politisch interessiertes südafrikanisches Publikum. *Fighting Talk* sollte als Kompass der Kongressbewegung fungieren.[157]

Von London wurde die Publikation des *Guardian* durch ein Komitee unterstützt, dem der exilierte Kommunist Max Joffe vorstand.[158] Mit der Opposition sympathisierende Südafrikaner, die sich temporär

153 Vgl. Pinnock, The Journalism, S. 317 f. Ruth First brachte während des Boykottmonats im Juni 1959 die Ergebnisse ihrer Recherche in einer Broschüre unter dem Titel »The Farm Labour Scandal« heraus.

154 Vgl. ebd., S. 318.

155 Vgl. Wieder, Ruth First and Joe Slovo, S. 104 f.

156 Vgl. Pinnock, Voices of Liberation, S. vi, S. 17.

157 Vgl. Bernstein, Memory, S. 140 f.

158 Vgl. Executive Committee Minutes, 31 November 1962, MSS AAM 66; AAM Executive Minutes, 8 March 1963, MSS AAM 66. S. a. Arianna Lissoni, Early international Networks of Solidarity with the South African Liberation Struggle, c. 1945–1970, Paper presented on the 3rd European Conference on African Studies, Leipzig, 4.–7.7.2009, S. 17 f., (online abrufbar unter: www.uni-leipzig.de/~ecas2009/index2.php?option=com_docman&task=doc_view&gid=1184&Itemid=24 [letzter Zugriff: 26.10.2015]); Christabel Gurney: »A Great Cause«. The Origins of the Anti-Apartheid Movement, June 1959–March 1960, in: Journal of South African Studies, Jg. 26 (2000), H. 1, S. 123–144, hier S. 133.

oder dauerhaft in England aufhielten, traten diesem bei.[159] Das Komitee wurde in Krisenmomenten aktiv, letztmalig 1962 kurz vor der endgültigen Bannung der Zeitung.[160] In einer öffentlichen Kampagne versuchte das Komitee das Ende des *Guardian* abzuwenden.[161] Doch die Bemühungen waren vergeblich und nachdem die finanziellen, personellen Kapazitäten und legalen Möglichkeiten ausgeschöpft waren, stellte die Zeitung im März 1963 ihr Erscheinen ein.[162] Die Unterstützung der Opposition und der aktiven Journalisten wurde jedoch beibehalten.[163]

Der Congress of the People und die Freedom Charter von 1955

Die enge Zusammenarbeit der vier ethnischen Kongresse, die um SACTU und die Frauenvereinigung FEDSAW bereichert wurden, manifestierte sich erstmals im *Congress of the People* (COP), der ersten inhaltlich wie organisatorisch gemeinsam durchgeführten Kampagne. Die dort verabschiedete *Freedom Charter* gilt bis heute als zentrales Dokument der Befreiungsbewegung in Südafrika.[164]

159 Vgl. Kitson, Where Sixpence Lives, S. 114.

160 Vgl. Lissoni, Early international Networks, S. 17.

161 Vgl. New Age Campaign Programme, Mayibuye Archives, MCH 02-box 1.

162 Vgl. Zug, »Far From Dead«, S. 163.

163 Vgl. Max Joffe an Yusuf Dadoo, 7.4.1963, Mayibuye Archive, MCH 02-box 1. Die Summen, die von London aus der *New Age* zur Verfügung gestellt werden konnten, sind beeindruckend. Im Oktober 1960 warb *New Age* dafür, die Zeitung mit Geburtstags- oder anlassbezogenen Geschenken zu bedenken und listete exemplarische Geldeingänge auf, welche die »London friends« mit Abstand anführten.

164 Als Denis Goldberg 1985 nach 22 Jahren Haft aus dem Gefängnis entlassen wurde, war es ihm möglich, auf Fragen von Journalisten zur politischen Linie des ANC zu antworten, ohne gebrieft worden zu sein, denn er bezog sich auf die *Freedom Charter* (s. Goldberg, The Mission, S. 247). Derzeit soll die *Freedom Charter* als Grundlage für eine demokratisch-sozialistische Erneuerung in Südafrika dienen (vgl. www.journalism.co.za/wp-content/uploads/2014/07/Irvin-Jim-Lecture.pdf, www.cosatu.org.za/show.php?ID=9329, letzter Zugriff: 22.9.2015). S. a.: Peter Hudson: Images of the Future and Strategies in the Present: The Freedom Charter and the South African Left, in: Philip

Die Idee, eine Art öffentlicher Volksversammlung abzuhalten, äußerte Z. K. Matthews, der an der Schlüsselinstitution für höhere Bildung schwarzer Südafrikaner, der Universität von Fort Hare, lehrte[165] und führendes ANC-Mitglied war, schon 1953. Doch sein Vorschlag, ein nationales Wählerverzeichnis – eine Grundlage gleicher und freier Wahlen – zu erstellen, überforderte die Kapazitäten der Kongresse. Sie strebten indessen an, die bisher vom politischen Prozess ausgeschlossene Bevölkerungsmehrheit nach ihren Zukunftsvorstellungen zu befragen.[166] Die illegale SACP griff die Idee auf und schlug 1954 vor, eine Versammlung von Repräsentanten aller Bevölkerungsgruppen gleich welcher Hautfarbe und welchen Wohnortes abzuhalten.[167] Dies fand Zustimmung in allen vier Kongressen, deren Delegierte erstmals eine Gruppe darstellten, die für Jahre eng miteinander verbunden blieb: Joe Slovo, Yusuf Cachalia, Oliver Tambo,[168] Nelson Mandela und Rica Hodgson.[169]

Sie entschieden, für einen Volkskongress zu mobilisieren, und banden weitere kommunistische Aktivisten wie Rusty Bernstein ein, um die Aufgaben des COP zu formulieren. Nelson Mandela saß diesem Komitee vor.[170] Das zeitgleich bestimmte Organisationskomitee band wiederum eine Reihe der bekannten Aktivisten der Kongresse ein.[171] Das

…

Frankel / Noam Pines / Mark Swilling (Hg.): State, Resistance and Change in South Africa, London u. a. 1988, S. 259–277; The Freedom Charter (with A Note by Hilda Bernstein), in: Third World Quarterly, Jg. 9 (1987), H. 2, S. 672–677, v. a. S. 677.

165 Siehe Donovan Williams: A History of the University College of Fort Hare, South Africa – The 1950s: The Waiting Years, Studies in Local and Institutional History 4, Lewiston 2001.

166 Vgl. Rusty Bernstein, Ruth First Papers 117/6/20, S. 64 ff. Vgl. Wieder, Ruth First and Joe Slovo, S. 88. Raymond Suttner / Jeremy Cronin: 30 Years of the Freedom Charter, Johannesburg 1986, S. 12.

167 Vgl. Slovo, Unfinished Autobiography, S. 89.

168 Vgl. Wieder, Ruth First and Joe Slovo, S. 88. Bernstein beschrieb den künftigen ANC-Präsidenten Oliver Tambo als gläubigen und praktizierenden Christen, der vielleicht erstmals mit einem kommunistischen weißen Nicht-ANC-Mitglied (ergo: Rusty) zusammenarbeitete (Bernstein, Memory, S. 146).

169 Vgl. Bernstein, Memory, S. 143, S. 144.

170 Vgl. ebd., S. 143.

Komitee setzte sich zwar »rasse«-übergreifend zusammen, die weiße Gruppe mit vier Vertretern (Joe Slovo, Ruth First, Pieter Beyleveld, Rusty Bernstein) hob sich jedoch von zwei ANC- und je einem SAIC- und SACPO-Vertreter (Duma Nokwe, Walter Sisulu; Amina Chachalia; Adam Daniels) ab, wie auch die SACP über ein Übergewicht von mindestens fünf zu drei – Slovo, First, Bernstein, Beyleveld und Sisulu, eventuell auch Nokwe[172] – verfügte.[173]

Einer von ihnen, Rusty Bernstein, war zu diesem Zeitpunkt unbestritten der zentrale Akteur sowohl in der SACP wie auch im COD,[174] und eine Schlüsselfigur in der Vorbereitung des Volkskongresses – ein »Genie«, wie Norman Levy dessen Leistungen später würdigte.[175]

Er war es, der den Slogan der Kampagne, »Let Us Speak of Freedom«, prägte,[176] den Aufruf zum Volkskongress abfasste[177] und die vielfältigen und sehr weit auseinander driftenden Eingaben, die Freiwillige aus der Bevölkerung zusammengesammelt hatten, zu einem Manifest ausformulierte.[178] Schon im Vorfeld sei die Begeisterung über die Charta und den *Congress of the People* groß gewesen:

»We knew the charter would act as a guiding light for us – for anybody who wanted freedom – for years to come. Equality, non-racialism and freedom – these were the principles it held dear.«[179]

Joe Slovo, der wie Mandela und Tambo auch im Vorbereitungskomitee saß, sah in der *Freedom Charter* ein einmaliges Dokument in der Geschichte des Landes: »South African history and never before

171 Vgl. Wieder, Ruth First and Joe Slovo, S. 88; Bernstein, Memory, S. 144.

172 Vgl. N. N.: Nokwe, Philemon (Duma) Pearce Dumasile, http://v1.sahistory.org.za/pages/people/bios/nokwe,duma.htm (letzter Zugriff: 22.9.2015).

173 Vgl. Bernstein, Memory, S. 127.

174 Vgl. Levy, Prize, S 148 f., S. 165.

175 Vgl. ebd., S. 165.

176 Vgl. Bernstein, Memory, S. 143–150.

177 Vgl. Bernstein, Memory, S. 149.

178 Vgl. ebd., S. 154 f. Die Zettel verstaute Bernstein in einer Kiste, wo diese aber verblieben ist, weiß keiner der Beteiligten mehr (vgl. ebd., S. 154).

179 Hodgson, Foot Soldier, S. 69.

that moment (or indeed since) seen such a groundswell of democratic expression by plain and ordinary people.«[180]

Waren sie in handfesten Dingen in die Vorbereitungen involviert, drückten sich bei den jüdischen Aktivisten zeitgemäße Gender-Stereotype aus. Während die Männer der Kongresse sich mit der Außenwahrnehmung und Theorie beschäftigten, übernahmen die Frauen die praktische Seite des COP. Rica Hodgson, zu dem Zeitpunkt Sekretärin des Kongresses, nutzte ihre familiären Verbindungen, um auf diesem Wege Lebensmittel zu organisieren.[181] Die Vorbereitungen kosteten auch Geld. Eine der Fundraiserinnen für den *Congress of the People* wurde Esther Levitan. Sie richtete in ihrem repräsentativen Haus im Norden Johannesburgs Theater-, Kino- und musikalische Abende aus, gar einmal ein Kasino. Die Abende, deren Einnahmen dem COP zuflossen, waren ein großer Erfolg.[182]

Am Tag des Kongresses selbst arbeiteten hinter den Kulissen auch einige weibliche Mitglieder des COD wie Norma Kitson, Esther Barsel und Ann Heymann mit. Die Sicherheitspolizei hatte ein besonderes Interesse an weißen Aktivisten.[183] Als diese den Platz stürmte schlichen die Frauen sich davon und entkamen den Fängen der Polizei.[184]

Wie viele andere Aktivisten war auch Rica Hodgson von der Polizei mit Bannbefehlen belegt. Dies führte oftmals – wie auch bei ihr – zum

180 Slovo, Unfinished Autobiography, S. 89.

181 Vgl. Hodgson, Foot Soldier, S. 68 f. Die Schilder, die »Suppe mit« und »Suppe ohne Fleisch« anboten, dienten später als Beweismaterial im *Treason Trial* (ebd.).

182 Vgl. Esther Levitan: The Book of Esther, Tel Aviv 1993, S. 52 f.; Turok, Truth, S. 80.

183 Siehe Karis/Carter, From Protest to Challenge, Bd. 3, S. 61 f.

184 Vgl. Interview mit Merle Barsel Ruff, 14.08.2014, Johannesburg. Merle Barsel Ruff: Jews In The Struggle Bus Tour, Manuskript. Kitson, Sixpence, S. 98. Wahrscheinlich waren Heymann, Barsel und Kitson nicht als Delegierte beim Kongress, sondern Teil des *Credential Committees,* welches die generellen Daten der Delegierten aufnahm, die dem Kongress ebenfalls präsentiert werden sollten. Dieses Komitee arbeitete auf dem Gelände und bestand »hauptsächlich aus Freiwilligen des COD und der indischen Jugend« (Levy, Prize, S. 185 f., Zitat S. 186).

Verlust des Jobs[185] und warf hinsichtlich des COP die Frage auf, wer überhaupt in der Lage sein würde, am Volkskongress teilzunehmen, da diese Veranstaltung sicherlich von der Polizei überwacht werden würde und gerade politische Zusammenkünfte den Gebannten verboten waren. Es drohten bis zu fünf Jahre Haft. Viele der Aktivisten, die den COP intensiv vorbereitet hatten, mussten sich ein Versteckspiel mit der Polizei liefern, um überhaupt einen Blick auf dieses »Festival der Demokratie« werfen zu können.[186]

»We decided to leave while we could. Our legal position was uncertain. Were we ›attending a gathering‹? Could a ›gathering‹ be extended beyond its fence – and if so, how far? To the limits of Kliptown, or beyond? Did we share a ›common purpose‹ with the delegates? And could looking on from across the fence constitute ›taking part‹ in the ›activities‹? [...] Such fine legal subtleties formed the border between liberty and prison. We were breaking our bans regularly, almost daily, but only for good political reasons. Staying around just to satisfy our curiosity did not qualify. So we left«[187], erinnerte sich Rusty Bernstein.

Diese rationale Entscheidung bedeutete, nur zu einem geringen Teil den Erfolg des COP auskosten zu können. Die emotionale Tiefe dieser Versammlung beschrieb Rica Hodgson rückblickend so:

> That brief experience did to my heart what strong coffee does. My mind was racing. And standing watching for a moment, seeing the stage and all those people, was thrilling. I felt like something had been started that would have a domino effect, finally heralding freedom for our beloved country.[188]

Im COP drückte sich der nicht-rassistische Charakter der Befreiungsbewegung aus: So saßen auf der Bühne neben Yusuf Dadoo und dem

185 Vgl. Hodgson, Foot Soldier, S. 71; Lorna Levy: Radical Engagements. A Life in Exile, Johannesburg 2009, S. 28.

186 Vgl. Clingman, Bram Fischer, S. 212; Slovo, Unfinished Biography, S. 90 (dort auch das Zitat); Saks, Jewish Memories of Mandela, S. 41.

187 Bernstein, Memory, S. 157.

188 Hodgson, Foot Soldier, S. 70.

ANC-Präsidenten Albert Luthuli auch prominente weiße Oppositionelle wie Father Trevor Huddleston und Helen Joseph[189] und unter den Tausenden Delegierten befanden sich insgesamt auch 112 Weiße.[190]

In der Kapprovinz hatte Amy Thornton schon als Sekretärin des Kongressbüros an den Vorbereitungen mitgearbeitet und Studienklassen betreut, in denen die Ziele des COP erläutert wurden. Mit Wolfie Kodesh und Repräsentanten des ANC und der SACPO fuhr sie – immer überwacht durch die Sicherheitspolizei – zu diesen Treffen und anderen Mobilisierungsveranstaltungen.[191] Für den Kongress selbst wurde Thornton zur Delegierten »ihrer« Studienklasse gewählt. Die Anwesenden überreichten Thornton eine abgesparte Summe, um ihre Fahrtkosten zu decken – eine Geste, die Thornton ehrte, wie sie sich dreißig Jahre später erinnerte.[192]

Einem anderen jüdischen Delegierten, Ben Turok, fiel es zu, die ökonomischen Klauseln der *Freedom Charter* zu präsentieren. Er ließ sich seine Rede von Michael Harmel absegnen. Sie basierte auf dem Grundgedanken, dass der Reichtum Südafrikas wesentlich vom Volk kontrolliert werden sollte.[193] Wie Turok, Harmel und Albie Sachs war auch Sonia Bunting, die Frau des *Guardian*-Herausgebers Brian Bunting, auf dem COP anwesend.[194] Sie stellte der Versammlung den Abschnitt »All Shall Enjoy Equal Human Rights« zur Abstimmung.[195]

189 Vgl. Joseph, Side by Side, S. 46.

190 Siehe Karis/Carter, From Protest to Challenge, Bd. 3, S. 204.

191 Vgl. Amy Thornton, in: Suttner/Cronin, 30 Years of the Freedom Charter, S. 70 f.; Turok, Truth, S. 53.

192 Vgl. ebd., S. 71.

193 Siehe Karis/Carter, From Protest to Challenge, Bd. 3, S. 194 f.; Turok, Truth, S. 58 ff.

194 Siehe Shain, Looking back, S. 120 f.

195 Vgl. The Presidency of South Africa, Award of the Order of Luthuli in Silver to Sonia Beryl Bunting, 27.4.2010, www.thepresidency.gov.za/pebble.asp?relid=7963&t=79 (letzter Zugriff: 30.10.2015); Karis/Carter, From Protest to Challenge, Bd. 3, S. 199; Christabel Gurney: Obituary Sonia Buting, in: The Guardian, 7.6.2011, www.theguardian.com/news/2001/jun/07/guardanobituaries (letzter Zugriff: 30.10.2015). Gurney schrieb, es sei »einmalig« gewesen, dass Sonia Bunting als weiße Frau die Delegierten adressiert habe, jedoch sprach

Ronnie Press, zu diesem Zeitpunkt hauptamtlicher Gewerkschafter, verlas die internationalen Grußworte an den COP[196] und Leon Levy, ebenfalls Gewerkschafter und Sekretär des Südafrikanischen Friedensrates, trug den Abschnitt über Frieden und Freundschaft just zu dem Zeitpunkt vor, als die Staatsmacht den Kongress stürmte.[197]

Da Ruth First nicht am COP teilnehmen durfte, war sie auf die Berichte und Eindrücke von Mittelsmännern und Gewährsleuten angewiesen, um über den Kongress schreiben zu können. Die oppositionellen Blätter überschlugen sich mit begeisterten Berichten: »Epochemachend«, »ein Triumph«, so der Tenor von *Guardian* und *Fighting Talk*.[198]

Die Erstürmung des Volkskongresses durch die Polizei konnte die Annahme der *Freedom Charter* nicht verhindern. Die Wahl fiel laut der Erinnerung anwesender Aktivisten einstimmig aus.[199] Der ANC nahm die *Freedom Charter* ohne weitere Änderungen an.[200]

Die Kommunistische Partei und ihre Rekonstituierung

Nach dem Verbot der CPSA 1950 sollte ein »liquidator«, eine Art Insolvenzverwalter, die finanziellen und personellen Hinterlassenschaften der Partei verwalten. Eine seiner Aufgaben war es, eine Liste der Mitglieder zu erstellen. Zwar war die Partei insgesamt strafrechtlichen Konsequenzen durch ihre Auflösung entkommen, jedoch wurden Personen, die der Parteimitgliedschaft verdächtigt wurden, vorgeladen und sollten sich vor der Regierung rechtfertigen. Eine Reihe prominenter (Ex-)Mitglieder

… auch Helen Joseph von der Bühne zu den Anwesenden (vgl. Karis/Carter, From Protest to Challenge, Bd. 3, S. 204).

196 Vgl. Levy, Prize, S. 184; Karis/Carter, From Protest to Challenge, Bd. 3, S. 185.

197 Vgl. ebd., S. 185.

198 Siehe New Age, Jg. 1, H. 36, 30.6.1955; Fighting Talk, Jg. 11, H. 4, Juni 1955, Special Issue on the Congress of the People. Die Hauptartikel wurden von Lionel Bernstein, Hilda Watts (Bernstein) und Michael Harmel geschrieben, verantwortlich für den politischen Teil der Ausgabe war Ruth First.

199 Vgl. Bernstein, Memory, S. 158.

200 Vgl. Karis/Carter, From Protest to Challenge, Bd. 3, S. 63.

verweigerte diese Anhörung und erklärte öffentlich, dass ihre Nennung durch den *liquidator* für sie eine Ehre darstelle. Auf die Nennung (»naming«) als Kommunist folgten jedoch Auflagen zur politischen Arbeit und Bannungen.[201] Grundlage der Bannungen waren wiederum Mitgliederlisten, die die Polizei im Rahmen der Durchsuchungen von Parteibüros während des Minenarbeiterstreiks 1946 konfisziert hatte. Allein wegen der Mitgliedschaft in der nun verbotenen Partei drohten bis zu zehn Jahre Haft.[202]

Unter den Augen der Sicherheitspolizei begannen ehemalige CPSA-Mitglieder dennoch, eine neue Partei aufzubauen. Sinn und Notwendigkeit einer neuen, nun klandestinen Partei wurden kontrovers diskutiert. Sollten nicht die Gewerkschaften die inhaltliche und organisatorische Arbeit leisten? Käme man aufgrund der hohen Zahl an Polizeispitzeln überhaupt über vorbereitende Schritte hinaus?[203] Demgegenüber bestand eine Minderheit darauf, sich vollkommen auf den Aufbau einer Partei zu beschränken. Beide Positionen wurden verworfen und die Kommunisten fuhren doppelgleisig: offen arbeiteten sie in den Kongressen und Gewerkschaften und parallel im Untergrund in der SACP.[204]

Unterdessen erwarteten viele ehemalige CPSA-Mitglieder ein Signal der neuen KP, denn sie fassten die ZK-Entscheidung über die Auflösung als Plan einer Rekonstituierung auf.[205] Als dieser unmittelbare Ruf ausblieb, fanden sich ehemalige Kommunisten schnell in losen Diskussionszirkeln und Freundeskreisen zusammen, um Antworten auf die politische Lage zu finden. Aufmerksame Beobachter aus der CPSA entschieden, es sei besser, eine wirkliche Partei aufzubauen, um sowohl die Tendenz, die das Zirkelwesen ausdrückte, aufzufangen, als auch seiner Konsolidierung zuvorzukommen.[206] Es dauerte drei Jahre, bis die SACP auf nationaler Ebene wieder zu einer Organisation aufgebaut war, deren

201 Vgl. Bernstein, Memory, S. 127.
202 Vgl. Simons/Simons, Class and Colour, S. 607 f.
203 Vgl. Bernstein Memory, S. 128.
204 Vgl. Lemuro, Fifty Fighting Years, S. 97 f.
205 So Hilda Bernstein in: Everatt, The Origins, S. 79.
206 Vgl. Bernstein, in: Everatt, The Origins, S. 50.

Zentrum nun nicht mehr Kapstadt, sondern Johannesburg war. Dort ging die Initiative von führenden Ex-CPSA-Mitglieder aus. Michael Harmel, ehemaliger Vorsitzender der CPSA und nun als Stratege und Theoretiker anerkannt, Rusty und Hilda Bernstein, Moses Kotane, Yusuf Dadoo, J. B. Marks, Jack und Rica Hodgson, Bram Fischer, Joe Slovo und Ruth First gehörten zu diesen.[207]

Angst vor der Enttarnung, der Verfolgung und Überwachung durch die Polizei saß den Mitgliedern im Nacken und wirkte sich auf ihre Arbeitsweise aus. Eine Mischung aus sicheren Treffpunkten, Safe Houses, überzeugten Sympathisanten, gewillten Kadern – und »Nerven aus Stahl«, wie sich Norman Levy erinnerte, ermöglichten es der SACP, zu funktionieren.[208] Geduld beim Wiederaufbau, eine strenge Auswahl an neuen Kadern und die Anwendung von Sicherheitsregeln sorgten dafür, dass die SACP zehn Jahre lang unentdeckt bleiben konnte.[209]

Treffen der Partei fanden auf offenem Feld statt;[210] Autos, Picknick-Plätze, angemietete Wohnungen, Büros und sogar Nachtklubs wurden am Tage genutzt.[211] Arbeitstreffen fanden unter Tarnung statt.[212] Auch bei der Arbeit wurde Parteipolitik betrieben. So besuchte Joe Slovo die *Alexandra Health Clinic*, um dort Parteigruppentreffen stattfinden lassen zu können, denn dort arbeiteten gleich vier Parteimitglieder: neben Mervyn Susser und Zena Stein auch Michael Hathorn und Margret Cormack.[213]

Die langsame Aufbauarbeit ließ die neue SACP erst 1952 eine formelle Gründungskonferenz einberufen. Zu ihren Teilnehmern zählten Joe Slovo, Ruth First und Harold Wolpe.[214]

207 Vgl. Everatt, The Origins, S. 81.

208 Vgl. Levy, Prize, S. 156.

209 Vgl. Raymond Suttner: The (Re-)Constitution of the South African Communist Party as an Underground Organisation, in: Journal of Contemporary African Studies, Jg. 22 (2004) H. 1, S. 43–68, hier S. 44; vgl. Bernstein, Memory, S. 129.

210 Vgl. ebd., S. 52.

211 Vgl. Bernstein, Memory, S. 129.

212 Vgl. Levy, Prize, S. 178.

213 Vgl. Wieder, Joe Slovo and Ruth First, S. 110.

214 Vgl. Bernstein, Memory, S. 125.

Die Diskussionszirkel, welche die Lücke der CPSA füllen sollten, boten auch die Möglichkeit, neben alten auch neue Mitglieder für die SACP zu gewinnen. Die Grenzen zwischen Partei, Klub, Befreiungsorganisation und Lesekreis verschwammen.

In Johannesburg versammelten sich viele ehemalige KP-Mitglieder im *Discussion Club*. Die skeptische jüdische Kommunistin Myrtle Berman – »in and out of the Communist party«[215] – gab 1952/53 die Publikation des Klubs *Viewpoints and Perspectives* heraus.[216] Die Diskussionen drehten sich um die zeitgemäße Frage des Verhältnisses des Klassenkampfes zum nationalen Kampf und darum, unter welchen Bedingungen diese Kämpfe stattfinden sollten.[217] Passend dazu entwickelte Michael Harmel in diesem Zusammenhang seine ersten Überlegungen zum »Kolonialismus besonderer Art«.[218] Berman war eine enge Freundin Ruth Firsts aus der Schulzeit, in der beide dem *Left Book Club* beigetreten waren.[219] Während First führendes Parteimitglied wurde, entfremdete sich Berman aufgrund der Haltung der SACP zum Einmarsch der Sowjetunion in Ungarn, und auch weil ihre Analyse der südafrikanischen Verhältnisse keine Mehrheit fand, von der Partei.[220] Sie und ihr Mann Monty wurden 1956 aus der Partei ausgeschlossen[221] und traten in den 1960er Jahren dem *National Committee for Liberation* bei.[222]

215 Clingman, Bram Fischer, S. 195.

216 Vgl. Wieder, Joe Slovo and Ruth First, S. 79.

217 Vgl. Everatt, The Origins, S. 86 f.; Lazerson, Against the Tide, S. 124 ff.

218 Vgl. Lazerson, Against the Tide, S. 127. Die Eindeutschung des Begriffs des »colonialism of a special type« folgt der SACP, Dokumente, S. 410.

219 Vgl. Pinnock, Voices of Liberation, S. 6 f., S. 28.

220 Vgl. Everatt, The Origins, S. 86–90.

221 Vgl. Wieder, Joe Slovo and Ruth First, S. 91 f.

222 Vgl. Pinnock, Voices of Liberation, S. 28 (Fn. 11). Clingman, Bram Fischer, S. 195, berichtet von Differenzen zwischen Berman und Bram Fischer hinsichtlich des Ungarischen Volksaufstands 1956. Nach Wieder, Joe Slovo and Ruth First, S. 91 f., wurden Myrtle Berman und ihr Gatte Monty 1956 aus der SACP ausgeschlossen, unter anderem weil sie Kontakt zum Trotzkisten Baruch Hirson hatten. Die Differenzen der damaligen Zeit überdauerten nicht unbedingt bis zur Zeit des Ausnahmezustands von 1960 und die Jahre des Exils, vielleicht auch, weil den Bermans versichert wurde, sie würden nicht verrissen werden.

Über einen geheimen marxistischen Lesekreis der SACP zu Marx' »Anti-Dühring« wurde 1954 auch Bob Hepple, Sohn des *Labour* Politikers Alexander Hepple, für die Partei angeworben.[223]

In den Klubs in Kapstadt wie dem *South Africa Club* oder dem *Forum Club* fanden ebenfalls ähnliche Diskussionen wie in Johannesburg statt. Lionel Forman, zu diesem Zeitpunkt Herausgeber des *Guardian* und SACP-Mitglied, präsentierte auf einem Symposium zur nationalen Frage Thesen über die Selbstbestimmung nationaler Gruppen in Südafrika, die scharfe Kritik auf sich zogen. Jack Simons und K. A. Jordaan lehnten eine Theorie, die sich an kultureller Autonomie und ethnischer Selbstbestimmung orientiert, rundweg ab, weil eine solche laut ihnen im südafrikanischen Kontext eine Spiegelung der »artificial *Herrenvolk* theories« darstelle.[224]

Parteikonferenzen im Untergrund

Diese erste Konferenz der SACP fand aller Wahrscheinlichkeit nach[225] im Hinterzimmer eines indischen Geschäfts im östlichen Transvaal statt.[226] Die Nominierungen der jeweiligen Kleingruppen der SACP wurden vom Vorbereitungskomitee bereinigt und auf Beschaffenheit der

... AnnMarie Wolpe erinnert sich an Monty und Myrtle als »gute alte Freunde«, auf deren Kinder sie während ihrer Haft in Südafrika aufpasste (AnnMarie Wolpe: The long Way Home, London 1994, S. 25).

223 Vgl. Bob Hepple: Young Man With A Red Tie. A Memoir of Mandela and the Failed Revolution, 1960–1963, Johannesburg 2013, S. 29 f.

224 Vgl. Lazerson, Against the Tide, S. 130–133, Zitat S. 131, Hervorh. i. O.; Forman, Trumpet, S. 179–215. Forman führte bis zu seinem Tod bei einer Herzoperation im Oktober 1959 die Diskussion mit dem sowjetischen Professor Ivan I. Potekhin und Fred Carneson fort.

225 Wieder schreibt ohne nähere Angabe (Ruth First and Joe Slovo, S. 85), dass die Konferenz in der Fabrik von Julius First stattgefunden habe, während sich Lionel Bernstein und Ahmed Kathadra an das indische Ladengeschäft erinnern (Bernstein, Memory, S. 130; Kathadra in: Suttner, [Re-]Constitution, S. 5).

226 Widersprechende Aussagen in Bernstein, Memory, S. 130 und Suttner, [Re-] Constitution, S. 57.

Mitglieder nach »Rasse«, Geschlecht und geographischer Herkunft ausbalanciert.[227] Die 25 Delegierten, allesamt »well-known communists«[228], entschieden über grundlegende Prinzipien der Organisation und des Programmes, über die Beibehaltung einer Existenz im Stillen und die Aufnahme- und Sicherheitskriterien. Auch stellten sie den Namen der neuen Partei vor: *South African Communist Party*. Schließlich wurden Yusuf Dadoo und Moses Kotane zum Vorsitzenden bzw. Sekretär der SACP gewählt.[229]

Es folgten bis 1962 noch vier weitere Konferenzen, von welchen mindestens zwei in der Fabrik von Julius First, dem Vater Ruth Firsts und Schwiegervater Joe Slovos, stattfanden. Während Julius First vor dem Gebäude Wache hielt,[230] wurden Joe Slovo und Ruth First in das Zentralkomitee aufgenommen, in dem sie auf ihre alten Genossen Brian Bunting, Michael Harmel, Rusty und Hilda Bernstein, Fred Carneson, Bram Fischer, Yusuf Dadoo, Jack Hodgson, Moses Kotane und J. B. Marks trafen.[231] Diese Gruppe bildete auch in den folgenden Jahren den Kern des ZKs.

Da sie nicht öffentlich auftreten konnte, wirkte die Partei formal vor allem innerhalb der Kongress- und Gewerkschaftsbewegung. Sie selbst entfaltete eine geringe selbständige Tätigkeit, sodass einzelne Parteigruppen sich nach wenigen Jahren faktisch auflösten. Bob Hepple verlor rasch seine Illusionen über die SACP.[232] 1954 in den konspirativen Kreis aufgenommen, wurde er von Michael Harmel instruiert, Ende 1955 ein SACP-Manifest auf seine Studienreise nach England mitzunehmen und vervielfältigt wieder ins Land zu schmuggeln. Die gesamte Operation wurde jedoch anscheinend auf Weisung höherer Ebenen gestoppt,[233]

227 Vgl. Bernstein, Memory, S. 130.

228 Ebd.

229 Vgl. Bernstein, Memory, S. 131; Ahmed Kathadra, in: Suttner, (Re-)Constitution, S. 57.

230 Vgl. Wieder, Ruth First and Joe Slovo, S. 110.

231 Vgl. ebd., S. 85.

232 Vgl. Hepple, Young Man, S. 29 f.

233 Vgl. ebd., S. 30 f.

denn es wurden negative Konsequenzen befürchtet, die möglicherweise ein »Auftauchen« der SACP bewirkt hätten, in dessen Rahmen wichtige Verbündete verprellt und ihrer politischen Freiheit beraubt werden hätten können.[234]

Ernüchtert registrierte Hepple auch bei anderen Partiemitgliedern Frustrationen, die zu informellen Fraktionen und Ausschlüssen führten. Auf Missfallen stieß die Entkoppelung der Parteiarbeit vom politischen Tagesgeschehen wie auch die räumliche Trennung weißer Kommunisten in den nördlichen Vororten von ihren schwarzen Genossen in den südwestlichen Townships, welche aus der verschärften Gesetzgebung, die Kontakte zwischen Schwarzen und Weißen immer weiter kriminalisierte folgte.[235] Seine eigene Parteizelle schlief ein und er verlor den Kontakt.[236] »I simply dropped out of the Party after 1956«[237], so Hepple. Doch nach dem Massaker von Sharpeville und dem daraufhin verhängten Ausnahmezustand reaktivierte auch Hepple seine Kontakte zur SACP, da nun die gesamte Opposition bedroht war.[238] In diesem Moment entschieden untergetauchte Mitglieder des ZK, die Existenz der Partei zu verkünden. Sie erwarteten eine massive staatliche Reaktion, doch die blieb ebenso aus wie eine spürbare Begeisterung unter den Verbündeten. Es schien so, als ob die Existenz der Partei ein offenes Geheimnis gewesen sei.[239]

Im Dezember 1960 war eine Konferenz der Partei einberufen worden, auf der die ersten Schritte zum bewaffneten Kampf erörtert wurden. Anwesend waren hier langjährige Parteiaktivisten jeder Hautfarbe, was den multi-»rassischen« Charakter der Partei unterstrich. Seitens der schwarzen, indischen und farbigen Genossen waren es unter anderen Walter Sisulu, Govan Mbeki, M. P. Naicker, Moses Kotane und Raymond Mhlaba. Von den weißen Kommunisten beteiligten sich erfahrene Kader wie Fred Carneson, Bram Fischer, Joe Slovo, Michael Harmel,

234 Vgl. Bernstein, Memory, S. 218.
235 Vgl. Hepple, Young Man, S. 31.
236 Vgl. ebd.
237 Ebd., S. 32.
238 Vgl. ebd.
239 Vgl. Bernstein, Memory, S. 219.

Rusty Bernstein, zu diesem Zeitpunkt geschäftsführender Sekretär der SACP.[240] Zudem waren drei neue Gesichter zugegen: der Gewerkschafter John Nkadimeng, Ben Turok und Bob Hepple.[241] Zur Überraschung einiger Teilnehmer war auch Nelson Mandela anwesend.[242]

240 Vgl. ebd.

241 Vgl. Levy, Prize, S. 270.

242 Bob Hepple (Young Man, S. 106 f.) nahm ihn als »Beobachter« wahr; Norman Levy (Prize, S. 270) hielt die Präsenz eines Nicht-Parteimitglieds für »unvorstellbar«, dabei war Nelson Mandela wahrscheinlich nicht nur Mitglied der SACP, sondern auch des ZKs. Eine polemische Debatte um die Mitgliedschaft schloss sich Stephen Ellis' Enthüllungen aus dem Jahr 2011 an (Ellis, The Genesis; wiederholt in: ders.: External Mission, S. 21 f.). Vor allem, so der Tenor, solle das Verhältnis von SACP und ANC in der gesamten Konzeption des Befreiungskampfes und den strategischen Entscheidungen überdacht und neu bewertet werden – implizit, so der Vorwurf gegen Ellis, gehe es darum, den ANC als Befreiungsorganisation zu schädigen (so deutet es Hugh Macmillan in seiner Rezension von »External Mission« an [siehe: Hugh Macmillan: Stephen Ellis, External Mission [Review], in: Africa 85 [2015], H. 1, S. 154 ff.; ders.: Was Madiba co-opted into communism?, in: Mail & Guardian, 17.1.2014, mg.co.za/article/2014-01-16-was-madiba-co-opted-into-communismosalux.de/news/40212/der-anc-im-exil-in-lusaka.html. Zentral ist die Frage nach der Bedeutung der Mitgliedschaft Mandelas, der neben James Myburgh (Mandela and the Communist Party, politicsweb.co.za, 25.2.2015, www.politicsweb.co.za/news-and-analysis/mandela-and-the-communist-party) und Tom Lodge (www.sahistory.org.za/archive/mandela%E2%80%99s-membership-communist-party-what-needs-be-reassessed-tom-lodge-2004-south-africa) auch internationale Autoren nachgehen (Martin Plaut: Why Mandela's Communist Party Membership is important, in: New Statesman, 10.12.2013, www.newstatesman.com/world-affairs/2013/12/why-mandelas-communist-party-membership-important; Paul Trewhla: Mandela: A nationalist and a Marxist, in: Mail & Guardian, 24.1.2014, mg.co.za/article/2014-01-23-mandela-a-nationalist-and-a-marxist; Bill Keller: Nelson Mandela, Communist, in: New York Times, 7.12.2013, www.nytimes.com/2013/12/08/opinion/sunday/keller-nelson-mandela-communist.html?_r=0; Mandela & Communism: An Exchange, in: New York Review of Books, www.nybooks.com/articles/archives/2013/jun/06/mandela-communism-exchange/). Hilda Bernstein hatte schon 2004 davon gesprochen, dass Nelson Mandela Mitglied des ZK der SACP gewesen sei, (www.nelsonmandela.org/omalley/index.php/site/q/03lv00017/04lv00344/05lv01461/06lv01476.htm) und auch Filatova und Davidson führen ein Mitglied des ZKs der KPdSU an, das wissen will, dass Mandela während der gesamten Zeit des Kontakts der beiden Parteien als SACP-ZK-Mitglied geführt worden sei (Filatova/Davidson, Hidden Thread, S. 300 f.). Mit Verweis auf die Autorität des ehemaligen Verbündeten der SACP

1960 war ein Wendejahr für die politische Opposition. Die SACP bekannte ihre Existenz. Zugleich waren durch die polizeiliche Repression die legalen Mittel des Widerstandes erschöpft, worauf sowohl seitens ANC und SACP, die ihren militanten Arm *Umkhonto We Sizwe* (MK, Speer der Nation) gründeten, als auch durch losere sozialistische, sozialdemokratische und liberale Zirkel, die das *National Committee for Liberation* (NCL, später *African Resistance Movement*, ARM) ins Leben riefen, mit der Aufnahme des bewaffneten Kampfes reagiert wurde.

Die SACP entschied sich zudem, auch im Ausland stärkere Strukturen aufzubauen. In London existierte schon eine Auslandsgruppe, zu der Max und Saura Joffe, Simon und Cynthia Zukas[243] wie auch Vella und Patsy Pillay gehörten. Letztere hatten Südafrika verlassen, weil sie ein gemischtes Paar waren: er indisch, sie mit jüdischen, europäischen und amerikanischen Wurzeln.[244] Ruth First hatte 1954 während eines kurzen Aufenthalts die Gründung der Londoner SACP-Gruppe angeregt.[245] Trotz einiger Desillusionierungen[246] wuchs die Gruppe

... in Moskau, repräsentiert durch Vladimir Shubin, der Irina Filatova gegenüber die Parteimitgliedschaft Mandelas bestätigt, möchte sie einen Schlussstrich unter die Seite der Fakten gezogen sehen (Irina Filatova: Mandela and the SACP. Time to Close the Debate, 24.6.2015, www.politicsweb.co.za/news-and-analysis/mandela-and-the-sacp-time-to-close-the-debate?utm_source=Politicsweb+Daily+Headlines&utm_campaign=9fff469745-DHN_June_25_2015&utm_medium=email&utm_term=0_a86f25db99-9fff469745-130052781). Der letzte Zugriff auf die Online-Artikel erfolgte am 27.10.2015.

243 Vgl. Lissoni, Early international Networks, S. 12 f.; Simon Zukas: Into Exile and Back, Lusaka 2002, S. 102.

244 Vgl. Ronald Segal: Vella Pillay, Obituary, in: The Guardian, 3.8.2004, www.theguardian.com/news/2004/aug/03/guardianobituaries.southafrica (letzter Zugriff: 13.6.2016); s.a. Vishnu Padayachee/John Sender: Vella Pillay. Revolutionary Activism and Economic Policy Analysis, in: Journal of Southern African Studies, Jg. 44 (2018), H. 1, S. 149–65.

245 Vgl. Zukas, Into Exile, S. 102.

246 Vgl. ebd., S. 103 f.; Pauline Podbrey: White Girl in Search of the Party, Pietermaritzburg 1993, S. 196 ff., S. 200 f. Der Einmarsch der Sowjetunion in Ungarn hatte schon 1956 zu Distanzierungen geführt.

an.[247] Mit der Zeit trafen außer Kader Asmal und Mac Maharaj auch Yusuf Dadoo, Julius Baker und Barry Feinberg in London ein. Dadoo übernahm unmittelbar die Leitung der SACP-Auslandsgruppe.[248] 1963 wurden auch Joe Slovo und J. B. Marks außer Landes geschickt.[249] Die Entscheidung, Auslandsstrukturen aufzubauen, erwies sich als hellsichtig, denn nach der Razzia in Rivonia und den nachfolgenden Prozessen gab es keine funktionierenden SACP-Strukturen mehr in Südafrika. Einzig in London arbeitete die SACP, verstärkt durch geflohene und exilierte Parteimitglieder, weiter im Befreiungskampf.[250]

Die Diskussion um »Non-Racialism«

Der *Congress of the People* rief eine erneute Diskussion um den multi-»rassischen« Charakter der Kongress-Allianz hervor. Anstoß gab das richtungsweisende Bekenntnis der *Freedom Charter*: »South Africa belongs to all who live in it, black and white«.[251]

Kritiker innerhalb des ANC und der ANCYL griffen hingegen den Slogan der nationalen Befreiungsbewegungen des Kontinents auf: »Afrika den Afrikanern!«. Ihrer Ansicht nach habe der ANC nur durch den Einfluss der Kommunisten solch eine Position in der *Freedom Charter* verabschieden können; die jetzige Erklärung beraube Afrikanern ihr Land auch in Zukunft.[252] Die Vorwürfe verschärften latente Fraktionskämpfe innerhalb des ANC.[253] Der afrikanistische Flügel wurde vom

247 Vgl. Lissoni, Early international Networks, S. 14.

248 Vgl. ebd.

249 Vgl. Wieder, Ruth First and Joe Slovo, S. 127 f.; Shimoni, Community, S. 78.

250 Vgl. Lissoni, Early international Networks, S. 14.

251 Bernstein, Memory, S. 160.

252 Vgl. ebd.; Levy, Prize, S. 188; Karis/Carter, From Protest to Challenge, Bd. 3, S. 64, S. 93 [Fn. 187]. Die *Liberal Party* hielt aus der gleichen Annahme heraus Distanz. Diese Distanzierung wurde als Weigerung, eine afrikanische Führung in der Opposition anzuerkennen, interpretiert und beschädigte das Ansehen der *Liberal Party* nachhaltig (vgl. Bernstein, Memory, S. 61).

253 Siehe Karis/Carter, From Protest to Challenge, Bd. 3, S. 64–71.

ANC-Präsidenten Luthuli ruhig gestellt und dessen Kritik als inakzeptable Abweichung verworfen.[254] Im Oktober 1955 bekannte sich das ANC-Präsidium umfänglich zur *Freedom Charter*.[255]

Walter Sisulu, der Vertraute Luthulis und Mitglied der Exekutive von ANC und SACP, griff noch Jahre später die (Pan-)Afrikanisten scharf an. Deren Nationalismus sei nichts anderes als »umgekehrter Rassismus«, welcher Geist und Traditionen afrikanischer Menschen fremd sei und eher mit der NP übereinstimme als mit den Kongressen.[256]

Die Akzeptanz der *Freedom Charter* wurde auf den unteren Ebenen des ANC jedoch erst mit ihrer Aufnahme ins Programm des Kongresses hergestellt.[257] Seine Partnerorganisationen adaptierten sie ebenfalls.[258] So integrierte die SACP sie 1962 in ihr Programm.[259]

Anhänger eines exklusiven und anti-kommunistischen afrikanischen Nationalismus gründeten daraufhin in Konkurrenz zum ANC den *Pan-African Congress*.[260]

3.c Nach dem Congress of the People: Verschärfung des Konflikts

Die Kongressallianz zeigte sich von der Abspaltung der (pan-)afrikanistischen Fraktion unbeeindruckt. Angesichts der fortschreitenden staatlichen Restriktionen engagierte sich die Bewegung in den kommenden fünf Jahren auf vier Feldern: gegen die rassistische Trennung des BildungsÏwesens durch den *Bantu Education Act*, die massive Einschrän-

254 Vgl. Karis/Carter, From Protest to Challenge, Bd. 3, S. 65.
255 Vgl. ebd., S. 65 f.
256 Vgl. Sisulu, Congress and the Africanists, S. 31.
257 Vgl. Karis/Carter, From Protest to Challenge, Bd. 3, S. 66 ff.
258 Vgl. Bernstein, Memory, S. 161.
259 Vgl. Lerumo, Fifty fighting Years, S. 100.
260 Siehe dazu Kapitel 4.c.

kung der Bewegungsfreiheit durch das Passsystem, die Zerstörung gemischter Wohnviertel (District Six in Kapstadt und Sophiatown in Johannesburg) und die extreme Ausbeutung schwarzer Arbeitskräfte.[261]

Der *Bantu Education Act* erregte die Gemüter, da er die Ausweitung der staatlichen Reglementierung des Schulunterrichts und die Indoktrination der Schülerinnen und Schüler gemäß der Apartheid-Ideologie beabsichtigte. Selbstorganisierte, sogenannte *Cultural Clubs,* sollten als fortschrittliche Alternative und Antidot zu »Verwoerds Gift«[262] in den Schulen dienen. Die Klubs boten alternative, subversive, kritische Bildung. »The name Cultural Club was an odd description for a makeshift school that was political theatre, workshop and classroom all in one.«[263] Norman Levy betreute gemeinsam mit Helen Joseph – beide vom COD –, Robert Resha und James Radebe – beide vom ANC – viele der Klubs.[264] Sie assistierten den Freiwilligen und halfen bei der Ausarbeitung des »Lehrplans« und anderer Aktivitäten der Kinder.[265] Absicht war es, durch alternative Lehrmethoden die Lehrinhalte mit dem Leben der Kinder zu verknüpfen. Sich an dieser Kampagne zu beteiligen und die Leiter(innen) der *Cultural Clubs* zu schulen, empfand Levy als weitaus sinnvoller als seine reguläre Lehrtätigkeit.[266] Er war begeistert von den neuen Impulsen für sich, die Schüler und die Lehrenden der *Cultural Clubs*.[267] Organisatorische Zentralfigur dieses *African Education Movement* war Myrtle Berman.[268]

Doch die begrenzten Kapazitäten und die polizeiliche Repression gegen die Kongresse schränkten die Möglichkeiten ein, die Kampagne über das Jahr 1956 hinaus fortzuführen.[269] Levy führt die spätere Gründung

261 Vgl. Levy, Prize, S. 193.
262 Ebd., S. 199.
263 Ebd., S. 210.
264 Vgl. ebd., S. 209.
265 Vgl. ebd.
266 Vgl. ebd., S. 210.
267 Vgl. ebd., S. 210 ff.
268 Vgl. ebd., S. 209.
269 Vgl. ebd., S. 220.

des Solomon Mahlangu Freedom College (SOMAFCO) im tansanischen Exil auf die Bedeutung der Bildung im Befreiungskampf zurück.[270]

Im Kampf um die Bewegungsfreiheit waren es die Inlandspässe, die Gegenstand einer Kampagne wurden. Die 1954 gegründete *Federation of South African Women* (FEDSAW), der Helen Joseph vorstand, wurde von Frauen aller Hautfarben organisiert und nicht-»rassisch« geführt. Zu ihren Gründungsmitgliedern gehörten neben indischen und afrikanischen Frauen auch die jüdischen Aktivistinnen Ray Alexander Simons und Hilda Bernstein.[271] FEDSAW sorgte für Aufsehen, auch weil sie es schaffte, die Rollenstereotype in Bewegung zu bringen. Der farbige Journalist Paul Joseph berichtete sehr positiv von einem der Treffen:

> A visit to the kitchen showed a hub of activity. You would find John Motsabi, banned secretary of the Transvaal ANC, the Youth Leaguer Harrison Motlana slicing ham (and too often slipping a morsel onto their mouths!). Young Farried [sic! recte: Farid; H. P.] Adams was preparing biscuits and munching some at the same time. Leon [Levy] would be washing lettuce while Norman [Levy] would be preparing fruit. The Moola brothers would be washing cups while Stanley Lollan of SACPO was busy with tea urns. Shy Solly and Abdullay of the Indian Youth Congress would be tyding up. The women on no account were to see an untidy kitchen. … Occassionally Rica [Hodgson] and Beata [Lipman] of the Congress of Democrats would sniff around and pass favorable comments.[272]

Als die FEDSAW 1956 eine Massendemonstration gegen die Ausweitung des Passsystems auf afrikanische Frauen organisierte, waren Rica Hodgson, Hilda Bernstein und Ruth First in die Vorbereitungen eingebunden.[273] Albert Luthuli würdigte das vehemente und energetische Engagement von FEDSAW nachdrücklich[274] und zeigte sich beeindruckt von

270 Vgl. ebd., S. 220 f.

271 Siehe Karis/Carter, From Protest to Challenge, Bd. 3, S. 73 ff.; Simons, All my Life, S. 270.

272 Zit. nach Lazerson, Against the Tide, S. 151.

273 Vgl. Hodgson, Foot Soldier, S. 70.

274 Vgl. Karis/Carter, From Protest to Challenge, Bd. 3, S. 74.

den 20 000 Frauen, die in Pretoria trotz polizeilicher Behinderung gegen die neuen Passgesetze demonstriert hatten.[275] Zwar konnten die Frauen die Regierung blamieren, aber die Pässe wurden trotz ihres Protestes eingeführt.[276]

Der *Group Areas Act* sah vor, Townships mit einem sogenannten *freehold*, dem Recht Schwarzer, Land zu besitzen, zu beseitigen. Außerdem waren zwei der von der Säuberung betroffenen Stadtviertel bekannt für ihre »Rasse«-Mischung. Während Sophiatown auch das Zentrum der alternativen Musik- und Kulturszene war, an dessen Leben auch die fortschrittliche weiße Opposition teilnahm, war District Six auch das Zuhause einiger jüdischer und kommunistischer Familien (gewesen).[277] Sophiatown war zudem eine Basis sowohl des ANC wie auch der SACP.[278] Die dortige Bevölkerung wurde nach Soweto umgesiedelt, Sophiatown planiert und das weiße Viertel Triomf an seiner Stelle gebaut.

Die beträchtlich gestiegene Zahl an Arbeitsauseinandersetzungen verlieh SACTU ein deutliches Gewicht.[279] Dementsprechend verzeichnete der Gewerkschaftskongress einen starken Mitgliederzulauf.[280] Es gelang, Industriearbeiter abseits der nach »Rasse«-Gruppen getrennten Gewerkschaften zu organisieren[281] und einen nicht-rassistischen Gewerkschaftsdachverband zu bilden, der die systematischen Angriffe auf die lohnarbeitende Klasse durch die NP kontern wollte.[282] Jedoch konnte SACTU wegen der hohen Polizeipräsenz in den Townships, die die Organisierungsarbeit erschwerte, trotz der Resonanz in der schwarzen Bevölkerung, die unter großen ökonomischen Sorgen litt, nicht voll ent-

275 Vgl. ebd., S. 75.
276 Vgl. N.N.: Strijdom, You have Struck a Rock, *New Age*, 16.8.1956, S. 1 und 5.
277 Vgl. Simons, All my Life, S. 50; s. a. Mendelsohn/Shain, The Jews in South Africa, S. 76 f.
278 Vgl. Lodge, Black Politics, S. 96, S. 98.
279 Vgl. ebd., S. 193.
280 Vgl. ebd.
281 Vgl. ebd.
282 Vgl. Leon Levy: African Trade Unionism in South Africa, in: Africa South in Exile, Jg. 5 (1961), H. 3, S. 32–43.

wickeln.[283] Zudem bewerteten einige politische Aktivisten, wie der Trotzkist Baruch Hirson, manche der Kampagnen als »fiasco«.[284] Denn seiner Meinung nach sollte anstelle von hoch konfrontativen Streiks Bummelei die Forderungen der Gewerkschafter unterstützen und zugleich weniger Menschenleben riskieren.[285] Nationaler Präsident von SACTU war von 1955 bis 1963 Leon Levy. Seine Generation formte die Gewerkschaft: junge Radikale aller Hautfarben.[286] Levy war außerdem Amtsträger in der SACP und Mitglied des Konsultativkomitees der Kongresse.[287] Er wurde mit 22 weiteren Gewerkschaftern von SACTU[288] im *Treason Trial* angeklagt.[289] SACTU selbst war das in Südafrika am längsten funktionierende Glied der Kongressallianz.[290]

Die Besonderheiten der südafrikanischen Situation führten zu kuriosen Konstellationen und zeigten herausragende Beispiele von Solidarisierung über die Klassen- und »Rassen«-Grenzen hinweg. Von einem wusste Ronnie Press in seiner Autobiographie zu berichten. Er arbeitete aufgrund immer wieder verlorener Anstellungen als Sekretär der *Textile Workers Industrial Union*, einem Mitglied von SACTU.[291] Seine Aufgabe war es, afrikanische Arbeiter in ihren Betrieben zu organisieren. Eine kleine Fabrik zweier jüdischer Immigranten, die mit der Gewerkschaft sympathisierten und Mitleid mit dem Los der schwarzen Arbeiter hatten, ließen in ihrem Betrieb die Organisierungsarbeit zu. Als die Regierung es den Gewerkschaften verbot, ihre Beiträge direkt einzuziehen, stimmten die Fabrikbesitzer zu, ein medizinisches Hilfsprogramm ins Leben zu rufen. Die Arbeiter bekamen medizinische Vergünstigungen und die Gewerkschaft wurde für die Verwaltung bezahlt.

283 Vgl. Lodge, Black Politics, S. 195 f.
284 Vgl. Hirson, Revolutions, S. 284.
285 Vgl. ebd., S. 284 f.
286 Vgl. Levy, Engagements, S. 52 f.
287 Vgl. ebd., S. 51.
288 Vgl. Levy, African Trade Unionism, S. 43.
289 Vgl. Saks, Jewish Memories of Mandela, S. 65.
290 Vgl. Lodge, Black Politics, S. 196.
291 Vgl. Press, To Change The World, S. 28.

»There were some bosses one could work with«[292], urteilte Press zufrieden.

Zeitgleich zu den Auseinandersetzungen in den Betrieben und um politische Teilhabe im Allgemeinen gab es bis in die Mitte der 1960er Jahre hinein sehr lokale Kämpfe auf dem Land zwischen afrikanischen Bauern und den Autoritäten der afrikanischen Reservate, Vorläufer der »Homelands« oder Bantustans.[293] Die Regierung arbeitete daran, die Reservate im Zuge ihrer Homeland-Politik umzugestalten, und beraubte die sowieso schon unter prekären Bedingungen lebende Bevölkerung ihrer Möglichkeiten, Land zum Lebensunterhalt zu bebauen oder von ihrem Vieh beweiden zu lassen. Die traditionellen Möglichkeiten, arm einen Lebensunterhalt zu bestreiten, wurden zerstört und gleichzeitig wurde die Steuerlast erhöht. Zuletzt führte die Ausweitung des Passsystems auf die ländlichen Frauen zu einer existenziellen Bedrohung der Haushalte.[294] Aufgrund der widrigen Lebensbedingungen auf dem Land wurden die Auseinandersetzungen oftmals gewaltvoller als in den Städten geführt.[295] Die hochgradig urbanisierten Kongresse beteiligten

292 Ebd., S. 43.

293 Siehe Siphamandle Zonid: Peasant Struggles of the 1950s: Gamatlala and Zeerust, in: SADET, The Road to Democracy, Bd. 1, S. 147–176; Sukude Matoti / Lungisile Ntsebeza: Rural Resistance in Mpondoland and Thembuland, 1960–1963, in: ebd., S. 17–208. Als geradezu klassisch kann die Analyse Govan Mbekis gelten: Govan Mbeki: South Africa: The Peasants' Revolt, Harmondsworth 1964. Ruth First hatte den Text nach Mbekis Verhaftung 1962 in London kompiliert und fertiggestellt (vgl. Ruth First: Preface, in: ebd., S. 9–14, hier S. 9 ff.).

294 Vgl. Lodge, Black Politics, S. 262–267. Den staatlichen Maßnahmen war, wie Lodge, ebd., S. 266, schreibt, ein Trend zur Despotie immanent, da ein pseudo-traditionelles Stammessystem den ländlichen Gemeinschaften oktroyiert wurde. Lodge führt den Fall von Lefurutshe auf, wo der Staat systematisch die widerspenstige Bevölkerung bis an den Rand eines Bürgerkriegs im Reservat terrorisierte. Der Einfluss zurückkehrender Wanderarbeiter, die gerade den Busboykott in Johannesburg und dem Rand mitgemacht hatten, verschob den Charakter der Kämpfe auf Linie des ANC, wenngleich sich die ANC-Führung als zu träge zeigte, um adäquat reagieren zu können (s. ebd., S. 273–279).

295 Vgl. ebd., S. 261.

sich bestmöglich an den Kämpfen der Bauern. In diesem Zuge nahmen auch einige der jüdischen Aktivisten am Widerstand gegen die Reformen des Apartheidstaats teil.

Während einer der größten Revolten, der Mpondoland-Revolte von 1960, war das COD- und SACP-Mitglied Rowley Arenstein als Anwalt und bei der Organisation von Geldern behilflich. Auch der lokale ANC wirkte unterstützend auf die sich spontan entwickelnde Revolte, die aber mit der Zeit strategisch wurde und auch politische Forderungen stellte – eine Versammlung Aufständischer verabschiedete gar die *Freedom Charter*.[296] Zeitweise bestand Kontakt zwischen den Rebellen und den urbanen politischen Bewegungen.[297] Eine Delegation der SACP, der in Kapstadt Albie Sachs, Denis Goldberg, Amy Thornton und Colette »Bubbles« Thornes angehörten, fuhr während der Unruhen 1959 nach Natal.[298] Im Ostkap war der Industriechemiker Naphtali »Tolley« Bennun, ein SACP-Mitglied, den Aktivisten des Aufstandes behilflich.[299]

Die Oppositionspresse griff ebenfalls die Revolten auf,[300] wodurch Aktivisten des COD in Johannesburg über die Unruhen im Bilde waren.[301] Joe Slovo erinnerte sich an eine Delegation aufständischer

296 Vgl. ebd., S. 279–283, hier S. 283, S. 288. Demgegenüber beeinflusste bei den Auseinandersetzungen im benachbarten Tembuland der PAC das Geschehen (ebd., S. 283–288).

297 Vgl. ebd., S. 290.

298 Vgl. Paul S. Landau: The ANC, MK and the »Turn to Violence« (1960–1962), in: South African Historical Journal, Jg. 64 (2012), H. 3, S. 538–563, hier: S. 544.

299 Vgl. Bernard Magubane u.a.: The Turn to Armed Struggle, in: SADET, The Road to Democracy, Bd. 1, S. 53–145, hier S. 115 f. S.a. Mervyn Bennun: EFF ejection a shameful event in history of ANC, in: Cape Argus, 11.3.2015, www.pressreader.com/south-africa/cape-argus/20150311/281844347106456/Text View (letzter Zugriff: 16.11.2015).

300 Siehe New Age 13.10.1960; New Age, 20.10.1960; Siehe James Fairbairn (d.i. Jack Halpern): Zeerust: A Profile of Resistance, in: Africa South, Jg. 2 (1958), H. 3, S. 30–38; ders.: The Sekhukhuneland Terror, in ebd., Jg. 3 (1959), H. 1, S. 16–21; Denis Kiley: The Pondoland Massacre, in: ebd., Jg. 5 (1960), H. 1, S. 712.

301 Vgl. Hirson, Revolutions, S. 282. Hirson berichtet, er habe in dem Buch »Brief Authority« von Pater Charles Hooper von der Revolte in Zeerust gelesen, seine Freundin Ruth Kaplan habe diese Berichte dann ergänzt.

Mpondo, die mit dem ANC über Waffen gesprochen hatte.[302] Die ländliche Aufstandsbewegung vermochte es jedoch nicht, Wechselwirkungen mit den städtischen Auseinandersetzungen herzustellen.[303] Dennoch wirkte sich, wie im Falle des Aufstands in Sekhukuneland 1958 bis 1960, die Organisierung der Landarbeiterschaft durch die SACP aus.[304] Die Revolten beschleunigten innerhalb der Kongresse die Diskussion um die Aufnahme des bewaffneten Kampfes, da sie den Eindruck vermittelten, dass die Zeit reif dafür sei.[305]

Die Opposition war mit ihren friedlichen Protesten gescheitert, da sie es nicht vermochte, der Geschwindigkeit oder der Tiefe der Umsetzung der »Grand Apartheid« Einhalt zu gebieten. Sinnbildlich drückt sich dieses Scheitern im zentralen politischen Ereignis der zweiten Hälfte der 1950er Jahre, dem *Treason Trial*, einem Hochverratsprozess, den der südafrikanische Staat gegen 156 Oppositionelle anstrengte,

302 Vgl. Slovo, Unfinished Autobiography, S. 149.

303 Die ländlichen Konflikte waren immer wieder Gegenstand der Auseinandersetzung dissidenter Südafrikaner. John Copelyn, ehemaliger jüdischer Aktivist der 1970er und 1980er Jahre und Sekretär der *South African Clothing and Textile Workers Union* (SACTWU) sowie ehemaliges Parlamentsmitglied für den ANC nach 1994, studierte die Mpondorevolte als erster wissenschaftlich (vgl. Jimmy Pieterse: Reading and Writing the Mpondo Revolts, in: Thembela Kepe / Lungisilie Ntsebeza [Hg.]: Rural Resistance in South Africa. The Mpondo Revolts after Fifty Years, Leiden/Boston 2011, S. 43–66, hier S. 53). S. a. George Sifrin: Copelyn - SA Jews must remember their apartheid past, in: South African Jewish Report, www.sajr.co.za/news-and-articles/2014/04/09/copelyn---sa-jews-must-remember-their-apartheid-past [letzter Zugriff: 11.11.2015]).

304 Vgl. Peter Delius: Sabatakgomo and the Zoutpansberg Balemi Association. The ANC, the Communist Party and Rural Organization, 1939–1955, in: The Journal of African History, Jg. 34 (1993), H. 2, S. 293–313, hier S. 311 ff. Sebatakgomo wurde von der SACP ins Leben gerufen, aber aufgrund der Differenz zwischen persönlich starken Verbindungen (viele SACP-Mitglieder waren Wanderarbeiter), und dem geringen Grad organisatorischer Verbindungen in den ANC übergeleitet, siehe: ebd., S. 301 f., 311 f.

305 Vgl. Denis Goldberg und Rusty Bernstein, in: Magubane u. a., The Turn to Armed Struggle, S. 57 ff.; Allison Drew: Govan Mbeki's Peasants' Revolt, in: Kepe/Ntsebeza, Rural Resistance, S. 67–89, hier S. 80–86.

aus. Er begann mit einer Verhaftungswelle Ende 1956 und dauerte bis 1961. Der *Treason Trial* endete mit dem Freispruch für alle Angeklagten.[306]

Der Weg in den Untergrund: Sharpeville und das Ende des Legalismus 1960

Angesichts des anhaltenden Aufruhrs und der Konfrontation mit dem Apartheidstaat war eine Verschärfung der Aktionen der Opposition nicht verwunderlich. Joe Slovo bemerkte, dass die Bevölkerung auf die hergebrachten gewaltfreien Formen politischen Protestes nicht mehr reagierte.[307] Die Mittel des friedlichen Protestes schienen ohnehin erschöpft. Erfolgreiche nationale sozialistisch orientierte Befreiungsbewegungen in China und auf Kuba dienten mit ihren Guerilla-Gruppen und -Armeen als Vorbilder für den bewaffneten Kampf, der den rassistischen Staat zum politischen Einlenken und zur Aufgabe der unterdrückerischen Politik zwingen sollte. Die Aktivisten sahen die Mehrheit der Bevölkerung hinter sich. Eine Organisation sollte die Gewalt der anhaltenden militanten Auseinandersetzungen kanalisieren und kontrollieren.[308]

Nelson Mandela erinnerte sich, mit Walter Sisulu schon im Jahr 1952 über den bewaffneten Kampf gesprochen zu haben.[309] Danach wurde

306 Der *Treason Trial* wird im 4. Kapitel gesondert behandelt.

307 Vgl. Slovo, Unfinished Autobiography, S. 149 f.

308 Nach Landau, The ANC, MK and the »Turn to Violence«, S. 546, der Bernard Magubane, Introduction, in: SADET, The Road to Democracy, Bd. 1, S. 1, als Beleg angibt. An dieser Stelle findet sich hingegen kein Hinweis auf eine gemeinsame Planung Nelson Mandelas und Joe Slovos für eine koordinierte militante Antwort auf das Sharpeville-Massaker. Dennoch ist es nicht abwegig, dass genau diese Punkte – Kanalisierung und Kontrolle der Gewalt – in den Diskussionen um den bewaffneten Kampf vorkamen, hatten spontane Gewaltausbrüche während der *Defiance Campaign* doch zum Abbruch der Kampagne geführt.

309 Vgl. Mandela, Der lange Weg, S. 365.

die Aufnahme von Waffen wiederholt thematisiert,[310] bis in den frühen 1960er Jahren auch die SACP das Thema aufgriff.[311] Die »Geburt« von *Umkhonto We Sizwe* kann der SACP zugeschrieben werden. Brian Bunting insistierte, die Entscheidung, den Modus des Befreiungskampfes zu ändern sei »vom Zentralkomitee der SACP, und niemandem andern« im Dezember 1960 gefällt worden.[312] Zwar erörterte der ANC zeitgleich diese Frage, aber anscheinend inoffiziell und ohne formale Beschlüsse.[313]

Führende Mitglieder der SACP begannen sogenannte »Spezialeinheiten« (*Special Units*) aufzubauen, die erste Aktionen durchführten.[314] Viele weiße Kommunisten hatten in der britischen Armee gedient. Rusty Bernstein erinnerte sich, dass in den Reihen MKs mehrere Mitstreiter mit Kampferfahrung aus dem Zweiten Weltkrieg oder aus dem »jüdischen Widerstand gegen die britische Besatzung Palästinas« waren.[315]

Veteranen des Wüstenkrieges erwiesen sich als eifrige Lehrmeister der ersten Generation militanter Kämpfer.[316] Die Johannesburger Wohnung von Jack und Rica Hodgson wurde in eine Bombenwerkstatt umgebaut.[317] David Kitson und Denis Goldberg verfügten als Ingenieure über technische Expertise, die ebenfalls benötigt wurde.[318] Im Ostkap war es Naphtali »Tolley« Bennun, der Militanten Bombenbau lehrte.[319]

Zur Vorbereitung des bewaffneten Kampfes reisten führende Aktivisten zwischen 1960 und 1962 ins Ausland. Mandela besuchte verschiedene unabhängige afrikanische Länder, die KP-Kader Michael Harmel,

310 Raymond Mhlaba, ein ANC- und SACP-Kader aus Port Elizabeth, sprach sich ab 1958 für den bewaffneten Kampf aus, siehe Magubane u. a., The Turn to Armed Struggle, S. 56.

311 Vgl. Mandela, Der lange Weg, S. 365.

312 Vgl. Brian Bunting, zitiert bei: Irina Filatova / Apollon Davidson: The Hidden Thread. Russia and South Africa in the Soviet Era, Johannesburg/Kapstadt, 2013, S. 299.

313 Vgl. ebd.

314 Vgl. Landau, The ANC, MK and the »Turn to Violence«, S. 553.

315 Vgl. Bernstein, Memory, S. 234.

316 Vgl. Landau, The ANC, MK and the »Turn to Violence«, S. 554.

317 Vgl. Slovo, Unfinished Autobiography, S. 153.

318 Vgl. Ellis, The Genesis, S. 666.

319 Vgl. Goldberg, The Mission, S. 86.

Arthur Goldreich und Yusuf Dadoo Moskau, Peking oder die CSSR. Die Reisen stärkten die Auslandskontakte der Befreiungsbewegung, allen voran der SACP, und sicherten die internationale Unterstützung des militärischen Kampfes ab. Die Reisen waren in monetärer wie materieller Hinsicht erfolgreich.[320]

Das Massaker von Sharpeville wurde vor dem Hintergrund eines Gefühls des allgemeinen Aufbruchs und des Erfolges des Guerillakampfes interpretiert.[321] Die SACP befand, dass es einer militanten Avantgarde-Bewegung möglich sei, den Funken zu einer massenhaften nationalen Erhebung zu entzünden und die »innere Kolonisierung« Südafrikas abzuschütteln.[322] Einen anti-*kolonialen* Kampf zu führen, entsprach dem afrikanischen Kontext. Einige postkoloniale Staaten wie Ghana oder Tanganjika aber auch Ägypten waren jedoch durchaus anti-kommunistisch orientiert, weshalb es zu Problemen führen konnte, als Kommunist aufzutreten.[323] Dennoch übernahm die SACP die theoretische und praktische Führung in den Überlegungen[324] und begann auch vor MK eigene Anschläge auszuführen.[325]

320 Schon 1953 erörterten Walter Sisulu, Duma Nokwe und Henry Makgothi die Frage der Unterstützung der Revolution in Südafrika durch die Chinesische KP, siehe Magubane u. a., The Turn to Armed Struggle, S. 54, S. 80–90; Shubin, ANC, S. 34 ff.

321 Vgl. Nelsons Mandelas Notizen über eine erfolgreiche Revolution, in: Nelson Mandela: Bekenntnisse, München 2010, S. 99 ff., S. 105 ff.; Landau, The ANC, MK and the »Turn to Violence«, S. 540; Magubane, Turn To Armed Struggle, S. 5.

322 Vgl. ZK der SACP: Der revolutionäre Ausweg, in: SACP, Dokumente, S. 442–459. Wobei in dem Manifest die Prämisse nicht auf dem bewaffneten Kampf lag, sondern dieser ein Mittel sei, die NP zu zwingen, einzulenken (vgl. Manifest des Umkhonto We Sizwe, in: ebd., S. 380 ff.).

323 Vgl. Landau, The ANC, MK and the »Turn to Violence«, S. 558 f. Ein MK-Kader rief mit seinem Bekenntnis, Kommunist zu sein, Verstimmung auf Seiten der tansanischen Gastgeber hervor, was seitens der MK-Führung als gefährlich angesehen wurde (ebd., S. 561).

324 Vgl. Magubane u. a., The Turn to Armed Struggle, S. 80. S. a. Lodge, Secret Party, S. 447, wo er Moses Kontanes Einschätzung anführt, die SACP habe spätestens 1961 die ganze nationale Befreiungsbewegung angeführt.

325 Vgl. ebd., S. 83.

Der Kern der Gruppe, in dessen Rahmen über den bewaffneten Kampf diskutiert wurde, bestand aus fünf Männern: Nelson Mandela, Walter Sisulu, Duma Nokwe, Rusty Bernstein und Joe Slovo[326] – drei afrikanischen und zwei jüdischen Südafrikanern.[327]

Die Langzeitwirkung der Entscheidung der SACP, den bewaffneten Kampf aufzunehmen, war nicht »gering«,[328] sondern, wie Filatova und Davidson hervorheben, das Gegenteil: beträchtlich:

> The fact that the armed struggle was started by the SACP and that it was the SACP that asked for the assistance of the Soviet Communist Party and received it had enormous long-term significance for the history of the SACP itself, for Umkhonto We Sizwe and for the ANC, which in turn means that it had a long-term significance for the whole country.[329]

Denn nicht nur sicherten die Verbindungen der SACP der Befreiungsbewegung über 30 Jahre die internationale Unterstützung, sie brachten dem ANC auch den verlässlichsten Bündnispartner: die Sowjetunion.

Im Juli 1960 erreichte eine erste Delegation der SACP mit Yusuf Dadoo, dem Vorsitzenden, der Südafrika im April 1960 verlassen hatte, und Vella Pillay, ihrem Londoner Repräsentanten Moskau. Sie sprachen über die politische Situation in Südafrika, den Boykott des Landes und über materielle und finanzielle Unterstützung des Befreiungskampfes durch die UdSSR.[330] Zum Ende des Jahres wurde der SACP schließlich eine Summe von $30.000 zur Verfügung gestellt.[331] Im Allgemeinen waren die Besuche in Moskau von Erfolg gekennzeichnet. Die finanzielle

326 Vgl. Filatova/Davidson, Hidden Thread, S, 300; Magubane u. a., The Turn to Armed Struggle, S. 86.

327 Rusty Bernstein verneint mit Bestimmtheit, dass er Teil von MK gewesen war, denn er sei vollkommen mit seinen SACP-Aufgaben okkupiert gewesen, auch wenn er Mandela und andere regelmäßig in Rivonia getroffen und offen diskutiert hatte (Bernstein, Memory, S. 231).

328 So Magubane u. a., The Turn to Armed Struggle, S. 83.

329 Filatova/Davidson, Hidden Thread, S. 302.

330 Vgl. Shubin, ANC, S. 34 ff.

331 Vgl. ebd., S. 36.

Unterstützung durch die UdSSR erhöhte sich von $ 50.000 im Jahr 1961 auf $ 112.445 im Jahr 1962.[332] Der ANC konnte so weit gehen, 1963 die stattliche Summe von £ 250.000 zur Unterstützung seines Kampfes zu erbitten.[333] Dieser Bitte wurde »positiv« begegnet.[334] Abgesehen von der Summe war die Unterstützung überhaupt für die südafrikanische Opposition, vor allem im Exil, von extremer Bedeutung:

> Soviet financial assistance was very important in two respects. First, it began in 1960, when no other country or international organisation was willing to render such support. In the early 1960s Soviet financial assistance was a make-or-break matter for both the SACP and the ANC in exile. [...] The purposes of Western financial assistance, on the other hand, were usually strictly defined, leaving very little room for manoeuvre. And no Western country gave any support to the SACP, or to Umkhonto.[335]

Aber:

> Compared to the donations that the ANC received from Scandinavian count[r]ies, the Soviet contributions were small. They were also smaller than donations that the Soviet Union allocated to some West European and Asian communist parties, though South Africa was important enough for the combined donation to the ANC and SACP to put it, in some years, in 7th and 9th place among about 70 to 80 recipients.[336]

Aber nicht nur materiell, sondern auch in intellektuellen und theoretischen Fragen profitierte die SACP von ihren Kontakten in die sozialistischen Staaten. Im Oktober des Jahres 1960[337] war eine doppelt so große

332 Vgl. ebd., S.43.
333 Vgl. ebd., S. 52.
334 Vgl. Filatova/Davidson, Hidden Thread, S. 342.
335 Irina Filatova, The ANC and the Soviets, Politicsweb.co.za, 10.8.2011, www.politicsweb.co.za/news-and-analysis/the-anc-and-the-soviets (letzter Zugriff: 19.11.2015).
336 Ebd.
337 Vgl. Filatova/Davidson, Hidden Thread, S. 303.

SACP-Delegation nach Moskau unterwegs. Neben Dadoo und Pillay gehörten ihr auch Michael Harmel und Joe Matthews an. Die beiden Letztgenannten waren direkt aus Südafrika gekommen, Dadoo hingegen kam von einem Treffen in China.[338] Joe Matthews, der während des *Treason Trials* von der SACP rekrutiert wurde,[339] erinnerte sich, dass bei dem Treffen mit der sowjetischen Seite von der SACP die Möglichkeit des bewaffneten Kampfes zur Sprache gebracht wurde.[340] Auf Empfehlung Mao Zedongs, den Dadoo in Peking getroffen hatte, sprachen die Südafrikaner bei der chinesischen Gesandtschaft in Moskau vor. Dort kam es zwar aufgrund der jüngsten Spannungen zwischen der UdSSR und der Volksrepublik zu Missstimmung, aber die SACP-Gesandten waren zufrieden.[341] Mehrmals wurden Militante aus Südafrika zur Ausbildung nach China entsendet, erstmals schon im September 1961 für ein halbes Jahr. Diese Gruppe junger Rekruten umfasste auch die späteren Angeklagten im *Rivonia Trial* und *Little Rivonia Trial:* Raymond Mhlaba, Andrew Mlangeni und Wilton Mkwayi wie auch Steve Naidoo vom SAIC.[342] Von Moskau aus wurde begonnen, Radiosendungen auf Englisch und Zulu zu senden. Außerdem wurden mehrere Ausgaben des parteioffiziellen Organs *African Communist* von der Sowjetunion erworben und verteilt.[343] Die südafrikanischen Gesandten erörterten mit Repräsentanten ihrer Schwesterparteien die Lage in Südafrika und ließen die Ergebnisse in das Parteiprogramm von 1962 einfließen.[344]

338 Vgl. Shubin, ANC, S. 37.

339 Vgl. Magubane u. a., The Turn to Armed Struggle, S. 65.

340 Vgl. ebd., S. 81.

341 Vgl. Shubin, ANC, S. 37 f. Bernstein erinnert sich an weitaus negativere Berichte von Michael Harmel.

342 Vgl. Slovo, Unfinished Autobiography, S. 148; Shubin, ANC, S. 40.

343 Vgl. Shubin, ANC, S. 39. Gedruckt wurde der *African Communist* in der DDR, vgl. Brian Bunting, Mayibuye Archives, MCA 6-249, S. 26.

344 Vgl. Filatova/Davidson, Hidden Thread, S. 305. Diese Überlegung wird von einem Hinweis aus dem SACP-Programm »The Road to South African Freedom« von 1962 genährt, das besagt, dass die Annahmen des Weges einer national-demokratischen Veränderung im Einklang mit den Deklarationen von 81 marxistischen Parteien im Dezember 1961 stünden (vgl. SACP: The Road to South African Freedom, London 1962, S. 19).

Zwei Monate, bis Ende 1960, diskutierten Joe Matthews and Michael Harmel sowohl mit ihren Gastgebern aus dem ZK der KPdSU als auch mit sowjetischen Militärs und den Vertretern der KP Kubas und Chinas über die politische Situation und die Formen des Kampfes.[345] Im November 1961 hielt ein Memo des Politbüros der KPdSU fest, dass die Partei sich entschlossen habe, den bewaffneten Kampf aufzunehmen.[346] Im Oktober 1961 hatten Yusuf Dadoo und Moses Kotane am 22. Kongress der KPdSU teilgenommen und die Frage nach der Unterstützung durch die Sowjetunion aufgeworfen.[347]

Zu den Vorbereitungen einer Insurrektion zählte auch die Afrika-Reise Nelson Mandelas 1962.[348] Illegal übertrat Mandela mit Ahmed Kathadra die Grenze ins britische Protektorat Bechuanaland (heute Botswana) und reiste von dort aus nach Daressalam, wo er die Unterstützung des Präsidenten Julius Nyerere zugesichert bekam. Über den Sudan, Ghana und Äthiopien – wo er als Delegierter des ANC die Pan-Afrikanische Konferenz des PAFMECSA besuchte –,[349] Ägypten, Algerien, Liberia, den Senegal und London reiste Mandela nach Äthiopien und erhielt – angeblich unter Beihilfe des Mossad[350] – eine militärische Ausbildung.[351]

345 Vgl. ebd., S. 304.
346 Vgl. ebd., S. 299.
347 Vgl. ebd., S. 305.
348 Einen Bericht über seine Reise gibt Mandela, Der lange Weg, S. 385–413.
349 Vgl. ebd., S. 394–397. Dort mussten Mandela und die anderen ANC-Delegierten wie Oliver Tambo dem Misstrauen begegnen, das seitens der unabhängigen afrikanischen Regierungen gegen den ANC und seiner Kooperation mit der SACP bestand (ebd., S. 398).
350 Vgl. Harriet Sherwood: Nelson Mandela »received weapons training from Mossad agents in 1962«, in: The Guardian, 20.12.2013, (online abrufbar unter www.theguardian.com/world/2013/dec/20/nelson-mandela-weapons-training-mossad-agents [letzter Zugriff: 24.11.2015]). Kritisch zu den Medienberichten: Ran Greenstein: Did Mandela actually receive training from the Mossad?, 972mag.com/did-mandela-actually-receive-training-from-the-mossad/84393/ (letzter Zugriff: 24.11.2015). Die Annahme einer israelischen Beteiligung würde mit dem israelischen Bemühen korrespondieren, an der Seite der Blockfreien Staaten afrikanische Bündnis- und wirtschaftliche Partner zu finden, vertritt Shimoni, Jews and Zionism, S. 223, S. 356 f. Zur israelischen Politik auf dem afrikanischen Kontinent: Arye Oded: Africa in Israeli Foreign

Als Mandela in Afrika um Unterstützung warb, wurde Arthur Goldreich in die CSSR geschickt, um dort Sprengstoff zu organisieren.[352] Vladimir Shubin, damals selbst als Teil der sowjetischen Nomenklatura für die südafrikanischen Kontakte zuständig und mittlerweile Historiker des Befreiungskampfes, berichtete, Goldreich habe im Januar 1963 auch Moskau besucht.[353] Die Konsultationen schienen hochgradig vom zur Diskussion stehenden Aufstandsplan beeinflusst gewesen zu sein, und neben den Erörterungen eines Ausbildungsplatzes für südafrikanische Rekruten, »technischen Beratungen« durch sowjetische Spezialisten, die die Akquirierung einer Yacht erwogen, um für MK Waren[354] oder Kader ins Land zu schmuggeln, umfasst zu haben.[355]

Der Kontakt nach Moskau erwies sich als bahnbrechend für die Zukunft des ANC-geführten Widerstands. Nachdem auch der damalige stellvertretende Vorsitzende – später der Vorsitzende – des ANC, Oliver

... Policy – Expectations and Disenchantment: Historical and Political Aspects, in: Israel Studies, Jg. 15 (2010), H. 3, S. 121–142; Joel Peters: Israel and Africa. The problematic Friendship, London, 1992.

351 Vgl. Mandela, Der lange Weg, S. 409 ff.

352 Vgl. Magubane u.a., The Turn to Armed Struggle, S. 84.

353 Vgl. Shubin, ANC, S. 44.

354 Vgl. ebd., S. 44 f.

355 Vgl. Operation Mayibuye, Historical Papers AD1844, A38. Der Vorschlag, mittels einer hochseefähigen Yacht zu operieren, wurde schon im Gewahrsam während des Ausnahmezustands 1960 phantasiert. Rusty Bernstein erinnerte sich, dass der Mitinsasse Ronnie Fleet zu ihm davon gesprochen hatte (Bernstein, Memory, S. 212). Joe Slovo hingegen schreibt, dass Monty Berman aus dem englischen Exil heraus eine Kooperation von ARM und MK vorgeschlagen habe, der eine Yacht dienlich sein sollte; ein Ansinnen, das MK strikt zurückgewiesen habe (Slovo, Unfinished Autobiography, S. 129). Dennoch erinnerte sich Ben Turok, in den frühen 1970er Jahren mit der Aufgabe betraut gewesen zu sein, die Küste des Ostkaps nach möglichen Landepunkten zu studieren (Ben Turok: The Evolution of ANC Economic Policy. From The Freedom Charter to Polokwane, Kapstadt 2008, S. 25) und Ronnie Kasrils bestätigte solche Pläne in einem Interview Jahre später (Ronnie Kasrils, Mayibuye Archives MCA 7-1528, unpaginiert). Die Umsetzung, mit finanzieller Unterstützung der Sowjetunion und von griechischen Kommunisten durchgeführt, scheiterte an vermeintlichen technischen Problemen auf See (vgl. Maloka, The South African Communist Party, S. 32 f.; Shubin, ANC, S. 101–105).

Tambo, durch die Tür, die die SACP geöffnet hatte, geschritten war, entwickelten sich fruchtbare formale Kontakte zwischen der sowjetischen Führung und dem ANC.[356] »The expertise and facilities of the SACP appear to have been crucial. Communists were very active in building the ANC as an allied underground force.«[357] Anfang 1963 traf die erste Gruppe von MK-Kadern zur militärischen Ausbildung in Skodhnia, einem Moskauer Vorort, der ein speziell auf nationale Befreiungsbewegungen ausgerichtetes Trainingszentrum besaß, ein.[358] Es folgte im November desselben Jahres eine Gruppe von 300 Rekruten – unter ihnen auch Ronnie Kasrils –, die in Odessa ausgebildet wurden.[359] Eine dritte Gruppe, wurde 1965 nach Taschkent geschickt.[360] Darüber hinaus diente die UdSSR als Studienort und Rückzugsraum für ANC und MK.[361]

Diskussion um den »Speer der Nation« in Südafrika

> I knew there were talk of armed struggle«, erinnert sich Norman Levy, »but there was no formal discussion of the pros and cons of armed struggle in the Party units or even privately in groups before the policy of armed struggle was adopted. Security constraints and the discipline of accepting the decisions of the Party leadership were well ingrained.[362]

Joe Slovo hob große Sicherheitsbedenken hervor: »These steps [zum bewaffneten Kampf; H.P.] required the utmost secrecy which would have been undermined by a more generalised debate.«[363]

356 Vgl. Shubin, ANC, S. 47 f.
357 Suttner, The ANC Underground, S. 142.
358 Vgl. Filatova/Davidson, Hidden Thread, S. 321.
359 Vgl. ebd.
360 Vgl. ebd.
361 Vgl. ebd., S. 340–355.
362 Levy, Prize, S, 267.
363 Slovo, Unfinished Autobiography, S. 147.

Im Juni 1961 kamen das ZK der SACP und die Johannesburger Arbeitsgruppe des ANC überein, dass es eines bewaffneten Flügels bedürfe und man dessen Formation vorbereiten solle.[364] Ein erstes Strategiepapier mit dem Titel »South Africa – What Next« wurde von Michael Harmel verfasst und im August 1960 SACP-Mitgliedern zur Diskussion gereicht.[365]

Wenngleich die Treffen auf der Führungsebene ethnisch gemischt waren, sah sich MK gezwungen, entgegen des eigenen Anspruchs und der inneren Organisation ethnisch getrennte Einheiten aufzubauen. Aufgrund der Apartheid-Gesetzgebung wären gemischte Einheiten auffällig gewesen, denn allein schon der Kontakt zwischen Menschen verschiedener Hautfarbe war untersagt.[366]

Von führenden SACP-Kadern wurde ein Aufstandsplan konzipiert, der entscheidende Bedeutung erlangen sollte. Er entstand in der ersten Jahreshälfte 1963 und trug den Titel »Operation Mayibuye«.[367] Unklar ist, ob das Papier abgesegnet wurde,[368] denn es wurden Einwände hinsichtlich der Anwendung von Gewalt, des geringen politischen Tiefgangs und der Triftigkeit der Analyse der wirklichen Machtverhältnisse im Land geltend gemacht: »It was based on a fairly simplistic military assessment of the logistic problems of guerilla warfare rather than on a social and political programme which also encompassed armed force«[369], kritisierte Bernstein.

Der Plan sah vor, einen »Volkskrieg« zu entfachen, für den hunderte Aktivisten erst das Land verlassen, im Ausland ausgebildet und ausgerüstet werden sollten, um nach der Ausbildung mithilfe der unabhän-

364 Vgl. ebd., S. 151.

365 Vgl. Shubin, ANC, S. 21.

366 Vgl. Magubane u. a., The Turn to Armed Struggle, S. 113.

367 Vgl. Bernstein, Memory, S 250; Wilton Mkwayi, in: SADET, South Africans Telling Their Stories, Bd. 1, Johannesburg 2008, S. 265–283, hier S. 275; Drew, Govan Mbeki's The Peasants' Revolt, S. 83; vgl. Operation Mayibuye, Historical Papers AD1844, A38.

368 Vgl. Drew, Govan Mbeki's The Peasants Revolt, S. 84 f.; Slovo, Unfinished Autobiography, S. 146; Bernstein, Memory, S. 231, S. 250 ff.

369 Bernstein, Memory, S. 251.

gigen afrikanischen Staaten und einem Minimum an nötiger Bewaffnung nach Südafrika zurückzukehren. Ihre Aktionsbasen würden im Vorfeld ausgewählt werden und während der Abwesenheit der Kombattanten politisch und organisatorisch durch Vollzeitkader vorbereitet werden. Damit solle die schnelle Integration in die lokale Bevölkerung sichergestellt werden. Untergetaucht würden die Kombattanten auf ihr Einsatzsignal warten, das abhängig von dem Stand der nationalen Massenmobilisierung gegen die Apartheid wäre.[370] Ungeachtet der Bewertungen wurden weitere Diskussionen durch die Verhaftung der MK-Führung im Juni 1963 unterbunden.[371]

Wenngleich die SACP sich zuerst für die Aufnahme der Waffen entschieden hatte,[372] verstärkte der ANC seine Ambitionen, seine Führungsrolle im Befreiungskampf zu halten.[373] Dies war aufgrund des afrikanistischen Kurses der unabhängigen Staaten des Kontinents auch nötig, denn nicht »Proletarianismus«, sondern »Nationalismus« und »Anti-Kolonialismus« waren die Worte der Stunde.[374] Folgerichtig präsentierte sich MK in Ghana als bewaffnete Formation des ANC[375] und Robert Resha, der Londoner Repräsentant des ANC, bezeichnete MK Ende 1962 als »militärischen Flügel des ANC«[376] Rowley Arenstein, ein ausgesprochener Gegner des Guerilla-Kampfes, sprach in späteren Jahren

370 Vgl. Slovo, Unfinished Autobiography, S. 146.

371 So resümierte Denis Goldberg, The Mission, S. 108. Slovo selbst reevaluierte *Operation Mayibuye* in seiner Analyse »South Africa – No Middle Road« von 1975. Kritisch blickte er zurück, denn außer der Ausbildung von Kadern in den Disziplinen des Guerillakrieges sei von den Plänen von *Operation Mayibuye* durch die staatliche Repression der 1960er Jahre kaum etwas geblieben. Dennoch weise *Operation Mayibuye* den einzig möglichen Weg, man dürfe nur die Hindernisse bei der Umsetzung nicht unterschätzen. Vgl. Joe Slovo: South Africa – No Middle Road, in: Basil Davidson / Joe Slovo / Anthony R. Wilkonson: Southern Africa: The New Politics of Revolution, Harmondsworth, 1976, S. 103–210, v. a. S. 187 f.

372 Vgl. Ellis, Genesis, S. 658.

373 Vgl. Landau, The ANC, MK and the »Turn to Violence«, S. 549.

374 Vgl. ebd., S. 558 f.

375 Vgl. Ellis, Genesis, S. 670.

376 Vgl. Slovo, Unfinished Autobiography, S. 151.

gar von einem »hijacking« des ANC durch die SACP.[377] In einem Disput über die Linie in der Frage der Aufnahme von Waffen wurde er von Moses Kotane (der ebenfalls nicht mit der Aufnahme des bewaffneten Kampfes übereinstimmte) zurechtgewiesen: »Keep quiet now. I am not being rascist, but you are a white man and we are Africans.«[378] Trotz unterschiedlicher Erinnerungen erwiesen sich die strategische Führung, die operativen Kenntnisse und die Expertise der SACP als entscheidend.[379]

Erste Anschläge gegen den Apartheidstaat: tollkühn und naiv

In der Praxis erwiesen sich die ersten Anschläge der Opposition als hochgradig unprofessionell und waghalsig. Noch bevor sie im Ostblock der militärischen Ausbildung unterwiesen wurden, versuchten sich SACP-Mitglieder an der Anwendung ihrer militärischen Kenntnisse. Eine sogenannte Spezialeinheit der SACP versuchte im Dezember 1961 noch vor dem Beginn der militanten Kampagne von MK einen Knotenpunkt der Telefonleitungen zwischen Johannesburg, Pretoria und anderen Städten des Hochplateaus zu sprengen. Beteiligt daran war Rusty Bernstein, ein an Prominenz zu diesem Zeitpunkt kaum zu überbietender SACP-Kader. In seinen Erinnerungen berichtet er, dass er in die Aktion hineingezogen worden sei und dem bewaffneten Kampf eigentlich ablehnend gegenübergestanden habe. Seine Beteiligung und der Umstand, dass der Sprengsatz nicht explodierte, weisen auf die personellen Engpässe wie die naive Herangehensweise hin.[380]

Schlimmer hätte es noch ein Kommando aus Durban treffen können, dem Ronnie Kasrils angehörte. Denn erst nachdem sie einen Koffer-

377 Vgl. Ellis, Genesis, S. 670.
378 Magubane u. a., The Turn to Armed Struggle, S. 89.
379 Vgl. Suttner, The ANC Underground, S. 142–146.
380 Vgl. Landau, The ANC, MK and the »Turn to Violence«, S. 552 f.; Frankel, Rivonia's Children, S. 88; Bernstein, Memory, S. 235 f.

raum voll Dynamit aus einem Steinbruch gestohlen und über holprige Straßen in ihr Depot in einer Schule gebracht hatten, konsultierte Kasrils eine Anleitung zur sachgerechten Handhabe und Lagerung von Sprengstoff, der zufolge alles, was möglich war, falsch gemacht worden war.[381]

Das National Committee for Liberation / African Resistance Movement

Nicht nur der Untergrund der SACP begann mit militanten Anschlägen, auch Nicht- bzw. Ex-Kommunisten, Trotzkisten und Liberale sahen die Zeit gekommen, mit gewaltsamen Mitteln das Unterdrückungssystem der Apartheid aufzusprengen. Wie in MK war der Anteil jüdischer Mitglieder im *National Committee for Liberation* (NCL, später *African Resistance Movement*, ARM) bemerkenswert hoch.

Das NCL entwickelte sich aus losen Diskussionskreisen und kleinen politischen Zirkeln wie der *Socialist League* und dem *African Freedom Movement*. Es sprach abtrünnige Mitglieder der *Liberal Party* und bisher politisch unerfahrene Aktivisten an, die allesamt aus dem Gefühl der Frustration gegenüber der politischen Lage heraus dazu bewegt wurden.[382] Baruch Hirson erinnerte sich, dass einige ehemalige SACP-Mitglieder in die Zirkel involviert waren und es vor allem darum gegangen sei, neue Taktiken angesichts der Repressionen und Bannungen zu besprechen, denn die alten Formen schienen in Sackgassen zu enden. Ausdrücklich wurde die Möglichkeit der Sabotage genannt.[383] Im Mittelpunkt der ersten Aktivitäten – dem Versuch, das Johannesburger Passamt abzubrennen, und der Sabotage von Hochspannungsmasten im September 1961 – standen Monty und Myrtle Berman.[384] Monty Berman, ein altes KP-Mitglied,[385] hatte sich seit dem Einmarsch sowjetischer

381 Vgl. Kasrils, Armed and Dangerous, S. 51 ff.
382 Vgl. Lazerson, Against the Tide, S. 235, S. 238.
383 Vgl. Hirson, Revolutions, S. 298.
384 Vgl. ebd., S. 302.
385 Vgl. Bernstein, Memory, S. 233 f.; Slovo, Unfinished Autobiography, S. 128 f.

Truppen in Ungarn mit der SACP zerworfen. Er war im NCL federführend und hatte SACP-Mitglieder eingeladen, sich der Formation anzuschließen, was diese jedoch ablehnten.[386] Das Paar floh bald nach England, wo es versuchte, Einfluss auf das NCL/ARM zu behalten.[387]

Die Aktionen des ARM waren nicht weniger abenteuerlich und amateurhaft als die ersten Anschläge des MK. Während sich der MK jedoch durch die Verbindungen der SACP russische und (zeitweise) chinesische Unterstützung sichern konnte, blieb das NCL/ARM ohne solche Verbündete. Baruch Hirsons Versuch, über Kontakte ehemaliger *chaverim* aus dem *Hashomer Hatzair* in Israel logistische Unterstützung zu gewinnen, kam – soweit es zu überblicken ist – nicht über individuelle Beteuerungen hinaus.[388]

Das ARM überstand den großen Prozess gegen den MK-Generalstab 1963/1964 nur für kurze Zeit. Als Reaktion auf die Urteile sprengte das ARM einige Hochspannungsmasten, denn trotz aller Distanz zur SACP, hielt die Solidarität mit dem Widerstand an.[389]

Wie bei MK war Geheimhaltung auch ein großes Problem des ARM.[390] Am 4. Juli 1964 durchsuchte die Polizei einige Wohnungen vermeintlicher (und wirklicher) ARM-Mitglieder und verhaftete diese.[391] Unter ihnen war auch Adrian Leftwich, der Vorsitzende der landesweiten Studentenvereinigung NUSAS in Kapstadt und Kind einer liberalen jüdischen Mittelklassefamilie.[392] Nachdem er von der Polizei im 90-Tage-Gewahrsam verprügelt wurde, brach Leftwich zusammen und gestand

386 Vgl. Hirson, Revolutions, S. 302 f.; Walter Sisulu, in: Magubane u. a., Turn to Armed Struggle, S. 86.

387 Vgl. Slovo, Unfinished Autobiography, S. 129. Hirson übernachtete während eines Aufenthalts im Jahr 1963 bei den Bermans (Hirson, Revolutions, S. 314).

388 Vgl. Hirson, Revolutions, S. 316.

389 Vgl. ebd., S. 323.

390 Vgl. ebd., S. 313.

391 Vgl. Lazerson, Against the Tide, S: 237.

392 Vgl. Adrian Leftwich: I Gave the Names, in: Granta, No. 78: Bad Company (2002), S. 9–31, hier S. 11 f. Ich danke Peter Arnold für die Übersendung einer Kopie des Artikels. S. a. Manuscript and Archives, BC 1003 African Resistance Movement, A1.3 Witness A Leftwich; A1.8 Witness A Leftwich (recalled).

umfangreich.[393] Neben Hugh Lewin, Sohn eines anglikanischen Priesters,[394] und Baruch Hirson brachten seine Aussagen – die Hirson als äußerst durchtrieben erinnerte, während sich Leftwich in seiner Rückschau selbst gnädiger bewertete[395] – den jungen Raymond Eisenstein für zwei Jahre hinter Gitter. Eisenstein hatte als Kind das Warschauer Ghetto überlebt und konnte mit seiner Mutter bei der Liquidation des Ghettos fliehen.[396] Die Familie kam 1955 nach Südafrika. Während des Prozesses bat seine Mutter mit der Begründung, dass Raymond von einem älteren, schon exilierten ARM-Mitglied (Monty Berman?) beeinflusst worden sei, um Gnade.[397] Eisenstein hatte ab Ende der 1950er Jahre eine enge Beziehung zu Baruch Hirson geknüpft, der ihm von französischen Trotzkisten als südafrikanischer Kontaktmann empfohlen worden war,[398] und auch zum COD in Johannesburg gehörte.[399]

Einen glücklicheren Ausgang nahm der Prozess gegen die Johannesburger ARM-Gruppe für Frederick Prager. Aus einer österreichisch-jüdischen Familie stammend war der junge Sozialist Prager 1936 nach Südafrika ausgewandert.[400] Gemeinsam mit seiner Frau Rhoda war Prager

393 Vgl. ebd., S. 17 f.

394 Vgl. Hugh Lewin: Bandiet. Seven Years in a South African Prison, London 1981, S. 11.

395 Vgl. Hirson, Revolutions, S. 332: »He was unsverwing, mixing lies (when necessary) with truth.«; Leftwich, I Gave the Names, S. 20: »Though I was able to protect some members, and some other people who had helped the organization, I told the court in the November 1964 trial [...] about recruitment, about training, about meetings and about attacks on targest, about who did what and where and when. Towards the end of this evidence, I broke down in the box and wept.«

396 Vgl. Shimoni, Community, S. 68.

397 Vgl. ebd.

398 Vgl. Hirson, Revolutions, S. 269.

399 Vgl. ebd., S. 279.

400 Vgl. Gabriele Anderl: Österreichisches Exil in Südafrika am Beispiel von Fred Prager, Vortrag im Rahmen der Konferenz »Going East – Going South: Österreichisches Exil in Asien und Afrika«, Graz, 19 und 20.10.2012, www.cliograz.net/index.php?option=com_content&view=article&id=50&Itemid=52; online ist der Vortrag hör- und herunterladbar unter cba.fro.at/250370 (letzter Zugriff: 3.12.2015).

im ARM aktiv gewesen. Da seine Frau aber zu Beginn des Prozesses verstorben war, vermochte es Prager, alle belastenden Hinweise auf sie zu schieben, und wurde freigesprochen.[401] Unter Hausarrest gestellt verließ er Südafrika gemeinsam mit seiner zweiten Frau Ruth Katz, die den Nazis aus Deutschland nach Südafrika entkommen war.[402]

Den folgenreichsten Anschlag des ARM beging der Lehrer John Harris am 24. Juli 1964. Er platzierte eine Bombe am Johannesburger Bahnhof und warnte die Behörden, welche jedoch nicht reagierten. Entgegen der Absicht Harris' tötete die Explosion eine Frau und verletzte viele Reisende schwer.[403] Damit waren alle weiteren Aktivitäten des ARM beendet.[404]

Durch den Anschlag sahen die Sicherheitspolizisten ihre Gewalt legitimiert. Wer vom ARM gefangen genommen wurde, wurde zusammengeschlagen.[405] Die Polizisten beleidigten die Gefangenen antisemitisch. »Jy is'n Jood vooken Jood« (»You're a Jew fucking Jew«), »Jood Jood vanaad is jy dood dood« (»Jew Jew you'll die tonight«), »[...] You fucking Jew. Now you'll hang« schrien sie die Gefangenen an.[406]

401 Vgl. Shimoni, Community, S. 68; Hirson, Revolutions, S. 332.

402 Vgl. ebd.; Knut Bergbauer / Stefanie Schüler-Springorum: »Wir sind jung, die Welt ist offen ...«. Eine jüdische Jugendgruppe im 20. Jahrhundert, Berlin 2002, S. 105.

403 Vgl. ebd.; Lazerson, Against the Tide, S. 237; Lewin, Bandiet, S. 16.

404 Mrs. Swirsky, angeblich eine Freundin von John Harris, ließ ihr Wissen über das Vorgehen des jüdischen Untergrundes im Unabhängigkeitskrieg einfließen, als sie ihm gegenüber bemerkte, man habe vorher telefonisch das Attentat angekündigt, berichtete die burische Zeitung *Die Transvaaler* am 30.11.1964. Mrs. Swirsky sei am Tag des Anschlags via Rhodesien nach Israel abgereist, so der Kommentar (Translated from *Die Transvaaler,* November 30th, 1964, SAJBD Archive, South African Jewry in Political Life 1962–1982).

405 Vgl. Lewin, Bandiet, S. 34–38.

406 Vgl. ebd., S. 36. Die Sicherheitspolizisten unterstellten, Lewin sei jüdisch; Leftwich, I Gave the Names, S. 18. Zum Antisemitismus der Sicherheitspolizei siehe unten.

»Ein allerletztes Mal«[407] *– Die Razzia von Rivonia, 11.7.1963*

Der klandestine Stützpunkt der Führung von SACP und MK war ein Anwesen in Rivonia, einem Vorort Johannesburgs, das 1961 durch die Partei erworben wurde. Die Idee eines sicheren Orts kam auf, als sich während des Ausnahmezustands 1960 SACP-Mitglieder bei Sympathisanten und Genossen versteckten. »We were desperately in need of a safe house of our own which would free us from dependence on other people's generosity and courage«[408], beschrieb Bernstein den Beweggrund, einen geeigneten Ort zu suchen. Einen Teil der Mittel für den Kauf hatte Michael Harmel beschafft. Vermutlich waren es Beträge aus einer Summe, die aus Moskau geflossen war.[409] Ein anderer Teil schien aus dem Vermögen von Julius First zu stammen.[410] Harold Wolpe, ein Anwalt und SACP-Mitglied, betrieb für den Kauf eine Tarnfirma und als Käufer fungierte Vivan Ezra, ebenfalls SACP-Mitglied.[411] Auch Ralph Sepel, dessen Haus später ein Zufluchtsort für die untergetauchten Aktivisten wurde, war in den Kauf involviert.[412] Zur Tarnung zog Arthur Goldreich mit seiner Familie dort ein.[413] Liliesleaf, wie das Anwesen hieß, diente als Hauptquartier der SACP und Safe House für gesuchte politische Anführer.[414]

Der Ort wurde zur Zentrale des Widerstands und zur Zwischenstation für Aktivisten, die aus dem Ausland zurückkamen oder sich auf dem Weg zur militärischen Ausbildung befanden. Außerdem sollte das Anwesen als Ort für gelegentliche Treffen und Versteck für Dokumente dienen.[415] Durch die Übergangssituation von Über- zum Untergrund

407 So Bob Hepple zu Rusty Bernstein, in Bernstein, Memory, S. 254.
408 Bernstein, Memory, S. 227.
409 Vgl. Kenneth S. Broun: Saving Nelson Mandela. The Rivonia Trial and the Fate of South Africa, Oxford 2012, S. 3.
410 Vgl. Frankel, Rivonia's Children, S. 80.
411 Vgl. Broun, Saving Nelson Mandela, S. 3 f.
412 Vgl. Frankel, Rivonia's Children, S. 80; Clingman, Bram Fischer, S. 334.
413 Vgl. ebd.
414 Vgl. Mandela, Der lange Weg, S. 376.
415 Vgl. Rusty Bernstein, in: Magubane u.a., The Turn to Armed Struggle, S. 142.

veränderte sich der Charakter von Liliesleaf von einem anfangs geheimen Ort zu einer Art »Zentrum« der Opposition.[416]

Die gesamte SACP-Spitze beteiligte sich an der Tarnung des Anwesens,[417] das sich aber zu einem Sicherheitsrisiko entwickelte, das den Beteiligten kaum bewusst gewesen war: »Unconsciously, MK was turning our safe house into a place of peril.«[418]

Zur Entlastung von Liliesleaf mietete der untergetauchte Denis Goldberg eine neue Unterkunft in der Nähe an, welche jedoch kaum genutzt wurde.[419] Als Joe Slovo auf die Situation zurückblickte, erkannte er an, dass Liliesleaf binnen der zweijährigen Nutzung zu einem großen Sicherheitsrisiko geworden war. Dort liefen alle Fäden zusammen und die sorgfältige Trennung zwischen politischer und militärischer Organisation verschwamm. Die Entscheidungen, das Hauptquartier zu verlegen, wurde mehrfach gefasst und ebenso oft verschoben, auch weil sich eine überhebliche Verachtung für die Ermittlungstechniken der Sicherheitspolizei breitgemacht hatte, aufgrund derer die Umsetzung der Beschlüsse ihre Dringlichkeit verloren.[420]

Die Nachlässigkeit in puncto Sicherheit bekamen die Aktivisten am 11. Juli 1963 zu spüren, als sie in Liliesleaf zusammenkamen. Joe Slovo war schon außer Landes, um im Ausland Unterstützung für den bewaffneten Kampf zu suchen,[421] doch die Leitungsebene aus MK-Generalstab und externen »Beratern« der SACP wollte die »Operation Mayibuye« abschließend besprechen. Rusty Bernstein und andere Anwesende wie Govan Mbeki und Ahmed Kathrada standen unter Hausarrest und waren entweder untergetaucht oder hatten sich unter Schwierigkeiten

416 Vgl. ebd.
417 Vgl. Bernstein, Memory, S. 228.
418 Ebd., S. 238.
419 Vgl. Goldberg, The Mission, S. 109 f.
420 Vgl. Slovo, South Africa – No Middle Road, S. 191 f. Garth Benneyworth hat eine schlüssige Rekonstruktion der vereinten Operation der südafrikanischen Sicherheitsbehörden, die zur Aufdeckung von Liliesleaf führte, vorgelegt: Garth Benneyworth: Rolling up Rivonia: 1962–1963, in: South African Historical Journal, Jg. 69 (2017), H. 3, S. 404–417.
421 Vgl. Bernstein, Memory, S. 253.

eingefunden.[422] Wie auch Denis Goldberg und seine Mitstreiter Sisulu, Mkwayi, Mhlaba und Mbeki nahm niemand von dem erhöhten Aufgebot an der örtlichen Polizeiwache Notiz.[423]

Kaum hatten sich Bernstein, Mbeki, Kathadra, Mhlaba, Sisulu und Hepple niedergelassen, realisierten sie, dass die Polizei das Gelände stürmte. Im Haupthaus wurde Goldberg festgenommen und die Gefangenen wurden nach Hautfarben getrennt.[424] Arthur Goldreich kehrte zum Zeitpunkt der Razzia nach Hause zurück und wurde ebenfalls umgehend festgenommen.[425] Der Arzt Hilliard Festenstein erreichte Liliesleaf am Abend – auch er wurde verhaftet und für einige Wochen inhaftiert, bis er sich aus der Angelegenheit herausreden konnte, denn gegen den langjährigen aktiven Kommunisten und Arzt von MK lagen keine Beweise vor.[426] Nach seiner Freilassung folgte Festenstein seiner Frau nach England.[427] Ins Visier der Polizei geriet auch der politisch unauffällige[428] Anwalt James Kantor. Er arbeitete mit seinem Schwager Harold Wolpe in einer Kanzlei zusammen. Wolpe tauchte sofort unter, als er von der Razzia erfuhr.[429] Kantor hingegen wurde von Goldreichs Schwiegermutter zur Hilfe gerufen, um nach der Verhaftung von Goldreich und seiner Frau Hazel deren Kinder in Obhut zu nehmen.[430] Kantor wurde nach der Flucht seines Schwagers Wolpe aus dem Gefängnis in 90-Tage-Schutzhaft genommen und im Rivonia-Prozess angeklagt.[431]

422 Vgl. ebd., S. 242 f., S. 245 f., S. 253.

423 Vgl. Goldberg, The Mission, S. 110; S. Bernstein, Memory, S. 255.

424 Vgl. Bernstein, Memory, S. 255 f.

425 Vgl. James Kantor: A Healthy Grave, Berlin 1969, S. 42.

426 Vgl. Goldberg, The Mission, S. 116.

427 Vgl. ebd.; P. Demant: Obituary Hilliard Festenstein, in: International Journal of Immunogenetics, Jg. 16 (1989), H. 4–5, S. 255 f.

428 Kantor war bekannt als apolitischer *bon vivant,* der durchaus freundliche Beziehungen zur Polizei unterhielt. Er zahlte aber zugleich geheim Geld an die Befreiungsbewegung, wenn Kautionen oder finanzielle Zuwendungen für Inhaftierte anfielen (siehe Frankel, Rivonia's Children, S. 118) oder er half Wolpe inkriminierendes Material zu beseitigen (Kantor, Grave, S. 54 ff.).

429 Vgl. Frankel, Rivonia's Children, S. 112 f.

430 Vgl. Kantor, Grave, S. 20 f.

431 Vgl. ebd., S. 44–3, S. 156, S. 290. Zum Prozess siehe Kapitel 4.b.

Nelson Mandela, Angeklagter Nummer 1, war schon im August 1962 bei einer Mission in Natal – wahrscheinlich aufgrund eines Hinweises der CIA an die südafrikanischen Behörden – verhaftet worden.[432] Er saß eine fünfjährige Gefängnisstrafe in Robben Island ab, nachdem er gemeinsam mit den nun verhafteten Männern angeklagt wurde, den bewaffneten Umsturz geplant zu haben.[433]

Die südafrikanische Gesellschaft befand sich nach den Verhaftungen in Aufruhr. Aufgrund der hervorgehobenen Stellung jüdischer Militanter sah die jüdische Community besorgt den Antisemitismus in der Folge der Verhaftungen von Rivonia wie auch der Zerschlagung des ARM anschwellen.[434] Vor allem seitens der afrikaanischen Weißen wurden Juden misstrauisch beäugt. Der Vorwurf des Verrats an der weißen Minderheit, der Abtrünnigkeit und doppelten Loyalität wurde der jüdischen Gemeinschaft entgegengebracht,[435] denn alle weißen Angeklagten des Rivonia-Prozesses und einige Gründungsmitglieder des ARM waren jüdischer Herkunft. Ein Umstand, den Sicherheitspolizisten zum Anlass nahmen, sie antisemitisch zu beleidigen.[436] Niederschlag fand die antisemitische Stimmung des weißen Südafrika auch in Leserbriefen und Zeitungskommentaren.[437]

Der Rivonia-Prozess bedeutete den größten Schlag der südafrikanischen Regierung gegen die Befreiungsbewegung. 1964 wurden die meisten Angeklagten zu lebenslanger Haft verurteilt. Zwar führte der Prozess nicht unmittelbar zum Zusammenbruch der Untergrundstrukturen, doch die Polizei hatte nun die Oberhand. Auch Folter wurde von jetzt an als Standardpraxis angewandt. An den 1964 endenden *Rivonia Trial*

432 Vgl. Frankel, Rivonia's Children, S. 95.
433 Vgl. Mandela, Der lange Weg, S. 468–471; Goldberg, The Mission, S. 122.
434 Vgl. Shimoni, Community, S. 70 ff.
435 Vgl. ebd., S. 72 f.
436 Vgl. Kantor, Grave, S. 273 f.; Denis Goldberg, Interview, 8.5.2011, Hamburg.
437 Vgl. SAJBD / Gus Saron to Honorary Officers, Provincial Vice-Presidents, Chairmen and Secretaries, 3.9.1963, SABJD Archives 303 Goldreich, Arthur 1955–1963, Rivonia Trial, wo Gus Saron einen entsprechenden Kommentar aus der nationalistischen Zeitung »Die Vaderland« in Übersetzung versendete.

schlossen sich bis 1967 noch zwei weitere große politische Prozesse an: 1964 der Prozess gegen Mkwayi und andere, der als »Little Rivonia Trial« die neu eingerichtete MK-Spitze um Wilton Mkwayi und David Kitson betraf, und 1966 der *Fischer-Trial*, der altgediente Aktivisten wie Violet Weinberg, Esther und Hymie Barsel betraf. Faktisch waren die langjährigen Oppositionellen geschlagen – im Gefängnis, unter Hausarrest, gebannt oder außer Landes geflohen – und die Opposition war für die nächsten Jahre zerstört.

Der Antisemitismus der Sicherheitspolizei

Für die Angeklagten ging den Prozessen die 90-Tage-Schutzhaft voraus, mittels derer die Sicherheitspolizei politische Aktivisten ohne Kontakt zu Anwälten oder Angehörigen festhalten konnte. Waren die Sicherheitspolizisten in der Öffentlichkeit – zumindest bei weißen Aktivisten, deren Anwälte sie durchaus gerichtlich belangen konnten – um eine gewisse Zurückhaltung bemüht waren, so konfrontierten sie die Gefangenen auf den Wachen mit ihrem Hang zur Gewalt, ihren psychologischen Spielen, Folter und antisemitischen Anfeindungen. Folter wurde zur gleichen Zeit, wie der MK die Waffen aufnahm, zu einer Standardpraxis der Sicherheitspolizei.[438] Im Geist der autoritären Regime Lateinamerikas oder des faschistischen Spaniens oder Portugals wurde die britisch geprägte Polizei in der Anwendung von Foltermethoden von französischen Kräften, die ihr Wissen aus dem Algerienkrieg gewonnen hatten, ausgebildet.[439]

Die Gewalt wurde begleitet von antisemitischen Schmähungen, Beschimpfungen und Verleumdungen. Die Verbindung zwischen Opposition und Jüdischkeit war fest im Denken der Sicherheitspolizei

438 Vgl. Lodge, Black Politics, S. 237.

439 Vgl. Broun, Saving Nelson Mandela, S. 6; Hilda Bernstein: The World that was Ours, London 1967, S. 199.

verankert.[440] Ihr Oberbefehlshaber, Generalmajor van den Bergh, hielt 1966 einen Vortrag auf einer internationalen Konferenz in Pretoria, in dem er den Mythos des »jüdischen Kommunismus« bemühte.[441]

Dass viele der weißen Aktivisten jüdischer Herkunft waren, war, wie Raymond Suttner bemerkte, in ihren Augen eine Komponente ihrer Kriminalität.[442] Die Unterstellung einer jüdischen Nonkonformität und Neigung zur Opposition wurde dann auch in der Presse aufgegriffen, die Loyalität zum Staat erwartete, denn Juden würden die Privilegien der Weißen zugestanden werden.[443] Der jüdische linke Publizist Ronald Segal warnte eindringlich vor dem latenten Antisemitismus der Regierung, die für die Kritik und Opposition Schuldige suchen – und in den Juden finden würde.[444]

Während der öffentliche Diskurs wie auch die Politik der NP in der Regel ohne offensichtlich antisemitische Anfeindungen auskam, war das Maß an Antisemitismus in Schutzhaft oder Gefängnis hoch.[445] Beschimpfungen als »fokken Jood« waren nicht ungewöhnlich und die Polizei ließ die Gefangenen spüren, dass eine Kluft zwischen Juden und Afrikaanern herrschte.[446] Bei Verhören wurde nicht-jüdischen Gefangenen die Aussage nahe gelegt, sie seien durch jüdische Partner irregeleitet worden.[447] Während Eleanor Kasrils' Verhör war die jüdische Herkunft ihres Gatten ein wesentliches Thema.[448] Als Stephanie Kemp, die Ehe-

440 Vgl. Joel Carlson, Mayibuye Archives, MCA 7-1470, S. 162.

441 Vgl. Shimoni, Community, S. 209.

442 Vgl. Raymond Suttner, in: Suttner, Cutting, S. 507.

443 Vgl. SAJBD, Translation of article in Dagbreek, 1.9.1963, SAJBD Archives, 303 Goldreich 1955–1963 Rivonia Trial. S. a Shimoni, Community, S. 70–73; Milton Shain: Anti-Semitism and the Far Right in South Africa, 1930–1994, in: Murray Baumgarten, Peter Kenez and Bruce Thompson (Hg.): Varieties of Anti-Semitism: History, Ideology, Discourse, Newark 2009, S. 277–291.

444 Vgl. N. N: Scapegoat Ready in South Africa, The Jewish Chronicle, in: SAJBD Archives, 303 Segal, R.

445 So Raymond Suttner, in: Suttner, Cutting, S. 507.

446 Vgl. ebd.; Albie Sachs: The Jail Diary of Albie Sachs, London u. a. 1966, S. 28.

447 Vgl. Jean Middleton: Convictons. A Women Political Prisoner Remembers, Johannesburg 1998, S. 45; Eleanor Kasrils, in: Bernstein, The Rift, S. 87–94, hier S. 88.

frau Albie Sachs', ins Frauengefängnis von Barberton eingeliefert wurde, kommentierten die afrikaanischen Wächterinnen, es sei gut, jetzt auch eine Nicht-Jüdin einsitzen zu haben, wobei zu diesem Zeitpunkt faktisch nur eine der inhaftierten Frauen jüdisch war: Esther Barsel. Für die Autoritäten galt jeder Weiße in der Opposition als jüdisch.[449] Somit unterschied die Sicherheitspolizei nur selten zwischen jüdischen und nichtjüdischen Gefangenen. Der ARM-Aktivist aus einer anglikanischen Familie, Hugh Lewin, wurde während des Verhörs in gleicher Weise als »fokken Jood« beschimpft wie seine jüdischen Mitinsassen Raymond Eisenstein und Adrian Leftwich.[450]

Dass die Sicherheitspolizei ein »jüdisches Problem« sah, spürten auch Dissidenten noch vor einer Verhaftung oder Ingewahrsamnahme. Barry Feinbergs Klasse an der Kunsthochschule wurde nach dem Sharpeville-Massaker von zwei Sicherheitspolizisten aufgesucht, die unter einem fadenscheinigen Vorwand fragten, ob Juden in der Klasse seien. Während sein Freund Joe, der als Kind die Shoah in einem Versteck überlebt hatte, diese Frage verneinte, gab Feinberg befremdet zu, jüdisch zu sein. Dieser Umstand reichte aus, dass kurze Zeit später ein offensichtlicher Polizist *undercover* die Klasse vergrößerte.[451]

448 Vgl. ebd.

449 Vgl. Albie Sachs, SAHA AL2460, A19.1a, S. 11.

450 Vgl. Hugh Lewin: Bandiet. Seven Years in a South African Prison, London 1974, S. 36 ff.; Leftwich, I Gave The Names, S. 10–31, S. 18.

451 Vgl. Feinberg, Time, S. 44.

3.d Exkurs: Inhaltliche Arbeit: die These des »Colonialism of a Special Type«, die Verabschiedung der Freedom Charter und Ronald Segals »Africa South«

Eine Theorie sollte es ermöglichen, dass die SACP im Einklang mit den anderen emanzipatorischen Kräften des Landes zusammenarbeitete. Durch die fehlende rassistische Zugangsbeschränkung gehörten ihr »rasse«-übergreifend (führende) Mitglieder der einzelnen Kongresse an. Theoretisch bedurfte ihr Programm jedoch einer Modifizierung kommunistischer Erklärungen kolonialer Herrschaft an die südafrikanische Lage. Generelle Kritik an rassistischer weißer Vorherrschaft war ohne theoretische Anstrengungen zu üben, wie es die Partei zu Beginn wie zum Ende des 20. Jahrhunderts tat: die rassistische Spaltung der Gesellschaft diente zur Reglementierung, Kontrolle und Disziplinierung schwarzer Arbeitskraft für das Kapital in weißer Hand.[452] Die eigentliche Anpassung erfolgte durch ein Theoriemodell, das den Kolonialismus in Südafrika zu einem speziellen Typ erklärte. Darin reflektierte sich auch ihr klandestiner Status.

Colonialism of a Special Type (CST)

Die Neugründung der SACP als Untergrund-Partei ging mit einer neuen theoretischen Fundierung einher. Die Theorie eines »Kolonialismus eines speziellen Typus« wurde als ihr Fundament angesehen, das auch ihre Po-

452 Zu Inhalten und Grundzügen der Apartheid siehe Simons/Simons, Class and Colour; Beinart/Dubow, Segregation and Apartheid; Marks/Trapido, The Politics of Race, Class and Nationalism in Twentieth Century South Africa; Ruth First: The Gold of Migrant Labour, in: Africa South in Exile, Jg. 5 (1961) H. 3, S. 7–31, wiederveröffentlicht in: Review of African Political Economy, Jg. 9 (1982), H. 25, S. 5–21; Wolpe, Capitalism and Cheap Labour Power; Heribert Adam: Südafrika. Soziologie einer Rassengesellschaft, Frankfurt a. M. 1969.

litik im Kongress-Bündnis bestimmte.[453] Die Theorie des CST entsprang den Debatten der frühen 1950er Jahre, in denen Kommunisten und Marxisten das Verhältnis vom nationalen und Klassenkampf sowie die Rolle einer »Klassen-Partei« im nationalen Befreiungskampf diskutierten.[454] Es war deutlich, dass die Gefahr bestand, der Befreiungskampf könnte entlang »rassischer« und nicht sozialer Prämissen verlaufen, sofern der weißen Opposition nicht ein Platz eingeräumt würde.[455] In diesem Zusammenhang formulierten die führenden Parteitheoretiker Michael Harmel und Rusty Bernstein erste Überlegungen einer veränderten Theorie.[456] Die Anerkennung einer eigenständigen politisch-ökonomischen Situation in Südafrika bedeutete vor allem eine Absage an allein auf klassentheoretischen Annahmen begründete Strategien.[457] Wer so argumentiere, würde außerhalb des klassenübergreifenden Befreiungskampfes auf einem »Gipfel der Klassen-Reinheit« stehen.[458] Der Befreiungskampf gegen die kapitalistische Gesellschaftsform habe eine nationale Erscheinung angenommen, die man nicht durch eine äußerliche Organisation überwinden könne,[459] sondern mit der man arbeiten müsse, wie Bernstein propagierte.[460] Die Theorie des CST sollte die Fragen um das Verhältnis von »Rasse« und Klasse klären und die praktische Zusammen-

453 Vgl. Suttner, (Re-)Constitution, S. 50.

454 Vgl. Everatt, The Origins, S. 82.

455 Vgl. ebd., S. 83.

456 Vgl. James Everatt: Alliance Politics of a Special Type. The Roots of the ANC/SACP Alliance, 1950–1954, in: Journal of Southern African Studies, Jg. 18 (1992), H. 1, Special Issue: Social History of Resistance in Southern Africa, S. 19–39, hier S. 32 f.

457 Vgl. ebd., S. 33; ders., The Origins, S. 91.

458 Vgl. Rusty Bernstein: The Role of the Bourgeosie in the Liberatory Struggle, in: Viewpoints and Perspectives, Jg. 1, H. 2, S. 28, zit. nach. Everatt, The Origins, S. 133.

459 Vgl. SACP: »Nationalismus und Klassenkampf«, Auszug aus dem Bericht des Zentralkomittees an die nationale Konferenz der Kommunistischen Partei, die vom 6. bis 8. Januar 1950 in Johannesburg stattfand, in: SACP, Dokumente, S. 285–299.

460 Vgl. Rusty Bernstein: The Road to Liberty, 1953, Historical Papers, AD1812, Ef3.1.2.

arbeit ermöglichen. Eine Allianz mit den nationalen Oppositionskräften einzugehen, war »der erste Punkt auf der Agenda« der SACP.[461]

Wenngleich das Programm der SACP von 1962 mit dem Titel »Der Weg zur Freiheit Südafrikas« in weiten Teilen aus Fragmenten der Dokumente des internationalen Treffens der kommunistischen Parteien im Dezember 1960 in Moskau synthetisiert worden war,[462] so bestand das Kernelement aus der Bestimmung Südafrikas als einem durch Kolonialismus eines speziellen Typs beherrschten Land. Dies bedeute, dass koloniale Ausbeutungsverhältnisse, die in der Regel von ausländischen kapitalistischen Mächten anderen Staaten und Völkern oktroyiert werden, hier auf einem gemeinsamen Territorium vorzufinden seien. Die Spaltung in ausbeutendes Mutterland und ausgebeutete Kolonie sei nicht gegeben. Es sei »eine neue Form des Kolonialismus [entstanden, H. P], bei der das weiße Unterdrückervolk das gleiche Territorium bewohnt wie das unterdrückte Volk selbst und mit ihm Seite an Seite lebt.«[463] Die Basis der Ausbeutung afrikanischer Arbeitskräfte sei die »nach kolonialem Muster betriebene[] Unterjochung der nichtweißen Bevölkerung«[464]. Zwar sei Südafrika ein unabhängiger Staat, die »eigentlichen Machthaber« seien aber privat- und staatskapitalistische Monopole.[465] Es gebe mithin »zwei Südafrika«, ein weißes und ein nichtweißes. Während ersteres alle Merkmale eines kapitalistischen Staates in seinem letzten imperialistischen Stadium zeige,[466] sei »das ›nicht-weiße Südafrika [...] die Kolonie des ›weißen Südafrika‹«[467]. Mit dieser Theorie passte die SACP den Befreiungskampf der Struktur der sowjetischen Theorie nationaler Befreiung und Befreiungsbewegungen an.[468]

461 Vgl. Everatt, The Origins, S. 96.
462 Vgl. Filatova/Davidson, Hidden Thread, S. 307 f.
463 SACP: Der Weg zur Freiheit Südafrikas, in: dies., Dokumente zur Geschichte, S. 393–441, hier S. 414.
464 Ebd., S. 416.
465 Vgl. ebd., S. 413–415.
466 Vgl. ebd., S. 414.
467 Ebd.
468 Vgl. Filatova/Davidson, Hidden Thread, S. 308. Als Vorgehen gibt die SACP ein Zwei-Stadien-Konzept an, durch das der Sozialismus erreicht werden solle.

Der ANC griff die Theorie des CST sowie andere Elemente, wie die National-Demokratische Revolution[469] und das Modell zweier revolutionärer Stufen, von der SACP auf.[470] Trotz der Übernahme von Versatzstücken der sowjetischen Theorie stellte die »CST-Theorie« eine eigenständige Leistung der SACP dar.[471] Durch die Theorie eines Kolonialismus der speziellen Art war auch das Verhältnis zwischen der SACP und dem ANC bestimmt: dem ANC wurde die führende Rolle im nationalen Befreiungskampf überlassen; die SACP unterstützte ihn darin, repräsentierte aber zugleich den Kampf um den Sozialismus, die zweite Stufe des Befreiungskampfes. Durch die führende Stellung ihrer Mitglieder in der Befreiungsbewegung nahm die KP auch ihre quasi-natürliche Position als Avantgarde des Proletariats wahr.[472] Diese theoretisch legitimierte Führung der SACP wurde auf der ANC-Konferenz in Morogoro 1969 auch öffentlich sichtbar.[473]

Eine kritische Reflexion des CST erfolgte 1975 durch Harold Wolpe, der mittlerweile als Soziologe an der Universität von Essex lehrte. Unter Berücksichtigung der marxistischen Diskussion um einen »internen Kolonialismus« griff Wolpe Südafrika als Beispiel auf, anhand dessen man Kurzschlüsse und Mängel der Theorie, die auch auf das Programm der SACP zuträfen, überwinden könne. Letztlich bestätigte er aber doch die wesentlichen Annahmen der SACP: Die »uniqueness or specifity of South Africa, in the period of capitalism, lies precisely in this: that it embodies within a single nation-state a relationship characteristic of the

... Der erste Schritt sei eine national-demokratische Befreiung mit der *Freedom Charter* als Grundlage. Nach der Erlangung allgemeiner und gleicher Rechte für alle Südafrikaner werde der Befreiungskampf in eine Auseinandersetzung um den Sozialismus übergehen (vgl. SACP, Weg, S. 430–435).

469 Vgl. dazu Filatova, Lasting Legacy.

470 Vgl. Filatova/Davidson, Hidden Thread, S. 309.

471 Vgl. Filatova, Lasting Legacy, S. 526.

472 Vgl. ebd., S. 527.

473 Vgl. ebd., S. 531, 533; Hudson, The Freedom Charter and the South African Left, S. 260. S. a. Kapitel 4.c.

external relationship between imperialism states and their colonies (or neo-colonies).«[474]

Davon ausgehend sei Apartheid als Versuch des kapitalistischen Staates anzusehen, das System der billigen Wanderarbeit in einem »›perfekteren‹ und ›modernisierten‹ Apparat der politischen Herrschaft« zur Fortführung der kapitalistischen Ausbeutung zu implementieren.[475] Wolpes solidarisch gemeinte Kritik der CST, an der er die Präponderanz des rassistischen Charakters der Herrschaft vor den flexibler gestalteten ökonomischen Ausbeutungsverhältnissen monierte, stieß innerhalb der Exil-SACP auf geringes Interesse. Sogar sein alter Jugendfreund Joe Slovo, der einzige, der sich Wolpes Erachtens nach innerhalb der Parteiführung mit heterodoxen Ansichten beschäftigte, schob den Artikel beiseite.[476] Wolpe enttäuschte es, trotz seiner Bereitschaft, in der SACP im Exil zu arbeiten, nie für größere Aufgaben herangezogen worden zu sein.[477]

Die Freedom Charter

Die Elemente der Theorie eines CST schienen schon in der *Freedom Charter* von 1955 durch. Wie bereits erwähnt, sollte die *Freedom Charter* für die Befreiungsbewegung das zentrale politische Dokument bis zum

474 Harold Wolpe: The Theory of Internal Colonialism: The South African Case, in: Ivar Oxaal / Tony Barnett / David Booth (Hg.): Beyond the Sociology of Development. Economy and Society in Latin America and Africa, London/Boston 1975, S. 229–252, hier S. 248. S. a. Heribert Adam: Einheimischer Kolonialismus: Das Beispiel Südafrika, in: Das Argument, 12. Jg. (1970), H. 59, S. 518–529.

475 Vgl. ebd., S. 249 f., Zitat S. 250.

476 Vgl. Harold Wolpe, Mayibuye Archives MCA 6-384, S. 23. Später würdigte Slovo Wolpes theoretische Leistung (Slovo, Unfinished Autobiography, S. 32).

477 Vgl. Harold Wolpe, Mayibuye Archives MCA 6-384, S. 23. S. a. Steven Friedman: Race, Class and Power. Harold Wolpe and the Radical Critique of Apartheid, Pietermaritzburg 2015; Michael Burawoy: From Liberation to Reconstruction: Theory & Practice in the Life of Harold Wolpe, in: Review of Political Economy, Jg. 31 (2004) H. 102, S. 657–675.

Ende der Apartheid werden.[478] Auch heute fungiert sie noch als Leitidee einer künftigen Befreiung des Landes.[479]

Die *Freedom Charter* ist in zehn Abschnitte unterteilt;[480] ihr vorangestellt ist eine Präambel, deren erste Aussage jener von Afrikanisten monierte Satz ist, dass Südafrika allen gehöre, die darin lebten: Schwarzen wie Weißen. Solange sie nicht auf dem Willen des ganzen Volkes beruhe, könne keine Regierung eine Autorität für sich für sich beanspruchen.[481] Weiter unterstreicht die Präambel das Geburtsrecht eines Menschen auf Land, Freiheit und Frieden und beklagt, dass er von einer auf Unrecht und Ungleichheit gegründeten Regierung um dieses Recht gebracht worden sei. Gefordert wurden gleiche Rechte und Möglichkeiten unabhängig von Hautfarbe, »Rasse«, Geschlecht und Glaube in einem demokratischen Staat. Nur solch ein politisches System könne Freiheit und Wohlstand bringen und eben darauf verpflichte sich das Volk Südafrikas mit der Annahme der *Freedom Charter*.[482]

Ein demokratisches Gemeinwesen, das allgemeine gleiche Rechte und das Recht eines jeden, an der Verwaltung des Gemeinwesens teilzunehmen, umfasse, war die erste Forderung.[483] Auch alle nationalen Gruppen sollten gleiche Rechte innehaben, so der zweite Abschnitt. Sie sollten einander gleichgestellt und gesetzlich gegen Beleidigungen und Schmähungen geschützt werden. Die Gruppen sollten das Recht haben, ihre Sprache, Brauchtümer und Volkskultur auszuleben und zu entwickeln; Hetze und Diskriminierung sollten als Verbrechen verfolgt, die Gesetze und Praktiken der Apartheid außer Kraft gesetzt werden.[484]

Von der rechtlichen Gleichheit ging die *Freedom Charter* zur Frage der ökonomischen Gleichheit über: Alle sollten am Reichtum des Landes teilhaben. Der nationale Reichtum solle als »Erbe aller Südafrikaner«

478 Vgl. Turok, Truth, S. 60.
479 Vgl. ebd., S. 522.
480 Zitiert nach: Suttner/Cronin, 30 Years, S. 261–266.
481 Vgl. ebd., S. 262.
482 Vgl. ebd.
483 Vgl. ebd., S. 262f.
484 Vgl. ebd., S. 263.

dem Volke zurückgegeben werden.[485] Weiterhin sollten die Bodenschätze, die Banken und die Monopolindustrie sozialisiert werden. Alle anderen Geschäfte und Unternehmen sollten kontrolliert werden, um das Wohlergehen des Volkes sicherzustellen. Zugleich sollte Freizügigkeit auch in ökonomischer Hinsicht herrschen. Ben Turok bewertete den ökonomischen Abschnitt als einen dezidierten Schritt des ANC nach links.[486] Dennoch war die Bedeutung der Termini umstritten und zwei Jahre später widersprach Michael Harmel einer sozialistischen Interpretation der *Freedom Charter*. Er schrieb, dass das unmittelbare Ziel der Befreiungsbewegung weder die Etablierung des Sozialismus noch die Abschaffung der Privatunternehmen oder gar die Verstaatlichung aller Industrien und die staatliche Kontrolle des Handels sei.[487]

An die ökonomische Klausel schloss sich die Landfrage an. Die rassistische Diskriminierung im Landbesitz sei durch die Verteilung des Landes »unter denen, die es bearbeiten«, zu beenden.[488] Neben staatlicher Unterstützung solle auch hier Freizügigkeit garantiert werden. Vor dem Hintergrund der Enteignung der afrikanischen Bevölkerung von ihrem Land, der »Bantustan«-Politik und der Zwangs- und Sträflingsarbeit auf den Farmen waren diese Forderungen hochaktuell.

Die Gleichheit vor dem Gesetz, gerechte Prozesse, die Offenheit von Polizei und Armee für alle Südafrikaner waren die Forderungen des Absatzes über die Gleichheit vor dem Gesetz. Betont wurde auch, dass Haftstrafen nur für ernsthafte »Verbrechen gegen das Volk« verhängt werden und nicht auf Vergeltung, sondern auch Resozialisierung abzielen sollten. Es seien außerdem alle Gesetze der Apartheid abzuschaffen.

Dass der Kampf gegen die Apartheid die Umsetzung der allgemeinen Menschenrechte meinte, wurde am nächsten Abschnitt deutlich, in welchem die *Freedom Charter* erklärte, was der Mehrheit der Südafrikaner durch die Apartheidgesetze vorenthalten würde. Dass neben den

485 Vgl. ebd.
486 Vgl. Turok, Economic Policy, S. 22.
487 Vgl. Michael Harmel, New Age, 17.11.1957, zit. n. ebd.
488 Vgl. Suttner/Cronin, 30 Years, S. 263.

Rechten auf Koalitions-, Rede-, Publikations- und Meinungsfreiheit, Religionsfreiheit und die Freiheit, die Kinder zu erziehen, auch die Abschaffung der Passgesetze, der Schutz der Wohnung und der Freiheit, sich zu treffen mit wem man wolle, genannt wird, zeigt, wie die Realität die Feder führte.

Arbeit und Sicherheit, beides verknüpfte der nächste Abschnitt mit Forderungen nach Gewerkschaftsfreiheit, kollektiven Tarifverhandlungen, einer 40-Stunden-Woche, einem nationalen Mindestlohn, Lohnfortzahlung im Krankheitsfall, Mutterschaftsurlaub und der Gleichberechtigung aller Branchen. Kinderarbeit, Vertragsarbeit und das vor allem in der Weinanbauregion des Kaps verbreitete »tot system«, bei dem die Arbeiter einen Teil ihres Lohnes in Alkohol ausgezahlt bekamen, sollten verboten werden.

Vor dem Hintergrund des gerade verabschiedeten *Bantu-Education Acts* war die Forderung allgemeiner gleicher und fördernder Bildungsmöglichkeiten ein Hebel, um – wie es in dem nächsten Absatz der Charta zu lesen war – die »Türen des Lernens und der Kultur zu öffnen«.[489] Diese Möglichkeit trat erst mit dem Ende der Apartheid ein, denn der *Extension of University Education Act* von 1959 verbot nicht-weißen Studenten den Besuch einer offenen Universität – also der UCT oder Wits – und weitete die rassistische Trennung in Bildung, Sport und Kultur aus.[490]

Im vorletzten Abschnitt wurde umfangreich die Gestalt der Freizügigkeit und die Verbesserung der Wohn- und Lebenssituation gefordert: neben annehmbaren Wohnstätten müssten Mieten und Lebensmittelpreise gering gehalten, staatliche präventive Gesundheitsprogramme entworfen werden, das Gesundheitswesen und die Krankenhausunterbringung kostenlos und mit besonderer Rücksicht auf Kinder und Mütter ausgerichtet sein. Außerdem sollten die Slums verschwinden und durch neue Wohnviertel ersetzt werden, in denen die Bewohner über öffentlichen Transport, Straßen und -beleuchtung, Spielplätze, Krippen und

489 Vgl. ebd., S. 265.
490 Vgl. ebd., S. 265 f.

Sozialzentren verfügen sollten. Die Versorgung von Alten, Waisen, Menschen mit Einschränkungen und Kranken obläge dem Staat, während umzäunte Locations und Ghettos abgeschafft werden sollten.[491]

Just als dieser Absatz verlesen wurde, stürmte die Polizei den Kongress und die abschließenden Forderungen nach internationalem Frieden und Freundschaft wurden während der polizeilichen Zwangsmaßnahmen präsentiert.[492] Leon Levy sprach in seiner Funktion als Sekretär des *South African Peace Councils*[493] über die Hoffnung, dass Südafrika als souveräner Staat in den inneren wie äußeren Beziehungen Frieden und Ausgleich suche, das internationale Recht achte und auf Verhandlungslösungen, nicht auf Kriege setze, um das Wohlergehen zu sichern.[494]

Die Polizei, angestrengt auf mögliche Beweise für Hochverrat fokussiert, unterließ es, die Abstimmung über die *Freedom Charter* zu unterbinden und so wurde sie trotz der Unruhe und des Durcheinanders der Razzia »virtuell einstimmig« verabschiedet.[495]

Die möglichen Defizite waren dem Verfasser der Charta durchaus bewusst. Rusty Bernstein bemerkte, dass die Charta nach ihrer Verabschiedung zwar massenhaft gedruckt und landesweit verteilt, Organisation um Organisation zur Annahme aufgefordert wurde, dass der Enthusiasmus aber, der noch in Kliptown zu verspüren gewesen war, verschwand und die »uninspirierte Routine von Treffen und noch mehr Treffen« sich wieder einstellte.[496] Bernstein hatte sich beim Abfassen der einzelnen Abschnitte um kompromissfähige Formulierungen bemüht, da auf dem Volkskongress selbst kaum Zeit für eine eingehende Diskussion gegeben war. Er selbst sah vor allem die Abschnitte über die Landarbeit und die Ökonomie als diskussionswürdig an.[497]

491 Vgl. ebd., S. 266.
492 Vgl. Joseph, Side by Side, S. 47 f.
493 Vgl. Levy, Prize, S. 185.
494 Vgl. Suttner/Cronin, 30 Years, S. 266.
495 Vgl. Bernstein, Memory, S. 158; s. a. Levy, Prize, S. 185; Joseph, Side by Side, S. 48.
496 Vgl. ebd.
497 Vgl. ebd., S. 159 f.

Nicht nur bedeutete die *Freedom Charter* einen theoretischen Schritt in der Entwicklung der Allianz zwischen ANC und SACP, sondern die Klauseln sind ebenso ein direkter Widerspruch zu den Gesetzen der Apartheid. Deutlich tritt der aufklärerische, aktuelle wie prinzipielle Charakter der Charta zutage. Ihre größte Wirkung entfaltete die *Freedom Charter* auf lange Sicht, denn sie floss in wesentlichen Teilen in die Verfassung des »neuen« Südafrika von 1996 ein.[498]

Africa South – intellektuelle Einheitsfront

Das »neue Südafrika« aller Hautfarben war eine Utopie, die auch das Magazin *Africa South* beseelte. Von Oktober 1956 bis Oktober 1961 erschien die Zeitschrift vierteljährlich – zuerst in Kapstadt, nach Segals Flucht 1960 im englischen Exil. *Africa South* sollte engagierte Fachleute aus der südafrikanischen Linken versammeln und sie zu einer »intellektuellen Einheitsfront« vereinen sowie die nationalen Kämpfe mit den internationalen der restlichen Welt verbinden.[499]

Das Magazin war von Segals ausgeprägtem Individualismus bestimmt, den er als Grund dafür anführte, weshalb er sich nicht einer der oppositionellen Strömungen anschloss.[500]

Es erschien ihm zunächst unklar, wie er in einem politischen Klima wirken solle, das seines Erachtens zum Faschismus neigte.[501] Die Nachricht, dass seine Schwester den oppositionellen *Black Sash* beigetreten war, brachte Segal aus den USA nach Südafrika zurück. Er beriet sich mit Freunden aus der Bürgerrechtsbewegung und mit am internationalen

498 Vgl. die Rede Jacob Zumas zum 60. Jubiläum der Freedom Charter am 27.6.2015, anceasterncape.org.za/celebration-of-60th-anniversary-of-the-free dom-charter/ (letzter Zugriff: 14.12.2015); s. a. Turok, Economic Policy, S. 19–31.

499 Vgl. Ronald Segal: Into Exile, New York u. a. 1963, S. 109.

500 Vgl. ebd., S. 123; Daymond/Sandwith, Introduction, S. 7. Dennoch sprach sich Segal klar für einen Einheitskongress in Südafrika aus (vgl. Segal, Into Exile, S. 210 f.).

501 Vgl. ebd., S. 109, S. 114.

Geschehen Interessierten, die ihm den Wunsch nach einem »internationalen Magazin« entgegenbrachten,

> that would study developments in Africa and relate them to the world beyond. And I myself had long thought necessary a pericodical which would assemble the different militant groups of the opposition to the government in South Africa into a kind of intellectual united front.[502]

Politisch war es Segal klar, dass er die Unterstützung oder zumindest das Wohlwollen des ANC benötigte, um reüssieren zu können. Wäre die ANC-Führung ihm gegenüber feindlich gesonnen, wäre die gesamte Idee einer »intellektuellen Front« hinfällig.[503] Wegen der politischen Ausrichtung des Magazins rechnete Segal mit finanziellen Nöten, denn

> [t]o attack white supremacy without attacking at the same time its economic prop seemed to me absurd.[504]

Da Segal aus einer sehr wohlhabenden jüdischen Familie Kapstadts kam, verfügte er über die finanziellen Mittel und sozialen Kontakte, um eine unabhängige Zeitschrift wie *Africa South* zu gründen[505] – obgleich er wusste, dass die Aufnahme seiner oppositionellen Aktivität auf innerfamiliären Widerstand stoßen würde.[506] Segal vermochte es, namhafte und einflussreiche Journalisten, politische Führer, Akademiker und Politiker aus allen Teilen Afrikas sowie Großbritannien und den USA als Autoren der circa 260 Beiträgen für *Africa South* zu gewinnen.[507] Leser fand *Africa South* auf der ganzen Welt.[508]

502 Ebd., S. 109.
503 Vgl. ebd., S. 123.
504 Ebd., S. 115.
505 Vgl. ebd., S. 21, S. 113; Corinne Sandwith: »Entering the territory of incitement«: oppositionality and Africa South, in: Social Dynamics, Jg. 35 (2009), H. 1, S. 123–136, hier S. 124.
506 Vgl. ebd., S. 110.
507 Vgl. Sandwith, »Entering ...«, S. 126.
508 Vgl. ebd., S. 130 f.

Finanziell war *Africa South*, wie Segal es vorausgesehen hatte, ein Verlustgeschäft.[509] Gelder aus den Familienvermögen, die ihm zustanden, und eine Leibrente machten die Publikation von *Africa South* möglich.[510] Durch den relativ hohen Heftpreis blieb das Magazin ein Blatt der oppositionellen wohlhabenden – und damit weitestgehend weißen – Mittelklasse.[511]

Mit einigen seiner Autoren stand Segal in regem Kontakt und wurde so Teil der oppositionellen Szene des Landes, auch wenn er kein Mitglied der SACP oder des COD war.[512] Joe Slovo, Harold Wolpe oder Lionel Forman traf er bei ihrem Sommerurlaub am Strand oder beim Kartenspiel.[513]

Das erste Heft im Oktober 1956 wurde an sechshundert Subskribenten ausgeliefert,[514] welche die Sicht auf die Situation im Land von prominenten Oppositionellen und Repräsentanten der verschiedenen Fraktionen des Widerstands zu lesen bekamen. Neben südafrikanischen Autoren wie dem Bischof von Johannesburg Ambrose Reeves, Ellen Hellmann vom *Insitute of Race Relations*, aber auch Leo Sinhali aus den *Non-European Unity Movement*, einer trotzkistischen Bewegung, der Segal an der Universität nahegestanden hatte,[515] und einem damals führenden ANC-Mitglied, Jordan Ngubane, steuerten Autoren aus den USA und Großbritannien Artikel bei. Es waren von der südafrikanischen *Labour Party* über ihre britische Schwesterpartei bis hin zur KP Großbritanniens und dem COD alle Strömungen der Opposition vorhanden – auch einem Abgeordneten der NP war es, dieses einzige Mal, gestattet, seine Rechtfertigung der Apartheid darzulegen. Hinzu kam ein ebenfalls prominent besetzter Kulturteil.

509 Vgl. Segal, Into Exile, S. 127 f.
510 Vgl. ebd., S. 113.
511 Vgl. Sandwith, »Entering ...«, S. 125.
512 Vgl. Segal, Interview, in: Daymond/Sandwith, Africa South, S. 21.
513 Vgl. ebd., S. 23 f.
514 Vgl. Segal, Into Exile, S. 127.
515 Vgl. ebd., S. 119; Segal, Interview, in: Daymond/Sandwith, Africa South, S. 16 f.

Segal selbst eröffnete die erste Nummer düster: »In Sight of the End« war sein Editorial betitelt[516] und er hatte eine Art Rundumschlag gegen die Apartheid und ihre Vorläufer verfasst, der nicht nur das auf der Unterdrückung der nicht-Weißen basierende privilegierte Leben des weißen Südafrika aufs Korn nahm, sondern sich bis zur Kritik an der Unfähigkeit der Oppositionsparteien, namentlich der *United Party*, diese Grundlage zu verlassen und auf eine wirkliche Demokratie hinzuarbeiten, erstreckte. Dass die Demokratie durch die Apartheid und die autoritäre politische Kultur zur Unkenntlichkeit deformiert werde, war Segals eigentliches Thema. Eindringlich beschwor Segal den Mut der Oppositionellen, gegen die Regierungsmaßnahmen zu protestieren:

> For sooner or later the risk will be forced upon us. And it is better, surely, that we should take it now, among the last hesitations of the twilight, than later, in the dumb lonely agonies of the dark. Above all, we must realise that we cannot fight tyranny in fragments. ... If it is treason [Segal verwies auf den laufenden Hochverratsprozess; H. P.] in South Africa for White democratic opinion to ally itself with Black, it is a judgment we must necessarily suffer and be proud to call down upon ourselves.[517]

Klar vor Augen hatte Segal die Gefahr eines autoritären Staates und rief deshalb »all people everywhere« dazu auf, diese nicht Wirklichkeit werden zu lassen.[518]

Segal dirigierte die inhaltliche Linie von *Africa South* sehr stark und initiierte auch Debatten wie die 1958 über die Frage, inwiefern eine Revolution »um die Ecke« stünde. Diese Debatte war aufgrund der Revolutionshoffnung und -rhetorik, die in den Presseerzeugnissen der Opposition – allen voran dem *Guardian* und *Fighting Talk* – durchschienen und die Handschrift der KP erkennen ließen, von großer Bedeutung. Segal bot führenden (Ex-)Kommunisten und linken Liberalen eine Platt-

516 Vgl. Ronald Segal: In Sight of the End, in: Africa South, Jg. 1 (1956), H. 1, S. 1–5.
517 Ebd., S. 4.
518 Vgl. ebd., S. 5.

form, das Potential revolutionärer Veränderung im Land auszuloten. Ausgangspunkt war der Essay Julius Lewins »No Revolution Round the Corner«,[519] welchen H. Jack Simons,[520] Michael Harmel,[521] Edward Roux,[522] G. D. H. Cole[523] und Joe Matthews[524] kommentierten. Die Debatte endete mit Segals eigenem Beitrag »Revolution is Now«.[525] Segal ließ sich nicht auf fraktionelle Auseinandersetzungen ein, sondern kam zu dem Schluss, dass das Apartheidregime vor allem aufgrund der fatalistischen Sprache, die die Regierung anwende, und der immer weiter gesteigerten repressiven Maßnahmen an seinem Ende angelangt sei – und damit die Zeit für einen revolutionären Umschwung gekommen wäre.[526] Doch die Revolution komme nicht auf einen Schlag, sondern finde ihren Ausdruck in der Unfähigkeit der Regierung, Recht und Ordnung zu sichern – ein Unvermögen, zu dem auch ihre eigene gewalttätige Politik beisteuere. Die eskalierenden Konfrontationen könnten noch einige Jahre so weiter gehen, aber zu diesem Zeitpunkt sei der Zustand weder für Schwarze noch für Weiße länger zu ertragen. Die Revolution, die seines Erachtens langsam und hartnäckig sei, sei schon jetzt im Gange.[527]

Der Erfolg der *Africa South* beruhte darauf, in einem (finanziell) unabhängigen Medium die Debatte zwischen verschiedenen Fraktionen

519 Siehe Julius Lewin: No Revolution Round the Corner, in: Africa South, Jg. 3 (1958), H. 1, S. 50–55; zu Lewin s. a. Shimoni, Community, S. 108.

520 Siehe H. Jack Simons: An Addendum, in: Africa South, Jg. 3 (1958), H. 1, S. 55–60.

521 Siehe Michael Harmel: Revolutions are not abnormal, in: Africa South, Jg. 3 (1959), H. 2, S. 12–17.

522 Siehe Edward Roux: Revolution in South Africa, in: Africa South, Jg. 3 (1959), H. 2, S. 18–20.

523 Siehe G.D.H. Cole: The Anatomy of Revolution, in: Africa South, Jg. 3 (1959), H. 3, S. 7–11.

524 Siehe Joe Matthews: Revolution: Further Reflections, in: Africa South, Jg. 3 (1959), H. 4, S. 12–17.

525 Siehe Ronald Segal: Revolution is Now, in: Africa South, Jg. 4 (1959), H. 1, S. 2–5.

526 Vgl. ebd., S. 2.

527 Vgl. ebd., S. 5.

der Opposition – seien es SACP, ANC, NEUM, *Labour Party*, afrikanische Politiker, Gewerkschafter, andere Intellektuelle oder Aktivisten – zu ermöglichen.[528] Weiterhin knüpfte Segal strategische Verbindungen zwischen den demokratischen Kämpfen in Afrika, den USA und Großbritannien; der südafrikanische Konflikt erschien so nicht mehr als isoliert, sondern als Teil der weltweiten anti-rassistischen, demokratischen und zivilgesellschaftlichen Auseinandersetzungen.[529]

Dem Apartheidstaat war *Africa South* mit ihrem vielfältigen Stil, ihrer fortschrittlichen und internationalen Ausrichtung ein Dorn im Auge. Segal wurde beschattet, bedroht, sein Wagen mit einer Brandbombe zerstört; wegen seiner Allianz mit der Opposition wurde er angeklagt, sein Pass eingezogen und es wurden ihm die Teilnahme an allen Zusammenkünften im Einflussbereich Pretorias verboten.[530] In seiner Autobiographie erklärt Segal, ihn habe der Wunsch, das Land zu verlassen, nicht überkommen, da ihm Südafrika »lebenswichtig« gewesen[531] sei und zu gehen ihm wie eine Fahnenflucht erschienen sei.[532] Mit der festen Absicht, zurückzukehren, schmuggelte Segal daher Oliver Tambo außer Landes. Aber die Lage spitzte sich nach dem Sharpeville-Massaker dermaßen zu, dass Segal gemeinsam mit Tambo den Gang ins Exil antrat.[533]

3.e Push and Pull – Fluchtwege aus Südafrika

Wer sich außerhalb der durch den Apartheidstaat gesetzten Grenzen bewegte, musste damit rechnen, polizeiliche Repressionen zu spüren zu bekommen. Schon allein die »Benennung« als Kommunist hätte zu Pro-

528 Vgl. Sandwith, »Entering ...«, S. 127.
529 Vgl. ebd., S. 129.
530 Vgl. Segal, Into Exile, S. 206 f.; S. 209 f.; S. 224–228; S. 229 f.
531 Vgl. ebd., S. 255.
532 Vgl. ebd., S. 283.
533 Vgl. ebd., S. 279 f., S. 293–303.

blemen am Arbeitsplatz führen können. Je mehr sich die Apartheid konsolidierte, desto ausufernder wurden die terroristischen Methoden. Die Massenverhaftung 1956, die den Auftakt zum *Treason Trial* darstellte, bewegte sich noch im Rahmen der Legalität. Dieser wurde aber zusehends aufgeweicht: neue Gesetze beraubten Verdächtige ihrer Rechte und eröffneten der Sicherheitspolizei wachsende Handlungsspielräume, Gewalt auszuüben. Belästigt wurden Aktivisten durch anonyme Attacken wie Telefonanrufe, Steinwürfe auf Häuser, Sachbeschädigungen und auch Mordanschläge wurden verübt.[534] Die Sicherheitspolizei verfügte nach der Verabschiedung des 90-Tage-Gesetzes über eines der stärksten Zwangsmittel: immer wiederkehrender Arrest ohne Kontakt zur Außenwelt. Einmal in *The Greys,* der berüchtigten Zentrale der Sicherheitspolizei in der Johannesburger Innenstadt, waren Verdächtige ausgeliefert. Nach dem Ausnahmezustand von Sharpeville wurde Folter systematisch angewandt, um Aktivisten zu demütigen und zu brechen. Während weiße Aktivisten vor allem Schlafentzug und »standing torture«, stundenlangem Stehen in einem Kreis oder auf einem Backstein, unterzogen wurden sowie »good cop-bad cop«-Spielen und massiven Drohungen ausgesetzt waren, wurden nicht-weiße Aktivisten weitaus brutaler behandelt und mit Prügel und Elektroschocks – bis zum Tode – gequält.

Bannung

Vor dem Gefängnis spürten die Aktivisten das Instrument der »Bannung«. Ein Wort, das schon so in die Alltagssprache übergegangen wäre, dass es ein Signum der Zeit darstellte, bedauerte das *South African Institute of Race Relations* (SAIRR).[535] Eine Bannung umfasste vor allem das

534 Vgl. Kasrils, Armed and Dangerous, S. 33; Lynn Carneson: Red in the Rainbow. The Life and Times of Fred and Sarah Carneson, Kapstadt 2010, S. 182 ff.

535 Vgl. N. N.: South Africa's Lonely Men (Article written for the Black Sash Magazine), in: South African Institute for Race Relations, Arrests, Banishments, Removals, 1948–1969, Historical Papers AD 1646.

Verbot, bestimmten Organisationen anzugehören, den Wohnort ohne Genehmigung zu verlassen und »Zusammenkünfte« zu besuchen. Wenn beide Ehepartner gebannt waren, wie beispielsweise Joe Slovo und Ruth First, konnten beim Justizminister Ausnahmen beantragt werden.[536] »Bannung« war eine »Strafe ohne Gerichtsverfahren«.[537]

Schon im Jahr der *Freedom Charter*, 1955, warnte Hilda Bernstein eindringlich vor der Überwachung durch die Polizei.[538] Sie erfuhr die Auswirkungen am eigenen Leib. Mehrfach suchten Polizisten bei ihr zuhause nach illegaler Literatur, konfiszierten aber auch Kriminalromane oder Kinderliteratur wie »Black Beauty«. Hausdurchsuchungen waren ein beliebtes Mittel, um Aktivisten einzuschüchtern und zu demoralisieren. »Raids on our homes, usually in the early hours of the morning, were now commonplace«[539], bemerkte Bernsteins Freundin Rica Hodgson. Diese Durchsuchungen sollten strafen und abschrecken.[540] Trotz des Verfolgungseifers der Polizei fanden die Aktivisten Wege, die Repression zu umgehen.

Nach dem Massaker von Sharpeville nahmen die staatlichen Eingriffsmöglichkeiten exorbitant zu, wie Bernstein sich erinnert:

> Rusty and I were both listed, as were nearly all our friends and colleagues. We had both been banned for many years from gatherings, from various organizations, and from what amounted to all public activity. Now new provisions enabled the Minister [der Justiz; H. P.] to prohibit al[l] listed and banned people from belonging to any other political organization of any kind, simply by publishing a notice in

536 Vgl. Slovo, Unfinished Autobiography, S. 85.

537 Helen Joseph: Tomorrow's Sun. A Smuggled Journal From South Africa, London 1966, S. 12. S. a. Saleem Badat: The Forgotten People. Political Banishment under Apartheid, African Social Studies Series 29, Leiden/Boston 2013.

538 Vgl. Hilda Watts [Bernstein]: Don't Look Now, But ..., in: Fighting Talk, August 1955, S. 3 f., hier S. 3.

539 Hodgson, Foot Soldier, S. 82.

540 Vgl. Bernstein, World, S. 20.

> the Government Gazette: to require such people to report to the police at any times specified; and to require them to inform the police of any change of address or employment.[541]

Gebannte Personen durften weder zitiert, publiziert noch ihre Veröffentlichungen reproduziert werden – und seit dem *Sabotage Act* von 1962 konnten Verdächtige auch 90 Tage ohne Anklage in Haft genommen werden.[542]

Der Hausarrest, der zu den Bannungen hinzu kam, hatte zum Ziel, die Aktivisten richtiggehend ruhig zu stellen und so ihre widerständigen und oppositionellen Aktivitäten zu beenden.[543] Während diejenigen, die mit Kindern oder Ehepartnern zusammen lebten, zumindest etwas Gesellschaft hatten, waren andere ohne Familie gänzlich auf sich selbst zurückgeworfen.[544] Das Zuhause wurde zu einem Gefängnis unter Aufsicht der Sicherheitspolizei.[545]

Der erste wirkliche Schock sowohl für die südafrikanische Gesellschaft wie für die Aktivisten kam während des Ausnahmezustands 1960. Massenweise wurden Aktivisten verhaftet, in Gewahrsam genommen oder flohen außer Landes. Das SAIRR versuchte darüber Buch zu führen und listete eine Reihe von gebannten, unter Hausarrest gestellten oder verurteilten Aktivisten auf. Unter ihnen waren einige, die auch in den kommenden Jahren an führender Stelle in der radikalen Opposition aktiv sein sollten, wie beispielsweise Rowley und Jacqueline Arenstein, Hymie und Esther Barsel, Brian und Sonia Bunting, Mannie und Babette Brown, Denis Goldberg, Arthur Goldreich, Bob Hepple, Jack und Rica Hodgson, Ronnie Kasrils, Wolfie Kodesh, Leon, Norman und Philippa Levy, Anne und Issy Heymann, Joe Slovo und Ruth First, Ronnie Press, Ben Turok und Harold Wolpe: ein *Who's Who* der (weißen)

541 Bernstein, World, S. 24.
542 Vgl. Bernstein, Memory, S. 23 ff.
543 Vgl. Bernstein, World, S. 43.
544 Vgl. ebd., S. 46.
545 Vgl. ebd., S. 40 f.

Opposition.[546] Neben diesen Kernaktivisten war auch deren Umfeld von den Repressionen betroffen.[547]

Die Liste des SAIRR veranschaulichte, dass mehrheitlich afrikanische Südafrikaner von den Repressionen betroffen waren, danach *Coloured* und Inder. Unter den Weißen waren Juden eindeutig in der Mehrheit,[548] gefolgt von englischen und dann burischen Südafrikanern. Die faktische Diversifizierung der südafrikanischen Gesellschaft galt auch für die Opposition.[549]

546 Siehe SAIRR A: Alphabetical list of banned, house arrested, detained people, 1960–1980s, Historical Papers AD2951. Die Liste hatte keinen Anspruch, vollständig zu sein.

547 Vgl. Email Tessa van Royen, 29.7.2014; Email Dawn Goodman, 29.7.2013; SAIRR A: Alphabetical list of banned, house arrested, detained people, 1960–1980s, Historical Papers AD2951. Zu ihnen zählten wie Harry Cohn, Jack Cohn, Leslie Cohn, Israel Diamond, David und Ethel Friedman, Freda Goldblatt, Alexander Israel, Rebecca Kaplan, Celia Rosier (Schwester Wolfie Kodesh und ehemalige Sekretärin Moses Kotanes) und ihr Ehemann Hymie, Barney Rosenberg, Anne Rubin, Israel Wolfson, Samuel Woolf, Henry Wolfson, Rosa Yetta Wolffe (gebürtige Green).

548 Neben den genannten wurden noch die folgenden Aktivisten und Sympathisanten inhaftiert: Bernard Arenstein, Morris und Yetta Barenblatt, Julius und Louis Baker, Monty und Myrtle Berman, Rusty und Hilda Bernstein, Harry Bloom, Norman Bromberger, Mannie und Babette Brown, die gesamte Bunting-Familie: Brian, seine Mutter Rebecca und seine Frau Sarah, Gertrude Cohn, Percy Cohen, Simon Egert, Raymond Eisenstein, Hiliard Festenstein, Julius First und Sohn Ronnie, Lionel Forman, Gillian Jewel, Gertrude und Arthur Gelb, Lionel Gay, Esmé Goldberg und ihre Mutter Annie, Victor Goldberg aus Johannesburg, Arthur und Hazel Goldreich, Barney Gordon, Ruth Gosschalk, Shirley Hepple, Isaac und Sheila Horvitch, Jack Halpern, Ruth Heymann, Raymond Hoffenberg, die Brüder Louis und Max Joffe, Sam Kahn, David Kitson, Winnie Kramer, Adrian Leftwich, Isaac Archie Lewitton, Alan Lipman, Graham Meidlinger, Joyce Meissenheimer, Shulamith Muller, Joe Podbrey, Vera Ponnen und ihr Ehemann George, Fred und Rhoda Prager, Ronnie Press, Amy Reitstein, Harry Rubin, Neville Rubin (Liberal Party), die Familie Sachs: Solly, Albie und Betty, Rose Schlachter, Michael Schneider, Ronald Segal (gelistet als gebannt), das Ehepaar Sepel, Sidney Shall, Ray und Jack Simons, Harry Snitcher, Ivan Strasburg, Jack Tarshish, Paul Trewhela, Mary Turok, die Weinberg-Familie: Vater Eli, Mutter Violet, Tochter Sheila.

549 Siehe SAIRR A: Alphabetical list of banned, house arrested, detained people, 1960–1980s, Historical Papers AD2951.

Doch »gelistet« oder gebannt zu sein konnte sich als kleineres Übel herausstellen. In einem ersten Massenarrest, der als Reaktion auf den *Congress of the People* erfolgte, wurden im Dezember 1955 über 150 politische Aktivisten im ganzen Land verhaftet: Männer, Frauen, Schwarze und Weiße, viele kannten sich. Lakonisch beschrieb Rusty Bernstein später seinen Gefängnisaufenthalt:

> I have been under lock and key in police and prison cells before. It is part of the standard apprentenceship in radical politics. But this is different. This arrest is not a temporary inconvenience like the previous ones but a total disruption of all normal life for an indefinite period. I am amongst friends, but the physical conditions are primitive and fairly sordid. [...].« Selbstbewusst fährt er fort: »For us, prison is proof that we have managed to rattle the confidence of the regime. This gives us a sense of moral superiority over the establishment and sustains our morale despite the demeaning physical conditions.[550]

Doch trotz der erniedrigenden Haftbedingungen bewertete Joe Slovo seinen Aufenthalt im Fort rückblickend eher als interessant als qualvoll.[551] Neben den freundschaftlichen Kontakten zu seinen zahlreichen Mitstreitern verbreitete sich unter den nicht-politischen Gefangenen und Wärtern die Nachricht, dass ein Anwalt unter den Neuzugängen sei, und Slovos Rechtskenntnisse wurden in vielen Situationen von den Gefangenen ersucht.[552]

Auch auf die Eskalation in Sharpeville 1960 folgte eine neue Welle von Massenverhaftungen. Wer nicht in Haft geriet, versuchte sich durch Flucht in den Untergrund oder ins benachbarte Ausland zu entziehen. An den wenigen noch legal lebenden Aktivisten hing es, die Verbindungswege und die Kommunikation zwischen den Untergetauchten aufrecht

550 Bernstein, Memory, S. 165 f.
551 Vgl. Slovo, Unfinished Autobiography, S. 95.
552 Vgl. ebd., S. 96 f.

zu erhalten, bis auch sie verhaftet wurden. Immerhin war es möglich, dass führende SACP-Kader eine Art Notstands-ZK in einem Safe House bildeten. Nicht zufällig, aber ungeplant tauchten Ben Turok, Michael Harmel, Moses Kotane und Yusuf Dadoo binnen zweier Tage im Haus von Turoks altem Schulfreund Ralph Sepel unter.[553] Von dort wechselten sie während der nächsten fünf Monate ungefähr zehn Mal den Unterschlupf.[554] Sepel und seine Frau Minnie waren erst kürzlich von der SACP rekrutiert und beim Ausnahmezustand kurzzeitig inhaftiert worden, ansonsten aber nicht im Visier der Polizei.[555]

Untergetaucht in Swasiland

Swasiland grenzt an Südafrika und war zum Zeitpunkt des Ausnahmezustands ein britisches Protektorat, welches im Nord-Osten an Mosambik grenzte, welches wiederum noch Kolonie des faschistischen Portugals war. Daher war die Exil-Community, die in Swasiland untertauchte, geographisch isoliert. Schon 1959 hatten sich Oppositionelle in der Hauptstadt Mbabane niedergelassen.[556] Zu den dort untergetauchten Aktivisten zählten unter anderen Philippa und Norman Levy, Ruth First, Phyllis Altman, Julius und Tamara Baker.[557] Einige von ihnen, wie Ruth First, wurden zu Sitzungen des Notstands-ZK nach Johannesburg geschmuggelt, oder pendelten getarnt, damit die stark beeinträchtigte Parteiarbeit fortgesetzt werden konnte.[558] Einige von ihnen waren kurzzeitig in Johannesburg untergetaucht gewesen.[559] Rusty Bernstein, eines der

553 Vgl. Turok, Truth, S. 104.

554 Vgl. ebd., S. 106. Yusuf Dadoo wurde zu diesem Zeitpunkt als Emissär des Indischen Kongresses nach London geschickt, verließ also die SACP-Zelle (Bernstein, Memory, S. 196; Turok, Truth, S. 105).

555 Vgl. Bernstein, Memory, S. 194.

556 Vgl. Jizchak Unna an A. Lourie, in: Dovidi Fachler: The John Schlapobersky Affair, in: Jewish Affairs, Jg. 68 (2013), H. 3, S. 10–14, hier S. 10 f.

557 Vgl. Levy, Prize, S. 261; Hodgson, Foot Soldier, S. 107.

558 Vgl. Turok, Truth, S. 105; Wieder, Ruth First and Joe Slovo, S. 114.

559 Vgl. Bernstein, Memory, S. 194.

wenigen ZK-Mitglieder, das noch auf freiem Fuß war, organisierte Autos und Fahrten nach Swasiland[560] und auch Wolfie Kodesh fungierte als Fahrer, Kontaktmann und Kurier für die Partei.[561]

Ruth First tauchte mit Hilfe ihrer Familie in Swasiland unter nachdem Joe Slovo am 30. März 1960 verhaftet worden war.[562] Ihre Flucht erfolgte auf Beschluss des Rumpf-ZKs, das entschied, First solle ihre Verhaftung vermeiden.[563] Die Option, sich den Häschern der Sicherheitspolizei zu entziehen, war im Vorfeld schon unter den Ehegatten besprochen worden.[564]

Ungetrübt war die Exil-Gemeinschaft nicht. Norman Levy registrierte belastende Spannungen, die – ob imaginiert oder real – die Harmonie und Toleranz unter den Aktivisten beanspruchten.[565] Levy führte dies auf einen unterschiedlichen ökonomischen Status und Einfluss zurück, der von dem Zeitpunkt und der Dauer des Aufenthalts in Swasiland abhing.[566]

Am Ende des Ausnahmezustandes kehrten die Exilanten wieder nach Johannesburg zurück. Ruth First aber blieb untergetaucht. AnnMarie Wolpe fand für sie einen Unterschlupf bei einem sympathisierenden Architekten, wo sie blieb, bis ihr Gatte Joe Slovo endlich freigelassen wurde.[567]

Zwischen Mbabane und Johannesburg zu pendeln war auch deshalb wichtig, weil das untergetauchte Rumpf-ZK bestehend aus Harmel, Kotane, Dadoo und Turok zentrale Entscheidungen wie die, Yusuf Dadoo außer Landes zu schicken, wo er mit Oliver Tambo die Auslandsarbeit der Opposition aufbauen sollte, trafen. Dafür sprachen Dadoos internationale Reputation wie auch die Tatsache, dass er als für ein

560 Vgl. ebd., S. 195.
561 Vgl. ebd., S. 196.
562 Vgl. Wieder, Ruth First and Joe Slovo, S. 113.
563 Vgl. Slovo, Unfinished Autobiography, S. 120; so auch Bernstein, Memory, S. 195.
564 Vgl. Wieder, Ruth First and Joe Slovo, S. 114.
565 Vgl. Levy, Prize, S. 261.
566 Vgl. ebd., S. 262.
567 Vgl. Wieder, Ruth First and Joe Slovo, S. 115; Slovo, Every Secret Thing, S. 239–248.

Leben im Untergrund ungeeignet erachtet wurde.[568] Mit dem ZK komplett ins Ausland zu gehen, lehnten zu diesem Zeitpunkt vor allem Harmel und Kotane ab, auch weil sie es langsam schafften, Kontakte in andere Zentren des Landes zu knüpfen.[569] Die Männer gaben außerdem die Existenz der SACP bekannt.[570] Die Moral der Kommunisten sei dadurch enorm gehoben und in Regierungskreisen auch Unruhe ausgelöst worden. Doch Spannungen mit anti-kommunistischen liberalen und afrikanistischen Aktivisten blieben nicht aus.[571]

Der unbeteiligte Bernstein meinte, es habe im Nachhinein keine plausible Begründung für diesen Schritt gegeben, er sei aber als Teil des Widerstands gegen das Regime akzeptiert worden.[572]

Im Gefängnis – Gewahrsam 1956

Die Inhaftierung lässt sich in drei Perioden unterteilen: zuerst die Verhaftungen nach dem *Congress of the People,* dann die Ingewahrsamnahmen während des Ausnahmezustands 1960 und die 90-Tage-Schutzhaft sowie anschließende Haftstrafen in Folge des *Rivonia Trials* 1963. Für Johannesburg liegen im Unterschied zu Kapstadt ausführliche Beschreibungen der Haft vor.[573] In der Minenstadt waren die Haftorte zuerst

568 Vgl. Turok, Truth, S. 104, S. 107.
569 Vgl. ebd., S. 111 ff.
570 Vgl. ebd., S. 116 ff.
571 Vgl. ebd.
572 Vgl. Bernstein, Memory, S. 218.
573 Für Kapstadt sind vereinzelte Hinweise zu finden; ausführlicher, aber aus der Außenperspektive der zurückgebliebenen Tochter schreibt Carneson, Red, S. 150–162. Dort (S. 153) nennt sie neben ihrer Mutter Sarah auch Annie Goldberg (Denis Goldbergs Mutter), Jean Bernadt, Nancy Dick, Celia Rosenberg (d. i. Celia Rosier; siehe Tessa van Rooyen: My Story, Email vom 29.7.2013), Joan Schedrin und Dora Alexander (die Schwester Ray Alexanders) sowie Amy Reitstein (S. 158) als inhaftierte Frauen. S. a. Goldberg, The Mission, S. 69–75, der neben sich selbst auch Harry Bloom, Jack Barnet, Bernard Gosschalk und Gerald Goldman zu den männlichen, seine Mutter und Sarah Carneson zu den weiblichen Gefangenen zählt.

das Polizeigefängnis am Marshall Square, dann das Johannesburger Fort und später das *Pretoria Local Prison* für Männer; für Frauen das *Pretoria Central Prison*.[574] Weiße und nicht-weiße Gefangene beiden Geschlechts waren getrennt. In den Erinnerungen ist erkennbar, wie sich die Lage für die Inhaftierten zunehmend verschärfte. Auffällig ist aber, dass in mehreren Fällen von der ersten Zeit in Haft, vor allem wenn bei den Verhören keine Folter angewendet wurde, hinsichtlich der Häftlingsgemeinschaft durchaus als positive Erfahrung berichtet wird.

Rusty Bernstein hielt in seinen Memoiren über die Inhaftierung in Folge des COP fest, dass er die wochenlange Haft kaum differenzieren könne.[575] Sein Mitstreiter Norman Levy behielt die erste Gefängniserfahrung eindrücklicher in Erinnerung, vor allem weil er die Umstellung auf das Gefängnisleben trotz der Vielzahl an bekannten Gesichtern in den Zellen als schwierig empfand. Die Unterbringung und Versorgung der Gefangenen hingen vor allem von ihrer Hautfarbe ab. Während die schwarzen Gefangenen in Großraumzellen zu je ungefähr fünfzig untergebracht waren, standen für Weiße Drei-Bett-Zellen zur Verfügung. Doch Levy erlebte auch einen starken Kameradschaftsgeist unter allen Gefangenen.[576]

Vielleicht auch weil die Inhaftierten nach Prozessbeginn relativ schnell wieder auf Kaution freigelassen wurden, blieb eher der aufwändige Prozess selbst als die Haft im Gedächtnis.

Gewahrsam im Ausnahmezustand 1960

Rückblickend empfand Slovo die Stimmung 1960 im Gefängnis als entspannt, beinahe gesellig. Die Inhaftierten hätten sich nichts zuschulden kommen lassen und dieser Umstand zählte damals noch in Südafrika,

574 Vgl. Slovo, Unfinished Autobiography, S. 120; Bernstein, Memory, S. 204.

575 Vgl. Bernstein, Memory, S. 166. Bernstein sah ab von dem Tag als seine Frau mit ihrem neugeborenen Sohn ins Johannesburger Fort kam (ebd.).

576 Vgl. Levy, Prize, S. 232.

wie Slovo bemerkte.[577] Wie die meiste Gefängnisliteratur sind auch seine Erinnerungen gespickt mit Anekdoten über die Charaktere seiner Mitgefangenen. Die Verhaftungen in Johannesburg waren von großer Desorientierung der Polizei geprägt, die für Erheiterung bei den Gefangenen und Verwirrung und Ärger bei den Autoritäten sorgte. Auslöser waren voreilige Verhaftungen in Johannesburg. Einige Aktivisten mussten auf Weisung des Obersten Gerichtshofs wieder freigelassen werden. Das Dilemma für die Polizei in Johannesburg bestand in der fehlenden rechtlichen Grundlage für den Arrest: Zwar versicherten Anwälte der Regierung, dass ein Flugzeug mit der *Government Gazette* auf dem Weg nach Johannesburg sei, der diensthabende Richter Ludorf[578] hatte jedoch keine andere Möglichkeit, als den Haftprüfungsanträgen zuzustimmen. Auf der Polizeiwache führte die unklare rechtliche Situation zu Protesten unter den Inhaftierten. Die Polizei versuchte zwar, deren Freilassung zu verzögern, doch da gegen sie kein Vorgehen möglich war, verließen einige Aktivisten umgehend die Wache. Wer schnell genug war, konnte untertauchen; wer zu lange zögerte, wurde festgenommen.[579]

Dass im Gefängnis liberale, radikale, aktive und ehemalige Oppositionelle zusammengebracht wurden, lag Slovos Einschätzung nach daran, dass die Sicherheitspolizei ihre Liste mit Verdächtigen nie aktualisiert, sondern immer nur erweitert habe. Einige Aktivisten der alten KP erkannten, »dass die Polizei selten ihre Akten schließt.«[580]

Fast fünf Monate sollten die meisten der ca. 25 Männer[581] während des Ausnahmezustands 1960 gemeinsam hinter Gittern verbringen. Die Bedingungen waren unangenehm: überfüllte Zellen, ungenügende sanitäre Anlagen, schlechtes Essen, nachlässige Wärter, an den Verletzungen der Haftbestimmungen desinteressierte Vorgesetzte.[582] Unter den Ge-

577 Vgl. Slovo, Unfinished Autobiography, S. 121.

578 Ludorf war zeitweilig ein Richter im *Treason Trial*, gehörte aber zum äußeren rechten politischen Spektrum und trat vom Prozess zurück, als ihm die Verteidigung Befangenheit vorwarf.

579 Vgl. ebd., S. 123 f.; Bernstein, Memory, S. 194.

580 Vgl. ebd., S. 124.

581 Vgl. Bernstein, Memory, S. 200.

fangenen waren neben ehemaligen Aktivisten wie Hyman Basner und Louis Joffe auch andere ehemalige CPSA/SACPler wie Jock Isacowitz,[583] Monty Berman, Archie Lewitton und Victor Goldberg.[584] Kernaktivisten und auch Angeklagte des Hochverratsprozesses waren ebenfalls in Haft. Neben Slovo und Bernstein waren dies Leon Levy,[585] Eli Weinberg, Ronnie Press, Ronnie Fleet, Harold Wolpe und Mannie Brown, Percy Cohen[586] – alle jüdisch – und Cecil Williams, Veteran der *Springbok Legion* und des COD und einer der wenigen offen homosexuellen Aktivisten.[587] Mit den Radikalen waren auch religiöse und liberale Oppositionelle wie Reverend Douglas Thompson und sein Kollege Reverend Mark Nye, David Brink, John Lang/Laing, Vincent Swart, Mike Muller, Raymond Thoms und Ernest Wentzel eingesperrt.

Die deprimierenden Haftbedingungen sollten durch selbstorganisierte Aktivitäten verbessert werden. Die inhaftierten Geistlichen begannen ökumenische Gottesdienste für mehrheitlich agnostische, atheistische oder jüdische Kirchgänger abzuhalten.[588] (Keiner der Inhaftierten erinnerte sich später an den Rabbi, der Thompsons zufolge für die jüdischen Gefangenen ins Gefängnis nach Pretoria kam.[589]) Cecil Williams rief eine Theatergruppe ins Leben[590] und Monty Berman sorgte mit

582 Vgl. ebd., S. 200 f.

583 Vgl. Slovo, Unfinished Autobiography, S. 124; Isacowitz gründete während des Zweiten Weltkriegs die *Springbok Legion* mit, war kurzzeitig CPSA-Mitglied, wechselte aber zur *Liberal Party* (Bernstein, Memory, S. 199; Mendelssohn/Shain, The Jews in South Africa, S. 131).

584 Vgl. Anthony Egan: Detention without Trial: the Experience of the Reverend Douglas Thompson in the South African State of Emergency, 1960, in: Studia Historiae Ecclesiaticae, Jg. 35 (2009), H. 1, S. 243–256, hier S. 244.

585 Vgl. Levy, Engagements, S. 55.

586 Vgl. Egan, Detention, S. 251.

587 Siehe Slovo, Unfinished Autobiography, S, 127 f.; Albie Sachs, in: The Man who drove with Mandela, www.youtube.com/watch?v=zvm_s1MAK9E&feature=player_embedded, s. a.: www.nytimes.com/movies/movie/173491/The-Man-Who-Drove-With-Mandela/overview (letzter Zugriff: 22.3.2016).

588 Vgl. Bernstein, Memory, S. 206; Slovo, Unfinished Autobiography, S. 125; Egan, Detention, S. 247.

589 Vgl. Egan, Detention without Trial, S. 247.

590 Vgl. Slovo, Unfinished Autobiography, S. 127 f.

seinen Kochkünsten für Bewunderung. Doch ebenso waren politische und unterhaltende Vorträge Teil der Beschäftigungen.[591]

Doch während der Haftzeit kam es auch zu Konflikten. Der ehemalige afrikaanische Kommunist Mike Muller bezichtigte die Radikalen, einen Keil zwischen ihn und seine Frau Shulamith treiben zu wollen. Raymond Thoms bot sich den Behörden als Kronzeuge an, was seine Mitgefangenen jedoch zu verhindern wussten.[592] Den Verhören der Polizei wurde mit einer Strategie des Schweigens begegnet, welche jene schnell beendete.[593]

Da die weiblichen Gefangenen mit ähnlichen Problemen konfrontiert waren, entwickelten sie auch ähnliche Strategien zur Bewältigung.

Rica Hodgson traf nach ihrer Verhaftung Violet Weinberg, Eli Weinbergs Frau, Philippa Levy, die Gattin Norman Levys und Helen Joseph auf der Wache Marshall Square an.[594] Levy wurde kurz darauf aufgrund einer Haftprüfungsanhörung entlassen und tauchte unter.[595] Bei den Frauen traten ebenfalls Arrest, Freilassung und unmittelbarer Wieder-Arrest ein.[596] Neben den Genannten waren die Gewerkschafterinnen Gertrude Gelb und Rose Schlachter, die Schwester des ehemaligen CPSA-Vorsitzenden Ike Horvitch Sheila,[597] wie auch die *politicos* Sonia Bunting, Violet Weinberg, Hilda Bernstein, Myrtle Berman, Anne Heymann und Yetta Barenblatt inhaftiert ebenso wie die Anwältin Shulamith Muller. Sie alle waren jüdischer Herkunft. Helen Joseph war als letzte weiße weibliche Angeklagte des Treason Trial ebenso inhaftiert wie die englische Missionarin Hannah Stanton, die altgediente burische

591 Vgl. Bernstein, Memory, S. 205; Slovo, Unfinished Autobiography, S. 126, S. 127 ff.

592 Vgl. ebd., S. 204 ff.

593 Vgl. Slovo, Unfinished Autobiography, S. 143.

594 Vgl. Hodgson, Foot Soldier, S. 92.

595 Vgl. Levy, Prize, S. 261.

596 Vgl. Hodgson, Foot Soldier, S. 93; [Hilda Bernstein]: Days of Crisis (2) Habeas Corpus, Historical Papers A3299, A4.2.6.1.

597 Vgl. Denis Herbstein: Obituary Ike Horvitch, in: The Guardian 26.1.2006, www.theguardian.com/news/2006/jan/26/guardianobituaries.arts (letzter Zugriff: 12.1.2016).

Gewerkschafterin Bettie du Toit und Molly Fischer, die Frau des bekannten Anwalts und Oppositionellen und selbständige Aktivistin.[598] Die weiblichen Gefangenen wurden in ihrer letzten Haftstation, dem Ortsgefängnis Pretorias, geteilt und einige von ihnen zeitweise ins Frauengefängnis nach Nylstroom gebracht.

Hilda Bernstein führte die meiste Zeit während des Gewahrsams Tagebuch. Dort hielt sie fest, wie die Inhaftierten von Anfang an auch frauenspezifische Gründe geltend machten, um Erleichterungen der Haft zu erreichen. Neben Protest gegen die Gefängniskost[599] legten sie Beschwerde ein, weil ihnen der Zugang zu Verwandten verboten werde. Durch die Haft seien ihre Kinder unversorgt und sie könnten niemandem die Betreuung der Kinder übertragen,[600] denn neun der Frauen waren »double detainees«, deren Ehemänner ebenfalls in Haft waren.[601]

Selbstorganisierter Unterricht in Französisch, Stenographie, Mathematik, Afrikaans wie auch politische Diskussionen sowie Theaterproben sollten helfen, den Gefängnisalltag zu bewältigen.[602] Gemeinschaftsaufgaben wurden im Rotationssystem aufgeteilt.[603] Und da es ihnen erlaubt war, Pakete zu empfangen, erhielten die Frauen neben Kleidung auch Essen, was ein zentrales Thema im Gefängnis war. Hilda Bernstein gestaltete Speisepläne und die Frauen erzählten von ihren Lieblingsspeisen, Zubereitungsmethoden und würdigten ihre Kochkünste.[604] Trotz der frankophilen Prägung fand vor allem ostjüdische Küche Eingang in die Speisekarte. Täglicher Sport half Männern wie Frauen.[605]

598 Vgl. [Hilda Bernstein]: Typed version of a more detailed diary, Historical Papers, A3299, A4.2.3.2, S. 2.

599 Vgl. ebd.

600 Vgl. ebd., S. 3.

601 Vgl. Bernstein, Memory, S. 209, Fn. 3.

602 Vgl. [Hilda Bernstein]: Typed version of a more detailed diary, Historical Papers, A3299, A4.2.3.2, S. 5, S. 6, S. 12, S. 13, 16 ff., S.21, S. 35, S. 38.

603 Vgl.: ebd.

604 Vgl. ebd., S. 29, S. 33 f.; [Hilda Bernstein]: Chez Pretoria Central, Historical Papers, A3299, 4.2.4.

605 Vgl. Hodgson, Foot Soldier, S. 99; Rusty Bernstein an Tony, Pat, Frances & Keith Bernstein, 13.4.1960, A3299, A4.1.3.

Wenngleich sich *en gros* die Strategien der Reaktion auf die Inhaftierung bei Männern und Frauen ähnelten, sind geschlechtsspezifische Unterschiede erkennbar. In ihren Erinnerungen sind seitens der Männer nur wenige Hinweise auf ihre tiefere emotionale Lage zu finden, vor allem nur wenig zu ihren Kindern. Zwar rechnete es Joe Slovo seiner Frau an, dass sie die Familie zusammengehalten habe,[606] aber einige Frauen thematisierten viel deutlicher das Gefühl des Verlustes und der Sorge, wenn sie an ihre Familien dachten oder über sie sprachen.[607]

Dabei führten die weiblichen Gefangenen die größte politische Aktion im Gefängnis während des Ausnahmezustands durch. Aus Protest gegen die lange Zeit im Gewahrsam ohne Anklage oder Aussicht auf Freilassung begannen sie einen Hungerstreik. Auslöser war, dass ihnen eröffnet wurde, dass sie nach Pretoria verlegt werden sollten, was Kontakt zu ihren Familien deutlich erschwert hätte.[608] Am 13. Mai 1960 begannen fast alle inhaftierten Frauen ihren Hungerstreik. Die tägliche Nahrung bestand auf Anraten von Margret Kriel aus etwas Salz und Wasser mit Glukose.[609]

Sowohl in Kapstadt wie in Johannesburg erfuhren die anderen Inhaftierten von dem Hungerstreik und traten ihm bei.[610] Mit Nelson Mandela beratschlagten Slovo und Bernstein, ob die afrikanischen Gefangenen dem Hungerstreik beitreten sollten oder nicht. Doch auch wenn die schwarzen Häftlinge den Entschluss der Frauen lobten, sahen sie aufgrund der komplizierten Lage der ANC-Kader im Gefängnis und ihren generell noch dürftigeren Rationen, davon ab, sich dem Hungerstreik anzuschließen.[611]

606 Vgl. Slovo, Unfinished Autobiography, S. 240.

607 Vgl. [Hilda Bernstein]: Typed version of a more detailed diary, Historical Papers, A3299, A4.2.3.2, S. 4.

608 Vgl. Hodgson, Foot Soldier, S. 103; [Hilda Bernstein]: Typed version of a more detailed diary, Historical Papers, A3299, A4.2.3.2, S. 19 f.; s. a. Slovo, Unfinished Autobiography, S. 135 f.

609 Vgl. Hodgson, Foot Soldier, S. 104.

610 Vgl. Slovo, Unfinished Autobiography, S. 136; Carneson, Rainbow, S. 157.

611 Vgl. Bernstein, Memory, S. 210.

Das Regime war gezwungen, zu reagieren. Nach einer Woche wurde den hungerstreikenden Frauen eröffnet, dass ihre Gruppe getrennt werde. Acht von ihnen – Heymann, Kramer, Kalk, Brown, Gelb, Kaplan, Hodgson und Weinberg – wurden am nächsten Morgen ins Gefängnis nach Nylstroom verlegt. Zudem stellte sich bei einer Untersuchung durch den Gefängnisarzt heraus, dass Anne Heymann wegen eines Herzleidens sofort den Hungerstreik abbrechen müsse.[612] Da sich Heymann weigerte, individuell Entscheidungen zu treffen,[613] beratschlagten sich die ebenfalls körperlich angegriffenen Frauen, kollektiv den Hungerstreik zu beenden, jedoch, wie sie betonten, nur aus gesundheitlichen Gründen.[614]

Die Männer im Gefängnis von Pretoria zweifelten an der Nachricht vom Abbruch des Hungerstreiks. Erst als die Frauen ihre Entscheidung bestätigten, gingen sie dazu über, wieder zu essen.[615] In solchem Ausmaß habe es einen Hungerstreik in südafrikanischen Gefängnissen noch nie gegeben.[616] Langsam begannen die Behörden, einzelne Gefangene zu entlassen.[617] Am Ende des Ausnahmezustands befanden sich alle wieder auf freiem Fuß.

612 Vgl. [Hilda Bernstein]: Typed version of a more detailed diary, Historical Papers, A3299, A4.2.3.2, S. 27.

613 Vgl. Hodgson, Foot Soldier, S. 104.

614 Vgl. [Hilda Bernstein]: Typed version of a more detailed diary, Historical Papers, A3299, A4.2.3.2, S. 27. In Kapstadt wurde den hungerstreikenden Frauen die Nachricht codiert überbracht. Auch sie waren körperlich angeschlagen, aber standfest, bis sie in einer eingeschmuggelten Nachricht vom ZK der SACP zum Abbruch des Hungerstreiks aufgefordert wurden. Die Nachricht wurde Sarah Carnesons Mutter geheim zugespielt. Sie teilte ihrer Tochter bei einem Besuch mit, es sei kein Jom Kippur mehr – der traditionelle jüdische Sühnetag an dem gefastet wird. Ihre Tochter verstand die Bedeutung (Carneson, Red, S. 157).

615 Vgl. Slovo, Unfinished Autobiography, S. 137 f.

616 Vgl. ebd., S. 136.

617 Siehe Hodgson, Foot Soldier, S. 107.

»Bye, bye, blue sky!«[618] *– 90-Tage-Schutzhaft, 1964*

Die Gefängnisaufenthalte bedeuteten große physische wie psychische Belastungen für die Inhaftierten und ihre Angehörigen und Familien. Sie wurden jedoch noch verschärft. Das 90-Tage-Gesetz von 1963 (das 1964 in Kraft trat und 1965 durch ein 180-Tage-Gesetz erweitert wurde) gab der Polizei ausnahmslose Verfügungsgewalt über Arrest und Freilassung. Zudem begann die Sicherheitspolizei, systematisch Folter anzuwenden, um Geständnisse zu erpressen.

Die Bedingungen des 90-Tage-Gesetzes waren harsch: kein Kontakt zur Außenwelt, keine Konsultation von Anwälten, keine Bücher außer der Bibel.[619] Dabei hatte noch wenige Jahre zuvor der Richter des Obersten Gerichts Simon Kuper festgehalten, dass auch Gefangene im Polizeigewahrsam Zugang zu Anwälten haben müssten. Kuper, der auch führend in der jüdischen Community engagiert war, wurde im März 1963 Opfer eines Mordanschlags. Es wurden zwar keine Täter gefasst, jedoch wurde das Attentat in der Presse als Rache für die kürzlich erfolgte Verurteilung Ben Turoks gesehen, in das angeblich auch Joe Slovo involviert gewesen sei. Anschläge gegen Einzelpersonen waren des MK bis dato nicht üblich und Slovo erinnerte den Richter und dessen Tochter, eine Kollegin an der Anwaltskammer, als sehr warmherzig.[620]

Zu den ersten 90-Tage-Gefangenen gehörten Leon Levy und Wolfie Kodesh. Kodesh beschrieb die Haftbedingungen nach seiner auf die Inhaftierung erfolgte Ausweisung wie folgt.

> Picture yourself a room with black walls, two small electric bulbs, a wooden bench attached to one of the walls, a red cement floor and

618 Ruth First: Gefangener Mut. 117 Tage in einem südafrikanischen Gefängnis, Frankfurt a. M. 1991, S. 19.

619 Vgl. Bernstein, Memory, S. 259.

620 Vgl. [Hilda Bernstein]: Typed version of a more detailed diary, Historical Papers, A3299, A4.2.3.2, S. 3; N. N.: Judge Kuper, South African Jewish Leader, Dies from Assassin's Bullet, 21.3.1963, www.jta.org/1963/03/22/archive/judge-kuper-so-african-jewish-leader-dies-from-assassins-bullet (letzter Zugriff: 15.1.2016); Slovo, Unfinished Autobiography, S. 157.

> three or four small frosted windows. Add to this a steel door with an inch-wide peephole in the centre and you will have an idea of what was to be my »home« for the next 55 days. A couple of blankets and a mattress made up my bed, and my blue dyed army coat which served me in the trenches of the desert and Italian mountains during the war, came in handy as my pillow.
>
> When I was arrested and locked in my cell I was made to realise that my detention was to be solitary and that under no circumstances was I to step out of my black cage.
>
> It is almost impossible to describe the utter loneliness, the nagging uncertainty and boredom of being kept incommunicado. No books to read, no sky to gaze at, only four black walls and the electric lights which were never switched off.[621]

Immerhin, so gestand auch Kodesh in einem späteren Interview ein, wurde er nicht gefoltert.[622] Dass die Sicherheitspolizei diesen Schritt gehen würde, sahen die Aktivisten nicht voraus. Erst Mitte der 1960er Jahre versuchte die SACP auf die neue Situation – Folter und erzwungene Aussagen – zu reagieren. Sie ließen das Papier »Time for Reassessment« in ihren Strukturen zirkulieren.[623] Um sich dagegen zu schützen, sollten ihre SACP-Zellen neu organisiert werden.[624]

Angesichts des extremen Repressionsdrucks sprach seine Frau Rusty Bernstein, als dieser nach der Razzia von Rivonia 1963 nochmals nach Hause gebracht wurde, Mut zu: sie würden alle in Ordnung sein.[625]

621 World Campaign for the Release of South African Political Prisoners: Memorandum on South African Leaders in Danger ..., 16.3.1964, S. 1–7, hier S. 2, MSS AAM 1786.

622 Vgl. Wolfie Kodesh, SAHA AL2460, A11.10, S. 31 f.

623 Vgl. Levy, Prize, S. 314.

624 Vgl. ebd., S. 313 f.; Clingman, Bram Fischer, S. 306 f.

625 Vgl. Bernstein, World, S. 74.

Es war jedoch nichts in Ordnung. »Anything could happen now, but everything had finally passed out of my control«[626], so blickte Bernstein in seinen Memoiren auf seine Verhaftung zurück. Die Gefangenen wurden wieder nach Pretoria in das Ortsgefängnis gebracht, isoliert voneinander und alle Abläufe streng reglementiert.[627] Die Häftlinge waren der Willkür der Sicherheitspolizei ausgeliefert: Rusty Bernstein wurde von der Sicherheitspolizei in seiner Zelle fotografiert;[628] auf Denis Goldberg wurde während des Verhörs ein geladener Revolver gerichtet und der Polizist spielte mit dem Abzug.[629] Physische Gewalt herrschte ständig vor und deren Androhung war immer Teil der Verhöre.[630] Und nicht selten wurde sie angewandt. Goldberg berichtet von der *standing torture*, einem Mittel, das die Sicherheitspolizei oft bei weißen Gefangenen anwandte.

Johnny Morley-Turner wurde gezwungen, mehrere Tage und Nächte zu stehen. Ihm wurde es verboten, auf die Toilette zu gehen. Als er verdreckt und geschunden an den anderen Gefangenen vorbeigeführt wurde, nahm sich Goldberg seiner an.[631] 1965 wurde Issy Heymann dieser Folter so lange unterzogen, bis er das Versteck seines Genossen Bram Fischer verriet. Er versuchte sich daraufhin das Leben zu nehmen.[632] Norma Kitson erblickte ihren Ehemann David, während er die *standing torture* erlitt. Er war 1965 als Teil des neuen MK-Oberkommandos verhaftet worden.[633] Vergeblich hatte sich seine Frau um Kontakt bemüht, bis ein anonymer Anrufer sie alarmierte: »They're giving him a bloody hard time. The bastards are out to crack him«[634], lautete die Botschaft.

626 Bernstein, Memory, S. 257.
627 Vgl. ebd., S. 261.
628 Vgl. ebd., S. 263 f.
629 Vgl. Goldberg, The Mission, S. 114 f.
630 Vgl. Bernstein, Memory, S. 270; Goldberg, The Mission, S. 116.
631 Vgl. Goldberg, The Mission, S. 73 f., S. 394 f.
632 Vgl. ebd., S. 395 f.; Clingman, Bram Fischer, S. 352 f.
633 Vgl. Kitson, Sixpence, S. 137, S. 144.

Unter einem Vorwand verschaffte sich Kitson Zutritt zum Hauptquartier der Sicherheitspolizei am Marshall Square. Sie entdeckte mehrmals gefolterte Gefangene, darunter auch ihren Mann.[635] Norman Levy erlitt Ähnliches: Am 3. Juli 1964 verhaftet, ahnte er es voraus. Im Polizeihauptquartier in Pretoria, nach der englischen Bezeichnung *Compol* genannt, wurde Levy erst einige Tage in Isolationshaft gehalten, bevor er zum Verhör geholt wurde.[636] Dort wurde er mit Gewalt bedroht, antisemitisch beschimpft und ihm wurde angedroht, man würde seine Frau und seine Mutter ebenfalls in Haft nehmen.[637] Über 100 Stunden lang wurde er gezwungen zu stehen, bis er eine (die Sicherheitspolizei nicht befriedigende) Aussage machte.[638]

Noch bevor 1965 das 180-Tage-Gesetz eingeführt wurde, hatte Ruth First zwei aufeinanderfolgende Male 90-Tage-Schutzhaft hinter sich. Während der Haft und den unausweichlichen Verhören versuchte auch sie, sich das Leben zu nehmen. Sie sah darin den einzigen Ausweg aus ihrer aussichtslosen Lage in den Händen der Sicherheitspolizei, denn sie war sich sicher, dass sie gebrochen werden würde. First schluckte alle ihre Schlaftabletten,[639] aber der Versuch schlug fehl.[640] First überstand den Rest ihrer Haftzeit und die Verhöre mithilfe von Beruhigungsmitteln, die der Arzt ihr verschrieb. Als AnnMarie Wolpe nach der Flucht ihres Mannes 1964 von der Polizei in Schutzhaft genommen wurde, brach sich ihre Angst vor physischen Schmerzen Bahn. Seit ihren Kindertagen, als sie heimlich ein versteckt gehaltenes Buch ihrer Mutter über die Verbrechen der Nazis gelesen hatte, trug sie diese Angst in sich. Jetzt, als der berüchtigte Sicherheitspolizist Swanepoel sie schüttelte, beschimpfte und bedrohte, drohte sie damit, sich aus dem Fenster zu stürzen, um einer Wiederholung der Misshandlung zuvorzukommen.[641]

634 Ebd., S. 146 f.
635 Vgl. ebd., S. 147.
636 Vgl. Levy, Prize, S. 317.
637 Vgl. ebd., S. 323.
638 Vgl. ebd., S. 323–329.
639 Vgl. First, Gefangener Mut, S. 144.
640 Vgl. ebd., S. 146.

Internationalen Widerhall fand das Agieren der südafrikanischen Polizei in der Regel nicht. Zu einer größeren Affäre weitete sich jedoch der Fall des 21-jährigen Studenten John Schlapobersky aus, der im Jahr 1969 verhaftet wurde.

Er stammte aus einer renommierten jüdischen Johannesburger Familie[642], war aber, da seine Eltern 1959 ins britische Protektorat Swasiland gezogen waren, britischer Staatsbürger. Nach seiner Verhaftung ersuchten sie sowohl das britische wie das israelische Konsulat um Hilfe. Die Intervention des israelischen Konsuls Jizchak Unna brachte – auch dank seiner vorzüglichen Kontakte in die Regierung – die Wende in der ausweglos erscheinenden Situation.[643]

Schlapobersky wurde in der Haft mit *standing torture* und Schlafentzug gefoltert, in Einzelhaft gesteckt, zu Aussagen erpresst und antisemitisch beleidigt.[644] Er nahm Hinweise war, dass die Sicherheits-

641 Vgl. Wolpe, Long Way, S. 185–202, S. 189 ff.

642 Vgl. N. N.: Johannesburg, South Africa's Largest City, Elects Jew As Mayor; Tenth to Serve, 13.3.1968, www.jta.org/1968/03/13/archive/johannesburg-south-africas-largest-city-elects-jew-as-mayor-tenth-to-serve (letzter Zugriff: 19.1.2016).

643 Jitzchak Unna war zuerst Generalkonsul und später Botschafter Israels in Südafrika. Als ein ausgesprochener Gegner der Apartheid sorgten seine Äußerungen und sein Verhalten in der Gesellschaft für Aufsehen, bspw. als er sich weigerte eine Aufführung in einem segregierten Theater zu besuchen (Shimoni, Community, S. 157, S. 330 Fn. 14; Denis Diamond: South Africa in: American Jewish Yearbook 1980, S. 274–281, hier S. 276, S. 278). Der gebürtige Hamburger begründete seine Ablehnung des »ekelhaften Apartheidregimes« mit seiner Erfahrung als Jude (siehe FZH / Werkstatt der Erinnerung 559). Zu Unna und seinen Kontakten in den Regierungsapparat siehe: Sasha Polakow-Suransky: The Unspoken Alliance. Israel's Secret Relationship with Apartheid South Africa, New York 2010, S. 54 ff., S. 99 ff.

644 Vgl. N. N.: South Africa: Trial by Torture continued, MSS AAM 1801; John Schlapobersky, in: Bernstein, The Rift, S. 81–87, hier S. 84; Jizchak Unna, in: Fachler, Schlapobersky Affair, S. 10; Megan Lane / Brian Wheeler: The real victims of sleep deprivation, BBC News Online Magazine, 8.1.2008, news.bbc.co.uk/1/hi/3376951.stm (letzter Zugriff: 20.1.2016).

polizei ihn in den Selbstmord treiben wollte, als wolle sie ihm bedeuten: »Los, mach es, mach dich weg«.[645] Um den Tod anderer Aktivisten wissend entwickelte Schlapobersky eine große Angst, umgebracht zu werden.[646]

Der Sicherheitspolizist, der Schlapobersky vornehmlich verhörte, schlug, drangsalierte und zum Flughafen brachte, war der berüchtigte Theunis »Roi Ruus« Swanepoel. Es war bekannt, dass unter seiner Aufsicht der Häftling Suleiman »Babla« Saloojee zu Tode kam, angeblich durch Suizid.[647]

Jizchak Unna eröffnete bei der Sicherheitspolizei die Option, dass Schlapobersky nach Israel ausreisen könne. Doch weil die Behörden sich kurz vor der Aufdeckung eines großen Untergrundnetzwerkes stehend wähnten, lehnten sie ab.[648] Als sich Schlapoberskys Gesundheitszustand verschlimmerte, dachte die Sicherheitspolizei um und drängte Unna geradezu, Schlapobersky von der *alijah* zu überzeugen.[649] Als er Schlapobersky zum Gespräch traf, hatte Unna seine Entscheidung jedoch schon getroffen: »Obviously at this stage I had already decided to make every effort to release John so that he could be transported to Israel«.[650] Vor dem Abflug mahnte Unna Schlapobersky, er habe keine Kontrolle über sein zukünftiges Handeln und auch den Behörden keine Garantien gegeben, dass Schlapobersky sich nicht gegen Südafrika engagieren werde; seine Möglichkeit, in weiteren Fällen zu helfen, hinge jedoch von Schlapoberskys Verhalten ab.[651]

Schlapobersky ließ sich nach einem kurzen Aufenthalt in Israel in London nieder und berichtete dem AAM über seine Haft und Freilassung.[652] Ihm zufolge habe die Sicherheitspolizei den ersten Schritt

645 Vgl. Schlapobersky, in: Bernstein, The Rift, S. 86.
646 Vgl. ebd.
647 Vgl. Kitson, Sixpence, S. 158; Bell, Unfinished Business, S. 45.
648 Vgl. Fachler, Schlapobersky Affair, S. 11.
649 Vgl. ebd., S. 12.
650 Ebd.
651 Vgl. ebd., S. 13.
652 Vgl. N. N.: South Africa: Trial by Torture continued, MSS AAM 1801.

gemacht und Israel – und nur Israel – als Ausreiseziel genannt.[653] Swanepoels Abschiedsworte hielt Schlapobersky für überlieferungswürdig: »were it not for the Consul General of Israel you would have spent a lot more time with me«[654] – eine unzweideutige Drohung.

Noch Jahrzehnte später erinnerte sich Schlapobersky genau an die Tage seiner Folter und die zerstörerischen Auswirkungen des Schlafentzugs.[655]

Mord(drohungen)

Die Polizisten reagierten durchaus irritiert, als sie während des Ausnahmezustands 1960 seltene Gäste hatten: weiße weibliche politische Gefangene – gebildete Frauen mittleren Alters. Ihre Glacéhandschuhe nahmen sie sich jedoch schnell ab.[656] Nachdem sie nach London geflohen war, geriet Norma Kitson bei einem Besuch ihres langjährig inhaftierten Mannes David in die Fänge der Sicherheitspolizei. Sie wurde von der Polizei entführt und ihr wurde gedroht, ihre Kinder zu verletzen. Um ihrer Forderung, sie solle für Pretoria Spitzeldienste leisten, Nachdruck zu verleihen, hielten die Beamten Kitson an den Füßen aus dem Fenster des sechsten Stocks. »I might have lost consciousness for a few seconds or minutes while I hung there. I went ice cold. I thought they were going to drop me as they'd dropped Babla [Saloojee; H. P.]. Then I was pulled up and put back into the chair. I sat there, breathing deeply, unable to move.«[657]

Nach dem Tod nicht-weißer Aktivisten in Gewahrsam war ihre Befürchtung nicht unberechtigt. Auch ihr Sohn wurde 1982 bei einem Besuch bei seinem Vater in Polizeigewahrsam genommen und gefoltert.[658]

653 Vgl. ebd.
654 Jizchak Unna, in: Fachler: Schlapobersky Affair, S. 13.
655 Vgl. Lane/Wheeler: The real victims of sleep deprivation.
656 Vgl. Kitson, Sixpence, S. 160 f.
657 Kitson, Sixpence, S. 199.
658 Vgl. Bronwen Murison: The part played by doctors in Steven Kitson's torturer, in: World Medicine, 23.01.1982, S. 75 ff., MSS AAM 1874.

Daraufhin fürchtete Norma Kitson um sein Leben. Sie startete in London eine beispiellose Protestkampagne, welche nach sechs Tagen zur Freilassung ihres Sohne führte.[659] Ihre Schwester, die für 15 Jahre der monatliche Besuch von David Kitson gewesen war, nahm sich auch ihres Neffen an und exponierte sich weiter, als sie versuchte Druck auf die Verantwortlichen auszuüben.[660] Am Tag nach Stephen Kitsons Freilassung und Ausreise wurde sie in ihrem Apartment tot aufgefunden. Die Polizei verwickelte sich in Widersprüche über die Todesart. Norma Kitson ging davon aus, dass das Regime in Pretoria ihre Schwester ermordet hatte.[661]

Der Terror der südafrikanischen Polizei gegen schwarze Gefangene ließ es nur zu einer Frage der Zeit werden, bis auch weiße Aktivisten ins Visier gerieten. Die Militarisierung der Polizei und Entfesselung eines schmutzigen Krieges gegen die Befreiungsbewegung(en) im südlichen Afrika machte nicht vor der weißen Haut Halt. Ruth Firsts wurde 1982 in Maputo (Mosambik) durch eine Briefbombe getötet und ihr langjähriger Mitstreiter Albie Sachs ebendort 1988 durch eine Autobombe schwer verletzt. Beide Anschläge waren nur Höhepunkte der Kampagnen gegen exilierte Oppositionelle.[662]

Der Polizei gelang es seit Mitte der 1960er Jahre dank Infiltration und erzwungener Aussagen die Widerstandsorganisationen im Land, wenn nicht aufzudecken und zu zerschlagen, so mindestens zu paralysieren. Die gesamte Struktur der radikalen Opposition verschob sich ins Ausland.[663] Eine große Zahl politischer Gefangener saß jedoch noch in Pretoria ein.

659 Vgl. Kitson, Sixpence, S. 247–255. S. a. Stevens, Warum Südafrika?, S. 331.
660 Vgl. ebd., S. 252 f.
661 Vgl. ebd., S. 255 f.; M[orning] S[tar] Notice – To Appear on 22.1.82, MSS AAM 1874.
662 Siehe Joe Slovo: Einleitung, in: First, Gefangener Mut, S. 7–13; Albie Sachs: The Soft Vengeance of a Freedom Fighter, London 1990; Bell, Unfinished Business, S. 55–73, S. 83–125, S. 192–202, S. 228–237; Mark Israel: Crimes of the state: Victimisation of South African political exiles in the United Kingdom, in: Crime, Law & Social Change, Nr. 29 (1998), S. 1–29.
663 Vgl. Houston, The post-Rivonia ANC/SACP underground.

Seit 1964 nahm auch die Zahl der weißen Gefangenen zu. Viele wurden vor ihren Prozessen in 90-Tage-Haft und *incommunicado* gehalten, doch sie bemühten sich um Kontakt zur Außenwelt. Rusty Bernstein und Denis Goldberg entdeckten bald, dass drei andere schon verurteilte weiße politische Gefangene – Ben Turok, Jack Tarshish und Harold »Jock« Strachan – mit ihnen in Pretoria einsaßen.[664] Mittels geheimer Kommunikation verschaffte ihnen der Durchbruch der Isolation Erleichterung angesichts des massiven Drucks, der auf ihnen lastete, da ihnen die Todesstrafe drohte.[665] Binnen weniger Tage füllten sich die Zellen des *Pretoria Local Prison*.[666]

Nach ihrer Verurteilung wurden die Gefangenen aus den Händen der Sicherheitspolizei in den regulären Strafvollzug überwiesen. Damit entkamen sie der polizeilichen Willkür und Ausnahmegesetzgebung und unterlagen den Gefängnisregularien. Damit gingen bestimmte Rechtsansprüche wie Besuche, privater – zensierter – Schriftverkehr einher und auch die Studienangebote der *University of South Africa* konnten genutzt werden und das Kontaktverbot unter den Gefangenen war aufgehoben.[667] Verbote hingegen gab es viele: eines untersagte Gefangenen, durch ihr Zellenfenster in die Höfe der schwarzen Sektion zu schauen.[668] Zudem sahen die Gefängnisvorschriften vor, dass die Gefangenen in der Gefängnisfabrik arbeiteten. Aus gesundheitlichen Gründen konnten Gefangene Ausnahmen erwirken, unter ihnen Brauch Hirson und Jack Tarshish.[669] Dieser forderte einmal besondere Krankenkost an

664 Vgl. Goldberg, The Mission, S. 113 f.; Bernstein, Memory, S. 264.

665 Vgl. ebd., S. 115.

666 Vgl. Bernstein, Memory, S. 277 f.

667 Vgl. Goldberg, The Mission, S. 150 f.

668 Jock Strachan missachtete dieses Verbot und sammelte so Eindrücke der Misshandlung schwarzer Gefangener, die er an die kritische Tageszeitung *Daily Mail* weitergab. S. a. Hirson, Revolutions, S. 4, S. 72 f. über die brutalen Misshandlungen und äußerst gewalttätigen Zustände in der schwarzen Sektion des Gefängnisses.

669 Vgl. Hirson, Revolutions, S. 2 ff.; Goldberg, The Mission. S. 150 f., S. 154.

und ein anderes Mal berief er sich auf sein Judentum und verlangte koscheres Essen, was seine karge Gefängniskost aufbesserte.[670]

Doch die Gefangenen waren den Launen der aufsichtführenden Wärter ausgeliefert.[671] Die weißen politischen Gefangenen galten als Verräter, weil sie das System der weißen Vorherrschaft von innen in Frage stellten.[672] Und auch ein Klassenunterschied war deutlich: die Gefängniswärter kamen mehrheitlich aus weniger gebildeten Schichten. Ihre Themen kreisten um Autos, Rugby und Frauen. Ihnen standen Gefangene gegenüber, die meistens über einen Hochschulabschluss verfügten, politisch gebildet waren und weitreichende Interessen hatten. »Our gards thought of us as coming from privileged white families and set about using their little bits of power to make our lives as miserable as they could.«[673] Gegen die Drangsalierungen gingen die Gefangenen kollektiv vor und bildeten entgegen des Verbots der Organisierung ein Komitee, dessen Aufgabe es war, die Einhaltung der Gefängnisvorschriften durch das Wachpersonal zu überprüfen und bei einer Verletzung Beschwerden bei den höheren Dienststellen einzureichen. Es half, dass einige erfahrene Rechtsanwälte unter ihnen waren. Auch umgekehrt mussten einige Gefangene lernen, dass es leichter war, wenn sie das Wachpersonal mit Respekt behandelten.[674]

Die einzige Abgeordnete der legalen Oppositionspartei *Progressive Party*, Helen Suzman, – selbst jüdisch – setzte sich für alle politischen

670 Vgl. Goldberg, The Mission, S. 188.

671 Vgl. ebd., S. 147 f.; Levy, Prize. S. 357.

672 Vgl. ebd., S 155.

673 Ebd., S. 148. Von ihren Mitgefangenen unterschieden sich die politischen Gefangenen aufgrund ihrer Ausbildung, aber auch wegen der Diskrepanz zwischen den relativ hohen Strafen (und der bedrohlichen Anklage wie Hochverrat) und ihrer harmlosen Erscheinung. Ein langjähriger regulärer Strafgefangener stellte angeblich fest, dass die »Kommies« alle Brillenträger gewesen wären. Die Mitgliedschaft in einer im informellen Gefängnissystem anerkannten Gruppe bot wichtigen Schutz gegen Übergriffe anderer Gefangener (Lewin, Bandiet II, S. 129 f., S. 157 f.).

674 Vgl. ebd., S. 149.

Gefangenen ein und erreichte einige Verbesserungen wie die Erlaubnis für Brettspiele, Plattenspieler und Schallplatten.[675]

Wie in den Haftzeiten zuvor organisierten die Gefangenen wechselseitige Vorträge, jährliche Theateraufführungen und eine jährliche – illegale – Zeitung.[676] Selbstgemachte Geburtstags- und Weihnachtskarten, die sich die Gefangenen untereinander schenkten, sollten die »emotionale Verwüstung« des Gefängnisses mildern.[677] Es gab jedoch Bereiche, welche die Gefangenen voneinander abschirmten. Die Gefängnisgemeinschaft sei nicht so gewesen, dass man seine »Liebesbriefe herumgezeigt« hätte, urteilte Denis Goldberg später.[678] Trotz der Einigkeit gegen Behörden und Verwaltung entsponnen sich interne Auseinandersetzungen um scheinbare Banalitäten. Goldberg schob es auf einen generationellen Konflikt, der sich in abweichenden vorausgesetzten Selbstverständlichkeiten bemerkbar machte. Manche seiner eigenen Auseinandersetzungen beruhten ihm zufolge auch darauf, dass er nach dem Tod Bram Fischers der einzige zu lebenslanger Haft verurteilte politische Gefangene war.[679]

Das Verhältnis zu ihren Ehefrauen stellte die Männer vor große Herausforderungen. Es galt, die Veränderungen in den Beziehungen auszuhalten und trotz der eigenen Inhaftierung der Partnerin Freiheit(en) einzuräumen.[680] Die wenigen gewährten Besuche stellten hier aufgrund des Beziehungsverhältnisses eine besonders Belastung dar.[681] Generell waren Besuche ein Privileg, das entzogen werden konnte. Während der halbstündigen Besuchszeit waren beide Parteien permanent durch eine Scheibe getrennt und wurden von Wärtern überwacht, die darauf achteten, dass nur über private Angelegenheiten gesprochen wurde.[682] Gold-

675 Vgl. ebd., S. 150, S. 155; Levy, Prize, S. 363 f., S. 378. S. a. Helen Suzman: In No Uncertain Terms. A South African Memoir, New York 1993, S. 135–148, v. a. S. 140 f.
676 Vgl. ebd., S. 151 f.
677 Vgl. ebd., S. 153.
678 Vgl. Goldberg, in: Suttner, Cutting, S. 485.
679 Vgl. ebd., S. 484 f.
680 Vgl. ebd., S. 485 f.
681 Vgl. ebd., S. 487.
682 Hirson, Revolutions, S. 9; Goldberg, The Mission, S. 145.

berg bewertete die Besuche als einen Einbruch in die Routine des Häftlingsalltags und eine Gefährdung für die Mauern, die die Gefangenen um ihr Innenleben gezogen hatten.[683]

Zwar wurden die Haftbedingungen und sanitären Anlagen für weiße Gefangene mit der Zeit ein wenig besser,[684] doch dies konnte nicht über die Willkür der Wärter,[685] die Härte des Gefängnislebens und die langfristigen negativen Auswirkungen auf die Gesundheit der Insassen hinwegtäuschen. Belastend wurde das selbst im Gefängnis bestehende Privileg gegenüber den schwarzen Genossen empfunden.[686]

Flucht aus Südafrika

Wer nicht in Haft saß, sah sich in seinem Alltag durch polizeiliche und legislative Auflagen eingeschränkt: politische Organisation und Betätigung waren verboten und vielen Aktivisten drohte die 90-Tages-Haft. Ein Verlassen des Landes wurde – wenn auch unwillig – in Betracht gezogen. Doch der Apartheidstaat kontrollierte genau, wer den notwendigen Pass beantragte. Die Aktivisten selbst empfanden den Gedanken ans Exil als schmerzlich. Südafrika zu verlassen griff ihr Selbstverständnis als wirkliche südafrikanische Patrioten an; sie wollten sich solidarisch zeigen mit denjenigen, die nicht fliehen konnten. Ihrer Ansicht nach entspräche eine Flucht einer Art der Fahnenflucht.[687] Während schon viele der nichtaktiven weißen Oppositionellen das Land verlassen hatten, harrten die

683 Vgl. Goldberg, The Mission, S. 145.

684 Von März bis November 1966 waren die Gefangenen in *Pretoria Central Prison* untergebracht, dem Gefängnis, in dem Weiße durch den Galgen hingerichtet wurden (Lewin, Bandiet II, S. 107 ff., S. 131, S. 153).

685 Lewin, Bandiet II, S. 104 f., berichtet von einem Wärter, der die Angewohnheit hatte, die Gefangenen minutenlang heimlich durch das Guckloch der Zellentür zu beobachten.

686 Vgl. Hirson, Revolutions, S. 224–228, S. 343 f., S. 353 f.

687 So sahen es zum Beispiel Ivan und Lesley Schermbrucker (vgl. Bernstein, Memory, S. 339; Bernstein, World, S. 199 f.).

politischen Oppositionellen aus. Wegen ihrer politischen Überzeugung fühlten sie sich gefestigter, wie Hilda Bernstein beschrieb:

> It was our political involvement that enabled us to endure the irrational society around us with the punishments, the bans, the confinements and house arrests and prohibition on communicating with others. We still felt we were part of the national liberation movement, and had only an inkling of the uncertainty and loss of identity that beset those who were being rejected by their own society and had not been able to change worlds.[688]

Diesem Klima entsprechend beschrieb Rusty Bernstein seine Reaktion auf den Versuch aus seiner Familie von der Ausreise überzeugen wollte. Geradezu exemplarisch für den harten Kern der Aktivisten, erklärte er, er werde nur unter Zwang das Land verlassen und gebe nicht freiwillig auf.

> I don't know if I will do any good, inside or outside jail. But this is my country, this is my struggle. And I am not prepared to throw in the sponge when it gets tough and let them have it their own way. [...] I will not voluntarily go into exile.[689]

Der Befreiungskampf symbolisierte für ihn, »was ich am Meisten in meinem Leben wertschätzte. Ich würde bis zum bitteren Ende daran festhalten.«[690] Diese heroische und selbstlose Charakterisierung des eigenen Willens, auszuharren, wurde von seiner Frau Hilda geteilt, doch räumte sie später ein, damit vielleicht ihre eigenen Zweifel besänftigt haben zu wollen.[691]

Zweifel an der Ausreise machte Ruth First kurz nach ihrer Entlassung aus dem Gewahrsam gegenüber ihrem Mann deutlich.[692] So fragte

688 Bernstein, World, S. 51.
689 Bernstein, World, S. 66; Bernstein, Memory, S. 242.
690 Bernstein, Memory, S. 242.
691 Vgl. Bernstein, World, S. 67.
692 Ruths Vater Julius First war schon nach London geflohen.

sie ihn: »But does it [die Ausreise nach England; H. P.] appear to be necessary?«[693] Sie würde Bedenkzeit benötigen und eines Planes bedürfen, um in London zu »überleben«.[694]

Sorgen wie diese wurden angesichts immer prekärer werdender politischer und finanzieller Verhältnisse nachrangig. Doch wer sich entschieden hatte, das Land zu verlassen, musste zuvor noch der Polizei entkommen.

Dies gelang Arthur Goldreich und Harold Wolpe, die aus dem Polizeigefängnis am Johannesburger Marshall Square entkamen. Beide wurden im Zuge der Razzia in Rivonia in Haft genommen.[695] Mit ihnen flohen ihre indischen Genossen Abdullay Jassat und Mosie Moolla aus dem Gefängnis.[696] Die vier konnten einen jungen Polizeibeamten bestechen[697] und mit einem überlassenen Schlüssel durch die Hintertür der Wache entkommen. Unter Schwierigkeiten tauchten sie nach Hautfarben getrennt in Johannesburg unter.[698] Wolpe und Goldreich bemühten den Sympathisanten Barney Simon, später Direktor des apartheidkritischen Market Theater, der seine Wohnung schon für geheime Treffen zur Verfügung gestellt hatte und ein enger Freund Ruth Firsts war.[699] Simon wurde ihr Mittler und kontaktierte für sie den oppositionellen Untergrund, namentlich Mannie Brown, der in den Fluchtplan involviert gewesen war[700] Während ihres Untertauchens bei anderen Sympathisanten in Johannesburg wurde Wolpes Ehefrau AnnMarie inhaftiert (wie zuvor schon Goldreichs Gattin Hazel).[701] Den Männern gelang es – als Priester verkleidet – nach Bechuanaland ausgeflogen zu werden.[702] Von dort wurden sie mit Hilfe ihrer Genossen des ANC und der

693 Ruth First an Joe Slovo, 21.12.1963, Ruth First Papers 117/1/3/1/2.
694 Vgl. ebd.
695 Vgl. Wolpe, Long Way, S. 103–111.
696 Siehe ebd., S. 130 ff., S. 137 f., S. 158–184.
697 Vgl. ebd., S. 136 f., S. 163–166.
698 Vgl. ebd., S. 177–184.
699 Vgl. ebd., S. 182 f.; Barney Simon, in: Suttner, Cutting, S. 125.
700 Vgl. ebd., S. 184.
701 Vgl. ebd., S. 204–217.
702 Vgl. ebd., S. 234–238.

Unterstützung Julius Nyereres nach Tansania gebracht. Der Präsident des gerade unabhängig gewordenen Tanganjikas (heute Tansania) hatte sogar ein Flugzeug für die beiden gesandt, das aber in der Nacht auf dem Flugfeld gesprengt wurde.[703] Ihre Ausreise war, weil sie prominente Flüchtige waren, komplizierter als die anderer Aktivisten.[704]

Exit Permits

Um ausreisen zu können bedurften alle südafrikanischen Staatsbürger eines Reisepasses. Oftmals spielten die Behörden gegenüber oppositionellen Antragstellern ihre Macht aus und machten leere Versprechen, vertrösteten, schoben auf. Zumeist entschied die Sicherheitspolizei, den Aktivisten keinen Reisepass auszustellen, sondern boten nur ein sogenanntes *exit permit* zur Ausreise an, eine Genehmigung, welche die einmalige Ausreise erlaubte, die Rückkehr nach Südafrika aber verbot und den Besitzer dieser Genehmigung aller staatsbürgerlichen Rechte beraubte.

Exemplarisch wurde das Vorgehen der Behörden an der Familie Ruth Firsts exerziert. Als sie Pässe für sich und ihre Familie beantragte, wurde sie wieder und wieder vertröstet, ihre Anfragen nach dem Stand der Bearbeitung wurden immer gleichlautend beantwortet, schrieb sie ihrem Mann: »Still under consideration. No decision yet.«[705] Am 28. Februar 1964 beantragte sie zusätzlich ein *exit permit*.[706] First gab den 14. März als Ausreisedatum an.[707] Doch seitens der Sicherheitspolizei

703 Vgl. ebd., S. 249 f.

704 Vgl. Bernstein, World, S. 100.

705 Ruth First an Joe Slovo, no date (»night of the telephone call«, zwischen dem 25.2.1964 und 1.3.1964), Ruth First Papers 117/1/3/1/2.

706 Siehe ebd.

707 Vgl. Ruth First an Joe Slovo, 1.3.1964, Ruth First Papers 117/1/3/1/2. Der 1. März 1964 war ein Sonntag, das Jahr ein Schaltjahr. Ruth First schrieb im gleichen Brief: »Applied Friday for an exit-permit + gave Monday 14 as date of departure.«

wurde die Entscheidung erneut verzögert. Als sich Firsts Mutter Tilly in Pretoria erkundigte, wurde ihr mitgeteilt, dass das Gesuch um einen Pass abgelehnt worden sei. Daraufhin erklärte die Mutter eine Stunde lang die familiäre Situation, ohne eine Änderung zu erreichen.[708] Fünf Tage vor Abflug kam schließlich die Ausreisegenehmigung, das *exit permit*. Am Flughafen überwachte die Sicherheitspolizei die Ausreise des Restes der Familie First, die heimlich von Hilda Bernstein verabschiedet wurden.[709]

Das *exit permit* war von da an das letzte Mittel, um das Land zu verlassen. Wolfie Kodesh wurde nach seinem 90-Tage-Gewahrsam gegen seinen Willen mit einem *exit permit* ausgestattet und nach England abgeschoben.[710] Andere wiederum kämpften Jahre um eine Ausreisemöglichkeit: so Norma Kitson, die schon nach der Verhaftung ihres Mannes David für sich einen Pass beantragt hatte. David Kitson legte in der Hoffnung, dass ihr Gesuch so schneller und positiv beantwortet werde, sogar die Scheidung nahe.[711] Zwar wurde ihr Pass bewilligt, am Tag vor ihrer Abreise wurde dieser jedoch von der Sicherheitspolizei konfisziert. Kitson blieb zunächst nur ein *exit permit*, um das Land zu verlassen. Damit hätte sie die Möglichkeit verloren, ihren Mann im Gefängnis zu besuchen.[712] Doch der britische Konsul stellte ihr einen Pass aus, da sowohl ihr Schwiegervater wie auch ihr Sohn in England geboren waren. Aus dem Entzug der südafrikanischen Staatsbürgerschaft folgte hier die fünfjährige Staatenlosigkeit ihrer Tochter.[713]

708 Vgl. Ruth First an Joe Slovo, 3.3.1963, Ruth First Papers 117/1/3/1/2.
709 Vgl. Wieder, Ruth First and Joe Slovo, S. 142 f.
710 Vgl. N. N.: SACP Statement on the Death of Comrade Wolfie Kodesh, 19.10.2002, www.sacp.org.za/docs/pr/2002/pr1022a.html (letzter Zugriff: 27.1.2016).
711 Vgl. Kitson, Sixpence, S. 178.
712 Vgl. ebd., S. 180 f.
713 Vgl. ebd., S. 181 f.

Wie an den Fällen John Schlapoberskys und Norma Kitsons deutlich wird, erwiesen sich die Interventionen von Gesandtschaften anderer Staaten, allen voran Großbritanniens und Israels, als entscheidend, was die Freilassung und die Ausreise von Aktivisten betraf. Im Land selbst zeigte eine andere Staatsangehörigkeit nicht notwendigerweise Wirkung, um Schutzhaft, Folter oder Inhaftierung zu verhindern, wie das Beispiel Schlapoberskys aber auch der Fall Steven Kitsons oder Sue Rabkins zeigte.[714] Ausländische Staatsbürgerschaften wurden dennoch als Schutz angesehen. Während des *Rivonia*-Prozesses bemühte sich das AAM um britische Papiere für Denis Goldberg, dessen Eltern aus London kamen.[715] Neben ihm waren auch andere Aktivisten durch die Staatsangehörigkeit oder das Geburtsland der Eltern oder ihre Hochzeit zu britischen Papieren berechtigt.[716] Aber nicht nur das Empire half unter Umständen den politischen Aktivisten aus, auch Dokumente jüngst unabhängig gewordener afrikanischer Staaten erwiesen sich als dienlich, wenngleich sie nur ein notdürftiger Ersatz für »echte« Papiere waren. Wie kompliziert und aufwändig es jedoch für Aktivisten war, die nicht über international anerkannte Papiere verfügten, macht das Beispiel eines der ersten Exilanten, Hyman Basners, deutlich. Basner, ein ehemaliges SACP-Mitglied und *Native Representative*, der Südafrika nach seinem Gewahrsam nach Sharpeville verließ, war mit Papieren solcher Art ausgereist. Er und seine Frau waren 1961 nach Tansania geflohen, wo sie improvisierte Dokumente erhalten hatten und so im selben Jahr weiter nach Ghana reisen konnten.[717] Nelson Mandela, der zufällig im gleichen Flug von Daressalaam nach Akkra saß und aus Ermangelung eines Reise-

714 Vgl. ebd. S. 247 f.; Interview mit Sue Rabkin, 21.08.2014, Johannesburg.

715 Vgl. Committee Minutes, 28.5.1964, MSS AAM 1778.

716 Vgl. Hodgson, Foot Soldier, S. 108, S. 128; Hilda Bernstein wurde in London geboren und beantragte nach ihrer Flucht in Lusaka einen britischen Pass (Bernstein, World, S. 383).

717 Vgl. Miriam Basner (Hg.): Am I an African? The Political Memoirs of HM Basner, Johannesburg 1993, S. 196 f.

passes über dieselben Papiere verfügte, passierte die ghanaischen Grenzkontrollen problemlos,[718] während Basner vor allem wegen der massiven Irritation des Grenzbeamten – ein Weißer ohne Pass!? – gestoppt wurde, und erst weiterreisen konnte, nachdem Mandela sich dezent für Basner eingesetzt hatte.[719] Das Ehepaar Basner blieb einige Jahre als Mitarbeiter des Präsidenten in Ghana, wurde 1966 jedoch durch einen Putsch außer Landes getrieben. Staatenlos wurden sie nach Rom abgeschoben. Von dort beabsichtigte das Paar, nach England weiterzureisen, erhielt aber keine Einreiseerlaubnis, da Basner als »roter« Unterstützer eines »schwarzen Diktators« galt. In diesem Moment konnten sie ihre jüdische Herkunft geltend machen, die es durch das 1950 verabschiedete »Rückkehrgesetz« ermöglichte, die israelische Staatsbürgerschaft mit der Einreise zu erhalten. Derart naturalisiert konnten sie schließlich nach England einreisen.[720] Die Option, *alijah* nach Israel zu machen, hielt sich auch Leon Levy offen, auf dessen *exit permit* ein Visum der israelischen Botschaft in Pretoria gestempelt war, mit dem er, wäre er in England abgewiesen worden, hätte weiterreisen können.[721]

Doch auch andere Staaten bemühten sich, gestrandeten papierlosen Aktivisten zu helfen. In Bechuanaland saßen Oliver Tambo und Ronald Segal fest, weil sich die Einlösung des Versprechens der ghanaischen Regierung, ihnen Papiere auszustellen, verzögerte.[722] Sie trafen mit dem ebenfalls gestrandeten Yusuf Dadoo zusammen. Allen dreien wurden von der indischen Regierung »Dokumente« ausgestellt. Es erreichte sie je ein Blatt Papier, das besagte, dass der Betreffende den Wunsch ausgedrückt habe, nach Indien zu reisen, und die indische Regierung sich nicht veranlasst sähe, an dieser Absicht zu zweifeln. Ausgestellt wurde dieses Schreiben von der indischen Handelsvertretung Rhodesiens;

718 Vgl. Mandela, Der lange Weg, S. 391.

719 Vgl. ebd., S. 392.

720 Vgl. Basner, Am I an African?, S. 198.

721 Vgl. Levy, Engagements, S. 83. Sein Schwager hatte ihm das israelische Visum besorgt.

722 Vgl. Segal, Into Exile, S. 291.

die drei hefteten ein Foto auf das Papier und konnten so Bechuanaland verlassen.[723]

Trotz ihres Rechtes auf nicht-südafrikanische Dokumente verzichteten manche Aktivisten auf jene. Jack und Rica Hodgson und Michael Harmel, die britische bzw. irische Papiere hätten bekommen können, wählten den Weg der illegalen Einreise ins britische Protektorat Bechuanaland. Dort wurden sie als Staatsangehörige des Empire bei den Behörden vorstellig.[724]

Illegale Ausreise nach Botswana

An vier Länder grenzt(e) Südafrika. Namibia stand als ehemalige deutsche Kolonie seit dem Ende des Ersten Weltkriegs unter südafrikanischer Verwaltung und grenzte an die portugiesische Kolonie Angola, die wie auch Mosambik mit dem Regime in Pretoria kooperierte. An Mosambik grenzte Swasiland, was die Aussichten, von dort zu entkommen, entscheidend schmälerte. Von der Enklave Lesotho konnte man nur per Flugzeug durch den südafrikanischen Luftraum entkommen, was jedoch ein gefährliches Unterfangen war. Somit war das einzige realistische Ziel der illegalen Ausreise das britische Protektorat Bechuanaland (heute Botswana), wo die Flüchtlinge politisches Asyl beantragen und mit Dokumenten ausgestattet weiterreisen konnten. Wenngleich es ein frühzeitiger *point of departure* war, war das Land weit davon entfernt ein sicherer Zufluchtsort zu sein.[725] Die weiße Bevölkerung, unter ihnen Südafrikaner, stand der Befreiungsbewegung ablehnend bis feindlich gegenüber.[726] Politischen Flüchtlingen drohte, nach Südafrika entführt zu werden.[727]

723 Vgl. ebd., S. 297–300, Zitat S. 299.
724 Vgl. Hodgson, Foot Soldier, S. 126, S. 128.
725 Vgl. Segal, Into Exile, S. 281.
726 Vgl. Segal, Into Exile, S. 281, S. 284 ff., S. 289 f.
727 Vgl. ebd., S. 287 f., S. 291, S. 296 f.; Bernstein, World, S. 100.

Dennoch führte ohne Papiere kein anderer Weg aus Südafrika hinaus. Wer fliehen wollte, tauchte zuerst in Johannesburg ab und wurde dann mit einem Auto in die Nähe der Grenze gebracht. Um nicht selbst verhaftet zu werden, ließen die Fahrer ihre Passagiere zurück. Die Aktivisten mussten sich das letzte Stück des Weges selbst durchschlagen.[728]

Der ANC hatte in den Städten Lobatse, Palapye und Francistown Safe Houses aufgebaut, die der temporären Unterbringung von Flüchtlingen dienten. Von dort aus wurden flüchtige Aktivisten per Flugzeug nach Tanganjika/Tansania geschleust.[729] In Bechuanaland hielten Repräsentanten der britischen Krone, europäische Ex-Militärs, politische Aktivisten, örtliche apartheidkritische Geschäftsleute wie der jüdische »meat millionaire« Cyril Hurwitz und Exilanten die Schleusungsroute nach Norden am Leben.[730] Flüchtige sollten so schnell wie möglich ins Ausland gebracht werden, da die Polizeibehörden nicht als zuverlässig galten.[731]

In Bechuanaland kam 1963 eine Reihe prominenter Aktivisten an, deren Aufenthalt international öffentlich verfolgt wurde. Neben Jack und Rica Hodgson, die in Johannesburg unter Hausarrest gestanden hatten, waren es die vier Ausbrecher Harold Wolpe, Arthur Goldreich, Mosie Moolla und Abdulhay Jassat, die Bechuanaland als Sprungbrett nach Europa nutzten. Kurz darauf folgte der formale Besitzer des Anwesens der SACP in Rivonia, Vivian Ezra.[732] Vor allem die vier Ausbrecher hatten die Hilfe sympathisierender Regierungen nötig, denn auf

728 Siehe Bernstein, World, S. 107, S. 231 ff.; Bernstein, Memory, S. 341 ff.

729 Vgl. Parsons, The Pipeline, S. 19 f.

730 Vgl. ebd., S. 19 ff.

731 Vgl. ebd., S. 20. S. a. Garth Benneyworth: Bechuanaland's Aerial Pipeline: Intelligence and Counter Intelligence Operations against South African Liberation Movements, 1960–1965, in: South African Historical Journal, 70. Jg. (2018), H. 1, S. 1–16. Benneyworth weist nach, dass die Fluchtroute durch die Geheimdienste des südlichen Afrika, des britischen Empire und auch der CIA überwacht wurde, die Dienste sich austauschten und eigene Rochaden auf Kosten der Aktivisten austrugen.

732 Vgl. N. N.: Ezra in north: has no news of Goldreich, Rand Daily Mail, 28.8.1963; N. N. Goldreich Landlord is sought, Rand Daily Mail, 24.8.1963, SAJBD Archives, 303 Goldreich, Arthur, 1955–1963 Rivonia Trial.

sie war ein Kopfgeld von mehreren Tausend Rand ausgesetzt.[733] Sie fanden erste Zuflucht in einem Stützpunkt, den die Hodgsons im Frühjahr 1963 gemeinsam mit ihrem Mitstreiter Fish Keitseng aufgebaut hatten.[734] Das Interesse der Presse an Wolpe und Goldreich wurde dadurch erhöht, dass ihr Fluchtflugzeug, das Tansanias Präsident zur Verfügung gestellt hatte, in der Nacht vor ihrem Abflug gesprengt wurde.[735] Ein Journalist charterte letztlich für die exklusive Story ihrer Flucht ein Flugzeug, dass sie in Sicherheit brachte. Im Gewirr der sich ankündigenden Unabhängigkeit vieler Kolonien waren Grenzübertritte auch an die Interpretation der Reisedokumente und guten Willen geknüpft. Im kongolesischen Elizabethville, das unter der Hoheit der Vereinten Nationen stand, reichte ein von Wolpe selbst verfasstes Identitätsdokument ihm und Goldreich zur Einreise aus. Es trug den Briefkopf eines bechuanischen Gefängnisses, was den Behörden als Beleg eines offiziellen Status genügte.[736]

Die Hodgsons waren sowohl aufgrund des Drucks der britischen Behörden als auch wegen der zunehmenden Bedrohung durch die südafrikanische Polizei gezwungen, ihre Basis in Bechuanaland aufzugeben.[737] »I felt a great sense of relief at finally leaving Bechuanaland behind us«[738], atmete Rica Hodgson auf, als sie in Daressalaam landeten.

Zwei Jahre später floh Ben Turok nach seiner Haftstrafe gänzlich ohne nennenswerte Unterstützung des ANC durch Bechuanaland und Rhodesien nach Sambia. Dort wurde er von seinen alten Genossen Simon und Cynthia Zukas aufgenommen und von Tennyson Makiwane vom ANC nach Kenia weitergeleitet.[739] Auch Turok reiste mit improvisierten Papieren – zwei Empfehlungsschreiben Tennyson Makiwanes –,

733 Vgl. Frankel, Rivonia's Children, S. 141 ff.
734 Vgl. Hodgson, Foot Soldier, S. 124 ff.
735 Vgl. Parsons, Pipeline, S. 22; Wolpe, Long Way, S. 232, S. 244 f.
736 Vgl. Harold Wolpe, MCA 6-384, S. 13 f.
737 Vgl. Hodgson, Foot Soldier, S. 135–140.
738 Ebd., S. 140.
739 Vgl. Turok, Truth, S. 179–187. Turok wurde die Hilfe des Londoner *Joint Committee for Relief Work in the High Commission Territories* zuteil, das Flüchtige von Botswana nach Kazungula in Sambia schleuste (siehe Parsons, Pipeline, S. 23; Turok, Truth, S. 184 f.).

die sich aber als zu dürftig erwiesen, um auf Anhieb nach Kenia einreisen zu können. Erst nach zornigem Protest wurde Turok der Aufenthalt gewährt. Im Gegensatz zu vielen anderen (weißen) Aktivisten, die vom afrikanischen Kontinent nach Europa reisten, versuchte Turok sich mit seiner nachgefolgten Familie in Nairobi niederzulassen. Lange war dies nicht möglich, sodass auch Turoks Familie nach einem mehrjährigen Stopp in Tansania nach London übersiedelte.[740]

Verfolgte und ihre Familien

Schon vor der Flucht hatten die Familien der Aktivisten eine tragende Rolle gespielt. Nicht selten waren nicht nur einzelne Familienmitglieder in der Opposition aktiv, sondern Ehepaare hatten sich in der Opposition gefunden und ihre Anschauungen wurden von ihren Verwandten geteilt. Eine Vielzahl von Aktivisten konnte sich auf familiäre Unterstützung verlassen, wenn sie mit dem Gesetz in Konflikt gerieten. Nicht dass diese Unterstützung durch ihre Geschwister oder Eltern konfliktfrei gewesen wäre, aber en gros erwiesen sich die familiären Verbindungen oft als hilfreich, als moralisch stärkend und in manchen Momenten praktisch entscheidend. Zugleich zieht sich neben dem familiären ein ethnisches Element durch diesen essentiellen Zusammenhalt: in der Familie und unter Juden schien – partiell – Rückhalt zu finden sein.

Der familiäre Rückhalt erwies sich als *life line* der Aktivisten. Beispielhaft kann die Flucht Ronald Segals und Oliver Tambos gelten. Sie beabsichtigten, von Bechuanaland durch Süd- und Nordrhodesien[741] zu fahren, eine Strecke, bei der sie auf Territorium unter britischer Oberhoheit geblieben wären. Sie hofften, so nicht wegen ihrer fehlenden Papiere aufgegriffen zu werden.[742] Doch Segals Bruder Cyril, der in

740 Vgl. ebd., S. 187–192, S. 196 f.

741 Das heutige Sambia und Simbabwe, damals unter der Herrschaft einer weißen Minderheit.

742 Vgl. Segal, Into Exile, S. 292.

Bechuanaland lebte, hatte erfahren, dass es keinerlei Garantien gebe, dass Segal und Tambo nicht verhaftet und nach Südafrika abgeschoben werden würden. Er passte seinen Bruder ab und schlug alternativ vor, Segal solle sich in Francistown niederlassen, einige Zeit bei einem Geschäftspartner seines Bruders arbeiten und sich dann um britische Papiere bemühen.[743] Ein anderer Verwandter Segals hatte ihm bei seiner Fahrt von Südafrika nach Südrhodesien im Hotel ein Päckchen hinterlegt, das Segals Mutter ihm gepackt hatte. Als Segal es öffnete, fielen ihm Pessachspeisen entgegen: seine Mutter hatte ihn bedacht.[744] Bei aller Zuwendung teilte seine Familie seine politischen Ambitionen nicht.[745] Dafür, dass sowohl der familiäre als auch der politische Kompass übereinstimmten, waren die Familien Ruth Firsts und Denis Goldbergs bekannt. Die Eltern Firsts waren beide Gründungsmitglieder der CPSA gewesen[746] und unterstützten die politischen Tätigkeiten ihrer Tochter und ihres Schwiegersohns Joe Slovo nicht nur mit der Aufsicht über die Kinder, sondern auch finanziell und im Exil. Julius Firsts Fabrik hatte der SACP zu geheimen Konferenzen gedient und er gehörte zu einem der Ersten, die 1960 nach London flohen.[747] Tilly, Firsts Mutter, sorgte dafür, dass das familiäre Umfeld ebenso politisch war wie sie:

> The only people who came to our house were people interested in politics, nobody else. We didn't have ordinary friends. I didn't ever want anybody around who didn't understand what we were talking about.[748]

Denis Goldbergs Eltern waren beide ebenfalls bekennende Kommunisten und führten einen politischen Haushalt in Kapstadt. Der Laster des Fuhrunternehmens von Goldbergs Vater wurde jahrelang auf Mai-

743 Vgl. ebd., S. 293 f.
744 Vgl. ebd., S. 290.
745 Vgl. ebd., S. 293 f.
746 Vgl. Gavin Williams: Ruth First – A Socialist and Scholar, 8.11.1982, Ruth First Papers 117/1/1/3.
747 Vgl. Frankel, Rivonia's Children, S. 51 f., S. 72, S. 80, S. 156.
748 Tilly First, in: Pinnock, Voices of Liberation, S. 6 f.

Demonstrationen genutzt.[749] Die Mutter Anne weckte das politische Bewusstsein ihrer Kinder schon in jungen Jahren.[750] Die Eltern entschieden, sich nach Denis' Verurteilung zu trennen. Seine Mutter (die während des *Rivonia*-Prozesses bei der Familie Bernstein gewohnt hatte[751]) ging mit Esmé Goldberg nach London und unterstützte sie dort, während sein Vater Sam in Südafrika blieb, um Denis im Gefängnis zu besuchen.[752] Die Identifikation seiner Mutter reichte so weit, dass sie ihrem Sohn bei einem letzten Besuch vor ihrer Ausreise den Gedanken mitteilte, durch sein Handeln habe sich ihr Leben erfüllt.[753]

Dennoch gab es vielerlei Hilfe durch Familien, die nicht unbedingt so weitreichend war wie die der Eltern Firsts oder Goldbergs. Vor allem Geschwister erwiesen sich oftmals als hilfreiche Unterstützung, die bedingungslos und selbstverständlich erschien.[754]

Wie schon im Falle der Familie Esmé und Denis Goldbergs deutlich wurde, war es für die Aktivisten nicht unbedeutend, wer sich im Falle ihrer Inhaftierung um ihre Kinder kümmern würde. Selbst wenn sich die Ehepartner für Enthaltung in politischen Dingen entschieden hatten, konnten die Willkür und Allmacht der Sicherheitspolizei die Kinder nicht davor bewahren, ihrer Eltern beraubt zu werden. Manche Unterbringungsoption scheiterte auch – wie im Falle der Bernsteins 1960 – daran, dass die Familie, die sich bereit erklärt hatte, die Kinder aufzunehmen, selbst von polizeilichen Maßnahmen betroffen war.[755] Wurden die Eltern verhaftet, sprangen aber oftmals die Geschwister eines Elternteiles ein und übernahmen, manchmal auch für mehrere Monate, die Betreuung, Aufsicht und Versorgung der Kinder.[756] Zudem beaufsichtigten

749 Vgl. Goldberg, The Mission, S. 34, S. 37.
750 Vgl. ebd., S. 30.
751 Vgl. Bernstein, World, S. 118.
752 Vgl. Goldberg, The Mission, S. 136.
753 Vgl. ebd.
754 Ebd., S. 252 f.; Slovo, Unfinished Autobiography, S. 143; Segal, Into Exile, S. 279 f.
755 Vgl. Bernstein, Memory, S. 197.
756 Vgl. Wolpe, Way, S. 132; Ester [recte: Esther; H. P.] Barsel, Linda Shapiro, Merle Ruff, SAHA AL3295, B04.3.2.07, S. 8, S. 16, S. 22 f., S. 30; Interview mit Merle Barsel Ruff, 14.8.2014, Johannesburg.

mit dem Befreiungskampf sympathisierende Hausangestellte die Kinder, zu denen sie oftmals schon ein enges Verhältnis hatten, oder ältere Geschwister übernahmen die Elternrolle.[757]

Doch vielseitige Unterstützung und politischer Gleichklang waren nur eine Seite. Es gab auch Schattenseiten, von denen der Konflikt, den Denis Goldberg mit seinem Bruder – der sich weigerte, seinen Neffen und seine Nichte im Falle der Verhaftung ihrer Eltern bei sich aufzunehmen – hatte, nur eine war.[758] Auch Baruch Hirsons Geschwister und Vater hatten sich ablehnend gezeigt und ihn im Gegensatz zu seiner Gattin Yael, ihrem gemeinsamen Sohn, seiner Mutter und seiner Tante kein einziges Mal während seiner neunjährigen Haft besucht.[759] AnnMarie Wolpe hegte sogar den Verdacht, dass der nichtjüdische Ehemann ihrer Cousine Harold Wolpe während eines ersten Fluchtversuchs an die Polizei ausgeliefert hätte.[760]

Familien erwiesen sich aber als beträchtliche Ressource für die Aktivisten, die sich in der Regel auf ihren Rückhalt verlassen konnten, selbst wenn die Eltern (weniger die Geschwister) nicht mit den Zielen ihrer Kinder übereinstimmten. Abgesehen von dem Fall des eingeheirateten Schwagers von AnnMarie Wolpe ist kein Fall bekannt, in dem Angehörige mit der Polizei kooperiert haben. Im Gegenteil: selbst die Vermieterin Wolfie Kodesh gab seiner Erinnerung zufolge der Polizei falsche oder keine Auskunft. Sie sagte ihm, sie würde »das nie einem von uns antun«, was aber auch meinte, dass sie Nicht-Juden an die Polizei verraten würde, so Kodesh.[761] Anzunehmen ist, dass der schlechte Ruf der Sicherheitspolizei als rückständig und reaktionär sowie die ethnischen Animositäten zu einer Distanz gegenüber der Polizei beitrugen.

Hatte sich ihr Vater ins Private zurückgezogen und seiner Tochter durch Bettgeschichten eine abweichende Erzählung der südafrikanischen

757 Siehe Kitson, Sixpence, S. 146, S. 228; Bernstein, World, S. 200.
758 Vgl. ebd., S. 72.
759 Vgl. Hirson, Revolutions, S. 11.
760 Vgl. Harold Wolpe, Mayibuye Archives MCA 6-384, S. 8–11.
761 Vgl. Wolfie Kodesh, SAHA AL2460, A11.10, S. 24.

Geschichte geboten, so lehnte vor allem die Mutter Norma Kitsons ebenso wie deren Familie eine politische, gar oppositionelle Betätigung ab. Kitsons eigenes Engagement und die Hilfe einzelner Familienmitglieder waren nur unter dem Deckmantel der Verschwiegenheit möglich.[762] Doch nach David Kitsons Verurteilung und in den Jahren im Exil wandelte sich ihre Mutter und begann sich für die Ansichten ihrer Tochter und ihren Schwiegersohn einzusetzen. Dies ging sogar soweit, dass sie sich eigenständig für schwarze Südafrikaner engagierte[763], was jedoch ein Geheimnis innerhalb der Familie blieb: »The family would kill me if they knew«[764], gestand ihre Mutter Norma. Der Anwalt James Kantor bemühte seine guten Kontakte zur Polizei, um seine Schwester Ann-Marie Wolpe aus der Haft zu holen.[765] Auch an anderer Stelle intervenierten Familienmitglieder, wenn sie um das Wohl ihrer Angehörigen besorgt waren.[766]

Als besondere Härte nahmen die gefangenen oder exilierten Oppositionellen die Weigerung des Apartheidregimes wahr, ihnen den Besuch von Beerdigungen ihrer Familienangehörigen zu gestatten.[767] Wenn überhaupt konnten die Behörden nur zu kleinen Zugeständnissen bewegt werden.[768] Andere, angeheiratete Familienangehörige dienten als *go-betweens* zwischen den Aktivisten im Exil, im Gefängnis oder in Bannung und der Trauergemeinde.[769] Auch das Gesuch um eine Einreiseerlaubnis, wenn der Tod von nahen Angehörigen absehbar war, wurde eine Machtdemonstration Pretorias, welche die Exilanten schwer belastete.[770]

762 Vgl. Kitson, Sixpence, S. 26–29, S. 52, S. 68 f, S. 94–97, S. 123.
763 Vgl. ebd., S. 174, S. 302 ff.
764 Ebd., S. 302.
765 Vgl. Kantor, Grave, S. 15, S. 19.
766 Vgl. Bernstein, Memory, S. 242, S. 339.
767 Siehe Hirson, Revolutions, S. 225.
768 Vgl. Memorandum on Police Persecution and Torture in South Africa, presented by Violet Weinberg, Daressalam, July 1978, SAHA AL3295, H01.3, CHM 671/2004; Middleton, Convictions, S. 120.
769 Vgl. Levy, Engagements, S. 100.
770 Vgl. Kitson, Sixpence, S. 194 f.

Daher reagierten Gefangene bisweilen mit Härte gegen sich selbst und ersuchten die Autoritäten erst gar nicht um die Gewähr einer Ausnahme, denn eine Ablehnung hätte als Sieg der Regierung interpretiert werden können.[771]

Die Familien der Aktivisten konnten diesen die Wege in die organisierte Opposition erleichtern und auch überhaupt wegweisend sein. Doch dies war, wie soeben gezeigt wurde, nicht zwingend so.

Das Engagement in der Opposition bedeutete unter den repressiven Bedingungen für alle Familienmitglieder eine Belastung. Vielfach waren es die Kinder, die die Hauptlast der Entsagungen und Entbehrungen von einem geregelten Familienleben trugen.[772] In Südafrika schlug ihnen in der Schule und unter Freunden Ausgrenzung und Spott entgegen. Ihre Eltern waren quasi Paria und standen am unteren ökonomischen Ende der ansonsten prosperierenden weißen Gesellschaft.[773] Im Exil wiederum erlebten die Kinder eine drastische Entwurzelung und den Verlust ihrer Heimat und Freundschaften.[774]

Auch Eltern der Aktivisten erlebten, dass ihre (weiße) Umgebung ihnen feindlich gegenübertrat, nachdem ihre Kinder als Aktivisten bekannt geworden waren. Unter dieser Ausgrenzung durch Freunde und Verwandte litten sie. Zugleich bedeutete die Erfahrung der Kinder eine schmerzhafte Erkenntnis des repressiven Systems des Apartheidstaats.[775]

771 Vgl. Goldberg, The Mission, S. 145 f., S. 156 f.

772 Siehe Esther Barsel, die das Leid, welches ihr Aktivismus ihren Kindern zufügte, bedauerte. Ester [recte: Esther; H. P.] Barsel, Linda Shapiro, Merle Ruff, SAHA AL3295, B04.3.2.07, S. 23; ebenso Denis Goldberg, in: Suttner, Cutting, S. 483.

773 Vgl. Tessa Van Rooyen: My Story, Email vom 29.7.2013; Interview Merle Barsel Ruff, 14.8.2014, Johannesburg; Ester [recte: Esther; H. P.] Barsel, Linda Shapiro, Merle Ruff, SAHA AL3295, B04.3.2.07, S. 30.

774 Vgl. etwa Bernstein, The Rift, S. 434 ff., Robyn Slovo, in: ebd., S. 444, Gillian Slovo, in: ebd., S. 450 f., S. 454, Shawn Slovo, in: ebd., S. 455 f.

775 Vgl. Levy, Engagements, S. 83; Interview Elaine Unterhalter, 3.10.2013, AAM Archives Online, aamarchives.org/interviews/elaine-unterhalter.html?download=7836:int22t-elaine-unterhalter (letzter Zugriff: 9.2.2016).

3.f Exil im Herzen des Commonwealth: »unsichtbare« Emigranten

Das Exil war für viele Aktivisten ein Schock.[776] Im selben Moment war es jedoch ein »Luxus«, im Exil sein zu können. Die Apartheid errichtete auch hier Schranken, sodass sich hauptsächlich weiße und in geringerem Maße indische Südafrikaner das Exil leisten konnten.[777] Diese Feststellung muss jedoch modifiziert werden. Dass die Mehrzahl der emigrierten Südafrikaner weiß war, lag nicht allein an ihren ökonomischen Mitteln, sondern auch an der britischen Nationalitätenpolitik. 1948 hatte der *British Nationality Act* Angehörige der Staaten des Commonwealth als britische Bürger bestimmt. In patrilinearer Abstammung konnten sie sich bis 1962 ohne Einschränkung als britische Bürger registrieren lassen und dadurch im Vereinigten Königreich ansiedeln. Ab 1968 wurde die Ausgabe britischer Pässe an Angehörige der Commonwealth-Staaten auf diejenigen beschränkt, bei denen mindestens ein Elternteil in Großbritannien geboren oder selbst britischer Bürger war. Dies traf fast ausschließlich auf weiße Südafrikaner zu.[778] Zugleich wurden 4000 bis 6000 schwarze, indische und *coloured* Südafrikaner im Vereinigten Königreich angenommen.[779] Schwarze Südafrikaner, die in afrikanische Staaten ins Exil gingen, erlebten, weil sie zumeist urbane Menschen gewesen waren, auch dort eine manifeste Entfremdung und Krise.[780] Jedoch verfügten sie in den *Frontline States* über weitaus größere Mobilität: sie waren dort »unsichtbar«. Analog zu den Weißen in Europa fielen sie hier (erstmal) nicht auf, während Weiße spätestens mit der terroristischen Destabilisierungsstrategie und dem Buschkrieg im Nachteil

776 Vgl. bspw. Levy, Engagements, S. 96.

777 Vgl. Gurney, Great Cause, S. 133.

778 Vgl. Schleicher, Elite, S. 243; Israel, Political Exiles, S. 96–101. S. a. Robin Cohen: Frontiers of Identity. The British and the Others, London / New York 1994, v. a. S. 67–98.

779 Vgl. Israel, Political Exile, S. 89.

780 Vgl. Bernstein, The Rift, S. xix.

waren, weil sie auffielen und verdächtigt wurden, Spione des Regimes zu sein.[781]

Exil, Emigration oder Diaspora?

Hilda Bernstein bestimmte in ihrem Interview-Band »The Rift« Exilanten als diejenigen, die intendierten, zurückzukehren.[782] Die Situation eines südafrikanischen Exils unterschied sich von anderen dadurch, dass diesem weder ein Staatsstreich noch ein verlorener Krieg oder eine Revolution vorausging.[783] Emigration als eine auf Dauer und Assimilation angelegte Auswanderungsbewegung traf auf den Kreis politischer Südafrikaner kaum zu, denn eines seiner zentralen identitäts- und kohäsionsstiftenden Momente lag in der Fortführung des Kampfes gegen die Apartheid.[784]

Den politischen Exilanten war ein »Gefühl des Verlustes« zu eigen.[785] Ihre oftmals abrupte und geheime Ausreise unter enormem Stress fügte dem Schmerz noch Schuldgefühle hinzu, enge Familienmitglieder – Ehegatten, Eltern, Kinder – und auch Kampfgefährten zurückgelassen zu haben.[786] Gemeinsam war ihnen die Kontinuität des politischen Aktivismus; dieser schuf, wie Hilda Bernstein es ausdrückte, »eine neue Familie«.[787]

Die Hautfarbe war – abermals – ein dominanter Faktor, der die Exilerfahrung jüdischer – ergo weißer – Südafrikaner prägte:

> White South Africans could merge into the structures of Western society, outwardly regardless of their inner alienation. In Britain their accent was often an advantage, not a liability – their class could not be

781 Vgl. ebd.
782 Vgl. ebd., S. xii.
783 Vgl. ebd., S. xvi.
784 Vgl. Israel, Political Exile, S. 140–148.
785 Vgl. Bernstein, The Rift, S. xiii.
786 Vgl. ebd., S. xiv.
787 Vgl. ebd., S. xvi.

> predicated from the way they speak – that immediate giveaway for native Brits. So they could be colonials, »one of us«. But blacks are from elsewhere.[788]

Die britische Gesellschaft war beileibe nicht frei von rassistischen Vorbehalten, die sich seit den 1950er Jahren vor allem massiv gegenüber karibischen Einwanderern manifestierten.[789]

Positiv verstärkte ihre englischsprachige Erziehung die Nicht-Sichtbarkeit weißer Südafrikaner, da sie dadurch in Grundzügen mit der britischen Lebenswelt und Kultur vertraut waren.[790] Dennoch standen sie, gleich welcher Hautfarbe, unter einem kulturellen Schock, der, wenn überhaupt, nur schwer zu überwinden war, wie Winnie Dadoo bemerkte:

> I find it hard to make friends with English people generally speaking. There are neighbours here, we've lived here 19 years and they were here already and we hardly speak to each other, because I used to call them over the fence and they would give me the brush off ... It might be changing, but the English are not easy to make friends with.[791]

Die schätzungsweise 70 000 Südafrikaner blieben so unter sich.[792] Die politische Trennlinie erwies sich als wesentlicher Grund dafür, dass sich keine gemeinsame *Expatriates*-Community herausbildete.[793] Dennoch gab es eine große Diasporagemeinde, deren Mitglieder sich wesentlich auf gemeinsame Erfahrungen, gegenwärtige Ereignisse und die politische

788 Ebd., S. xix; Mark Israel: The »strangest of minorities«: the shifting visibility of South African post-war migration to Britain, in: New Community, Jg. 22 (1996), H. 3, S. 479–493, hier S. 479 f.

789 Vgl. Israel, Political Exile, S. 123. S. a. Ruth Glass: Newcomers. The West Indians in London, London 1960.

790 Vgl. Harold Wolpe, Mayibuye Archives, MCA 7-1723, unpaginiert; Levy, Engagements, S. 101 f.

791 Winnie Dadoo, in: Israel, Political Exile, S. 128.

792 Vgl. Israel, Strangest Minority, S. 479; ders., Political Exile, S. 117.

793 Vgl. Israel, Political Exile, S. 110 f., S. 136.

Situation des Landes bezogen.[794] Sie teilte sich entlang politischer und ethnischer Linien, die sich in manchen Momenten überschnitten.[795]

Innerhalb der südafrikanischen Exil-Gemeinschaft bildete sich eine spezifische jüdische Subgruppe heraus, deren Charakteristika durchaus einer Diaspora-Gemeinschaft entsprachen.[796] Diese zeichneten sich durch drei zentrale Merkmale aus: Zum ersten war es ein gewaltvolles Initial der Auswanderung. Zum zweiten eine enge (ökonomische, politische oder kulturelle) Verbindung an das Heimatland. Bei dieser engen Bindung schwingt – drittens – die Idee der Rückkehr (metaphorisch oder buchstäblich) mit.[797] Dies bedeutete nun im Falle der jüdisch-südafrikanischen Auswanderung: das Verlassen Südafrikas wegen der Apartheid, politischer Unsicherheit und Kriegsdienst; Südafrika als Fixpunkt auch in der neuen Heimat, vor allem hinsichtlich der litwakischen Herkunft; variierende Ausprägungen der Idee der Rückkehr, oftmals gebunden an den Grad der Integration in das Exilland und dem politischen Anspruch, an der Befreiung Südafrikas teilzuhaben.[798] Rusty Bernstein verortete die südafrikanische Exilantengruppe in London so:

> We remain part of a tightly knit circle of South African émigrés, but our children go to school, mature, move into the native comnunity, marry and raise families of their own. They are becoming British, while we of the older generation live lives apart, in a Community of

794 Vgl. ebd., S. 15.

795 Vgl. ebd., S. 129–134.

796 Vgl. die historischen Beispiele von drei diasporischen Gruppen, die weitestgehend akzeptiert waren: Juden, Armenier und Afrikaner (Kevin Kenny: Diaspora. A very short Introduction, Oxford 2013, S. 8). Vielerlei Gruppen von Migranten werden als Teile einer Diaspora gezählt, die im Spannungsverhältnis von eigenem und »anderem«, Autoch- und Allochthonen, Nation und Zugewanderten stehen (vgl. Khachig Tölölyan: The Nation-State and the Others: In Lieu of a Preface, in: Diaspora, Jg. 1 [1991], H. 1, S. 3–7).

797 Vgl. Kenny, Diaspora, S. 13. Robin Cohen bestärkt das traumatische Element in der Erfahrung und dem Begriff des Exils, vgl. Robin Cohen: Global Diasporas. An Introduction, London 1997, S. 24–27.

798 Vgl. Tatz/Arnold/Heller, Worlds Apart; Andrew S. Caplan: South African Jews in London, London 2011, S. ii–iv.

> South African refugees and exiles, all of whom live with the dream of home.[799]

Trotz der Dauer des Exils, das in seinem Fall ein halbes Leben umfasste, hielt Bernstein an der Beteiligung am Befreiungskampf und einer bestimmten Perspektive auf Südafrika fest:

> The dream [of going home] becomes more remote with time, but is never abandoned. We are forever exiles. We do what we can from exile to sustain and develop the liberation struggle at home, and keep in touch with our comrades there, in and out of jail, and with the organisations of resistance and of struggle. We stop counting the years as the organisations and movements of our times pass into history. [...] Our times are becoming past – but yet we know our day will come.[800]

Dan Diner merkte an, dass der Begriff des Exils eine binäre Konstellation mit seinem Gegenbegriff, der »messianischen Zeit«, bilde. Letzterer sei dem ersten Begriff immer innewohnend. Das Exil richte sich auf die Zukunft.[801] Der Blick auf Südafrika wurde nicht nur vom politischen Engagement der Exilanten, sondern auch darüber hinausgehend durch die Pflege einer Art »kollektiver Erinnerung« an das Heimatland bestimmt.[802] Robin Cohen fügte einen weiteren Faktor zur Bestimmung einer Diaspora hinzu: eine Community erkläre sich nicht a priori als »diaspora«, es müsse Zeit vergangen sein, bis eine Art diasporischen Verhaltens erkennbar werde.[803] Dies traf auch auf die südafrikanischen Exilanten zu, die vornehmlich unter sich blieben.[804] Südafrika zu verlassen, war für viele Aktivisten traumatisch gewesen. Nicht nur rissen familiäre Verbindungen ab, sondern auch ihre primäre Identifikation als Südafrikaner wurde unterminiert, vor allem dann, wenn sie mit einem

799 Bernstein, Memory, S. 368.
800 Ebd., S. 369.
801 Vgl. Dan Diner: Editorial, in: Behemoth, Jg. 1 (2008), H. 2, S. 1–3, hier S. 2.
802 Siehe Cohen, Global Diasporas, S. 23; Levy, Engagements, S. 110.
803 Vgl. ebd., S. 24.
804 Vgl. Israel, Political Exile, S. 131 ff.

exit permit das Land verließen und somit ihrer staatsbürgerlichen Rechte beraubt waren.[805]

Inwiefern war die Subgruppe der politischen Exilanten jüdisch? Dieser Frage kann sich mit einem Rekurs auf eine israelische Subgruppe innerhalb der jüdischen Minderheit Torontos genähert werden. Dort wurde eine jüdische Identität an drei Gesichtspunkten festgemacht: Religion, Teilhabe an Aktivitäten der Community und einer engen Bindung an Israel.[806] Im Hinblick auf die südafrikanische Gruppe in London ließe sich sagen, dass ihre Identität aus der Trias von der Hingabe an den Befreiungskampf und einem linken politischen Profil, der Teilhabe an den Aktivitäten der Anti-Apartheid-Szene in London sowie dem Fokus auf Südafrika bestand. Diese Gruppe war – unter Berücksichtigung der obigen Bestimmungen – durchaus eine diasporische Gemeinschaft, deren jüdischer Charakter trotz individuellem Bekenntnis zu einer jüdischen Herkunft faktisch verschwunden war. Es tritt deutlich hervor, dass die Perspektive für die *politicos* zentral auf die Befreiung des Landes ausgerichtet war und dass auch der Horizont von weniger involvierten Ex-Südafrikanern durch die dortigen Ereignisse bestimmt war.[807] Sie bildeten eine südafrikanische Subgruppe. Vor dem Eintreten ihrer »messianischen Zeit« nach der Entbannung von ANC und SACP im Jahr 1990 und den ersten freien Wahlen im Jahr 1994 lag der steinige Weg des Exils.

Ankunft in England

London erreichten die Aktivisten meistens per Flugzeug von Daressalam aus. Legale Ausreisemöglichkeiten bestanden per Flug von Johannesburg

805 Vgl. Bernstein, Memory, S. 344; Kitson, Sixpence, S. 181; Albie Sachs, Mayibuye Archives MCA 7-1672, unpaginiert.

806 Vgl. Rina Cohen: From Ethnonational Enclave to Diasporic Community: The Mainstreaming of Israeli Jewish Migrants in Toronto, in: Diaspora, Jg. 8 (1999), H. 2, S. 121–136, S. 123, S. 125 f.

807 Vgl. Interview mit Robin und Selina Cohen, 10.7.2013, Oxford; Interview mit Judith Suissa, 23.7.2013, London.

oder per Schiff von Kapstadt aus. Alle drei Wege wurden aus unterschiedlichen Gründen gewählt. Grund für den illegalen Grenzübertritt war zumeist das Fehlen gültiger Reisepapiere. Das Flugzeug wurde gewählt, weil dies eine schnelle Ausreise ermöglichte und man an Bord eines britischen oder israelischen Fliegers das Hoheitsgebiet Südafrikas verlassen hatte.[808] Bisweilen spielte die Geographie auch für die ausreisebereiten Aktivisten eine Rolle, denn während es in Johannesburg nur einen Flughafen gab, war in Kapstadt ein großer Hafen . Wenn es dringend war, wurde die schnellste Option gewählt.

Die Schiffspassage nahm mehr Zeit in Anspruch als die Flugreise. Baruch Hirson und seine Familie wählten bewusst die Passage nach Southampton, um Zeit zu haben, nach neun Jahren Trennung wieder als Familie zueinander zu finden.[809] Wolfie Kodesh hingegen wurde unfreiwillig auf ein Schiff verbracht.[810] In Southampton hatte er Probleme bei der Einreise, denn die britischen Behörden akzeptierten sein *exit permit* nicht. Erst nachdem Kodesh das AAM verständigt hatte und *Labour*-Abgeordnete interveniert hatten, konnte er das Schiff verlassen.[811] Britische Abgeordnete, die mit der Anti-Apartheid-Bewegung sympathisierten oder dieser angehörten, sorgten dafür, dass die Aktivisten einrei-

808 Vgl. Kitson, Sixpence, S. 200 (Die Sicherheitspolizei versuchte Kitson in einem Flugzeug der British Airways habhaft zu werden. Ein BA-Verantwortlicher verweigerte dies mit den Worten: »No, no, can't see anyone. This is British territory. You have to disembark.«); Goldberg, The Mission, S. 243 (Entgegen seines Wunsches mit einer südafrikanischen Maschine das Land zu verlassen, flog Goldberg mit El-Al nach Israel, denn er fürchtete »dirty tricks« der Sicherheitspolizei).

809 Vgl. Hirson, Revolutions, S. 351 f. Bemerkenswert ist, dass hier, wie auch in anderen Fällen, Frauen die Hauptlast der Organisationsarbeit trugen. Yael Hirson bereitete die Ausreise vor, verkaufte Haus und Teile des Haushalts; und auch Ruth First kümmerte sich nach ihrer Freilassung, in der kurzen Zeit bis zu ihrer Ausreise um die Auflösung des Haushalts und den Verkauf des Hauses. Wieder andere Frauen führten die politische Arbeit fort, zumindest in der praktischen Aufrechterhaltung der Kommunikationswege, wie Violet Weinberg, die als *go-between* des untergetauchten Bram Fischer fungierte (s. Clingman, Bram Fischer, S. 333 f., S. 352 f.).

810 Vgl. Wolfie Kodesh, SAHA AL2460, A11.10, S. 32 ff.

811 Vgl. ebd., S. 34.

sen konnten, denn nicht selten wollten Grenzbeamte sie abweisen. Mehrfach wurden diese eingeschaltet, um Druck auf die Einwanderungsbehörden auszuüben oder durch ihre Anwesenheit den Grenzübertritt zu sichern.[812] Namentlich trat beispielsweise Barbara Castle, *Labour*-MP und Ehrenpräsidentin des AAM, in Aktion.[813]

Die Reaktion der Behörden stand in einem augenscheinlichen Gegensatz zur Prominenz von und zum medialen Interesse an verschiedenen Aktivisten wie dem Ehepaar Bernstein oder Hodgson.[814] Bei letzteren bemühte sich eine hochkarätige Delegation aus Mitgliedern aller Parteien sowie Amnesty International, dem AAM, Raymond Kunene vom ANC, und Michael Harmel, Zeuge der Situation in Bechuanaland, beim Kolonialministerium politischen Druck aufzubauen. Sie kritisierten, dass die britische Regierung ihren Staatsangehörigen die politische Betätigung untersagte und ihnen keinen Schutz vor der Verfolgung durch das Apartheidregime böte.[815]

Im Gegensatz zu den oftmals euphorischen Gesten in afrikanischen Staaten, mit denen Wolpe und Goldreich, aber auch das Ehepaar Hodgson willkommen geheißen wurden, waren die britischen Behörden stets reserviert im Empfang politischer Flüchtlinge.[816]

Entsprechend bedeutete es oftmals einen Schock, zwar formal in Sicherheit, aber abgeschnitten vom eigenen Land, der Familie und der langjährigen politischen Szenerie zu sein – auch wenn es ein Netz an Unterstützern in London gab. Beispielhaft traf dies auf Lorna Levy zu. Als Gewerkschaftsdelegierte nahm sie 1963 an verschiedenen Konferenzen in Europa teil und wurde sich plötzlich gewahr, dass sie nicht nach Süd-

812 Vgl. Bernstein, Memory, S. 355–365.

813 Vgl. Wolpe, Long Way, S. 262, S. 272; Executive Committee Minutes, 23.9.1963, MSS AAM 66.

814 Vgl. Bernstein, Memory, S. 355–368; Hodgson, Foot Soldier, S. 135 ff.;

815 Vgl. AAM, Press Release, Report of Deputation to Colonial Office on August 12, 1963 re Mr. and Mrs. Hodgson Mayibuye Archives, MCH 02-box 2.

816 Vgl. Hodgson, Foot Soldier, S. 138–141, s. ein Foto der herzlichen Begrüßung in Tansania in der Fotostrecke zwischen ebd., S. 146 und 147; Wolpe, Long Way, S. 262, S. 272; Executive Committee Minutes, 23.9.1963, MSS AAM 66.

afrika zurückkehren könne und deshalb eine Exilantin sei. So hatte sie ihr Leben mit Mitte zwanzig neu zu planen.[817] Ihr Mann Leon war zeitgleich mit einem *exit permit* entlassen worden. Wenige Stunden nach seiner Ankunft traf sie ihn im Hause des südafrikanischen Freundes und langjährigen SACP-Aktivisten Julius Baker.[818] Auch ihr Ehemann stand noch unter dem Schock des Gewahrsams und der Verhöre.[819] Er war ohne Anklage, Prozess oder Urteil in Isolationshaft festgehalten worden, bevor die südafrikanischen Behörden ihn zur Ausreise zwangen und in ein Flugzeug nach London setzten.[820] Die britischen Grenzbeamten stellten ihm, wachsam beäugt von Levys Kampfgefährten, ein einmonatiges Visum aus und rieten ihm, beim Innenministerium wegen eines politischen Asyls vorzusprechen.[821]

Ansprechpersonen und Unterkunft, Wohnorte und Aufenthalt

Auch nach der Einreise halfen die südafrikanischen Kontakte weiter. Eine erste Bleibe fanden die Aktivisten zumeist auf den Sofas bzw. in Wohn- und Gästezimmern von Genossen und Freunden aus der *Springbok Legion*, dem COD oder der Studienzeit. Nicht immer waren diese Teil der aktiven Opposition gewesen, dennoch hatte sie ihre Ablehnung der nationalistischen Regierung außer Landes getrieben. Seit 1948 hatte es einen regelrechten *brain drain* gegeben.[822] Harold Wolpe schätzte die Zahl exilierter Südafrikaner in London auf 70 000.[823]

817 Vgl. Levy, Engagements, S. 91.
818 Zu Julius Baker, dem ehemaligen Besitzer des *People's Bookshop* in Johannesburg und Onkel Barry Feinbergs, s. a. Feinberg, Time, S. 15, S. 60, S. 72 f.
819 Vgl. Levy, Engagements, S. 95 f.
820 Vgl. ebd., S. 95.
821 Vgl. ebd., S. 96.
822 Vgl. Harold Wolpe, Mayibuye Archives MCA 6-384, S. 3.
823 Vgl. ebd. Die gleiche Zahl gibt Mark Israel an, siehe Israel, Political Exile, S. 87; ders., Strangest of Minorities, S. 479.

Die Exilanten benötigten zumeist eine gewisse Übergangszeit, in der sie sich sowohl mit ihrer neuen Lage wie auch mit dem Leben in der Metropole vertraut machen,[824] soziale und politische Kontakte knüpfen oder auffrischen konnten, um eine Bleibe und einen Beruf zu finden. Fast alle von ihnen siedelten sich letztlich im Norden Londons, in den Bezirken Harrow, Barnet und Camden an. Genau dort lebte auch die Mehrzahl der jüdischen Südafrikaner, die vor der »Rivonia-Kohorte«[825] zwischen 1948 und 1963 eingewandert waren. Diese Viertel wiesen auch eine überproportionale Ansiedlung Londoner Juden auf, die, so sie es sich erlauben konnten, mehrheitlich vom östlichen – armen – Teil der Stadt in die besseren Bezirke im Nordwesten umzogen waren.[826] Hilda Bernstein unterstrich diese nördliche Ausrichtung für die Südafrikaner so: »We didn't know that there was a South of the river. That was unused territory. It wasn't there. We were people from North of the river, always.«[827]

Die einzelnen Stationen Jack und Rica Hodgsons von ihrer Ankunft bis zu einer eigenen Bleibe verdeutlichen exemplarisch, wie die Aktivisten ihre politisch-persönlichen Netzwerke, die mehrheitlich aus jüdischen Südafrikanern bestanden, nutzten.

Nach ihrer Ankunft, so Rica Hodgson, sei ihr und ihrem Mann klar gewesen, dass ihr Start nicht einfach sein werde: »We didn't have it easy when we arrived in London. We had nowhere to stay and I was out of work.«[828] Doch Winnie und Yusuf Dadoo waren bereit, ihre Wohnung mit den beiden Neuankömmlingen zu teilen. Winnie Kramer, wie sie mit Mädchennamen hieß, war eine gute Freundin Ricas, und beide

824 Vgl. ebd., S. 17.

825 So Louise Bethlehems Bezeichnung der Gruppe, Kopenhagen, 9.5.2015.

826 Vgl. Caplan, South African Jews in London, S. 20. Diese Bezirke umfassten Stadtteile wie Golders Green, Hampstead Garden Suburb, Hendon, Finchley, Mill Hill, Totteridge und High Barnet, Hampstead, Belsize Park, Swiss Cottage.

827 Interview mit Sue Pennybacker, in: Pennybacker, Anti-apartheid testimony, S. 133.

828 Hodgson, Foot Soldier, S. 143.

waren gemeinsam in Gewahrsam gewesen.[829] Mit Yusuf Dadoo, einem bekannten Aktivisten, der zur von der SACP ins Ausland geschickt worden war, kam Kramer Ende 1960 in London zusammen, nachdem sie nach ihrem Gewahrsam über Israel nach London ausgereist war.[830] Doch die feuchte Kellerwohnung[831] war für Jack Hodgson, der unter einer Lungenerkrankung litt, nicht zuträglich und so wechselten die Hodgsons in die Wohnung eines weiteren Aktivistenpaares, Brian und Sonia Bunting, die ebenfalls im Norden gelegen war. Sie blieben dort, bis sich bei ihren alten Freunden aus der *Springbok Legion*, Joan Schedrin und ihrem Ehemann Jack, die Möglichkeit auftat, eine Wohnung in deren Haus zu beziehen. Diese teilten die Hogdsons für anderthalb Jahre mit Wolfie Kodesh, bis ihnen ihr Sohn, den sie in Südafrika zurückgelassen hatten, nach seiner Hochschulreife nach England folgte.[832]

Ernüchternd war hingegen die Ankunft für Sarah Carneson. Aus Kapstadt kommend fand sie für die erste Zeit eine Unterkunft bei Esmé Goldberg. Carneson kam im Herbst[833] in die Metropole und war niedergeschlagen: ihr Mann Fred war in Südafrika im Gefängnis; sie ohne Arbeit und voller Heimweh. Alte Freunde und Genossen halfen Carneson zwar und nach einem Monat fand sie für sich und ihre Tochter eine Wohnung, doch ihr Gefühl, fremd zu sein, verlor sie – auch wegen des englischen Wetters – nicht, wie sich ihre Tochter erinnerte. Carneson wurde zwar Mitglied des ANC und half diesem wo sie konnte, wurde aber nicht

829 Vgl. ebd.

830 Vgl. N. N.: Personal Reminescences: Winnie Dadoo, www.sacp.org.za/docs/history/winniedadoo.html (letzter Zugriff: 24.2.2016).

831 Dies war die erste Unterkunft der Dadoos, die nach der Geburt des ersten Kindes wegzogen und weiter nördlich in Muswell Hillein Zuhause fanden. Da sie aber aufgrund von Winnies Mutterschaft und Dadoos geringem Einkommen als hauptamtlicher Polit-Aktivist nur über wenig finanzielle Mittel verfügten, half die südafrikanische Polit-Community aus: Percy Cohens Schwiegervater gab einen Teppich, Esmé Goldberg Bett, Tisch und Stühle (N. N.: Personal Reminescences: Winnie Dadoo, www.sacp.org.za/docs/history/winniedadoo.html [letzter Zugriff: 24.2.2016]).

832 Vgl. ebd., S. 143 f.

833 D.h. auf der Südhalbkugel war gerade Frühling.

Mitglied der SACP im Exil, denn von dieser fühlte sie sich im Stich gelassen.[834]

Etablierung, Aufenthaltsrecht und Asyl

Die Bedingungen, unter denen sich Südafrikaner in England niederlassen konnten, wurden durch die britische Einwanderungs- und Niederlassungspolitik bestimmt. Einige hatten das Glück eines britischen Passes, der ihnen ohne Probleme eine Niederlassung ermöglichte. Organisationen wie das AAM, der *International Defence and Aid Fund* (IDAF), *Amnesty International* und sympathisierende *Labour*-Abgeordnete halfen, die »bürokratischen Monolithen« der Einwanderungsbehörden und des Innenministeriums zu unterlaufen, denn der Hintergrund der Exilanten blieb auch den britischen Behörden nicht verborgen. Michael Harmel sollte 1963 keine Aufenthaltsgenehmigung erteilt werden. Als Grund nannte die Regierung der Abgeordneten Barbara Castle die politischen Ansichten Harmels und seiner Mitstreiter.[835] Die flüchtigen Aktivisten konnten jedoch auf ein beachtliches Netzwerk an Unterstützern bauen:

> Lawyers, political campaigners and journalists developed contacts with their British counterparts to generate both a knowledge of institutional procedures and a means of influencing them by applying political pressure through the politics of embarrasement.[836]

Dies sollte auch denjenigen ohne nachweisbare britische Abstammung einen Aufenthaltstitel bringen. Dennoch sicherten ein Job, eine Unterkunft und eine Aufenthaltsberechtigung, die erst mit der Verleihung der Staatsbürgerschaft fixiert werden konnte, die Dauer der Niederlassung. Dieser Prozess konnte Jahre dauern, wie der zwölfjährige Kampf der

834 Vgl. Carneson, Red, S. 193 f., S. 204, S. 206.
835 Vgl. Minutes of the National Committee, 3.7.1963, MSS AAM 43.
836 Israel, Political Exile, S. 103.

Familie Slovo beispielhaft zeigt. Ihr Ringen betraf die Staatsbürgerschaft der Eltern wie der Kinder. Joe Slovo reichte – nach dem Regierungsantritt der *Labour Party* unter Harold Wilson – 1965 beim Innenministerium eine Mitteilung ein, dass er beabsichtige, einen Antrag auf Einbürgerung zu stellen. Die Antwort des Home Office verwies darauf, dass dieser Antrag erst fünf Jahre später gestellt werden könne, sofern Slovo überhaupt zu solch einem Antrag berechtigt sei.[837] Während des Verfahrens wurden 1968 immerhin anfängliche Einschränkungen in Ruth Firsts und Joe Slovos Aufenthaltstiteln entfernt. So mussten sie Adresswechsel nicht mehr der Polizei melden und keine Erlaubnis mehr für ein Arbeitsverhältnis bei einem Ministerium einholen. Es bedeutete auch, dass frühere Reisebeschränkungen, die besagten, dass jede Auslandsreise durch das Innenministerium zu genehmigen sei, aufgehoben waren.[838] Im gleichen Jahr verweigerte der Apartheidstaat den Kindern der Slovos eine Verlängerung ihres Passes.[839] Damit die Kinder nicht staatenlos wurden, diskutierten ihre Eltern mit den britischen Behörden das weitere Vorgehen hinsichtlich der Beantragung der Staatsbürgerschaft. Scotland Yard empfahl Slovo, als erster die Staatsbürgerschaft zu erlangen, weil dann Ruth First nur ihre Ehe als Grund angeben bräuchte. Außerdem wurde darauf hingewiesen, dass ein solches Verfahren nach Ablauf der Ansiedlungsqualifizierung (residental qualification) im März 1969 (nach insgesamt fünf Jahren Aufenthalt) finanziell günstiger sei. Die Anträge der Kinder wurden dem Verfahren der Eltern anhängig gemacht und blieben somit seit 1965 in der Schwebe.[840] Lag eine Verzögerungstaktik vor oder verfolgten verschiedene Behörden unterschiedliche Agenden?

837 Vgl. Home Office an Joe Slovo, 27.1.1966, Ruth First Papers 117/1/2/4.

838 Vgl. Home Office an Ruth First, Home Office an Joe Slovo, 31.7.1968, Ruth First Papers 117/1/2/4; Reisebeschränkungen: Ruth First an Benedict Birnberg, 8.4.1964; Ruth First an Home Office, 22.4.1964; Benedict Birnberg an Ruth First, 30.4.1964; Ruth First an Home Office, 21.7.1964; Ruth First an Home Office, 21.7.1964, Ruth First Papers 117/1/2/4.

839 Vgl. South African Consulate General an Joe Slovo, 31.12.1968, Ruth First Papers 117/1/2/4.

840 Vgl. New Scotland Yard an Joe Slovo, 16.1.1969, Ruth First Papers, 117/1/2/4.

Denn am Ende des Jahres 1969 schlug das Innenministerium ohne Angabe weiterer Gründe Joe Slovos Antrag auf Naturalisierung aus.[841] Von nun an schalteten die Slovos sympathisierende bzw. ihnen bekannte Abgeordnete der *Labour Party* ein. Daraufhin wurde zwei der drei Töchter die Naturalisierung angetragen, der dritten wurde eine Beantragung nahegelegt. Das Innenministerium erkannte an, dass Slovos Antrag drei Jahre zuvor nicht die sorgfältige Prüfung erfahren hatte, die er verdient hätte.[842] Dennoch wurde die Wiedereinsicht in Joe Slovos Antrag ohne Angabe von Gründen abgelehnt. Der *Labour*-Abgeordnete Alex Lyon machte First und Slovo im Januar 1973 Hoffnung: Wenn Slovo im Sommer einen neuen Antrag stelle, könnte dieser positiv beschieden werden.[843] Auch im erneuten Verfahren gab es monatelange Verzögerungen. Während First zwischen 1974 und 1975 – wieder unter einer *Labour*-Regierung – eingebürgert wurde, schob sich eine Entscheidung im Falle Slovos weiter hinaus. First schlug eine Reihe von prominenten Referenzen für das Home Office vor,[844] doch Slovo merkte stattdessen in einem Schreiben an das Home Office 1975 an, dass seine Ehefrau und zwei ihrer Kinder schon britische Bürger seien. Er spekulierte auch, dass die Verweigerung für die Bewilligung seiner Naturalisierung mit seinen »radical commitments and involvements in the South African liberation struggle« zu tun habe.[845] Denn Alex Lyon hatte Albie Sachs mitgeteilt, dass es eine Richtlinie im Home Office gebe, nach der Opponenten des Apartheidregimes nicht zu naturalisieren seien. Lyon, zu diesem Zeitpunkt Staatssekretär im Home Office, fügte hinzu, dass neuerliche Anträge jedoch mit Sympathie bedacht würden.[846] Slovo betonte, seine Aktivität habe sich nie auf innere Angelegenheiten gerichtet und sei zudem

841 Vgl. Home Office an Joe Slovo, 21.10.1969, Ruth First Papers, 117/1/2/4.

842 Vgl. David Lane an Alex Lyon, 16.10.1972; Alex Lyon an Joe Slovo, 20.10.1972, Ruth First Papers 117/1/2/4.

843 Vgl. Alex Lyon an Ruth First, 19.1.1973, Ruth First Papers 117/1/2/4.

844 Vgl. Ruth First an Joe Slovo, Daressalaam, 30.9.1975, Ruth First Papers 117/1/3/1/6.

845 Vgl. Joe Slovo an Home Office, 4.8.1975, Ruth First Papers 117/1/2/4.

846 Vgl. ebd.

durch britische Körperschaften wie das AAM erfolgt, außerdem lebe er seit zwölf Jahren im Vereinigten Königreich und bitte nun darum, dass ihm die Naturalisierung ermöglicht werde: »I have no other home, actual or intended and I feel deeply the continuing deprivation of citizenship.«[847] Das Schreiben ist, wenig überraschend, geschönt. Joe Slovo war weniger im AAM als im ANC, MK und der SACP aktiv und dort einer der hochrangigsten Funktionäre. Seine Sehnsucht nach Beheimatung richtete sich vielmehr auf das südliche Afrika, wie er Ruth First eingestand.[848] Eine Entscheidung des Home Office ist nicht überliefert, nur dass Slovo entgegen Lyons Versicherung, unnötige Verzögerungen würden in Slovos Fall vermieden werden, 1975 aufgefordert wurde, aufgrund der verstrichenen Zeit einen erneuten Antrag auf Naturalisierung zu stellen.[849]

Arbeitsplätze

Ruth First zeigte nach ihrer Ankunft in London einen großen Arbeitseifer und veröffentlichte unter anderem ihren Gefängnisbericht. Im Jahr ihrer Inhaftierung erschien in der *Penguin African Library*, die Ronald Segal betreute, »South West Africa«, ein Buch, das auf Firsts illegalen Recherchen in der von Südafrika annektierten ehemaligen deutschen Kolonie basierte.[850] Sie wirkte als Rechercheurin und Ghostwriterin an Govan Mbekis »The Peasants Revolt«, Nelson Mandelas »No Easy Walk to Freedom« und Oginga Odingas – dem Vizepräsidenten der Republik Kenia – »Not Yet Uhuru« mit.[851] Mit ihrer Studie »The Barrel

847 Joe Slovo an Home Office, 4.8.1975, Ruth First Papers 117/1/2/4.

848 Vgl. Joe Slovo an Ruth First, 19.11.1968, Ruth First Papers 117/1/3/1/3.

849 Vgl. Guy Crawley an Joe Slovo, 12.8.1975; Home Office an Joe Slovo, 17.9.1975, Ruth First Papers 117/1/2/4.

850 Siehe Ruth First: South West Africa, Harmondsworth 1963. Zum Trip nach Namibia siehe Milton Shain / Mira Pimstone: Ruth First, jwa.org/encyclopedia/article/first-ruth (letzter Zugriff: 7.3.2016).

851 Siehe Curriculum Vitae, Ruth First Papers 117/1/1/2.

of a Gun«, 1970 erstmals erschienen, gelang First ein durchschlagender Erfolg in der akademischen Welt.[852] Joe Slovo hingegen hatte kurzzeitig überlegt, ob er sich um ein Stipendium an der *London School of Economics* bewerben sollte, begann dann aber, in Vollzeit für den ANC zu arbeiten.[853] Alte Genossen wie Ronnie Kasrils, Barry Feinberg auch der Chemiker Ronnie Press wurden seine Arbeitskollegen als Berufs- und »Feierabend«-Revolutionäre.[854]

Die Familie Slovo hatte mithin Glück: £5.200 erhielt First noch aus dem Verkauf ihres Hauses in Johannesburg und ihr Vater verfügte über Gelder aus Südafrika. Es blieb jedoch ökonomische Unsicherheit.[855] Andere Exilanten erreichten England quasi mittellos. Zu ihnen gehörten Norma Kitson, Leon und Lorna Levy sowie Jack und Rica Hodgson. Den Hodgsons kam Ricas Organisationstalent zugute, denn Jack Hodgson war zum einen gesundheitlich angeschlagen, zum anderen voll in die Arbeiten vom MK involviert.[856] Auch Rica Hodgson war in die internationalen Solidaritätsorganisationen für Südafrika eingebunden, was zugleich ihren Broterwerb darstellte. Sie war als erfolgreiche Fundraiserin bekannt, sodass ihre Anstellung bei der britischen Mutterorganisation des *Defence and Aid Fund for South Africa* (i. F. *International Defence and Aid Fund*, IDAF), dem Canon John Collins – der Domherr der St. Paul's Kathedrale – vorstand, nahelag. Da sie keine Nachweise ihrer bisherigen Arbeit erbringen konnte, hatte Hodgson sich überlegt, Collins durch einen selbstorganisierten Fundraising-Abend von ihren Fähigkeiten zu überzeugen, den sie mit der Hilfe alter südafrikanisch-jüdischer Freunde auf die Beine stellte. Unter den sympathisierenden jüdischen Linken Nordlondons, die an jenem Abend bei Käse und Wein den Reden Canon Collins, Ronald Segals und Oliver Tambos zuhörten,

852 Siehe Ruth First: The Barrel of a Gun. Political Power in Africa and the Coup d'État, London 1970; Wieder, Ruth First and Joe Slovo, S. 175 ff.

853 Vgl. Wieder, Ruth First and Joe Slovo, S. 144 f.

854 Siehe Kasrils, Armed and Dangerous; Press, To Change the World; Feinberg, Time.

855 Siehe Wieder, Ruth First and Joe Slovo, S. 149.

856 Vgl. Hodgson, Foot Soldier, S. 144.

kamen £1.000 an Spenden für IDAF zusammen. Daraufhin wurde Hodgson als Sekretärin und Fundraiserin des Fonds angestellt.[857]

Sonia und Brian Bunting hatten Südafrika vor der Razzia in Rivonia verlassen. Brian war Herausgeber des *Guardian* in Kapstadt und im ZK der SACP aktiv gewesen; Sonia arbeitete im Sekretariat der CPSA.[858] Sie waren ebenso wie auch ihre Zeitung nach Sharpeville gebannt. Brian Bunting bemühte sich vergeblich um eine Anstellung in Kapstadt und als er von der sowjetischen Nachrichtenagentur TASS, das Angebot als Korrespondent zu arbeiten, bekam, verließ er mit seiner Frau das Land.[859] Trotz der Arbeit als »fester Freier« bei der TASS blieb ihm noch genügend Zeit, die Herausgabe des *African Communist* zu übernehmen.[860] Sonia Bunting steuerte die zum *Rivonia Trial* ins Leben gerufene Kampagne zur Freilassung der südafrikanischen politischen Gefangenen[861] und wirkte im Apparat der SACP mit.[862] Bei der Anstellung von Sonia Bunting als Organisatorin der Kampagne gab es jedoch Probleme: Bei einem Exekutivtreffen der die Kampagne tragenden Organisationen wurde sie als Frontfrau ausgeschlossen, da ihre kommunistische Gesinnung vor allem im Hinblick auf eine Zusammenarbeit mit den USA und bestimmten Gewerkschaften hinderlich sei.[863] Intern schien es jedoch Kritik gegeben zu haben, denn beim darauffolgenden Treffen wurde das Protokoll korrigiert und anstelle der Bedenken stand ausdrückliches Lob für die Arbeit und das Engagement von Sonia Bunting.[864]

857 Vgl. ebd., S. 144 ff.

858 Vgl. Brian Bunting, Mayibuye Archives MCA 6-249, S. 5 f.

859 Vgl. ebd., S. 22 f.

860 Vgl. ebd., S. 26. Als einen *Stringer's Job* bezeichnete Bunting seine Arbeit, die vergleichbar mit »festen freien« Mitarbeitern einer Nachrichtenagentur ist, die auf Basis ihrer Beiträge bezahlt werden.

861 Vgl. World Campaign for the Release of South African Political Prisoners, i. F. World Campaign.

862 Vgl. Gurney, Obituary Sonia Bunting.

863 Vgl. Minutes of the Committee Meeting of the World Campaign, 27.4.1964, MSS AAM 1778.

864 Vgl. Minutes of the Committee Meeting of the World Campaign, 14.5.1964, MSS AAM 1778.

Die Änderung ist aufgrund der Verflechtung der SACP mit den oppositionellen Organisationen nicht überraschend. Bezeichnenderweise sollte Bunting nach ihrer Anstellung bei der *World Campaign* ihr Gehalt mit Vella Pillay, der in der Exekutive des AAM saß, aushandeln.[865] Pillay war SACP-Mitglied und Mitarbeiter des *African Communist*.[866]

Trotz ihrer Distanz zur SACP halfen ihre kommunistischen Verbindungen auch Sarah Carneson weiter. Carneson war 1967 zu ihren ältesten Kindern nach England geflohen, nachdem ihr Mann Fred inhaftiert worden war und sie – gebannt – weiter und weiter von der Sicherheitspolizei drangsaliert worden war. Staaten- und mittellos erreichte sie Southampton. Nachdem sie zuerst bei Esmé Goldberg untergekommen war, fand sie schließlich ein Haus in deren Nähe.[867] Ihren ersten Job als Versicherungsvertreterin gab sie nach drei Monaten wieder auf, da eine ihrer Töchter im Krankenhaus war und die Arbeitszeiten und Reisen zu sehr an Carneson zehrten.[868] Eine Arbeit, die sie mehr erfüllte und weniger Reisen erforderte, fand sie in der Finanzabteilung des *Morning Star*, der Tageszeitung der CPGB.[869]

Dort arbeitete ebenfalls Winnie Dadoo, die Gattin von Yusuf Dadoo, des Präsidenten des SAIC und Repräsentanten der SACP in London, – und eine eigenständige Aktivistin, die in die Produktion des *Guardian* und die Befreiungsbewegung Südafrikas eingebunden gewesen war und 1960 Gewahrsam und Exil erfahren hatte.[870]

Neben den Organisationen des Kampfes gegen die Apartheid – namentlich SACP, ANC und AAM samt ihrer Neben- und Untergruppierungen – stach ein Unternehmen bei der Bereitstellung von Jobs für Exilsüdafrikaner hervor: der Versicherungskonzern Abbey Life. Gegrün-

865 Vgl. Minutes of the Committee Meeting of the World Campaign, 28.5.1964, MSS AAM 1778.

866 Vgl. N.N.: Vella Pillay (Obituary), Royal Economic Society Newsletter, No. 127 (October 2004), unpaginiert.

867 Vgl. Carneson, Red, S. 189, S. 193 f., S. 196.

868 Vgl. ebd., S. 196.

869 Vgl. ebd., S. 201.

870 Vgl. Israel, Political Exile, S. 118.

det von Mark Weinberg,[871] einem südafrikanischen Unternehmer, verhalf die Versicherung mehreren frisch in England gelandeten Oppositionellen zu Jobs. Bei Abbey Life hatte auch Sarah Carneson »so wie viele andere südafrikanische politische Flüchtlinge«[872] – wie etwa ihr Mann Fred nach der Freilassung, der das Verhalten des Konzerns bemerkenswert fand.[873] – ihren ersten Job bekommen. In die Chefetage stieg Joel Joffe ein, der sich nach dem Rivonia-Prozess in England niederließ. Einer seiner direkten Mitarbeiter war Ralph Sepel, der ebenfalls nach London geflohen war.[874] Joffe hatte auch Paul Joseph, einen langjährigen ANC- und SACP-Aktivisten, ermutigt, sich bei Abbey Life zu bewerben. Dieser Job sicherte Joseph und seiner Familie das Überleben.[875] Issi Dinat, ein indischer Aktivist, floh nach Gewahrsam und Folter 1966 nach London.[876] Auch er fand eine Anstellung bei der Versicherung und wurde innerhalb weniger Jahre Abteilungsleiter mit 80 Mitarbeitern. Berechtigt, seine Mitarbeiter selbst auszuwählen, stellte er eine ganze Reihe politischer Exilanten und anderer Südafrikaner in London ein.[877] Wolfie Kodesh wurde ebenfalls, als er mittellos in England ankam, von Abbey Life angestellt.[878] Doch mehr als das: Abbey Life-Mitarbeiter lieferten sich halbjährlich sportliche Wettkämpfe im Hampstead Heath. Die Auswahl der Versicherung trat gegen ein Team aus ANC und AAM an, dem neben Rusty Bernstein, Manny Brown, Brian Bunting, Ronnie Kasrils

871 Nur ein Namensvetter des Sohnes von Violet und Eli Weinberg; vielleicht aber der oppositionellen Szene nahe stehend, wenn er der Mark Weinberg ist, von dem Norma Kitson sagt, er habe mit Ada Bloomberg vom COD in London zusammengewohnt und sei der Schwager ihrer Schwester Joan gewesen (Kitson, Sixpence, S. 127).

872 Carneson, Red, S. 196.

873 Vgl. Fred Carneson, Mayibuye Archives, MCA 6-255.

874 Vgl. Frankel, Rivonia's Children, S. 335.

875 Vgl. Israel, Political Exile, S. 120.

876 Vgl. The Nelson Mandela Foundation sends condolences after the passing of Ismail »Issy« Dinat, 11.12.2015, www.nelsonmandela.org/news/entry/the-nelson-mandela-foundation-sends-condolences-after-the-passing-of-ismail (letzter Zugriff: 9.3.2016).

877 Vgl. Israel, Political Exile, S. 121.

878 Vgl. Email Tessa van Rooyen, 9.3.2015.

auch Albie und Johnny Sachs angehörten.[879] Mitte der 1970er Jahre korrespondierte Sheila Suttner, die Mutter des inhaftierten Aktivisten Raymond Suttner, mit Londoner Unterstützern über die Adresse der Versicherungsgesellschaft.[880] Doch die Einstellungspolitik von Abbey Life war nicht unbedingt allein aus humanitären Gesichtspunkten gewählt, denn weil sie selbst von südafrikanischen Emigranten gegründet worden war, schien Abbey Life bereit gewesen zu sein, die Fähigkeiten von Menschen, die nicht durch das britische Bildungssystem gegangen waren und unorthodoxe Lebensläufe hatten, wertzuschätzen.[881]

Auch in anderen Institutionen etablierte sich eine Art »Kette«, in der sich südafrikanische Exilanten die Klinke in die Hand gaben.[882] Eine solche Einrichtung war unter anderen das *Rosh Pinah*, ein jüdischer Kindergarten mit Vorschule am nördlichen Rand von London. Nicht nur Mark Israels eigene Mutter, Rochelle, arbeitete dort, sondern auch Hazel Goldreich, die sich in Israel von ihrem Mann Arthur getrennt hatte und mit ihren Kindern nach England zurückgekehrt war. Sadie Forman, die Gattin des 1959 verstorbenen Lionel Forman, wurde durch eine Verwandte auf einen Job bei *Rosh Pinah* hingewiesen. Während Hazel Goldreich über dreißig Jahre dort blieb, verließ Sadie Forman die Schule an dem Punkt, als sie ihre Sicht auf Israel nicht mehr mit dem zionistischen Bekenntnis *Rosh Pinahs* vereinbaren konnte.[883]

Einige südafrikanische Exilanten fanden an britischen Universitäten einen Job. Unter den ersten waren Jack und Ray Alexander Simons. Jack Simons hatte für zwei Jahre ein Stipendium der Universität Manchester erhalten. In Südafrika konnten beide unter den Bedingungen des Polizeistaats nicht mehr arbeiten. Mit Zuspruch ihrer Familien und der SACP reisten sie 1965 mit einem *exit permit* via Sambia nach England

879 Vgl. Feinberg, Time, S. 106 f.
880 Siehe Sheila Suttner an Mr. und Mrs. Joseph (Paul und Adelaide Joseph?), o. D., MSS AAM 1888.
881 Vgl. Israel, Political Exile, S. 121.
882 Vgl. ebd.
883 Vgl. Israel, Political Exile, S. 121 f.

aus.[884] In Manchester bereiteten sie die Publikation ihrer Bücher »Class and Colour in South Africa«[885] und »African Women: Their legal status in South Africa«[886] vor. Trotz einiger Zwischenstopps in London, wo sie mit ihren Kindern und dem Bruder Ray Simons', der Südafrika ebenfalls nach Nachstellungen der Sicherheitspolizei mit seiner Familie verlassen hatte, und Freunden wie Babette und Mannie Brown zusammenkamen, war es ihr Ziel, sich in Sambia niederzulassen.[887] Beide wurden dort Mitglieder im ANC und Jack lehrte an der Universität von Lusaka.[888] Während eines Jahres in England fungierte Jack Simons als Gutachter für die *Society for the Protection of Science and Learning* (SPSL), die, entstanden als Hilfsorganisation für durch den Nationalsozialismus verfolgte Wissenschaftler, südafrikanische Akademiker mit Stipendien und administrativer Hilfe unterstützte, wenn diese das Land verlassen wollten.[889]

Die akademischen Weihen blieben bei den Simons nur Jack vorbehalten. Hingegen schafften es beide Wolpes, AnnMarie und Harold, akademisch zu reüssieren. Den Anwaltsberuf, mit dem Harold in Südafrika sein Geld verdient hatte, wollte er nicht wieder aufzunehmen. Er begann seine akademische Laufbahn mit einem einjährigen Stipendium,

884 Vgl. ebd., S. 295–298, S. 302.

885 Siehe Simons/Simons, Class and Colour.

886 H. Jack Simons: African Women. Their legal Status in South Africa, London 1968.

887 Vgl. Simons, All my Life, S. 304 f. S. a. Hugh Macmillan: The Story of A House – 250 Zambezi Road, Roma Township, Lusaka – The Simons, the ANC and Oxfam, in: Robin Palmer (Hrsg.): A House in Zambia. Recollections of the ANC and Oxfam at 250 Zambezi Road, Lusaka, 1967–97, Lusaka 2008, S. 9–27; Tanya Barben: »Etabeni«: A Home in Lusaka Away From Home, in: ebd., S. 29–34. Ich danke Tanya und Jacques Barben für die Überlassung einer Kopie der Texte.

888 Vgl. ebd., S. 310.

889 Vgl. Shula Marks: »Bending the rules«: South African Refugees in the UK, 1960–1990, in: dies. / Paul Weidling / Laura Wintour (Hg.): In Defence of Learning. The Plight, Prosecution and Placement of Academic Refugees, 1933–1980s, Proceedings of the British Academy 169, Oxford 2011, S. 357–279, hier S. 271. Ich danke Shula Marks dafür, dass sie mir eines ihrer Exemplare geschenkt hat.

in welchem er sein soziologisches Fachwissen auffrischen und vertiefen konnte. Nach diesem Einstieg begann Wolpe in der Erwachsenenbildung der Universität Oxford zu lehren und nach einer Zwischenstation an der Universität von Kent konnte er für mehrere Jahre an der Universität von Bradford lehren und forschen.[890] Kontakte zu anderen südafrikanischen, jüdischen Exilanten wie auch die Unterstützung der aus Deutschland geflohenen Sozialwissenschaftlerin Ruth Glass oder anderer linker englischer Akademiker halfen Wolpe ungemein. Der aus Südafrika stammende Soziologe Percy Cohen, ein alter Freund, gab Wolpe Orientierung in der Vielzahl sozialwissenschaftlicher Publikationen.[891]

In Kent konnte AnnMarie Wolpe am Institut für Jugoslawische Studien reüssieren. Ihr wurde in der Folge ein Job am *Middlesex Polytechnic*, einer neu konstituierten Fachhochschule im Norden Londons, angeboten.[892] Dort leitete sie später den Fachbereich für feministische Studien (Women's Studies).[893] Für Harold Wolpe tat sich glücklicherweise eine Gelegenheit auf, ans *Polytechnic of North London* zu wechseln. Dort erlebte er starke politische Auseinandersetzungen um die Demokratisierung des Fachbereichs, die linke Wissenschaftler anstrebten. Diese wurden jedoch von einem Kern rechter Kollegen nicht nur in politischer Hinsicht, sondern auch in ihrer wissenschaftlichen Reputation angegriffen. Harold Wolpe erlitt 1972 einen Herzinfarkt. Für ihn war der Stress an der englischen Universität anstrengender als die illegale Opposition in Südafrika, mutmaßte er später. Er nahm die Gelegenheit eines Forschungsaufenthalts in den USA wahr und zu seinem Glück interessierte sich der soziologische Fachbereich der Universität von Essex für seine Arbeiten. An dieser Universität blieb Harold Wolpe dann 17 Jahre

890 Vgl. Harold Wolpe, Mayibuye Archives MCA 7-1723, unpaginiert.

891 Vgl. Harold Wolpe, Mayibuye Archives MCA 6-384, S. 16 f. Lewitton versicherte, es sei ein positives Referenzschreiben, jedoch warnte der Johannesburger Professor, Wolpe sei ein »no-goodnik«. Gerade diese Bemerkung weckte das Interesse der Auswahlkommission des Nuffield Stipendiums (ebd., S. 16).

892 Vgl. ebd., S. 17.

893 Vgl. Wolpe, Long Way, S. 4.

(auch wenn die Familie in London wohnte).[894] Seine Frau betonte, wie schwer sie es empfand, sich niederzulassen und Arbeit zu finden:

> For me, the cost was high. Doing what I did and at a relatively late age – I was already in my late thirties when I started academic work – without any support system took its toll. In early years there never seemed to be enough money […]. For many years it was a hard slog, and I was often exhausted.[895]

Zudem erfuhr sie antisemitische Diskriminierung in verschiedener Hinsicht: »I know of jobs I didn't get because I was Jewish or because I was Jewish and Harold's wife, or Jewish and me and whatever …«[896]

Ein Kollege AnnMarie Wolpes am *Middlesex Polytechnic* war Norman Levy. Er war nach seiner Entlassung 1968 mit einem *exit permit* per Schiff nach England gekommen. Ihn, seine damalige Gattin Philippa und die beiden gemeinsamen Kinder hatte niemand erwartet, obwohl sein Bruder Leon die Unterstützung durch Barbara Castle für den sicheren Grenzübertritt ermöglicht hatte. Norman und Philippa waren, wie sie später berichteten, von Angst und Sorge vor der Zukunft und dem Gefühl des Verlustes von Freunden und der Familie eingenommen.[897] Nach ihrer Ankunft hatten sie Unterstützung bei Reuben und Alma Ruff, zwei Genossen aus dem COD, die in Nordlondon lebten, gefunden. Bei ihnen war die Familie Levy zuerst untergekommen. Sie machten sich im Kreis des südafrikanisch-jüdischen Exils nützlich, wenn sie beispielsweise auf die Kinder von Norma Kitson aufpassten.[898] Levy, der in Südafrika Lehrer gewesen war, wurde in Südlondon Vertretungslehrer. Nach kurzer Zeit erhielt er ein Stipendium der UNO, um an

894 Vgl. Harold Wolpe, Mayibuye Archives MCA 6-384, S. 18 ff.
895 Wolpe, Long Way, S. 275.
896 Annmarie Wolpe, MCA 7-1722, unpaginiert.
897 Vgl. Levy, Prize, S. 384 f.
898 Vgl. ebd., S. 385 f. Ein Kreis schließt sich: Die Eheleute Reuben und Alma Ruff waren Onkel und Tante des Ehemanns von Merle Barsel Ruff. Der Ehemann war Sohn eines CPSA-Sympathisanten, die Gattin die Tochter der Aktivisten Hymie und Esther Barsel, Email von Merle Barsel Ruff, 15.12.2014.

der *London School of Economics* studieren zu können.[899] An der LSE promovierte er und begann im September 1972 am *Enfield College of Technology*, einem der Pfeiler des späteren *Middlesex Polytechnic*, zu lehren.[900]

Nach ihren Engagements als Rednerin verhalf ihr Bericht über ihre 117 Tage in Schutzhaft Ruth First zu weiterer Bekanntheit. Slovo und Ronald Segal hatten sie zur Abfassung ermutigt. 1965 veröffentlicht wurde »117 Days« (wie der englische Titel lautete) für die BBC als Fernsehspiel – mit ihr selbst in der Hauptrolle – (unter dem Titel »90 Days«) adaptiert sowie zu einem Theaterstück und einer Radiosendung umgeschrieben.[901] Schritt für Schritt zog Ruth First nordwärts. Zuerst erhielt sie, wie ihr Genosse Jack Simons, nach dem Erfolg ihrer Studie »The Barrel of A Gun« ein Stipendium der Universität Manchester für das akademische Jahr 1972/73. Dort begann ihre kollegiale und politische Zusammenarbeit mit Gavin Williams, der sie ermutigte, sich auf eine Ausschreibung im Fachbereich Soziologie der Universität Durham zu bewerben.[902] First hatte zwar an der Wits ihr Soziologiestudium abgeschlossen, konnte aber keine weitere akademische Qualifikation vorweisen, dafür aber eine Reihe beachtlicher Publikationen und ein enormes Fachwissen, das ausreichte, dass die Universität in der nordenglischen Kleinstadt ihr 1973 eine Stelle als Dozentin anbot.[903] Die Arbeit bedeutete zwar ein sicheres Auskommen, aber auch eine weite Entfernung von ihrem persönlichen und politischen Lebenszentrum in London, an der sie litt. Eine Menge an herausfordernder Arbeit, neben Vorlesungen und Seminaren auch zusätzliche Arbeit für die UN, bestimmte ihren Alltag. Hinzu kam die Umstellung auf das Leben in der Provinz:

899 Vgl. ebd., S. 386 f.
900 Vgl. ebd., S. 390.
901 Vgl. ebd., S. 147; Ruth First Papers Project, »90 Days« Film Screening, www.youtube.com/watch?v=U5dXN2zxDfY (letzter Zugriff: 22.3.2016).
902 Vgl. Wieder, Ruth First and Joe Slovo, S. 193 f.
903 Vgl. ebd., S. 194.

> Maybe part of my bad mood is just boredom a[n]d being cooped in, and anxiety a[bout] whether I'll keep up my lectures, [...] AND the fact that I can't find a decent hairdresser with a decent shampoo and any idea at all. You've no ideas how rustic Durham is. The best clothes shop's Mauds. There are two shops that stock green peppers and veg[etables] other than potatoes and that group. B[u]t it is small: you can get into town in 4 minutes by car from here [...]. Tomorrow is some ghastly communal tea with all students, resident what-nots like me, and all the college staff. It'll be hideously party-manners. You know I don't have any![904]

First nahm die Anstellung an, denn sie fühlte sich geradezu krank von dem Gedanken, sich als freischaffende Autorin bei stetig steigenden Kosten in London nur schwerlich über Wasser halten zu können.[905] Doch das Leben in Durham zerrte an ihren Nerven. Von einem Forschungsaufenthalt in Daressalam zurückgekehrt, sah Ruth eine »Konterrevolution« an der Universität in Gang, die die Errungenschaften der vorherigen Reformen zurückdrängte. Aufgrund des »komatösen Charakters« in Durham habe dies noch niemand bemerkt. »This year seems much worse than the three previous years.«[906] Dennoch waren die Jahre für First nicht fruchtlos geblieben: Akademische Verbindungen schufen ihrer politischen Wissenschaft neue Netzwerke und Kanäle. Die Gründung des Magazins *Review of African Political Economy* gehörte ebenso dazu wie ihre Entdeckung feministischer Theorie und der Biographie der Kapstädter Intellektuellen Olive Schreiner.[907]

Eine Erleichterung war es schließlich für First, das Angebot zu bekommen, an der Universität Eduardo Mondlane in Maputo, Mosambik, als Forschungsdirektorin am *Centre for African Studies* zu arbeiten.[908]

904 Ruth First an Joe Slovo, o. D. [1973], Ruth First Papers 117/1/3/1/5, Hervorh. i. O.

905 Vgl. ebd.

906 Vgl. Ruth First an Joe Slovo, Durham, 10.11.1977, Ruth First Papers 117/1/3/1/7.

907 Vgl. Pinnock, Voices of Liberation, S. 23 f.; Wieder, Joe Slovo and Ruth First, S. 199–203.

908 Vgl. ebd., S. 24.

Wenige Kilometer von Südafrika entfernt war es ein Bereich ihrer Arbeit, die Kader des mittlerweile sozialistischen Landes in Forschung und Planung zu unterrichten. Ihre Tätigkeit war unmittelbar mit den sozialplanerischen Vorstößen, die die Regierung unternahm, verbunden.[909] Firsts Tochter Gillian nahm die letzten Lebensjahre, in denen sich ihre Mutter vollkommen in die gesellschaftliche Umgestaltung der ehemaligen Kolonie des faschistischen Portugals einbringen konnte, als eine Periode des aufregenden Wandels wahr. First und Slovo seien geradezu aufgeblüht, wirkten verjüngt und im inneren Gleichgewicht.[910]

Baruch Hirson wurde 1973 aus dem Gefängnis entlassen. Er hatte schon eine Karriere als Chemiker an der Wits-Universität hinter sich und verfolgte die Absicht, an der *School of Oriental and Asian Studies* (SOAS) »auf die Beine zu kommen«[911], denn im Gefängnis hatte er eine anregende Studie der Bambatha-Revolte in Natal 1906 und 1907 der dortigen Professorin Shula Marks lesen können.[912] Daraufhin war es nun sein Wunsch, eine historiographische Dissertation abzufassen.[913] Dies brachte für die Unterstützung durch die SPSL Probleme mit sich, denn eine ihrer »Regeln« war es, dass Studenten nicht bei der Dissertation unterstützt würden, weshalb keine Zusage zu einem Stipendium gegeben werden konnte. In diese Entscheidung mögen auch Vorbehalte wegen Hirsons Beteiligung an Sabotage-Aktionen hineingespielt haben, wie Shula Marks mutmaßte.[914] Letztlich drängte die Geschäftsführerin der SPSL die betreffenden Gremien, großzügig zu sein, was Hirson eine zweijährige Unterstützung sicherte und es ihm ermöglichte als Historiker zu reüssieren.[915] Er publizierte mehrere Bücher in alleiniger und Ko-Autorenschaft und begründete das marxistische, SACP-kritische Magazin

909 Vgl. ebd.
910 Vgl. Slovo, Every Secret Thing, S. 147–154.
911 Vgl. Marks, Bending, S. 272.
912 Vgl. Shula Marks: Foreword, in: Hirson, A History of the Left, S. ix–xii, hier S. x.
913 Vgl. Marks, Foreword, S. x.
914 Vgl. Marks, Bending, S. 272.
915 Vgl. ebd., S. 273; Marks, Foreword, S. x.

Searchlight South Africa. Hirson fand Anstellung an der Universität Bradford und schließlich auch – wie Norman Levy und AnnMarie Wolpe – am *Middlesex Polytechnic.*[916] Während seine Frau Yael als Kinderärztin arbeitete, verfolgte Hirson seine historischen und politischen Arbeiten und verwandelte Teile des gemeinsamen Hauses in ein Archiv und eine Setzwerkstatt.[917] Seine Dissertation über Klassen- und Community-Kämpfe in Südafrika wurde in England und Südafrika veröffentlicht[918] und in seinem Interesse an den nicht-weißen Gewerkschaften hallte die starke Beteiligung jüdischer Aktivisten an diesen wider.

Auch Norman Levys Bruder Leon knüpfte an seine Tätigkeit in Südafrika an. Nach einem ersten Job als Organisator einer Kampagne des AAM zum *Anti-Apartheid Month* 1963,[919] verschaffte ihm ein Stipendium des Ruskin Colleges in Oxford (auch der Alma Mater David Kitsons) die Möglichkeit eines politik- und wirtschaftswissenschaftlichen Studiums.[920] Sowohl Leon wie auch Lorna bewegten sich durch ihre neuen Jobs aus dem südafrikanischen Exilantenkreis heraus.[921] Leon Levy arbeitete in der Forschungsabteilung der *Amalgated Union of Engeneering Workers* (AUEW) schrieb dort Reden für die Gewerkschaftsführung und vertrat die AUEW bei Verhandlungen über Tarife und Arbeitsbedingungen in der Elektroindustrie[922], während Lorna Levy eine Karriere in der *Labour Party* begann. Ihr Mann wurde schließlich von Chrysler UK angeworben und die junge Familie zog Mitte der 1970er Jahre nach Birmingham, um dem nördlichen Industriegürtel näher zu sein.[923] Nach einigen unglücklichen Jahren dort zogen die Levys wieder nach London zurück und nachdem die Wiederaufnahme

916 Vgl. Marks, Bending, S. 273.
917 Vgl. Interview mit Yael Hirson, London, 25.11.2013.
918 Vgl. Baruch Hirson: Yours for the Union. Class and Community Struggle in South Africa, London 1989 / Johannesburg 1990.
919 Siehe: Minutes of the National Committee Meeting, 5.10.1963, MSS AAM 43.
920 Vgl. Levy, Engagements, S. 107.
921 Vgl. ebd., S. 109.
922 Vgl. ebd., S. 112.
923 Vgl. ebd., S. 115–122, S. 124–136.

der Tätigkeit in der *Labour Party* wenig Früchte getragen hatte, begann Lorna Levy wieder an ihre gewerkschaftliche Arbeit anzuknüpfen, während Leon die Arbeitsbeziehungen in Chryslers Nutzfahrzeugsparte leitete.[924]

Einige Exilanten fanden Arbeit in den Berufen, die sie zum Teil vor ihrer hauptamtlichen politischen Arbeit in Südafrika ausgeübt hatten, andere orientierten sich um. Esmé Goldberg arbeitete als Physiotherapeutin. Percy Cohen – Namensvetter des Soziologen – arbeitete als Zahnarzt, der auch als erste Wahl seiner Genossen aufgesucht wurde, was ihm den Spitznamen »Painless Percy« einbrachte.[925] Rusty Bernstein arbeitete wieder als Architekt, wenngleich er ebenfalls für die politische Bildung des ANC engagiert war; seine Frau Hilda wechselte von der Politik zur Kunst, die sie ebenfalls in den Dienst des Kampfes gegen die Apartheid stellte.[926]

Im inneren Kreis des politischen Exils

Die Mitgliedschaft in der SACP konstituierte den inneren Kreis des politischen Exils. Zu ihm gehörten Jack und Rica Hodgson wie auch Brian und Sonia Bunting. Brian Bunting war seit 1948 Mitglied des ZKs; Sonia Bunting arbeite unter anderem als Sekretärin in der Partei.[927] Beide waren an der Herausgabe des *African Communist*, der Zeitschrift der

924 Vgl. ebd., S. 137 f., S. 141 f.

925 Vgl. Amon and Delia Cohen: Obituary Percy Cohen, The Guardian 15.12.2012. Ich danke Pauline Paucker für die Übersendung des Nachrufs auf Cohen, der auch online zu finden ist: www.theguardian.com/theguardian/2012/nov/07/percy-cohen-obituary (letzter Zugriff: 14.3.2016).

926 Vgl. Biography of Hilda and Rusty Bernstein, www.historicalpapers.wits.ac.za/?inventory/U/collections&c=A3299/R/9010; Anthony Sampson: Lionel Bernstein Obituary, www.theguardian.com/news/2002/jun/26/guardianobituaries1 (letzter Zugriff: 14.3.2016); Denis Herbstein: Hilda Bernstein Obituary, www.theguardian.com/news/2006/sep/18/guardianobituaries.southafrica (letzter Zugriff: 27.7.2016).

927 Vgl. Brian Bunting, Mayibuye Archives MCA 6-249, S. 5, S. 28.

SACP – die komplett in der DDR gedruckt wurde – führend beteiligt.[928] Bunting hatte sich 1964 einen Namen mit seiner Publikation »The Rise of the South African Reich« gemacht, die in Segals *African Library* des Penguin Verlags erschien. Ihr Haus im Stadtteil Hampstead war ein zentraler Treffpunkt der südafrikanischen Kommunisten.[929]

Joe Slovo war ebenfalls ZK-Mitglied und stand seit 1963 Yusuf Dadoo in London zur Seite. Seine Frau Ruth First folgte ein Jahr später ins Exil. Auch wenn sie bei ihrer Ankunft von der britischen Presse wie ein Medienstar behandelt wurde, war ihr gemeinsamer Anfang schwierig.[930] Nachdem es ihrem Vater gelungen war, Geld aus Südafrika auszulösen, kauften die Eltern für die gesamte siebenköpfige Familie ein Haus in Camden in Nordlondon.[931] Slovo und First waren hochgradig in die politische Arbeit der Exil-Opposition eingebunden. Während Slovo Vollzeit für den ANC arbeitete, profilierte sich Ruth First als Rednerin, Analytikerin und Autorin – nicht nur, aber vor allem hinsichtlich südafrikanischer Belange.[932] Trotz finanzieller Sorgen starteten Slovo und First in London politisch und sozial eingebettet in einen Zirkel aus Exil-Südafrikanern, Genossen der SACP und internationalen Aktivisten der Dekolonisierungs- und sozialistischen Bewegung eine beachtliche Karriere.[933]

Barry Feinberg war ein junger Aktivist des COD, der laut seiner Autobiographie nach Rücksprache mit Arthur Goldreich für politische Arbeit ins Ausland geschickt werden sollte. Da Feinberg während des Ausnahmezustands von 1960 nicht verhaftet worden war, war er imstande einen Pass zu erhalten und nach seinem Abschluss an der Kunsthoch-

928 Vgl. ebd., S. 23, S. 26 f.; Denis Herbstein: Obituary Brian Bunting, The Guardian 9.7.2008, www.theguardian.com/world/2008/jul/09/southafrica.pressandpublishing/print; Christabel Gurney: Obituary Sonia Bunting, The Guardian 7.6.2001, www.theguardian.com/news/2001/jun/07/guardianobituaries (letzter Zugriff: 26.2.2016).

929 Vgl. Herbstein, Obituary Brian Bunting.

930 Vgl. Wieder, Ruth First and Joe Slovo, S. 144.

931 Vgl. ebd., S. 145.

932 Vgl. ebd., S. 145 f.

933 Vgl. Wieder, Ruth First and Joe Slovo, S. 146–157, S. 171 ff.

schule Anfang 1961 nach London reisen.[934] Der alleinstehende Künstler und Poet wurde sofort in das Netzwerk des ANC und der SACP integriert. Ihm kamen die Kontakte, die Goldreich ihm vermittelt hatte, zugute, sodass er bei anderen südafrikanischen Exilanten sofort ein Zimmer beziehen konnte.[935] Mit einem alten Freund trat Feinberg der SACP bei und mietete als ein der Polizei nicht bekanntes Parteimitglied ein Safe House in Primrose Hill an.[936] Binnen zweier Jahre war Feinberg, trotzdem er eine Familie gründete, durch Materialbeschaffung für die »bewaffnete Propaganda« des MK, die er mit Jack Hodgson unternahm, wie auch durch die Gründung der ANC-Musikgruppe »Mayibuye« umfänglich in die Arbeit von SACP und ANC involviert.[937] Zwar teilte er nur bedingt die gleichen einschneidenden Erfahrungen polizeilicher Repression mit seinen jüngeren Genossen, doch durch seine Onkel, Julius und Lewis Baker, wurde Feinbergs politisches Bewusstsein schon ausgeprägt.[938]

An den Rändern der Polit-Szene

Andere Aktivisten, die in Südafrika noch bekannt und vertrauenswürdig waren, fanden sich im Exil auffällig schnell an den Rändern der Polit-Szene wieder. Zwar mögen Arroganz oder Borniertheit auch eine Rolle gespielt haben, jedoch waren die auseinanderdriftenden Lebenswege der Exilanten der maßgebliche Grund. Aufgrund ihrer klandestinen und abgeschotteten Arbeitsweise trugen die Organisationen des Befreiungskampfes zu einer Distanz zu ehemaligen Mitstreitern bei. Bei der Ankunft noch hatten eigentlich alle Aktivisten die gleichen Härten geteilt.

934 Vgl. Feinberg, Time, S. 43 ff.
935 Vgl. ebd., S. 56. Auch dieses Paar wohnte im Norden Londons.
936 Vgl. ebd., S. 58 f. Auch Primrose Hill liegt im Norden Londons.
937 Vgl. ebd., S. 60, S. 66, S. 71 f., S. 75, S. 83. Zu *Mayibuye* siehe Shirli Gilbert: Singing Against Apartheid, in: Journal of Southern African Studies, Jg. 33 (2007) H. 2, S. 421–441.
938 Vgl. ebd., S. 14 f.

»[I]t was a hand-to-mouth existance«[939], fasste AnnMarie Wolpe rückblickend ihre erste Zeit in London zusammen. Sie kam nach ihrem Mann Harold in London an; zwei ihrer Kinder folgten binnen eines Monats nach. Der jüngste Sohn hingegen bedurfte eines Jahres besonderer Pflege, bevor er auf die Reise nach London geschickt werden konnte. Wolpe fühlte sich von den Genossen ihres Mannes im Stich gelassen, die ihn und Arthur Goldreich auf Vortragsreisen schickten, die Familien aber ohne jegliche Mittel ließen.[940]

Ihre erste längerfristige Unterkunft fand die Familie durch einen südafrikanischen Kontakt. Drei Monate konnten sie in einer Wohnung in Hampstead in Nordlondon wohnen. Ihr Genosse Monty Berman besorgte ihnen dafür Möbel. Vorher waren sie sechs bis sieben Mal von einer Wohnung von Genossen zur nächsten gezogen. Freda Katz und Ruth Finkelstein, zwei jüdische oppositionelle Südafrikanerinnen, hatten sich ihnen angeboten.[941] Zwischenzeitlich konnte das Ehepaar Wolpe für ein Vierteljahr in das Haus eines südafrikanischen Arztes ziehen, das dieser noch nicht bezogen hatte. Da sie für dessen erworbenes Heim statt einer Miete die Zinsen des Kredits bezahlen mussten, unterstützte sie der *Defence and Aid Fund*.[942] Es war nicht ausgemacht, dass die Wolpes am Rande der Londoner Szenerie stehen sollten, denn Harold Wolpe war nicht nur ein sehr enger Freund Joe Slovos, sondern auch in diverse Aktionen des SACP und MK wie die Abfassung des *Code of Discipline* von MK und dem Kauf des Anwesens in Rivonia involviert gewesen.[943] Er und Goldreich waren in England gefragte Redner des AAMs.[944] Einen Grund, durch den sie den Kontakt mit der Bewegung verloren, sah

939 MarieAnne Wolpe, Mayibuye Archives MCA 7-1722, unpaginiert.

940 Vgl. ebd.

941 Vgl. Harold Wolpe,Mayibuye Archives MCA 6-384, S. 15. Zu Freda Katz siehe www.zoominfo.com/p/Freda-Katz/633876864 (letzter Zugriff: 24.2.2016); zu Ruth Finkelstein siehe Goldberg, The Mission, S. 100; Barry Feinberg, Time, S. 56; Ruth Finkelstein an Mr. Hjul, 29.10.1962, Manuscript and Archives, UCT, BC 614, E.1 Old Correspondence.

942 Vgl. Harold Wolpe, Mayibuye Archives MCA 6-384, S. 15.

943 Vgl. Harold Wolpe, Mayibuye Archives MCA 7-1723, unpaginiert.

944 Vgl. Harold Wolpe, Mayibuye Archives MCA 6-384, S. 15.

Harold Wolpe in einem Job an der Universität im Norden Englands, den er für drei Jahre annahm.[945] Dass er aber in den ganzen Jahren im Exil nur zu kleineren Aufgaben für die SACP, den ANC oder das AAM herangezogen wurde, führte Wolpe auf die Differenzen zwischen der SACP, namentlich Michael Harmel und Joe Slovo, und seine Kritik am Konzept des Kolonialismus eines speziellen Typs, zurück.[946] Seine Frau AnnMarie, die eine eigenständige akademische Karriere verfolgte, sah ihre nicht-politische bürgerliche Herkunft und ihre Nicht-Beteiligung an der Untergrundbewegung als Gründe für die Distanz zwischen ihr und der Bewegung an, die im Exil bestehen blieb.[947]

AnnMarie Wolpes retrospektives Urteil, die Bewegung gäbe keinen Deut auf die Ehefrauen und Kinder ihrer Aktivisten, betraf nicht nur ihre Familie.[948] Auch Esmé Goldberg, die nach der Verhaftung ihres Mannes Denis selbst kurzzeitig inhaftiert worden war und Südafrika gen London verlassen hatte, machte ähnliche Erfahrungen – trotzdem sie eine eigenständige Aktivistin in der *Modern Youth Society* gewesen und ebenfalls ins Exil gegangen war.

Goldberg rief sich ihre Gefühle nach der Ankunft in England für einen Fernsehbericht 1990 wieder ins Gedächtnis: »I felt terribly let down and rejected. I don't know if it's the nature of the ANC or the nature of political organisations in general but they tend to not get involved too personally with people.«[949] Ihre Schwiegermutter war Goldberg eine unschätzbare Hilfe: »I couldn't have managed without her.«[950] Sie baute sich als Physiotherapeutin eine Praxis auf.[951] Obwohl sie sich isoliert fühlte, hatte sie Kontakte in die Szene der Exil-Südafrikaner. Baruch

945 Vgl. ebd., S. 18.
946 Vgl. ebd., S. 22–26.
947 Vgl. Annmarie Wolpe, Mayibuye Archives MCA 7-1722; Interview mit AnnMarie Wolpe, Kapstadt, 22.7.2014.
948 Vgl. ebd.
949 Esmé Goldberg, in: Coming Home (1990), Clip auf der zu »The Mission« beigelegten DVD.
950 Ebd.
951 Vgl. Goldberg, The Mission, S. 276.

Hirson unterstützte sie emotional und auch über den Tod Jack Tarshishs nach seiner Freilassung und Ausreise nach London war sie detailliert unterrichtet.[952] Trotzdem sie viel arbeitete, um das Auskommen ihrer Familie zu sichern, setzte sie sich für die Freilassung ihres Mannes ein. Mehrmals engagierte sich Goldberg für ihn und seine Mitangeklagten in der Lobbyarbeit. Sie versuchte sogar – da sie in East Finchley lebte – bei Margaret Thatcher, die diesen Wahlkreis repräsentierte, vorzusprechen. Doch die »eiserne Lady«, die den ANC als terroristische Organisation ansah, ließ die Verabredungen immer kurz vorher platzen.[953] All diese Bemühungen brachten Esmé Goldberg dennoch nicht der Bewegung näher. Denis Goldberg erinnerte sich an ein Gespräch nach seiner Freilassung 1985:

> When I pressed Esmé, she told me that in the moment the [Rivonia] trial was over our comrades found her of no further interest and had little to do with her. She set about earning her living through building up her physiotherapy practice. That enabled her to be available for our children when they needed her, and when my Mum joined her after the end of the trial, she was there to be with the children while Esmé worked.[954]

Nach der Freilassung Denis Goldbergs nach 22 Jahren Haft steuerte immerhin der *International Defence and Aid Fund* Mittel bei, um die Belastung durch ein zusätzliches Familienmitglied zu meistern, bis Denis Goldberg begann, Vollzeit für den ANC zu arbeiten.[955]

Norma Kitson harrte trotz polizeilicher Drangsalierungen noch zwei Jahre nach der Verurteilung ihres Mannes in Südafrika aus. Ausschlaggebend für die Ausreise war, dass ihr Sohn an seiner Schule von Mitschülern und Lehrern verprügelt und beschimpft worden war. Sie hatte mit David Kitson schon zuvor in England gelebt und fand das

952 Vgl. ebd., S. 188 f., S. 206.
953 Vgl. ebd., S. 226, S. 281 f. Auch East Finchley liegt in Nordlondon.
954 Ebd., S. 282.
955 Vgl. ebd., S. 278.

Land abstoßend.[956] Ihrem Bericht zufolge war die Ankunft sehr schwer: ohne Geld, Unterkunft und Arbeit landete Kitson mit ihren zwei Kindern im Oktober 1966 in London und fand nur eine dürftige Unterkunft.[957] Gelähmt fühlte sich Norma von der Zwickmühle, eine Schule für die Kinder finden zu müssen, um eine Arbeit suchen zu können. Um Schulplätze für ihre Kinder zu bekommen, benötigte sie wiederum zuerst eine dauerhafte Bleibe, die sie wiederum bezahlen können musste.[958] Ihre Cousine konnte bei der Wohnungssuche nicht helfen und zu den finanziellen Problemen kam Normas Aversion gegen die Enge Londons im Vergleich zu dem großräumigen Wohnstil im (weißen) Südafrika:

> I would look at the joined-up houses with no gardens and no elbow room and think how depressing to live all on top of one another. [...] It looked dreary to me. I was used to acre-big gardens and roomy detached houses.[959]

Ihrer Autobiographie zufolge waren es zwei Glücksfälle, die eine Wende brachten. Zum einen stellte eine Zufallsbekanntschaft ihr finanzielle Mittel zur Verfügung und zum anderen konnte sie ebenfalls zufällig ein Haus mieten.[960] Auf dieser Basis konnte sie einen Job als Sekretärin in einer Arztpraxis und Schulplätze für ihre Kinder finden.[961] Und dennoch sah sich Norma isoliert in den Kreisen der südafrikanischen Aktivisten:

> The first years in London were made more difficult by some of the exiles in the South African Communist Party. I telephoned them on our arrival in London but it was obvious they wanted nothing to do with us. [...] Many people that David and I had lived our underground political lives with, people I had helped escape from the country – people

956 Vgl. Norma Kitson, Mayibuye Archives, MCA 7-1536, unpaginiert.
957 Vgl. Kitson, Sixpence, S. 182 f.; Norma Kitson, Mayibuye Archives, MCA 7-1536, unpaginiert.
958 Vgl. ebd., S. 183 f.
959 Ebd., S. 183.
960 Vgl. ebd., S. 184–187.
961 Vgl. ebd., S. 187 f.

> whose lives and hopes we shared – shunned us. Most of them had got out of South Africa with their children and were settled in London. I was not invited to any meeting of the South African Communist Party in exile, although I was a member of the Party. I was not approached to join the London ANC. With David in jail, we were to be ignored for ten years. [...] I could not understand why, in London, white South African Communist Party members pretended that we did not exist. It was to be years before their distant behaviour turned into bitter hostility.[962]

Immerhin traf sie alte Freunde in London wieder: Unter ihnen waren viele Mitglieder der KP Großbritanniens, aber auch exilierte Südafrikaner wie H. A. Naidoo und Pauline Podbrey, die sich nach ihren ernüchternden Erfahrungen in Ungarn vom Kommunismus distanziert hatten.[963]

3.g Organisationsarbeit im Exil

Der Kampf gegen die Apartheid stellte für die meisten Exilanten den Lebensmittelpunkt dar. Wenngleich sich der Druck politischer Repression in England milderte und im Laufe der Zeit einfacher der jeweiligen Lohnarbeit nachgegangen werden konnte, so endete das Bekenntnis zu und die Beteiligung an der Befreiungsbewegung nicht. Während das Exil in vielerlei Hinsicht eine Entfremdung und Heimatlosigkeit bedeutete, die oftmals zeitlebens nicht überwunden werden konnte, fanden viele Aktivisten in der Bewegung ihre Heimat wieder. Wenngleich man sich nicht mehr unter dem blauen Himmel Johannesburgs, in den prächtigen Gärten der Mittelklasseanwesen oder auf den staubigen Plätzen der

962 Ebd., S. 190.

963 Vgl. ebd.; Podbrey, White Girl, S. 196–201. S. a. Tal Zalmanovich: From Apartheid South Africa to Socialist Budapest and Back: Communism, Race, and Cold War Journeys, in: Stichproben, Jg. 18 (2018), Nr. 34, S. 111–134.

Townships traf, so blieben die Kreise, in denen man sich bewegte, die gleichen wie in Südafrika.

In England trafen die Exilanten der »Rivonia-Kohorte« auf eine vorgebildete Öffentlichkeit und konnten an bestehende Kontakte anknüpfen. Bis 1960, dem Wendepunkt der Politik in Südafrika,[964] hatten sich in Großbritannien schon Solidaritätsorganisationen herausgebildet, die durch die Exilanten nochmals verstärkt wurden. Das *Movement for Colonial Freedom* (MCF) unterstützte die Aspirationen afrikanischer Staaten auf Unabhängigkeit und war ebenso wie das von Michael Scott ins Leben gerufene *Africa Bureau* ein früher Sponsor der Anti-Apartheid-Bewegung.[965] Hinzu kam die Organisation des christlichen Sozialisten Canon John Collins, *Christian Action*, die angesichts des *Treason Trails den Defence and Aid Fund* ins Leben gerufen hatte, welcher die Angeklagten des Hochverratsprozesses und anderer politischer Prozesse in Südafrika unterstützte.[966] Zugleich existierten Auslandsflügel der wichtigsten Oppositionsparteien bzw. lebten und studierten einige ihrer führenden Mitglieder in London.[967] Die Exilanten der ersten Hälfte der 1960er Jahre bildeten im Verbund mit den britischen Organisationen eine Basis, von der aus die später kommenden Genossen mit großem Erfolg weiter arbeiten konnten.

Ein früher Höhepunkt war die Konferenz »Sanctions Against South Africa« 1963, die von Ronald Segal initiiert worden war. »Boykott« war der erste Schlachtruf der internationalen Anti-Apartheid-Be-

964 Ein Wendejahr wegen des Massakers in Sharpeville, welches die Vergeblichkeit des friedlichen Widerstandes besiegelte und wegen der Rede des »Wind of Change« des damaligen britischen Premierministers Harold Macmillan, der *Conservative Party* in Kapstadt, der auf den unwiderruflich stattfindenden Wandel auf dem afrikanischen Kontinent hinwies – und damit auch Südafrika einschloss (vgl. Fieldhouse, Anti-Apartheid, S. 17 f.).

965 Vgl. Fieldhouse, Anti-Apartheid, S. 8; zu Michael Scott siehe Denis Herbstein: White Lies. Canon Collins and the Secret War Against Apartheid, Kapstadt/Oxford 2004, S. 9.

966 Vgl. Lissoni, Early international Networks; die Selbstbezeichnung als »christlicher Sozialist« in Herbstein, White Lies, S. 4.

967 Vgl. ebd., S. 11.

wegung gewesen. In London rief schon 1959 das *Committee of African Organisations* zum Boykott südafrikanischer Waren auf und die *Christian Action* und das MCF versuchten, ein *Boycott Committee* ins Leben zu rufen.[968] Das *Boycott Committee*, das sich kurze Zeit später in *Boycott Movement* umbenannte, organisierte einen Boykott-Monat im März 1960, der mit einer vielbeachteten parteiübergreifenden Demonstration mit 2 000 Teilnehmern zum Trafalgar Square – wo die südafrikanische Botschaft ihren Sitz hatte – seinen Anfang nahm.[969] Dennoch krankte die Boykott-Bewegung daran, dass sie trotz ihres Namens eine *pressure group* und keine soziale Bewegung war. Zudem war sie sich unklar über ihre Ziele, denn die Frage war ob und inwieweit ein Wirtschaftsboykott Südafrikas wirklich der beste Weg sei, um das Apartheidregime in die Knie zu zwingen und einen »Rassekrieg« am Kap zu verhindern.[970] Die Konferenz sollte die Entscheidung der UN für einen Boykott energisch unterstützen.[971] »Boykott« war eines der zentralen Mobilisierungsthemen der sich 1963 offiziell *Anti-Apartheid Movement* nennenden Bewegung.[972] Schon Mitte des Jahres war dem AAM der Vorschlag, ein Vorbereitungskomitee für eine internationale Konferenz über Sanktionen einzuberufen, unterbreitet worden.[973] Das Präsidium der Konferenz sollte sich nach Segals Plänen aus zehn Personen zusammensetzen: zwei Repräsentanten des AAM, je einer der tragenden Organisationen ANC, PAC, SAIC und SWANU sowie vier weiteren kooptierten Mitgliedern.[974] Während der Ausschuss technische Fragen schnell klären konnte, stand Segal wegen der Nähe zum Penguin Verlag, der die Ergebnisse der Konferenz publizieren sollte, in der Kritik und das AAM äußerte Unmut, weil es

968 Vgl. Fieldhouse, Anti-Apartheid, S. 9 ff.
969 Vgl. ebd., S. 12–17, S. 18 f.
970 Vgl. ebd., S. 14, S. 19, S. 49.
971 Vgl. International Conference on Economic Sanctions, 20.6.1963, MSS AAM 66.
972 Vgl. Annual Aggregate Meeting, 5.11.1963, MSS AAM 14.
973 Vgl. Executive Committee Minutes, 20.6.1963, MSS AAM 66.
974 Vgl. International Conference on Economic Sanctions, 20.6.1963, MSS AAM 66.

sich unterrepräsentiert sah.[975] Segal gelang es, Kritiker wie Vella Pillay, der sich für eine weitaus kämpferische Ausrichtung der Konferenz für Sanktionen stark machte, zu beruhigen[976] und ihn gemeinsam mit Monty Berman, Mendi Msimang (Repräsentant des ANC in London) und Jane Symonds (AAM) in den Lenkungsausschuss aufzunehmen.[977] Alle Mitglieder des Exekutivkomitees des AAM waren eingeladen, die Papiere der Konferenz gemeinsam zu sichten und zu diskutieren.[978] Nachdem einige Gelder durch die Hauptsponsoren flossen und auch die algerische Regierung unter dem Präsidenten Ahmed Ben Bella finanzielle Unterstützung zugesagt hatte,[979] versprach Segal, dass alle überschüssigen Einnahmen dem AAM zukommen würden.[980] Die Sponsoren waren bemerkenswerterweise alle Staatsoberhäupter des unabhängigen Afrikas: der indische Präsident Nehru und der malaysische Präsident Putra.[981] Segal gelang es, die Frage der Sanktionen gegen Südafrika zu einem Politikum aller unabhängigen Staaten des afrikanischen Kontinents zu machen.

Eröffnet wurde die Konferenz von Oliver Tambo, dem Generalsekretär des ANC. Dies unterstrich den Führungsanspruch des ANC im südafrikanischen Befreiungskampf, welcher ihm vom PAC (dem unter anderem Kwame Nkrumah zugeneigter war) streitig gemacht wurde. Den PAC, im Jahr zuvor noch einer der Sponsoren der Konferenz, nannte Segal mit keinem Wort.[982] Die Konferenz wurde als Erfolg gesehen, denn über 30 nationale und gewerkschaftliche Delegationen wie auch Vertreter des jüngst gegründeten UN *Special Committee against Apartheid* nahmen an ihr teil.[983] Die Konferenz kam zu dem einstimmi-

975 Vgl. Executive Committee Minutes, 7.11.1963, MSS AAM 66.
976 Vgl. Executive Committee Minutes, 25.11.1963, MSS AAM 66.
977 Vgl. Executive Committee Minutes, 4.2.1964, MSS AAM 66.
978 Vgl. Executive Committee Minutes, 25.11.1963, MSS AAM 66.
979 Vgl. Executive Committee Minutes, 4.2.1964, MSS AAM 66.
980 Vgl. Executive Committee Minutes, 6.4.1964, MSS AAM 66.
981 Siehe Ronald Segal (Hg.): Sanctions against South Africa, Harmondsworth 1964, Umschlagumseite.
982 Vgl. Ronald Segal: Introduction, in: ders, Sanctions against South Africa, S. 7–14.
983 Vgl. ebd., S. 10 f.; Fieldhouse, Anti-Apartheid, S. 50.

gen Ergebnis, dass der Boykott südafrikanischer Exporte, die Blockade von Investitionen und ein Waffenembargo die drei entscheidenden Mittel seien, um einen friedlichen Wandel in Südafrika voranzutreiben.[984] Segal schloss damit, dass mit der Konferenz dieses enorme Projekt erst angeschoben worden sei.[985]

Die Bedeutung Londons als Exilzentrum war für die südafrikanischen Juden besonders: zum einen durch ihren engen Bezug zueinander als Gruppe, zum anderen durch die politische Trennlinie, die eine generelle südafrikanische *Expatriates*-Gemeinschaft verhinderte, wie auch durch ihre hohe Präsenz in den Solidaritäts- und Exilorganisationen. Oppositionelle wie gemischte Paare gehörten zu den Ersten, die auswanderten.[986] Sie bildeten Unterstützungsorganisationen wie das *New Age Committee* oder den *International Defence and Aid Fund*.[987] Ebenso hatte die SACP frühzeitig eine Exil-Zelle gebildet[988] und auch der ANC war neben anderen Befreiungsbewegungen des afrikanischen Kontinents in London repräsentiert.[989] Wer nach dem Ausnahmezustand kam, fand vor Ort zumeist einen Vertrauten vor.[990]

Anti-Apartheid Movement

Vor allem das *Anti-Apartheid Movement* (AAM) profitierte von einem Zuwachs an südafrikanischen Mitgliedern und Mitarbeitern. Sie besetzten frühzeitig wegweisende Positionen und waren durch ihren »Experten«-Status gern gesehene Repräsentanten des Befreiungskampfes. Hochpolitisierte Emigranten und Flüchtlinge aus Südafrika verbanden ihr Engagement mit den Organisationen, die sich gegen die Apartheid

984 Vgl. Fieldhouse, Anti-Apartheid, S. 50.
985 Vgl. Segal, Sanctions, S. 14.
986 Vgl. Tatz/Arnold/Heller, Worlds Apart, S. 164 ff.
987 Siehe London New Age Committee, Mayibuye Archives, MCH 02-box 1.
988 Vgl. Zukas, Into Exile, S. 102.
989 Siehe Fieldhouse, Anti-Apartheid, S. 8 ff.
990 Vgl. Goldberg, The Mission, S. 128.

stellten.[991] Sie führten deren Kampf aus dem Fahrwasser der christlichen Mobilisierung gegen das Apartheidregime heraus.[992] Am AAM beteiligten sich anfangs vor allem indische und weiße Südafrikaner.[993] Kaum war es im Frühling 1960 etabliert worden, fanden sich in seinen Reihen frisch exilierte Aktivisten wie Yusuf Dadoo.[994] Mit der Zahl der Exilanten stieg auch die Zahl südafrikanischer AAM-Mitglieder, sodass Ende 1962 gar der Umstand kritisiert wurde, dass der Vorstand des AAM mehr aus südafrikanischen als aus britischen Mitgliedern bestehe.[995] Der Vorstand, an den die Kritik herangetragen wurde, reagierte entschieden: alle seine Mitglieder seien vom *National Committee* gewählt worden und er habe von seinem Recht, nicht mehr als vier Individuen zu kooptieren, nach Maßgabe ihres Willens und ihrer Fähigkeit Gebrauch gemacht. »Their nationality is not therefore felt to be relevant.«[996] Entsprechend fuhr das AAM damit fort, auf nationaler wie lokaler Ebene südafrikanische Exilanten und Migranten einzubinden. Leon Levy wurde nach seiner Ankunft in England als Organisator für eine Großdemonstration im November 1963, im Rahmen derer die Freilassung der Angeklagten des Rivonia-Prozesses gefordert wurde, angestellt.[997] Ruth First wurde direkt nach ihrer Ankunft in England auf einer Sitzung des Nationalen Komitees durch die *Labour*-Abgeordnete Barbara Castle vorgestellt. First

991 Vgl. Fieldhouse, Anti-Apartheid, S. 8. Zu diesen Organisationen zählten neben *Christian Action* auch das *Movement for Colonial Freedom*, das *Africa Bureau* und das *Committee of African Organisations* (CAO). Diese stellten im Verbund mit dem ANC die Boykott-Bewegung, aus der letztlich das AAM hervorgehen sollte (vgl. ebd., S. 7 ff., S. 12–27).

992 Siehe Rob Skinner: The Moral Foundations of British Anti-Apartheid Activism, 1946–1960, in: Journal of Southern African Studies, Jg. 35 (2009) H. 2, S. 399–416.

993 Vgl. ebd.; Gurney, Great Cause, S. 133.

994 Vgl. ebd., S. 27; die vier frühzeitig involvierten Südafrikaner waren Vella Pillay, Kader Asmal, Rosalynde Ainslie und (für eine kurze Zeit) Patrick van Rensburg (siehe Executive Committee Minutes, 15.11.1960, MSS AAM 66).

995 Vgl. National Committee Minutes 8.10.1962, MSS AAM 43.

996 Executive Committee Minutes, 19.11.1962, MSS AAM 66. S. a. Lissoni, Early international Networks.

997 Vgl. Levy, Engagements, S. 98.

berichtete von ihrer Schutzhaft und betonte, wie wichtig die Arbeit des AAM in Südafrika sei: es sei »der Ruf in der Nacht, der Schatten unter der Tür« und die Demonstrationen hätten ihr Echo in Pretoria und die Kampagne für die politischen Gefangenen gäbe den Menschen in Südafrika Halt.[998] Anfang 1964 hatte das AAM zwar eine hohe Summe an den *Defence and Aid Fund* überwiesen,[999] aber First beklagte schon im Frühjahr, dass viele neue politische Prozesse erneut Mittel erforderten.[1000]

Im folgenden Jahr wurde First gleichzeitig mit anderen südafrikanischen jüdischen Exilanten ins *National Committee* des AAM gewählt.[1001] Unter ihnen war auch Sonia Bunting, die zeitweise die internationalen Beziehungen des AAM verantwortete.[1002] Im Frühjahr 1965 wurde Ethel de Keyser, die Schwester des in Pretoria inhaftierten Aktivisten Jack Tarshish, Teil des Sekretariats und sollte dann bis an ihr Lebensende eine führende Rolle im AAM spielen.[1003] Julius First war Schatzmeister des AAM.[1004] Mit Ethel de Keyser und Ruth First wurde Hilda Bernstein im Oktober 1965 ins *National Committee* aufgenommen.[1005]

998 Vgl. NC Minutes 25.3.1964, MSS AAM 43.

999 Siehe National Committee Minutes 15.1.1964, MSS AAM 43.

1000 Vgl. National Committee Minutes 25.3.1964, MSS AAM 43. *Defence and Aid* fuhr mit der Unterstützung fort und das AAM brachte hohe Summen ein (vgl. National Committee Minutes 25.4.1965, MSS AAM 43).

1001 Vgl. National Committee Minutes, 23.10.1965, MSS AAM 43. Andere außer den schon genannten waren Phyllis Altman, Julius Baker, Charles van Gelderen, Marion Friedman (vgl. National Committee Minutes 25.3.1964, MSS AAM 43). Lissoni, Early international Networks, S. 22, Fn. 145 zählt außerdem noch Hilda Bernstein, Rica Hodgson, Margret Legum, Harold und Ann-Marie Wolpe, Mannie Brown und Joe Slovo auf (neben nicht-jüdischen Südafrikanern wie Selina Molteno, Jack Hogdson, Freda Levson, Mary Benson, Bischof Ambrose Reeves).

1002 Vgl. National Committee Minutes 14.1.1965, MSS AAM 43.

1003 Siehe Paul Trewhela: Ethel de Keyser, Obituary, in: The Independent, 31.7.2004, www.independent.co.uk/news/obituaries/ethel-de-keyser-550197.html (letzter Zugriff: 28.6.2016); sie wurde als Kollegin von Format geschätzt (siehe National Committee Minutes, 2.3.1974, MSS AAM 43).

1004 Vgl. Executive Committee Minutes, 15.12.1964, MSS AAM 66.

1005 Vgl. National Committee Minutes 23.10.1965, MSS AAM 43; Ethel de Keyser war zu diesem Zeitpunkt *Office Manager* des AAM.

Zu diesem Zeitpunkt richtete das AAM hauptsächlich eine jährliche Demonstration anlässlich des Sharpeville-Massakers, Mahnwachen und Protestkundgebungen aus.[1006] Verbunden waren diese Aktivitäten immer mit Lobbyarbeit innerhalb der Parteien und Gewerkschaften, die nur langsam breitere Erfolge zeitigte.[1007] Thema war immer wieder der ökonomische Boykott Südafrikas. Und wenngleich sich die britische und westliche Politik jahrzehntelang dagegen sperrte,[1008] plädierte Ronald Segal unermüdlich dafür, ökonomische Sanktionen gegen Südafrika zu verhängen.[1009] »Seine« Konferenz 1963 hatte die Forderung bekannt gemacht.[1010] Ruth First schloss an den Erfolg der Konferenz an und organisierte selbst eine Tagung über die Situation Südwest-Afrikas, dem heutigen Namibia, das unter der Kontrolle Südafrikas stand.[1011] Ihr Renommee als gefragte Expertin innerhalb der Solidaritätsszene Großbritanniens[1012] und des europäischen Kontinents halfen ihr weiter.[1013] Wie First stellte sich auch ihr Umfeld der Bewegung zur Verfügung.[1014]

1006 Siehe Fieldhouse, Anti-Apartheid, S. 55 ff.

1007 Vgl. ebd. S. 56–62.

1008 Vgl. Sanctions on South Africa, The Economist, 3.8.1985, S. 12 f.

1009 Siehe Segal, Sanctions against South Africa, S. 273.

1010 Siehe National Committee Minutes, 23.4.1963; National Committee Minutes, 30.7.1963, MSS AAM 43.

1011 Siehe Ronald Segal / Ruth First (Hg.): South West Africa. Travesty of Trust. The expert papers and findings of the International Conference on South West Africa, Oxford 23–26 March 1966, London 1967; National Committee Minutes, 26.7.1965; 22.1.1966; 27.4.1966, MSS AAM 43.

1012 Vgl. Wieder, Ruth First and Joe Slovo, S. 147 ff. First arbeitete an Nelson Mandelas Sammlung von Reden und Artikeln, *No Easy Walk To Freedom*, und der Biographie Oginga Odingas, dem ersten Vize-Präsidenten Kenias nach der Unabhängigkeit, *Not Yet Uhuru* mit. S. a. die Bibliographie Ruth Firsts in: Pinnock, Voices of Liberation, S. 173 und den Index des Katalogs der *Ruth First Papers* S. 18–21.

1013 Siehe Ruth First Papers 117/1/12/1 zu einer zweimonatigen Reise durch Skandinavien.

1014 Um dies zu verdeutlichen seien hier nur eine Reihe von südafrikanischen Aktivisten genannt, die zu einem Zeitpunkt Posten innerhalb des AAM innehatten: Cynthia Zukas von *Finchley Anti-Apartheid Committee* (und Martin Legassick, NUSAS) wurden in das NC aufgenommen. Das *National Committee* Ende 1963 umfasste Abdul Minty, Sonia Clements, Marion Friedman,

Ihr Mann Joe Slovo und ihre Freundin Hilda Bernstein sprachen für das AAM auf Versammlungen der britischen Liberal Party[1015] und Ann-Marie Wolpe und Mannie Brown waren an der Organisation das Nachrichtenbulletins »Anti-Apartheid News« beteiligt.[1016] Die Häuser von Sylvester Stein, Ronald Segal und Brian Bunting dienten für Fundraising-Feiern und kleinere Empfänge.[1017]

Neben First waren es alte Bekannte, Freunde und Genossen wie Ronald Segal oder Brian Bunting, die der Leitung des AAM angehörten und immer wieder in führende Positionen gewählt wurden.[1018] Ronnie Kasrils wie auch Ronnie Press brachten sich in die Debatten um Struktur und Ausrichtung des AAM ein, Kasrils als individuelles Mitglied, Press als Repräsentant des SACTU – eine Position, für die auch die südafrikanische Marxistin Phyllis Altman vorgeschlagen war.[1019]

Es war der Beitrag der südafrikanischen AAM-Mitglieder, der die Bewegung durch die »schwierige Dekade« der 1970er Jahre hindurch

... Vella Pillay, Ronald Segal, Cynthia Zukas; im NC saßen als individuelle Mitglieder Kader Asmal, Ros Ainslie, Vella Pillay, Raymond Kunene, Ronald Segal, Marion Friedman, Charles van Gelderen, Freda Levson, Abdul Minty, Ruth Finkelstein; zudem wurden Leon Levy, Margret Legum und Wolfie Kodesh vorgeschlagen. In den Vorstand wurden von den sechs möglichen Individuen vier Südafrikaner gewählt: Ainslie, Pillay, Kunene und Clements. Leon Levy war als *Campaign Organiser* angestellt (National Committee Minutes, 5.10.1963, MSS AAM 43). Percy Cohen wurde den Finanzkomitee als Mitglied vorgeschlagen (Executive Committee Minutes, 8.4.1963, MSS AAM 66).

1015 Siehe Executive Committee Minutes, 6.9.1963; 16.9.1965, MSS AAM 66.

1016 Vgl. Executive Committee Minutes, 26.11.1964; 14.1.1966; MSS AAM 66.

1017 Vgl. Executive Committee Minutes, 8.12.1966; 9.3.1967, MSS AAM 66; Executive Committee Minutes, 6.4.1971; 26.5.1971; 13.10.1975, MSS AAM 67.

1018 Vgl. National Committee Minutes, 22.11.1967 (Ronald Segal wurde zum leitenden Vorsitzenden des NC gewählt); National Committee Minutes, 3.12.1972 (Brian Bunting wurde ins National Committee kooptiert), MSS AAM 43.

1019 Siehe Executive Committee Minutes, 3.6.1965, MSS AAM 66; National Committee Minutes, 9.11.1966, MSS AAM 43; Executive Committee Minutes 1.4.1968, MSS AAM 66; Executive Committee Minutes, 13.1.1975, MSS AAM 67; National Committee Minutes, 10.9.1977; 9.12.1978, MSS AAM 43.

brachte,[1020] um dann mit der Explosion der Aufmerksamkeit und dem Durchbruch als gesellschaftliche Massenbewegung in den 1980er Jahren durch die Resonanz und die Breite der Bewegung entbehrlich zu werden. Sie hatten einen maßgeblichen Anteil an der Internationalisierung des AAM. London war die Basis der Bewegung, der zentrale Referenzpunkt. Ihre Auslandsreisen und Kontakte sorgten für große Aufmerksamkeit und brachten auf der politischen Bühne den Kampf gegen die Apartheid voran.[1021]

Sie fuhren damit fort, die Apartheid durch das 1962 ins Leben gerufene UN *Special Committe on Apartheid* zu bekämpfen.[1022] Als dieses

1020 Siehe Christabel Gurney: The 1970s: The Anti-Apartheid Movement's Difficult Decade, in: Journal of Southern African Studies, Jg. 35 (2009), H. 2, 2009, S. 471–487.

1021 Vgl. Executive Committee Minutes, 8.12.1966, MSS AAM 66 (Ronald Segal berichtete von seinem Beitrag zur UN-Konferenz in Brasilia; s. a. Executive Minutes, 17.1.1967, MSS AAM 66), Executive Committee Minutes, 6.4.1971, MSS AAM 67 und Executive Minutes, 1.7.1965, MSS AAM 66.

1022 Siehe Executive Committee Minutes, 1.4.1968, MSS AAM 66; siehe vor allem Ruth Firsts Beiträge bei den Vereinten Nationen: UN on SWA: 1966, Ruth First Papers 117/2/39/13, presented at the UN anti-apartheid seminar; Statement made by Ruth First to the *Special Committee Charged with the Examination of the Policy of Apartheid of the Government of the Republic of South Africa,* 11.6.1964, Ruth First Papers 117/2/8/2/1; Ruth First: Work, Wages and Apartheid, Ruth First Papers 117/2/8/4/2; Ruth First: Bantustans in South Africa, UN Unit on Apartheid, Notes and Documents No. 26/70, December 1970, Ruth First Papers 117/2/8/4/3; First übersandte auch eidestattliche Versicherungen früherer Gefangener von Robben Island an die UN (Ruth First an die International Commission of Jurists, Geneva, 12.5.1964; Ruth First an E. S. Reddy, 12 May 1964); ihr Einsatz führte bis zu dem Punkt, dass der Vorsitzende des *UN Special Committees* sie 1965 bat, dass sie ohne nachzufragen ihr Material senden solle (E. S. Reddy an Ruth First, 24.31965, Ruth First Papers 117/2/8/7). Sie arbeitete auch 1967, 1970 und 1972 als Wissenschaftlerin für verschiedene Agenturen der UNO (siehe die Arbeitsverträge in Ruth First Papers 117/2/8/8); First selbst machte ihre Aussage vor dem *UN Special Committee on the Policies of Apartheid of the Government of the Republic of South Africa* weniger als vier Wochen nach ihrer Ankunft in England am 13.4.1964 (Ruth First Papers 117/2/8/9). Ihre Expertise wurde von der UNO veröffentlicht: Ruth First: Foreign Investment in Apartheid South Africa, Objective Justice, Jg. 5 (1973) H. 2; dieses Dossier könnte das Resultat ihrer Auftragsarbeit für die UNO im Jahr 1972 gewesen sein, siehe: Ruth First

Komitee London zu Konsultationen besuchte, lud dessen Vorsitzender, Enuga S. Reddy, Joe Slovo und Ruth First ein, ihre Ansichten und Vorschläge vorzubringen, und versicherte ihnen, dass die Besprechungen informell wären.[1023] Die Aktivisten mischten sich aktiv in die Diskussion um die inhaltliche Ausrichtung, Strategie und Taktik der Bewegung ein.[1024]

Ihre Bestimmtheit und die Fortführung des Kampfes gegen die Apartheid brachten dem AAM Schwung, Erfahrung in politischer Arbeit, Ausdauer und Expertise, welche dazu führten, dass die Bewegung nicht im Sande verlief.[1025]

...

Papers 117/2/8/10. Zum *Special Committee on Apartheid* s. a. Fieldhouse, Anti-Apartheid, S. 242–244; Enuga S. Reddy: The United Nations and the Strugle for Liberation in South Africa, in: SADET (Hg.): The Road to Democracy in South Africa, Bd. 3/1: International Solidarity, Pretoria 2008, S. 40–139.

1023 Vgl. E. S. Reddy an Ruth First, 7.6.1967, Ruth First Papers 117/2/8/7. Zu Enuga S. Reddy, siehe Thörn, Emergence, S. 31 ff.

1024 Vgl. die Diskussion um die Rolle des *National Committees* und Vorstandes (Executive Committee Minutes, 7.8.1967, MSS AAM 66); die Aufforderung an Parlamentsmitglieder der *Labour Party* aufgrund des Besuch eines Schiffes der britischen Marine in Südafrika aus Protest, aus der Regierung oder aus dem AAM zurückzutreten (Emergency Meeting, 19.6.1967; National Committee Meeting, 6.7.1967, MSS AAM 66; National Committee Minutes, 31.5.1967, MSS AAM 43); den Einwand Brian Buntings und Vella Pillays, dass anlässlich der AAM-Konferenz »South Africa – Time to Choose« im März 1982 die Rolle und der Angriff auf die Arbeiterklasse im südlichen Afrika betont werden solle (National Committee Minutes, 21.11.1981, MSS AAM 43, NC Minutes 1960–81; s. a. National Committee Minutes, 6.2.1982, AAM 44); den Vorschlag Ronald Segals, die Beziehung zur *Labour Party* zu überdenken (Executive Committee Minutes, 6.4.1967, MSS AAM 66). Grund dafür könnte die unbefriedigende Politik der *Labour*-Regierung unter Harold Wilson gewesen sein, vgl. Fieldhouse, Anti-Apartheid, S. 160–169.

1025 Eine Nebenbemerkung: 1971 wurde das AAM bezichtigt, zionistische Sichtweisen zu vertreten, da es die Verbindungen zwischen Israel und Südafrika nicht thematisieren würde, woraufhin die Fakten israelischer Hilfe für weiße Minderheitsregime, die bekannt waren, in der Zeitschrift »Free Palestine« veröffentlicht werden sollten (Executive Committee Minutes, 20.12.1971; Executive Committee Minutes, 24.2.1972; Executive Committee Minutes, 18.4.1972, MSS AAM 67). Ironischerweise hatte die Menschenrechtsabteilung des World Jewish Congress das AAM dazu aufgefordert, seinen Mitgliedsbeitrag

Die erwähnten Überschneidungen zwischen SACP- und AAM-Mitgliedern blieben den britischen Behörden nicht verborgen. Das Außenministerium ließ 1964 verlauten, die Bewegung werde größtenteils von südafrikanischen Kommunisten unterstützt und deutlich durch sie geprägt. Einige Jahre stand das AAM unter der Beobachtung des *Foreign Office*, doch Anfang der 1970er Jahre wurde festgestellt, dass das AAM keine kommunistische Tarnorganisation sei. Mit diesem Image hätte das AAM nicht in der Breite der britischen Gesellschaft wirken können. Es wurde Ethel de Keyser hoch angerechnet, das AAM vor einer zu starken SACP-Dominanz bewahrt zu haben. Ab Mitte der 1970er Jahre begann der Geschäftsführer Mike Terry, die südafrikanische Präsenz auf der Führungsebene zu verringern. Dennoch blieb der Vorwurf, das AAM sei kommunistisch initiiert und gesteuert, eine gängige Schmähung des AAM.[1026]

Der ANC in London

Nach Sharpeville wurden führende Mitglieder des ANC ins Ausland entsandt. Robert Resha, Tennyson Makiwane, Oliver Tambo, Moses Kotane, JB Marks und Moses Madhiba versuchten Strukturen des ANC in den sozialistischen Ländern Osteuropas, in Tansania, Ghana, Sambia

... zu bezahlen, obwohl sie aus augenscheinlichen Gründen gar kein Mitglied waren (Executive Committee Minutes, 5.5.1971, MSS AAM 67). Zugleich wurde der Besuch des südafrikanischen Premierministers John Vorsters in Israel in den Anti-Apartheid News skandalisiert und zugleich das Gespräch mit den *Labour Friends of Israel* sowie der israelischen Botschaft und verschiedenen jüdischen Organisationen gesucht, wenngleich auch festgehalten wurde, dass die Angelegenheit mit Fingerspitzengefühl zu behandeln sei. Nachdem aber der Botschaftsvertreter vor dem anberaumten Termin nach Israel beordert wurde, schien die Sache im Sande zu verlaufen (Executive Committee Minutes, 12.4.1976; 10.5.1976; 14.6.1976; 26.7.1976, MSS AAM 67). Dass der Vorwurf unbegründet war, lag nicht an der Solidarisierung der PLO mit dem ANC, sondern auch an der Charakterisierung Israels als Ausgangsbasis für den westlichen Imperialismus im Nahen Osten, wie es Ruth First ausdrückte (Ruth First: Discussion Guide, März 1969, Ruth First Papers 117/1/17/2/6).

1026 Vgl. Fieldhouse, Anti-Apartheid, S. 278 f.

sowie London aufzubauen.[1027] In London wurde die Organisation zuerst von Makiwane und Resha repräsentiert. Wie in Südafrika arbeitete der ANC dort mit dem SAIC und der SACP zusammen. Im AAM war der ANC als Repräsentant der südafrikanischen Opposition vertreten.[1028] Im Konflikt, wer von ANC und PAC die südafrikanische Bevölkerung legitimerweise repräsentierte, gab es immer Bestrebungen innerhalb der Solidaritätsorganisationen, vor allem aber im AAM, den PAC herauszuhalten.[1029] Unterstützung fand der ANC darin bei der SACP,[1030] die ebenfalls zu dem Schluss kam, dass nach der Rivonia-Razzia 1963 jegliche Leitung in Südafrika zerstört war.[1031] Das Zentrum beider Organisationen wurde (vorerst) London. Dem ANC kam dabei die von Ruth First geforderte Führungsrolle im südafrikanischen Befreiungskampf zu.[1032]

Die Aktivitäten des ANC in London konzentrierten sich auf drei Bereiche: erstens die propagandistisch-analytische Arbeit[1033] (ANC als Think Tank des *non-racialism*), zweitens die diplomatischen und institutionellen Kontakte (von London aus zur britischen Regierung, zu den nationalen wie internationalen Gewerkschaften und auch zu einflussreichen und sympathisierenden Regierungen und Verbänden in Westeuropa

1027 Vgl. Hugh Macmillan: The Lusaka Years. The ANC in Exile in Zambia, Johannesburg 2013, S. 6 f.

1028 Vgl. Fieldhouse, Anti-Apartheid, S. 8 ff.

1029 Vgl. ebd., S. 264 ff., 269 f. S. a. Executive Committee Minutes, 6.5.1965, MSS AAM 66.

1030 Vgl. ebd., S. 269. Diese Unterstützung ist bei der beidseitigen Berufung auf die *Freedom Charter* durch ANC und SACP und deren Ablehnung durch den PAC nicht verwunderlich; auch wenn der PAC den ANC immer wieder bezichtigte, von weißen Kommunisten unterwandert zu sein (siehe Sifiso Mxolisi Ndlovu: The ANC in Exile, 1960–70, in: SADET, Road To Democracy, Bd. 1, S. 411–478, hier S. 432).

1031 Vgl. Ndlovu, The ANC in Exile, S. 444 (Ndlovu zitiert Slovos Einschätzung aus Unfinished Autobiography, S. 152).

1032 Vgl. Prepatory Committee, Discussion Guide, März 1969, Ruth First Papers 117/1/17/2/6.

1033 Vgl. Schleicher, Elite, S. 262. Ruth First betonte diese Funktion in einem Memorandum für ein Treffen in ihrem Zuhause Ende der 1960er Jahre (siehe Ruth First: Discussion Guide Note. Revolutionary Propaganda at Home and Abroad, 1969, Ruth First Papers 117/1/17/2/6).

und dem Ostblock) und drittens die Vorbereitung von klandestinen Operationen in Südafrika.[1034] Neben dem offiziellen Hauptquartier in Afrika wurde London immer wieder als »zweite[s] Hauptquartier« und »intellektuelle[] Hauptstadt des ANC« bezeichnet.[1035] Dies lag an der dortigen hohen Zahl akademisch gebildeter Kader.[1036] Überdies schien London generell in einem größeren Fokus des Weltinteresses zu stehen.[1037] Trotz der Aktivitäten des südafrikanischen Geheimdienstes galt London im Unterschied zu den afrikanischen Staaten als recht sicher.[1038] Die Aktivisten bewegten sich in einer Gesellschaft, die nicht von gesetzlichem Rassismus geprägt war und in der sie sich frei assoziieren konnten.[1039] Dieser Rahmen wurde als förderlich für die nicht-rassistische Politik und Arbeitsweise des ANC erachtet.[1040] Dennoch war der Londoner ANC nicht vor der Kritik der Mitstreiter in Afrika gefeit, zu sehr von der SACP und ihren weißen Mitgliedern beeinflusst zu sein.[1041] Die

1034 So Denis Goldberg, in: ebd., S. 250; Ken Keable (Hg.): London Recruits. The Secret War Against Apartheid, Pontypool 2012.

1035 So George Johannes, zit. nach Schleicher, Elite, S. 262.

1036 Vgl. ebd., S. 249, S. 255, S. 261 f.

1037 Vgl. ebd., S. 251.

1038 Ebd., S. 248; Israel, Crimes of the State; Gill Marcus, in: Suttner, Cutting, S. 252 f.

1039 Zumindest die weißen (d. h. auch jüdischen) Südafrikaner unterschieden sich im Alltagsverhalten kaum von ihren britischen Kollegen und Nachbarn und wurden durch ihren Akzent als Teil des kolonialen Establishments wahrgenommen. Dem stand eine außergewöhnliche politische Präsenz gegenüber (Schleicher, Elite, S. 255 f.; Israel, The »strangest of Minorities«.). Die Erfahrung, mehrheitlich und eindeutig als Südafrikaner wahrgenommen zu werden, teilten auch die jüdischen Südafrikaner in der Hauptstadt noch nach jahrelangem Aufenthalt (vgl. Caplan, South African Jews in London, S. 38). Zur Situation der zeitgleich nach London kommenden karibischen Einwanderer und dem ihnen entgegenschlagenden Alltagsrassismus siehe Glass, The Newcomers. Auch aufgrund der hohen Sichtbarkeit dieser Gruppe erster nicht-weißer Einwanderer mag die Immigration Zehntausender von Südafrikanern weniger beachtet worden sein (vgl. zu den Zahlen der südafrikanischen Immigration Israel, The »strangest of Minorities«, S. 481).

1040 Vgl. ebd., 256 f., S. 270 f.

1041 Vgl. ebd., S. 269. So argumentierten auch Ellis und Sechaba, Comrades against Apartheid sowie Ellis, External Mission. Siehe dazu die Bemerkung von Hugh Macmillan, The Lusaka Years, S. 10.

Frage nach dem Verhältnis des schwarzen ANC mit den anderen südafrikanischen Minderheiten – gemeint waren vor allem Inder und Weiße – wurde auf der Konferenz im tansanischen Morogoro 1969 zu einem zentralen Thema.[1042] Das Vorbereitungskomitee schloss seine Analyse mit der Feststellung, dass die alte Kongress-Allianz, die den südafrikanischen Widerstand organisatorisch verkörpert hatte, durch die Ereignisse im Land überholt sei und nicht wieder hergestellt werden könne und nur der ANC die Führungsrolle des Widerstands gegen die Apartheid übernehmen könne, ab.[1043] Daher müsse er alle Bevölkerungsgruppen des Landes und den bewaffneten Kampf repräsentieren. Impliziert wurde, dass der ANC die ethnische Trennung der Kongresse – und auch seine eigene – überwinden müsse, sollte der Widerstand nicht nur erfolgreich, sondern auch legitim sein.[1044]

In Morogoro fiel die Entscheidung, den ANC auf der Leitungsebene für nicht-afrikanische Mitglieder zu öffnen und die ethnische Beschränkung zu beenden.[1045] Eingebracht wurde der Vorschlag in einem Papier, das Joe Slovo formuliert hatte und das Strategie und Taktik des ANC nach der gescheiterten militärischen Kampagnen 1967 neu bestimmen sollte.[1046] Schon in den vorbereitenden Sitzungen waren zwei Faktoren sichtbar geworden, die auf den ANC einwirkten. Zum einen hatte er sich durch die Annahme der *Freedom Charter* verpflichtet, eine »nicht-

1042 Auslöser für die Konferenz 1969 war das sogenannte Hani-Memorandum, in dem der politische Kommissar einer MK-Einheit nach dem Scheitern der Infiltrationsversuche in Südafrika Kritik am ANC übte. Siehe Hugh Macmillan: The »Hani-Memorandum« – introduced and annotated, in: Transformation, Nr. 69 (2009), S. 106–129.

1043 Vgl. Prepatory Committee, Discussion Guide, März 1969, Ruth First Papers 117/1/17/2/6.

1044 Vgl. Arianna Lissoni: Transformations in the ANC External Mission and Umkhonto we Sizwe, c. 1960–69, in: Journal of Southern African Studies, Jg. 35 (2009) H. 2, S. 287–302, hier S. 295.

1045 Der Erinnerung Hugh Macmillans nach wurden schon im Januar 1968 Jack und Ray Simons von Oliver Tambo eingeladen, dem ANC in Lusaka beizutreten – über ein Jahr bevor die Konferenz stattfand (vgl. Macmillan, The Story of a House, S. 12).

1046 Vgl. Ndebele/Nieftagodien, The Morogoro Conference, S. 594 f.

rassische« Organisation zu sein. Zum anderen war von der *Congress Alliance* faktisch nur der ANC als operationsfähiges Mitglied übriggeblieben. Er konnte also nicht mehr auf die vorherige Art »multi-rassisch« arbeiten.[1047] In Morogoro sollte auf diese veränderte Realität eingegangen werden. Es wurde entschieden, eine neue Struktur zu schaffen, die den als »revolutionär« attribuierten Befreiungskampf steuern sollte: der Revolutionäre Rat. Diesem gehörten neben Oliver Tambo als Vorsitzenden und Yusuf Dadoo als dessen Stellvertreter auch Joe Matthews als Sekretär und Reg September und Joe Slovo an. Damit waren alle ehemaligen Kongresse und auch die SACP darin vertreten.[1048]

Die wichtige Funktion nicht-afrikanischer Mitglieder im ANC und dessen Verbindung zur SACP blieben ein beständiger Angriffspunkt, dem der ANC damit zu begegnen versuchte, die Rolle der sichtbaren Minderheiten im Apparat (vor allem auf der Leitungsebene und in London) wie auch die Verbindung zur SACP herunterzuspielen.[1049] Intern jedoch hatte Oliver Tambo den ANC und die SACP als die beiden »tragenden Säulen« des nationalen Befreiungskampfes gewürdigt.[1050]

Die Konferenz von Morogoro, ein »Höhepunkt« der Diskussionen über den Charakter des südafrikanischen Widerstands,[1051] bereinigte zwar nur bedingt die internen Konflikte; für den Londoner ANC klärte sie aber seine Arbeitsweise. London war Sitz der zweiten Auslandsmission und der Standort des *Department of Information and Publicity*. Dort wurde

1047 Siehe Report of the Prepatory [Committee] on the pre-Conference Discussion; Memo J. S. (Joe Slovo): Thoughts of the Future of the Alliance, Mayibuye Archives MCH 02-box 1.

1048 Vgl. Ndebele/Nieftagodien, The Morogoro Conference, S. 597. Außer Tambo waren alle Mitglieder des *Revolutionary Council* auch Mitglieder der SACP. Neben dem *Non-Racialism* und der Rolle der SACP stand der bewaffnete Kampf im Mittelpunkt der Konferenz.

1049 Vgl. Guard the Unity of the whole Movement (Draft), o. D. (ca. 1970), Mayibuye Archives MCH 02-box 13 (a).

1050 Vgl. Notes on the Discussion Between A Delegation From the C. C. [Central Committee] Of The S.A.C.P. And The N.E.C. [National Executive Committee] Of The ANC, o. D. (ca.1969/1970), Mayibuye Archives MCH 02-box 2.

1051 Vgl. Lissoni, Transformations, S. 297.

ab 1967 auch das Journal des ANC, Sechaba, redaktionell erstellt.[1052] Großen Anteil daran hatte Ronald Segal, der über seine Anstellung als Herausgeber der Reihe *African Library* südafrikanischen Aktivisten zu Jobs und öffentlicher Aufmerksamkeit und dem Befreiungskampf zu einem wissenschaftlichen Fundament verhalf. Diese Möglichkeit verschaffte dem ANC in London einen großen Fundus an analytischen Ressourcen.[1053]

Die Wahl Joe Slovos ins National Exekutivkomitee des ANC auf der Kabwe-Konferenz 1985 kann als Würdigung seiner Leistungen als Aktivist des MK gesehen werden. Zugleich war es eine Würdigung der SACP und eine deutliche symbolische Integration der weißen Minderheit in den Befreiungskampf. Auf dieser Konferenz wurde die vollständige Öffnung des ANC für alle »Rasse«-Gruppen des Landes beschlossen. Neben Slovo wurden zwei Inder und zwei *Coloured* in das Gremium gewählt, das nachträglich noch Ronnie Kasrils kooptierte.[1054]

Internationale Solidarität – der International Defence and Aid Fund

Eine weitere Säule der Solidaritätsbewegung war der *International Defence and Aid Fund* (IDAF), der seinem Grundgerüst nach für den *Treason Trial* ins Leben gerufen worden war.[1055]

1052 Vgl. Scott Thomas: The Diplomacy of Liberation. The Foreign Relations of the ANC since 1960, International Library of African Studies 2, London / New York 1996, S. 174; gedruckt wurde Sechaba in der DDR, siehe Ulrich van der Heyden: Zwischen Solidarität und Wirtschaftsinteressen. Die »geheimen« Beziehungen der DDR zum südafrikanischen Apartheidregime, Die DDR und die Welt 7, Münster u. a. 2005, S. 62.

1053 Vgl. Ruth First: South West Africa, Harmondsworth 1963; Bunting, Reich; Simons/Simons, Class and Colour; Ruth First: The Barrel of A Gun. Political Power and the Coup d'État, London 1970; Ruth First / Jonathan Steele / Christabel Gurney: The South African Connection. Western Investment in Apartheid, London 1972 (wiederveröffentlicht Harmondsworth 1973). Der britische Historiker und Apartheidgegner Basil Davidson veröffentlichte ebenfalls mehrere seiner Studien in der Reihe.

1054 Vgl. Shubin, ANC, S. 280.

1055 Der Fonds war unter verschiedenen Namen bekannt, vgl. Al Cook: The Inter-

Zum Ende der Apartheid war der IDAF eine der größten Nicht-Regierungsorganisationen im Vereinigten Königreich mit Unterstützungsgruppen auf den Inseln und im europäischen bzw. westlichen Ausland. Sie hatten die Aufgabe, die Arbeit des IDAF bekannt zu machen und Unterstützer zu gewinnen. Die britische Unterstützungsgruppe wurde nach deren Rückzug aus dem AAM von Ethel de Keyser geleitet.[1056] Die internationale Arbeit des Fonds war in drei Bereiche unterteilt: Rechtshilfe, Wohlfahrt und Recherche bzw. Information. Die ersten beiden Aufgabenbereiche wurden unter größtmöglichen Sicherheitsvorkehrungen betrieben und lagen in weiten Teilen in den Händen zweier Frauen, Phyllis Altman und Rica Hodgson. Altman war südafrikanische Gewerkschafterin gewesen und zwar kein SACP-Mitglied, aber dennoch als Kommunistin gebannt worden. Sie konnte auf einen langen Weg in den legalen Organisationen der linken Opposition zurückblicken und hatte auch in der *Springbok Legion* gearbeitet. Der Apartheidstaat hatte ihr, einer ausgebildeten Lehrerin und international anerkannten Schriftstellerin, jegliche Arbeitsmöglichkeit entzogen, weshalb sie 1966 über Israel nach London ausgewandert war.[1057] Altman war über die Bekanntschaft mit Rica Hodgson an den Job beim IDAF gekommen. Hodgson arbeitete schon seit 1964 als Sekretärin für den Stiftsherren der St.-Paul's-Kathedrale, John Collins, dem Hodgson Altman als Leitung der Rechtsabteilung des IDAF vorschlug. Altman führte vorsichtig und sicherheitsbewusst die Geschäfte der Rechtshilfe bis sie 1982 nach dem Tod Canon

… national Defence and Aid Fund for Southern Africa or IDAF, in: SADET, The Road to Democracy, Bd. 3/1, S. 141–253, hier S. 141.

1056 Vgl. Cook, The International Defence and Aid Fund, S. 187, S. 249.

1057 Vgl. Sally-Ann Murray: An Interview with Phyllis Altman, in: English in Africa, Jg. 15 (1988), H. 1, S. 97–105, hier S. 97; Phylis Altman, SAHA AL2460, A1.5; Hodgson, Foot Soldier, S. 152 f. Die Sicherheitsvorkehrungen waren berechtigt, denn der IDAF war im Visier des professionalisierten und skrupellosen *Bureau of State Security*, BOSS, dem Nachfolger der südafrikanischen Sicherheitspolizei, welches detaillierte Informationen über den IDAF und dessen Mitarbeiter sammelte und annahm, dass der IDAF von der SACP kontrolliert werde (vgl. Bell, Unfinished Business, S. 118 f.).

Collins kurzzeitig Direktorin des IDAF wurde.[1058] Hilary Rabkin,[1059] emigrierte jüdische Südafrikanerin und Schwester des MK-Mitglieds der zweiten Generation und politischen Gefangenen David Rabkin, folgte Altman nach ihrer Pensionierung 1983 als Chefin der Rechtshilfeabteilung.[1060]

Der zweite Bereich der Arbeit des IDAF umfasste die Unterstützung der Angehörigen von angeklagten und verurteilten Oppositionellen. Diesen leitete Rica Hodgson, die schon in Südafrika für den dortigen Ableger als Sekretärin gearbeitet hatte.[1061] Auch sie war auf die Sicherheit der Empfänger bedacht. So sollte keiner der Absender zu den Mitarbeitern des IDAF zählen oder politisch bekannt sein.[1062] Seit 1964 arbeitete Hodgson für Collins und traf so auf den ebenfalls exilierten Gewerkschafter E. S. »Solly« Sachs, der als Hodgsons direkter Vorgesetzter seine Mittel entgegen seiner Aufgaben einzig zur Freilassung seines Sohnes Albie einsetzte. Daraufhin wurde Sachs entlassen und Hodgson übernahm für 17 Jahre seinen Arbeitsbereich.[1063] Während die finanziellen Mittel in den Folgejahren zu einem großen Teil durch Regierungen und UN-Einrichtungen bereitgestellt wurden, konzentrierte sich Hodgson auf den Bereich der Wohlfahrt, d .h. auf die Unterstützung der Familien politisch Verfolgter und politischer Gefangener, die in Not geraten waren.[1064] Gemeinsam mit Altman entwickelte sie ein sicheres Kontaktsystem, durch das ausländische Sender den betreffenden Personen innerhalb des Landes schreiben und Postanweisungen senden konnten.[1065] Die ausgewählten Sender sollten nach einem zu Beginn des Kontaktes von Hodgson entworfenen Muster schreiben und es zu jeder Zeit vermeiden, politische

1058 Vgl. Hodgson, Foot Soldier, S. 152 f.; Cook, The Internationl Defence and Aid Fund, S. 179.

1059 Heute Hilary Rabkin-Naicker, Richterin an Kapstädter Arbeitsgericht.

1060 Vgl. Herbstein, White Lies, S. 308; Cook, The International Defence and Aid Fund, S. 233.

1061 Siehe Rica Hodgson an Mrs Sally Shapiro, 27.11.1961, Manuscripts and Archives, BC 614, E1 Old Correspondence.

1062 Vgl. Cook, The International Defence and Aid Fund, S. 215.

1063 Vgl. Hodgson, Foot Soldier, S. 150 f.

1064 Vgl. ebd., S. 155. S. a. Reddy, The United Nations, S. 116–121.

1065 Vgl. ebd., S. 156 f.; Herbstein, White Lies, S. 168.

Angelegenheiten in Südafrika oder gar des IDAF zu erwähnen. Zuerst kamen diese noch aus dem erweiterten Umfeld Hodgsons (auch die Schwester Hilda Bernsteins, Vera Morgan, die in England lebte, gehörte zu ihnen[1066]), doch sie stieg schnell darauf um, gänzlich unverdächtige Personen zu bitten, den betroffenen Familien zu schreiben.[1067] Das Netzwerk wuchs schnell und umfasste Gleichgesinnte aus Irland, Norwegen, Schweden, Dänemark und Kanada.[1068] Das System war so aufgebaut, dass es nicht nur sehr sicher, sondern auch sehr genau war, denn auf jede Antwort wurde mit einer neuen standardisierten Zahlung reagiert und die Antwort diente als Beleg für den Erhalt des Geldes.[1069] Während es zu Beginn formalisierte Briefe waren, so entwickelten sich mit der Zeit intensive Brieffreundschaften, die auch noch nach dem Ende der Apartheid fortdauerten.[1070] Hodgson las ihrer Aussage nach jedes Antwortschreiben und erhöhte die Standardsumme, falls Besonderheiten wie Beerdigungen, Schulgebühren oder Krankheiten aufkamen.[1071]

Einmal war die Verbindung von Geldempfängern in Südafrika und dem IDAF von den Sicherheitsbehörden aufgedeckt worden, weshalb Phyllis Altman seitdem ein verschachteltes System nutzte, um den Weg der Gelder zu verschleiern. Denn der *Defence and Aid Fund* war in Südafrika im März 1966 als »Ungesetzliche Organisation« gebannt worden und Zuwendungsempfängern drohten bis zu zehn Jahren Haft.[1072] Als Initiator des Netzwerks galt Neville Rubin, jüdischer Südafrikaner und Sohn des Gründers der *Liberal Party,* Leslie Rubin, und ehemaliges ARM-[1073] und zeitweiliges AAM-Mitglied. Neville Rubin schlug vor, eine

1066 Vgl. Herbstein, White Lies, S. 170.

1067 Wenngleich dies nicht immer eingehalten wurde, da auch radikale Gewerkschafter wie Sonia Bunting oder Barry Feinberg – unter der Verwendung von Aliassen – Briefe an Unterstützungsempfänger sandten (Herbstein, White Lies, S. 174).

1068 Vgl. Hodgson, Foot Soldier, S. 158; Cook, The International Defence and Aid Fund, S. 215.

1069 Vgl. Cook, The International Defence and Aid Fund, S. 216.

1070 Vgl. ebd., S. 217; Herbstein; White Lies, S. 179–188.

1071 Vgl. Herbstein, White Lies, S. 173.

1072 Vgl. ebd., S. 126, S. 133.

1073 Vgl. Shimoni, Community, S. 68.

Kanzlei, die für IDAF Gelder verwalten sollte, zu kontaktieren, welche wiederum unauffällige englische Kanzleien ohne bekannte südafrikanische Verbindungen beauftragen würde, Geldsummen an südafrikanische Kontaktleute zu senden.[1074] Im Auge hatte Rubin einige Kollegen, südafrikanisch und jüdisch wie er selbst.[1075] Eine Gruppe aus fünf Personen – vier Juden und ein anglikanischer Domherr – sollte fünfzehn Jahre lang auf geheimen Wegen Gelder zur Rechtshilfe nach Südafrika schleusen.[1076] Die meiste Zeit besprachen Altman und William »Bill« Frankel, ein Mitarbeiter der eingeweihten Kanzlei, die an Stelle des IDAF auftrat, die entsprechenden Gerichtsfälle flüsternd in den Sitzreihen der St.-Pauls-Kathedrale – eine Art zu kommunizieren, die Altman als »two Jews praying« bezeichnete.[1077] Anfängliche Probleme, angestrengte oder laufende Verfahren zu identifizieren, löste Altman, indem sie alle südafrikanischen Zeitungen durcharbeitete. Diese mühsame Recherchearbeit wurde bald von dem dritten Arbeitsbereich, *Research and Information* (später *Research, Information and Publication*, RIP), übernommen.[1078]

Dieser dritte Arbeitsbereich wurde von Alex und Girley Hepple, zwei ebenfalls jüdischen Südafrikanern, die das Land verlassen hatten, weil sie in Opposition zur Apartheid standen, aufgebaut.[1079] Alex Hepple

1074 Vgl. Herbstein, White Lies, S. 137 f. In ihrer Autobiographie focht Rica Hodgson diese Erzählung des Zusammentreffens von Collins und dem von Rubin kontaktierten Anwalt Martin Bayer an; sie sei es gewesen, die auf Nachfrage Collins Martin Bayer ins Gespräch gebracht habe, denn sie kannte ihn schon aus Südafrika, da er der Neffe ihrer Freundin Miriam Heppner war (Hodgson, Foot Soldier, S. 154).

1075 Vgl. Denis Herbstein: Legal Pimpernel Smuggled Millions into the Struggle, 16.1.1998, in: Mail & Guardian, mg.co.za/article/1998-01-16-legal-pimpernel-smuggled-millions-into (letzter Zugriff: 5.7.2016).

1076 Vgl. Herbstein, White Lies, S. 136.

1077 Vgl. ebd., S. 140. Anwalt Martin Bayer stellte bei einer Reise nach Südafrika im Juni 1966 die Verbindungen zu den ehemaligen, nun verbotenen *Defence and Aid*-Komitees im Land her, denen eine Reihe prominenter jüdischer Menschenrechtsanwälte wie Himie Bernadt in Kapstadt und Ruth Hayman in Johannesburg angehörten. Nachdem Hayman und ihre Mitstreiter ins Exil getrieben worden waren, nahmen andere Anwälte ihren Platz ein.

1078 Vgl. Cook, The International Defence and Aid Fund, S. 181.

1079 Vgl. Herbstein, White Lies, S. 193 f.

war mehrere Jahre lang Abgeordneter der südafrikanischen *Labour Party* gewesen und beide waren die Eltern des im Rivonia-Prozess angeklagten Bob Hepple. Alex Hepple war während des Hochverratsprozesses von 1956 der Vorsitzende des *Treason Trial Defence Funds*, aus welchem später der IDAF entstand.[1080] Als sie sich Anfang der 1970er Jahre in den Ruhestand zurückzogen, folgten ihnen andere Ex-Südafrikaner in ihren Positionen beim IDAF nach.[1081] Die IDAF-Recherchen sollten in keinem Fall eine Konkurrenz zur Öffentlichkeitsarbeit des AAM darstellen, sodass Canon Collins das Profil seines Arbeitsbereichs auf Recherche konzentrierte und niedrigschwellig hielt.[1082] Die Ergebnisse hingegen sollten wasserdicht sein und – nach einem Fiasko in den Anfängen des IDAF – nicht durch Pretoria widerlegbar sein.[1083] Der letzte Direktor von RIP, wie der Bereich getauft wurde, war Barry Feinberg.[1084] Feinberg, der 1975 die Leitung übernahm, weitete das Feld der RIP-Arbeit weiter auf audiovisuelle Materialien aus, sodass sich diesen ein vollständiger Fachbereich widmete und sogar preisgekrönte Fernsehserien produziert wurden.[1085]

Feinberg profitierte von seinen Verbindungen in das südafrikanische Exilanten-Netzwerk, dem er seit 1960 angehörte.[1086] Sie waren die Autoren, die Broschüren über die Apartheid beim IDAF publizierten, wie Hilda Bernstein, Albie Sachs und Ruth First.[1087] Eli Weinberg ver-

1080 Siehe Hepple, Young Man, S. 11 f., S. 25 f., S. 36 f.
1081 Vgl. Herbstein, White Lies, S. 94.
1082 Vgl. ebd., S. 195.
1083 Vgl. Cook, The International Defence and Aid Fund, S. 226.
1084 Vgl. Herbstein, White Lies, S. 196.
1085 Vgl. Cook, The International Defence and Aid Fund, S. 227; Herbstein, White Lies, S. 195; Feinberg, Time, S. 84–94, S. 107–113.
1086 Vgl. Feinberg, Time, S. 86.
1087 Vgl. Cook, The International Defence and Aid Fund, S. 228; Cook nennt Hilda Bernstein (South Africa. The Terrorism of Torture, London 1972); Albie Sachs (South Africa. The Violence of Apartheid, London 1971); dazu kommt noch Hilda Bernstein: For their Triumph and their Tears (London 1975); Alex Hepple steuert wie andere südafrikanische Exilanten Bücher bei (Alex Hepple: Workers under Apartheid, London 1971; Mary Benson: The Sun Will Rise, London 1974; Allen Cook: South Africa: The Imprisoned Society, London 1974), Ruth First steuerte zu den Publikationen der *Christian*

machte dem RIP-Department unter Feinberg eine Sammlung seiner Fotografien aus dem Kampf gegen die Apartheid und die rassistische Segregation, die bis in die 1940er Jahre zurückreichte.[1088] Der IDAF kompilierte daraus den Bildband »A Portrait of a People«, in dem sich einige Aktivisten wiederfanden.[1089]

Die South African Communist Party im Exil

Die SACP verfügte schon seit den frühen 1950er Jahren über eine Zelle in London, die mit Unterstützung Ruth Firsts von Simon Zukas, Vella Pillay[1090] und wohlmöglich Kurt Danziger gegründet wurde.[1091] Es stießen in England lebende Südafrikaner wie Mac Maharaj und Vella und Patsy Pillay hinzu.[1092]

Die erste Aufgabe der Londoner Zelle war es, eine Tarnadresse zu liefern und den *African Communist* in eine Druckfassung zu bringen.[1093] Wenn ihre Genossen aus Südafrika ausreisten, stellten die Londoner ihnen Unterkünfte und Kontakte bereit.[1094]

... *Action,* einer ebenfalls von Collins ins Leben gerufenen christlich-sozialistischen Organisation, eine Studie über Portugals Kriege in Afrika bei (Ruth First: Portugal's Wars in Africa, London 1971), die der IDAF ein Jahr später übernahm (vgl. Cook, The International Defence and Aid Fund, S. 230).

1088 Vgl. Herbstein, White Lies, S. 194.

1089 Vgl. Feinberg, Time, S. 100; Weinberg, Portrait of a People.

1090 Vgl. Lissoni, Early international Networks, S. 14.

1091 Vgl. Padraig O'Malley: Shades of Difference. Mac Maharaj and the Struggle For South Africa, New York u. a. 2007, S. 82. Kurt Danziger war ein jüdischer Flüchtling aus Deutschland, der in den 1960er Jahren an der UCT den Fachbereich Psychologie leitete und sich kritisch über die Auswirkungen der Isolation während der 90-Tage-Schutzhaft äußerte (siehe Bernstein, World, S. 101; s. a. Kurt Danziger: Confessions of a Marginal Psychologist, in: Lendeert P. Mos [Hg.]: History of Psychology in Autobiography, Path in Psychology, Dordrecht u. a. 2009, S. 89–129).

1092 Vgl. ebd., S. 82.

1093 Vgl. ebd., S. 85.

1094 Vgl. Lissoni, Early international Networks, S. 16 f.

Auch im Vereinigten Königreich arbeitete die Partei klandestin, zum einen weil sie diese Arbeitsweise aus Südafrika übernommen hatte und zum anderen vor allem aus Sicherheitserwägungen.[1095] Während ihre nicht-weißen Mitglieder in den Auslandsvertretungen der Kongresse (ANC, SAIC) saßen, konzentrierten sich die weißen SACP-Mitglieder im AAM, da der *Congress of Democrats* außerhalb Südafrikas nicht existierte. Über die Funktionen, die die Mitglieder ausübten, ihre enge Bindung an den ANC und die intensive Beteiligung am MK sowie deren Mittlerrolle in die UdSSR und die DDR verfügte die SACP in

1095 Siehe Feinberg, Time, S. 61; Maloka, The South African Communist Party, S. 114 f. Die klandestine Arbeitsweise fachte eine Diskussion über den entristischen Charakter der SACP an, wie Ellis/Sechaba, Comrades against Apartheid, insinuierten und Ellis, External Mission, wiederholte. Dabei ist diese Sicht keineswegs stichhaltig, denn die Mitgliedschaft in der SACP war oftmals ein eher offenes Geheimnis, wie die Kontroverse über Sonia Bunting (siehe Minutes of the Committee Meeting of the World Campaign, 27.4.1964, MSS AAM 1778) und auch Rica Hodgson (Foot Soldier, S. 146) oder Vella Pillay zeigt. Siehe Executive Minutes, 27.4.1964; 11.5.1964, MSS AAM 66: Harold Soref, ein jüdischer konservativer Abgeordneter, beschuldigte Vella Pillay und Rosalinde Ainslie Mitglieder der SACP zu sein, woraufhin Barbara Castle von beiden verlangte, sich von der Partei zu distanzieren, um damit die Anschuldigungen aus dem Weg zu räumen, sonst trete sie als AAM-Präsidentin zurück und wies [fälschlicherweise] darauf hin, dass es nicht klug sei, wenn beide ein Treffen mit E. S. Reddy wahrnähmen. Auf die Drohung reagierte die Exekutive des AAM mit einem Notfalltreffen, um die Wogen in der Organisation zu glätten. — Die Diskussion, ob und inwiefern der ANC von der SACP gesteuert wurde, führt jedoch ins Leere. Denn nur vor dem Hintergrund der Rechtfertigung der Repression in Südafrika oder der Auseinandersetzung im Kalten Krieg ließe sich aus dem Vorwurf der Steuerung durch die KP politisches Kapital schlagen. Die öffentlichen Äußerungen, die politischen Entscheidungen und das Verhalten der SACP führten in der Realität nie zu einer Abweichung von der *Freedom Charter* und dem Handeln entlang der Handlungsleitlinien der Kongressallianz und ihrer eigenen Doktrin des Kolonialismus speziellen Typs. Die Avantgardeposition der SACP brachte Südafrika 1994 kein kommunistisches Regime, sondern die Verhandlungen zeitigten die Übernahme eines wohlfahrtsstaatlich gefärbten neoliberalen ökonomischen Entwicklunsgpfades, den die SACP mittrug. S. a. Paul Landau: Controlled by Communists? (Re)Assessing the ANC in its Exilic Decades, in: South African Historical Journal, Jg. 67 (2015) H. 2, S. 222–241.

London im Gegensatz zu den afrikanischen Staaten, wo ihr seitens der unabhängigen Regierungen mit Misstrauen begegnet wurde, über eine beträchtliche Machtfülle.[1096]

Die Partei operierte aus sicheren Häusern heraus, damit nicht mehr in den Wohnungen von Privatpersonen zusammengekommen werden musste. In der Zeit vor der Rivonia-Razzia wurde bei regelmäßigen Treffen vor allem diskutiert und getarnte Propagandaliteratur nach Südafrika versendet.[1097]

Verschiedene Mitglieder und Vertrauenspersonen wie zum Beispiel Sonia Bunting wurden in Schlüsselstellungen installiert.[1098] Nachdem die Kampagne für südafrikanische politische Gefangene, die Bunting leitete, Ende der 1960er Jahre abgeflaut war, stellte die Partei in einem vertraulichen Memorandum der SACP Überlegungen über die Zukunft der *World Campaign* an.[1099] Dezidiert hieß es in dem Papier, dass die Aufgabe der *World Campaign* vorrangig eine politische sei (und nicht wie beim IDAF rechtlich und materiell) und dass sie zu einer »politischen Maschine unter der Kontrolle vertrauenswürdiger Menschen aus der Bewegung, die höchst vertrauliche Arbeiten ausführen können«[1100] ausgebaut werden könnte, denn »[...] the machinery must be in the hands of our people.«[1101] Denn zur gleichen Zeit stand der Fortbestand des Unterfangens doch auf der Kippe.[1102] Die durch das AAM fortgeführte Solidaritätsarbeit wurde von drei Frauen dominiert: Rica Hodgson,

1096 Siehe Maloka, The South African Communist Party, S. 66; Shubin, ANC, S. 62–65.

1097 Vgl. Feinberg, Time, S. 59.

1098 Vgl. Minutes of the Committee Meeting of the World Campaign for the Release of South African Political Prisoners, 6.11.1963; Minutes of the Committee Meeting of the World Campaign, 27.4.1964; MSS AAM 1778.

1099 Vgl. Review of Campaign on the Release of Political Prisoners in South Africa, o. D., Mayibuye Archives, MCH 02-box 3 ANC London. Dem Inhalt nach zu urteilen, wird es Ende der 1960er Jahre verfasst worden sein.

1100 Ebd.

1101 Ebd.

1102 Vgl. Minutes of the World Campaign Committee Meeting, 10.7.1969, MSS AAM 1778.

Sonia Bunting (beide SACP) und Ethel de Keyser.[1103] Als die Kampagne SATIS (*South Africa – The Imprisoned Society*) nach einer gleichnamigen Konferenz 1973 aus der Taufe gehoben wurde, hatte sich an der organisatorischen Struktur wenig geändert: Bunting und Hodgson hatten mit de Keyser die Kampagne etabliert. SATIS griff die enorme Aufmerksamkeit für die Befreiungsbewegungen, die sie durch den Aufstand von Soweto erfuhren, auf.[1104]

Nachdem sich die SACP im Exil erst rekonstituieren musste, erzielte sie mit den Beschlüssen der Konferenz in Morogoro einen bedeutenden Durchbruch. Ihr Ziel, den ANC für alle Südafrikaner zu öffnen, wurde unter bestimmten Bedingungen akzeptiert,[1105] die SACP wurde neuer, quasi offizieller Partner in der Allianz der Befreiungsbewegung und der ANC hatte weite Teile des Programms von 1962 und die Kerntheorie des Kolonialismus speziellen Typs in sein in Morogoro verabschiedetes Programm »Strategy and Tactics«, das im Wesentlich von Slovo und Rusty Bernstein verfasst worden war, übernommen.[1106] Die Konferenz und ihre Ergebnisse wurden als Resultat eines Krisenprozesses der Befreiungsbewegung generell und des ANC im Besonderen gesehen, auf den eine Anpassung an eine veränderte politische Lage folgte.[1107] Der ANC-Vorsitzende Oliver Tambo würdigte gegenüber Joe Slovo die Resultate als eine »neue Phase unseres Kampfes«[1108]. Der Charakter der Allianz hatte sich verschoben: der *coloured* und indische Kongress spielten faktisch

1103 Vgl. Minutes of the National Committee Meeting, 15.10.1969; Minutes of the National Committee Meeting, 20.2.1970, MSS AAM 43.

1104 Vgl. Genevieve Klein: The British Anti-Apartheid Movement and the Political Prisoners Campaign 1973–1089, in: Journal of Southern African Studies, Jg. 35 (2009, Nr. 2 (Special Issue on Exile), S. 455–470, S. 462 f. Fred Carneson hatte nach seiner Entlassung aus dem südafrikanischen Gefängnis während der Anfangszeit SATIS beigesessen (ebd., S. 461).

1105 So war es Nicht-Afrikanern nun zwar möglich, dem ANC im Exil beizutreten, jedoch nicht ins höchste Gremium, dem Nationalen Exekutivkomitee, zu gelangen (vg. Shubin, ANC, S. 92 f.).

1106 Vgl. Filatova, Lasting Legacy, S. 531–534; Maloka, The South African Communist Party, S. 19, S. 25 f.; Macmillan, The Lusaka Years, S. 78.

1107 Vgl. SACP: Report on Organisation (1972), Ruth First Papers 117/1/17/3.

1108 Zit. nach Maloka, The South African Communist Party, S. 26.

keine Rolle mehr, die SACP und der ANC waren nun die engen Bündnispartner im Befreiungskampf.[1109] Auf diesen Moment hatte die SACP mehrere Jahre lang hingearbeitet, weil sie aus den gescheiterten militanten Kampagnen gefolgert hatte, eine Aktionseinheit mit dem ANC herstellen zu müssen.[1110] In dem Papier »Tasks of the national liberation movement« vom Januar 1967 hatte das ZK beschlossen, den Kontakt zwischen dem ANC und der Partei zu einer Arbeitsbeziehung auszubauen. Begründet wurde der Anspruch der SACP auf diese Formalisierung durch die schon geleistete Arbeit im Widerstand.[1111]

Das entsprechende Treffen hatte in Moskau stattgefunden und im ZK waren neben den Nicht-Weißen Mark Shope, Moses Kotane, J. B. Marks und Yusuf Dadoo außerdem Joe Slovo, Michael Harmel und Brian Bunting vertreten. Die Londoner Mitglieder Harmel, Slovo und Dadoo bildeten das Sekretariat des auf zwei Kontinente verstreuten ZKs.[1112] Ende desselben Jahres sprach ein weiteres Diskussionspapier dem ANC den Platz als führende Avantgarde-Organisation des Befreiungskampfes in Südafrika zu. Er vertrete jedoch nicht allein afrikanische Interessen, sondern dessen Position beruhe auf der »Einheitsfront« der verschiedenen radikalen oppositionellen Kräfte. Die theoretische Grundlage der Zusammenarbeit habe man in der *Freedom Charter* dargelegt, auf die sich die SACP auch für die nationale Befreiung verpflichte.[1113] 1966 hatte der ANC schon individuelle nicht-afrikanische Mitstreiter in das sogenannte Konsultative Kongresskomitee (CCC) berufen.[1114] Nach weitergehenden Diskussionen und der Bemängelung, dass die SACP nicht als

1109 Vgl. ebd., S. 25 f.

1110 Vgl. ebd.

1111 Vgl. Central Committee: Tasks of the national liberation movement. Role of the Communist Party. Immediate Tasks of the Party, 12.1.1967, Mayibuye Archives MCH 02-box 13 (a).

1112 Vgl. Maloka, The South African Communist Party, S. 20 f.

1113 Vgl. Perspectives Of The South African Revolution, Mayibuye Archives MCH 02-box 3.

1114 Siehe J. S. [Joe Slovo]: Thoughts of the Future of the Alliance, April 1969, Mayibuye Archives, MCH 02-box 1; Maloka, The South African Communist Party, S. 112.

Körperschaft akzeptiert werde,[1115] schlug Joe Slovo vor, in der angestrebten Veränderung der Zusammenarbeit der Allianz individuellen »nicht-afrikanischen Revolutionären« die volle ANC-Mitgliedschaft anzubieten und auf allen Ebenen des ANC teilhaben zu lassen. Als Muster könne das Verfahren dienen, das sich bei MK bewährt habe.[1116] Dieser Schritt kann in zwei Richtungen interpretiert werden: Zum einen als Versuch, MK wieder unter die (Teil-)Kontrolle der Partei zu bekommen, da das ehemalige Joint Venture de facto eine ANC-Unternehmung geworden war bzw. jedenfalls so wahrgenommen wurde.[1117] Zum anderen war es durch MK nicht-afrikanischen Aktivisten möglich, einer Organisation des ANC beizutreten, dessen Reihen somit allen »Rassen« offenstanden. Dass der ANC nun nachzog, kann als Versuch gesehen werden, MK in den ANC zu integrieren und damit stärker kontrollieren zu können.[1118]

Nach der Konferenz von Morogoro gab es wieder einige Angriffe afrikanistischer ANCler, vor allem gegen den Einfluss der SACP und ihrer Londoner Parteizelle. Die SACP zeigte sich wenig überrascht und unterstrich, an den Beschlüssen festzuhalten. Sie gestand ein, dass ihre Londoner Gruppe zwar wenig repräsentativ sei und mehrheitlich Mitglieder aus »Minderheiten« umfasse, demgegenüber sei jedoch die Mehrzahl der Auslandsvertretungen und der Parteimitglieder Afrikaner.[1119] Den aufkommenden »Tribalismus«, wie die Tendenz tituliert wurde, und die anti-kommunistischen Schmähungen abzuwehren, gelang nur partiell.[1120]

Jedoch sollten sich Fraktionsbildung und »Defizite im Führungsstil«[1121] auch in London auswirken. Die SACP sah sich im Exil mit Defä-

1115 Vgl. Maloka, The South African Communist Party, S. 112.

1116 Vgl. J. S. [Joe Slovo]: Thoughts of the Future of the Alliance, April 1969, Mayibuye Archives, MCH 02-box 1.

1117 Vgl. Shubin, ANC, S. 69, S. 76.

1118 Vgl. Macmillan, The »Hani-Memorandum«, S. 113.

1119 Vgl. Guard the Unity of the whole Movement, o. D., Mayibuye Archives MCH 02-Box 13 (a).

1120 Bis heute hält sich die verschwörungstheoretisch aufgeladene Diskussion um die Steuerung und Übernahme des ANC durch die SACP, siehe oben.

1121 Dies wurde als ein Fehler der SACP selbstkritisch bemängelt, siehe Guard the Unity of the wohle Movement, o.D., Mayibuye Archives MCH 02-box 13 (a).

tismus, Disziplinlosigkeit und individualistischem politischen Handeln konfrontiert. Dies führte zu Desintegration und untergrub die Möglichkeit der Partei, als einheitliche Körperschaft aufzutreten und zu handeln. Die SACP versuchte das Problem dadurch in den Griff zu bekommen, dass sie ihre Mitglieder entschieden darauf hinwies, dass sie trotz freier interner Diskussion jederzeit an die Mehrheitsbeschlüsse gebunden seien, denn ihre Zukunft und Legitimation zur Führung sah die SACP allein in ihrer geschlossenen Aktionseinheit. Dafür sollten Mitglieder Rücksprache mit Organen der SACP halten, andernfalls würden sie sanktioniert. Alle Parteimitglieder wurden zur Wachsamkeit aufgerufen, um zu verhindern, dass die Rolle der Partei unterminiert werde.[1122]

Die »individualistische Art« der SACP-Mitglieder im Exil sorgte für Dissonanzen innerhalb ihres kleinen Londoner Apparates. Das obige Memorandum offenbarte, dass aufgrund der Distanz zu den unmittelbaren Auseinandersetzungen in Afrika in ihrer Sektion Ziel und Orientierung verschwammen. Auch zwischen den Mitgliedern und dem Sekretariat entbrannten Richtungsstreitigkeiten, da viele mehr als politische Erziehung, Propaganda und Solidaritätsarbeit leisten wollten. Sie drängten auf direkte, militante Arbeit mit Kontakten in Südafrika.[1123]

Darauf wies unter anderem Ruth Firsts Beitrag zur Einschätzung des bewaffneten Kampfes von 1969 hin.[1124] Zwar war politisch gefärbter Streit zwischen Slovo und First legendär,[1125] jedoch sah Joe Slovo sich genötigt, Gerüchte zu dementieren, nach denen seine Frau vor einem Parteiausschlussverfahren gestanden habe.[1126] Weniger Glück und Protektion in

1122 Vgl. London Committee Circular, o. D., Mayibuye Archives MCH 02-box 3.
1123 Vgl. Maloka, The South African Communist Party, S. 40.
1124 Vgl. Ruth First Papers 117/2/39/27; s. a. Conference: Liberation in Southern Africa and Guerilla Warfare, Juli 1969, MSS AAM 2032. Ihre in England verspürte Entfremdung schien First erst in der zweiten Hälfte der 1970er Jahre abgelegt zu haben, nachdem sie auf einer Anti-Apartheid Konferenz auf »militante, artikulierter *linke* Arbeiter« traf. Sie gestand Slovo gegenüber ein, sie fühle sich nicht länger isoliert (vgl. Ruth First an Joe Slovo, 8.11.1976, Ruth First Papers 117/1/3/1/7, Hervorh. i. O.).
1125 Vgl. Hilda und Rusty Bernstein, Ruth First Papers 117/6/20.
1126 Vgl. Joe Slovo, Interview mit Don Pinnock, September 1991, Ruth First Papers

den Fraktionskämpfen war Ben Turok beschieden. Er wurde im März 1976 aus der SACP ausgeschlossen, weil er eigenständig Mittel akquiriert und seinen Kontakten in Südafrika zur Verfügung gestellt hatte.[1127] Zudem veröffentlichte er Artikel, die die Arbeit der SACP und der Widerstandsbewegung kritisierten.[1128] Seine Einschätzung des Wegs zum bewaffneten Kampf von 1972 erntete geharnischte Kritik von Slovo, der in der Gründung von MK keinen strategischen Wechsel in der Politik der Befreiungsbewegung sah, sondern diese als eine Reaktion auf die Repression des Staats und die Ausweglosigkeit der politischen Opposition zu einem Zeitpunkt, an dem die Führung der Befreiungsbewegung die Zeit als reif für einen militanten Kampf angesehen habe, interpretierte.[1129]

Gerngesehen war Turok nach diesem Austausch auch privat bei Slovo und First nicht. First versuchte 1975, gegen seine Teilnahme an einer Konferenz in Tansania zu intervenieren, indem sie seinen schlechten Stand in London vorbrachte. Da Turok jedoch doch teilzunehmen

… 117/6/19. 1978 wich Ruth First massiv von der Parteilinie ab, als sie in dem von ihr mit gegründeten akademischen Journal *Review of African Political Economy* bekannte, sie stehe auf der Seite derjenigen, die annehmen, dass eine zweistufige Revolution – wie von der SACP proklamiert – nicht nötig sei, um zu einer sozialistischen Gesellschaft zu gelangen (Ruth First: After Soweto: A Response, in: Review of African Political Economy, Jg. 5 [1978], H. 11, S. 93–100, hier S. 98).

1127 Vgl. Maloka, The South African Communist Party, S. 40; Turok, Truth, S. 324 ff.

1128 Vgl. Ben Turok: South Africa: The Violent Alternative, in: Socialist Register Jg. 9 (1972), S. 257–288; ders.: South Africa: In Search of a Strategy, in: ebd., Jg. 10 (1973), S. 341–376.

1129 Vgl. Joe Slovo: Southern Africa: Problems of Armed Struggle, in: Socialist Register, Jg. 10 (1973), S. 319–340, hier S. 324. Diese Artikelserie mag ein Grund dafür gewesen sein, dass das Londoner Komitee es für nötig erachtete, die Einheit und Parteidisziplin zu bestärken. Turok dankte in seinem Papier noch Harold Wolpe, Allen Brooks und Essop Pahad – alles SACP-Mitglieder – für hilfreiche Kommentare (vgl. Ben Turok, The Violent Alternative, S. 288). Zeitgleich raubte Turok ein Familienbesuch in Moskau die Illusionen, die er über die Sowjetunion gehegt hatte (Turok, Truth, S. 233 f.).

schien, mutmaßte First, er habe Unterstützung des PAC erhalten.[1130] Einige Jahre später schrieb sie ihrem Mann selbstkritisch, dass sie Turok zwar nicht mögen würde, seinen Ausschluss aber als »exzessiv« empfunden habe. »Sounds like the Bunting-Bach-Days again«[1131], schrieb sie mit Verweis auf die tiefgreifenden und lähmenden Fraktionskämpfe der 1930er Jahre.

Lähmend wirkte dieser Ausschluss nicht auf die Arbeit der SACP. Neben dem Versand von Propaganda und des *African Communist* verfolgte die SACP in London den Wiederaufbau einer Präsenz der verbotenen Organisationen der Kongress-Allianz, namentlich des ANC und der SACP in Südafrika, denn mit dem Ende des als »Fischer Trial« bekannt gewordenen Prozesses 1966 war klar geworden, dass es keinerlei arbeitsfähige Opposition außerhalb des weißen Parlaments mehr gab.[1132]

Während der ANC aus Nachbarstaaten Südafrikas heraus vergeblich versuchte, MK-Soldaten ins Land zu bringen, versuchte sich die Londoner Arbeitsgruppe des MK, die nahezu komplett aus SACP-Mitgliedern bestand, daran, geeignete Rekruten zu finden und die passende Technik zu entwickeln, um in Südafrika Propaganda zu verbreiten. Geleitet wurde die Gruppe von Slovo und Yusuf Dadoo, die auch den Kontakt zum ANC in Tansania hielten.[1133] Jack Hodgson und Ronnie Press entwickelten die vielfach zum Einsatz gekommenen »Flugblatt-Bomben« und

1130 Vgl. Ruth First an Joe Slovo, 9.9.1975, Daressalaam; Ruth First an Joe Slovo, 30.9.1975, Daressalaam, Ruth First Papers 117/1/3/1/6. In seinem zweiten Artikel (aus dem Jahr 1973) griff Turok das entstehende Konzept des *Black Consciousness* durchaus positiv auf, während es seitens des ANC und der SACP mehrheitlich negativ, als Verletzung der nicht-»rassischen« *Freedom Charter* erachtet wurde.

1131 Ruth First an Joe Slovo, 8.3.1980, Durham, Ruth First Papers 117/1/3/1/7. Persönliche Animositäten finden sich mehrfach in der Gruppe der Exilanten (siehe Sylvester Stein über Norma Kitson, [in: Stein, Mrs Gandhi, Pos. 573] oder Tilly First über Sonia Bunting und Albie Sachs [Tilly First an Ruth First, 15.5.1975, London, Ruth First Papers 117/1/3/1/6]).

1132 Zum »Fischer Trial« siehe Clingman, Fischer, S. 307–310, S. 318–326, S. 364–80.

1133 Vgl. Ronnie Kasrils: Introduction, in: Keable, London Recruits, S. 1–20, hier S. 5.

unbemannte Lautsprechersysteme;[1134] ihr indischer Mitstreiter Aziz Pahad verstärkte das Komitee nach kurzer Zeit. Rica Hodgson und die damalige Ehefrau Albie Sachs', Stephanie Kemp, bearbeiteten die geheime Kommunikation, während Eleanor Kasrils half, sichere Häuser, Adressen und Ressourcen bereitzustellen.[1135] Ihre Arbeit schätzten die MK-Mitglieder hoch:

> It needs to be understood that, in the context of repression and censorship, subversive literature has a far greater qualitative impact than political information in normal times. The apperance of a leaflet or a chalked slogan on a wall in a police state carries a distinct aura of its own. It not only counters the lies of the dictatorship, that everything is under control, buth the simple fact of its apperance breathes defiance.[1136]

Daher erregten die Flugblätter auch ein großes Echo, als die »Bomben« sie in Südafrika verstreuten.[1137] Zusammen mit Pahad arbeitete Barry Feinberg in seinem Atelier an falschen Böden für Koffer und beide fälschten mit Jack Hodgson bei Feinbergs Verwandten Julius und Tamara Baker Pässe.[1138] Nachdem die Bakers nach London exiliert waren, stellten sie der Bewegung Teile ihres Kellers zur Verfügung: der ANC und die SACP lagerten mögliche Verkaufsobjekte für die alljährlichen Basare ein; die SACP produzierte dort auch »sensibles politisches Material«.[1139] Die Flugblätter wurden zu Tausenden von dem südafrikanischen Sicherheitsapparat unbekannten MK-Rekruten ins Land geschmuggelt.[1140] Eine spätere äußerst erfolgreiche Operation umfasste

1134 Vgl. Press, To Change The World, S. 82 f., S. 103, S. 111; Hodgson, Foot Soldier, S. 160 ff., S. 195. »Flugblatt-Bomben« waren harmlose Sprengsätze, die unter einem Stapel Flugblättern gezündet wurden und jene hoch in die Luft schleuderten; unbemannte Lautsprechersysteme waren Tonbandgeräte oder Kassettenrekorder, die politische Botschaften in der Öffentlichkeit abspielten.

1135 Vgl. Kasrils, Introduction, S. 5.

1136 Ebd., S. 10.

1137 Siehe dazu den Anhang 3 in: Keable, London Recruits, S. 329–340.

1138 Vgl. Feinberg, Time, S. 73.

1139 Vgl. ebd., S. 72 f.; Hodgson, Foot Soldier, S. 162.

den Schmuggel von vierzig Tonnen Waffen, Munition und Sprengstoff nach Südafrika, die im Chassis eines Lastwagens versteckt wurden, der mehrfach für Safaritouren von Kenia nach Südafrika genutzt wurde. Die unwissenden Passagiere dienten hier der Tarnung. Umgesetzt und geleitet wurde die Operation acht Jahre lang von Mannie Brown, einem langjährigen und einfallsreichen Mitglied der SACP.[1141]

Während diese Art der Reise kompliziert und gefährlich war, hatten SACP-Kader die Möglichkeit, von London aus zu internationalen Konferenzen und ins Ausland zu reisen, wo sie nicht nur wichtige internationalistische Arbeit für den Befreiungskampf leisteten, sondern auch ihren Urlaub verbrachten.[1142]

Mit der Zeit verstreute sich das ZK der Partei auf drei Orte – Maputo, Luanda und London. Seine Zusammensetzung war durch die Mitgliedschaft langjähriger Kader bestimmt. Bei der Sitzung des ZKs 1977 in der DDR waren neben altgedienten afrikanischen Genossen wie Moses Mabhida und Dan Tloome auch Brian Bunting, Joe Slovo und Ray Simons gegenwärtig, die weiße Minderheit in der Partei wurde also – immer noch – von jüdischen Kommunisten repräsentiert.[1143]

Die internationalen Verbindungen nach Ost und West (das meint vor allem zu den Vereinten Nationen und ihrem Subkomitee gegen Apartheid) erwiesen sich als entscheidend für die Finanzierung und Absicherung des Kampfes gegen die Apartheid, dennoch war die vielbeschworene Einheit der Bewegung in mehrfacher Hinsicht in Gefahr. Zwei Konfliktlinien, die sich im ANC auftaten, umfassten die Kritik

1140 Vgl. Internal Propaganda Sub-Committee London, Record of Mailings Carried out From London January 1986 – March 1987, Mayibuye Archive MCH 02-box 23; Kasrils, Introduction, S. 12.

1141 Vgl. Kasrils, Introduction, S. 20; Stuart Round: »Africa Hinterland«, in: Keable, London Recruits, S. 298–310. S. a. die Dokumentation »Secret Safari« von Tom Zubrycki aus dem Jahr 2001 (www.youtube.com/watch?v=foqURw3lgmc, letzter Zugriff: 7.7.2016); N. N.: I Was A Teenage Gun Runner, in: The Guardian, www.theguardian.com/theguardian/2001/feb/13/features11.g21 (letzter Zugriff: 8.7.2016).

1142 Vgl. Hodgson, Foot Soldier, S. 169–173, S. 202.

1143 Vgl. Shubin, ANC, S. 188.

am »bourgeoisen« ANC durch linksradikale Kräfte und Kritik am nicht-»rassischen« Kurs des ANC, der letztlich seinen afrikanischen Charakter verwässern und unter die geheime Führung der SACP bringen würde. Zudem war auch das AAM als größte und bedeutendste zivilgesellschaftliche Unterstützungsorganisation Großbritanniens von starken Fraktionskämpfen geplagt, in welchen sich Auseinandersetzungen der britischen Linken der 1980er Jahre widerspiegelten. Für den ANC aber waren die Einheit der Organisation und die Auslandsmission in London, die wesentlich durch die Doppelmitglieder der SACP ausgeführt wurde, essentiell.[1144] Diese Basis durfte nicht leichtfertig riskiert werden. Zugleich war aber das »afrikanische Bild« des ANC die Grundlage der Unterstützung des Kongresses durch die unabhängigen afrikanischen Staaten, die ebenso wenig aufs Spiel gesetzt werden durfte.[1145]

Die Mitglieder der SACP im Exil nahmen schnell Schlüsselpositionen in den Auslandsorganisationen des Widerstands gegen die Apartheid ein. Aufgrund ihres nicht-öffentlichen Charakters konnte die SACP als Vermittler zwischen der Sowjetunion und dem ANC eine wesentliche Rolle einnehmen, wobei letzterer als offizieller Repräsentant des Widerstands galt. Hinzu kamen die praktische Arbeit in MK und die ideologische Arbeit, die auch in den 1980er Jahren nicht über die Umsetzung des nicht-»rassischen« Charakters der *Freedom Charter* und politische Schulung hinaus ging.[1146] Neben dem ANC, in den die weißen Aktivisten nach der Morogoro-Konferenz auch aufgenommen werden konnten, und der praktischen Einheit in MK bildeten die SACP-Mitglieder das Rückgrat des AAM und des IDAF, den wichtigsten international wirkenden Organisationen der westlichen zivilgesellschaftlichen Opposition gegen das rassistische Regime in Pretoria.

1144 Vgl. Turok, Truth, S. 218 f. Denis Goldberg merkte in seiner Autobiographie an, dass es nicht vorgesehen war, ANC-Angelegenheiten im Vorfeld in der SACP zu besprechen, um Fraktionierungen im ANC zu vermeiden (Goldberg, The Mission, S. 337).

1145 Vgl. Lissoni, Transformations, S. 293.

1146 Vgl. [SACP:] The Role of the Party and its place in the national liberation movement, 29.4.1980, Manuscript and Archives, BC 1150, A 24 South African Theory.

3.h Konflikte in der politischen Diaspora

Konfliktstoff gab es in der Londoner Szene genügend. Die Diskrepanzen zwischen unabhängig denkenden Aktivisten und den Anforderungen, die Parteilinie einzuhalten, brachten ebenso Zwist wie auch die Strategie und Taktik des ANC. Vor allem das Verhältnis zur Sowjetunion bzw. das Einverständnis zum Einmarsch in Ungarn 1956 und der CSSR 1968 zeitigte Brüche zwischen den Genossen.[1147] Pauline Podbrey wurde von Joe Slovo als »Reaktionär« geschmäht, weil sie nach ihren Erfahrungen in Budapest nicht mehr unkritisch dem Bild des »Vaterlands der Werktätigen« anhängen konnte.[1148] Andere südafrikanische Kommunisten wie Ruth Carneson hatten genug von der SACP im Exil. Ihrer Ansicht nach unternahm die Partei zu wenig für die Mitstreiter, die sich nur unter Mühen ein neues Leben aufbauen konnten. Sie selbst sah sich ohne emotionale oder finanzielle Unterstützung durch die SACP, der sie viele Opfer gebracht hatte.[1149]

Des Öfteren wurde privat auch vom »London Problem« gesprochen, das durch die Kontrolle der Anti-Apartheid-Arbeit durch die SACP hervorgerufen werde. Ruth Mompati, ehemalige Sekretärin der Anwaltskanzlei Tambos und Mandelas und eine der ersten ANC-Studenten an der Moskauer Internationalen Lenin-Schule, hatte Anfang der 1980er Jahre die Aufgabe gehabt, das »London Problem« zu lösen und war dafür von Lusaka nach London versetzt worden.[1150] Kern des Konflikts war, so beschrieb es Norma Kitson, dass die SACP den Kurs der Anti-Apartheid-Bewegung bestimmen und abweichende Gruppierungen aus-

1147 Vgl. Podbrey, White Girl, S. 196 ff.; Hilda Bernstein, Interview von Padraig O'Malley, 25.8.2004, www.nelsonmandela.org/omalley/index.php/site/q/03lv00017/04lv00344/05lv01461/06lv01476.htm (letzter Zugriff: 19.7.2016); Lissoni, Early international Networks, S. 13, Fn. 73; Zug, The Guardian, S. 129 f.; Wieder, Ruth First and Joe Slovo, S. 104, S. 91.

1148 Vgl. Podbrey, White Girl, S. 198.

1149 Vgl. Carneson, Red, S. 204.

1150 Vgl. Kitson, Sixpence, S. 262.

grenzen und kaltstellen wollte.[1151] »Mittelklasse-Weiße, die Südafrika verlassen hatten, bevor es wirklich hart wurde«[1152], so charakterisierte Kitson den Kern der SACP um das Ehepaar Bunting. Sarkastisch bezeichnete sie diesen Kreis nach der *chevra kadisha*, der jüdischen Beerdigungsgesellschaft, der verdiente Mitglieder der Gemeinde angehörten und die auch wohlfahrtliche Aufgaben wahrnahm.[1153]

Im Verhältnis zu der Krise, die den ANC und auch die SACP durch die »Gang of Eight« erfasste, waren diese »Londoner Probleme« allerdings nur Randerscheinungen.

Afrikanistische Kritik am ANC: Die »Achterbande«,[1154] der PAC und Black Consciousness

Rückblickend schätzte Ben Turok den Konflikt um die sogenannte »Achterbande« als größte Krise des ANC im Exil ein.[1155] Diese afrikanistische Abspaltung vom ANC war eine unmittelbare Reaktion auf die Öffnung des ANC für alle »Rassen« in Morogoro 1969.[1156] Die Kritik

1151 Vgl. ebd., S. 214 f.

1152 Vgl. ebd., Sixpence, S. 214.

1153 Vgl. ebd., S. 214. Auch Lorna Levy sah, dass es neben den Basiskomitees einen nicht zugänglichen »magic circle« gegeben habe, der die Politik des ANC bestimmt habe (Levy, Engagements, S. 53 f., Zitat S. 54). Besonders in Johannesburg ist die *Chevra Kadisha* bis heute eine der wichtigsten Wohlfahrtseinrichtungen (vgl. David Saks, Louis Hotz und Gustav Saron: Johannesburg, South Africa, in: Jewish Virtual Library, www.jewishvirtuallibrary.org/jsource/judaica/ejud_0002_0011_0_10219.html [letzter Zugriff: 9.7.2016]).

1154 Siehe SACP [Joe Slovo]: »Der Feind der die gleiche Hautfarbe hat, wie wir«, in: SACP, Dokumente, S. 548–570, hier S. 548.

1155 Vgl. Turok, Truth, S. 224 f. Die Bezeichnung »Gang of Eight« spielte auf die »Gang of Four« (Viererbande) in China an, die Ende 1976 inhaftiert wurden. Offiziell wurde »Gang of Eight« entschärft und mit »Achtergruppe« und »Gruppe der Acht« übersetzt (siehe SACP, Der Feind, S. 550).

1156 Vgl. Hugh Macmillan, The »Hani-Memorandum«; ders.: After Morogo: the continuing Crisis in the African National Congress (of South Africa) in Zambia, 1969–1971, in: Social Dynamics, Jg. 35 (2009), H. 2, S. 295–311, hier S. 307 f.; Lissoni, Transformations, S. 294–297.

an dem neuen Kurs des ANC drückten die Dissidenten 1975 mit der Gründung des »ANC (African Nationalists)« aus, welcher eine Erneuerung des ANC anleiten sollte.[1157] Ähnlich wie zu dem Zeitpunkt als die Afrikanisten, die den ANC für die Annahme der *Freedom Charter* angegriffen und den PAC als konkurrierende Organisation gegründet hatten, stand wieder die Rolle der SACP mit ihrer »weißen« Führungsspitze im Zentrum der Anfeindungen.[1158] Die SACP-Spitze weigere sich, das »Konzept des afrikanischen Nationalismus« aufzugreifen, und stelle sich gegen das »afrikanische Image« des ANC. Mit dieser Haltung würde sie ihre weiße, kleinbürgerliche Herkunft widerspiegeln und »die überhöhten weißen Attitüden gegenüber Schwarzen« ausdrücken, so lauteten die Vorwürfe.[1159] Ebenso scharf konterte die SACP: die Verfasser hätten eine eigene Geschichte der Fraktionierung, seien Mitglieder des ARM gewesen und hätten als Belastungszeugen gegen ehemalige Guerillas ausgesagt.[1160] Vier der acht würden unterschlagen, dass sie an den Beschlüssen der Morogoro-Konferenz teil hatten und ihnen zugestimmt hatten.[1161] Außerdem würden sie diejenigen Nicht-Afrikaner verunglimpfen, die im Befreiungskampf ihr Leben gelassen hätten oder im Gefängnis säßen, während sie selbst sich nicht im bewaffneten Kampf verdient gemacht hätten.[1162] Da sie sich als Hauptangriffsziel der »Achtergruppe« sah, rechtfertigte die SACP seitenweise ihre Politik und ihre Hingabe an die nationalen Befreiung. Sie schloss, dass die »Achtergruppe« ein Teil jenes »Abschaums« sei, »der keiner Revolution erspart bleibt.«[1163]

1157 Vgl. Lodge, Black Politics, S. 303; Shubin, ANC, S. 134 f.

1158 Vgl. ebd.

1159 So die Kritiker in ihrem Papier, zit. nach Lodge, Politics, S. 303.

1160 Vgl. Lodge, Politics, S. 303; SACP, Der Feind, S. 551.

1161 Vgl. SACP, Der Feind, S. 561.

1162 Vgl. ebd., S. 558, S. 566.

1163 Vgl. ebd., S. 570. S. a. Macmillan, Lusaka Years, S. 92 f., wo Macmillan die Einschätzung des Vorwurfs der Dominanz des ANC durch die SACP von Jack Simons, der zu besagter Zeit in Lusaka lebte, wiedergibt. Simons sei zu dem Schluss gekommen, dass in beiden Organisationen Afrikaner die Mehrheit bildeten, dass die Auseinandersetzung also wesentlich zwischen Marxisten und Nationalisten stattfinde.

Der Angriff auf den ANC wegen seiner Verbindung mit der SACP hätte ihn im Kalten Krieg für die westlichen Staaten untragbar machen und ihn um seine westliche Unterstützung bringen können. Dies hätte ihn – vielleicht war dies das Kalkül der Abspaltung – geschwächt, aber zugleich in stärkerem Maße von Moskaus Unterstützung abhängig gemacht.

Die Afrikanisten hatten sich verschätzt, denn selbst die Billigung des sowjetischen Einmarsches in der CSSR durch den ANC führte zu keinem Bruch, da die westliche Unterstützung jenseits der schwedischen und niederländischen Regierung sowieso mehr eine »Schimäre« als Realität war.[1164] Der ANC beschränkte seine Aktivität und Verlautbarungen im Prinzip strikt auf das Geschehen im südlichen Afrika und folgte seiner eigenen Agenda. Daher prallten die immer wieder erhobenen Vorwürfe, fremdgesteuert zu sein, ab. Wesentliches Merkmal der flexiblen und pragmatischen Politik des Kongresses war seine – mit der SACP geteilte – Ablehnung gegenüber individualistischen terroristischen Aktivitäten und Gewalt gegen Zivilisten.[1165]

Die Unterstützung durch afrikanische Staaten oder die *Organisation of African Unity* (OAU) war weitaus unbeständiger und an größere Zugeständnisse gebunden als die der Sowjetunion.[1166] Die Distanz zu den ideologischen Umwegen, die als nationalistisch und reaktionär gebrandmarkt wurden, machte das Verhältnis zwischen afrikanischen Staaten und dem ANC nicht einfacher.[1167] Der PAC bestand im Exil , wenn auch in einer Nebenrolle, weiter fort und er bemühte sich um die Unterstützung Chinas (und der USA).[1168] Vor dem Hintergrund des chinesisch-sowjetischen Zerwürfnisses, bei dem die SACP Moskau treu blieb, war afrikanistischer Nationalismus somit doppelt verwerflich. Durch die Konkurrenz zum ANC verspielte sie sich auch in den ehemaligen portugiesischen Kolonien einen potentiellen Bündnispartner, da einige

1164 Vgl. Lodge, Politics, S. 304.
1165 Vgl. ebd., S. 305.
1166 Vgl. ebd.
1167 Vgl. Maloka, The South African Communist Party, S. 27.
1168 Vgl. Lodge, Politics, S. 309 f.; Shubin, ANC, S. 131.

PAC-Mitglieder im angolanischen Bürgerkrieg an der von Südafrika geförderten Seite kämpften.[1169]

Zur Zeit des Ausschlusses der »Achtergruppe« kam in Südafrika die *Black Consciousness* auf, eine durch afrikanische Studenten entwickelte Ideologie, welche die Probleme der Mobilisierung des Widerstands gegen die Apartheid als psychologisch bedingt ansah und proklamierte, dass diese durch Bewusstwerdung einer afrikanischen Identität überkommen werden sollten.[1170] In zweierlei Hinsicht wich die *Black Consciousness* vom afrikanistischen Nationalismus ab: Klassen- und Interessenswidersprüche innerhalb der schwarzen Gruppe wurden anerkannt und »schwarz« bezog alle nicht-weißen Gruppen mit ein.[1171] Während bspw. Yusuf Dadoo im ersten Augenblick dem neuen Konzept gegenüber durchaus aufgeschlossen erschien[1172] und auch die SACP die *Black Consciousness* als Teil des durch den ANC begonnen Kampfes gegen die weiße Dominanz würdigte, lehnte die Partei das Konzept als unausgereift, die Einheit des Widerstands spaltend und die Tendenz des Rassismus in sich tragend, ab.[1173]

Die Versuche, eine eigenständige, neue afrikanistische Kraft zu etablieren, scheiterten. Tennyson Makiwane, einer der Anführer der »Achter-

1169 Vgl. ebd., S. 315.
1170 Vgl. ebd., S. 323.
1171 Vgl. ebd.
1172 Siehe Allison Drew: Non-racialism, non-collaboration and Communism in South Africa: The contribution of Yusuf Dadoo during his exile years (1960–1983), Paper presented at the Conference on »Yusuf Dadoo, 1909–2009: Marxism, non-racialism and the shaping of the South African liberation struggle«, University of Johannesburg, 4–5 September 2009, S. 6, online abrufbar unter: www.sahistory.org.za/archive/non-racialism-non-collaboration-and-commun ism-south-africa-contribution-yusuf-dadoo-during-h (letzter Zugriff: 8.4. 2016), S. 14.
1173 Vgl. SACP: »South Africa: Time Of Challenge«: Report, On Behalf Of The Secretariat, To The Plenary Session Of The Central Committee Of The South African Communist Party, October 1973, www.sahistory.org.za/archive/ south-africa-time-challenge%C3%82%C2%A0%C3%82%C2%A0-report-be half-secretariat-the%C3%82%C2%A0-plenary-session-central-committ (letzter Zugriff: 10.7.2016).

gruppe«, ließ sich im Bantustan Transkei nieder und diente dem dortigen »diplomatischen Dienst«.[1174] Er wurde aber 1980 von einem Unbekannten ermordet. Seine Exekution wurde mutmaßlich durch den ANC angeordnet und als Grund wurde seine Zusammenarbeit mit der Polizei genannt.[1175]

Der Kampf um den ANC als multi-»rassische« Organisation war gerade wegen der Heimatlosigkeit der politischen Aktivisten so wichtig. In Südafrika waren sie, vor allem Exilanten der zweiten Generation, von der Erfahrung der Unterdrückung ausgeschlossen; farbige Exilanten konnten auf dieser Basis weitaus leichter Bande mit anderen Exilanten knüpfen. Weiße Aktivisten sahen sich zudem durch das Phänomen des *Black Consciousness* isoliert. Daher fanden sie erst im Exil eine politische Heimat – im ANC.[1176]

Kommunisten und Trotzkisten

Die Debatte um die richtige Form des Nationalismus, sei er nun »bourgeois«, rassistisch oder emanzipatorisch – wie derjenige, den die SACP für sich und die Kongressallianz reklamierte –, war nur eine der Auseinandersetzungen, welche die Partei zu führen hatte.

Eine andere war die Auseinandersetzung mit der trotzkistisch orientierten Linken. Es kann kaum von einer intellektuellen Diskussion gesprochen werden, da seit dem gewaltigen Konflikt in der UdSSR um Lenins Nachfolge, welcher zum Anathema des »Trotzkismus« und der

1174 Bantustans wurden von Südafrika als eigenständige Republiken präsentiert, die aber vollständig von Pretoria abhängig und geführt waren; daher war auch ein eigener diplomatischer Dienst eine Farce.

1175 Vgl. Shubin, ANC, S. 135 f.; Paul Trewhela: The Murder of Tennyson Makiwane, 29.9.2008, www.politicsweb.co.za/news-and-analysis/the-murder-of-tennyson-makiwane (letzter Zugriff: 21.7.2016); N.N.: ANC admits killing of spies, 12.5.1997, in: Mail & Guardian, mg.co.za/article/1997-05-12-anc-admits-to-killing-spies (letzter Zugriff: 21.7.2016).

1176 Vgl. Bernstein, The Rift, S. xviii.

Ermordung des namensgebenden ehemaligen Oberbefehlshabers der Roten Armee im mexikanischen Exil führte, das Feld abgesteckt war. Während aber die afrikanistische Kritik an der Politik des ANC (und der SACP) von rechts kam und anti-kommunistische Züge trug, wurde die Kritik der Trotzkisten von links laut, kaprizierte sich aber gleichfalls wesentlich auf die Verbindung zwischen ANC und SACP.

Eine bekannte trotzkistische Linke Südafrikas war Fanny Klenerman, die in den 1920er und 1930er Jahren den *Vanguard Bookshop* in Johannesburg unterhielt. Mit ihrem Ehemann Frank Glass hielt sie das Banner des Trotzkismus im Transvaal hoch.[1177] Max Gordon, ein weiterer trotzkistischer Organisator, der von Kapstadt nach Johannesburg gesandt worden war, schied aus den frühen trotzkistischen Parteien aus, bemühte sich aber erfolgreich um den Aufbau einer ersten Industriegewerkschaft im Transvaal vor dem Zweiten Weltkrieg.[1178] Das Zentrum der trotzkistischen Bewegung lag jedoch in Kapstadt, wo sich von der CPSA ausgeschlossene Revolutionäre Unterstützung US-amerikanischer und britischer Organisationen erbaten, um eine eigenständige Organisation in Südafrika aufzubauen.[1179]

Der bekannteste Chronist und Aktivist der südafrikanischen Trotzkisten war Baruch Hirson, der für seine Teilnahme am ARM 1964 zu neun Jahren Haft verurteilt worden war. Nach seiner Entlassung aus der Haft begann er die Geschichte der linken Gruppierungen aufzugreifen, die seines Erachtens auf die »Fussnoten der Geschichte« beschränkt sei.[1180] Edward Roux, einem frühen Geschichtsschreiber der Linken in Südafrika, zufolge traten die Trotzkisten erstmals verstärkt Anfang der 1930er Jahre in Erscheinung. In dieser Zeit steckte die SACP in einer tiefen Krise und war durch Fraktionskämpfe und Säuberungen geschwächt. Die theoretische Reinheit der trotzkistischen Gruppen hemmte eine

1177 Vgl. Baruch Hirson: The early Trotzkyist groups in South Africa, in ders., History of the Left in South Africa, S. 88–105, hier S. 97.

1178 Vgl. ebd., S. 101 f.; s. a. ders: Yours for the Union, S. 41–49.

1179 Vgl. Drew, Discordant Comrades, S. 139 f.

1180 Vgl. Baruch Hirson: Entryism and the CPSA: 1923–35, in ders., History of the Left, S. 44–52, hier S. 44.

Zusammenarbeit der linken Kräfte.[1181] Den trotzkistischen Gruppen schrieb Hirson wiederum eine Bedeutung weit über ihre Mitgliederzahl hinaus zu, weil sie in den lokalen Kämpfen der Communities, durch die Gründung schwarzer Gewerkschaften und durch politische Diskussion wirkten.[1182] Diese Gruppen, oftmals Zusammenschlüsse von aus der CPSA Ausgeschlossenen, standen unter zweifachem Druck: zum einen durch die *Greyshirts* und andere nazistische Organisationen, zum anderen durch die CPSA, die sich an den Direktiven der Komintern orientierte.[1183] Bis in die zweite Hälfte der 1930er Jahre waren die Mitglieder in Kapstadt mehrheitlich jüdischer Herkunft.[1184] Die Trotzkisten zogen in der Kapprovinz tausende Sympathisanten an.[1185] Von 1943 bis 1958 hatten sie mit dem mehrheitlich farbigen *Non-Europan Unity Movement* (NEUM) einen bedeutenden Einfluss auf farbige Intellektuelle und im Verbund mit afrikanischen Bündnispartnern auch auf das politische Verhalten der schwarzen Kapstädter Bevölkerung.[1186] Das NEUM – der Versuch einer politisch unabhängigen Organisation jenseits der »Rassen«-Schranken[1187] – war maßgeblich von der *Workers' Party of South Africa* gegründet worden, einer kleinen Partei, die ihre Basis in Kapstadt hatte und die Landfrage zu ihrem theoretischen Angelpunkt für die Analyse in Südafrika machte und die CPSA aktiv wegen ihrer Folgsamkeit der Komintern gegenüber angriff.[1188] Interne Querelen und

1181 Vgl. Roux, Time longer than Rope, S. 320. Roux selbst wurde als Anhänger der »rechten« Fraktion um Brian Buntings Vater Sidney 1936 aus der SACP ausgeschlossen.

1182 Vgl. Hirson, Trotzkyist groups, S. 89.

1183 Vgl. ebd., S. 90.

1184 Vgl. ebd., S. 99.

1185 Vgl. ebd., S. 88.

1186 Vgl. Lodge, Politics, S. 39, S. 87.

1187 Vgl. Hirson, History of the NEUM, S. 157.

1188 Vgl. ebd. Die Landfrage stand im Zentrum des Programms der WPSA von 1934 vor dem Schub massiver sekundärer Industrialisierung Südafrikas im Zweiten Weltkrieg und war auch ein zentraler Konfliktpunkt in der CPSA und ihrer Forderung einer »Native Republic« (vgl. Allison Drew: The theory and practice of the agrarian question in South African socialism, 1928–60, in: Journal of Peasant Studies, Jg. 23 [1996], H. 2–3, S. 53–92).

Unstimmigkeiten führten jedoch zu Ausschlüssen und dem Zerfall einiger Gruppen. In Johannesburg gab es bis zum Übertritt einiger Mitglieder des *Hashomer Hatzair* nur einen winzigen Diskussionszirkel, keine nennenswerte Organisation.[1189]

Den Zweiten Weltkrieg lehnten die Trotzkisten rundweg – und nicht nur bis 1941, wie die CPSA – als »imperialistischen« Krieg ab, was zu Zerwürfnissen innerhalb des trotzkistischen Lagers führte.[1190] Die CPSA begegnete den Trotzkisten rücksichtslos und auch mit dem Einsatz körperlicher Gewalt.[1191] Man ging schnell getrennte Wege.

Die Geschichte des Trotzkismus in Südafrika war also geprägt von aufgeladenen theoretischen Debatten, die wenig pragmatische und praktische Auswirkungen brachten, sondern eher als Beweis einer demokratischen Diskussionskultur (im Gegensatz zur rigiden, »stalinistischen« CPSA) innerhalb der sozialistischen Bewegung dienten. Letztlich führten diese zu neuen Spaltungen, welche die Bewegung soweit schwächten, dass sie kaum mehr zu effektiver politischer Arbeit imstande war[1192] – auch wenn Baruch Hirson einige der Initiativen und angeregten Debatten rückblickend anders bewertet.[1193] Ein Weg, der durch Hirsons Biographie ersichtlich wird, führte von der relativen Isolation trotzkistischer Gruppierungen vor der Apartheid zu einem zunehmenden Niedergang ihrer Organisationen nach 1948 und der Zersplitterung in akademisch geprägte Zirkel, aus denen heraus Diskussionskreise entstanden, welche das *National Committee for Liberation*, den Rumpf des *Armed Resistance Movement,* bildeten.[1194]

Selbst wenn die SACP vielleicht zeitweise kaum größer gewesen war,[1195] gelang es ihr im Gegensatz zu den trotzkistischen Gruppierungen

1189 Vgl. Hirson, Trotzkyist groups, S. 102–105.
1190 Vgl. Roux, Time, S. 320 f., S. 341; Hirson, Revolutions, S. 213.
1191 Vgl. Drew, Discordant Comrades, S. 140 f.; Hirson, Revolutions, S. 201.
1192 Vgl. ebd., S. 145.
1193 Siehe Hirson, Trotzkyist groups, S. 89; vgl. auch Drew, Discordant Comrades, S. 139.
1194 Vgl. Hirson, Revolutions, S. 256–264.
1195 Vgl. Drew, Discordant Comrades, S. 270.

weitaus besser, in der Befreiungsbewegung Fuß zu fassen und sich als ernst zu nehmender Partner zu etablieren. Immerhin gab es unter den südafrikanischen jüdischen *Expatriates* einen Kreis trotzkistischer Genossen, durch die Hirson während seines ersten Aufenthalts in England an die in Südafrika versiegten politischen Debatten anknüpfen konnte.[1196] Im Exil wurde der Konflikt zwischen Trotzkisten und Kommunisten (in Gestalt der CPGB) im AAM weitergeführt, wenngleich in vermittelter Form. Das AAM konnte zwar schon früh auf die Unterstützung der CPGB zählen, doch im Ost-West-Konflikt und weil sie eine überparteiliche Plattform war, erlangte die britische KP keine prominente Position innerhalb des AAM. Die CPGB führte dies hingegen auf den Einfluss »trotzkistischer Elemente« zurück, wenngleich die Nicht-Kommunistin Ethel de Keyser versuchte, die Wogen zu glätten.[1197]

Exkurs: Searchlight South Africa

Während seiner Haft sah sich Baruch Hirson als einer der zwei Trotzkisten unter den Mitgefangenen aus der SACP isoliert. Freundschaft knüpfte er mit Bram Fischer während der gemeinsamen Gartenarbeit.[1198] Dennoch glaubte Hirson, jede Diskussion von Trotzkis Gedanken und

1196 Vgl. Hirson, Revolutions, S. 234 f.

1197 Vgl. Fieldhouse, Anti-Apartheid, S. 215 ff., Zitat S. 217. Zum Ausschluss von »Linksabweichlern« aus dem ANC Mitte 1985 siehe Claris: Conference Expells »Left-Wing« Deviationists, in: Sechaba, August 1985, S. 18–24. Siehe zu dem Konflikt, in den auch Ray Simons involviert war: Jabaluni Sithole / Sifiso Ndlovu: The Revival of the Labour Movement, 1970–1980, in: SADET (Hg.): Road to Democracy in South Africa, Bd. 2: 1970–1980, Pretoria 2006, S. 187–242, hier S. 233–240; Steven Friedman: Whose Liberation? A Partly-Forgotten Left Critique of ANC Strategy and Its Contemporary Implications, in: Journal of Asian and African Studies, Jg. 47 (2012), H. 1, S. 18–32; Noor Nieftagodien: A Tribute to Martin Legassick, in: South African Historical Journal, Jg. 56 (2006), S. 9–13 (Nieftagodien schreibt von »Erdichtungen« der SACP, die den Ausschluss der trotzkistischen Fraktion begründet hätten, ebd., S. 10).

1198 Vgl. Hirson, Revolutions, S. 141 f.

Ideen sei ausgeschlossen.[1199] Nach seiner Haftentlassung emigrierte Hirson 1973 nach England, wo er ab 1988 im Eigenverlag die Zeitschrift *Searchlight South Africa* herausbrachte.[1200] Das Magazin verstand sich als Versuch, den Mangel an marxistischer Analyse zu füllen. Differenzen sollten die nötige Debatte anfeuern und zur Bewegung beitragen, als deren Teil sich das Magazin verstand.[1201] Trotzdem sie keine einheitliche Sichtweise vertreten wollten, stellten sich die Herausgeber in die Tradition nicht-stalinistischer Sozialisten in Südafrika und sparten nicht mit Angriffen auf die »stalinistischen« und »manipulativen« Methoden der SACP, mit der sie versuche, den Befreiungskampf mit den Anforderungen Moskaus in Übereinstimmung zu bringen und kritische Stimmen mundtot zu machen.[1202]

Unter den Herausgebern waren drei jüdische Südafrikaner mit einer trotzkistischen politischen Laufbahn: Baruch Hirson, der aus Kapstadt stammende Hillel Ticktin, der zu diesem Zeitpunkt an der Universität Glasgow lehrte und das Magazin *Critique* (»für sozialistische Theorie«) herausgab,[1203] und Paul Trewhela, der nach seiner Verurteilung im Fischer-Prozess zusammen mit Hirson eine Haftstrafe für seine Mitgliedschaft in der SACP abgesessen hatte und im Gefängnis von Rowley Arenstein für den Maoismus gewonnen wurde,[1204] der Trewhela weiter über die Neue Linke zu einem »nicht-institutionellen Trotzkismus« führte.[1205]

1199 Vgl. ebd., S. 142.

1200 Vgl. Interview mit Yael Hirson, 25.11.2013, London; Tom Lodge: Introduction, in: Hirson, History of the Left, S. xiii–xix, hier S. xiii.

1201 Vgl. Vorsatztext, in: Searchlight South Africa Jg. 1 (1988), H. 1, o. S. Ich danke Yael Hirson dafür, dass sie mir einen fast kompletten Satz des *Searchlight South Africa* überlassen hat.

1202 Vgl. Herausgeber: Introducing ourselves, in: Searchlight South Africa Jg. 1 (1988), H. 1, S. 1–11, hier S. 6 f.

1203 Zur Biographie Ticktins siehe Sue McPherson: Life Story of Hillel H. Ticktin, www.diversityinretirement.net/DMR/HillelTicktin.html (letzter Zugriff: 12.7.2016).

1204 Vgl. Clingman, Bram Fischer, S. 307, S. 386.

1205 Vgl. Paul Trewhela: Introduction, in: ders.: Inside Quatro. Uncovering the Exile History of the ANC and SWAPO, Johannesburg 2010, S. ii–x, hier S. vi; Paul Trewhela: Hamas: The ANC has shamed South Africa, 27.10.2015,

Searchlight South Africa fokussierte sich auf die Geschichte der Linken in Südafrika – ein Part, den vor allem Baruch Hirson übernahm, während Paul Trewhela primär aktuelle Themen aufgriff.[1206] Zwar entwickelte sich um den engeren Herausgeberkreis eine Gruppe kritischer Linker, die die Deutungshoheit über die Kämpfe in Südafrika nicht der orthodoxen SACP und dem nationalistischen ANC überlassen wollten, doch blieb *Searchlight South Africa* innerhalb der britischen Linken wie auch der südafrikanischen Solidaritäts-Szene isoliert.[1207] Geradezu einen Coup landete das Magazin aber mit der Enthüllung der Zustände in den militärischen Camps der SWAPO und des ANC in Angola Ende der 1980er Jahre. Beide Befreiungsorganisationen hatten dort Lager errichtet, die zur Ausbildung und Stationierung ihrer Truppen, aber auch zur Inhaftierung und Bestrafung von Deserteuren, Kollaborateuren und feindlichen Agenten dienten. Die Truppen der SWAPO und des ANC kämpften zum Teil auch an der Seite des MPLA im angolanischen Bürgerkrieg. Die Berichte von *Searchlight South Africa* über gravierende Menschenrechtsverletzungen in den Camps stützten sich auf Zeugenaussagen ehemaliger Gefangener. Die Praktiken der unrechtmäßigen Inhaftierung, Folter und extralegalen Hinrichtungen wurden in Verbindung mit dem Einfluss Kubas und der Sowjetunion auf die Befreiungsbewegungen gebracht.[1208] Trewhela, Hirson und ihr ehemaliger Mitgefangener Roman Eisenstein, ebenfalls ein Trotzkist, wurden den Erinnerungen Trewhelas

…
www.politicsweb.co.za/news-and-analysis/hamas-the-anc-has-shamed-south-africa (letzter Zugriff: 12.7.2016). Paul Trewhelas Vater Ralph Trewhela war an den Texten des Musicals *King Kong* beteiligt.

1206 Vgl. ebd., S. ii.

1207 Siehe ebd., S. vi ff. Hirson übermittelte nach seiner Haftentlassung die Botschaft eines Ausbruchsplans an Esmé Goldberg, der Frau seines Mitgefangenen Denis Goldbergs und freundete sich in der Folgezeit mit ihr an (vgl. Goldberg, The Mission, S 206 f.).

1208 Vgl. bspw. Searchlight Staff: Namibian Horror, in: Searchlight South Africa, Jg. 1 (1990), H. 4 (= Nr. 4), S. 78–94, S. 83; N. N. [Paul Trewhela?]: Inside Quadro, in: Searchlight South Africa, Jg. 2, (1990) H. 1, (= Nr. 5), S. 30–34; s. a. Ellis, External Mission, S. 151–161, S. 170–196. Kubanische Einheiten und sowjetische Militärberater unterstützten die MPLA im Bürgerkrieg und im Kampf gegen die südafrikanische Invasion.

zufolge auf die namibischen Camps erstmals durch ein Interview in London, das sie mit zwei ehemaligen Insassinnen führten, aufmerksam.[1209] Trewhela konnte schriftliche Berichte von mehreren ehemaligen Insassen sichern und publizierte sie in den folgenden Ausgaben.[1210]

Ihre Wortwahl war wenig zimperlich: »We except nothing from the ANC or the SACP, nor apparently from the organizations that claim to stand to the left of this unholy alliance.«[1211] »Unholy Alliance«, die Worte mit denen *Searchlight South Africa* die Befreiungsorganisationen benannte, waren der Titel einer Broschüre des AAM gewesen, welche die Kooperation der Regime Südafrikas und Rhodesiens mit der faschistischen Diktatur Salazars brandmarkte.[1212]

Die Distanz von *Searchlight South Africa* zu den Befreiungsorganisationen des südlichen Afrikas war offenkundig. Weder spekulierten sie nach der Aufhebung des Verbots von ANC und SACP über eine Einladung, sich am Aufbau eines »neuen«, sozialistischen Südafrikas zu beteiligen, noch machten sie sich Hoffnungen, sich überhaupt mit der SACP verbünden zu können, die sie immer noch als Kraft gegen die Arbeiterklasse ansahen.[1213]

Die Taktik, mit der *Searchlight South Africa* und ihren Protagonisten auf politischer Ebene begegnet wurde, war *en gros* (Ver-)Schweigen.[1214] Zwar wertet Trewhela die Aufdeckungen der Folterpraktiken

1209 Vgl. Trewhela, Introduction, S. iii. Eisenstein hatte als Kind das Warschauer Ghetto überlebt, wie die *World Campaign* betonte (siehe Minutes of the Meeting of World Campaign, 26.10.1964, MSS AAM 1778; Shimoni, Community, S. 68).

1210 Vgl. ebd., S. iii–v; s. a. Bandile Ketelo u.a.: A miscarriage of Democracy: The ANC Security Department in the 1984 Mutiny, in: Searchlight South Africa, Jg. 2, (1990) H. 1 (= Nr. 5), S. 35–65; dies.: Open Letter to Mr Mandela, in: ebd, S. 66 ff.

1211 Searchlight Staff, Namibian Horror, S. 83.

1212 Vgl. Rosalynde Ainslie: The Unholy Alliance, o. O., o. D. [London 1962].

1213 Vgl. N. N.: Editorial, in: Searchlight South Africa, Jg. 2 (1990) H. 1 (= Nr. 5), S. 1 f., Zitat S. 1.

1214 So Trewhela im Interview, siehe: David Lush: In Search of Light: Uncovering the Exile History of the ANC and SWAPO, Interview mit Paul Trewhela, 12.3.2010, abahlali.org/node/6351/ (letzter Zugriff: 12.7.2016).

heute als Beitrag, die *Truth and Reconciliation Commission* ins Leben gerufen zu haben, aber er mutmaßt, dass erst zur heutigen Zeit eine weitergehende Diskussion der Problematik möglich wäre.[1215] Das Schweigen des ANC und der SACP mag darauf zurückzuführen sein, dass die Enthüllungen Teil einer Kampagne gegen die Befreiungsbewegungen gewesen waren.[1216] Immerhin veröffentlichte der ANC seit 1992 vier Untersuchungsberichte über die Menschenrechtsverletzungen in den Camps[1217] und auch eine Darstellung der Geschichte des ANC anlässlich seines hundertjährigen Bestehens kam nicht ohne eine kritische Betrachtung des ANC-Sicherheitsapparates aus.[1218]

Das AAM und die City of London Anti-Apartheid Group

Ein weitaus größeres Problem für die Anti-Apartheid-Bewegung stellte der Konflikt um die und mit der *City of London Anti-Apartheid Group* (CLAAG) dar. Das AAM war in einzelne Ortsgruppen und thematische Untergruppen aufgeteilt, die jedoch alle den Statuten und der Satzung des AAM unterlagen. Ein Organisationsprinzip der Ortsgruppen war, dass sie sich aus den Anwohnern eines bestimmten Bezirks oder Stadtviertels konstituierten und auch ebendort aktiv waren. So sollten Verantwortlichkeiten und Kompetenzen getrennt gehalten werden. Der Konflikt, der sich sogar handgreiflich äußerte, zog sich spätestens ab 1982 für drei Jahre durch die Bewegung. Bestimmt wurde er durch Fraktionierungen innerhalb der britischen Linken, deren Gruppierungen auch

1215 Vgl. ebd.

1216 Vgl. Searchlight Staff: Namibian Horror, in: Searchlight South Africa, Jg. 1 (1990), H. 4 (= Nr. 4), S. 78–94, hier S. 94.

1217 Siehe Stephen Ellis: Mbokodo: Security in ANC Camps, 1960–1990, in: African Affairs (1994), 93, S. 279–298, hier S. 279.

1218 Vgl. Hugh Macmillan: Shishita: A Crisis in the ANC in Exile in Zambia, in: Arianna Lissoni u.a. (Hg.): One Hundred Years of the ANC. Debating Liberation Histories Today, Johannesburg 2012, S. 233–253. Macmillan führte einen beträchtlichen Teil sowohl der Spionage-Aktivitäten wie auch der brutalen Reaktion auf das Werk und den Einfluss südafrikanischer Agenten zurück.

in das zu einer Massenbewegung sich entwickelnde AAM strömten, sowie durch kontroverse Haltungen zur britischen Innen- und Außenpolitik. Während sich das AAM per Satzung darauf beschränkte, sich nur zu Themen des südlichen Afrikas zu äußern und strikt von der sonstigen britischen Innenpolitik abzusehen, versuchten Mitglieder der CLAAG immer wieder, die Themenfelder des AAM, vor allem hinsichtlich des nordirischen Kampfes gegen die Briten oder antirassistischer Kämpfe innerhalb Großbritanniens, auszuweiten und damit den (formalen) überparteilichen Aufbau des AAM zu gefährden.

Hinzu kamen Auseinandersetzungen um das Auftreten und die Organisierung des AAM. Gründungsmitglieder der CLAAG waren unter anderen Norma Kitson und ihre Kinder. Kitson fühlte sich schon Jahre vor der Gründung der CLAAG an den Rand der Londoner Exil-Szene gedrängt und war der Meinung, dass sich ihre etablierten Genossen zu wenig um die Familien der politischen Gefangenen kümmerten, für die doch die Kampagnen organisiert werden würden.[1219]

Die CLAAG wurde im März 1982 (nach einer *impromptu*-Kampagne gegen die Ingewahrsamnahme Kitsons Sohnes Stephen durch die südafrikanische Sicherheitspolizei) gegründet und machte wenig später mit einer *non-stop*-Kundgebung vor der südafrikanischen Botschaft von sich Reden.[1220] Von Beginn an war die *Revolutionary Communist Group* (RCG), eine Abspaltung von der trotzkistischen *Socialist Workers Party*, in die Kampagne involviert.[1221]

Schnell erreichten das AAM-Hauptquartier Beschwerden über das Auftreten der Gruppenmitglieder, die sich zu Sorgen um die weitere Arbeit der lokalen Anti-Apartheid-Gruppen ausweiteten.[1222] Der erste formale Konflikt lag in der territorialen Beschränkung der lokalen Arbeit, denn die CLAAG sollte ordnungsgemäß aus Bewohnern der (bevölkerungs-

1219 Vgl. Kitson, Sixpence. S. 216 ff.

1220 Diese befürwortete das Exekutivkomitee des AAM nicht (vgl. Executive Committee Minutes, 19.7.1983, MSS AAM 68).

1221 Vgl. Kitson, Sixpence, S. 247 ff.; Fieldhouse, Anti-Apartheid, S. 218.

1222 Vgl. Executive Comittee Minutes, 17.5.1982; Executive Committee Minutes, 1.12.1982, MSS AAM 68 .

armen) »City« Londons bestehen. Zudem wurden seitens der Kampagne *South Africa – The Imprisoned Society* (SATIS) und des ANC Einwände gegen die CLAAG erhoben, auch weil die CLAAG eigenmächtig die *Metropolitan Police* bezüglich ihrer Demonstrationen auf dem Trafalgar Square konsultiert hatte und auf ihren Veranstaltungen Publikationen der RCG angeboten wurden.[1223] Die Spitzen des AAM – der damalige Generalsekretär Mike Terry und der damalige Vorsitzende Robert Hughes (*Labour Party*) – versuchten vergeblich, klärende Gespräche mit der CLAAG zu führen, um ihre Aktivitäten mit der Politik des AAM in Einklang zu bringen.[1224] Wiederholt überschritt die CLAAG ihre konstitutionellen Betätigungsfelder und sorgte innerhalb der Bewegung für Unruhe und Missstimmung – auch wenn sie auf der Straße durchaus beliebt gewesen war. Jedoch sah die Gruppe sich selbst in Bedrängnis durch die RCG, die trotz aller Sympathie, die seitens der CLAAG für sie aufgebracht wurde, dominant und einvernehmend auftrat.[1225] Zu einem weiteren Eklat mit dem AAM kam es, als die CLAAG eigenständig bei der Stadt London Gelder beantragt hatte, ohne die betreffenden Stellen im AAM von ihrem Plan und ihrer Entscheidung in Kenntnis zu setzen. Zur gleichen Zeit hatte die AAM-Körperschaft, die alle lokalen Gruppen der Stadt organisierte, einen solchen Förderantrag gestellt.[1226] Ihr unmittelbares Ziel erreichte die CLAAG, denn die Stadt London gewährte Mittel, damit die Gruppe ein Büro unterhalten konnte.[1227] Die aktivistische und konfrontative Art der Demonstration, die Norma Kitson im Gegensatz zum verstaubten Lobbyismus und der Arbeit mit Institutionen,

1223 Vgl. Executive Minutes, 15.6.1983, MSS AAM 68; Fieldhouse, Anti-Apartheid, S. 220.

1224 Vgl. Notes for Meeting with City AA on July 6, 1983; Mike Terry an City AA, 15.6.1984; Mike Tery and CLAAG, 25.9.1984; Bob Hughes to Carol Brickley, CLAAG, 15.1.1985, MSS AAM 502-3; Executive Committee Minutes, 19.7.1983; Executive Committee Minutes, 15.11.1983; MSS AAM 68.

1225 Vgl. Minutes of a Discussion of Activists Held at 86 Riversdale Road on Sunday 13th July at 6 pm, o.D., Mayibuye Archives, MCH 95.

1226 Vgl. Fieldhouse, Anti-Apartheid, S. 220.

1227 Vgl. Executive Committee Minutes, 6.12.1983, MSS AAM 68.

die das AAM betrieb, als sehr dynamisch und anziehend erachtete,[1228] führte zur Feststellung des Londoner Repräsentanten des ANC, dass die CLAAG eine Menge Schaden anrichte und deren Aktivitäten, wenn diese nicht eingedämmt werden würden, die gesamte Solidaritätsarbeit in Großbritannien in Mitleidenschaft ziehen würden.[1229] Fred Carneson, der dem Gewerkschaftsausschuss des AAM vorstand, schlug schon im Juni 1983 vor, dass sich das AAM von der CLAAG trennen solle.[1230] Doch der Konflikt eskalierte weiter: eine Demonstration der CLAAG wurde seitens des AAM nicht unterstützt, weil diese dem offiziellen Aktionsplan zuwider laufe.[1231] Das AAM distanzierte sich Mitte 1984 öffentlich von der *non-stop*-Mahnwache, die die CLAAG durchführte, und forderte deren Ende.[1232] Es entstanden viele Nebenschauplätze, an denen Mitglieder des AAM und der CLAAG, sei es in Fragen der Finanzen, der Mitgliederwerbung oder der Bündnispartner, aneinander gerieten.[1233] Hinter den Kulissen fand ein Machtkampf zwischen der RCG und dem etablierten AAM statt. Die trotzkistischen Revolutionäre machten keinen Hehl aus ihrer Absicht, die Exekutive des AAMs zu übernehmen und dessen Charakter mit der eigenen politischen Agenda zu verbinden.[1234] Viele der politischen Ziele der RCG widersprachen den Grundsätzen des AAM stark und vor allem die Frage des Status Nordirlands war innenpolitisch hochrelevant. Hinzu kam eine grundlegend andere Sicht auf die Frage der Sanktionen. Während das AAM seit dem ersten Tag seiner Existenz Sanktionen und einen Boykott Südafrikas gefordert

1228 Vgl. Kitson, Sixpence, S. 261 f., S. 270–280.

1229 Vgl. Solly Smith an Mike Terry, 18.6.1983, MSS AAM 502-3.

1230 Vgl. Executive Committee Minutes, 27.6.1983, MSS AAM 68.

1231 Vgl. Robert Hughes an CLAAG, 25.1.1984, MSS AAM 502-3.

1232 Vgl. Public Statement of AAM EC, 10.7.1984, Carol Brickley / CLAAG an AAM, 21.10.1984, MSS AAM 502-3.

1233 Vgl. Dominic Tweedie an Mike Tery, 27.5.1984; Carol Brickley / CLAAG an Bob Hughes / AAM, 25.2.1984, MSS AAM 502-3.

1234 Vgl. Fieldhouse, Anti-Apartheid, S. 218: Fieldhouse verwies auf ein Memorandum des AAM zur RCG ohne Datum in MSS AAM 502, in welchem von einer Verschwörung der RCG zur Übernahme des »reformistischen« AAM gesprochen wurde.

hatte, lehnte die RCG dies ab. Der Präsident des AAM hielt die Differenzen rückblickend so fest:

> The Trotzkyist left argued that sanctions would hold back the revolution in South Africa. The argument was that apartheid could not be ended without revolution and revolution could only come with the creation of an industrial society and an urban proletariat. The mechanistic and single road to socialism or emancipation was rejected by the majority [des AAM]. We believed that the people of South Africa could control their own destiny and should not be compelled to wait until the capitalist industrial revolution fulfilled its destiny ...[1235]

Diese Konzeption revolutionärer Umwälzung im südlichen Afrika widersprach nicht nur der Politik des AAM, sondern stand auch der Theorie einer zweistufigen Revolution der SACP entgegen.

Die linksradikalen Kritiker des AAM warfen der Organisation neben Reformismus und Abhängigkeit von der *Labour Party* vor allem undemokratisches und unentschiedenes Verhalten vor.[1236] Norma Kitson ging noch einen Schritt weiter: ihrer Ansicht nach war es die *chevra*, also die SACP, der es um die Kontrolle der Bewegung ging und die die Abweichung nicht dulden könnte.[1237] Außerdem würde das Londoner AAM auf Geheiß des ANC die Proteste unterbinden wollen, weil sich Pretoria besorgt zeigte. Auf den ersten Blick wirke es paradox, doch der Emissär des ANC in London, Solly Smith, stand auf der Gehaltsliste des Apartheidregimes.[1238] Dabei konnte sich die CLAAG zugutehalten, durch ihre dynamischen und lautstarken Proteste nicht nur eine ganze

1235 Bob Huges, 1991, zit. nach Fieldhouse, Anti-Apartheid, S. 467.

1236 Vgl. die Kritik der RCG nach dem Ausschluss der CLAAG 1985 in Fieldhouse, Anti-Apartheid, S. 222.

1237 Vgl. Kitson, Sixpence, S. 276, S. 294 f., S. 319; auch Fieldhouse bescheinigte der SACP eine gewisse »control freakery« (Fieldhouse, Anti-Apartheid, S. 467).

1238 Vgl. Norma Kitson: Information Document – 1995, Mayibuye Archives MCH 95; Bell, Unfinished Business, S. 116, S. 226, S. 252; Paul Trewhela: State Espionage and the ANC London Office, in: Searchlight South Africa, Jg. 3 (1995) H. 4 (= Nr. 15), S. 42–51.

Reihe junger Menschen für die Anti-Apartheid-Arbeit gewonnen zu haben, sondern auch manchen älteren Sympathisanten eine offene Plattform geboten zu haben.[1239] Der Showdown folgte nach vielen Konflikten schließlich auf der Jahreshauptversammlung des AAM 1984, als ein Dutzend der 44 Kandidaten für das nationale Exekutivkomitee von der CLAAG gestellt wurde.[1240] Unter ihnen war auch David Kitson, der im selben Jahr aus der Haft in Pretoria entlassen worden war. In ihren Empfehlungen hatten er und seine Frau Norma, die ebenfalls kandidierte, angegeben, Mitglieder das ANC zu sein – eine Angabe, die zwar richtig war, aber seitens des Kongresses vehementen Widerspruch hervorrief: Weder sei deren Kandidatur mit dem ANC abgesprochen worden, noch werde sie unterstützt oder gebilligt, hieß es aus der ANC-Vertretung.[1241] Doch sowohl deren Kandidatur wie auch die vielfältigen Eingaben durch die CLAAG, welche zum einen die Dissoziierung des AAM mit der *non-stop*-Mahnwache aufheben und radikalere, anti-kapitalistische Stellungnahmen beschließen lassen wollte, scheiterten.[1242]

David Kitsons Freilassung und Ankunft in England sorgten angesichts der Spannungen zwischen dem AAM, dem ANC und der SACP mit der CLAAG für einen schweren Eklat. Kitson sollte in London im Sinne des AAM und des ANC auf die CLAAG einwirken und sich öffentlich von ihr bzw. der RCG distanzieren. Kitson verweigerte sich, weil es laut ihm auch den Protesten vor der südafrikanischen Botschaft geschuldet war, dass er schneller als geplant aus dem Todestrakt verlegt wurde. Wie könne er sich daher gegen diese Gruppe aussprechen, fragte Kitson bei einer Vorladung beim ANC.[1243] Als er sich auch der Forderung,

1239 Vgl. Briefe an das AAM nach dem Ausschluss der CLAAG in: Fieldhouse, Anti-Apartheid, S. 223.

1240 Vgl. Voting Form, MSS AAM 20.

1241 Vgl. Solly Smith / ANC an das Standing Orders Committee / AAM, 26.10.1984, MSS AAM 20.

1242 Vgl. Resolutions, MSS AAM 20.

1243 Vgl. Kitson, Sixpence, S. 311. Norma Kitson zufolge wurde David Kitson zwar als ANC-Mitglied in London geführt, war es aber zuvor nie gewesen, sondern nur Mitglied der SACP (seit 1940) und Mitglied im Generalstab von MK; der ANC hatte sich erst während seiner Haft für Nicht-Afrikaner geöffnet, aber,

der CLAAG nicht beizutreten, verweigerte, wurde Kitson von führenden SACP-Kadern vorgeladen (die, so Kitson, ebenfalls ANC-Mitglieder und im AAM-Nationalausschuss waren), und aufgefordert, sich öffentlich gegen die CLAAG auszusprechen. Wieder lehnte Kitson ab, da er meinte, nach der Teilnahme an der Mahnwache und der Sichtung der Publikationen und Propaganda der CLAAG nicht zu dem Schluss kommen zu können, dass dort gegen den ANC oder das AAM gearbeitet würde, im Gegenteil:

> Ich habe ein paar hundert dieser Menschen getroffen und finde sie lobenswert. Ich denke, der Standpunkt, den sie vertreten ist ehrenwert. Ich war bei Freitagabend-Mahnwachen gegenüber der südafrikanischen Botschaft und ich denke, sie sind nötig und auf der Linie mit der Politik des AAM. Meine Familie sind Mitglieder der City-Gruppe. Ich habe sie während all der Jahre im Gefängnis ermutigt, diesen Weg zu gehen.«[1244] Sein Entschluss stand fest: »Ich kann nicht gegen die City-Gruppe sprechen.[1245]

Die SACP kam nicht wieder auf Kitson zurück. Zugleich entwickelten sich zwischen der Partei und dem ANC und beiden Kitsons große Unstimmigkeiten.[1246] Nach einer erfolgreichen Veranstaltungsreise durch ganz England wurde David Kitson zu seinem Erschrecken im November 1984 vom ANC suspendiert. Die Appellationen, die die Kitsons daraufhin auch in Rücksprache mit dem ANC-Hauptquartier in Lusaka an das Londoner Büro sandten, blieben fruchtlos.[1247] Die Konsequenzen dieser Suspendierung waren aber gravierend, denn Kitson konnte deshalb das für ihn geschaffene Stipendium am Oxforder Ruskin College nicht antreten. Dieses Stipendium war für ihn während seiner Haft von der Gewerkschaft ins Leben gerufen worden, der er während seiner Aus-

... so Kitson, aufgrund der geheimen Herrschaft der SACP im Londoner ANC sei jeder als ANC-Mitglied adressiert worden (ebd.).

1244 Ebd., S. 312.

1245 Ebd.

1246 Vgl. ebd., S. 312 f., S. 317.

1247 Vgl. ebd., S. 318.

bildungszeit in London angehört hatte. Wegen seiner Suspendierung sah sich die Gewerkschaft in einem Loyalitätskonflikt zwischen Kitson und dem ANC und bat ihn deshalb auf die Forderungen des Kongresses einzugehen. Als Kitson dem nicht nachkam, zog die Gewerkschaft ihre Mittel aus dem Stipendium zurück.[1248] Dieser Fall zeigt auf, zu welchen Schritten eine mit dem ANC und dem Befreiungskampf sympathisierende Gewerkschaft bereit war.[1249] Die RCG sah in den Schachzügen gegen Kitson vor allem die Furcht der etablierten SACP-Führung vor »ideologischen Differenzen« zwischen Kitson und Slovo, die die führende Position der letzteren gefährdet hätten.[1250]

Der CLAAG wurde Anfang 1985 der offizielle Status als Ortsgruppe des AAM entzogen. Als formaler Grund wurde angeführt, dass sie entgegen der Konstitution des AAM außerhalb ihres Bezirks arbeiteten und Mitglieder aufnähmen, die nicht in ihrem Bezirk wohnten.[1251] Das AAM zog damit einige Kritik auf sich und der Konflikt schwelte auch noch auf der Jahreshauptversammlung Ende 1985, bei der aber die Versuche, die CLAAG wieder als Ortsgruppe einzusetzen, scheiterten.[1252] Immerhin wurden keine Einzelpersonen – selbst nicht Mitglieder der als Spalter und Sektierer angegriffenen RCG – aus dem AAM ausgeschlossen.[1253] Ein Jahr darauf wurde wegen der wiederholten Attacken der RCG auf das AAM vorgeschlagen, eine Unvereinbarkeit zwischen einer Mitgliedschaft in der RCG und dem AAM zu beschließen.[1254] Das

1248 Vgl. Fieldhouse, Anti-Apartheid, S. 409; David Kitson: TASS and Kitson, Mayibuye Archives MCH 95.

1249 Vgl. ebd., S. 408.

1250 Vgl. Revolutionary Communist Group: Obituary David Kitson, in: Fight Racism! Fight Imperialism! 218, Dezember 2010 / Januar 2011, www.revolutionarycommunist.org/index.php/international/2008-obituary-david-kitson-principled-communist-and-freedom-fighter-frfi-218-dec-2010--jan-2011.html (letzter Zugriff: 15.7.2016).

1251 Vgl. Statement, 24.2.1985, MSS AAM 502. S. a. Strictly Confidental. Draft Structure, o. D., MSS AAM 502.

1252 Vgl. MSS AAM 21 AGM 1985.

1253 Vgl. The Anti-Apartheid Movement and City AA. Statement by the AAM EC, 1.12.1985, MSS AAM 502; s. a. MSS AAM 21.

1254 Siehe Motion # 77, Lambeth AA, MSS AAM 22.

AAM setzte sich aber gegen die CLAAG und die RCG durch und fuhr in gewohnter Weise mit seiner Arbeit fort. Auch die CLAAG-Mahnwache vor der südafrikanischen Botschaft fand weiter statt.[1255] Die Kitsons verließen England reich an verletzenden Erfahrungen[1256] und ließen sich in Zimbabwe nieder. Nach 1994 wurden sie auf Geheiß Walter Sisulus und Nelson Mandelas zwar wieder als Mitglieder des ANC aufgenommen und als »Veteranen des Befreiungskampfes« geehrt, doch sie blieben am Rande der nun zur Staatsmacht gewordenen Bewegung.[1257]

1255 Siehe Denis Herbstein: Obituary Norma Kitson, 12.7.2002, in: The Guardian, www.theguardian.com/news/2002/jul/12/guardianobituaries (letzter Zugriff: 20.7.2016).

1256 So waren sie auch von den sozialen Anlässen ihrer langjährigen Genossen und Kitsons Mitinsassen ausgeschlossen (vgl. Paul Trewhela: State Espionage and the London Office, in: ders, Inside Quatro, S. 115–126, hier 125 f., Fn. 11).

1257 Vgl. ebd.; ders.: David Kitson Obituary, The Guardian, 17.1.2011, www.theguardian.com/world/2011/jan/17/david-kitson-obituary (letzter Zugriff: 20.7.2016).

4. VERORTUNGEN: ZWISCHEN JÜDISCHKEIT UND KOMMUNISMUS

Die Konflikte im Exil wurden nicht durch Diskussion oder Entscheidungen gelöst. Die Aktivisten hatten die Freiheit, individuell eigene Wege zu gehen oder im Vereinigten Königreich rivalisierende Gruppierungen zu gründen, die nicht in der Angst vor politischer Verfolgung leben mussten. Den überwältigenden Erfolg des AAM Mitte der 1980er Jahre konnte keine andere Organisation ihm abspenstig machen. Zeitgleich blieb die Führungsrolle des ANC auf dem afrikanischen Kontinent unangefochten. Ab 1990 kehrten einige Aktivisten aus dem Exil zurück. Die Wahrnehmung der Remigranten war nicht nur an ihre politische Arbeit im Exil gebunden, vielmehr wurden sie dezidiert als Juden wahrgenommen. Dies sorgte für Konflikte zwischen ihnen und dem im Land verbliebenen jüdischen Establishment.[1]

Zwischen der Entscheidung für die Befreiungsbewegung und den persönlichkeitsbildenden Erfahrungen besteht eine Spur, deren Verweis auf die Relevanz der jüdischen Herkunft durch eine »Konversion zum Kommunismus« überdeckt wurde.[2] Diese Relevanz eines jüdischen Erfahrungsraums kann für die Gruppe der Aktivisten rekonstruiert werden. Dieser Erfahrungsraum wurde geformt aus den Spannungen, in welchen die gesamte jüdische Gemeinschaft Südafrikas in den entscheidenden 1930er und 1940er Jahren lebte.

1 Siehe dazu Kapitel 5.

2 Vgl. Israel/Adams, That spells Trouble, S. 153.

4.a Exkurs: Juden und südafrikanischer Nationalismus

Diese Zeitspanne war entscheidend für die Position der Juden in Südafrika. Smuts' und Bothas Politik der Versöhnung nach dem südafrikanischen Krieg erwies sich als brüchig und ein enges Verständnis afrikaanser Souveränität – rassistisch, antisemitisch, anti-britisch und xenophob – setzte sich durch.[3] Die Juden des Landes standen vor dem Dilemma, ob und inwiefern sie überhaupt zur Nation und zur weißen Minderheit gezählt würden.[4] Ihr Status war Gegenstand heftiger Auseinandersetzungen des weißen, mehrheitlich christlichen Parlaments wie auch auf der Straße. Ihr »ambivalentes rassisches Dazwischensein« rief Ängste bezüglich ihres »Rasse«-Status und ihrer Zugehörigkeit zur weißen Machtbasis hervor.[5] »Who does or does not qualify for membership within the national body? Who belongs?«[6], darin sieht Louise Bethlehem die zentrale Frage jener Dekade.

Die Frage nach der Teilhabe der Nation ist für den Staat zentral. Im Zuge der Französischen Revolution gaben sich die sich (neu) konstituierenden Nationalstaaten engere oder weitere Definitionen des Staatsvolkes.[7] Da der moderne bürgerliche Staat und eine aufkommende kapitalistische Ökonomie eng verwoben waren, warf deren Krise – die einer widersprüchlichen, auf Herrschaft beruhenden Gesellschaft innewohnt – spätestens am Ende des 19. Jahrhunderts die Frage auf, wer zur Nation gehöre und wer nicht. Die allen Nationalbewegungen inhärente

3 Vgl. Louise Bethlehem: Membership, Dismemberment and the Boundaries of the Nation – Manfred Nathan's Sarie Marais: A Romance of the Anglo-Boer War, in: African Studies, Jg. 63 (2004), H. 1, S. 95–117, hier S. 96.

4 Vgl. ebd.

5 Vgl. Claudia Braude: Introduction, in: dies. (Hg.): Contemporary Jewish Writing in South Africa, Kapstadt 2001, S. ix–lxxvi, hier S. ix f.

6 Bethlehem, Membership, S. 96.

7 Siehe Emmanuel Joseph Sieyès: Was ist der dritte Stand? Ausgewählte Schriften, Berlin 2010. S. a. Hobsbawm/Ranger, The Invention of Tradition; Benedict Anderson: Imagined Communities, London 2006.

»Judenfrage« beantwortete sie exklusiv und nationalistisch. Der nationalsozialistische Massenmord steht dabei am Ende einer Dialektik der Aufklärung, die Befreiung und Gleichheit verkündete, aber nicht einlöste und ihre eigenen Widersprüche nicht aufheben konnte.[8] Kennzeichnend für die eine Seite der Widersprüche ist eine Verengung und Verhärtung aller nationalen Fragen. In der Praxis bedeutete dies nicht immer und notwendigerweise Krieg und Massenmord, zumeist aber politischen, ökonomischen und sozialen Ausschluss aus dem Gemeinwesen. Vor dem Hintergrund des repressiven Charakters des Staates sollte das universelle Recht, Rechte zu haben, eine Möglichkeit bieten, sich der staatlichen Gewalt entziehen zu können.[9]

Für die jüdische Gemeinschaft ist die Emigration oftmals lebensrettend gewesen; umgekehrt waren die Einwanderungsgesetzgebung und ökonomischen Aussichten von vitaler Bedeutung.[10] Auch in Südafrika waren die Debatten darum, wer Teil der weißen Gesellschaft (als Fundament einer südafrikanischen Nation) war, eng an die Frage gekoppelt, wer nach Südafrika einwandern durfte. Die politische Lage war bis zur Gründung der *Union of South Africa* 1910 kompliziert, da die britischen Kolonien am Kap und in Natal wie die Burenrepubliken Transvaal und Oranje-Freistaat unterschiedliche Gesetzgebungen hatten. Nach dem Ende des südafrikanischen Krieges und der Vereinigung zur *Union of South Africa* lag es im politischen Interesse, die heftigen Antagonismen

8 Siehe Max Horkheimer / Theodor W. Adorno: Dialektik der Aufklärung. Philosophische Fragmente, in: Max Horkheimer: Gesammelte Schriften, Bd. 5, Frankfurt a.M. 1987, S. 11–290.

9 Vgl. Hannah Arendt: Elemente und Ursprünge totaler Herrschaft, Frankfurt a.M. 1955, S. 430–484, v.a. S. 465–484.

10 Die Lage im Heimatland bestimmte mit, welches Land für das Exil erstrebenswert war. Die jüdische Auswanderung nach Shanghai während des nationalsozialistischen Terrors hatte weniger mit Shanghai als einem Sehnsuchtsort in der jüdischen *mental map* der Emigration zu tun, als mit dem Verfolgungsdruck und den Einreisemöglichkeiten. S.a.: Stefanie Schüler-Springorum: Borderliners – Identitäten in einer Grenzregion, in: Elke-Vera Kotowski (Hg.): Das Kulturerbe deutschsprachiger Juden. Eine Spurensuche in den Ursprungs-, Transit- und Emigrationsländern, Berlin u.a. 2015, S. 273–287, v.a. 287.

zwischen beiden weißen Gruppen zu mindern. Die Burenrepubliken verloren zwar ihre politische Unabhängigkeit, gewannen aber ihrer ideologischen Sicht nach: die »Rassen«-Trennung in den ehemaligen britischen Kolonien wurde verschärft.[11]

Das *South African Jewish Board of Deputies* (SAJBD) nahm zu dieser Zeit keine politische Haltung ein, erachtete aber Fragen der Immigration als unmittelbares Interesse der Community. Schon der Umstand, dass eine Debatte um jüdische Einwanderung geführt wurde, wurde als Stigmatisierung und Abwertung ihres Status aufgefasst. Eingriffe in freie Einwanderung wurden als ungerechte und ungerechtfertigte Einmischung in die demographische und kulturelle Zukunft der Community betrachtet.[12] In Einwanderungsangelegenheiten waren die Juden Südafrikas am verwundbarsten.[13] Dies zeigte sich bei der Vereinheitlichung der Einwanderungsbestimmungen nach der Vereinigung der vier Kolonien am deutlichsten. Die zwischen 1911 und 1913 diskutierte Beschränkung der Einwanderung für Inder schloss implizit auch Juden ein. Eher rhetorisch wurde gefragt, ob die ostjüdischen Einwanderungswilligen denn »weiß« bzw. »europäisch« und damit erwünscht seien.[14] Antisemitische Untertöne, die Juden aus den europäischen Völkern ausschlossen, fachten die Debatte zusätzlich an. Antisemitische Stereotype gehörten zum allgemeinen öffentlichen und nicht-öffentlichen Diskurs.[15] In ihrer ökonomischen Position als Händler in der Minen- und Agrargesellschaft Südafrikas waren sich jüdische und indische Einwanderer ähnlich. Die Eingruppierung als »weiß« traf paradoxerweise mehrheitlich auf Jiddisch-sprechende Arme aus dem russländischen Raum

11 Siehe Simons/Simons, Class and Colour, S. 64–72.

12 Vgl. Shimoni, Community, S. 76.

13 Vgl. ebd.

14 Siehe zu der Debatte um die Einwanderungsbeschränkung u. a. auch ebd., S. 76–79.

15 Vgl. Miton Shain: Antisemitism and South African Society, in: Jahrbuch für Antisemitismusforschung 9 (2000), S. 127–147; ders.: From Pariah to Parvenu. The Anti-Jewish Stereotype in South Africa, 1880–1910, in: The Jewish Journal of Sociology, Jg. 26 (1984), H. 2, S. 111–127. S. a. Sander Gilman: The Jewish Nose, in: Ders.: The Jew's Body, New York / London 1991, S. 169–193.

zu, während indische Südafrikaner Bürger des Commonwealth waren, die zudem Englisch sprachen.

Morris Alexander und David Goldblatt, ein polnisch-jüdischer Sozialist, forderten in Kapstadt die etablierte jüdische Führung heraus, die sich um die Anglo-Jüdische *Cape Town Hebrew Congregation* aufgebaut hatte.

> Like their northern counterparts, the »young Turks« at the Cape were concerned about the pressing issue of Jewish immigration and the growing call to exclude Eastern European »undesirables«, who for some hostile critics were not quite »white«.[16]

Die südafrikanischen Juden kritisierten den Gesetzentwurf und liberale Parlamentarier waren ausgesprochene Gegner des *Immigration Bills* wie auch der späteren Versuche, die Einwanderung zu beschränken. Gideon Shimoni hält die Bedeutung der Immigration, die eine formelle Anerkennung als »Weiße« beinhaltete, wie folgt fest:

> Of fundamental importance for the future socioeconomic prospects of these Jewish immigrants in South Africa was the fact that they had the status of being Europeans, that is to say, whites. From the outset the Jewish immigrant entered into the dominant, caste-like white sector and lived thereafter within its confines. At best, relations with »non-Europeans« (at worst called »kaffirs«) were limited to employer-employee or domestic master-servant spheres. Indeed, for most Jews, as for most whites, blacks were almost invisible in social terms.[17]

Die politische Debatte löste eine kulturell weitergehende Reaktion aus. Das SAJBD begann eine bestimmte Art der »South Africanness« zu

16 Mendelsohn/Shain, The Jews in South Africa, S. 57.

17 Shimoni, Community, S. 3; s. a. S. 6, wo Shimoni das Bild der (hand-)arbeitenden Immigranten mit dem Narrativ untermalt, diese hätten zu sehr damit kämpfen müssen, ihren Lebensunterhalt zu sichern und sich den neuen Gegebenheiten anzupassen, als dass die jüdischen Neueinwanderer sich mit den »rights and wrongs« des vorherrschenden Systems der »Rassen«-Beziehungen und rassistischen Ausbeutung hätten auseinandersetzen können.

proklamieren. Aus ökonomischer Sicht stammten die Gründungsmitglieder des SAJBD aus einer aufstrebenden Mittelklasse, die es aber mit den jüdischen *Randlords,* den Diamanten- und Goldminenbesitzern, nicht aufnehmen konnte.[18] Im britisch-afrikaansen Selbstverständnis Südafrikas wurde ihnen dennoch ein Platz gewährt, wie Jan H. Hofmeyr, ausgemachter Liberaler und Parlamentsabgeordneter der *South African Party*, 1939 rückblickend erklärte:

> Here in South Africa we have the Afrikaner tradition and we have the English tradition. We do not want to destroy or throw over either of the traditions. We want to take what is of value in both traditions, and we want to include it in a broader South African nationalism. As that is our feeling we surely cannot deny the right to our Jewish fellow-citizens to themselves feel proud ... of their ancestors in the past, of what Hebraism meant to religion and civilization. We cannot deny him the right, as long as he gives South Africa the first place in love and devotion, of upholding and honouring Judaism. I think that the Jew in South Africa is quite ready for that test to be applied to him.[19]

Ihren Platz zwischen beiden Traditionslinien schufen die Juden des Landes vielmehr selbst, indem sie den abstrakt artikulierten südafrikanischen Nationalismus nachhaltig aufgriffen. Darin galt das SAJBD als ein Vorreiter. Riva Krut hat nachdrücklich darauf hingewiesen, wie das SAJBD in Johannesburg klassen- und gesellschaftseigene Momente reflektierte und aktiv aufgriff. Die äußeren Bedingungen gaben der jüdischen Community ihre Gestalt: »For it was the period in which an infrastructure was set up in Johannesburg that gave the Jewish Community a shape and a form, and laid the political and ideological base that ensured its upward mobility.«[20] Die Zusammensetzung der Einwanderer nach dem

18 Vgl. Shain, From Pariah to Parvenu, S. 117.

19 Jan H. Hofmeyr: Anti-Semitism, in: Forum, 24.6.1939, zit. n.: Shimoni, Jews and Zionism, S. 140. Die afrikanischen Traditionen gehörten ebenso wenig dazu, wie die der indischen Südafrikaner oder aber der nicht-englischen, nichtburischen Weißen.

20 Krut, The Making, S. 137.

südafrikanischen Krieg wirkte ebenfalls auf die Johannesburger Community. Es waren keine extrem armen, ungelernte, sondern handwerklich aus- und politisch gebildete Juden, die in ein Land kamen, das nach dem Krieg einen wirtschaftlichen Aufschwung erlebte hatte, weshalb sie einen günstigen ökonomischen Ausgangspunkt vorfanden.[21] Südafrikanischen Juden gelang es, sich zwischen internationalem Finanzkapital[22] und (billigen) afrikanischen Arbeitskräften einzupassen. Die jüdische Mittelklasse war eine der ersten Gruppen, die sich als einheimische, südafrikanische nationale Bourgeoisie definierte. Sie sah sich selbst als Teil einer bürgerlichen Klasse, die die starken Verbindungen von »Rasse« und Kapital überschritten hatte, welche die koloniale Ökonomie prägten. Ihre Kritik galt den Kapitalisten, die ihre Gewinne aus dem Land transferierten und nicht ebendort investierten.[23]

Diese Integration in die emporstrebende weiße Gesellschaft der Stadt Johannesburg formte die dortige jüdische Community in ihrer Mehrheit als »weiß, urban, Mittelklasse«. »South African Jewish Community« wurde synonym mit diesem Bild. Verbunden mit der politischen und ökonomischen Praxis, überformte es binnen der zwölf Jahre zwischen südafrikanischem Krieg und Erstem Weltkrieg die diversen jüdischen Sub-Communities mit einer einheitlichen Identität. Dieser Prozess wurde aktiv von einer schon in Südafrika angesiedelten Gruppe aspiranter englischsprechender Mittelklasse-Juden aufgegriffen.[24] Diese

21 Vgl. ebd., S. 139 f.

22 Zum Begriff des Finanzkapitals siehe Rudolf Hilferding: Das Finanzkapital. Eine Studie über die jüngste Entwicklung des Kapitalismus, Berlin 1947; zum Kontext siehe Gerhard Stapelfeldt: Der Imperialismus. Krise und Krieg 1870/73 bis 1918/29. Erster Band: Politische Ökonomie, Kritik und Reflexion 5, Hamburg 2008, S. 393–442.

23 Vgl. ebd., S. 148 f.

24 Vgl. ebd., S. 140. Diese Gruppe bestand vor allem aus Juden deutscher und englischer Herkunft oder Juden aus der Kapkolonie, die nach der Schule in Oxford oder Cambridge studiert hatten oder in London als Juristen ausgebildet worden waren. Bei ihrer Rückkehr nach Südafrika erwies sich dieses »old boy network« für die Etablierung der »new men« der Community als vitale Basis. Sie folgten nicht in die abgeschotteten Zirkel der *Randlords* nach und mieden auch nicht den Kontakt zur Community (ebd., S. 146).

Gruppe war durch den (subtilen) Mittelklasse-Antisemitismus von den Herrenclubs, die für Geschäftskontakte unentbehrlich waren, ausgeschlossen. Sie wandten sich deshalb den ostjüdischen Einwanderern zu. Wichtig war es hier, die zionistische Ausrichtung zu neutralisieren und kompatibel mit dem südafrikanischen Nationalismus zu machen, also die praktischen und sozialistischen Flügel des Zionismus einzudämmen.[25] Das Johannesburger SAJBD wurde zum selbsterklärten Repräsentanten der jüdischen Community.[26] Auch die jüdische Bourgeoisie trieb die Frage um, ob die Zugehörigkeit zu Südafrika nach Begriffen der »Rasse« oder Klasse bestimmt werde. Wenn Inder hinsichtlich des Klassenstatus dazu gehörten, fielen *Peruvians* heraus – und anders herum: wenn auch arme Ostjuden »weiß« sein konnten, konnten es Inder nicht, auch wenn erstere keinesfalls zur Mittelschicht gehörten.[27] Die Entscheidung fiel, auch wenn die entsprechende Terminologie vermieden wurde, zugunsten der »Rasse« aus. Dennoch musste der *South African Jewish Chronicle* feststellen: »The raw Russian Jew is, of all Europeans, the one who has the least of the European and the most of the Oriental about him.«[28] Ob und inwieweit sich die ostjüdischen Immigranten ins weiße Südafrika einfügen könnten, wurde zum Lackmustest. Das SAJBD integrierte die ostjüdischen Einwanderer in die von ihm entworfene Struktur südafrikanischer Jüdischkeit: das westliche Modell der Assimilation wurde abgelehnt; dies war in der ethnisch gespaltenen Gesellschaft auch kaum umsetzbar. Heiraten aus der Community hinaus und auch die Anglisierung des Namens wurden getadelt: »They may change their names [...] but the can't change their noses«[29], merkte der *South African Jewish Chronicle* an. Jüdische Identität sollte, so war es dem Organ des SAJBD zu entnehmen, mit südafrikanischer Bürgerlichkeit übereingehen. Trotz enger ethnischer Verbundenheit wurde »Jew-

25 Vgl. ebd., S. 145 f.
26 Vgl. ebd., S. 146.
27 Vgl. ebd., S. 150.
28 South African Jewish Chronicle, 5.5.1905, zit. n. ebd., S. 150 f.
29 South African Jewish Chronicle 18.5.1906, zit. n. ebd., S. 151. S. a. Friedman, Race, Class and Power, S. 28.

ishness« zu einer Frage der Religiosität abgemindert; Jiddisch wurde als Sprache der Vergangenheit heftig bekämpft – die »Fremden« sollten anglisiert werden:[30]

> The disappearance of Yiddish in South Africa was no accident. It was the inevitable causality of conflicting ideologies, a desire for rapid acculturation, and an insidiuos communal indifference abetted, if not overtly encouraged, by the communal leadership.[31]

Auf dieses Setting reagierten die Neueinwanderer positiv und mit Enthusiasmus. Mehrheitlich adaptierten sie die gewünschten Verhaltensweisen, die ihrer neugewonnenen ökonomischen Position und Perspektive entsprachen.[32] Das Bild »des« südafrikanischen Juden wurde aktiv geschaffen und als ein *entrée billet* in die bürgerliche jüdische Community implementiert. Jüdisch-Sein und südafrikanische Zugehörigkeit wurden dabei miteinander verschmolzen.

Diese Identifikation der südafrikanischen Juden mit einem übergreifenden – weißen – südafrikanischen Nationalismus, der eine Politik der Versöhnung zwischen Afrikaanern und Briten postulierte, sollte die Unterschiede aufheben. Dies gelang aber zunächst kaum.

Die öffentliche Suche nach der Loyalität der Juden nahm vor allem in den Zeiten nationaler Aufwallungen, in denen Juden sich zunehmend in einer »verwundbare[n] Position« sahen, sukzessive zu.[33]

Während des südafrikanischen Krieges waren Juden kaum genötigt, Position für eine der kriegsführenden Parteien zu beziehen. Nach dessen Ende orientierten sie sich nach der englischen Seite hin. Dem Ersten Weltkrieg wiederum begegnete die jüdische Community enthusiastisch und national ergeben, auch um nicht als Beispiel für Passivität und mangelnde Loyalität zu gelten. Während der Zwischenkriegszeit verfestigte

30 Vgl. ebd., S. 151.

31 Joseph Sherman: Between Ideology and Indifference: The Destruction of Yiddish in South Africa, in: Shain/Mendelsohn, Memories, Realities and Dreams, S. 28–49, hier S. 32.

32 Vgl. Krut, The Making, S. 153.

33 Vgl. Bethlehem, Membership, S. 95.

sich diese nationale Loyalität der Community – die ja mit eigenen Interessen einer spezifischen Form südafrikanischer Jüdischkeit korrelierte. Diese patriotische Loyalität manifestierte sich zu Beginn des Zweiten Weltkrieges und in dem scharenweisen freiwilligen Kriegsdienst.[34]

Die Beteiligung von jüdischen Südafrikanern am *Army Education Scheme*, das faschistische Sympathien unter den afrikaanischen Freiwilligen eindämmen sollte, war damit nur folgerichtig, repräsentierten sie doch nachgerade idealtypisch loyale südafrikanische Staatsbürger. Ein Witz aus der Armee während des Zweiten Weltkrieges illustriert dies treffend:

> Eine Abteilung südafrikanischer Soldaten tritt zum Appell an. Der Oberst befiehlt, afrikaanische Soldaten sollen sich auf der einen Seite aufstellen. Auf die andere werden englische Soldaten beordert. Ein Mann bleibt in der Mitte stehen. Und der Oberst fordert ihn auf, zu sagen was er sei. Der Soldat antwortet: Ich bin Südafrikaner. Daraufhin fragt der Oberst, wie denn der Soldat heiße, und dieser erwidert: Yossi Greenbaum, Sir.[35]

Die *South Africanness* und die über die Jahre hinweg gesteigerte Loyalität zum südafrikanischen Staat, welcher durch weiße Liberale repräsentiert wurde, führten zu der paradoxen Situation, dass während des Zweiten Weltkriegs jüdische Kommunisten, die den Autoritäten kurz zuvor als Juden und als Kommunisten noch suspekt gewesen waren, innerhalb der Armee die politischen Bildung der Massen an afrikaanischen Freiwilligen übernahmen.[36]

Die Bedeutung eines staatsbürgerlichen Selbstverständnisses sollte auch im Hinblick auf die jüdischen Aktivisten nicht unterschätzt werden. Sie insistierten oftmals darauf, sich als Südafrikaner, nicht als Juden, für das Ende der Apartheid eingesetzt zu haben: »We were acting essen-

34 Vgl. Richard Mendelsohn: The Boer, The Great War and the Shaping of South African Jewish Loyalties, in: ders./Shain, Memories, Realities and Dreams, S. 50–59, hier S. 58 f.

35 Vgl. Rhoda Rosen: The Making of an Eastern European Jewish Legacy in Contemporary South Africa, in: Shofar, Jg. 25 (2006), H. 1, S. 78–89, hier S. 89.

36 Vgl. Roos, Education, Sex and Leisure, S. 817–821.

tially as committed South Africans and not as Jews.«[37] Zudem wirkte die Identifizierung als Südafrikaner auch im Exil fort,[38] ebenso wie sie auch über die Generationen hinweg Bedeutung entfaltete.[39]

Innerhalb der Gruppe der Einwanderer befanden sich auch Organisationen, die Kontakte über die »Rassen«-Grenzen hinweg – und dies schon vor der Apartheid – möglich machten. Die Mitglieder des *Jewish Workers Club* (JWC) stiegen in die leitenden Ränge der neuen, in den Jahren der Industrialisierung nach 1924 gegründeten Gewerkschaften auf, die über die »Rassen«- und Geschlechtergrenzen hinweg organisiert waren. »These unions were built around the unskilled and semi-skilled white and African workers, and a new labour category — female workers — who came to the Witwatersrand in response to the manufacturing boom.«[40] Solly Sachs, Issy Heyman, Jack Flior, Ray Harmel und Fanny Klennerman gehörten zu den prominentesten Gewerkschaftsführern und -führerinnen.[41] Diese Aktivisten gehörten (teilweise) der Elterngeneration der in dieser Arbeit untersuchten Aktivisten an, welche wiederum in der Kommunistischen Partei und ihren Vorfeldorganisationen Orte fanden, in denen Kontakte und Freundschaften über die Farbschranke hinweg möglich waren.[42] Ihre Wahrnehmung der südafrikanischen Gesellschaft änderte sich mit der Zeit grundlegend.[43]

In einer Gesellschaft, in der die Wahrnehmung und die damit verbundene rechtliche Stellung für das soziale, politische und ökonomische

37 Taffy Adler, in: Suttner, Cutting, S. 13.

38 Vgl. Israel, Political Exile, S. 130 f.; Caplan, South African Jews in London, S. 50, S. 66.

39 Siehe Gillian Slovo, in: Bernstein, The Rift, S. 453; Shawn Slovo, in: ebd., S. 456.

40 Adler, Lithuania's Diaspora, S. 87 f.

41 Vgl. ebd., S. 88.

42 Vgl. Bernstein, Memory, S. 27; Hymie Barsel wurde in Max Joffes Praxis verarztet, nachdem er und seine Genossen einen Überfall von Faschisten auf jüdische Geschäfte in der Johannesburger Innenstadt 1937/38 verhindert hatten. Dort traf er auf einen indischen Kommunisten, der ihn vom gemeinsamen Kampf gegen den Faschismus überzeugte und Barsels jüdischen Partikularismus erschütterte; siehe Hymie Barsel, SAHA AL2460, A2.7.2.

43 Vgl. ebd., S. 46 ff., S. 53 ff.

Leben entscheidend war, war es notwendig »jemand« zu sein und in eine bestimmbare Kategorie fallen zu können. Diese Kategorie jedoch bestand nicht nur in der Einordnung von außen – in diesem Fall durch den Apartheidstaat –, sondern verlangte ebenso die Affirmation des klassifizierten Subjektes. Die fragile Stellung der Juden in Südafrika, die immer wiederkehrenden Infragestellungen und Dispute über ihre Loyalität stellten die öffentliche und politische Seite der Zwischenstellung und der faktischen politischen Machtlosigkeit der Juden in Südafrika dar.[44] Unter den zunehmend repressiven Bedingungen, die auch die Oppositionellen betrafen, wurde die Frage der Verortung akut. Die Positionsbestimmung innerhalb des sozialen Gefüges wurde nicht nur Teil der eigenen Identität; umgekehrt brachte die Selbstverortung die ganze Person auch in eine genuin politische Position, die im autoritären Staat Südafrikas individuelle Konsequenzen und Gefahren in sich barg.

Die Ambivalenz aber, nicht a priori als »weiß« zu gelten, sondern diesen Status erst zugebilligt bekommen zu haben und zum anderen einen beträchtlichen Teil der Opposition zu stellen, konnten die jüdischen Südafrikaner nicht überwinden – auch wenn sie sich, wie beispielsweise der Staatsanwalt im *Treason Trial*, Percy Yutar, über das Maß des Notwendigen hinaus den Autoritäten andienten.

44 Vgl. Milton Shain / Sally Frankental: Accomodation, Activism and Apathy. Reflections on Jewish Political Behaviour during the Apartheid Era, in: Jewish Affairs, Jg. 52 (1997), H. 1, Special Issue: Jews and Apartheid, S. 53–57.

4.b Wer bin ich? Selbstbewusstsein und Selbstbeschreibung

Profilierung der eigenen Identität

Wie fanden die Aktivisten zu ihrer Identität, zu ihrem Selbst, oder: wie entwickelten sie für sich einen Maßstab, nach dem sie ihr Handeln bemaßen? Anders herum gesagt: welche Erfahrungen bedingten es, dass die jüdischen Aktivisten sich anders verhielten als die Mehrheit der jüdischen Minderheit? Welche Erfahrungen brachten sie dazu, über die rassistischen Grenzen der weißen Minderheit hinaus zu gehen? Beide Fragen überlappen sich und es lässt sich erkennen, dass die Aktivisten in beide Richtungen Entfremdung erfahren haben, die politisierend und bewusstseinsbildend wirkte und die jüdischen Aktivisten in das politische Milieu trieb, wo der »Rassen«-Hintergrund keine Rolle spielen sollte.

Entfremdung von der Familie

Eine große Rolle in der Persönlichkeitsentwicklung der Aktivistinnen und Aktivisten spielte ihr Verhältnis zum Elternhaus und zum gesellschaftlichen Umfeld.[45] Dabei sind vor allem zwei Felder auszumachen: Für die eine Gruppe späterer Aktivisten lag die Saat einer anderen, nichtkonformistischen Entwicklung in der Entfremdung vom Elternhaus. Die Abgrenzung wurde zu einem identitätsbestimmenden Moment für die jungen, zukünftigen Aktivisten. Der Bruch derjenigen, die aus politischen Elternhäusern kamen, nahm in der Regel eine andere Form an. Während die Eltern in der Erinnerung an die Politik in der europäischen Heimat verhaftet blieben und sich an dieser orientierten, übertrugen die

45 So auch Shimoni, Community, S. 82.

Kinder die Schemata von Klassenkampf und Befreiung von Unterdrückung auf die südafrikanischen Verhältnisse. In diesem Milieu kam es ebenfalls zu einer starken Entfremdung, einer Abkehr vom theoretischen Sozialismus und von bundistischer Nostalgie. Diese Erfahrungen waren grundlegender Teil einer eigenständigen Persönlichkeitsentwicklung.[46]

Einen prägenden innerfamiliären Bruch machte Ray Alexander in der Zeit des Ersten Weltkriegs in Lettland aus. Sie war vier Jahre alt, als ihr Großvater ein Tischgebet sprach, das die Zeile enthielt: »Dank Dir Gott, dass du mich zu einem Mann und nicht zu einer Frau gemacht hast«. Ray weigerte sich, seiner Aufforderung, das Gebet nachzusprechen, zu folgen und betonte mit Nachdruck, dass sie ebenso gut wie ein Mann sei. Der Großvater befahl ihr, den Tisch zu verlassen, und ihre sozialdemokratischen Eltern wagten es aus Respekt vor der großväterlichen Autorität nicht, ihr zur Seite zu stehen.[47] Den Weg religiöser Identitätsbildung sah sie damit verstellt, auch wenn sie in einem linken und zugleich religiösen Elternhaus aufwuchs.[48] Das dritte jüdische Identifikationsmoment der Zeit, der Zionismus, konnte Alexander nur eine kurze Zeit begeistern und schaffte Distanz zu ihren Eltern.[49]

In Lettland lebte Ray Alexander in einer sozialistisch geprägten Schtetl-Kultur, deren Lebensrhythmus von zaristischer Legislative, antisemitischem Terror der Schwarzhunderten, sozialistischer Politik und später von der neuen Sowjetunion gezeichnet war.[50] Erst nach ihrer Ankunft in Kapstadt 1929 brach dieses Milieu wirklich auf: ihre erste Verständigungssprache unter den Genossen der CPSA war Jiddisch, was sie jedoch schnell ablegte.[51]

46 Vgl. Campbell, Beyond the Pale, S. 157 f. Für Südafrika ist hier die politische Prägung des Elternhauses ungewöhnlich.

47 Vgl. Alexander, All my Life, S. 31. Die Zeile ist eigentlich im Morgengebet enthalten und ist nicht unumstritten.

48 Vgl. ebd., S. 31–37.

49 Vgl. ebd., S. 36, S. 40.

50 Vgl. ebd., S. 28–46.

51 Vgl. ebd., S. 51–55.

Ronald Segal erlebte schon früh diverse Formen der Nicht-Zugehörigkeit: als reiches Kind an einer normalen Schule, als weißer Jude in Kapstadt. Dass er von einem Chauffeur zur Schule gebracht und abgeholt wurde, machte ihn zum Exoten.[52] Seine Kindheit war zudem geprägt durch das Verhalten der afrikaanischen Kinderfrau, die seine Eltern eingestellt hatten und die die Kinder spüren ließ, dass sie zwar reich, aber letztlich Juden und damit Fremde in ihrem Land waren.[53] Daraus leitete Segal retrospektiv eine elementare Unsicherheit ab, die er mit der Prominenz seiner Familie und der unsicheren Lage der Juden in Südafrika verband.[54] Aus dieser Situation resultierte die Distanz zwischen ihm und seinem Vater, der um keinen Preis negativ auffallen wollte.[55] Segal erfuhr, weil er jüdisch – und reich – war, oftmals Ablehnung durch afrikaanse Weiße.[56] Als sein Vater ihn wegen seiner Aktivitäten konfrontierte, spürte Segal die Differenzen zwischen ihnen.[57] Auch aufgrund ihrer Differenzen nahm Segal die stetige, aber zugleich emotional hilflose Generosität erst nach dem Tod seines Vaters voll wahr.[58] Der Tod des Vaters brach einen Bann, der in der Familie auf allem Politischen lag.[59] Nach seiner Rückkehr vom Studium in den USA entschied Segal, sich trotz des plakativen Widerstands seiner Familie an der politischen Opposition zu beteiligen.[60]

Die familiären Konflikte, die Norma Kitson belasteten, rührten von den gesellschaftlichen Umständen in Südafrika her. Sie wuchs in einem reichen jüdischen Elternhaus in Durban auf. Ihre Eltern waren sehr verschieden. Ihr Vater war früh verwaist und hatte sich dank eines erstklassigen Studiums aus der Armut gearbeitet, während ihrer Mutter

52 Vgl. Segal, Into Exile, S. 36.
53 Vgl. ebd., S. 9 f., S. 15.
54 Vgl. ebd., S. 10, S. 15 f.
55 Vgl. ebd., S. 9 f.
56 Vgl. ebd., S. 54 f.
57 Vgl. ebd., S. 98.
58 Vgl. ebd., S. 100.
59 Vgl. ebd., S. 109.
60 Vgl. ebd., S. 110.

der Reichtum in die Wiege gelegt worden war und ihr Hauptinteresse in der Ausrichtung von Empfängen lag.[61] In ihrer Autobiographie schrieb Kitson, dass sie in jungen Jahren eine innere Not verspürte.[62] Die Familie war zerrüttet und Kitson versuchte ihr schon jung zu entfliehen und bei ihrer Schwester, die in die afrikaanse Community eingeheiratet hatte, Fuß zu fassen.[63] Dort empfand sie es hingegen aufgrund des allgegenwärtigen Antisemitismus, Rassismus und Nationalismus als zu eng.[64] Kitson fand dank der Unterstützung ihrer Schwester eine neue Bleibe in Johannesburg, wo sie sich in der Kongressbewegung zu engagieren begann.[65] In dieser erblickte Kitson erstmals eine wirkliche Perspektive.

In Baruch Hirsons Familie war nicht nur die Ehe der Eltern schwierig, sondern auch das Verhältnis zwischen Hirson und seinem Vater. Hirson empfand es so, als hegte sein Vater für niemanden aus der Familie besonders starke Gefühle.[66] Er urteilte später, dass sein Vater die von Jähzorn und Schweigen geprägte Erziehungsweise, die dieser selbst erlebt hatte, wiederholt habe.[67] Seine Mutter nahm Hirson als einen schwachen, aber emotional zugewandten Gegenpol zu seinem Vater wahr.[68] Als Hirson 1964 zu neun Jahren Haft verurteilt wurde, hatten seine Mutter, ihre Schwester und seine Ehefrau Yael ihm beigestanden. Mit seinem Vater und seinen Brüdern war es zum Zerwürfnis gekommen und der Umstand, dass vor allem sein Vater sich in dieser schweren Situation nicht um seine Schwiegertochter oder Enkel bemühte, verzieh Hirson nicht. Im Jahr vor seiner Freilassung verstarben beide Eltern. Seine Verbitterung über das belastete Familienverhältnis beschrieb Hirson später so:

61 Vgl. Kitson, Sixpence, S. 8 f.
62 Vgl. ebd., S. 5.
63 Vgl. ebd., S. 79–82.
64 Vgl. ebd., S. 82.
65 Vgl. ebd., S. 88 ff.
66 Vgl. Hirson, Revolutions, S. 19 f.
67 Vgl. ebd., S. 18.
68 Vgl. ebd., S. 28.

> For the one I grieved; the other one had passed out of my life and had made no effort to build a bridge with his daughter-in-law or grandchildren. The condolences I sent out of prison when my mother died went only to Esther [der Tante; H. P.] – I knew it was she who would be most affected.[69]

Die familiäre Entfremdung begründete jedoch zugleich Hirsons politische Tätigkeit. Er fand in den engen politischen Zirkeln der jüdischen Linken, vor allem in der sozialistisch-zionistischen Jugendbewegung *Hashomer Hatzair* eine Art Ersatzfamilie.

Den Begriff der »Entfremdung« gebrauchte Baruch Hirson selbst, jedoch im Zusammenhang mit den religiösen Autoritäten. Trotzdem er *bar mitzvah* feierte und zudem noch einige Zeit lang auf jüdische und christliche Schulen geschickt wurde, missfielen ihm die Religion und deren Agenten. Vor allem die Rabbiner erlebte er als engstirnig und unzeitgemäß.[70] Im Gefängnis nahm er das Angebot geistlicher Besuche dennoch wahr, denn hier hatten sich die Rollen seiner Meinung nach verschoben.[71]

War Hirsons Familie konfliktbelastet, so wuchs Rusty Bernstein als Waisenkind bei Verwandten fast gänzlich ohne Familie auf. Als er acht Jahre alt war, verlor er seine Eltern.[72] Sein letztes Schuljahr verbrachte Bernstein, der in seiner Autobiographie sehr wenig von seiner Kindheit und Schulzeit berichtete, in einem Jungeninternat in Pietermaritzburg. Dort traf er auf einen englischen, antifaschistischen Lateinlehrer. Bernstein vermutete, dass durch diesen ein Funke auf ihn übersprang, denn er verließ die Schule als begeisterter Antifaschist und begann neben seinem Architekturstudium an der Universität Gelder für das republikanische Spanien zu sammeln.[73] Diese Begeisterung führte Bernstein zur

69 Vgl. ebd., S. 11 f.
70 Vgl. ebd., S. 54 f.
71 Vgl. ebd., S. 55 f.
72 Vgl. N.N.: Lionel Rusty Bernstein, www.sahistory.org.za/people/lionel-rusty-bernstein (letzter Zugriff: 2.4.2016).
73 Vgl. Bernstein, Memory, S. 9–12.

Labour League of Youth, wo er auf Hilda Watts, Rowley Arenstein und Archie Lewitton stieß, deren politische Diskussionen ihn anzogen und zum *Left Book Club* (LBC) brachten.[74] Bernstein tauchte in das linke Johannesburg, einen »sehr kleine[n] Kreis[,] in welchem beinahe jeder jeden kannte, oder von jedem wusste«,[75] ein. Sein politisches Interesse führte Bernstein schließlich in die CPSA, der er den Rest seines Lebens treu blieb.[76]

Eine anders gelagerte Art der Entfremdung lässt sich bei Aktivisten aus links geprägten Elternhäusern konstatieren. In diesem Falle lag der Fokus der Älteren oftmals noch auf der alten Heimat: man sprach Jiddisch und thematisierte die ehemalige Verfolgung oder die neue Sowjetunion – war also nur bedingt Teil des jüdischen Establishments in Südafrika. Die Jungen aber versuchten, die Emanzipationshoffnungen in ihre Gegenwart zu übertragen. Fast prototypisch steht Joe Slovo für diese Art Entfremdungserfahrung. Nach dem Tod seiner Mutter lebte Slovo mit seinem Vater in einem *Boarding House*.[77] Dort blieb Slovo, auch nachdem er in einer jüdischen pharmazeutischen Firma mit jüdischen Eigentümer und mehrheitlich jüdischer Belegschaft seine erste Anstellung fand, wohnen.[78] Das Leben der anderen Hausbewohner drehte sich seiner Erinnerung nach um hitzige politische Diskussionen, Kartenspiele, Pferdewetten und gelegentliche Ausflüge zum JWC oder ins Café um die Ecke. Jiddisch war dort so dominant, dass selbst die schwarzen Angestellten es sprachen.[79] Zum Schritt hinaus aus diesem Milieu, in dem der bundistisch orientierte JWC nur eine Organisation von vielen war,[80] ermutigte ihn wiederum ein Lehrer. Dieser irische Republikaner brachte Slovo zum LBC und über Max Joffes Arztpraxis gelangte er im Jahr 1942 zur CPSA.[81] Mit diesem Schritt überwand Slovo den Widerspruch zwi-

74 Vgl. ebd., S. 10 f.
75 Ebd., S. 23.
76 Vgl. ebd., S. 24 f.
77 Vgl. Slovo, Unfinished, S. 14, S. 17 f., S. 20 f.
78 Vgl. ebd., S. 19.
79 Vgl. ebd., S. 20.
80 Vgl. Adler, Lithuania's Diaspora, S. 80 f.

schen einer lautstarken Hingabe zum Sozialismus, zur Sowjetunion und zum Zionismus einerseits und dem allgegenwärtigen Rassismus gegenüber der Mehrheit der südafrikanischen Bevölkerung andererseits, den er im sozialistischen Immigrantenmilieu erlebt hatte.[82]

Politik als Familientradition

Für vier andere war das eigene politische Engagement eine Art der Fortführung der elterlichen Interessen. Albie Sachs, Ruth First und die Brüder Leon und Norman Levy kamen aus linken Elternhäusern. Ihre politischen Überzeugungen gewannen sie durch die Übernahme der Ansichten der elterlichen Vorbilder.

Sachs' Vater war Solly Sachs, der ein erfolgreicher Gewerkschafter und Sekretär der *Garment Workers' Union* war; seine Mutter Ray arbeitete für Moses Kotane, den damaligen afrikanischen Generalsekretär der CPSA.[83] Da die Eltern getrennt waren, lebte Sachs mit seiner Mutter in Kapstadt,[84] wo ihr stets offenes Haus und »rasse«-übergreifende Freundschaften für ihn prägend waren.[85] Während seines Studiums begann Sachs, sich in der *Modern Youth Society* zu engagieren.[86] Dort, so sagte Sachs in einem Interview, fühlte er sich angenommen, zuhause, glücklich.[87] Gemeinsam mit Ruth First (und Harold Wolpe) besuchte Albie Sachs den Gründungskongress der *World Federation of Democratic Youth* in London 1946.[88] Obgleich er sich unzweifelhaft als jüdisch ansah, waren ihm Versuche, ihm mit Zeremonien und Ritualen die jüdische Religion nahe zu bringen, unangenehm und er lehnte es ab, zu einer

81 Vgl. Slovo, Unfinished, S. 21 f.
82 Vgl. ebd., S. 22.
83 Vgl. Sachs, The Jail Diary, S. 45.
84 Vgl. Albie Sachs, in: Suttner, Cutting, S. 345 f.
85 Vgl. Sachs, Jail Diary, S. 45.
86 Vgl. ebd., S. 45, S.48.
87 Vgl. Sachs, in: Suttner, Cutting, S. 352.
88 Vgl. Pinnock, Voices of Liberation, S. 9.

Identität gedrängt zu werden.[89] Schon seine Eltern hatten sich mit deren Eltern, seinen Großeltern, über die Frage der Religion auseinandergesetzt, Sachs selbst sah für sich keinen Konflikt mehr.[90]

Ruth Firsts Eltern, Julius und Tilly First, gehörten zu den Gründungsmitgliedern der CPSA. Sie waren streng in der Auswahl des Freundes- und Bekanntenkreises, der nur aus Gleichgesinnten bestand.[91] Für die Kinder bot dies eine anregende Umgebung, obgleich die Mutter Tilly sehr dominant und in politischen Fragen hart und auf die Sowjetunion zentriert auftrat.[92] Ihre Tochter Ruth hingegen war schon früh in den Befreiungskampf in Südafrika involviert, was ihren politischen Fokus verschob. »Ruth's politics diverged considerably from my mother's in her early adult life from then on. They used to have terrible rows politically«[93], berichtet ihr Bruder Ronald. Während der Vater hinter den Kulissen der Bewegung aushalf, blieb seine Mutter eine dogmatische Theoretikerin des Befreiungskampfes, erinnerte sich ihr Sohn.[94] Es gelang den Eltern – die beide als jiddisch-sprachige Kinder von Litauen nach Südafrika eingewandert waren – ihre beiden Kinder Ruth und Ronald in Südafrika zu verwurzeln, sie fern des jiddischen Einwanderermilieus und ohne jiddischen, religiösen oder zionistischen Einfluss aufzuziehen.[95] Die Einwanderungserfahrung beschränkten sie auf eine Generation und aus den Kindern wurden Südafrikaner – auch im Hinblick auf die politische Ausrichtung. Ein Indiz für diese Verwurzelung ist der Verlust der

89 Vgl. Sachs, in: Suttner, Cutting, S. 347 f., S. 351 f.

90 Vgl. Sachs, SAHA AL2460, A19.1a, S. 9.

91 Vgl. Ronald First, Ruth First Papers 117/6/8, unpaginiert.

92 Vgl. ebd.

93 Ebd.

94 Julius First war nach Wissen seines Sohnes mit seiner Möbelfabrik in Geldwäsche für die SACP, die Finanzierung des Rivonia-Anwesens und auch die Finanzen des *Defence and Aid Funds* involviert. Darüber hinaus traten beide Eltern nicht öffentlich in Erscheinung. Ronald First, Ruth First Papers 117/6/8.

95 Ronald First bedauerte es, dass er und auch Ruth ohne Kenntnisse des Jiddischen und der litwakischen Kultur aufgewachsen sind; seine Eltern erinnerte er als ausgesprochen antizionistisch und atheistisch. Siehe Ronald First, Ruth First Papers 117/6/8.

vormaligen Muttersprache, des Jiddischen, von Einwandererkindern. Dahingehend erging es Tilly First ebenso wie dem jüngeren Joe Slovo.[96]

Die Eltern von Leon und Norman Levy lernten sich in Johannesburg kennen, wo der Vater seine Frau Mary in die Welt der jiddisch-sprechenden sozialistischen Immigranten einführte.[97] Als sein Vater 1935 überraschend starb, trieben die ökonomischen Härten, wie Norman Levy später meinte, ihn wohl schneller als erwartet in die *Young Communist League*.[98] Sein Bruder Leon war in seiner Jugend Mitglied des *Hashomer Hatzair* wie zugleich der CPSA.[99] Zusätzlich zur eigenen sozialen Erfahrung der beiden Brüder hinterließen die mütterlichen Erzählungen über ihre Kindheit in Litauen einen bleibenden Eindruck.[100]

Wohin führte der Weg der Kinder aus Einwandererfamilien? Sie überwanden die Enge der verwandtschaftlichen Beziehungen, der Verbindungen zu den landsmannschaftlichen Organisationen, und suchten durch diese Überschreitung der Milieugrenzen einen Platz in der Gesellschaft Südafrikas. Diese Suche führte sie in die Mitgliedschaft in politischen Organisationen, die nach 1945 einen wesentlich nationalen Charakter annahmen, und half ihnen, Wurzeln zu schlagen. Hilda Bernsteins Einschätzung nach war die KP ein Weg, aktiv Teil der Gesellschaft zu werden.[101] Dies gelang auch, weil durch die Partei eine Brücke zur unterdrückten Bevölkerungsmehrheit geschlagen werden konnte. Diese Brücke stabilisierte sich nach dem Sieg über den Faschismus in Europa, als die KP ihr Hauptaugenmerk nicht mehr auf den *war effort*, sondern

96 Vgl. Slovo, Every Secret Thing, S. 42. Der Vater von Ruth First, Julius First, hingegen nutzte das Jiddische 1960, um Genossen vor den laufenden Polizeirazzien zu warnen. »Se kommen!« habe er ins Telefon geflüstert, erinnert sich seine Enkelin (siehe Slovo, Every Secret Thing, S. 65). S. a. zum Niederschlag der Erfahrung von Exil und Zerstreuung im Jiddischen Irving Howe: World of our Fathers, New York 1976, S. 12.

97 Vgl. Levy, Prize, S. 17.

98 Vgl. ebd., S. 19.

99 Vgl. Interview mit Leon und Lorna Levy, Kapstadt, 16.7.2014.

100 Vgl. Levy, Engagements, S. 52.

101 Vgl. Bernstein, World, S. 6.

auf die Bedingungen zuhause legte und die politische Führung im Minenarbeiterstreik von 1946 übernehmen konnte.[102]

Die politische und soziale Welt der KP gab den jungen Linken Orientierung, Sinn und bei aller Vereinzelung in einer Konsumentengesellschaft[103] auch Gemeinschaft, die sie als erfüllter erlebten als die von konformistischen Jugendlichen und jungen Erwachsenen.[104] Vor ihnen eröffnete sich eine Welt jenseits des geistig engen und eingeschüchtert-fleißigen Alltags ihrer Familien oder dem Rest der weißen Minderheit.[105] Neben der Politik waren es moderne kulturelle Strömungen, zu denen das Magazin *Drum*, das Musical *King Kong*, die Partys und Konzerte in den Townships und den Häusern weißer Genossen sowie die laxere Sexualmoral zählten, die das alternative Milieu Südafrikas (wie auch anderswo) auszeichneten. All dies stand dem weißen Mainstream der Zeit fundamental entgegen.[106] Einen einschneidenden Wendepunkt erfuhren diese Kinder aus politischen Elternhäusern meist nicht. Wie Albie Sachs bemerkte, »wurde [dieser auch nicht] nicht involviert«, er »war da«, durch ihre Familien waren sie in die Opposition hineingewachsen.[107]

Entfremdung von der weißen Minderheit

Eine andere Form der Entfremdung trat zwischen den Aktivisten und der weißen Minderheit auf, welche selbst ethnisch differenziert und voller Animositäten und Spannungen war. Die Politisierung der jungen

102 Siehe Hirson, Yours for the Union, S. 183–195; (Toussaint [d. i. Rusty Bernstein]): A Distant Clap of Thunder. Fortieth Anniversary of the 1946 Mine Strike, London 1986; Rusty Bernstein, Ruth First Papers 117/6/20, S. 40–43; Bernstein, Memory, S. 93–96.

103 Vgl. Shain, Antisemitism and the Far Right in South Africa, 1930–1994, S. 282.

104 Vgl. Levitan, The Book of Esther, S. 8 ff.; Campbell, Beyond the Pale, S. 158.

105 Siehe Albie Sachs, SAHA AL2460, A19.1a, S. 3; Phyllis Altman, SAHA AL2460, A1.5.

106 Siehe Slovo, Every Secret Thing, S. 44–50; Wieder, Ruth First and Joe Slovo, S. 63 f., S. 101–106; Clingman, Bram Fischer, S. 201 f.

107 Vgl. Albie Sachs, SAHA AL2460, A19.1a, S. 8.

Aktivisten, eine Kombination aus dem Schrecken des Nationalsozialismus und seines Vernichtungskrieges sowie die Sorge vor den *Greyshirts* und der Wahlsieg der »MalaNazis«[108], all dies bildete einen Komplex, der über die Grenzen des weißen Selbstverständnisses hinausging, denn der Kampf drückte sich durch die Solidarisierung mit den Unterdrückten Südafrikas aus. Nicht mehr nur die jüdische Gruppe allein war Opfer rassistischer Diskriminierung und gerade auch ihr Beispiel konnte zeigen, welchen Weg weiße – imperialistische – »Rassen«-Herrschaft nehmen konnte. Für Wolfie Kodesh stand damals fest, dass Hitler den Rassismus gegen die Juden angefacht und in »Mein Kampf« versprochen habe, die Schwarzen genauso zu behandeln.[109] In dieser Sichtweise bestand nur ein gradueller bis gar kein Unterschied zwischen den »Herrenmenschen« auf der Nordhalbkugel und der *National Party* (NP) Südafrikas. »[T]hose people were Nazis«[110], urteilte Sonia Bunting in einem Interview in den 1980er Jahren.

Da sie als Juden angegriffen wurden, waren viele der Aktivisten schon frühzeitig gegenüber dem Nationalsozialismus sensibilisiert worden. Als Juden und Linke sahen sie sich als prospektive Opfer markiert.[111] Besonders verwundbar waren die Juden in Südafrika, nicht nur weil sie ausgeschlossen werden konnten, sondern weil sie erst gar nicht wirklich zur herrschenden Klasse gehörten.[112] Ihre jüdische Herkunft ins Politische gewendet hieß, das Gefühl zu haben, nicht zur »Herrenrasse« zu gehören, wie Albie Sachs es ausdrückte.[113]

Diese Anfälligkeit machte die jüdischen Jugendlichen besonders wachsam und bestrebt, Antworten auf den Nationalsozialismus zu finden. Die CPSA bot eine dementsprechende Ausrichtung, zumal sie sich als unnachgiebige Gegnerin der südafrikanischen Nazis zeigte (auch

108 So Dubow, Apartheid, S. 45.
109 Vgl. Wolfie Kodesh, SAHA AL2460, A11.10.
110 Sonia Bunting, SAHA AL 2460, E1.
111 Vgl. Denis Goldberg, SAHA AL 2460, E3.
112 Vgl. Albie Sachs, SAHA AL2460, A19.1a, S. 10 f.; Ben Turok, SAHA AL2460, E5.
113 Vgl. Sachs, in: Suttner, Cutting, S. 361.

wenn sie gemäß der Komintern den Krieg von 1939 bis 1941 als imperialistisch verdammte und einige Kommunisten als Kriegsgegner interniert wurden).[114] In den 1940er Jahren wurde der Kampf gegen den Faschismus wegen der Verbundenheit mit der Sowjetunion als »Vaterland der Werktätigen«, und weil es als erster Schritt zu einer gesellschaftlichen Veränderung in Südafrika angesehen wurde, zur obersten Priorität.[115] Die jüdischen Südafrikaner waren im Gegensatz zu vielen anderen Weißen familiär betroffen durch den Zweiten Weltkrieg. In Litauen wurden unter Mithilfe einheimischer Kollaborateure über 90 Prozent der jüdischen Bevölkerung ausgelöscht.[116] Es betraf viele Familien, so auch die Joe Slovos, Ray Alexanders und Esther Barsels.[117]

Agitation innerhalb der jüdischen Minderheit

Die Aktivisten sahen – trotz des Unterschieds der Praxis des Massenmordes – im südafrikanischen Rassismus die andere Seite des Antisemitismus.[118] Sie betonten die Gefahr, die von der rassistischen Politik auch für die Juden des Landes ausging, mit der Intention, die jüdische Minderheit vom Widerstand gegen die Apartheid zu überzeugen.[119] Die

114 Vgl. Simons, All my Life, S. 111, S. 113; Drew, Non-racialism, non-collaboration and Communism in South Africa.

115 Vgl. Hymie Barsel, SAHA AL2460, A2.6.2, S. 13.

116 Vgl. Israel Gutman (Hg.): Die Enzyklopädie des Holocaust. Die Verfolgung und Ermordung der europäischen Juden, 3 Bde., Berlin 1993, Bd. II (hrsg. von Eberhard Jäckel u. a.): H–R, S. 869–873; Vincas Bartusevicius / Joachim Tauber / Wolfram Wette (Hg.): Der Holocaust in Litauen. Krieg, Judenmord und Kollaboration im Jahre 1941, Köln u. a. 2003; nachdrücklich webt Roger Cohen die litauische Erfahrung als untergründiges Motiv in seine litauisch-südafrikanisch-britische Familiengeschichte ein (Roger Cohen: The Girl from Human Street, London 2015).

117 Vgl. Esther Barsel, SAHA AL2460, A2.6.1, S. 2; Alexander, All My Life, S. 307; Slovo, Unfinished Autobiography, S. 5.

118 Vgl. Alexander, All My Life, S. 81, S. 87; Arenstein, in: Suttner, Cutting, S. 375.

119 Vgl. zur Politik der NP gegenüber der jüdischen Minderheit: Shain, Antisemitism and the Far Right in South Africa, 1930–1994,; Shimoni, Jews and

Community war ein Agitationsfeld für die radikalen Aktivisten. So erinnerte sich Denis Goldberg, wie am Schabbat-Abend die Aktivisten des COD mit frischgedruckten Flugblättern zu den Synagogen eilten, wo sie zwar mit den Gemeindevorstehern in Konflikt gerieten, die Flugblätter aber dennoch genommen wurden.[120] Aufgrund des reaktionären Charakters der NP zählte der COD die Juden des Landes ausdrücklich zu potentiellen Verbündeten.[121] Das SAJBD griff die Offerte jedoch nicht auf und enttäuschte somit die Hoffnungen der (jüdischen) Aktivisten. Im Oktober 1961 sollte das Rederecht des südafrikanischen Außenministers, des bekannten Antisemiten Eric Louw, in der UN auf Initiative afrikanischer Staaten hin eingeschränkt werden. Israel hatte sich dieser (nicht verabschiedeten) Eingabe angeschlossen. Louw zögerte nicht, die Juden des Landes für Israels Entscheidung anzugreifen, woraufhin das dadurch massiv eingeschüchterte SAJBD Israels Verhalten in der UNO in einer Pressemitteilung halbherzig kritisierte.[122] Der COD meldete sich mit einem dreiseitigen Memorandum zu Wort, in dem er sich ganz hinter die israelische Haltung stellte, das duckmäuserische Verhalten des SAJBD mit starken Worten kritisierte (und auch schon hier betonte, dass das SAJBD seiner angeblichen »unpolitischen« Arbeit widersprach) sowie die Juden des Landes zur Beteiligung in der Opposition aufforderte. Als Grund führte der COD die jüdische Tradition an, sich

... Zionism, S. 206–234; vgl. zu den an die jüdische Community gerichtete Artikel: Shimoni, Community, S. 104 ff. S. a.: Segal, Into Exile, S. 17; Rabbi André Ungar: The Abdiction of a Community, in: Africa South, Jg. 3 (1959) H. 2, S. 29–38; N. N.: Hands off the Jews, New Age, Jg. 8, H. 6, 23.11.1961, S. 1 und 8.

120 Vgl. Goldberg, in: Suttner, Cutting, S. 469.

121 Siehe Ronnie [Kasrils?] to Ben [Turok], 30.11.1961, Mayibuye Archives MCH 229-box 1; N. N.: The Swastika Returns, in: Counter Attack (Bulletin of the S. A. Congress of Democrats), Februar 1960, S. 1 und 4; N. N.: More Anti-Semitism, in: Counter Attack, Dezember 1961, S. 5, Mayibuye Archives MCH 229-box 2.

122 Siehe zu der Episode Shimoni, Community, S. 46–49. Als die israelischen Diplomaten in Südafrika sich wenig erfreut über die Reaktion des südafrikanischen etablierten Judentums zeigten, verglichen die südafrikanischen Vertreter die NP-Politiker mit dem britischen Faschisten Oswald Mosley – ein Zeugnis blanker Angst oder nützlicher Überzeichnung?

der »Tyrannei« zu widersetzen wie auch dem Rassismus entgegenzustehen. Zudem sei die israelische apartheidkritische Position auf den Zuspruch der unterdrückten Nicht-Weißen gestoßen, deren Sympathien und durch den COD aufgebauten guten Beziehungen das SAJBD nicht verspielen sollte.[123] Mit ihrer Agitation wollten die Aktivisten einen Vorteil aus dem Zwiespalt der jüdischen Minderheit ziehen, verletzbar und angreifbar und zugleich ein Teil der unterdrückerischen weißen Minderheit zu sein.[124]

Doch auch in diesem Fall reagierte die Community nicht in der erhofften Weise. Ihr Schweigen und die Komplizenschaft mit der mitleidslosen Ausbeutung und Entrechtung der schwarzen Bevölkerung spornten die Aktivisten jedoch an. Durch ihre Zusammenarbeit und durch ihren umfassenden persönlichen Einsatz überschritten sie die Farbschranke; wurden deswegen jedoch von der jüdischen Community ausgegrenzt und missachtet.

Entfremdung von der etablierten jüdischen Community

Ihrem Empfinden nach hatten die Aktivisten mit ihren Genossen weitaus mehr gemein als mit der jüdischen Community als solcher. Sie fühlten sich, wie Pauline Podbrey ausführte, dort nicht zugehörig.[125] Diese Nicht-Zugehörigkeit zur etablierten Community empfanden die meisten der Aktivisten. Partiell spielte dabei ihre nicht-bürgerliche Klassenherkunft eine Rolle, zumeist wurde dies aber auf ihre Politik und ihren Lebensstil zurückgeführt. Die nach der Apartheid aufgeworfene und mit

123 Vgl. Congress of Democrats: Memorandum to the S. A. Jewish Board of Deputies in Connection with Recent Statements by the Board, 5.12.1961, Mayibuye Archives, MCH 229-box 1.

124 Vgl. Raymond Suttner, in: Suttner, Cutting, S. 515.

125 Vgl. Pauline Pobrey, in: Suttner, Cutting, S. 52 ff. Zu Podbrey siehe auch Tal Zalmanovich: From Apartheid South Africa to Socialist Budapest and Back: Communism, Race, and Cold War Journeys, in: Stichproben. Wiener Zeitschrift für kritische Afrikastudien, Vol. 18 (2018), Nr. 34, S. 111–134.

viel Verve diskutierte Frage, wie sich die Juden des Landes *als Juden* verhalten hätten, betraf sie nur am Rande: sie hatten sich entschieden, sie handelten und standen – auch *als Juden*! – an der Seite der Unterdrückten.[126] Die Differenz zwischen Aktivisten und dem Establishment drückte Albie Sachs in versöhnlicher Weise so aus, dass die einen hinsichtlich ihres gemeinschaftlichen Lebens taten, was sie für ihre kulturellen, schulischen oder religiösen Interessen hielten. Die Radikalen hätten damit in der Regel kein Problem gehabt, sondern hätten ihre eigenen Interessen verfolgt.[127]

Wenn die Radikalen aber nicht sowieso schon am äußeren Rand des Establishments standen, so wurden im Laufe der Zeit die Brücken zu ihnen abgebrochen. Ein seltener Fall war die Empörung des Rabbiners André Ungar 1959 über die »Abdankung« einer Gemeinschaft, welche sich durch ihre Konformität und Komplizität von einer »geistigen Essenz« des Judentums entferne, welche erst mit dem Ende der Apartheid wiedergewonnen werden könne.[128]

Doch das Establishment distanzierte sich trotz andauernder interner Auseinandersetzungen um eine öffentliche und kritische Haltung zur Apartheid von den Radikalen.[129] Diese Distanz war nicht einseitig, da die jüdischen Radikalen dem Establishment wegen seiner Anpassung und zionistischen Ausrichtung reserviert gegenüberstanden und es der Kollaboration beschuldigten. Dies illustriert eine Anekdote, die Joe Slovo

126 Siehe unten und Kapitel 5.c.
127 Vgl. Sachs, in: Suttner, Cutting, S. 356.
128 Vgl. Ungar, The Abdication of a Community. Ungar, ein ungarisch-stämmiger in London ausgebildeter Rabbiner, war wegen seiner kritischen Äußerungen 1956 aus Südafrika ausgewiesen worden, wo er die Gemeinde in Port Elizabeth geleitet hatte (siehe Shimoni, Jews and Zionism, S. 278 f.; Jeanne Palmer: From Budapest to Woodcliff Lake, jewishstandard.timesofisrael.com/from-budapest-to-woodcliff-lake/ [letzter Zugriff: 25.4.2016]).
129 Vgl. Shimoni, Community, S. 71 ff., v. a. S. 104–119; Shimoni, Jews and Zionism, S. 273–277; Claudia Braude: From the Brotherhood of Man to the World to Come: The Denial of the Political in Rabbinic Writing under Apartheid, in: Sander L. Gilman / Milton Shain (Hg.): Jewries at the Frontier. Accomodation, Identity, Conflict, Urbana/Chicago 1999, S. 259–289, hier S. 271.

über eine Zusammenkunft des CPSA-Vorsitzenden Sam Kahn mit Vertretern des SAJBD berichtet. Subtil fragten diese, ob Kahn nicht aufgrund der antisemitischen Tendenzen in der NP, die Jüdisch-Sein mit Kommunismus zusammenbrachten, über das Ende seiner politischen Aktivität nachdenke. Kahn erwiderte, dass die Behauptung einer Verbindung von Judentum und Kommunismus wie die Behauptung einer Verbindung von Juden und Geld gleichermaßen ins Arsenal des Faschismus gehöre. Er schlug als »Geste der Sorge um die Juden«, einen Handel vor: »Sie geben ihre Geschäfte auf und dann werde ich meine Politik aufgeben.«[130]

Die jüdischen Aktivisten hatten ein zumindest ambivalentes Verhältnis zur jüdischen Community. Auf der einen Seite stand das öffentliche Mantra, jeder Jude engagiere sich nur individuell, auf der anderen Seite standen Pakete und Grußkarten, die an Gefangene zu Pessach und Rosch Haschana geschickt wurden,[131] und die Besuche der Rabbiner als Teil der kommunalen Fürsorge. Ambivalent war daher auch die Erfahrung, die Pauline Podbrey machte, als sie ihre Tochter Sandra – ein »gemischtes« Kind, Tochter einer Jüdin und eines südafrikanischen Inders (H. A. Naidoo) – in einem jüdischen Kindergarten in Kapstadt unterbrachte. Sowohl der Schulleiter wie auch die Angestellten bereiteten dem Kind einen herzlichen Empfang. Zum Ende des Jahres wurde Podbrey jedoch aufgefordert, ihre Tochter aus dem Kindergarten zu nehmen, denn die Hautfarbe des Vaters bereitete den Trägern der Einrichtung Probleme. Die Lehrerschaft und die Angestellten stellten sich hinter Podbrey und die Elternschaft spaltete sich in zwei Lager, doch die Träger des Kindergartens stellten klar, dass man nicht wegen eines Kindes Probleme mit den Autoritäten riskieren werde. Als Kompromiss schlug der Oberrabbiner vor, das Kind in Israel erziehen zu lassen, die jüdische Community Kapstadts werde die Reisekosten zahlen.[132]

130 Slovo, Unfinished, S. 41. Siehe Shimoni, Community, S. 113.
131 Vgl. Raymond Suttner, in: Suttner, Cutting, S. 507.
132 Vgl. Podbrey, White Girl, S. 130 f. Zum Rabbiner Kapstadts, Israel Abarahams, siehe: Mendelsohn/Shain, The Jews in South Africa, S. 164. Ähnlich ambivalente Erfahrungen machten AnnMarie Wolpe und Denis Goldberg. Wolpe, Long Way, S. 227 (Vertreter der von der jüdischen Gemeinschaft getragenen

Diese Ambivalenz vergrößerte eher die Distanz zur Community. Viele Aktivisten und auch unbeteiligte Familienmitglieder erfuhren Ausgrenzung und Missachtung. Ihre Kinder durften plötzlich ihre Freunde nicht mehr besuchen und wurden in der Schule gehänselt;[133] ihre Eltern wurden in der Synagoge geächtet oder verloren Freunde.[134]

Allein Rowley Arenstein erklärte rückblickend, er habe sich trotz all seiner Distanz zum religiösen Gepräge uneingeschränkt als Teil der jüdischen Community gesehen. Mehr noch, er lobte sie vorbehaltlos, nicht nur wegen der Essenspakete im Gefängnis, sondern auch für die Unterstützung, die ihm und seiner Familie zuletzt durch die Möglichkeit eines kostenfreien Schulbesuchs der Kinder, zuteilwurde. »The Community went out of its way to help us.«[135] Arensteins Schilderungen sind jedoch nicht das einzige Zeugnis einer positiven Zuwendung von (Teilen) der Community.[136]

Bei Zusammentreffen der Aktivisten mit der jüdischen Community kam es jedoch häufig zum Eklat. So lief selbst noch 1994 kurz vor den ersten freien und gleichen Wahlen, die Nelson Mandela die Präsidentschaft bringen sollten, eine Veranstaltung in einer Johannesburger Synagoge zum Schluss aus dem Ruder. Als Ronnie Kasrils und Rabbi Ben Isaacson sprachen und Mandela priesen, verließen einzelne Besucher die Synagoge und als Kasrils und Isaacson gingen, wurden sie von einem aufgebrachten Gemeindemitglied abgepasst, das Kasrils als »Kommunist« beschimpfte und der Komplizenschaft mit Verbrechen der UdSSR beschuldigte.[137]

... Kind-David-Schule erließen die Gebühren, erklärten aber, dass sie die Anschläge von Umkhonto We Sizwe verurteilten, weil durch sie der Zorn der Regierung auf die jüdische Community gelenkt werde); Goldberg, The Mission. S 156 f.; Denis Goldberg, in: Suttner, Cutting, S. 489, Fn. 8.

133 Vgl. Tessa von Rooyen: My Story, Email, 29.7.2013; Shawn Slovo, in: Suttner, Cutting, S. 452.

134 Vgl. Levy, Engagements, S. 83 f.; Podbrey, in: Suttner, Cutting, S. 52f; s. a. Esther and Hymie Barsel SAHA AL2460, A2.6.

135 Arenstein, in Suttner, Cutting, S. 393 f., Zitat S. 393.

136 Siehe Our Parents Home an Violet Weinberg, 8.9.1966, SAHA AL3295, H01.03, CHM 666/2004; das Altenheim sandte nach dem Tod ihres Sohnes ein Kondolenzschreiben an Weinberg.

137 Vgl. Kasrils, in: Suttner, Cutting, S. 280; Isaacson, in: Suttner, Cutting, S. 591 f.

Das SAJBD erachtete die oppositionelle, extra-legale Aktivität der jüdischen Aktivisten als Gefährdung der gesamten Minderheit und unterließ es, gegen die repressiven Maßnahmen der Polizei zu protestieren. Es unterstrich immer seine neutrale, nur auf den Schutz der ganzen Community bedachte Haltung. Dennoch fanden sich individuelle Akte der Solidarität. Die Diskussion innerhalb der Gemeinschaft changierte zwischen einer geringen Unterstützung für die Radikalen und einem ebenso geringen Zuspruch für NP-Sympathisanten oder -Mitglieder.[138] Insgesamt ging diese Auseinandersetzung aber an den Aktivisten vorbei.[139] Sie klagten zwar die furchtsame Zurückhaltung an,[140] doch alles in allem gingen SAJBD und linke Aktivisten getrennte Wege.

Ein beständiger Kontakt zwischen den Aktivisten und Teilen der etablierten jüdischen Gemeinschaft stellte sich erst wieder her, als einige Rabbiner ihrer Seelsorgepflicht nachkamen und jüdische politische Gefangene besuchten.

»Jode, julle predikant is hier«[141] *– Besuche des Rabbiners*

Wie alle Gefangenen hatten auch die politischen das Recht auf seelischen Beistand durch einen religiösen Seelsorger. Die beiden Rabbiner Katz und Aloy nahmen sich der jüdischen Gefangenen an. Die Reaktionen auf das Angebot variierten und waren vor allem abhängig vom Auftreten des Rabbiners. Die Gefangenen erfuhren zugewandten Zuspruch ebenso wie schroffe Ablehnung. Zugleich spiegelte das Verhalten der Rabbiner das ambivalente und ängstliche Verhältnis der jüdischen Community gegenüber den inhaftierten Aktivisten wider.

138 Vgl. Fran Buntman / Barbara Buntman: »Old Synagogue« and Apartheid Court: Constructing a South African Heritage Site, in: South African Historical Journal Jg. 62 (2010) H. 1, S. 183–201; Shimoni, Community, S. 57.

139 Siehe Shimoni, Community, S. 29–46, S. 55–119.

140 So bspw. Jack Tarshish, siehe Shimoni, Community, S. 48.

141 Hirson, Revolutions, S. 55. Der Ruf des Wärters auf Afrikaans heißt: Juden, euer Prediger ist hier.

Wichtig war der Kontakt zu den Rabbinern für die Gefangenen auch deswegen, weil sie durch sie zu Pessach und Rosch Haschana Lebensmittelpakete mit festtäglichen Speisen und Getränken überreicht bekamen.[142] Jedoch war es nicht unbedingt einfach, den Kontakt aufzunehmen oder zu halten.

Baruch Hirsons bittere Erinnerung an Rabbi Sidney Katz hält Shimoni für »typisch« für die Gefangenen.[143] Hirson erinnerte sich, beim ersten Besuch von Rabbi Katz gerügt worden zu sein, denn der Rabbiner hätte die Gefangenen als eine Schande für die Judenheit erachtet. Am Ende der Lektion stand für Hirson fest, dass er nicht nochmals zu solch einer Sitzung mit dem Rabbiner gehen würde.[144] Er wurde aber von seinen Genossen umgestimmt, da sie nur so die unter allen geteilten Essenspakete erhalten würden. Hirson bemängelte, die Ausbeute seien magere 18 Pakete in neun Jahren gewesen. Er erinnerte sich nicht daran, dass Katz dem Beispiel anderer Geistlicher gefolgt sei und Nachrichten zwischen Gefangenen und Familienmitgliedern überbracht habe. Wenn er ihn auch nicht für hochgradig reaktionär hielt, so blieb ihm Rabbi Katz als engherziger, bigotter und inhumaner Vertreter eines, wie Hirson urteilte, grausamen Gottes, im Gedächtnis.[145]

Sehr befremdet, aber weniger harsch in der Wortwahl berichtete Raymond Suttner, der 1976 zu siebeneinhalb Jahren Gefängnis verurteilt worden war und 1986 nochmals über zwei Jahre in Gewahrsam und Isolationshaft einsaß, von seinen Begegnungen mit dem Rabbiner.[146] Rabbi Katz wollte Suttner zu diesem Zeitpunkt eine besondere Fürsorge zukommen lassen und besuchte ihn jeden Tag. Doch anstatt Erleichterung waren die Besuche für Suttner eine Belastung: Er habe genügend

142 Vgl. Goldberg, The Mission, S. 156.

143 Vgl. Shimoni, Community, S. 106.

144 Ebenso zog es Leon Levy vor, nachdem er vom Rabbiner belehrt und beleidigt worden war, in die Einzelhaft zurückzukehren (Leon Levy: Jewishness and the Liberation Movement – A Help or A Hindrance?, in: Jewish Affairs, Jg. 63 [2008], Nr. 3).

145 Vgl. Hirson, Revolutions, S. 55 f.

146 Vgl. Raymond Suttner, in: Sutter, Cutting, S. 497–517.

Probleme mit der Isolationshaft gehabt, als dass er noch den Rabbiner habe sehen können. Suttner unterstellte Katz, er würde sich mit seiner religiösen Pflicht schmücken und wegen dieses Ansinnens hielt er ihn für »a bit of a pain in the neck«.[147] Denis Goldberg hingegen urteilte bedächtiger über Katz. Er sah in ihm einen regierungstreuen Mann mit einer kleinlichen Furcht vor den Autoritäten.[148] Goldberg erkannte auch, dass der Rabbiner keine Nachrichten mit aus dem Gefängnis nehmen würde, und wollte ihn auch nicht gefährden, sondern als Zeugen haben, falls ihm in der Haft etwas zustoße.[149] Aber schließlich forderte Goldberg vom Rabbiner doch ein, dass er Nachrichten über das Wohlergehen seiner Familie überbringe. Denn, so Goldberg, wie könne sich Katz auf eine Rolle als geistlicher Beistand beschränken, wenn seine Sorge um die Familie von seinem geistigen Zustand nicht zu trennen sei?[150] Ihre Beziehung verbesserte sich nach der Auseinandersetzung und Katz entwickelte Strategien, um die Gefängnisbehörden zu hintergehen und den Gefangenen Süßigkeiten und Saft zukommen zu lassen.[151]

Für die drei jüdischen Frauen im Gefängnis von Barberton, fast 400 Kilometer östlich von Johannesburg gelegen, verliefen die Besuche des Rabbiners ganz anders. Violet Weinberg und Esther Barsel waren im »Fischer Trial« angeklagt worden, der Ende 1964 begann, währenddessen sie in Johannesburg inhaftiert waren; Weinbergs Tochter Sheila saß ebenfalls eine Zeit lang mit ihnen ein. Dort und schon in Johannesburg besuchte sie Rabbi Aloy, der auch Esther und Hymie Barsel getraut hatte.[152] In den Erinnerungen wird Aloys Fürsorge sehr positiv bewertet. Violet Weinberg und Esther Barsel wechselten während ihrer Inhaftierung mehrere Briefe mit dem Rabbiner und seine Fürsorge erstreckte sich auch auf die Familienmitglieder außerhalb der Gefängnismauern.

147 Vgl. ebd., S. 506f, hier S. 507.
148 Vgl. Goldberg, in: Suttner, Cutting, S. 487.
149 Vgl. Goldberg, The Mission. S. 156.
150 Vgl. ebd.
151 Vgl. ebd.; ders., in: Suttner, Cutting, S. 488. S. a. David Bruce über Rabbi Katz in den 1980er Jahren, in: Suttner, Cutting, S. 175.
152 Vgl. Merle Barsel Ruff, Interview, 22.8.2014, Johannesburg.

Generell zeigte er sich, den Biographien nach zu urteilen, den Frauen sehr zugewandt. Aloy besuchte außerdem Hymie Barsel, der unter Hausarrest in Yeoville stand[153] und blies auch das Schofar für ihn, was eine besondere Würdigung darstellte.[154] Nachdem Violet Weinbergs Tante verstarb, nahm sich Rabbi Aloy Violets Mutter an und berichtete Weinberg über ihren Zustand.[155] Esther Barsel nahm das Angebot, unter Anleitung Aloys einen Hebräisch-Kurs zu absolvieren, wahr.[156] Ihre Mitgefangene Jean Middleton erinnerte sich, dass beide Frauen strahlend von den Besuchen wieder zurück in ihre Zellen kamen, denn gemeinsam mit dem Rabbiner hätten sie die Wärterinnen überlistet, indem sie Jiddisch gesprochen hatten. Im Gegensatz zu Rabbi Katz heiterte Rabbi Aloy die Gefangenen auf und erzählte ironische jüdische Witze, die Weinberg und Barsel ihren Genossinnen wiedergaben. Die Essenspakete, die Aloy zu Pessach und Rosch Haschana sandte, wurden enthusiastisch aufgenommen.[157] Was er seitens der Gefängnisautoritäten mitbekam, verriet Aloy den Frauen, so beispielsweise, dass sie sich ihm gegenüber gerühmt hätten, die Gefangenen durch Strafen brechen zu wollen.[158]

Die Dankschreiben an den Rabbiner zeugen von Herzlichkeit und Humor: »We are glad that Pessach is over, as we have both put on weight and will have to go on diet now!«[159] Während Rabbi Katz einen mindestens ambivalenten Eindruck hinterließ, fand Rabbi Aloy einmütigen Zuspruch. Jüdische Institutionen scheuten sich nicht, das Lob der bekannten politischen Aktivisten auf ihn zu wiederholen. So zitierte die *South*

153 Vgl. Esther Barsel an Rabbi Aloy, Female Section, Johannesburg, 10.9.1964, SAHA AL3295, H01.03 (keine Sigle auf dem Ordner).

154 Vgl. Esther Barsel an Hymie Barsel, 7.9.1964, SAHA AL3295, H01.01.

155 Vgl. Violet Weinberg to Rabbi Alloy, 28.8.1968, SAHA AL3295, H01.03 (keine Sigle auf dem Ordner).

156 Vgl. Esther Barsel an Rabbi Aloy, 4.7.1966, SAHA AL3295, H01.03 (keine Sigle auf dem Ordner).

157 Vgl. Middleton, Convictions, S. 107.

158 Vgl. ebd., S. 110.

159 Violet Weinberg to Aloy, 19.9.1968; Esther Barsel to Rabbi Aloy, Female Section, Johannesburg, 10.9.1964; Esther Barsel, Violet Weinberg, Barberton, to Rabbi Aloy, 2.5.1967; Esther Barsel, Violet Weinberg to Rabbi Aloy, 8.10.1967, SAHA AL3295, H01.03.

African Jewish Ministers' Association lange aus einem Schreiben Eli Weinbergs, der die Besuche Aloys im Fort in Johannesburg als große Inspiration und Erleichterung für die Gefangenen wertschätzte.[160]

Juden im Gefängnis

Die im Apartheidsystem wesentliche ethnische Zugehörigkeit wurde besonders in Einrichtungen, in denen Gruppenzugehörigkeiten von hervorgehobener Bedeutung waren – wie im Gefängnis –,[161] nochmals verstärkt zum Vorschein gebracht. Für die jüdischen Gefangenen spielte der Antisemitismus des Wachpersonals (und der Sicherheitspolizei) dabei eine zentrale Rolle,[162] denn dieser schärfte ihr Profil als jüdische Inhaftierte – eine Eigenschaft, die in der Freiheit unter ihren Genossen und in ihrem Lebensalltag marginal gewesen war. Das Gefängnis schweißte die politischen Gefangenen so sehr zusammen,[163] dass einige gar vom Trübsal schrieben, dass sie bei der Entlassung empfunden hätten.[164] In seinen 22 Jahren in Haft begrüßte und verabschiedete Denis Goldberg über vierzig seiner Genossen, wie er in seinen Memoiren festhielt.[165] Diese Gruppe war keineswegs homogen, denn unter den Gefangenen waren Mitglieder der SACP und MK wie auch Liberale, Trotzkisten, Maoisten und Mitglieder des ARM.[166] So vielfältig die Gruppe auch war, die Aktivisten mussten ihre politischen Differenzen, die sie in Freiheit getrennt hatten, im Gefängnis hinter sich lassen, um ihre Interessen gemeinsam vertreten zu können. Unterschiede wurden seitens der Sicherheitsorgane sowieso nicht hinsichtlich politischer Strömungen gesehen, sondern nur

160 Vgl. S[outh] A[frican] Jewish Ministers' Association to Rabby Aloy, 11.5.1965, SAHA AL3295, H01.03, CHM 669/2004.
161 Vgl. Lewin, Bandiet, S. 107 f., S. 109–117, S. 129 ff.
162 Vgl. bspw. Sachs, in Suttner, Cutting, S. 360.
163 Vgl. Goldberg, in: Suttner, Cutting, S. 477.
164 Vgl. Turok, Truth, S. 172; Suttner, in: Suttner, Cutting, S. 506.
165 Vgl. Goldberg, The Mission, S. 158.
166 Vgl. Hirson, Revolutions, S. 139 ff.

im Sinne des Apartheidsystems gemacht: rassistische Trennung der Gefangenen. Während Schwarze nichts zählten, galten die Weißen ihnen als Verräter. Die politischen Gefangenen agierten im Gefängnis als Gruppe, um die wenigen Privilegien, die gewährt wurden, nicht individuell, sondern kollektiv für sich nutzen zu können.[167] Sie traten daher sehr geeint auf, wie sich Denis Goldberg erinnerte.[168]

Seitens des Wachpersonals wurde ebenso mit einer kollektiven Zuschreibung operiert, vor allem weil Jüdisch-Sein und Regimekritik gekoppelt waren.[169] Ein Wachtmeister des Gefängnispersonals stolzierte bei der Morgenvisite durch den Trakt der Politischen. Er grüßte jeden Gefangenen mit »Morgen Jude, Morgen Jude, Morgen Jude«. Nach einem Protest änderte der Wächter seinen Gruß. Am nächsten Morgen hieß es: »Morgen Kommunist, Morgen Kommunist, Morgen Kommunist.«[170] Kommunismus, synonym mit Opposition gegen die Apartheid, wurde mit der vermeintlichen jüdischen Herkunft in Eins gesetzt. Jüdisch zu sein, egal welchen Stellenwert die Aktivisten dem selbst beimaßen, war für die Sicherheitsleute ein Element von Kriminalität.[171] Für manche der jüdischen Gefangenen aber markierte die jüdische Herkunft eine Lebensbahn, auf der sie sich bewegten.[172]

Die Bedeutung der jüdischen Herkunft wurde so durch die Situation im Gefängnis gesteigert, wie Raymond Suttner feststellte:

> Anyway, I felt Jewish in prison. I felt Jewish in a funny sense that because you're Jewish you got a parcel once a year. And it was very important for the prisoners to have a full quota of Jews so we could share out this parcel.[173]

167 Vgl. Suttner, in: Suttner, Cutting, S. 505; Goldberg, in: ebd., S. 482.

168 Vgl. Goldberg, in: Suttner, S. 478.

169 Dies speiste auch den Vorwurf der doppelten Loyalität bzw. die in der nationalistischen Presse gestellte Frage nach der Loyalität der Juden Südafrikas (vgl. André Ahlers: Lojale Jode? in: Sondagstem, 26.2.1967, SAJBD Archives 703 [Dual Loyalty]). S. a. Shimoni, Community, S. 296.

170 Goldberg, in: Suttner, Cutting, S. 475.

171 Vgl. Raymond Suttner, in: Suttner, Cutting, S. 507.

172 Vgl. Hirson, Revolutions, S. 97.

173 Raymond Suttner, in: Suttner, Cutting, S. 503.

Dem entspricht die Beobachtung eines Rabbiners, dass im Gefängnis mehr Menschen von sich behaupten würden, sie seien jüdisch, damit sie die Pakete zu Pessach und Rosch Haschana bekämen.[174]

Im Gefängnis in Pretoria saßen zu unterschiedlichen Zeiten insgesamt fünfzehn jüdische Aktivisten ein.[175] Demgegenüber waren es unter den weitaus weniger – elf – Frauen »nur« drei Jüdinnen, die längere Zeit in Barberton einsaßen.[176] Nach Beendigung ihrer Haftstrafe blieben nur wenige Aktivisten in Südafrika. Zum einen waren ihre Organisationen zerschlagen worden, zum anderen waren sie mit Bannungen und Hausverboten belegt. Über weite Strecken lebten sie isoliert und waren auf wenige verbleibende Aktivisten zurückgeworfen, die sie besuchen durften.[177] Die Aufhebung der Bannung von SACP und ANC im Februar 1990 wurde daher als erleichternde Befreiung erlebt.[178]

174 Vgl. ebd.

175 Unter den mehr als vierzig weißen politischen Gefangenen, die Denis Goldberg erinnert, waren die jüdischen neben ihm selbst: Rowley Arenstein, Lewis Baker, David Ernst, Raymond Eisenstein, Victor Finkelstein, Issac Heymann, Baruch Hirson, Norman Levy, David Rabkin, Raymond Suttner, Jack Tarshish, Paul Trewhela, Ben Turok, Eli Weinberg. David Kitson galt nach halachischen Regeln nicht als jüdisch, da »nur« sein Vater Jude war. Er wurde für die Familie seiner Frau »koscher« gemacht; Kitson verlangte auch nicht, den Rabbiner zu sehen, sondern einen *Christian Science*-Prediger, da seine Eltern dieser Glaubensrichtung anhingen (Kitson, Sixpence, S. 119; Hirson, Revolutions, S. 55). Vgl. zu den Personen Goldberg, in: Suttner, Cutting, S. 487 f.; Goldberg, The Mission S. 153, S. 159, S. 178, S. 193; Turok, Truth, S. 153, S. 163, S. 165, S. 167 f.; Hirson, Revolutions, S. 139 ff.; Levy, Prize, S. 337, S. 355, S. 357 f., S. 360, S. 372; Paul Trewhela: Hamas: The ANC has shamed South Africa, PoliticsWeb, 27.10,2015, www.politicsweb.co.za/news-and-analysis/hamas-the-anc-has-shamed-south-africa (letzter Zugriff: 16.2.2016).

176 Violet und Sheila Weinberg sowie Esther Barsel; vgl. Middleton, Convictions, S. 118, S. 122.

177 Vgl. die Silvesterparties bei der Familie Heymann, die Esther und Hymie Barsel gemeinsam mit anderen Freunden besuchten, Esther Barsel, AL2460, A2.6.1., S. 81 f.

178 Vgl. Esther Barsel, www.youtube.com/watch?v=_QnkHsnmhlc (letzter Zugriff: 16.2.2016).

Selbstbild und Zuschreibung: jüdisch vs. weiß?

War die Stellung der Juden in Südafrika en gros von Unsicherheit und Ambivalenzen geprägt, die in der nationalistischen Frage nach der jüdischen Prominenz im Kampf gegen die Apartheid und nach der »doppelten Loyalität« zum Ausdruck kamen, so befanden sich die jüdischen Aktivisten in einem anderen Dilemma. Sie hatten zwar eindeutig die religiösen Schranken des Judentums hinter sich gelassen, wurden jedoch seitens des Staats und der nationalistischen Öffentlichkeit als jüdisch identifiziert. Denis Goldberg wurde von einem der Vernehmungsbeamten nach seiner Verhaftung eröffnet: »Einer von deinen Leuten wird euch hängen«. Auf Goldbergs Nachfrage »Einer meiner Leute? Was meinen Sie?« antwortete der Polizist: »Der Staatsanwalt, Dr. Yutar, ist ein Jude und er wird zusehen, dass ihr hängt!«[179]. Doch wie sahen sich die Aktivisten selbst? Welchen Anteil maßen sie ihrer jüdischen Herkunft bei? Zwischen welchen Polen bewegten sich ihre Selbstbeschreibungen? Die beachtliche Rolle von Juden in der linken und liberalen Szene schien auch dort wahrnehmbar zu sein. Pauline Podbrey hatte rückblickend den Eindruck, dass jeder in der CPSA jüdisch gewesen sei.[180] Dieser Eindruck ist trügerisch, denn zumindest für das Jahr 1949 sind ungefähr zweieinhalbtausend Mitglieder nachgewiesen, von denen fast drei Fünftel schwarz und ein Fünftel *Coloured* waren. Im letzten Fünftel überwogen die weißen Kommunisten die indischen mit 269 zu 112.[181]

Der afrikanische Journalist und Autor Lewis Nkosi räumte jedoch den Juden Johannesburgs eine zentrale Rolle in dem inter-»rassischen« Kontakt und der Förderung moderner Kultur ein,[182] und auch Rusty Bernstein billigte der weißen Mittelklasse in Johannesburg einen »radikalen Zug« und Humanität zu.[183]

179 Goldberg, The Mission, S. 115.

180 Vgl. Podbrey, in: Suttner, Cutting, S. 52.

181 Aus dem Report of the District Committee to the Annual District Conference of the CPSA, 23. April 1950, in: Lodge, Secret Party, S. 434.

182 Vgl. Lewis Nkosi: Home and Exile and Other Selections, Harlow, 1983, S. 13 f.

183 Vgl. Bernstein, Memory, S. 182.

Zwischen den vielfältigen ethnischen Klüften und dem gewaltigen und gewaltvollen Antagonismus zwischen Schwarz und Weiß stellten sich viele der linken Juden die Frage, wo sie in diesem Konflikt stünden. Zudem war die Bedeutung der jüdischen Herkunft unklar. Die Spannbreite des Verhaltens zur jüdischen Herkunft reichte von Verleugnung bis hin zu aktiver Affirmation, wobei Ersteres seltener zu finden war. In den Autobiographien findet sich meist die Feststellung, ein Kind jüdischer Eltern zu sein und zugleich durch die antisemitische Polizei auf die jüdische Herkunft festgelegt worden zu sein.

Nicht nur die Frage, wie loyal die Juden Südafrikas zum Apartheidstaat standen, sondern auch die Debatte um den »rassischen« Status der Juden wirkte im Verhalten der jüdischen Aktivisten nach. In den 1930er Jahren war darüber gestritten worden, ob den osteuropäischen Juden die Einwanderung nach Südafrika gestattet werden sollte, da es fraglich sei, ob sie »Europäer« seien. Seit Jahrhunderten wurden Juden in der rassistischen und antisemitischen, aber auch in der wissenschaftlichen Literatur als »schwarz« angesehen: »For the eighteenth-and-nineteenth-century scientist the ›blackness‹ of the Jew was not only a mark of racial inferiority, but also an indicator of the diseased nature of the Jew.«[184] Daher rekurrierte die Frage nach Jüdischkeit, Weißsein oder afrikanischer Zugehörigkeit zum einen auf eine in Europa entstandene Zuschreibungspraxis und bedeutete zum anderen eine Identifikation mit der nicht-weißen, afrikanischen Freiheitsbewegung.

Sehr früh fragte der ehemalige Senator Hyman Basner ausdrücklich: »Bin ich ein Afrikaner?«[185] Basner floh von Südafrika nach Ghana, wo er einige Zeit für den dortigen Präsidenten arbeitete. Einem hellhäutigen Exilanten mit improvisierten Reisepapieren begegneten afrikanische Behörden im Gegensatz zu schwarzen Exilanten reserviert.[186] Ronald Segal zweifelte generell an einem Platz für Weiße in Afrika, waren sie doch als Kolonisatoren auf den sich von kolonialer Abhängigkeit be-

184 Gilman, The Jewish Nose, S. 172.
185 Basner, Am I an African?.
186 Vgl. Mandela, Der lange Weg, S. 391 f.

freienden Kontinent gelangt.[187] Ruth First hingegen versicherte überzeugt: »I count myself an African, and there is no case I hold dearer.«[188]

Bei ihrem Genossen Rusty Bernstein ging die »Südafrikanisierung« der Biographie noch weiter: kein Bezug auf eine ethnisch geprägte Herkunft findet sich in seiner Autobiographie oder in späteren Interviews – mehr noch: Hinweise auf eine jüdische Herkunft wurden getilgt. Glenn Frankel jedoch erinnerte sich daran, dass Rusty Bernstein die Formulierung des »nice Jewish boy« für sich wählte, als er es auf einem Kassiber aus dem Gefängnis seiner Frau gegenüber bedauerte, zum zweiten Mal des Hochverrats angeklagt zu sein.[189] Dies ist das einzige Mal, dass Bernstein seine *jüdische* Herkunft benannte. Die Reaktion auf Frankels Nachfrage, was dieser Zettel bedeute, ist vielsagend: »Hilda looked just a little sheepish. It's just a phrase, she replied, just a phrase.«[190] Bis an die Selbstverleugnung reichte der Umgang mit der jüdischen Herkunft also heran.[191] Hilda Bernstein berichtete von einem bezeichnenden Dialog in ihrem Elternhaus: Ihre Schwester Vera fragte ihren Vater, ob sie jüdisch sei. Er erwiderte, warum sie frage, und riet dann seiner Tochter, zu sagen, sie sei ein Mensch.[192] Ihre Eltern waren russisch-jüdische Immigranten in England und ihr Vater war ein Atheist, der davon überzeugt war, dass ein Immigrant sich in seiner neuen Heimat assimilieren sollte. Die Mutter war nicht so strikt wie ihr Ehemann, aber beide praktizierten keine

187 Vgl. Segal, Into Exile, S. 19.

188 First, The Barrel of a Gun, S. XI.

189 Vgl. Frankel, Road to Rivonia, S. 188.

190 Vgl. ebd. Milton Shain sagte mir, dass beide Bernsteins sich dagegen verwahrt hatten, in der Ausstellung »Looking Back. Jews in the Struggle for Democracy and Human Rights in South Africa« Aufnahme zu finden, da sie nicht Teil einer »ethnischen Ausstellung« sein wollten. Interview mit Milton Shain, 28.7.2014, Kapstadt.

191 An die Reaktion des Ehepaares Bernstein fügt sich die Bemerkung ihrer Tochter Toni Strasburg an, die darauf hinwies, dass ihre Eltern nicht als Juden, sondern als Südafrikaner erinnert werden wollten. Email von Toni Strasburg, 11.8.2014. Pauline Podbrey bemerkte während ihrer Arbeit beim Radio in Budapest vor 1956 ein ähnliches Verhalten bei ungarisch-jüdischen Kommunisten, vgl. Podbrey, White Girl, S. 181; Podbrey, in: Suttner, Cutting, S. 53.

192 Vgl. Hilda Bernstein: A Life of One's Own, Johannesburg 2002, S. 14.

der jüdischen Riten und Sitten, die wiederum deren Eltern gelebt hatten (zum späteren Bedauern der Mutter).[193] Die drei Töchter wuchsen im Glauben auf, eine gewöhnliche englische Familie zu sein – mit dem einzigen Unterschied, dass diese auch unter Emigranten verkehrte.[194] Bernstein selbst erklärte, nicht zu wissen, was es hieße, jüdisch zu sein, denn für sie sei es nichts anderes als eine Religion.[195]

Rusty Bernstein griff in seinen Memoiren das linke, weiße und auch jüdische Milieu , in dem er in Johannesburg verkehrte, namentlich die intellektuellen Zusammenkünfte in *Florian's Café* in Hillbrow, das von deutsch-jüdischen Immigranten eröffnet wurde, auf.[196] Dort nahm er an den Diskussionen seiner Freunde Kurt Jonas und Jock Isacowitz über zionistischen und anti-zionistischen Sozialismus teil. Ihnen gestand Bernstein bereitwillig zu, dass sie jüdisch waren.[197]

Auch bei Ruth First sind – im Gegensatz zu ihrem Gatten – nur äußerst wenig Hinweise auf eine jüdische Herkunft oder gar Jüdischkeit zu entdecken; im Gegenteil: offensiv identifiziert sie sich als Afrikanerin. Ihre Tochter Shawn schrieb ihr dennoch eine Art »kulturelles Judentum« zu, die sie in der Art des Essens, der kulturellen Interessen und der intellektuellen Neugier begründet sah und die sich darauf aber auch begrenzte.[198] Ronald Segal, der ein Freund der Slovos war, gab 1961 – selbst im englischen Exil – ein Who's Who Afrikas heraus, in welchem er First nicht nur als Mitglied der CPSA und herausragende Journalistin beschreibt, sondern auch ihre jüdische Herkunft nennt.[199]

193 Vgl. ebd., S. 14 f.
194 Vgl. ebd., S. 15.
195 Vgl. Hilda Bernstein, in: MCA 7-1499, S. 248.
196 Vgl. Bernstein, Memory, S. 15.
197 Vgl. ebd. Wieder, Ruth First and Joe Slovo, S. 47.
198 Vgl. Shawn Slovo, in: Suttner, Cutting, S. 447.
199 Vgl. [Ronald Segal]: First (Slovo), Ruth, in: Ronald Segal: Political Africa. A Who's Who of Personalities and Parties, London 1961, S. 92. Anthony Sampson identifizierte First 1958 als Teil der radikalen Linken jüdischer Herkunft mit Immigrationshintergrund (Anthony Sampson: The Treason Cage. The Opposition on Trial in South Africa, London u. a. 1958, S. 168 f.).

Und vielleicht spiegeln sich die Ambivalenzen dieses »kulturellen Judentums« auch auf der Alltagsebene in ihrer geradezu obsessiven Beschäftigung mit ihrem Haar wider, denn Haar gilt als ein untrügliches Element der persönlichen Identität.[200] Eine der ersten Erinnerungen an Firsts Haare stammte von einer Schulfreundin, die es als »fuzzy short hair«, wuscheliges kurzes Haar, beschrieb.[201] Neben anderen Charakteristika ist es auch bei Norman Levy vor allem das lockige Haar, das ihn an Ruth erinnerte,[202] und auch AnnMarie Wolpe erkannte, wie sehr First ihr wildes Haar frisieren und kontrollieren musste.[203] Joe Slovo beschrieb das Haar seiner Frau als »markant«: »distinctive gypsy-black hair«[204].

Fülle und Welle, diese Eigenschaften zeichnen neben der dunklen Farbe das »jüdische Haar« in der Imagination aus.[205] Das gewellte, gelockte, unbändige Haar gilt als jüdisches Merkmal.[206] Oftmals war eine

200 Vgl. Herlinde Koebl im Interview mit Jenny Hoch, www.spiegel.de/kultur/gesellschaft/herlinde-koelbls-haare-schoenheit-allein-ist-langweilig-a-502784.html (letzter Zugriff: 2.5.2016).

201 Vgl. Wieder, Ruth First and Joe Slovo, S. 35.

202 Vgl. Levy, Final Prize, S. 15.

203 Vgl. Wolpe, Way, S. 64.

204 Slovo, Unfinished, S. 120.

205 Siehe M. Franco: Hair, in: Jewish Ecyclopedia, Bd. VI, New York / London 1904, S. 157–160. Vgl. (um im englischsprachigen Kulturraum zu bleiben) Walter Scott: Ivanhoe, Frankfurt a. M. 1975, S. 84, wo Scott die Tochter des jüdischen Geldverleihers Issac, Rebecca, bei ihrem ersten Auftritt wie folgt beschreibt: »Der Glanz ihrer Augen, der schöne Bogen ihrer Brauen, ihre wohlgebildete Adlernase, ihre Zähne, so weiß wie Perlen, ihre üppigen schwarzen Locken, die spiralförmig auf ihren lieblichen Hals und Busen niederfielen. – Alles dieses bildete ein so liebenswürdiges Ganzes, welches der Schönheit der sie umgebenden Mädchen nichts nachgab.« Mit prachtvollem Schmuck bestückt erhält sie von Scott an gleicher Stelle den Beinamen der »schönen Jüdin«. Zu diesem Stereotyp siehe Elvira Grözinger: Die schöne Jüdin. Klischees, Mythen und Vorurteile über Juden in der Literatur, Berlin/Wien 2003.

206 Natürlich ist diese Sicht nicht statisch, sondern dynamisch und wird hoch kontrovers diskutiert. Siehe bspw. Jordan Namerow: A Look at »How Jews Look« and »The Colors of Water«, Jewish Women's Archive, 17.3.2009, jwa.org/blog/colors-of-water; MyJewishLearning.com: How Jews Look, 27.2.2009, vimeo.com/3396883 (letzter Zugriff: 5.5.2016).

Hassliebe zur Haarpracht prägend.[207] In der Realität ließen sich viele Jüdinnen ihr Haar glätten, auch mittels Chemikalien, um dauerhafte Resultate zu erzielen.[208] Viele jüdische Frauen standen unter dem Druck,

207 Vgl. Samantha Shokin: Locks of Love, Tablet Magazin, 30.1.2014, www.tabletmag.com/jewish-life-and-religion/159313/love-my-jewish-hair (letzter Zugriff: 5.5.2016). Als Leah Berkenwald einen Vorbereitungskurs der (jüdischen) Brandeis Universität besuchte, sah sie sich, als sie mit den anderen Teilnehmerinnen zusammensaß, erstmals mit der Frage des jüdischen Haars konfrontiert. Denn ihres war glatt und braun, während es von den Köpfen der anderen nur so dunkel herunterlockte (Leah Berkenwald: What is Jewish Hair?, Jewish Women's Archive, 26.10.2009, jwa.org/blog/jewish-hair [letzter Zugriff: 5.5.2016]). Dickes, lockiges Haar war ein Signifikant für die jüdische Frau und das jüdische Mädchen. Die 2009 in den USA auf den Markt gebrachte Puppe »Rebecca Rubin« verkörperte laut Herstellerangaben ein Kind russisch-jüdischer Einwanderer und soll 1914 in New Yorks Lower East Side (*dem* Sinnbild eines jüdischen Immigrantenviertels) leben und sticht durch ihr betont gewelltes Haar unter den anderen Puppen hervor (Jordan Namerow: Musings on Rebecca Rubin, Our Jewish American Girl, Jewish Womens Archive, 3.6.2009, jwa.org/blog/rebecca-rubin-american-girl-doll; www.americangirl.com/shop/dolls; www.americangirl.com/shop/dolls/rebecca-doll-book-accessories-02bun41 [letzter Zugriff: 5.5.2016]). Die afroamerikanische Puppe »Addy« hat hingegen keine Locken. Als Accessoires kann man für Rebecca ein Set für den Nachmittagstee (!) erstehen, das neben Challah, dem traditionellen Hefezopf zum Schabbat, zwei Kerzenständer mit vorgeblichen Schabbatkerzen enthält. Vor »Rebecca« gab es von 2001 bis 2002 eine weitere jüdische Puppe, »Lindsey Berman«, deren Religionszugehörigkeit weniger im Vordergrund stand. Auch hier finden wir gelocktes, kastanienbraunes Haar (www.americangirl.com/corporate/archives; s. a. Michelle Wildgen: The Rise of American Girl Rebecca Rubin, Forward 2.1.2013, forward.com/culture/168334/the-rise-of-american-girl-rebecca-rubin/ [letzter Zugriff: 5.5.2016]). Wie sehr Haar die Erscheinung der jüdischen Frau prägte, greift der Bühnenautor Joshua Harmon auf, der in seiner schwarzen Komödie »Bad Jews«, die Figur der Daphne wie folgt beschrieb: »... dickes, heftiges, lockiges, krauses, langes braunes Haar. Haar, das nach einer Dusche den Abfluss verstopft. [...] Haar, das nicht geglättet werden konnte, selbst wenn drei Friseure es vier Stunden lang mit zwei Geräten in den Fäusten fönen würden. Haar, das schreit: Jude.« Die *New York Times* schloss aus der Überzeichnung, es gäbe neben den vier menschlichen Charakteren in dem Stück noch einen fünften: Daphnas Mähne (Erik Piepenburg: »Bad Jews« and Its Hair Club for Women, New York Times, 23.4.2015, www.nytimes.com/2015/04/26/theater/bad-jews-and-its-hair-club-for-women.html?_r=0 (letzter Zugriff: 5.5.2016)].

208 Vgl. Berkenwald, Jewish Hair.

ihr Aussehen den Vorbildern aus den Hochglanzmagazinen anzugleichen: »I spent a lifetime hating my Jewish hair — straightening it, covering it, or otherwise finding ways to diminish its presence.«[209] Dieser Druck »verstärkt die Vorstellung, dass man ›weiß‹ aussehen müsse, um schön zu sein.«[210] Auf ähnliche Weise griff Leah Berkenwald die Frage auf, weshalb der »Jewfro« von jüdischen Frauen nicht genauso akzeptiert werde wie vermeintlich der »Afro« von schwarzen Frauen. Beide kamen in den 1960er Jahren auf und wurden als Zeichen ethnischen Stolzes getragen. Zudem markierte der Jewfro die Solidarität mit der Bürgerrechts- und *Black Power*-Bewegung. Berkenwald gab keine direkte Antwort, aber sie wies darauf hin, dass die Verknüpfung der Diskussion um die »-fros« auf eine Identifikation der jüdischen mit der schwarzen Community unter dem Gesichtspunkt des ethnischen Aussehens hindeute.[211] Im Umkehrschluss würde das bedeuten: je glatter das Haar gemacht wird, desto mehr findet die Identifikation mit der weißen (Mehrheits-)Kultur statt.

Ruth First war nicht die Einzige, deren Haare ein Thema waren. Während Hilda Bernstein noch das dicke, lockige Haar ihrer Mutter schätzte,[212] standen Norma Kitson und ihre Schwester Joan hingegen unter dem Druck, ihre Locken unsichtbar zu machen:

209 Shokin, Locks of Love.

210 Berkenwald, Jewish Hair. Eine Erfahrung, die Natasha Gorel (die einzige der vier von Piepenburg befragten Frauen, welche die Frage »Jüdisch?« bejaht) teilt: »When I was in high school, I remember straightening my hair for hours because I wanted to fit in and I wanted boys to talk to me — that 16-year-old insecure thing girls go through.« (Piepenburg, »Bad Jews«).

211 Vgl. ebd.

212 Vgl. Bernstein, Life, S. 14. Vgl. Denis Goldberg, der das dichte, wehende Haar seiner Mutter erinnert (in: Suttner, Cutting, S. 466) und auch AnnMarie Wolpe, die sich an die moderne, geglättete Frisur ihrer Mutter erinnert, wo die Mutter doch eigentlich ungebändigtes lockiges Haar gehabt habe (Wolpe, Way, S. 36). Auch Peggy Parnass, die die Erinnerung an ihre in der Shoah ermordeten Eltern sehr hochhält, erinnert das Haar ihrer Mutter als »wuschelig krause[]s, schwarze[s] Haar, Sehr viel Haar.« (Peggy Parnass: Kindheit, mit Holzschnitten von Tita do Rêgo Silva, Hamburg 2012, unpaginiert).

> As soon as I heard the word »photographer« I rushed into the bathroom and wet my hair and poured a bottle of Dad's Vitalis [eine Haarstylingflüssigkeit; H. P.] over it. It didn't lie flat but at least it wasn't a frizzy bush.[213]

Joan und Norma Cranko hassten ihre wuscheligen Haare, auch wenn Joan sich bemühte, ein wenig Stolz in den Locken zu finden und ihre Mutter immer versuchte, es zu glätten.[214]

Auf den geradezu ikonisch gewordenen Fotos von Ruth First in Südafrika oder in London sieht man sie immer gut gekleidet und frisiert – es hieß, ihr Auftritt sei stets gelungen gewesen.[215] Doch die Kopfhaare waren eine Herausforderung für First. In ihrem Versuch, ihren »unruly Jewish frizz« zu verleugnen,[216] fragte sie während der Diskussion mit Joe Slovo über den Schritt ins Exil, ob man in London auch Haar glätten könne.[217] Die Bemerkung, die First auf die Frage folgen ließ, lautete: »Not so funny, considering mine.«[218] »Jüdisches Haar« sahen die Trägerinnen als ein Herausforderung für den Friseur an,[219] den sie in London häufig aufsuchten. Aus Ruth Firsts Kalendern lässt sich an den Einträgen »Hair« oder »hairdo« ersehen, dass sie versuchte sich alle vierzehn Tage die Haare machen zu lassen.[220]

Bei ihrem ersten Aufenthalt an der Universität Durham beklagte sich First bei Slovo auch über den Umstand, dass es keinen anständigen

213 Kitson, Sixpence, S. 51.

214 Vgl. ebd., S. 53.

215 Viele Bilder sind unter www.flickr.com/photos/ruthfirstpapers/albums einzusehen (letzter Zugriff: 22.2.2019); aber auch in Saks, Jewish Memories, finden sich viele Fotografien Firsts. Ikonisch sind diese, da sich bestimmte Abbildungen wiederholen, so auch in Pinnock, Ruth First oder in den Nachrufen nach ihrer Ermordung (vgl. Sechaba, Oktober 1982, Front- und Rückenabbildung, S. 24, S. 27; Michael Wolfers: Ruth First Murdered in Maputo, in: SWAM, No. 6, S. 10 f.; Dawn, Vol. 6 [1982] No. 8 & 9).

216 Vgl. Slovo, Every Secret Thing, S. 77.

217 Vgl. ebd., S. 130.

218 Ruth First an Joe Slovo, 4.1.1964, Ruth First Papers 117/1/3/1/2.

219 So auch Shokin, Locks of Love.

220 Vgl. Diary 1964, Diary 1973, Ruth First Papers 117/1/2/15.

Friseur mit einem entsprechenden Shampoo in der Stadt gäbe.[221] Und auch während eines Forschungsaufenthalts an der Universität von Ibadan in Nigeria beschäftigte sie die Frage, wie sie mit ihrem Haar umgehen solle, denn First schrieb ihrer Familie, sie würde es besser finden, im Norden des Landes zu leben als im Süden, »denn [ihr] Haar war glatt im trockenen Johannesburg-mäßigen Klima«[222].

Dass sie Ende der 1970er Jahre dauerhaft zurück auf dem afrikanischen Kontinent und in die mosambikanische Revolution involviert war, erlebte First als Befreiung – die sie auch ihrem Haar zugestand.[223] Ihre Tochter führte dies auf eine Beheimatung ihrer Mutter zurück: endlich hatte sie einen Ort gefunden, an dem ihre Talente akzeptiert, ihr brillanter Verstand, ihr leidenschaftlicher Einsatz und ihre langjährige Erfahrung geschätzt und genutzt würden. »Sie fühlte sich bestätigt: sie konnte sie selbst sein.«[224] Erst mit diesem Schritt löste sich der Widerspruch zwischen Firsts politischen afrikanischem Bekenntnis und ihrem Bemühen um eine Annäherung an die weiße Haarkultur auf.[225]

Auf den ersten Blick ganz im Gegensatz zu First oder dem Ehepaar Bernstein bekannte sich Ronnie Kasrils zu seinem Jüdisch-Sein, denn er äußerte sich in diesem Punkt explizit, affirmativ und unzweideutig. In Johannesburg geboren, nach Sharpeville politisch aktiv geworden und in Durban in den COD und SACP eingetreten, ließ Kasrils keinen Zweifel daran, dass er jüdisch sei, aber keinesfalls religiös: Ein Volk, auch das jüdische, werde geschaffen durch seine Geschichte, seine Erbschaft und seine Kultur. Unter diesen Gesichtspunkten begriff er auch seine eigene Jüdischkeit, wobei er zugleich anmerkte, dass die Frage, was es hieße jüdisch zu sein, kontinuierlich diskutiert worden sei.[226] Als zentrale Faktoren, die ihn und seine Identität als Jude geprägt hatten, nannte Kasrils

221 Vgl. Ruth First an Joe Slovo, o. D. [1973], Ruth First Papers 117/1/3/1/5.
222 Ruth First an Joe, Gillian und Robyn Slovo, 19.2.1968, Ruth First Papers 117/1/3/1/4.
223 Vgl. Slovo, Every Secret Thing, S. 147 f.
224 Ebd., S. 153.
225 Siehe ebd., S. 5 f.
226 Vgl. Kasrils, in: Suttner, Cutting, S. 274.

die humanistische Seite, auch des religiösen Judentums, den Appell an Gerechtigkeit und Toleranz sowie die Shoah.[227] Hinzu kommen eine kulinarische und eine militärische Seite. Als Kind in Yeoville aufgewachsen vermisste Kasrils im afrikanischen Exil all die jüdischen Delikatessen, die er von zuhause kannte: gefilter Fisch, gehackte Leber und Gewürzgurken oder Latkes.[228] Militärisch wurde Kasrils in Odessa ausgebildet und übernahm innerhalb von MKs hohe Posten; in Südafrika war er unter anderem beim neuen Geheimdienst des Landes und als stellvertretender Verteidigungsminister tätig. Mit Verweis auf seine militärische Laufbahn bekundete Kasrils, von den biblischen Geschichten Davids, Gideons und Samsons wie auch dem »Maccabi spirit«, der den Israelis anhafte, angezogen zu sein.[229] Kasrils war zwar kein Zionist,[230] gestand jedoch ein, in manchen seiner Urteile über Israel zu hart gewesen zu sein und mit Sicherheit an das Existenz- und Selbstverteidigungsrecht des Landes zu glauben.[231] Zionismus und Jüdischkeit seien zwei verschiedene Angelegenheiten, stellte er im Interview klar. Die Verknüpfung beider Felder sei ungemein einschränkend für individuelle Juden.[232] Jüdisch zu sein nahm in Kasrils Selbstbeschreibung keinen zentralen Platz ein, er betonte viel mehr: »I [...] became a South African.«[233] Seines Erachtens nach war es für diejenigen innerhalb der jüdischen Gemein-

227 Vgl. ebd., S. 270, S. 273.
228 Vgl. ebd., S. 272.
229 Vgl. ebd., S. 274 f.
230 Vielmehr rief er durch eine kontroverse Deklaration die wohlmöglich erste politische Krise innerhalb der jüdischen Community im Post-Apartheid-Südafrika hervor, in der 2001 die israelische Politik für den gewaltsamen Konflikt zwischen Israelis und Palästinensern verantwortlich erklärt wurde; siehe Joel B. Pollak: The Kasrils Affair. Jews and Minority Politics in Post-Apartheid South Africa, Kapstadt 2009; Ronnie Kasrils: Armed and Dangerous. From Undercover Struggle to Freedom, Johannesburg 2013, S. 339–345 (i. F. angegeben als Kasrils, Armed II).
231 Vgl. ebd., S. 273, S. 282.
232 Vgl. ebd. S. 280 f. Zugleich billigte Kasrils dem Staat Israel zu, durch seine Gründung Juden aus dem Stand als passive Objekte der Geschichte gehoben zu haben – auf Kosten der Palästinenser (ebd., S. 287).
233 Ebd., S. 275.

schaft, die sich weniger an die Vorstellung jüdischer Exklusivität oder an ein zionistisches Bekenntnis banden, einfacher, sich als Südafrikaner zu identifizieren.[234]

Weitaus pragmatischer klingt Denis Goldbergs Begründung seines Judentums:

> Ich bin jüdisch, weil meine Großeltern und Eltern es waren. Meine Großeltern waren orthodox, meine Eltern waren Atheisten und ich habe keinen Grund gefunden, Dinge in theologischen Begriffen auszudrücken.[235]

Jüdischkeit über kulturelle und biographische Aspekte und Erfahrungen zu begründen, war unter den Aktivisten weit verbreitet.[236] Von ihren Eltern vor die Wahl gestellt, ob sie eine Bar Mitzvah haben wollten, lehnten die meisten ab, da Religion in ihrem Leben keine Rolle spielte.[237] Aber selbst wenn sie eine Bar oder Bat Mitzvah gefeiert hatten, besuchten die Radikalen keine Synagoge mehr.[238] Das Kaddisch, das Ronnie Kasrils für seinen Vater sagte, sprach er in der israelischen Vertretung in Tansania mit der Unterstützung des Gesandten.[239] Einige jedoch wie beispielsweise Esther und Hymie Barsel feierten traditionelle Hochzeiten,[240] und andere nannten die jüdischen Propheten als prägenden Einfluss auf ihr

234 Vgl. ebd., S. 279 f. Auch Albie Sachs lehnte die Vorstellung einer Auserwähltheit des jüdischen Volkes ab, siehe: Sachs, in: Suttner, Cutting, S. 358.

235 Goldberg, in: Suttner, Cutting, S. 466.

236 S. a. Podbrey, in: Suttner, Cutting, S. 54; Sachs, in: Suttner, Cutting, S. 348 f.

237 Vgl. Goldberg, in: Suttner, Cutting, S. 470 f.; Turok, Truth, S. 196.

238 Vgl. Ben Turok verdiente sich als Chorknabe der örtlichen Synagoge ein wenig Geld, auch wenn er nicht Bar Mitzvah war (Turok, Truth, S. 19). Ray Simons Kinder wurden von ihrer Mutter mit in die Synagoge genommen; sie (und ihr nicht-jüdischer Ehemann) sahen darin kein Problem (Ray Alexander Simons, in: Suttner, Cutting, S. 45).

239 Vgl. Kasrils, in: Suttner, Cutting, S. 278.

240 Vgl. Interview mit Merle Barsel Ruff, 14.08.2014, Johannesburg. Die Eltern Albie Sachs' sollten auf Drängen seines Onkels Bernard Sachs auch eine traditionelle Hochzeit feiern, doch der militante Atheist Solly fluchte unter der Chuppa »Ach, zur Hölle mit all dem. Es ist totale Charade, es ist Unsinn« und stürmte hinaus (Sachs, in: Suttner, Cutting, S. 347).

Bewusstsein.[241] Doch aus einer jüdischen Familie zu kommen war vor allem ein gegebenes Faktum für die Aktivisten. Es war für viele gekoppelt an die Erfahrung antisemitischer Diskriminierung und Beleidigung, der sie in ihrer Kindheit und Jugend in den 1930er und 1940er Jahren ausgesetzt waren. In dieser Zeit, in der der Straßenterror der (pro-)nazistischen Südafrikaner das Land in Atem hielt und die jüdische Gemeinschaft bedrohte, setzte die erste politische Bewusstwerdung der meisten späteren Aktivisten ein.[242] Zeitgleich traten sie in die Institution(en) ein, die eine gesellschaftliche Anpassung nicht nur erforderten, sondern auch erbrachten: die Schule und das College. Neben der kulturell-historischen Vermittlung, die die Schule leistete, war es das sportliche Angebot, das einige der Aktivisten wahrnahmen und das selbst Teil eines Akkulturierungsmoments war.

Denn nicht Schach oder Schwimmen, sondern Rugby wurde ihre Leidenschaft. Ähnlich wie im Fall »jüdischer Haare« können für die männlichen Aktivisten anhand des Sports kulturelle Konstellationen und Widersprüche hinsichtlich der Identitätskategorien bzw. das Spannungsfeld zwischen Jüdischkeit und assimilatorischem Verhalten der weißen Minderheit gegenüber sichtbar gemacht werden. Zugleich treten die Unterschiede in den Auffassungen, was es hieße »südafrikanisch« zu sein, zutage.

Dabei ist es nicht nur Rugby, sondern Sport generell, der innerhalb der Familien jüdischer Einwanderer für Konfliktstoff sorgte. Anhand des Vorbilds der USA lassen sich die fast schon stereotypen Differenzen zwischen den Eltern- und Kindergenerationen von jüdischen Einwanderern zeigen: Die erste Generation war bemüht, im neuen Land anzukommen, blieb jedoch den Sitten, Gebräuchen und der Vorstellungswelt des »Heims«, der alten Heimat, verhaftet, während die jüngere Generation der neuen Kultur und Gesellschaft offenherzig entgegentrat. Ein Vehikel dafür war Sport. In den USA beklagten sich jüdische Eltern da-

241 Vgl. Arenstein, in: Suttner, Cutting, S. 393; Ben Isaacson, in: Suttner, Cutting, S. 568 f.; Kasrils, in: Suttner, Cutting, S. 273.

242 Vgl. Feinberg, Time, S. 13 f.; Turok, Truth, S. 17 f.

rüber, dass ihre Kinder verrückt nach der durch und durch als amerikanisch geltenden Sportart Baseball seien, statt sich ihrer geistigen Bildung zu widmen; zielloses Spiel überhaupt erregte ihren Unmut. Für die Kinder war es ein Weg, in die amerikanische Gesellschaft vorzustoßen.[243] Sander Gilman führte über den gesellschaftlichen Anpassungsvorgang von Juden durch Baseball aus, dass sie sich selbst als unfähig erachteten, mit nicht-jüdischen Sportlern mitzuhalten.[244] In der Leistung aufzuschließen verhieß dementsprechend Gleichheit. Sport und Sportbegeisterung waren ein modernes Phänomen in der jüdischen Welt und damit Teil einer Erneuerungsbewegung, die über die Einwanderungsgesellschaften hinaus ging und auf die Ebenbürtigkeit mit anderen Nationen zielte.[245] Dies kann vor allem für die jüdischen und zionistischen Sportler gelten,[246] die sich dadurch vor allem Männlichkeit aneigneten, sie rituell einstudierten und trainierten.[247] Speziell im Rugby bildete sich Ende des 19. Jahrhunderts eine Maskulinität heraus, die sich durch die Betonung militaristischer Konzepte deutlich absetzte von den früheren Werte der Männlichkeit, die auf Ernsthaftigkeit, Selbstlosigkeit und Bescheidenheit abzielten. Die neuen Schlagworte waren Härte, Ausdauer und Maskulinität.[248] Das Spielfeld ging dem Schlachtfeld voraus und

243 Vgl. Howe, World of Our Fathers, S. 182 f. – Im Gegensatz zu dem südafrikanischen Nationalsport Rugby war es dessen Weiterentwicklung American Football, der in den USA als »wirklich wild« (im Verhältnis zu Rugby – mit geringem Körperschutz) und »aristokratisch« dargestellt wurde (ebd., S. 182).

244 Vgl. Sander Gilman: Thoughts on the Jewish Body, Baseball, and the Problem of Integration, in: Ezra Mendelsohn (Hg.): Jews and the Sporting Life, Studies in Contemporary Jewry XXIII, Oxford 2008, S. 5–16.

245 Vgl. Jack Kugelmass: Why Sports?, in: ders. (Hg.): Jews, Sports, and the Rites of Citizenship, Urbana/Chicago 2007, S. 3–30.

246 Vgl. exemplarisch zu den jüdischen Turnern: Daniel Wildmann: Der veränderbare Körper. Jüdische Turner, Männlichkeit und das Wiedergewinnen von Geschichte in Deutschland um 1900, Schriftenreihe wissenschaftlicher Abhandlungen des Leo-Baeck-Instituts 73, Tübingen 2009.

247 Vgl. Kugelmass, Why Sports?

248 Vgl. Timothy J. L. Chandler / John Nauright: Introduction, in: dies (Hg.): Making Men. Rugby and Masculine Identity, London/Portland 1996, S. 1–12, hier S. 5.

der Kanon reproduzierte sozialdarwinistische Ansichten über Auswahl und Erwähltheit.[249] In Südafrika wurde diese Form militanter Männlichkeit vor allem im Prozess der Vereinheitlichung der afrikaanischen Bevölkerungsgruppe popularisiert. Die weißen Männer erlernten ein Spiel, das sie durch das immanente normative Set über Frauen und die schwarze Mehrheit hinaushob.[250] Rugby wurde während der Entstehung eines afrikaanischen Nationalbewusstseins in den 1930er und 1940er Jahren zu dem zentralen Element, um die der afrikaanischen Kultur zugerechneten Eigenschaften zum Vorschein zu bringen und den zukünftigen nationalen »Führern« eine der Ideologie entsprechende Moral einzuprägen.[251] Ziel war die politische Einheit der Afrikaaner. »Sport, insbesondere Rugby, war ein integraler Teil dieses Prozesses«,[252] Rugby der afrikaanische Sport per se und Juden waren von diesem maskulin-nationalen Prozess ausgeschlossen.[253] »Es war das weiße Rugby, dem die herrschenden Eliten die größte politische und soziale Bedeutung beimaßen«.[254] Jüdische Sportler beteiligten sich dennoch an den von den (weißen) Massen begeistert aufgenommenen Sportarten. Vor allem als sportliche »Helden« unterstrichen sie die Akkulturation der in Südafrika aufgewachsenen Generation:

249 Vgl. James A. Mangan: Games Field and Battlefield: A Romantic Alliance in Verse and the Creation of Militaristic Masculanity, in: Chandler/Nauright, Making Men, S. 140–157.

250 Vgl. Timothy J. L. Chandler / John Nauright: Introduction, in: dies (Hg.): Making Men, S. 1–12, hier S. 8.

251 Vgl. Albert Grundlingh: Playing for Power? Rugby, Afrikaner Nationalism and Maculinity in South Africa, c. 1900 – c. 1970, in: Chandler/Nauright, Making Men, S. 181–204, hier S. 186.

252 Vgl. Robert Morrell: Of Boys and Men: Masculinity and Gender in Southern African Studies, in: Journal of Southern African Studies; Jg. 24 (1998) H. 4, S. 605–630, hier S. 617.

253 Vgl. David Black / John Nauright: Rugby and the South African nation. Sport, cultures, politics and power in the old and new South Africa, Manchester / New York 1998, v. a. S. 1–34, S. 60–76 (Black und Nauright betonen, dass das *imago* eines weißen Rugby nicht der Wirklichkeit entsprach, sondern es neben der dominanten Rugby-Kultur ebenfalls eine Tradition des nichtweißen Ballspiels gab).

254 Ebd., S. 61; siehe ebd., S. 10.

> The elevation of Jews to South Africa's sporting pantheon was indicative of their increasing acceptance by the wider society. Jewish sporting greats, whose »alien« parents might have been treated with disdain, were now embraced as national heroes. Some supporters even joked that the success of a Springboks rugby team depended on having a Jewish member.[255]

Ihr sportlicher Erfolg reichte zwar nicht für die Aufstellung in nationalen Teams, doch während ihrer Schulzeit spielten Ronnie Kasrils und Denis Goldberg Rugby. Beide sahen sich als jüdisch und als südafrikanisch an. Wie einen natürlichen Ablauf beschrieb Kasrils seine Verwandlung: »I went on to high school and became a South African.«[256] Wenngleich sein sportliches Talent ihm eine Zulassung zur High School ermöglicht hatte,[257] tauschte er seinen Platz im Fußballteam gegen Rugby unter einem afrikaanischen Lehrer ein.[258] Denis Goldberg genoss seinen Erinnerungen nach den Sport, vor allem dessen physische Seite. Seine Konstitution (als kleinster Spieler) und seine jüdische Herkunft blieben nicht unbemerkt.[259] Antisemitische Bemerkungen waren Teil des Sports, aber nachdem Goldberg einmal unfairer Weise von einem gegnerischen Spieler eines afrikaanischen Teams getackelt und als »Jew-boy« beleidigt wurde, rächte ihn ein ebenfalls afrikaanischer Mitspieler. Dieser kommentierte seine Aktion in der Kabine mit den Worten »Dem habe ich's für dich gezeigt, oder, Jew-boy«.[260] Die Bedeutung des angehängten

255 Mendelsohn/Shain, The Jews in South Africa, S. 157.

256 Kasrils, in: Suttner, Cutting, S. 275.

257 Vgl. Ronnie Kasrils, Mayibuye Archives MCA 7-1528, unpaginiert. Demgegenüber stellte Harold Wolpe fest, er sei auf eine Schule mit hohem Anteil von jüdischen Immigrantenkindern gegangen, in der weniger Sport als Schach, Debattieren und Musik die herausragenden Schulleistungen gewesen seien (Harold Wolpe, Mayibuye Archives, MCA 7-1723).

258 Vgl. Kasrils, Armed, S. 6, S. 13 f. An Denis Goldbergs Schule wechselte der Schulsport von Fußball auf Rugby, denn Fußball galt als nicht-weißer (Arbeiterklassen-)Sport, wohingegen Rugby von den feineren weißen Schulen längst gespielt wurde (Goldberg, The Mission, S. 30 f.).

259 Vgl. Goldberg, The Mission, S. 34 f.; Goldberg, in: Suttner, Cutting, S. 470.

260 Goldberg, in: Suttner, Cutting, S. 470.

»Jew-boy« blieb uneindeutig. Goldberg empfand im Rückblick keine Feindseligkeit zwischen ihm und seinem Mitspieler, sondern vermutete, dass die Bezeichnung dessen Art zu sprechen geschuldet gewesen war. Immerhin beschützte dieser Spieler von nun an Goldberg.[261] Rugby wohnt eine durchaus militarisierte Sprache der Härte und der physischen Dominanz inne und der Sport prägt eine hegemoniale Form maskuliner Identität.[262] Bisweilen wird diese in Zusammenhang mit »Muskelchristentum« gebracht.[263] Diese Charakterisierung kann für jüdische Sportler mit der Idee des »Muskeljudentums«, die der zionistische Autor Max Nordau formulierte, parallelisiert werden.[264]

Kasrils Bemerkungen erhellen den Zusammenhang von Maskulinität, Sport und Identität. In einem Interview lobte er den Kampfgeist der Makkabäer und erkannte an, dass mit der Gründung Israels Juden explizit auch militärisch handelnde Subjekte der Geschichte geworden seien.[265] Er betonte, dass die Figur des David beides gewesen sei: Poet und Krieger – womit er sich implizit identifizierte. Denn Kasrils publizierte unter Pseudonym Gedichte in ANC-, MK- und SACP-Publikationen und sagte von sich, er sei »von 1961 an Soldat gewesen«[266]. Er sei

261 Vgl. ebd.

262 Vgl. Richard Light / David Kirk: High School Rugby, the Body and the Reproduction of Hegemonic Masculinity, in: Sport, Education and Society, Jg. 5 (2000), H. 2, S. 163–176.

263 »Muskelchristentum« soll eine effeminiertere Form maskuliner athletischer Kraft im Kontrast zu griechisch-traditionellem Wettkampf darstellen. Siehe Timothy J. L. Chandler: The Structuring of Manliness and the Development of Rugby Football at the Public Schools and Oxbridge, 1830–1880, in: ders./Nauright, Making Men, S. 13–31, hier S. 25 f.

264 Vgl. Max Nordau: Muskeljudentum, in: Zionistisches Aktionskomitee (Hg.): Max Nordau's zionistische Schriften, Köln/Leipzig 1909, S. 379–381; zum Begriff des Museckljudentums siehe Wildmann, Der veränderbare Körper, S. 218–230; Moshe Zimmermann: *Muskeljuden* versus *Nervenjuden*, in: Michael Brenner / Gideon Reuveni (Hg.): Emanzipation durch Muskelkraft. Juden und Sport in Europa, Jüdische Geschichte, Religion und Kultur 3, Göttingen 2006, S. 15–28; Ingrid Spörk: Das Bild vom »Juden« in Texten Max Nordaus, in: Transversal 1/2001, S. 12–17; Robert S. Wistrich: Max Nordau: From Degeneration to »Muscular Judaism«, in: Transversal 2/2004, S. 3–21.

265 Vgl. Kasrils, in: Suttner, Cutting, S. 274, S. 287.

sich seiner Identität immer sicher gewesen und habe nie verleugnet, jüdisch zu sein.[267] Charakteristika des Rugby wie Hingabe, Härte, Willenskraft und (Körper-)Kontrolle kehren auch bei ihm unter politischen Vorzeichen wieder.[268] Die rhetorischen Muster der Identifikation in einem historischen Referenzrahmen der »Muskeljuden« der letzten Jahrhundertwende decken sich in diesem Punkt. Wie die jüdischen Athleten vor ihm, vollzog Kasrils durch den quasi-archetypischen burischen Nationalsport seine Akkulturation unter den von ihm vorgefundenen Rahmenbedingungen.[269] Jüdisch-männliche Muskelkraft stand im Dienst von höheren nationalen Ideen.[270] Seine Biographie reproduziert genau diese »heroische Maskulinität« des nationalen Befreiungskampfes.[271] Im Turnen und im Militärdienst, der physischen Einsatz und Opfer- oder gar Todesbereitschaft einforderte, sahen die jüdischen Turner einen Gegenpunkt zur »spezifische[n] Praxis der sozialen Exklusion« durch die »Erfahrung einer ultimativen physischen Gewalt im Krieg«.[272] Der gestählte jüdische Körper überwand sowohl die kraftlose Existenz des Ghettos (und *Galuts*) als auch die antisemitischen Barrieren und Zuschreibungen. Konflikte konnten so auf Augenhöhe geführt werden.[273]

Die sportliche Auseinandersetzung forderte vom Körper einen Preis. Verletzungen und Narben können als »Narben der Initiation«

266 Ebd., S. 273 f.

267 Vgl. ebd., S. 270 f., S. 272.

268 Vgl. ebd., S. 273, S. 284 f.

269 Vgl. Wildmann, Der veränderbare Körper, S. 231.

270 Vgl. ebd., S. 240.

271 Vgl. Unterhalter, Work of the Nation, 162 ff., S. 164ff, S. S. 173 f.

272 Vgl. Wildmann, Der veränderbare Körper, S. 252; Black und Nauright weisen auf, dass das sportliche Paradigma sich im afrikaanischen Rugby im Gegensatz zum englisch-imperial geprägten Spiel von moralischer Überlegenheit auf militärische Kriegsvorbereitung verschob (Black/Nauright, Rugby, S. 25).

273 Siehe zu diesem Motiv auch Daniel Wildmann: Jüdische Turner im Deutschen Kaiserreich, in: Brenner/Reuveni, Emanzipation, S. 29–50, hier. S. 31 f.; Miriam Rürup: Ehrensache, Jüdische Studentenvereinigungen an deutschen Universitäten 1886–1937, Hamburger Beiträge zur jüdischen Geschichte und Kultur XXXIII, Göttingen 2008, S. 195, S. 200 ff.

betrachtet werden.[274] Ihre starke Identifikation als Südafrikaner stand nicht in einem Widerspruch zu ihrer Tarnung als stereotype orthodoxe Juden, als die Goldberg und Kasrils klandestin operierten.[275]

Neben der südafrikanischen Interpretationsachse fließt die Geschichte des jüdischen Arbeitersports in diese Konstellation ein. Denn bundistische wie linkszionistische Arbeitersportvereine traten in starker Abgrenzung zu anderen (jüdisch-)nationalen wie auch (jüdisch-)bourgeoisen Sportvereinen in Osteuropa auf. Wenngleich sie Wert auf eine jüdische Identität legten, so waren sie im Gegensatz zu den Hebraisten, Zionisten und anderen nationalen Gruppierungen im Judentum ausgesprochen jiddisch, marxistisch und säkular; der Bund war zudem außerordentlich antizionistisch.[276] Fußball und Boxen zählten zu populären Sportarten in den jüdischen Arbeiterklubs;[277] Rugby dagegen war eine britisch-imperiale Angelegenheit.[278] Der Fokus auf die Erziehung männlicher Körper nach den Werten des Empire war eine Seite des Sports, der Afrikaaner-Nationalismus eine zweite.[279] Die Sportbegeiste-

274 So bezeichnete Rürup, Ehrensache, S. 212 f., die Narben die sich Korps-Studenten bei der Mensur zufügten; Narben zeichneten auch afrikanische Initationsrituale aus (Kasrils beschrieb Oliver Tambos rituell zugefügte Narben im Gesicht [Kasrils, Armed and Dangerous, S. 2]; Johnny Clegg beschrieb Zirkumzisionsrituale bei südafrikanischen Zulus [Johnny Clegg, in: Suttner, Cutting, S. 73–105, hier S. 95 f.]; s. a. Lilian N. Ndangam: »Lifting the Cloack of Manhood«. Coverage of Xhosa Male Cirumcision in the South African Press, in: Egodi Uchendu [Hg.]: Masculinities in Contemporary Africa, CODESRIA Gender Series 7, Dakar 2008, S. 209–228, www.codesria.org/spip.php?article1381&lang=en [letzter Zugriff: 24.5.2016]). Denis Goldberg spürt noch heute eine Schulterverletzung vom Rugby [Goldberg, The Mission, S. 46]).

275 Vgl. Kasrils, Armed and Dangerous, S. 5–10; Rabbi Isaacson Erinnerung zufolge sah Kasrils während seiner Untergrundoperationen 1989/90 aus wie ein orthodoxer Rabbiner (Isaacson, in: Suttner, Cutting, S. 592). Bernstein, Memory, S. 256, beschrieb Denis Goldbergs Tarnung gar als »rabbinische Garnitur.«

276 Vgl. Jack Jacobs: Bundist Counter Culture in Interwar Poland, Syracuse 2009, S. 51.

277 Vgl. ebd., S. 51–55.

278 Vgl. Black/Nauright, Rugby, S. 24 f.

279 Vgl. Chandler/Nauright, Introduction, S. 6–9; Black/Nauright, Rugby, S. 22–37.

rung hingegen brach unter den Juden nicht ab. Mendelsohn und Shain hielten für die Nachkriegsjahre fest, dass für viele Juden, die den Sportfanatismus der Landsleute teilten und sich »einer heutigen südafrikanischen Version des »Muskeljudentums« angeschlossen hatten, der Cricketschläger und der Rugbyball mindestens genauso wichtig waren wie das Gebetbuch«[280].

Viele jüdische Aktivisten hatten einige Zeit in der jüdischen Jugendbewegung verbracht. Hier erlebten sie ähnliche Arten der Gemeinschaftlichkeit, die jedoch in einem weitaus stärkeren Maße mit jüdischer Identifizierung und politischer Bildung verbunden waren. Einer der größten zionistischen Jugendverbände war der sozialistisch orientierte Verband *Habonim*. In seinen Reihen bildeten sich viele kritische, linksorientierte Mitglieder. Diejenigen, die sich in den Jahren nach 1948 in der Opposition profilieren sollten, gingen zum politisch weiter links stehenden *Hashomer Hatzair*.[281] Von dort wandten sie sich schnell der KP Südafrikas zu, die ein weitaus größeres Maß an Bindungskraft versprach. Darin spiegelte sich die Entwicklung der Mutterpartei des *Hashomers Hatzairs* in Palästina wider. Von dieser spaltete sich in den 1920er Jahren ein »linker« Flügel ab, der sich zusehends an der Komintern und weniger an der Zionistischen Weltorganisation orientierte und in der KP Palästinas aufging.[282]

280 Mendelsohn/Shain, The Jews in South Africa, S. 153.

281 Vgl. Hellmann/Talmud, Ideally Speaking, S. 341 f.; Mendelsohn/Shain, Jews in South Africa, S. 124, S. 170 Mendelsohn und Shain verweisen darauf, dass die Jugendbewegung in Zeiten, in denen der politische Protest riskant war, eine politische und lebensweltliche Orientierung bot; zum *Hashomer Hatzair* in Südafrika s. a. die Lebenserinnerungen des ehemaligen Emissärs Heini Bornstein: Von Basel bis zum Kibbuz Lehavot Habaschan. Der Lebensweg eines sozialistischen Zionisten, Köln u. a. 2015, S. 150–160, der auch den Druck auf den und die Widersprüche des *Hashomer Hatzairs* innerhalb Südafrikas berücksichtigt.

282 Vgl. Mario Kessler: Zionismus und internationale Arbeiterbewegung, 1897 bis 1933, Berlin 1994, S. 114–119. Zur Ideologie des *Hashomer Hatzair* und der Partei *Poale Zion* (Arbeiter Zions) siehe Ber Borochow: Klassen und Nation. Zur Theorie und Praxis des jüdischen Sozialismus, Berlin 1912.

Zu unterschiedlichen Zeitpunkten waren sowohl Joe Slovo als auch Harold Wolpe Mitglied im Johannesburger *Hashomer Hatzair*. Jedoch blieben sie den Treffen nach wenigen Malen fern und orientierten sich stattdessen an der Kommunistischen Partei.[283] Ruth Weiss entwuchs nach ihrer gelungenen Flucht aus Deutschland dem religiösen Charakter ihres Elternhauses und wandte sich – nach einer Stippvisite beim *Habonim* – ebenfalls dem marxistischen Zionismus zu, denn dort sah sie ihre Bedürfnisse nach Idealen und jüdischer Atmosphäre befriedigt.[284] Im *Hashomer Hatzair* traf sie auf Baruch Hirson,[285] der von allen Genannten am längsten bei den zionistischen Sozialisten bleiben sollte. Von 1939 an war Hirson, wie er in seiner Autobiographie schrieb, ein begeisterter Anhänger des Jugendbundes und arbeitete als eines der älteren Mitglieder in dessen Exekutive in Johannesburg. Zunehmend desillusioniert über die, wie er fand, selbstgewählte Isolation und simplen Lösungsvorschläge wandte sich Hirson jedoch später den neugegründeten Trotzkisten zu.[286]

Wie bei anderen wurde die Hinwendung zu einem tendenziell jüdisch-exklusiven politischen Organisationansatz auch bei ihm angestoßen durch die antisemitische Stimmung in Südafrika der 1930er Jahre.[287] Neben dieser auch sie selbst betreffenden Erfahrung eines heimischen Antisemitismus machten die Aktivisten der »Rivonia-Kohorte« auch den Zweiten Weltkrieg und die Konfrontation mit dem Nationalsozialismus als prägende Elemente in ihrem politischen Bewusstsein aus.[288] Für viele Aktivisten formte zudem der Holocaust, der sie und ihre Familien mittel- aber auch unmittelbar traf, ihr Bewusstsein in wesentlicher

283 Vgl. Slovo, Unfinished, S. 22; Harold Wolpe, Mayibuye Archives MCA 7-1723; Friedman, Race, Class and Power, S. 28 f., S. 32. Bemerkenswerterweise machte Ronnie Kasrils eine Stippvisite beim revisionistischen Jugendverband Betar (Kasrils, in: Suttner, Cutting, S. 282).

284 Vgl. Ruth Weiss: Wege im harten Gras. Erinnerungen an Deutschland, Südafrika und England, Wuppertal 1995, S. 89 f.

285 Vgl. Interview mit Ruth Weiss, 25.1.2012, Lüdinghausen.

286 Vgl. Hirson, Revolutions, S. 92 f., S. 97–127.

287 Vgl. ebd., S. 88.

288 Vgl. Goldberg, The Mission, S. 29 f.; Feinberg, Time, S. 13 f.; Levy, Prize, S. 31.

Weise.[289] So befand Pauline Podbrey noch Jahre später, dass es nicht möglich sei, über das Faktum der Konzentrationslager hinwegzukommen.[290] Ronnie Kasrils sah sowohl im Krieg gegen den Faschismus wie in der »Nazi-Barbarei« prägende Einflüsse auf seine Generation.[291] Auch spätere jüdische Anti-Apartheid-Aktivisten beriefen sich auf die einschneidende Prägung ihres gesellschaftlichen und politischen Bewusstseins durch Auschwitz.[292]

Die Selbstbeschreibungen des Jüdisch-Seins verlieren bei genauerer Betrachtung ihre Eindeutigkeit. Während die Selbstbeschreibungen, anders als in der deutsch-jüdischen linken Jugendbewegung eine Generation zuvor,[293] in diesem Falle changieren, war der Umstand als »Weiß« zu gelten umso sicherer, auch weil die politische Entscheidung, Juden zu den »Europäern« zu zählen, für die Aktivisten ein privilegiertes Leben bedeuteten.[294] Vor der Zeit ihrer Jugend und ihres politischen Erwachens war die Frage, was Juden eigentlich seien, hoch umstritten gewesen.[295] Neben den edukativen, ökonomischen und politischen Privilegien war ein weiterer wichtiger Aspekt ihres Status die einstweilige relative Zurückhaltung der Sicherheitspolizei bei der Anwendung der Folter.[296] Zugleich war der Antisemitismus der weißen Minderheit ausschlaggebend

289 Gemeinsam mit einem zionistischen Bekenntnis machte das Andenken an den Holocaust eine wesentliche Säule der »Zivilreligion« des südafrikanischen Judentums aus (Mendelsohn/Shain, The Jews in South Africa, S. 190).

290 Vgl. Podbrey, in: Suttner, Cutting, S. 58.

291 Vgl. Kasrils, in: Suttner, Cutting, S. 270, S. 273, s. a. S. 282. S. a. Albie Sachs, in: ebd., S. 361.

292 Vgl. Gill Marcus, in: Suttner, Cutting, S. 248, S. 260; Laurence Neill Nathan, in: Suttner, Cutting, S. 180; David Bruce, in: Suttner, Cutting, S. 171 f.

293 Vgl. Stefanie Schüler-Springorum: »Dazugehören«. Junge jüdische Kommunisten in der Weimarer Republik, in: Yotam Hotam (Hg.): Deutsch-jüdische Jugendliche im »Zeitalter der Jugend«, Formen der Erinnerung 43, Göttingen 2009, S. 167–180.

294 Vgl. Pinnock, Voices of Liberation, S. 17; Turok, Truth, S. 22 f.

295 Daniel F. Malan, rechtsradikaler Premierminister nach dem nationalistischen Wahlsieg 1948, erklärte, er werde nicht gegen »Europäer« diskriminieren (s. Gilbert, Jews and the Racial State, S. 45 f.).

296 Vgl. Esther und Hymie Barsel, SAHA AL2460, A2.6, S. 72.

für viele Teilnehmer des Befreiungskampfes, sich ihres Jüdisch-Seins bewusst zu werden – und so zugleich eine politische Orientierung im Kampf gegen den Faschismus zu finden.[297]

Jüdischer Herkunft zu sein unterlief zudem die vollständige Identifikation mit dem weißen Südafrika – ein *basso continuo* der Nichtidentität: Jüdisch zu sein hieß, nicht zur »Herrenrasse« zu gehören.[298] Ruth Weiss stellte fest, sie sei niemals in die weiße Gesellschaft »integriert« gewesen: »We were never, never integrated into white society.«[299] Pauline Podbrey ging noch weiter und stellte eine Verbindung zwischen ihrem Jüdisch-Sein und ihrer Identifikation mit den Opfern des südafrikanischen Rassismus her.[300]

Weitaus stärker als der Bruch mit der jüdischen Community überhaupt stellte sich also der mit der weißen Minderheit dar. Indem die Aktivisten mit den Mustern des weißen Südafrikas brachen, hatten sie sich über die Grenzen der jüdischen Community hinaus bewegt.[301] Ihre Jüdischkeit war für sie weder religiös noch national (im Sinne eines jüdischen Nationalismus) konnotiert – in der Regel war das Gegenteil der Fall. Doch Jüdischkeit war gleichzeitig Teil eines kulturellen Erbes, das die Aktivisten in sich trugen, denn sie waren in einem jüdisch geprägten Milieu aufgewachsen. Dies schlug sich oftmals, wenngleich nicht immer, in einer toleranteren Haltung in den Elternhäusern und im favorisierten Essen – ostjüdische Delikatessen oder Hühnersuppe – nieder. Jüdischkeit und die Erfahrung antisemitischer Anfeindungen waren ein Faktum, das biographisch vermittelt war.

Doch obwohl sich die Mehrzahl der Aktivisten in der CPSA/SACP wiederfanden, gab es unter dem Banner der Partei keine Anerkennung

297 Vgl. Adler, Lithunania's Diaspora; Esther und Hymie Barsel, SAHA AL2460, A2.6.1, A2.6.2; Hymie Barsel, SAHA AL2460 A2.7.1, A2.7.2, A2.7.3.

298 Vgl. Sachs, in: Suttner, S. 361.

299 Ruth Weiss, in: Bernstein, The Rift, S. 42.

300 Vgl. Podbrey, in: Suttner, Cutting, S. 70.

301 Vgl. Georg L. Mosse: German Jews Beyond Judaism, Bloomington/Cincinnati 1985, v.a. S. 55–71.

eines gemeinsamen biographischen Werdegangs.[302] Ihr Selbstverständnis als »nicht-jüdische Juden« war eher ihre private Angelegenheit.[303]

Die Anfang des 20. Jahrhunderts zwischen Lenin und dem Bund geführte Auseinandersetzung um Fragen jüdischer Nationalität im ehemaligen Zarenreich und der Sowjetunion spielt dabei eine Rolle, denn das Resultat dieser Auseinandersetzung war, dass die Juden in der Sowjetunion nicht als Nation anerkannt wurden.[304] Zudem entfaltete die Ansicht, dass der Kampf der südafrikanischen KP Teil eines nationalen Befreiungskampfes sei, eine Wirkmacht. Partikulares trat vor dem Allgemeinen zurück. Unter jüdischen Linken gab es laut Podbrey gar eine Tendenz, sich explizit nicht- oder gar antijüdisch zu verhalten, da jüdische Linke angenommen hätten, ihre Loyalität zur Partei unter Beweis stellen zu müssen.[305] Wenngleich selten so extrem, dass man von einem »jüdischen Selbsthass« sprechen könnte, sahen sich die Aktivisten zuvörderst als Südafrikaner.[306]

302 Vgl. Podbrey, in: Suttner, Cutting, S. 52.

303 Vgl. Levy, Engagements, S. 10 (Lorna Levy bezeichnete sich selbst mit Verweis auf Issac Deutscher als »non-Jewish Jew«); Friedman, Race, Class and Power, S. 33; vgl. die Interviews mit Gill Marcus (in: Suttner, Cutting, S. 245–265), Ronnie Kasrils (in: Suttner, Cutting, S. 266–288) oder auch Pauline Podbrey (in: Suttner, Cutting, S. 48–70). S. a. Jack Nusan Porter / Peter Dreier: Introduction: The Roots of Jewish Radicalism, in: dies. (Hg.): Jewish Radicalism. A Selected Anthology, New York 1973, S. XV–LIV. Porter und Dreier fokussierten zum einen die jüdisch-nationale *Jewish Radicals,* zum anderen die Neue Linke in den USA, der sie attestierten, ebenfalls in die Gruppe »nicht-jüdischer Juden« zu fallen (ebd., S. XXII f.); Cohen, Jewish Radicals, S. 96–113.

304 S. a. Arenstein, in: Suttner, Cutting, S. 395 und ebd., Fn. 5. S. a. Thomas Haury: Antisemitismus von links. Kommunistische Ideolgie, Nationalismus und Antizionismus in der frühen DDR, Hamburg 2002, S. 210–252, v. a. S. 218–223; Lenin: Kritische Bemerkungen zur nationalen Frage.

305 Vgl. Podbrey, in: Suttner, Cutting, S. 68.

306 Vgl. Kasrils, in: Suttner, Cutting, S. 269; Podbrey, in: Suttner, Cutting, S. 68; zum (zweifelhaften) Begriff des jüdischen Selbsthasses siehe Theodor Lessing: Der jüdische Selbsthaß, Berlin 2004; Sander L. Gilman: Jüdischer Selbsthass. Antisemitismus und die verborgene Sprache der Juden, Frankfurt/M. 1993; vgl. Kasrils, in: Suttner, Cutting, S. 269. Podbrey hält für ihre indisch-jüdischen Kinder fest, dass sie auf deren Frage, was sie nun eigentlich seien, indisch oder jüdisch, geantwortet habe, sie sollten danach gehen, welche Seite an ihnen die am meisten unterdrückte sei, ohne die andere auszuschließen (Podbrey, in: Suttner, S. 66).

Esther Levitan, die viele Jahre in Südafrika verbracht und am Rand des Widerstands agiert hatte, attribuierte sich unmissverständlich mit: »jüdisch, radikal, südafrikanisch«[307]. Diese Trias kann in Abstufungen für alle Aktivisten gelten, jedoch sind diese Identifikationen nicht statisch, sondern kontextabhängig. Noch komplexer wurde die Situation im Exil. Anhand von Lorna Levys biographischen Selbstbeschreibungen lässt sich ersehen, wie Identitäten wechselten. Gewiss, so resümierte sie am Ende ihrer Autobiographie, sei sie keine weiße Südafrikanerin, gewiss aber auch nicht schwarz.[308] Sie wählte verschiedene Selbstbeschreibungen, die ihren Gewissheiten entgegenstanden: eine »weiße Haut« habe sie,[309] sei eine »weiße Frau«,[310] mittleren Alters.[311] Jüdisch sei sie sicherlich.[312] Dennoch war es für sie ein Schock, als Freundinnen sie nach einigen Jahren im englischen Exil in erster Linie als jüdisch wahrnahmen.[313] Für sie selbst war dieser Aspekt in London in den Hintergrund getreten, sie bemerkte jedoch, dass sie augenblicklich jüdisch werden würde, wann immer sie Johannesburg besuchte.[314] Obwohl sie keine weiße Südafrikanerin wäre, gehörten ihre Wurzeln dort hin, ebenso wie sie ihre Jüdischkeit durch ihre Familie und Vorfahren bestimmt sah.[315] Eine Exilantin sei sie ebenso wie ein ANC-Mitglied – wobei sie sich sagte, dass Exilanten eigentlich Menschen seien, die normalerweise in ihre Heimat zurückkehrten.[316] Ihre Rückkehr war zu Beginn ihres Exils nicht intendiert, denn sie wollte britisch werden und sprach nicht über ihre südafrikanische Herkunft.[317] »Wer bin ich?«, diese Frage Lorna Levys scheint durchaus begründet zu sein. Denn als sie im »neuen« Südafrika

307 Levitan, Book, S. 34.
308 Vgl. Levy, Engagements, S. 213.
309 Vgl. ebd., S. 182.
310 Vgl. ebd., S. 175
311 Vgl. ebd., S. 184.
312 Vgl. ebd., S. 173, S. 193.
313 Vgl. ebd., S. 122.
314 Vgl. ebd., S. 193.
315 Vgl. ebd., S. 140 f., S. 193.
316 Vgl. ebd., S. 197, S. 207. Letztlich kehrte sie dennoch zurück nach Südafrika.
317 Vgl. ebd., S. 113 f.

ein politisches Amt antreten wollte, wurde ihr dies mit der Begründung verwehrt, dass sie die britische Staatsbürgerschaft besäße und dort politische Ämter (für die *Labour Party* in der Kommunalverwaltung) bekleidet hätte.[318]

Wenngleich die Bezeichnungen, die sie für sich nutzte, wechselten, stand für Lorna Levy immer fest, jüdisch zu sein. Dennoch gebrauchte sie an manchen Stellen den Begriff des »nicht-jüdischen Juden« für sich. Darin stimmt sie mit ihren Genossen aus Südafrika überein, denn die Bezeichnung »nicht-jüdische Juden« wurde als Sammelbezeichnung für die Mehrzahl der jüdischen linken Aktivisten – nicht nur in Südafrika – genutzt.[319] Isaac Deutscher prägte diesen Begriff 1958, indem er seine eigene Biographie mit denen von Baruch de Spinoza, Karl Marx, Heinrich Heine, Rosa Luxemburg, Trotzki und Sigmund Freud verband. Deutscher wollte mit diesem Begriff jene in Erinnerung rufen, die die Grenzen der jüdischen Tradition hinter sich gelassen hatten und dem Judentum oftmals ablehnend gegenüberstanden, aber dennoch als jüdisch angesehen wurden. Ihr Vermächtnis war die »Botschaft der universellen menschlichen Emanzipation«[320].

Diese nicht-jüdischen Juden hatten »die Grenzen des Judentums gesprengt. Sie alle hielten das Judentum für zu beschränkt, zu archaisch, zu einengend. Sie alle suchten jenseits von ihm nach Idealen und Zielen, und sie sind der Inbegriff für viele der bedeutendsten Leistungen des neuzeitlichen Denkens, sie verkörperten die tiefgreifendsten Umwälzungen, die in der Philosophie, der Ökonomie und der Politik in den letzten drei Jahrhunderten stattgefunden hat.«[321]

318 Vgl. ebd., S. 204.

319 Vgl. Suttner, Afterword, S. 599 f.

320 Isaac Deutscher: Der nicht-jüdische Jude und andere Essays, Berlin 1988, S. 59–74, hier S. 74.

321 Deutscher, Nicht-jüdische Jude, S. 60. Ezra Mendelsohn erklärte diesen Umstand des Traditionsbruchs und der Hinwendung zu emanzipatorischen und revolutionären Positionen zu einem Moment jüdischer Tradition selbst (Closing Remarks der Konferenz des YIVO »Jews and the Left« [6. und 7.5.2012] www.youtube.com/watch?v=R1sH2LKrnss&list=PLtPOkhh8R4wyF-e4y8drrST_5azI-UOyY&index=8 [letzter Zugriff: 29.8.2016]).

Als Gemeinsamkeit erkannte Deutscher ihre Stellung als gesellschaftliche Außenseiter, da sie aufgrund ihres Jüdisch-Seins nicht in dem Staat oder der Nation, in der sie lebten, aufgingen. Eben diese Position habe sie dazu befähigt, über die Grenzen ihrer Zeit und ihrer Gesellschaft hinaus zu denken.[322] Diese Kennzeichnung kann auch für die jüdischen Aktivisten geltend gemacht werden. In den Ausführungen griff Deutscher auch den jüdischen Nationalismus auf, den er im Nachhinein als Rettungsversuch der Juden angesichts des Antisemitismus und der Vernichtungspolitik durch die Nationalsozialisten verstand. Nationen – sowohl die alten Nationen wie ebenso die jungen dekolonisierten Staaten und der Staat Israel – waren ihm jedoch generell Anachronismen.[323] Demgegenüber reklamierten auch die jüdischen Aktivisten im Einklang mit ihren nicht-weißen Genossen die Idee einer südafrikanischen Nation für sich.[324]

Aber was bedeutete es, Südafrikaner zu sein? Auch hier finden sich verschiedene Interpretationen. In der Regel stellte dies die Anpassung an das Leben und Denken der weißen Minderheit, also einen Schritt, den die Aktivisten trotz ihrer »Weißheit« hinter sich gelassen hatten, dar. Wie die von Slovo kolportierte Frage Nelson Mandelas an ihn, ob er sich denn je als weißen Südafrikaner gesehen habe, andeutet, schien diese Differenz deutlich bemerkbar zu sein.[325] Ähnliches berichtete auch ein PAC-Vertreter: Wegen eines Fotos, das ihn mit Joe Slovo beim Handschlag zeigte, gefragt, weshalb er mit einem Weißen befreundet sei, antwortete er, dies sei kein Weißer, sondern es sei Joe Slovo.[326]

Wenngleich allen Aktivisten klar war, aus der weißen Minderheit herauszufallen, deren Werte, Normen und Lebensweisen zurückzuweisen und deren Legitimität herauszufordern, so sahen sich dennoch alle

322 Vgl. Deutscher, Nicht-jüdische Jude, S. 60 f.

323 Vgl. ebd., S. 73.

324 Siehe bspw. die Beiträge von Harold Wolpe, Joe Slovo, Tessa Marcus und anderen ihrer Genossen in: Maria van Diepen (Hg.): The National Question in South Africa, London 1988.

325 So Slovo, Unfinished Autobiography, S. 126.

326 Vgl. Slovo, Every Secret Thing, S. 277 f.

als Südafrikaner. Ihre Emphase unterlief die unterstellte Illoyalität zur Nation, die die nationalistische Presse immer wieder gegen die Oppositionsbewegung hervorbrachte, und reklamierte die nationale Identifikation nicht nur für eine Minderheit, sondern – im Sinne der Freiheitscharta – für ein nicht-rassistisches, demokratisches Südafrika all seiner Bürger und Bürgerinnen. Sich als südafrikanisch zu identifizieren, rechtfertigte nicht nur das Risiko des Widerstands und den Einsatz in dessen Rahmen, sondern verwies auf eine Nation, in der die rassistische Herrschaft gebrochen werden sollte. Die aktive Affirmation südafrikanischer Nationalität führte im Extremfall dazu, dass Aktivisten wie Denis Goldberg oder Rusty Bernstein ihr Recht auf britische Pässe nicht wahrnahmen, um außer Landes zu kommen. Im Einklang mit Deutschers Bemerkung, dass nicht-jüdische Juden die Grenzen des Judentums überschritten, um »in die Zukunft vorzustoßen«,[327] war auch ihr Bild von Südafrika eine Vision der Zukunft, die auf der *Freedom Charter* fußte und im gemeinsamen Kampf gegen die Unterdrückung geformt worden war.[328] Die Beheimatung meinte jedoch mehr als nur eine Utopie: In der repressiven, rassistischen und auch chauvinistischen Gesellschaft fanden Aktivisten in der radikalen Linken ein Zuhause.[329]

Zugleich beschrieben sich die Aktivisten als »weiß«. Pauline Podbrey betitelte ihre Autobiographie mit »*White* Girl in Search for the

327 Vgl. Deutscher, Nicht-jüdische Jude, S. 61.

328 Vgl. Kasrils, in: Suttner, Cutting, S. 287: »One must bear in mind that they are all first and foremost products of the Struggle, irrespective of their varied backgrounds, be they black, white, brown, Christian, Jewish, Muslim, Hindu or Zulu, Xhosa, Sotho, Tswana, English or Afrikaans speaking. ›*Motho ke motho ka batho babang*‹ (A person is a person because of other people) sums up the meaning of *ubuntu* in our country.« (Hervorh. i. O.) *Motho ke motho ka batho babang* heißt auf Sotho genau das, was *Ubuntu,* auf isiXhosa bedeutet, vgl. Christoph Marx: Ubu and Ubuntu, in: Politikon, Jg. 29 (2002) H. 1, S. 49–69, hier S. 62ff, wo Marx *ubuntu* eng mit den Aufgaben der Wahrheits- und Versöhnungskomission und aber auch dem *nation-building* diskutierte. S. a. Jeremy Cronin: Inside, Johannesburg 1983, S. 18, der ein Gedicht unter dem Titel *Motho ke motho ka batho babang* verfasst hatte.

329 Siehe Esther Barsel, SAHA AL2460, A2.6; S. a. Campbell, Beyond the Pale, S. 157 f.

Party«,[330] Albie Sachs sah sich als weiße Person in einem nicht-weißen Befreiungskampf[331] und Baruch Hirson wird der Bedeutungshorizont seiner »Rassen«-Zugehörigkeit nach seiner Verurteilung auf diese Art klar: »Ich bin ein weißer Mann, daher bin ich nicht auf Robben Island.«[332] Hymie Barsel beschrieb sich in einem autobiographischen Gespräch ebenfalls als weißhäutig, merkte aber an, dass dies ihn nicht zu Privilegien berechtige.[333] Als weiß kategorisiert zu werden, war mit der gesamten Organisation des alltäglichen Lebens – nicht nur in wohnlicher, schulischer und beruflicher Hinsicht, sondern auch im Hinblick auf die Konfrontation mit staatlichen Autoritäten – verbunden. Persönlich mochten sich die jüdischen Linken nicht unterdrückt sehen, wenngleich ihnen Unterdrückung ein Dorn im Auge war.[334] Hinzu kam die unmittelbare Wahrnehmung durch die schwarzen Genossinnen und Genossen. Ihnen galten die Juden *auch* als Weiße.[335] Denn außerhalb des Befreiungskampfes waren die Männer und Frauen »gewöhnliche weiße Südafrikaner«.[336]

Als weiß kategorisiert zu werden, hatte unmittelbare politische und soziale Konsequenzen, scheint jedoch für die subjektive Identitätsbildung von geringerer Bedeutung gewesen zu sein als die jüdische Herkunft. Denn trotz aller den Weißen durch die Apartheid zugestandenen Privilegien und Annehmlichkeiten gegenüber Nicht-Weißen riskierten die Aktivisten alle mit dem Status verbundenen Privilegien und Sicherheiten – bis hin zu ihrem Leben. Dieser Schritt aus den quasi-natürlichen Grenzen des weißen Lebens hinaus machte die Aktivisten zu, wie Ben Turok es ausdrückte »Verrätern an Religion, Rasse und Klasse«[337]. Dieser Verrat

330 Meine Hervorhebung.
331 Vgl. Sachs, Jail Diary, S. 120 ff.
332 Hirson, Revolutions, S. 8.
333 Vgl. SAHA 2460, A2.6.1, S. 23.
334 Vgl. Esther und Hymie Barsel, SAHA AL2460, A2.6.1, S. 23.
335 Vgl. Wolfie Kodesh, SAHA AL2460, A11.10, S. 21; Nkosi, Home and Exile, S. 13 f., S. 16 ff.
336 Vgl. Esther Barsel, Esther und Hymie Barsel, SAHA AL2460, A2.6.1, S. 55.
337 Turok, Truth, S. 38.

brachte ihnen jedoch zugleich innige Freundschaften jenseits der »Rassen«-Schranken. So pries Albertina Sisulu, die Frau des ANC-Führers Walter Sisulus und eigenständige Aktivistin in der FEDSAW, Eli Weinberg anlässlich einer Gedenkveranstaltung:

> He used to visit our house very often to take pictures of the children and the family. In our abnormal society such simple and normal friendships between the races were not and are not supposed to happen. But they did, and I believe they still do happen now.[338]

Familie und Ausbildung

Obwohl alle jüdischen Aktivisten relativ ähnliche politisierende Erfahrungen gemacht hatten, waren ihre familiären Hintergründe, wie gezeigt wurde, verschieden. Waren sie seit mehreren Generationen Südafrikaner oder selbst Einwanderer oder Immigrantenkinder, bei allen ist zu sehen, dass die familiäre Prägung – im positiven wie im negativen Sinne – einen entscheidenden Anstoß gab, sich weiterzubilden. Neben der Prägung der politischen Denkrichtung durch das Familienumfeld erscheinen die Ausbildungsbiographien der »Rivonia-Kohorte« oftmals – wie in vielen Einwandererfamilien – als aufwärtsstrebend und zugleich persönlichkeitsprägend.

Beim Blick auf die Beweggründe, sich mit fortschrittlichen Positionen in Südafrika zu identifizieren, stechen linke familiäre Prägungen sowie die subjektive Betroffenheit vom »Rassen«-Hass der Nationalsozialisten und ihrer südafrikanischen Adepten hervor. Hinzu kam ihre meistens osteuropäische Herkunft. Die Ältesten dieser Generation wie Ray Alexander Simons, Ray Harmel oder Esther Barsel, aber auch jüngere wie Joe Slovo, Ben Turok und Hilda Bernstein waren noch in (Ost)Europa geboren worden und als Kinder nach Südafrika

338 Eli Weinberg Memorial Meeting, Johannesburg 05.08.1981, letter from Albertina Sisulu, SAHA AL2461, H01.03, CHM 671/2004.

gekommen.[339] Turok und Slovo erinnerten die Namen ihrer Geburtsorte sogar in Jiddisch.[340]

Abgesehen von Joe Slovo oder Ray Harmel kamen die jungen Immigranten schon politisiert nach Südafrika. Diese jungen Menschen lebten in ihren Geburtsorten in großer Armut und auch als Einwandererkinder in Südafrika hatten sie keinen leichten Start.[341] Ray Alexander »lernte« ihren Beruf, ganz nach John Dewey, »by doing«: durch ihren Aktivismus sowohl inner- wie außerhalb ihrer Arbeitsstellen.[342] Joe Slovo besaß keine abgeschlossene Schulbildung, da er schon mit 14 Jahren arbeiten musste.[343] Nach seinem Kriegsdienst wurde ihm durch ein Stipendium ein Studium ermöglicht, das er im Fach der Rechtswissenschaften an der Wits Universität aufnahm.[344]

Ben Turoks Vater reiste der Familie voraus und sparte binnen vier Jahren genug Geld an, um seine Frau und die vier Söhne nach Kapstadt nachholen zu können.[345] Turok selbst ging in dem jüdisch-antirassistischen Milieu auf.[346] Seine Familie stieg ökonomisch auf und zog von einem einfachen Boarding House am Rand des Stadtzentrums schnell in eine Reihenhaushälfte.[347] Turok wurde von der Schule im Arbeiterklassebezirk genommen und auf die als »versnobt« geltende *South African College School* geschickt.[348] Die Firma seines Vaters ging zwar am Ende bankrott, jedoch hatte dieser genügend Geld ansparen können, um Ben die Studiengebühren an der Universität von Kapstadt bezahlen

339 Vgl. Alexander, All my Life, S. 28; Ray Harmel: Ray's Story (1993), in: Historical Papers A3300, C2, S. 1; Slovo, Unfinished Autobiography, S. 3; Turok, Truth, S. 16.

340 Vgl. Turok, Truth, S. 14; Slovo, Unfinished Autobiography, S. 3.

341 Anschaulich beschrieben bei Ray Harmel, Ray's Story, S. 6 f., S. 10, S. 14, S. 29, S. 34 f.

342 Vgl. Alexander, All my Life, S. 73–76, S. 83, S. 89, S. 122.

343 Vgl. Slovo, Unfinished Autobiography, S. 19.

344 Vgl. ebd., S. 31 f.

345 Vgl. Turok, Truth, S. 14, S. 16.

346 Vgl. ebd., S. 17 f.

347 Vgl. ebd., S. 16.

348 Vgl. ebd., S. 23.

zu können.[349] Das Studium zum Landvermesser öffnete Turok in verschiedener Hinsicht weiter die Augen, denn für seinen praktischen Leistungsnachweis musste er an der kolonialen Grenze in Rhodesien arbeiten und erlebte dort den weißen Rassismus in seiner ganzen Brutalität.[350] Nach seinem Abschluss in Kapstadt folgte ein Postgraduierten-Studium in London, das von einem intensiven Leben in politischen Zirkeln der CPGB und der südafrikanischen Exilanten begleitet wurde, von welchem Turok erst 1953 zurückkehrte.[351] Turok wurde Vollzeitaktivist, denn seine Ausbildung verhalf ihm im ersten, dreijährigen Exil seiner Familie in Tansania ab 1966 zu einem Auskommen.[352] Die akademische Graduierung erlaubte es ihm auch, nach 1969 im englischen Exil zu studieren und an der *Open University* zu lehren.[353]

Jüngere Aktivisten waren meistens schon in Südafrika geboren worden und somit die erste Generation originärer Südafrikaner der jüdischen Einwandererfamilien. Sie absolvierten ihre Schule in Südafrika, studierten und graduierten hier auch. Ihre Familien waren schon etabliert, hatten den Aufstieg vom unsicheren Immigrantenstatus zu eigenständigen Geschäften hinter sich und kamen in den Vorzug weißer Vorrechte.[354] Ihre Kinder, um 1930 geboren, stellten die prominente Mehrheit der langjährigen Aktivisten, die mit den offensichtlichen Privilegien ihrer Familien brachen. Wenngleich der Reichtum meist überschaubar war, so stachen doch einzelne Aktivisten durch ihr betuchtes Elternhaus heraus. Die Liste der Aktivisten aus reichem Hause führt sicherlich Ronald Segal an, dessen Vater ein geschäftsführender Direktor des Bekleidungsunternehmens *Ackerman's* war.[355] Doch der »Klassenverrat« (Ben Turok) fand unterhalb dieser Schicht statt. In der Regel waren die Eltern

349 Vgl. ebd.
350 Vgl. ebd., S. 25–28.
351 Vgl. ebd., S. 34 ff.
352 Vgl. ebd., S. 196.
353 Vgl. ebd., S. 231 f.
354 So auch die Familie Ben Turoks, siehe ebd., S. 37 f.
355 Vgl. Segal, Into Exile, S. 10, S. 21 f., S. 37 f., S. 44 f.; Herbstein, Obituary Ronald Segal.

der Aktivisten selbständige Unternehmer und kleine Geschäftsleute, die aber im Gegensatz zu dem Leben als »Luftmenschen« der Schtetls äußerst erfolgreich waren.[356] Dabei half auch der Status als »weiß«, von dem aus die Eltern operieren konnten. Denis Goldberg staunte im Rückblick über den Aufstieg seines Vaters, der nach nur sechs Jahren Schule in England in Südafrika ein erfolgreiches Fuhrunternehmen leiten konnte.[357] Seine Großmutter hingegen, die ebenfalls nach Südafrika ausgewandert war, lernte – auch hier ähnlich anderen Mitgliedern seiner Alterskohorte – Englisch nicht soweit, dass sie die Zeitungen lesen konnte.[358] In der Familie herrschte ein Unbehagen, über die Vorgeschichte der Etablierung in Südafrika zu sprechen, was jedoch nicht untypisch für Einwandererfamilien war.[359]

Beruflich ging es die Erfolgsleiter jedoch tendenziell bergauf, denn Handarbeit war in Südafrika durchweg Sache nicht-weißer Arbeiter, sodass osteuropäische, proletarische Juden quasi automatisch aufstiegen, auch wenn die Wirtschaftskrise von 1929 manche Einbuße bedeutete.[360] Joe Slovos Vater hatte nach erfolglosen Versuchen, Früchte in Argentinien zu verkaufen, in Südafrika genügend Geld verdient, um die Familie nachzuholen und einen Obstladen in Johannesburg zu eröffnen. Doch hier folgte auf die Konsolidierung mit dem Tod der Mutter ein Niedergang des Geschäfts und eine Unsicherheit, die zu einer frühen Erwerbstätigkeit des jungen Slovo führte.[361] Der Vater von Ceelia und Wolfie

356 Zum Begriff des »Luftmenschen« siehe Nicolas Berg: Luftmenschen. Zur Geschichte einer Metapher, Göttingen 2008. Zuletzt hatte Yehuda Bauer sich der Lebenswelt des Schtetls und deren Zerstörung angenommen: Yehuda Bauer: Der Tod des Schtetls, Frankfurt a. M. 2013.

357 Vgl. Goldberg, The Mission. S. 38. Sam Goldberg übte noch andere Berufe aus, alle mehr oder minder erfolgreich, aber stets aufwärts orientiert und besser als das Altkleidergeschäft seines Vaters im Londoner East End (vgl. Goldberg, The Mission, S 28, 37 f.; Goldberg, in: Suttner, Cutting, S. 466, S. 472).

358 Vgl. ebd., S 28.

359 Vgl. Feinberg, Time, S. 16; Hirson, Revolutions, S. 12 f.; s. a. Howe, World of Our Fathers, S. 72.

360 Vgl. Mendelsohn/Shain, The Jews in South Africa, S. 35.

361 Vgl. Slovo, Unfinished Autobiography, S. 15–19.

Kodesh verlor sein Vermögen und die Kinder wuchsen in Slum-ähnlichen Verhältnissen im Kapstädter District Six auf. Ihm gelang es jedoch, bis zu seinem frühzeitigen Tod Eigentümer von zwei Ziegeleien und verschiedene Immobilien zu werden.[362]

Es scheint in diesem Milieu geradezu typisch gewesen zu sein, dass die Eltern der späteren Aktivisten nicht nur einen Job hatten, sondern sich aufgrund ökonomischer Schwierigkeiten wieder um- oder neu orientieren mussten. Erst nach dem Zweiten Weltkrieg gelang es ihnen, sich dauerhaft zu konsolidieren. Der Krieg hatte sich auf manche Geschäfte der Familien der Aktivisten beflügelnd ausgewirkt. Staatliche Aufträge hatten die Nachfrage gesteigert und die weiße Ökonomie gestärkt.[363]

Zumeist absolvierten die männlichen Nachkommen ein Studium, während Frauen – den Rollenvorstellungen der Zeit entsprechend – in der Regel Ausbildungen nachgingen. Auch als unpraktisch angesehene Fächer wie Kunst konnten sich die jungen Juden leisten zu studieren.[364] In der Fächerwahl überwogen Anwaltsberufe und andere Professionen wie Medizin oder Architektur. Unter den sieben jüdischen im Zusammenhang mit der Rivonia-Razzia Verhafteten waren drei Juristen (Harold Wolpe, James Kantor, Bob Hepple), ein Architekt (Rusty Bernstein), ein Arzt (Hilliard Festenstein) sowie ein Bauingenieur (Denis Goldberg).[365] Gegenüber den Berufen ihrer Eltern bedeuteten diese Berufe einen überaus deutlichen Aufstieg, der in Einklang mit dem Aufwärtsstreben der Einwanderer stand.[366]

Auffallend ist, dass es die Aktivistinnen sind, die mehrheitlich aus besseren Verhältnissen stammten. Hervorstechen dürfte hier vor allem Ruth First, deren Vorliebe für modische Kleidung und ein elegantes Auftreten geradezu legendär wurden.[367] Ihr Vater leitete, als seine Tochter

362 Vgl. Wolfie Kodesh, SAHA AL2460, A11.10, S. 5, S. 17.

363 Vgl. ebd., S. 22 f.; Goldberg, The Mission, S. 37 f.

364 Vgl. Feinberg, Time, S. 13–19.

365 Siehe SAJBD Archives, 303 Rivonia Trial Biographies Lionel Bernstein, Hilgard [recte: Hilliard] Festenstein, Denis Goldberg.

366 Siehe Sherman, Between Ideology, S. 39 f.

367 Siehe Wieder, Joe Slovo and Ruth First, S. 83 f.

1925 in Südafrika geboren wurde, eine überaus gut laufende Möbelfabrik.[368]

Während First aus einem hochpolitischen Elternhaus stammte, galt AnnMarie Wolpes Familie als unpolitisch – ein Umstand, der es ihr, ihrem Bekunden nach, schwer machte, in den politischen Zirkeln, in denen sie mit ihrem Gatten verkehrte, voll angenommen zu werden.[369] Über ihre Eltern gibt Wolpe in ihrer Biographie wenig Auskunft: ihre Mutter war in armen Verhältnissen auf dem Land aufgewachsen.[370] Um als Sekretärin in einer Kanzlei arbeiten zu können, ging Wolpes Mutter schließlich nach Johannesburg, wo sie ihren zukünftigen Gatten kennenlernte.[371] Dieser war ein Kind jüdischer Immigranten aus Russland, die sich in Pretoria niedergelassen hatten, und hatte an der Börse satte Gewinne erzielt, sein Geld aber später größtenteils verloren.[372] Die Familie zog ins – immer noch sehr bürgerliche – Lower Houghton in Johannesburg. Wolpe genoss, wie sie später angab, eine sorgenfreie Kindheit.[373] Ihre eigene Nonkonformität sah Wolpe in dem Widerspruch angelegt, dass ihre Mutter zwar immer über die Konventionen der »nice-Jewish-girls« herzog, ihrer Tochter jedoch zugleich genau diese Klischees vermittelte.[374] Nach einem kurzen Abstecher in die Welt der NP-Politik konzentrierte sich Wolpes Vater auf seine Familie und seine Karriere als Anwalt.[375]

Wechselndes ökonomisches Glück erlebte auch die Familie Rica Hodgsons. Ihren aus Polen eingewanderten Vater, der 1939 an einem Herzinfarkt starb, erinnerte sie als strengen, patriarchalischen Chauvinisten. Ihre Mutter blieb ihr hingegen als zugewandt und liebevoll im

368 Vgl. Ronald First, Ruth First Papers 117/6/8.
369 Vgl. Wolpe, Long Way, S. 65 f.; Harold Wolpe, Mayibuye Archives MCA 7-1723; Interview mit AnnMarie Wolpe, Kapstadt, 22.7.2014.
370 Vgl. ebd., S. 3.6
371 Vgl. ebd., S. 37.
372 Vgl. ebd., S. 42 f., S. 52, S. 74.
373 Vgl. ebd., S. 48 f.
374 Vgl. ebd., S. 44.
375 Vgl. ebd., S. 75.

Gedächtnis.[376] Rica Hodgson war das jüngste Kind der Familie,[377] die nach dem Tod des Vaters verarmte.[378] Ihr Besuch der weiterführenden Schule, Athlone High School, auf die ebenfalls viele Kinder aus links-orientierten Familien gingen, wirkte auf Hodgson politisierend. Rückblickend fühlte sie sich aus ihrer Ablehnung des Rassismus heraus von dem ihr dort nahegebrachten Kommunismus angezogen.[379] Eine erste Rebellion gegen den Vater war für Hodgson, Jahrgang 1920, die Wahl, sich als Krankenschwester ausbilden zu lassen. Ihr Vater verweigerte sich aus Prüderie diesem Ansinnen.[380] Hodgson setzte sich jedoch durch und schloss an die Ausbildung noch den freiwilligen Militärdienst an.[381] Dieser erwies sich ihr als Trittbrett in die organisierte Politik, denn ihr Schulfreund, der Sozialist Stan Eppel, warb Rica für die *Springbok Legion* an.[382] Diese Entscheidung sollte weitreichende Konsequenzen haben, lernte sie doch in der *Springbok Legion* ihren Ehemann Jack kennen.[383] Neben der individuellen Freiheit, die ihr die Linke bot, reizte Hodgson auch die dort propagierte Lockerung der Sitten und Moral zwischen den Geschlechtern.[384]

376 Vgl. Hodgson, Foot Soldier, S. 9–11.
377 Vgl. ebd., S. 11, S. 14.
378 Vgl. ebd. S. 19.
379 Vgl. ebd., S. 22; die gleiche Schulerfahrung machte Harold Wolpe (Harold Wolpe, Mayibuye Archives MCA 6-1723).
380 Vgl. ebd., S. 23.
381 Vgl. ebd., S. 24–34.
382 Vgl. ebd., S. 35 f.
383 Vgl. ebd., S. 38 f., S. 43, S. 46.
384 Vgl. ebd., S. 10 f., S. 13, S. 21 f. Die Bedeutung der sexuellen Erfahrung sticht auch in den Lebenserinnerungen Esther Levitans hervor. Eine erfüllende, selbstbestimmte weibliche Sexualität – zu der der Partner gerne beitragen konnte – war das Resultat einer Befreiung von prüden, konventionellen Rollenvorstellungen (vgl. Levitan, Book of Esther, S. 7 f., S. 10 f., S. 16 ff., S. 24, S. 29, S. 89). S. a. die Bemerkung Albie Sachs' über seine Mutter, in Suttner, Cutting, S. 363, der die damalige Unabhängigkeit und Selbständigkeit von dieser und ihren Freundinnen für seinen Blick auf Frauen als prägend empfand. Norma Kitson berichtete, wie ihr zukünftiger Ehemann derjenige war, der mit den konventionellen Verhaltensweisen zuerst brach (Kitson, Sixpence, S. 201–213).

Einige Aktivistinnen hatten wie Norma Kitson den Beruf der Schreibkraft erlernt und arbeiteten als Sekretärinnen.[385] Diese Berufswahl ist nicht untypisch für diese Zeit, denn es galt damals als ein emanzipatorischer Schritt, als Frau überhaupt arbeiten zu gehen. Das zweite Gehalt der Frauen war oft ein wichtiger Zuverdienst zu dem mageren Einkommen der in den linken Institutionen und Gewerkschaften arbeitenden Männer, wenn es nicht sogar während der Bannung der Aktivisten zur einzigen Einkommensquelle wurde.

Während Rica Hodgson gegen die Doppelmoral ihres Vaters rebellierte, war es für Lorna Levy gerade ihr Vater, David Borkum, der ihr aufgeklärte Orientierung in ihrem Leben bot.[386] Als Anwalt arbeitete er auch unentgeltlich für schwarze Klienten, die mit den Gesetzen in Konflikt geraten waren, und unterhielt auch Beziehungen zur bekannten Kanzlei von Oliver Tambo und Nelson Mandela.[387] Vor dem Zweiten Weltkrieg war Levys Vater Mitglied des *Left Book Club* (LBC) gewesen, wurde jedoch durch den stalinistischen Terror und den Hitler-Stalin-Pakt desillusioniert. Nichtsdestotrotz regelte ihr Vater Geschäfte für den *Defence and Aid Fund* und begrüßte die radikalen Freunde seiner Tochter.[388] Levy schätzte ihren Vater als einen ersten subtil politisierenden Faktor ein, während sie sich selbst als Ansporn für ihren Vater zu einer graduellen Radikalisierung sah.[389]

Die politische Prägung ihres Vaters durch ein feindliches Internatsleben im ländlichen Südafrika steht im Einklang mit den Lebenswegen anderer Aktivisten wie Esther Barsel, die während ihrer Kindheit auf dem Land unter dem Antisemitismus ihrer afrikaanischen Nachbarn litt und sich später in der radikalen Linken aufgehoben fand[390] oder Rusty Bernstein, der ebenfalls in seiner Schulzeit auf ein christliches Internat

385 Vgl. Kitson, Sixpence, S. 101 f.; Levitan, Book of Esther, S. 13 f.
386 Vgl. Levy, Engagements, S. 11, S. 25, S. 38.
387 Vgl. ebd., S. 11, S. 22, S. 25.
388 Vgl. ebd., S. 38. S. a. Manuscript and Archives, BC 614.
389 Vgl. ebd., S. 11, S. 22.
390 Vgl. Esther and Hymie Barsel, SAHA AL2460, A2.6.1.

geschickt worden war und sich freiwillig zum Dienst im Zweiten Weltkrieg gemeldet hatte.[391]

Eine kritische Haltung oder die politische Aktivität mindestens eines Elternteils war in der Regel eine Gemeinsamkeit der späteren Aktivisten. Wie auch bei Lorna Levy war es Norma Kitsons Vater, der seiner Tochter subtil – durch praktisches Handeln oder Bettgeschichten – eine Art des politischen Verstehens nahebrachte.[392] Ihre männlichen Altersgenossen wuchsen hingegen in einem weitaus expliziteren politischen Umfeld jüdischer Einwanderer auf, in einem Milieu, das vor allem durch den Bund geprägt war: jiddisch-sprachig, anti-zionistisch, säkular. Sie folgten daher eher einem in der Familie und dem Umfeld vorgezeichneten Weg,[393] während die Frauen sich von den traditionellen Vorstellungen über ihre Zukunft und den damit verbundenen Konventionen befreiten.[394] Nicht nur eine Ehe führte die Aktivistinnen in die politische Welt, oftmals verfolgten sie auf diesem Weg ihre eigenen Interessen.[395] Dabei mussten sie wegen ihrer Ehen, ihres beruflichen Werdegangs oder ihrer Politik weitaus stärker gegen ihre Elternhäuser rebellieren als ihre männlichen Mitstreiter.

Die Familien entwickelten sich – sofern die Beziehung der Kinder zu ihren Eltern nicht zerrüttet war[396] – in den Jahren politischer Repression für die Aktivisten zu wichtigen Netzwerken der politischen Opposition. Sie gründeten sich auf Sympathie, Selbstverständlichkeit und familiären Zusammenhalt – trotz bisweilen deutlich abweichender politischer Ansichten.[397]

Gemeinsam war den Aktivisten, dass sie in räumlicher Nähe zueinander aufwuchsen. Waren einige von ihnen auch noch in Europa oder

391 Vgl. Bernstein, Memory, S. 7.

392 Vgl. Levy, Engagements, S. 22 (Ihre Mutter war über den Verlust eines Neugeborenen depressiv geworden, ebd., S. 9); Kitson, Sixpence, S. 27 ff, S. 68 f.

393 Vgl. Turok, Truth, S. 19, S. 22 f.

394 Vgl. Wolpe, Long Way, S. 44.

395 Vgl. Kitson, Sixpence, S. 89 ff.; Carneson, Rainbow, S. 75–81.

396 Vgl. Hirson, Revolutions, S. 11; Slovo, Unfinished Autobiography, S. 19.

397 Vgl. Hodgson, Foot Soldier, S. 15 ff.

auf dem Platteland geboren worden, so lebten sie mehrheitlich in den drei Zentren des Landes: Kapstadt, Durban, Johannesburg. In Kapstadt waren es die innerstädtischen Viertel des District Six oder Observatory, in denen Familien der unteren Schichten und unteren Mittelklasse lebten. Das an der Küste gelegene Sea Point hingegen zählte zu den vornehmeren Gegenden. Andere Aktivisten hatten in den Boheme-Vororten Camps Bay und Clifton günstige Bungalows erworben. Die Mutter von Albie Sachs genoss genauso wie das Ehepaar Rosier – die Schwester von Wolfie Kodesh und ihr Mann, ein CPSA-Mitglied – die alternative Atmosphäre dort und die Nähe zu Gleichgesinnten machte illegale Arbeit einfacher.[398] Andere kommunistische Ehepaare siedelten sich bewusst in der Nachbarschaft an.[399]

Ähnlich verhielt es sich in Johannesburg. Die jüdisch geprägten Einwandererviertel nahe der Innenstadt – Yeoville, Bezuidenhout Valley, Hillbrow – waren die im Tal gelegenen Bezirke. Wer konnte, ließ sich auf dem Kamm des das Tal überblickenden Hügels nieder (Bellevue und [auch] Observatory) oder zog jenseits des Hügels nach Norden in die Viertel Orange Grove, Gardens oder Norwood. Eine Kreuzung in Norwood wurde unter den kommunistischen Aktivisten auch »Roter Platz« genannt. Das Haus der Familie von Eli und Violet Weinberg stand dort gegenüber dem Haus der Familie von Michael und Ray Harmel, das ihr Genosse Rusty Bernstein entworfen hatte. Eine Ecke weiter wurde Nelson Mandela von Hazel und Hymie Rochman eine Zeit lang versteckt gehalten. Einen Block entfernt lag das jüdische Altersheim »Our Parents Home«.[400] Die hohe Dichte von jüdischen Aktivisten im Johannesburger Norden verleitete den afrikaanischen Gewerkschafter Mike Muller

398 Vgl. Goldberg, The Mission, S. 30, S. 38; Van Rooyen, Story; Interview mit Dawn Goodman, Kapstadt 25.7.2014; Sachs, in: Suttner, Cutting, S. 345; Podbrey, White Girl, S. 98, S. 111 f.

399 Vgl. Podbrey, White Girl, S. 121; Esther Levitan, SAHA 2460, A12.4, S. 3 f.

400 Vgl. Merle Barsel Ruff (für Johannesburg Heritage Foundation): Jewish Struggle Tour, 23.6.2013; dies.: Jewish Struggle Tour, 18.3.2014; ich danke Merle Barsel Ruff für die Überlassung ihrer Unterlagen. S. a. Hodgson, Foot Soldier, S. 19; Slovo, Unfinished Autobiography, S. 14.

dazu, wenn er frustriert war, auf die »jüdische Mafia der nördlichen Vororte« zu schimpfen.[401]

Zwei Wege beschritten die jungen Aktivisten in die politische Opposition: Zum einen war es eine Kontinuität des von der Familie und ihrem Umfeld angelegten politischen Denken. Zum anderen war es der Bruch mit der Familie. Diese wurde durch die Immigrationserfahrung erschüttert und die Entwurzelung, die viele junge Immigranten erlebt hatten, führte zu einer Entfremdung. Auch die Zurückgenommenheit ihrer Eltern, zerrüttete Familien und durch Kriegs- und Pogromerfahrungen hervorgerufene Traumata bedingten ein Klima, in welchem es den späteren Aktivisten an emotionaler Bindung und richtungsweisender Sicherheit fehlte.[402] Der gemeinschaftliche zwischenmenschliche Kontakt wie zugleich die Ablehnung ihrer »rasse«-übergreifenden Freundschaften durch die weiße und jüdische Minderheit schweißte die Gruppe eng zusammen. Sie sahen sich als Teil der Mehrheit der Bevölkerung Südafrikas.[403] Aus ihren politischen und persönlichen Allianzen erwuchsen Freundschaften und Liebesbeziehungen über die ethnischen Grenzen hinweg.

401 Siehe Levy, Engagements, S. 33.

402 Eine gewisse emotionale Distanz, Schweigsamkeit und den Ausfall von Eltern als Vorbildern, die ihre Kinder gleich behandelten, oder Schieflagen aufgrund von insgeheim gescheiterten Ehen erlebten Ray Alexander Simons, Joe Slovo, Pauline Podbrey, Baruch Hirson, Ruth First, Rica Hogdson, Norma Kitson, Rusty und Hilda Bernstein, Ben Turok, Denis Goldberg, Albie Sachs, Leon und Norman Levy. Diese Erfahrung betraf bisweilen auch schon ihre Eltern (vgl. Campbell, Beyond the Pale, S. 159, wo Campbell auf die Schilderung der Familie Sachs durch Albie Sachs' Onkel Bernard verweist).

403 Vgl. Campbell, Beyond the Pale, S. 157–162; s. a. Schüler-Springorum, »Dazugehören«, S. 177–180; Karin Hartewig: Zurückgekehrt. Die Geschichte der jüdischen Kommunisten in der DDR, Köln u. a. 2000, S. 104 ff.

4.c Über die Grenzen des Ethnischen hinweg?

Nicht die Theorie, sondern die Praxis machte den wesentlichen Unterschied zwischen den Aktivisten der »Rivonia-Kohorte« und vielen ihrer Eltern aus. In den bundistisch geprägten Elternhäusern blieben viele der sozialistischen Bekenntnisse folgenlos. Und die Lippenbekenntnisse reichten in den Augen der radikalen Kinder nicht aus, um die Anpassung an den südafrikanischen Mainstream akzeptabel zu machen.[404] In die abgeschlossene soziale Welt der jüdischen Minderheit traten Nicht-Weiße nur als Haus- oder Firmenangestellte. Wenn es Hausangestellte gab, blieben den späteren Aktivisten Spannungen mit den Eltern, aber auch deren Leben in Sorge und Unterdrückung im Gedächtnis.[405]

Wenn ihre Elternhäuser hingegen Freunde und Genossen aller Hautfarben zu Besuch empfingen, erkannten die Kinder schnell, dass sie anders lebten als ihre Mitschüler und Nachbarn.[406] Ein politisches Elternhaus sollte sich in einigen Fällen später auszahlen, wie Denis Goldberg feststellte. Seines Erachtens nach ebnete ihm die Prominenz seiner Eltern innerhalb der farbigen Bevölkerung den Weg, als er selbst im Widerstand aktiv wurde.[407]

Die Aktivisten durchbrachen die ungleichen ethnischen Begrenzungen der »Rassen«. Sie bildeten, wie im Folgenden gezeigt wird, positive, egalitäre und freundschaftliche Beziehungen zu allen Gruppen der südafrikanischen Gesellschaft aus. Dabei war das politische Bekenntnis oftmals ein Türöffner. Die Beziehungen wirkten jedoch nicht nur im politischen Feld, sondern ebenso in Freundschafts- und Liebesbeziehungen und im alternativen Milieu des Landes. Besonders durch zwei große Prozesse, die der Staat gegen die radikale Opposition anstrengte, wurden diese über das Politische vermittelten Verbindungen gefestigt.

404 Vgl. Turok, Truth, S. 37.
405 Vgl. Segal, Into Exile, S. 25 f.; Kitson, Sixpence, S. 50 f.
406 Vgl. Goldberg, The Mission, S. 33.
407 Vgl. Goldberg, in: Suttner, Cutting, S. 467.

Oppositionelle Weiße wurden seitens der Regierung durchweg – entsprechend ihrer rassistischen Sichtweise – als Aufwiegler der Schwarzen und geheime Anführer aller Oppositionsgruppen betrachtet.[408] Auf Seiten der nicht-weißen Aktivisten verschaffte die Bereitschaft, die »Rassen«-Schranken hinter sich zu lassen, den jüdischen Aktivisten eine Menge Respekt und Hochachtung.[409] Doch dieser Kontakt war nicht unbedingt gegeben und bisweilen mussten Aktivisten am Beginn ihrer politischen Laufbahn erst einmal eigenes Befremden und Unbehagen ablegen. So fühlte sich Joe Slovo bei seinem ersten Besuch des *Left Book Club* (LBC) in Johannesburg durchaus unwohl, als er zwischen zwei schwarze Linke gesetzt wurde.[410] Und Rusty Bernstein merkte, wie seine bisherige Welt durcheinander gewirbelt wurde, als er das erste Mal mit schwarzen Genossen bei einer Versammlung der CPSA saß.[411] Doch die anfängliche Befremdung, so erinnerte sich Bernstein, sei leicht zu überwinden gewesen, da der Kontakt »so zwanglos, so natürlich« erschien und die Neulinge sich leicht daran gewöhnten.[412] Seine Frau Hilda schätzte die linken Organisationen, allen voran die CPSA, als »Brücke« zwischen Schwarzen und Weißen ein.[413] Ben Turok träumte seinen Memoiren zufolge gar von der »Anonymität der schwarzen Haut«, wenn er versuchte, das Vertrauen schwarzer Arbeiter für die Gewerkschaft zu gewinnen.[414] Manchmal hingegen schlug das »natürliche« Verhalten in Überkompensation um und Missverständnisse verstärkten die Unterschiede.[415]

Die jüdischen Aktivisten trugen zu dem Bild eines liberalen Judentums bei.[416] Jedoch, so stellte Glenn Frankel heraus, hob sie »ihre

408 Vgl. Levy, Prize, S. 155.
409 Vgl. Kasrils, in: Suttner, Cutting, S. 269.
410 Vgl. Slovo, Unfinished, S. 22.
411 Vgl. Bernstein, Memory, S. 27.
412 Vgl. ebd.
413 Vgl. Hilda Bernstein, SAHA AL2460, A2.9, S. 2.
414 Vgl. Turok, Truth, S. 43.
415 Vgl. Lazerson, Against the Tide, S. 50 f.
416 Vgl. Wolfie Kodesh, SAHA AL2460, A11.10, S. 21; Kasrils, in: Suttner, Cutting, S. 269.

Entfremdung von der weißen Gesellschaft, ihre Fähigkeit, über ihre unmittelbaren Eigeninteressen hinaus zu sehen und sich in andere einzuempfinden, sowie letztlich ihre Bereitschaft nach ihren Überzeugungen zu handeln – [...] deutlich [von der jüdischen und weißen Gruppe] ab.«[417] Wenngleich die politische Achse der hauptsächliche Zugangsweg zu normalisierten Beziehung zwischen den einzelnen Gruppen in Südafrika war, gab es ebenfalls intime Kontakte, die ganz anderen Zündstoff für die jüdischen Aktivisten bargen.

Ungleichheit war eines der wesentlichen Kennzeichen der Apartheid. Ungleich waren die Beziehungen zwischen den einzelnen vier »Rassen« und vor allem zwischen Weißen und Schwarzen. Die Unterscheide existierten auch unter den linken Aktivisten, sei es hinsichtlich des Wohnorts oder Berufs (oder des Gehalts), der Freizügigkeit und ihrer Einschränkungen weiter. Gleichheit wurde zwar in der Linken zelebriert, jedoch war dies eher eine programmatische zukunftsweisende Forderung: etwas, das noch verwirklicht werden musste. Das Politische, der Kampf um Befreiung und das damit verbundene persönliche Opfer, das die Aktivisten über alle Schranken verband, hob die Voraussetzungen, unter denen die verschiedenen Aktivisten sich engagierten, nicht auf. Schwarzen wurde politisches Engagement viel eher zugebilligt, kämpften sie doch offensichtlich um die eigene Befreiung.[418]

Freundschaft und Liebe

Mehr noch als das politische Bekenntnis rief die Partnerwahl Konflikte in den Familien der Aktivisten hervor. Nicht-jüdische Partner oder Partnerinnen waren in den Familien quer durch das politische Spektrum hinweg ungern gesehen.[419] Dennoch heirateten einige der Aktivisten

417 Frankel, Road to Rivonia, S. 197.
418 Vgl. Esther und Hymie Barsel, SAHA AL2460, A2.6.1, S. 45.
419 Siehe Hodgson, Foot Soldier, S. 21; Ray Alexander, All My Life, S. 88; Levy, Engagements, S. 21; Turok, Truth, S. 41.

nicht-jüdische Partner, was eine Seltenheit in Südafrikas jüdischer Community darstellte.[420]

Die Beziehungen junger jüdischer Frauen mit jungen schwarzen Männern blieben oft nur temporär.[421] Kennengelernt hatten sie sich in der Regel entweder an der Universität oder in politischen Zirkeln.[422]

Zwar akzeptierten die Eltern im Laufe der Zeit oftmals die nichtjüdischen Ehepartner,[423] aber kulturelle Unterschiede führten in den Beziehungen dennoch zu Konflikten. Rückblickend erkannte Sarah Carneson, dass sie und ihr Ehemann Fred die Bedenken beider Elternpaare ernster hätten nehmen sollen, um so ihre später auftretenden Konflikte zumindest verstehen zu können, die, so Carneson, aus den unterschiedlichen kulturellen Hintergründen und abweichenden Erwartungen resultierten.[424] Während ihre Eltern, Zelic und Anna Rubin, engagierte Marxisten und Gewerkschafter waren, die aus Litauen stammten und die SACP mitgegründet hatten,[425] war ihr Ehemann Fred der Sohn einer armen katholischen Arbeiterfamilie.[426]

David und Norma Kitson heirateten 1956 ohne nähere Verwandte während eines gemeinsamen Aufenthalts in England, als sie ein Kind erwarteten. Bei ihrer Rückkehr nach Südafrika fürchtete sich Norma Kitson davor, David ihrer weiteren Familie vorzustellen. Vor allem erwartete sie Ablehnung, weil David nicht jüdisch war. Doch ihre Mutter nahm sich der Angelegenheit an und »machte« ihren Schwiegersohn kurzerhand »koscher«, wie Kitson es in ihren Memoiren beschrieb. Ihre Mutter traf einen Mitstudenten David Kitsons, der zum einen ein Verwandter

420 Vgl. Mendelsohn/Shain, The Jews in South Africa, S. 163 f.

421 Vgl. Nkosi, Home and Exile, S. 13, S. 18 f.

422 Siehe Wolpe, Way, S. 46 f., S. 53; Wieder, Ruth First and Joe Slovo, S. 50, S. 67; Hirson, Revolutions, S. 107; Goldberg, The Mission, S. 47 f.; Levy, Engagements, S. 40; Kitson, Sixpence, S. 105; Hodgson, Foot Soldier, S. 38 f.; Bernstein, Memory, S. 12.

423 Vgl. Hodgson, Foot Soldier, S. 46–49; Turok; Truth, S. 41; Carneson, Red, S. 97.

424 Vgl. Carneson, Red, S. 97.

425 Vgl. ebd., S. 75, S. 78.

426 Vgl. ebd, S. 82 ff.

der weitverzweigten Cranko-Familie war und zum anderen seinen Kommilitonen als wissbegierigen Akademiker präsentierte. Da universitäre Karrieren unter ihnen noch selten waren, flößte David Kitsons Abschluss der Familie anhaltende Ehrfurcht ein.[427] Dass ihr Ehemann nicht »wirklich« jüdisch war, spielte dann später keine Rolle mehr.[428]

Dass diese Ehen innerhalb der weißen Minderheit blieben, reduzierte das Konfliktpotential um ein Vielfaches. Auch wenn Eltern politisch oppositionelle Ansichten vertraten, rief die Heirat aus der weißen Gruppe heraus oftmals einen schweren Konflikt hervor. Zu familiären Animositäten und Befindlichkeiten kam noch die repressive Gesetzeslage hinzu, nach der Geschlechtsverkehr und Heirat zwischen den »Rasse«-Gruppen strafbar war.

So erlebte Pauline Podbrey einen Schock, als sie ihren Eltern eröffnete, dass sie den indischen Gewerkschafter Harry Alimuthu (H. A.) Naidoo zu heiraten beabsichtige. Aufgrund der starken Unterstützung, die sie durch ihre Eltern trotz ihrer politischen Betätigung und »rasse«-übergreifenden Freundschaften immer erfahren hatte, war Podbrey fest davon überzeugt gewesen, auch hinsichtlich der Wahl ihres Ehepartners auf die Unterstützung ihrer Eltern setzen zu können. Doch ihr Vater lehnte eine Hochzeit rundheraus mit den Worten: »Nur über meine Leiche!«[429] ab. Der Konflikt eskalierte so sehr, dass Pauline Podbrey aus der elterlichen Wohnung auszog und wochenlang keinen Kontakt zu ihren Eltern hatte.[430] Später, so rekapitulierte Podbrey, begründete ihr Vater seine Ablehnung mit den repressiven gesellschaftlichen Umständen, unter denen eine solche Ehe bestehen müsse. Podbreys kleiner Bru-

427 Vgl. Kitson, Sixpence, S. 119.

428 Vgl. Suttner, Cutting, S. 204, Fn. 4, in der orthodoxe, konservative und reformjüdische Interpretationen von jüdischer Abstammung diskutiert werden, demgemäß im Reformjudentum die matrilineare Bestimmung jüdisch zu sein durch eine egalitäre Sicht, die beide Eltern gleichstellt, ersetzt wurde; im Falle David Kitsons war sein Vater jüdisch, beide Eltern hingen aber der *Christian Science* an.

429 Podbrey, Girl, S. 88.

430 Vgl. ebd., S. 92.

der wäre schon in der Schule und auf der Straße gehänselt worden und habe sich, um seine Schwester zu verteidigen, geprügelt; die Mutter sei von Freunden in der Synagoge gemieden und ignoriert worden. Der Vater sah weder für seine Tochter und Naidoo noch für deren Kinder eine Möglichkeit in Südafrika zu leben. Er verlangte das Versprechen, dass sie bei einer Heirat das Land verlassen würden.[431] Auch Naidoo war geraten worden, eine indische Frau zu heiraten.[432] Ihre Ehe und die Zukunft ihrer Kinder unter der Apartheid waren letztlich Beweggründe für das Paar, außer Landes zu gehen.[433]

Aber Pauline Podbrey war nicht die einzige weiße jüdische Aktivistin, die einen indischen Genossen heiratete. So war Winnie Kramer seit ihrem gemeinsamen Exil in London mit Yusuf Dadoo, dem Vorsitzenden des SAIC und Repräsentanten der SACP in London, verheiratet. Sie hatten sich 1948 im Hause Bram Fischers kennengelernt. Kramer war zwar religiös aufgewachsen, zu diesem Zeitpunkt aber schon Mitglied der CPSA und in der Oppositionsbewegung aktiv. 1960 trafen sich beide im Londoner Exil wieder und heirateten.[434] Kramer war sich unsicher, wie sie ihren Eltern eröffnen sollte, dass sie einen Muslim heiraten würde,

431 Vgl. ebd., S. 92 f.

432 Vgl. ebd., S. 89, S. 92.

433 Vgl. ebd., S. 142. Moses Kotane, Vorsitzender der CPSA, riet dem Ehepaar außer Landes zu gehen, woraufhin sie erst den Gedanken entwickelten (vgl. ebd., S. 141 f.; Israel, Political Exile, S. 27 ff.)

434 Vgl. N. N.: Personal Reminiscences By Winnie Dadoo, www.sacp.org.za/docs/history/winniedadoo.html (letzter Zugriff: 13.6.2016); Switzer, Socialism and the Resistance Movement, S. 280. Im turbulenten Leben Yusuf Dadoos trat als erste Ehefrau die deutsche Kommunistin Ilse auf, die Dadoo aber 1951 verließ (vgl. Shauna Mottiar: Yusuf Dadoo: Bafa Begiya, MA-Thesis, University of the Witwatersrand 2000, S. 80, S. 95, S. 150 f.) und mit dem deutsch-russisch-jüdischen Kommunisten Gottfried Lessing – Bruder der Mutter Gregor Gysis Irene – in die DDR zurückkehrte. Gottfried Lessing wiederum war der erste Mann der späteren Literaturnobelpreisträgerin Doris Lessing (vgl. N. N.: Lessing, Gottfried, www.bundesstiftung-aufarbeitung.de/wer-war-wer-in-der-ddr-%2363%3B-1424.html?ID=2082; Clemens Lessing: »Lessing, Anton« in: Neue Deutsche Biographie 14 (1985), S. 349 f. [Onlinefassung]; URL: www.deutsche-biographie.de/pnd101821670.html [letzter Zugriff: 13.6. 2016]).

und schrieb ihnen daher nur seinen Namen »Joseph«.[435] Auch Dadoo litt zeitweise unter seiner Beziehung zu einer weißen Frau, die seine Reputation in der indischen Minderheit schmälerte, weshalb er vor seinem Exil in Südafrika eine Inderin heiratete.[436]

George Ponnen, indischer Gewerkschafter und Gefährte H. A. Naidoos aus Durban, war mit einer britischen Jüdin eine Ehe eingegangen. Pauline Podbreys Vater zog Vera Ponnen als Beispiel dafür heran, wie sehr die Ehefrau eines indischen Südafrikaners in der indischen Lebenswelt aufgehen könnte.[437] Doch Ronnie Kasrils' Erinnerungen nach spielte Vera Ponnen eine wichtige Rolle in der Organisation des politischen Untergrundes in Durban und ging letztlich mit ihrem Gatten auch ins Exil, erst nach Sambia, dann nach Kanada.[438] Die Ehe zwischen Vera Alberts, einer gebürtigen Londonerin, und George Ponnen galt nur deshalb als legitim, weil sie selbst als »Indisch« klassifiziert wurde.[439]

Die Gesetzgebung erschwerte ein Eheleben über die Farbschranken hinweg mehr und mehr. Dies bekamen auch Vella und Patsy Pillay zu spüren. Er, ebenfalls ein südafrikanischer Inder, hatte seine Frau Patsy, die von gemischter jüdisch-europäisch-amerikanischer Herkunft war, noch 1948 in der Kapprovinz geheiratet, bevor die NP-Regierung die Gesetzgebung massiv verschärft hatte. Zu diesem Zeitpunkt war das junge Paar aber schon nach London ausgereist.[440] Ihre Ehe war ihnen Grund genug, nicht zurückzukehren.[441]

435 Vgl. Parvathi Raman: Yusuf Dadoo. Transnational Politics, South African Belonging, in: South African Historical Journal, Jg. 50 (2004) H. 1, S. 27–48, hier S. 39, Fn. 44.

436 Vgl. Myrtle Berman, Ruth First Papers, 117/6/3, S. 19.

437 Vgl. Podbrey, Girl, S. 93.

438 Vgl. Kasrils, Armed, S. 27 f.; S. 31 ff.; S. 36 f., S. 44 ff., S. 63, S. 105; N. N.: Vera Ponnen, www.sahistory.org.za/people/vera-ponnen (letzter Zugriff: 13.6. 2016); s. a. Switzer, Socialism and the Resistance Movement, S. 281.

439 Vgl. N. N.: Vera Ponnen, www.sahistory.org.za/people/vera-ponnen (letzter Zugriff: 13.6.2016); Kasrils, Armed, S. 27; Podbrey, Girl, S. 79 f.

440 Vgl. Ronald Segal: Obituary Vella Pillay, in: The Guardian, 3.8.2004, www.theguardian.com/news/2004/aug/03/guardianobituaries.southafrica (letzter Zugriff: 13.6.2016).

441 Vgl. Israel, Political Exile, S. 27.

Nicht nur auf Seiten der jüdischen Partner kam es zu Konflikten. Auch für die nicht-jüdischen Beziehungs- oder Liebespartner spielte die »Rasse«-Zugehörigkeit in das Gefühlsleben hinein ebenso wie auch staatliche Eingriffe nicht ohne Wirkung blieben.

Als Beispiel dafür kann Sam Kahn, CPSA-Mitglied und Abgeordneter im Parlament, der lange Zeit mit der prominenten Linken Cissie Gool in »wilder Ehe« zusammenlebte, gelten. Kahn, so erinnert sich Sylvester Stein, verließ Gool zur Zeit des Zweiten Weltkriegs plötzlich, um – so die Erzählung – sich ein respektableres Leben aufzubauen.[442] Die passende Partnerin sollte Ronnie Lewis, ein »nice Jewish girl« aus bester Familie mit vielversprechenden Karriereaussichten, sein. In die Party vor der Hochzeit platze Gool hinein und bezichtigte Kahn lautstark, sie verlassen zu haben, weil sie *coloured* sei. Dieser Eklat vereitelte die Hochzeit.[443]

Große Beachtung innerhalb der radikalen Kreise Johannesburgs fand die Liaison zwischen Ismail Meer und Ruth First. Sie hatten sich an der Universität des Witwatersrand kennengelernt und kamen in der Wohnung Meers, die ein Treffpunkt junger Johannesburger Linker war, zusammen.[444] Damit verbanden sich zwei aufsteigende Sterne am Polit-Firmament.[445] Vier Jahre lang, von 1942 bis 1946, sollte ihre Beziehung, hinter der Ruth Firsts Tochter auch eine Rebellion gegen ihr Elternhaus vermutet, denn Firsts Mutter sei vehement gegen die Verbindung gewesen, andauern.[446] In Tilly First und weniger in kulturellen Differenzen zwischen einer weißen Jüdin und einem indischen Muslim wurde der entscheidende Faktor, der zur Auflösung der Beziehung führte, gesehen.[447] Dennoch erinnerte sich Pauline Podbrey, von Ruth um Rat

442 Vgl. Sylvester Stein: I Danced with Mrs Gandhi. An Autobiography, London 2012 (ebook), Position (i. F. Pos.) 602.

443 Vgl. ebd.

444 Vgl. Pinnock, Voices of Liberation, S. 8; Wieder, Ruth First and Joe Slovo, S. 51.

445 Vgl. Pinnock, Ruth First, S. 8; Wieder, Ruth First und Joe Slovo, S. 9.

446 Vgl. Slovo, Every Secret Thing, S. 40.

447 Vgl. Wieder, Ruth First and Joe Slovo, S. 10, S. 56; Slovo, Every Secret Thing, S. 41.

gefragt worden zu sein – und ihr von einer Ehe abgeraten zu haben. Im Gegensatz zu ihrem Ehemann sei Ismail Meer, »wenn es hart auf hart kommt«, »zuerst Muslim und als zweites Kommunist«[448]. Nachdem die Trennung bekannt wurde, machte Joe Slovo, der sie ebenfalls durch die Universität und die CPSA kannte, Ruth First erfolgreicher den Hof.[449]

In seinem autobiographischen Fragment untertreibt er den Stellenwert dieser Hochzeit, indem er schreibt, dass sich er und First für die Hochzeit lediglich eine halbe Stunde von ihrer Arbeit freigenommen hatten.[450] Slovo teilte einige Ähnlichkeiten mit Firsts Eltern, die ebenfalls als jiddisch-sprachige Einwanderer in Südafrika reüssiert hatten, weshalb seine Tochter später schrieb, Joe Slovo sei der Traum jeder jüdischen Mutter gewesen: engagiert, schlau, witzig, weiß, jüdisch und Anwalt in spe.[451] Die Hochzeit, die Slovo so verkürzt darstellt, schien in Wahrheit eine rauschende Feier mit hunderten Gästen im Haus von Julius und Tilly First – die Crème der radikalen Szene , über alle Alters- und »Rassen«-Grenzen hinweg[452] – und eine große Überraschung für ihre Genossen und Freunde – gewesen zu sein.[453] Doch auch in dieser Verbindung wirkten gesellschaftliche Konventionen. So erinnerte sich eine enge Freundin Firsts, Myrtle Berman, deutlich an den Schmerz ihrer Freundin nach der Trennung von Meer und dem geringen Enthusiasmus für ihren künftigen Gatten. Berman sah Firsts Mutter auf eine Ehe zwischen beiden drängen, womit sie angesichts der Schwangerschaft ihrer Tochter auch Erfolg hatte.[454]

Die Hochzeiten anderer Aktivisten fußten auf dünnem familiären Eis. Wenn jüdische Partner heirateten, stand die Frage im Raum, ob denn ein Rabbiner die Trauung vornehmen solle und wenn es männliche Kin-

448 Podbrey, Girl, S. 118.
449 Vgl. Slovo, Every Secret Thing, S. 37 ff.
450 Vgl. Slovo, Unfinished Autobiography, S. 47 f.
451 Vgl. Slovo, Every Secret Thing, S. 41.
452 Vgl. ebd., S. 43 f.
453 So Zena Stein, in: Wieder, Ruth First and Joe Slovo, S. 58.
454 Vgl. Myrtle Berman, Ruth First Papers 117/6/3, S. 17 f.

der gab, ob diese beschnitten werden würden.[455] Es war nicht selten, dass zwei Feiern ausgerichtet wurden: eine für die Familie und eine weitere mit den Freunden und Genossen aller »Rassen«.[456] Hochzeiten wurden selten religiös, sondern zumeist amtlich besiegelt.[457] Doch Esther und Hymie Barsel heirateten mit Rabbi Aloy, der Esther Barsel später im Frauengefängnis von Barberton besuchte.[458] Der Gewerkschafter Ronnie Press ehelichte seine Frau Sybil in der Synagoge, jedoch nur, wie er schrieb, um Geschenke der Familie zu erhalten.[459] Beide hatten sich bei einem der marxistischen Diskussionskreise in Johannesburg kennengelernt. Press erklärte dem Rabbiner deutlich, dass er von Religion nichts halte und dass er mit der Hochzeit in der Synagoge allein finanzielle Absichten verfolge. Das Paar feierte nach der Zeremonie mit der Familie und zusätzlich zusammen mit den zeitgleich verheirateten Oliver und Adelaide Tambo mit den Freunden und Genossen aus der Oppositionsbewegung in einem indischen Nachtclub.[460]

Zwei Feiern richteten auch Lorna und Leon Levy aus. Binnen fünf Minuten hatten sie unter Begleitung ihrer Familie und (auch schwarzer) Kollegen an einem 1. Mai auf dem Johannesburger Verwaltungsgericht ihre Ehe geschlossen. Es folgte ein exklusives Familienessen. Für die Feier mit Freunden und Mitstreitern am Abend hatten ihnen Michael und Ray Harmel ihr Haus zur Verfügung gestellt. Doch Lorna fühlte sich fehl am Platz: es war für sie eine Feier der Bewegung und nicht die ihrer Hochzeit.[461] Auch andere Hochzeiten liefen nicht wie erhofft ab. So sorgte die Einmischung der Eltern bei Baruch Hirson für Missfallen, denn sein Schwiegervater habe trotz seiner a-religiösen Haltung auf eine

455 Vgl. Hodgson, Foot Soldier, S. 51; Interview mit Merle Barsel Ruff, 14.8.2014, Johannesburg.

456 Vgl. Levy, Engagements, S. 44.

457 Vgl. ebd., S. 43 f.; Turok, Truth, S. 41; Hodgson, Foot Soldier, S. 46–49; Goldberg, The Mission, S. 59; Carneson, Red, S. 96.

458 Vgl. Interview mit Merle Barsel Ruff, 14.8.2014, Johannesburg.

459 Vgl. Press, To Change the World, S. 39.

460 Vgl. ebd., S. 40.

461 Vgl. Levy, Engagements, S. 43 f.

religiöse Trauung bestanden. Da Hirson sich weigerte, eine Synagoge zu betreten, vollzog der Rabbiner die Zeremonie im Haus seiner Schwiegereltern.[462] Während die Eltern anschließend in einem Teil des Hauses feierten, stießen die Brautleute mit ihren Freunden in einem anderen an.[463]

Freunde hatten alle Aktivisten durch die politischen Zirkel, in denen sie sich bewegten, gewonnen. Im Falle Hirsons stammten diese aus der nicht- und anti-stalinistischen Linken und der ehemaligen zionistisch-sozialistischen Jugendbewegung. Während zwar auch die trotzkistischen Organisationen in Südafrika über die »Rassen«-Grenzen hinausreichten,[464] waren es vor allem die gemischten Organisationen wie die *Modern Youth Society* oder der *Left Book Club*, durch welche die jüdischen Linken in Kontakt mit nicht-jüdischen und farbigen Südafrikanern kamen. Die Freundschaften, die in den politischen Zirkeln geschlossen wurden, erhielten ihren besonderen Charakter dadurch, dass durch sie mit den Selbstverständlichkeiten des weißen Südafrikas gebrochen wurde. Die jungen Aktivisten sahen sich selbst als Speerspitze eines neuen Südafrikas.[465] Dazu gehörte es, die gesellschaftlichen Konventionen zu brechen.[466]

Politik über die Farbschranke hinweg

Eine wesentliche Instanz bewusster Politisierung war der *Left Book Club* (LBC). Der Verleger Victor Gollancz hatte den LBC zur Revitalisierung und inhaltlichen Stärkung der britischen Linken ins Leben gerufen.[467]

462 Vgl. Hirson, Revolutions, S. 222.

463 Vgl. ebd.

464 Vgl. Baruch Hirson: A short history of the NEUM: an insider's view, in: ders.: History of the Left, S. 156–179.

465 Vgl. Lissoni, Early international Networks, 15; Slovo, Every Secret Thing, S. 45.

466 Vgl. Hodgson, Foot Soldier, S. 49 f.; Levy, Prize, S. 167 f.; Interview mit Merle Barsel Ruff, 14.08.2014, Johannesburg.

467 Vgl. Ruth Dudley Edwards: Victor Gollancz. A Biography, London 1987, S. 226–244; Gordon B. Neavill: Victor Gollancz and the Left Book Club, in: The Library Quarterly, Jg. 41 (1971) H. 3, S. 197–215.

In Südafrika war der LBC neben den beiden Buchläden *People's Bookshop* (CPSA, geleitet von Julius Baker[468]) und *Vanguard Booksellers* (trotzkistisch, geleitet von Fanny Klennermann[469]) einer der Treffpunkte, an denen multiethnische Kontakte möglich waren.[470] Die Treffen wurden in Johannesburg zuerst von Max Joffe abgehalten, einem führenden Arzt und aktiven Kommunisten, der einer ganzen Reihe von jungen Linken den Weg in die SACP eröffnete.[471] Dort verkehrten neben weißen Linken auch Sympathisanten und Interessierte anderer Hautfarben.[472] Wenn nicht in den Räumen der Buchläden, so traf man sich an Orten wie dem *Florian's Café*.[473] Der Johannesburger LBC expandierte während des Zweiten Weltkrieges und seine Aktivitäten wurden in den Spalten des *Guardian* annonciert.[474] Der Handverkauf ihrer Zeitungen war eine der öffentlichkeitswirksamen Maßnahmen der CPSA. Die jungen Aktivisten fuhren mit der Straßenbahn in die Townships der Stadt und verkauften dort die *Inkululeko* oder den *Guardian*, diskutierten deren Inhalte mit Käufern und Interessenten und versuchten diese als Parteimitglieder zu anzuwerben.[475] Der Straßenverkauf machte die Kommunisten zu einer Kuriosität, denn sie kehrten damit die Regel schwarzer Zeitungsverkäufer und weißer Käufer um. Rusty Bernstein, der regelmäßig vor einer bekannten Bierschänke für Afrikaner verkaufte, wurde, wie er berichtete, mithin angegafft oder bespöttelt.[476] Kontakte über das eigene Milieu hinaus nahmen die Aktivisten als Erweckungserlebnis

468 Vgl. Feinberg, Time, S. 15.

469 Vgl. Jonathan Hyslop: Ghandi, Mandela, and the African Modern, in: Sarah Nuttall / Achille Mbembe (Hg.): Johannesburg. The Elusive Metropolis, Durham, N. C. / London 2005, S. 119–136, hier S. 118 f.

470 Vgl. Slovo, Unfinished Autobiography, S. 22.

471 Vgl. Wieder, Ruth First and Joe Slovo, S. 39, S. 41; Hymie Barsel, SAHA AL2460, A2.7.3, S. 4–7.

472 Siehe am Beispiel Pretorias Naboth Mokgatle: Autobiography of an Unknown South African, London 1971, S. 198, S. 213, S. 233, S. 239; s. a. Drew, Discordant Comrades, S. 186; Mandela, Der lange Weg, S. 107 f.

473 Vgl. Wieder, Ruth First and Joe Slovo, S. 47 f.; Bernstein, Memory, S. 15.

474 Vgl. Clingman, Bram Fischer, S. 144 f.

475 Vgl. Slovo, Unfinished, S. 23.

476 Vgl. Bernstein, Memory, S. 46.

wahr. Bernstein beschrieb in seiner Autobiographie seine erste Mitgliederversammlung der CPSA wie folgt:

> I had never attended a meeting with black people before, or been in a place where there was no apparent distinction between »us« and »them«. It was a dislocating experience but not threatening. It all seemed so casual, so natural that settling in to it was quite easy. I had expected to find myself in an exalted political club, but not in a totally new society where black and white participated as equals. It turned my world upside down.[477]

Ihn wühlte mehr als die Abwesenheit der Farbschranke die Alltäglichkeit, in der das Treffen gehalten war, auf.[478] Durch seine Kontakte beim Straßenverkauf wich die anfängliche, tradierte Scheu und er lernte, ungezwungen unter schwarzen Menschen zu sein.[479] Die Kommunistische Partei war die einzige Partei des Landes, die allen Südafrikanern offen stand und keine rassistischen Unterscheidungen vornahm; ihr Ansatz war vollkommen anti-rassistisch und nicht-paternalistisch, betonte Hilda Bernstein.[480] Der vermeintliche Überhang an weißen, respektive jüdischen Mitgliedern wurde jedoch skeptisch wahrgenommen.[481]

Das Ungleichgewicht fiel negativ auf. Die SACP selbst forderte schon 1942 weiße Mitglieder auf, sofern es möglich sei, zugunsten schwarzer Mitglieder zurückzustehen, und Moses Kotane, damaliger schwarzer Generalsekretär, wies auf die Tendenz schwarzer Aktivisten hin, sich quasi aus Gewohnheit auf die Hinterbänke zurückzuziehen und ihren weißen Genossen das Feld zu überlassen.[482] Der Widerspruch zwischen relativ geringer weißer Mitgliedschaft und ihrem großen Einfluss auf die KP wurde nicht überwunden.[483] Im Fortgang trug dies gar zu Friktionen

477 Ebd., S. 27.
478 Vgl. ebd.
479 Vgl. ebd., S. 46.
480 Vgl. Hilda Bernstein, SAHA AL2460, A2.9, S. 2.
481 Vgl. Bernstein, Memory, S. 29.
482 Vgl. Ray Alexander, Moses Kotane, in: Lazerson, Against the Tide, S. 26.
483 Vgl. Lazerson, Against the Tide, S. 26 f.

im ANC bei.[484] Immerhin meinte es die SACP ernst mit der Rekrutierung afrikanischer Mitglieder und druckte die Monatszeitung *Inkululeko* (Freiheit) auf Englisch und auf den meistgelesenen afrikanischen Sprachen.[485] *Inkululeko* wurde vor allem von Hilda und Rusty Bernstein, ihren ebenfalls jüdischen Genossen Archie Lewitton und Michael Harmel und dem langjährigen afrikanischen Parteimitglied Edwin Mofutsanyana produziert.[486]

Die Verbreitung von Literatur und Zeitungen durch die weißen Kommunisten in den Townships bedurfte der buchstäblichen Führung durch schwarze Genossen, die ihnen sichere Wege erschlossen und sie der schwarzen Bevölkerungsmehrheit nahebrachten.[487] Zudem war es die Arbeit innerhalb der SACP, die in der Wahrnehmung die Unterschiede zwischen den »Rassen« schwinden ließ. Wolfie Kodesh berichtete von einem Vorfall im Haus seiner Schwester Celia, die als Sekretärin für Moses Kotane arbeitete. Während des gemeinsamen Mittagessens, das die Parteiarbeit unterbrach, platzte die Mutter Kodeshs herein. Neben Kotane waren auch H.A. Naidoo wie auch Wolfie Kodesh anwesend. Die Mutter, so amüsiert sich Kodesh später, stand wie versteinert in der Tür, als sie die nicht-weißen Männer dort essen sah, und brachte kein Wort heraus. Ihr Sohn, der nur kurz zuvor auf Drängen seiner Schwester sein Befremden gegenüber Kotane überwunden hatte, geleitete sie wieder hinaus. Kodesh erklärte ihr, dass dies der Chef der Schwester und ein Freund gewesen seien und sie sich an solche Anblicke gewöhnen müsse. Die Kinder gingen sogar soweit, ihr zu drohen: würde die Mutter sich nicht an den »rasse«-übergreifenden Kontakt gewöhnen, würden sich ihre Kinder von ihr distanzieren.[488] Kotane zeigte besonderes Gespür für innerparteiliche Differenzen, die von der unterschiedlichen, durch die Hautfarbe bestimmten Lage herrührten. Bei der

484 Vgl. Everatt, The Origins, S. 17.
485 Vgl. Bernstein, Memory, S. 45.
486 Vgl. ebd., S. 45, S. 56.
487 Vgl. ebd., S. 106 f.; Wolfie Kodesh, SAHA AL2460, A11.10, S. 21.
488 Vgl. Wolfie Kodesh, SAHA AL2460, A11.10, S. 8 f.

Diskussion um die Aufnahme des bewaffneten Kampfes wies er den skeptischen jüdischen Genossen Rowley Arenstein mit der Bemerkung, es würden Afrikaner für die Aufnahme der Waffen optieren, keine Weißen, auf die unterschiedlichen Lebensrealitäten hin.[489] Pauline Podbrey versicherte er nach einem Zwist mit deutlichen Worten der gemeinsamen Freundschaft.[490]

Politische Arbeit und freundschaftliches Verhalten waren nicht voneinander trennbar, denn das gemeinsame politische Interesse fungierte als Türöffner für alles, was folgen sollte: von gegenseitigen Besuchen, Abendessen und Feiern bis hin zu Liebesbeziehungen.[491]

In den Erinnerungen der Aktivisten lief die gemeinsame politische Arbeit in der Regel ohne größere Probleme, die durch die unterschiedliche Herkunft begründet gewesen wären, ab. Es habe innerhalb der Partei »totale schwarz-weiße Ebenbürtigkeit« geherrscht.[492] Zwischen den Bemerkungen, dass sich nicht-weiße Parteimitglieder zu leichtfertig im Hintergrund hielten, und der Diskussion weißer und nicht-weißer Genossen über die Aufnahme des bewaffneten Kampfes lagen Welten – nicht nur hinsichtlich der Fraktionskämpfe der 1930er Jahre und der geringen Mitgliederzahl, sondern auch hinsichtlich der äußeren Umstände und Mitgliederzusammensetzung der SACP. Im Gegensatz zur Nachkriegs-CPSA, welche auf die beachtlichen Erfolge im antifaschistischen Kampf und den militärischen Sieg sowie die egalitäre und emanzipative Rhetorik der Sowjetunion aufbauen konnte, umfasste die neuaufgebaute SACP von 1950 nur an die hundert Mitglieder.[493] Nicht-weiße SACP-Mitglieder hatten die Bildungslücke zwischen ihnen und ihren weißen Genossen teilweise durch ein Studium an Moskauer Parteihochschulen

489 Vgl. Magubane u. a., The Turn to Armed Struggle, S. 89.

490 Vgl. Podbrey, Girl, S. 198.

491 Vgl. Rica Hodgson, in: Amina Chachalia and Rica Hodgson, interviewed by John Carlin, www.pbs.org/wgbh/pages/frontline/shows/mandela/interviews/cachalia2.html (letzter Zugriff: 17.6.2016); Goldberg, The Mission, S. 49–53.

492 Vgl. Bernstein, Memory, S. 53.

493 Vgl. Vgl. Lodge, Black Politics, S. 28 ff., S. 132 ff.

aufholen können.[494] Ben Turok erinnerte sich an einvernehmliche Sitzungen der SACP-Spitze während des Untergrunds und betonte vor allem die führenden Rollen Moses Kotanes, Yusuf Dadoos und Michael Harmels.[495]

Auf der Ebene des Politischen verschwanden in der Wahrnehmung der jüdischen Aktivisten die alltäglichen Trennungen, die die Apartheid den Menschen aufbürdete. Die kommunistische Einstellung schuf ihres Erachtens nach die Zugehörigkeit zur südafrikanischen Nation und sorgte für die Akzeptanz der weißen Aktivisten unter den Afrikanern.[496] Der Aktivismus bekam einen existentiellen Zug. Der Einsatz für die kommende, bessere Welt sollte durch die Lebensweise und die Einheit der Menschheit durch die Praxis verdeutlicht werden. Der Widerspruch zwischen der Sehnsucht nach einer ruhigen Normalität und der Exklusion aus der weißen Gesellschaft, der sich gezwungenermaßen in dem Moment auftat, in dem Aktivisten ihre Sicht der Dinge (und auch der quasi selbstverständlichen Alltäglichkeiten) kundtaten, konnte in einer rassistischen Gesellschaft nicht überbrückt werden.[497] Als Brücke hingegen fungierte die Kommunistische Partei, die es ermöglichte, dass sich Genossen aller Hautfarben auf einer gemeinsamen Grundlage, auch in räumlicher Hinsicht, treffen konnten.[498] Man musste noch nicht einmal Sympathisant sein, um die politische Diskussion und das Zusammentreffen der verschiedenen »Rassen« »interessant« zu finden, stellte Nelson Mandela später fest.[499]

Demgegenüber wiederholte Norma Kitson die Klage, die gegen die KP und die Kongress-Allianz immer wieder vorgebracht wurde, dass nämlich die Opposition von reichen Weißen dominiert sei, die im

494 Vgl. Suttner, (Re-)Constitution, S. 45 f.

495 Vgl. Turok, Truth, S. 47 ff.

496 Vgl. Bernstein, World, S. 6.

497 Vgl. ebd., S. 6, S. 8.

498 Vgl. Amina Cachalia, Amina Cachalia and Rica Hodgson, interviewed by John Carlin, www.pbs.org/wgbh/pages/frontline/shows/mandela/interviews/cachalia2.html (letzter Zugriff: 17.6.2016).

499 Vgl. Mandela, Bekentnisse, S. 44.

Gegensatz zu ihren eigenen Prinzipien keinen Raum für die eigenständige Entwicklung schwarzer Aktivisten ließen.[500] Und umgekehrt war es so, dass in den Townships und Barackensiedlungen weiße Aktivisten dringend auf die Unterstützung, ja sprichwörtliche Führung durch ihre schwarzen Genossen angewiesen waren.[501] Weiße Aktivisten benötigten schwarze Gewährsmänner, um in den jeweiligen Gruppen arbeiten und das anfängliche Misstrauen überwinden zu können.[502]

Die Begeisterung und die einstweilige Befremdung, mit einem Mal mit Genossen anderer Hautfarbe einvernehmlich politisch zu arbeiten, erlebten auch nicht-weiße Aktivisten.[503] Der indische Kommunist Ismail Meer beklagte in seiner Autobiographie, in den 1950er Jahren nicht wieder in die SACP aufgenommen worden zu sein, auch weil er damit sein »non-racial home« und seine Freundschaften über die »Rasse«-Grenzen hinweg verloren habe.[504]

Gerade als der Apartheidstaat den formlosen und freundschaftlichen Kontakt zwischen den »Rasse«-Gruppen weiter einschränkte und durch Aufenthaltsbeschränkungen fast unmöglich machte,[505] lebte im Untergrund eine intensive Bewunderung, gar Zuneigung zwischen schwarzen und weißen Aktivisten auf. Während des Ausnahmezustands von 1960 tauchten Michael Harmel, Ben Turok und Moses Kotane ab; sie trafen in einem der Safe Houses der SACP zusammen und arbeiteten dort eng zusammen. Turok beschrieb Kotane rückblickend mit warmen Worten und betonte dessen Einfühlungsvermögen.[506] Das Gefühl der Gemeinsamkeit überkam auch Rusty Bernstein, als er im Polizeitransporter zum Auftakt des *Treason Trials* durch Johannesburg gefahren wurde

500 Vgl. Kitson, Sixpence, S. 92 f., S. 95 ff., S. 228.
501 Vgl. Bernstein, World, S. 9; Bernstein, Memory, S. 106 f.
502 Vgl. Turok, Truth. S. 27; Hodgson, Foot Soldier, 76–80.
503 So Mandela über seinen Zirkel während des Studiums an der Wits, an dem unter anderem Slovo, First, Julius und Selma Browde und Harold Wolpe teilnahmen. Mandela, Der lange Weg, S. 129 f.; s. a. ebd., S. 162 f., 168 ff.
504 Vgl. Ismail Meer, zit. n. Suttner, (Re-)Constitution, S. 50.
505 Siehe Beinart, Twentieth-Century, S. 153.
506 Vgl. Turok, Truth, S. 109.

und sein Gruß an die mehrheitlich schwarze Gruppe vor dem Gericht mit Parolen, Slogans und erhobenen Fäusten erwidert wurde. Vor dem Gebäude drängten die Demonstranten gegen den Polizeikordon auf die Wagen zu. Bernstein fühlte sich wie »unter dem eigenen Volk«[507]. Die Distanz der Aktivisten zu der weißen Minderheit wuchs desto stärker, je mehr sie sich im Befreiungskampf engagierten. Dass sie sich selbst in Widerspruch zu ihrer Umgebung und ihren Familien brachten, wurde von ihren Genossen auf der anderen Seite der *colour line* anerkannt. Diese behielten, auch wenn sie führende Kommunisten waren, oftmals einen Platz im traditionellen Gefüge afrikanischer Gesellschaften. Die Weißen brauchten lange um die die Lücke zwischen weißen und schwarzen Aktivisten, die vom rassistischen Bild von Schwarzen herrührte, zu schließen. Dafür schien die gemeinsame Praxis ein treibendes und lehrreiches Moment gewesen zu sein.[508] Zugleich erregte ihre Hingabe und der ostentative Bruch mit den »Rasse«-Vorurteilen positive Aufmerksamkeit unter Schwarzen.[509] So notierte Mandela, er habe sich »mutterseelenallein« gefühlt, als er 1982 im Gefängnis von der Ermordung seiner »Waffenschwester« Ruth First erfahren habe, die er als jüdische Frau einer wohlhabenden Familie erinnerte, welche mit ihrer privilegierten Community gebrochen hatte.[510]

Der Rückblick auf die eigene Annäherung an das Südafrika der nicht-weißen Mehrheit scheint in den Biographien wenig beschönigt worden zu sein. Neben der Würdigung der gemeinsamen Beziehungen, die bis ins Intime gingen, finden sich nur wenige Stimmen nicht-weißer Genossen aus dem ANC oder der SACP, die sich gegenüber ihren weißen

507 Bernstein, Memory, S. 167. Ein Bild eines solchen Transports von Angeklagten findet sich in Okwui Enwezor / Rory Bester (Hg.): The Rise and Fall of Apartheid. Photography and the Bureaucracy of Everyday Life, New York u. a. 2013, S. 110.

508 Vgl. Turok, Truth, S. 37 f.; Wolfie Kodesh, SAHA AL2460, A11.10, S. 34.

509 Vgl. Mandela, Bekenntnisse, S. 44.

510 Vgl. ebd., S. 335; vgl. Nelson Mandela: Conversations with Myself, London 2010, S. 333, wo Mandela von »Community« schrieb, was in der deutschen Ausgabe als »Volksgruppe« übersetzt wurde.

Kampfgefährten reserviert zeigten. So erlebte Lorna Levy 1963 eine Abfuhr, als sie, schon in London lebend, als Teil einer Delegation des Weltfriedensrates zur Frauen-Friedenskonferenz nach Moskau reiste. Wenngleich Yusuf Dadoo ihr mit den Reisevorbereitungen geholfen hatte, rief ihre Reise in der ANC-Delegation Missfallen hervor. Zwar kannte Levy einen Teil der Delegierten, aber diese waren trotz mehrfacher Unterredungen unwillig, sie aufgrund ihrer Hautfarbe als Teil des ANC zu akzeptieren.[511] Die Ablehnung interpretierte sie zwar im Zusammenhang mit der Auseinandersetzung zwischen ANC und PAC, dennoch half ihr dies nicht über die Bitterkeit und die Demütigung hinweg, die diese Zurückweisung für sie bedeutete, denn immerhin saß ihr Ehemann Leon Levy zu diesem Zeitpunkt in südafrikanischer Haft.[512] Demgegenüber intervenierte der ANC hingegen wenige Jahre später für Ray Alexander, die aufgrund ihrer Hautfarbe nicht an einer Konferenz über afrikanische Frauen teilnehmen dürfen sollte.[513] Mehr noch finden sich Selbstzweifel und Gewissensbisse bei den weißen Aktivisten wie beispielsweise Ruth First, die sich vorwarf, genau wie jene Weißen zu sein, die nicht zwischen individuellen Nicht-Weißen unterscheiden könnten. Auf einer Londoner Demonstration war sie mit einem tansanischen Aktivisten zusammengetroffen und konnte sich an deren Treffen zwei Jahre zuvor nicht erinnern.[514]

Wahrscheinlich aufgrund der gemeinsamen Arbeit an der *Freedom Charter* und der daraus erwachsenden Verpflichtung, für ein »nicht-rassisches« Südafrika einzustehen, waren Ressentiments gegenüber Weißen verpönt – und in der Erinnerung der jüdischen Aktivisten unter schwarzen Südafrikanern generell eher selten.[515] Zudem hätte die Kritik der afrikanistischen Fraktion innerhalb des ANC und des PAC die Einheit der Kongress-Allianz fundamental in Frage gestellt, was die politischen

511 Vgl. Levy, Engagements, S. 86.
512 Vgl. ebd.
513 Vgl. Ray Alexander Simons, in: Suttner, Cutting, S. 39 f.
514 Vgl. Ruth First an Joe Slovo, 9.9.1975, Ruth First Papers 117/1/3/1/6.
515 Vgl. Mandela, Bekenntnisse, S. 118; Rusty and Hilda Bernstein, Interview SAHA AL2460, A.2.9, S. 14 f.; Ben Turok, SAHA AL2460, E5.

Errungenschaften der jahrzehntelangen gemeinsamen Arbeit zu unterminieren imstande gewesen wäre.

Der gemeinsame politische Kampf war nicht auf Arbeitstreffen und Kampagnenarbeit beschränkt, sondern umfasste weite Teile des Lebens, oftmals vom Beruf bis zu abendlichen Besuchen und gemeinsamen Feiern, sodass beide Bereiche verschmolzen.[516] Es entstand ein »radikales Milieu« über die oktroyierten »Rasse«-Schranken hinweg.[517] Dieses Milieu eröffnete seinen Mitgliedern eine Ahnung der möglichen Welt, die durch die rassistische Gesetzgebung verhindert wurde.

Das alternative Milieu der Opposition – Kultur, Politik und Freundschaft

Von einem Milieu zu sprechen macht insofern Sinn, dass man hier eine Gruppe vorfindet, die nicht nur ein bestimmtes Set an Werten und Lebensstilen teilte, sondern zudem ähnliche Themen vor sich hatte, sich vom Mainstream abgrenzte und sich auch strukturell als alternatives Milieu konstituieren konnte.[518] Thematisch ist die Auseinandersetzung mit der rassistischen Politik und Alltagspraxis unter der Apartheid das dominierende Thema, den Wertekonsens dieses Milieus drückt die Freiheitscharta mit ihren Forderungen aus, der Lebensstil war bohème-haft und »rasse«-schranken-übergreifend, und durch die Klassifizierung als »weiß« war es eigentlich allen Angehörigen des »alternativen Milieus«

516 Vgl. SAHA AL2460 A2.6.1, S. 59: Esther Barsel: »... it was social gatherings of that kind [old friends, black and white] which invariably lead to political discussions.«

517 Siehe zum Begriff Detlef Siegfried: Das radikale Milieu. Kieler Novemberrevolution, Sozialwissenschaft und Linksradikalismus 1917–1922, Wiesbaden 2004, S. 11 f.

518 Siehe zur Skizze eines alternativen Milieus Sven Reichardt / Detlef Siegfried: Das Alternative Milieu. Konturen einer Lebensform, in: ders./ders. (Hg.): Das Alternative Milieu. Antibürgerlicher Lebensstil und linke Politik in der Bundesrepublik Deutschland und Europa 1968–1983, Hamburger Beiträge zur Sozial- und Zeitgeschichte 47, Göttingen 2010, S. 9–26.

– sicherlich vor allem den Männern, aber auch vielen Frauen – in Südafrika möglich, eine höhere Ausbildung zu erlangen. Auch hinsichtlich des Alters fügte sich die »Rivonia-Kohorte« ins Bild eines Milieus ein: zu Zeiten des Zweiten Weltkriegs waren sie Kinder oder junge Erwachsene, die nach Kriegsende die Universität besuchten und parallel zu den großen politischen Kampagnen der 1950er Jahre ihren ersten Berufen nachgingen.

Bezeichnenderweise interessierten sich die Angehörigen dieses Milieus nicht allein für politische Aktivitäten, sondern ebenso für andere Themen wie Kunst, Musik und Kultur und wochenendliche Feiern. Die Übergänge zwischen den Sphären waren fließend. Ein Foto von Nelson und Winnie Mandela am Hochzeitstag illustriert dies. Es zeigt beide mitsamt ihren Angehörigen und ihrem Gefolge im Haus von Michael und Ray Harmel. Neben Nelson und Winnie Mandela sind die ANC-Genossin Ruth Mompati, die SACP-Mitglieder Ray und Michael Harmel, deren Tochter Barbara sowie die älteste Tochter Rusty und Hilda Bernsteins, Toni, zu sehen. Die Bilder der Feier wurden von Eli Weinberg gemacht.[519]

Ein anderes Beispiel, das internationalem Widerhall fand, ist der Film *Come Back, Africa* des jüdischen US-amerikanischen Regisseurs Lionel Rogosin von 1960. Rogosin drehte diesen Film über die Lebensrealität schwarzer Südafrikaner wegen des misstrauischen Blicks der Behörden unter falschem Vorwand. Der Regisseur überließ es seinen Darstellern seiner Kamera ihr Leben zu präsentieren.[520] Neben Darstellern, die wie Rogosin behauptete »aus den Warteschlangen an den Bushaltestellen und an Fahrkartenschaltern« gecastet wurden,[521] waren auch pro-

519 Vgl. Saks, Jewish Memories of Mandela, S. 24 f.

520 Eine ausführliche Filmkritik voller pejorativer Bemerkungen, die aber die Arbeitsweise Rogosins beschreibt, erschien in: Der Spiegel 20/1960, S. 83 f. (N. N.: Heiß wie Semmeln); s. a. Joshua Guildford: Turning Inwards: The Politics of Privacy in the New American Cinema, in: Timothy S. Brown / Andrew Lison (Hg.): The Global Sixties in Sound and Vision. Media, Counterculture, Revolt, New York 2014, S. 65–82, hier S. 73 ff.

521 Vgl. N. N., Semmeln, S. 84.

minente Personen der schwarzen Subkultur und oppositionelle Weiße Teil des Films. Rogosin stützte sich auf ein Netzwerk apartheidkritischer Aktivisten und Künstler.[522] Miriam Makeba hatte in dem Film einen viel beachteten Auftritt als Sängerin in einer illegalen Kneipe (*shebeen*). Die Journalisten des Magazins *Drum*, Lewis Nkosi, Bloke Modisane und Can Themba, trugen ihren Teil als Autoren und Darsteller zum Film bei. Myrtle Berman, ehemaliges CPSA-Mitglied, langjährige Aktivistin und späteres ARM-Mitglied,[523] spielte darin eine weiße konformistische Hausherrin.[524] Makeba verhalf der Auftritt in *Come Back, Africa* zum internationalen Durchbruch.[525] Rogosin war durch die bekannten Autoren des *Drum-Magazins* in die schwarze Lebenswelt von Sophiatown und die Arbeit in den Minen eingeführt worden.[526]

Die Autoren des improvisierten Drehbuchs – Nkosi, Modisane und Themba – waren ihrerseits bekannte Mitarbeiter des Magazins *Drum*, welches eine Ikone des modernen, zukunftsweisenden afrikanischen Journalismus war.[527] Die Redaktion war mehrheitlich schwarz und

522 Vgl. Frankie Nicole Weaver: Anti-Apartheid Solidarity Networks and the Production of *Come Back, Africa,* in. Safundi, Jg. 16 (2015), Nr. 2, S. 188–203.

523 Vgl. Bernstein, Memory, S. 209; Levy, Prize, S. 209; Shimoni, Community, S. 68.

524 Siehe International Movie Data Base, www.imdb.com/title/tt0049087/fullcredits?ref_=tt_ov_st_sm (letzter Zugriff: 17.6.2016).

525 Vgl. Greame Evans: Miriam Makeba, Obituary, in: The Guardian, 11.11.2008, www.theguardian.com/music/2008/nov/11/miriam-makeba-obituary (letzter Zugriff: 19.6.2016).

526 Vgl. Basia Lewandowska Cummings: Classic African Films N°3: »Come Back, Africa« by Lionel Rogosin, 5.5.2012, africasacountry.com/2012/05/classic-african-films-n3-come-back-africa-by-lionel-rogosin/ (letzter Zugriff: 18.6.2016). Sophiatown war eine Ansiedlung im innerstädtischen Johannesburg, in welcher Schwarze seltenerweise Land erwerben konnten. Sophiatown war gemeinsam mit dem Kapstädter District Six ein Zentrum alternativer, moderner, urbaner, schwarzer und gemischter Kultur. Mit dem *Native Resettlement Act* von 1954 wurde die »rassische« Säuberung und Zwangsumsiedlung anvisiert, welche Ende der 1959 in quasi-militärischen Operationen durchgesetzt wurde – in dem Kernbereich der *South Western Townships,* Meadowland (siehe Dubow, Apartheid, S. 57 f.).

527 Vgl. Katharina Fink: »Africa's Leading Magazine«. Zur Geschichte von »Drum«, einer Ikone des Journalismus, in: Zeithistorische Forschungen,

das Monatsmagazin zielte auf ein schwarzes Publikum. Erster Herausgeber war Jim Bailey, Sohn des Industriemagnaten Abraham Bailey. 1955 hatte Sylvester Stein die Redaktion des Magazins von Baileys Oxforder Studienkollegen Anthony Sampson übernommen.[528] Stein stammte selbst aus einem jüdischen Elternhaus und hatte in Durban zusammen mit David Kitson, Pauline Podbrey und seiner ersten Frau den *Left Book Club* besucht.[529] Seine Schwester Zena Stein war Mitglied der SACP und eine Freundin Ruth Firsts.[530] Stein beschrieb es als einzige Aufgabe *Drums*, mit allen dafür nötigen Mitteln gegen die Apartheid ins Feld zu ziehen.[531] Im Zuge seiner Tätigkeit als Redakteur, so hielt er in seinen Erinnerungen fest, feierte er in Sophiatown mit Kollegen, Freunden und Ehefrauen wilde Partys, in denen Alkohol in Mengen floss und Sex über die Farbschranken hinweg kein Tabu war.[532] Das Magazin selbst sorgte bspw. mit Reportagen, welche die sklavenähnliche Farmarbeit oder die grausamen Verhältnisse im Gefängnis enthüllten, für furiose Schlagzeilen. Dafür riskierten die Journalisten ihre Gesundheit und Freiheit.[533] Im Zuge der intensiven professionellen Zusammenarbeit entwickelten sich private Kontakte zwischen den Familien der schwarzen und weißen Mitarbeiter.[534] Die Kreise, die *Drum* zog, reichten weit in die radikale Opposition hinein.[535] Mit der Zeitschrift hatten Schwarze erstmals ein

… Online-Ausgabe, 13 (2016), H. 2, URL: www.zeithistorische-forschungen.de/2-2016/id=5366, Druckausgabe: S. 324–336 (letzter Zugriff: 18.6.2016); Tom Odhiambo: Inventing Africa in the Twentieth Century: Cultural Imagination and Transnationalism in Drum Magazine, in: African Studies, Jg. 65 (2006), H. 2, S. 157–174.

528 Vgl. Denis Herbstein: Sylvester Stein, Obituary, in: The Guardian, www.theguardian.com/media/2016/jan/03/sylvester-stein (letzter Zugriff: 1.8.2016).

529 Vgl. Stein, Mrs. Gandhi, Pos. 260, Pos. 560.

530 Vgl. ebd., Pos. 297.

531 Vgl. ebd., Pos. 887.

532 Vgl. ebd., Pos. 848 ff.; Sylvester Stein: Who Killed Mr Drum?, Mayibuye History and Literature Series 93, Kapstadt 1999, S. 26–31; Kasrils, Armed, S. 19.

533 Vgl. Fink, Leading Magazine.

534 Vgl. Stein, Who killed, S. 111 f.

535 Vgl. Stein, Who Killed, S. 167.

Organ,[536] das sich von den Stammesreservaten und ihrer konservativen Kultur abhob.[537] Die *shebeen* stellten einen herausragenden Ort nicht nur im Leben der *Drum*-Journalisten, sondern auch für das Leben in den Townships dar.[538] Diese illegalen Kneipen wurden von weißen Südafrikanern, die sich gegen die Apartheidgesetze auflehnten, frequentiert, denn sie waren der einzige Ort, Schwarze außerhalb von Dienstverhältnissen und fern der Augen der Polizei zu treffen.[539]

Einer der *Drum*-Journalisten, Todd Matshikiza, war in herausragender Stellung am Musical *King Kong* beteiligt.[540] Stein erinnerte sich, dass dieses Musical auch deshalb eine solche begeisterte Rezeption erfahren habe, weil es vor Augen führte, dass im Land beiderseits der Farbschranke erstaunliches theatralisches und musikalisches Talent existierte.[541] Er ging so weit, *King Kong* als nicht weniger zu charakterisieren als *Drum* auf der Bühne.[542] Als weibliche Hauptfigur trat in *King Kong* wieder Miriam Makeba auf.

Die Musik der »Jazz-Oper« wurde von Matshikiza, die Texte von Pat Williams, einer jüdischen Journalistin,[543] und das Buch von Harry Bloom, einem Anwalt und Journalisten, geschrieben.[544] Dramaturg des

536 Vgl. Stein, Mrs Gandhi, Pos. 887.

537 Vgl. Nkosi, Home and Exile, S. 8.

538 Vgl. Beinart, Twentieth-Century, S. 196; Anne Mager: The First Decade of »European Beer« in Apartheid South Africa: The State, the Brewers and the Drinking Public, 1962–72, in: The Journal of African History, Jg. 40 (1999), H. 3, S. 367–388.

539 Vgl. Nkosi, Home and Exile, S. 10 f.

540 Die Handlung des Stücks basiert auf dem Leben des Boxers Ezekiel »King Kong« Dhlamini, einem populären Champion, der tief involviert in den Township-*underground* von Kleinkriminellen, *shebeens* und Jazz war und der, nachdem er seine Freundin im Streit erstochen hatte, zu zwölf Jahren Zwangsarbeit verurteilt wurde und wahrscheinlich im Gefängnis Selbstmord begang (siehe Mona Glasser: King Kong. A Venture in the Theatre, Kapstadt 1960, S. 1–5).

541 Vgl. Stein, Who Killed, S. 174.

542 Vgl. ebd.

543 Vgl. Cynthia Maire Erb: Tracking King Kong. A Hollywood Icon in World Culture, Detroit 2009, S. 199.

544 Vgl. Saks, Jewish Memories of Mandela, S. 30 f.

Musicals war Leon Gluckmann und der Dirigent war Stanley Glasser.[545] Die überproportionale jüdische Beteiligung fiel ins Auge.[546]

Durch Ian Bernhardt, dem jüdischen Gründer einer rein schwarzen Theatergruppe, erfuhren der *pennywhistle blues*, der *Township Jazz* und letztlich *King Kong* eine große Förderung.[547] Bernhardt gründete zusammen mit dem Gewerkschafter Guy Routh, Fred Thabedi, einem Manager von Jugendclubs und damaliger Präsident der *Non-European Amateur Boxing Association,* sowie anderen im künstlerischen Bereich tätigen Afrikanern die *Union of South African Artists* (USAA).[548] Ziel dieser Künstler-Gewerkschaft war es, schwarze Künstler vor Ausbeutung zu schützen, ihnen Tantiemen zukommen zu lassen sowie einen Boykott von Auftritten vor einem segregierten Publikum durchzusetzen. Nachdem Routh Südafrika aufgrund von politischer Repression verlassen hatte,[549] übernahm Bernhardt gemeinsam mit Glasser die Organisation von *Township Jazz*-Konzerten,[550] welche vorher meist nur, wie sich Lewis Nkosi erinnerte, in den Häusern reicher jüdischer Gastgeber in Nord-Johannesburg stattgefunden hatten.[551] Die USAA erzielte auch mit Gastspielen ausländischer Musiker, die spezielle Vorstellungen vor nicht-weißem Publikum gaben, große Erfolge.[552] Ihre Aktivität erreichte mit *King Kong* einen Höhepunkt. Das Bühnenbild, die Kostüme und die gesamten Illustrationen hatte Arthur Goldreich gestaltet, der zu diesem Zeitpunkt als Künstler und Innenarchitekt bekannt war.[553] Von seiner Mitglied-

545 Vgl. Mendelsohn/Shain, The Jews in South Africa, S. 160.

546 Siehe Pat Williams: King Kong – Our Knot of time and Music, London 2017. S. 57 ff.

547 Vgl. N. N.: Arts and Culture, www.southafrica.info/about/arts/615831.htm (letzter Zugriff: 19.6.2016).

548 Vgl. Martin Orkin: Drama and the South African State, Manchester 1991, S. 72 f.; Deon Potgieter: The Life and Times of King Kong, www.thesweetscience.com/article-archive/2006/4222-the-life-and-times-of-king-kong (letzter Zugriff: 19.6.2016).

549 Vgl. Israel, Political Exile, S. 29. S. a. Glasser, King Kong, S. 7 f.

550 Vgl. Gwen Ansell: Soweto Blues. Jazz, Popular Music, and Politics in South Africa, New York 2005, S. 97.

551 Vgl. Nkosi, Home and Exile, S. 17.

552 Vgl. Glasser, King Kong, S. 8.

553 Vgl. Saks, Jewish Memories of Mandela, S. 31.

schaft in der SACP und seiner Beteiligung am MK zur gleichen Zeit wussten nur wenige, wie vielleicht Rica Hodgson, die für die Produktion als Sekretärin arbeitete.[554] Auch Monty Bermans politische Aktivität wird während seiner Arbeit als einer der freiwilligen Helfer der Produktion kein Gesprächsthema gewesen sein.[555] Harry Bloom und Leon Gluckman berichteten von den schier endlosen Problemen, die das Apartheidregime der Produktion und den Künstlern bereitete.[556]

Die Beteiligten an diesem gemischt-»rassigen« Stück waren sich einig, dass die Aufführung nicht vor einem segregierten Publikum stattfinden könne, weshalb der große Saal der Witwatersrand Universität gebucht wurde.[557] Bei der Premiere waren alle Hautfarben und Klassen Johannesburgs vertreten.[558] Nach 37 Aufführungen an der Wits hatten an die 40 000 Menschen *King Kong* in Johannesburg gesehen.[559] In der Presse, selbst der regierungstreuen Zeitung *Die Vaderland*, war keine negative Kritik zu lesen und schwarze und fortschrittliche Blätter überschlugen sich vor Begeisterung.[560] Aber die Reaktionen der Zuschauer fielen je nach Hautfarbe unterschiedlich aus, wie die Darsteller bemerkten. Denn manche Themen waren näher an der schwarzen als an der weißen Lebenswirklichkeit.[561]

Nach den Vorstellungen in Johannesburg tourte *King Kong* durch Südafrika und wurde in Kapstadt, Port Elizabeth, Durban und dann wieder abschließend in Johannesburg gespielt.[562] Mona Glasser wusste von den Veränderungen, die das gemeinsame Projekt für viele auf beiden Seiten der Farbschranke zeitigte. Starke Freundschaften und individuelle Kontakte hatten sich herausgebildet, wie sie im rassistisch strukturierten

554 Vgl. Glasser, King Kong, S. 49; Hodgson, Foot Soldier, S. 85–88.
555 Vgl. ebd., S. 47.
556 Siehe Harold Bloom / Pat Williams, King Kong. The African Jazz Opera, London 1961, S. 18; Glasser, King Kong, S. 33.
557 Vgl. Glasser, King Kong, S. 12.
558 Vgl. ebd., S. 51.
559 Vgl. ebd., S. 55.
560 Siehe ebd., S. 53 f.
561 Vgl. ebd., S. 58.
562 Vgl. ebd., S. 64–72.

Alltagsleben kaum möglich gewesen wären.[563] Bevor das Stück in England aufgeführt wurde,[564] hatten es in zehn Wochen Spielzeit ungefähr 120 000 Menschen in Südafrika gesehen. £ 65.000 waren eingespielt worden, doch der »moralische Sieg«, den *King Kong* gegen die Apartheid davontrug, war »unschätzbar«.[565] Harold Bloom hielt denjenigen, die kritisierten, *King Kong* hätte mit deutlicheren und stärkeren Worten die Apartheid verurteilen sollen, vor, dass die »Existenz [des Stücks], um nicht seinen Erfolg in Südafrika und London zu erwähnen, die größtmögliche Kritik an allen Formen der rassistischen Diskriminierung«[566] sei.

Während des Gastspiels von *King Kong* im Londoner Westend fungierte das Haus des zu diesem Zeitpunkt schon emigrierten *Drum*-Herausgebers Sylvester Stein als Ort für einen Empfang des AAMs. Die Organisation wollte bekannte Persönlichkeiten und die südafrikanischen Gäste zusammenbringen. Es strömten aber ungeplant mehr und mehr Exil-Südafrikaner herbei, weil sie ebenfalls ihre Freunde und Bekannte aus dem 99-köpfigen Ensemble treffen wollten.[567] Auch der inzwischen exilierte Monty Berman war dabei,[568] denn die Situation in Südafrika hatte sich in der Zeit zwischen der Tour des Musicals und dem Gastspiel in London durch das Massaker von Sharpeville und den folgenden Ausnahmezustand drastisch verändert. Neben dem Ehepaar Berman waren auch Musiker und Darsteller des Stücks, unter ihnen Miriam Makeba und Hugh Masekela, ins Exil gegangen.[569] Dennoch schuf *King Kong* ein Netzwerk südafrikanischer Künstler und Agenten, die bereit waren,

563 Vgl. ebd., S. 74.

564 Siehe Lindelwa Dalama: »Om 'n Gifsak te Versteek«. »King Kong«, the Apartheid State and the Politics of Movement, 1959–1961, in: SAMUS South African Music Studies, Jg. 33 (2013), H. 1, S. 61–81. Ich danke Andrea Thorpe für den Hinweis auf diesen Artikel.

565 Vgl. Glasser, King Kong., S. 76.

566 Bloom/Williams, King Kong, S. 20. Diese Einschätzung blieb nicht unkritisiert (vgl. Esmé Matshikiza, in: Bernstein, The Rift, S. 325–329, hier S. 326, die sich über die Ausgrenzung ihres Mannes Todd von der Textproduktion des Stücks beklagte).

567 Vgl. Stein, Who Killed, S. 173 f.

568 Vgl. ebd., S. 180.

569 Vgl. Glasser, King Kong, S. 76.

auch weiterhin moderne Musik über die Farbschranke hinweg zu präsentieren und gemeinsam zu arbeiten.[570] Laut Nkosi waren diese im Begriff, eine »neue und aufregende Bohème zu schaffen«.[571] Der Anteil jüdischer Südafrikaner an dieser Gruppe war dabei so signifikant, dass im Rückblick von einer »jüdischen Bohème« gesprochen wurde.[572] Neben Monty Berman verkehrte auch Ronnie Kasrils, bevor er durch das Sharpeville-Massaker zur organisierten Opposition gebracht wurde, in eben jenen »bohemian circles«.[573] In Kapstadt war es kaum anders: der District Six war das Äquivalent zu Sophiatown, auch hier überschnitt sich Politik mit den Partyleben.[574]

Mit der Partei auf der Party

Die Kommunistische Partei behinderte ein ausschweifendes Nachtleben, indem sie ihre Treffen konsequent auf den »Ausgeh-Samstag« legte. Je nach Sichtweise sei dies ein Zeichen ihrer Hingabe oder ihrer »mönchischen Zurückhaltung« gewesen, wie Bernstein argwöhnte.[575] Dennoch vergnügten sich die Parteimitglieder auf nicht-»rassischen« Feiern, denn diese waren gern wahrgenommene Gelegenheiten, sich zu treffen und kennenzulernen. Außerdem boten sie den Aktivisten jeder Hautfarbe und jeden Alters in den zunehmend turbulenten Zeiten Unterhaltung.[576] In der Begeisterung für die schwarzen urbanen Kulturprodukte drückte sich die Absonderung der radikalen und progressiven Weißen vom Rest der weißen Minderheit aus.[577] Ruth First und Joe Slovo galten als herausragende Gastgeber, auch für berüchtigte Feiern über die

570 Vgl. ebd.
571 Vgl. Nkosi, Home and Exile, S. 17.
572 Vgl. Loren Kruger: The Drama of South Africa. Plays, Pageants and Publics Since 1910, London 1999, S. 107; s. a. Nkosi, Home and Exile, S. 16–19.
573 Vgl. Kasrils, Armed, S. 18 f., Zitat S. 18.
574 Vgl. ebd., S. 19–22.
575 Vgl. Bernstein, Memory, S. 28.
576 Vgl. Levy, Engagements, S. 37.
577 Vgl. Slovo, Every Secret Thing, S. 49.

»Rasse«-schranke hinweg.[578] Unter den säkularisierten jüdischen Linken war es durchaus üblich, religiöse Festtage mit entleertem Inhalt und unterschiedlichen Freunden zu feiern. Die Pessach-Abende von Esther und Jack Levitan waren mit über dreißig diversen Gästen, welche die Befreiung des jüdischen Volkes aus der ägyptischen Knechtschaft mit der Emanzipationshoffnung für alle Menschen verbanden, ein besonderer Höhepunkt, wie sich Esther Levitan erinnerte.[579]

Die Avantgarde-Rolle, die Sonia Bunting der SACP in einem Interview in politischen Fragen zuschrieb,[580] korrespondierte mit einer avantgardistischen Lebensweise, die ihre Mitglieder und Sympathisanten, aber auch andere progressive Weiße an den Tag legten.[581] Zugleich stand sie der parteioffiziellen Kulturpolitik entgegen, denn diese war weitaus stärker an den sowjetischen Vorgaben orientiert und beinhaltete in den 1950er Jahren eine »neue sexuelle Prüderie«.[582] Der durch Party und Politik entstandene Kontakt schuf zwar gegenseitiges Vertrauen, reichte aber oftmals nicht aus, um die gegenseitige Befremdung und Unsicherheit zu überwinden – denn: Waren die weißen Mitstreiter wirklich über die rassistischen Stereotype und Vorurteile erhaben?[583] Immerhin mussten auch Genossen darauf hingewiesen werden, dass sie sich auf ihre nicht-weißen Weggefährten zuzubewegen hätten, wenn sie den Kontakt über die Farbschranke ernsthaft verfolgen wollten.[584] Intime Beziehungen boten zugleich desillusionierende Einblicke in die privilegierte Welt der Weißen. Wenn aber der Rausch des Alkohols oder der Liebe verflogen war, setzte bei den schwarzen Männern eine Ernüchterung ein und

578 Vgl. Slovo, Every Secret Thing, S. 52; Wieder, Joe Slovo and Ruth First, S. 99–102.

579 Vgl. Levitan, Book of Esther, S. 54.

580 Vgl. Sonia Bunting, SAHA AL2460, E1.

581 Vgl. Albie Sachs, SAHA AL2460, A19.1, S. 1 ff.; siehe zur gelösteren Sexualmoral Wieder, Joe Slovo and Ruth First, S. 102.

582 Vgl. Corinne Sandwith: »Yours for Socialism«. Communist Cultural Discourse in Early Apartheid South Africa, in: Safundi (2013), S. 1–23, hier S. 17.

583 Vgl. Stein, Who Killed, S. 169.

584 Vgl. Press, To Change The World, S. 13

sie erkannten, dass jenes überhöhte Leben ihrer weißen Landsleute, in welches sie durch die Beziehungen zu deren Töchtern Eingang fanden, kaum weniger trivial war als das eigene.[585] Doch wenn zwischen einzelnen Personen Brücken entstanden, die die Kluft zwischen den »Rassen« überwanden, dann erwiesen sie sich als tragfähig.[586] Außerdem waren die sozialen Kontakte die Verwirklichung des politischen Anspruchs auf Gleichheit. Sich als Gleiche zu begegnen, so mutmaßte Rusty Bernstein, war auf der Ebene von Komiteesitzungen und ähnlichem einfach, aber wirklich real wurde die Gleichheit jedoch erst im privaten Kontakt. Seine Gattin Hilda unterstrich, dass die soziale Seite des politischen Engagements letzteres erst möglich machte, am Leben erhielt und sich so »wirkliche Freundschaft« entwickeln konnten.[587]

Dieses Milieu blühte in den 1950er Jahren trotz aller zunehmenden Repression und der rassistischen Spannungen, der Revolten und der Gewalt auf. Wer in den Jahren der zunehmenden Politisierung, Proteste und Gesetzesverschärfungen dazu zählte und sich vom rassistischen Status Quo distanzierte, Schwarze wie Weiße, merkte, durch die Apartheid um etwas Bedeutsames gebracht worden zu sein. Man spürte, wie es Lewis Nkosi ausdrückte, eine gemeinsam geteilte nationale Identität, die sich in den Geschichten und Erfahrungen des »rasse«-übergreifenden Kontakts in allen Bereichen ausdrückte.[588] Als Südafrikaner sollten die Aktivisten einen Bund eingehen,[589] der besonders stark war durch die gemeinsame Erfahrung des Kampfes gegen die Apartheid.[590]

Der Erfolg von *King Kong* fiel mit dem größten Prozess des Landes gegen die Opposition, dem *Treason Trial*, zusammen. Kunst wirkte nur

585 Vgl. Nkosi, Home and Exile, S. 20.
586 Vgl. Mandela, Bekenntnisse, S. 50, S. 55.
587 Vgl. Rusty und Hilda Bernstein, SAHA AL2460, A2.9, S. 13 f.
588 Vgl. Nkosi, Home and Exile, S. 28 f., Zitat S. 28 (»shared nationhood«). Ein Umfeld, das die rassistische Indoktrination soweit überwunden hatte, dass es Nkosi möglich war, bei Zusammenkünften, die Stimmung mit rassistischen Witzen aufzulockern (siehe Friedman, Wolpe, S. 39).
589 Vgl. Turok, Truth, S. 193.
590 Vgl. Kasrils, in: Suttner, Cutting, S. 287.

in geringem Maße auf die Politik ein, wie spätestens das Massaker von Sharpeville 1960 zeigen sollte.[591]

Exkurs: Der Treason Trial (1956–1961) und der Rivonia Trial (1963–1964)

Alle Familien im Befreiungskampf nahmen große Entbehrungen auf sich. Während es aber unter Nicht-Weißen viel eher akzeptiert war, sich oppositionell zu engagieren,[592] riskierten die jüdischen Aktivisten den Verlust ihrer Privilegien. Diese privilegierte Stellung innerhalb des rassistisch abgesicherten weißen Kosmos war nicht wie bei afrikaanischen Familien über Generationen hinweg vererbt worden, sondern von den Eltern erarbeitet und durch die Apartheid-Klassifikation als »Europäer« gewährt worden. Es drohten neben Statusverlust auch polizeiliche Schikane, Probleme am Arbeitsplatz und gesellschaftliche Ausgrenzung. Festgeschrieben wurde der Verlust von Privilegien durch die Urteile der Gerichte. Die von einer breiten Öffentlichkeit und (soweit möglich) Solidaritätskampagnen begleiteten Prozesse gegen die Opposition machten die nicht-rassistische Politik der Kongresse sichtbar, da Aktivisten aller Hautfarben gleichermaßen angeklagt waren. Zugleich festigte die gemeinsame Zeit auf der Anklagebank das Vertrauen und die Bindung der Aktivisten untereinander.

Hochverrat: Treason Trial, 1956–1961

Am 5. Dezember 1956 wurden anfangs 140 Oppositionelle verhaftet, letztlich jedoch 156 Personen wegen Hochverrats angeklagt. Sie, die an die fünfzig Organisationen repräsentierten, die in Verbindung mit dem

591 Vgl. Nkosi, Home and Exile, S. 17, unterstellte, dass die künstlerischen Möglichkeiten, die sich mit dem Erfolg des *Township Jazz* und *King Kongs* ergaben über die reale Machtlosigkeit hinwegtäuschten.

592 Vgl. Esther Barsel, SAHA AL2460, A2.6.1, S. 16.

Congress of the People standen, sollten mittels einer landesweiten Verschwörung beabsichtigt haben, den Staat mit Gewalt zu stürzen und ein kommunistisches Regime zu errichten.[593] Es waren Männer und Frauen aus allen Provinzen, aller Klassen und aus allen ethnischen Gruppen des Landes,[594] denen die Todesstrafe drohte.[595] Aus dem ganzen Land wurden die Gefangenen nach Johannesburg gebracht, aus der Kapprovinz mit zwei Flugzeugen eingeflogen, einem für die weißen, einem für die schwarzen Angeklagten.[596] Sie wurden im Johannesburger Fort festgehalten, bis Anfang 1957 der Prozess begann.[597] Unmittelbar nach der ersten Verhaftungswelle bildete sich ein Aktions- und Unterstützungskomitee, welches sofort Essen und Hygieneartikel für die Gefangenen organisierte und erste Protestkundgebungen in Sophiatown abhielt. Redner waren neben Vertretern des ANC und der *Liberal Party* auch Ahmed Kathrada und Michael Harmel, zwei Kommunisten vom *Congress of Democrats* bzw. dem Indischen Kongress. Plakate mit der Aufschrift »We Stand by Our Leaders« wurden im großen Stil gedruckt.[598] Im Inneren des Forts kam es bei der Registrierung der Gefangenen zu vielzähligen freundlichen Gesten unter den Inhaftierten aller »Rassen«.[599] Prominente Aktivisten zählten zu den Inhaftierten: Chief Albert Luthuli (der ANC-Präsident), Moses Kotane, Nelson Mandela, Professor Z. K. Matthews, Oliver Tambo, Lilian Ngoyi, Duma Nokwe, Walter Sisulu, Gert Sibande, Yusuf Dadoo, Billy Nair, Moosa Molla und Alex La Guma. Die individuellen Katastrophen waren jedoch groß, vor allem, wenn Kinder unversorgt blieben, weil zwei Elternteile oder alleinerziehende Mütter verhaftet worden waren.[600] Insgesamt waren von den 137 Männern

593 Siehe Dubow, Apartheid, S. 70.
594 Zwei zeitgenössische Sachbücher nahmen den Hochverratsprozess zum Anlass, »Rassen«-Trennung und Repression zu kritisieren: Forman/Sachs, The South African Treason Trial; Sampson, The Treason Cage.
595 Vgl. Forman/Sachs, Treason Trial, S. 12.
596 Vgl. ebd., S. 19.
597 Vgl. Carneson, Red, S. 139.
598 Vgl. Ahmed Kathrada: Memoirs, Kapstadt 2004, S. 119.
599 Vgl. Forman/Sachs, Treason Trial, S. 22.
600 Siehe ebd., S. 25.

und 19 Frauen 16 jüdischer Herkunft, mehr als zwei Drittel der 24 weißen Angeklagten.[601] Neben prominenten Oppositionellen wie Rusty Bernstein, Joe Slovo und Ruth First waren auch weniger bekannte Gesichter wie Yetta Barenblatt, Jacqueline Arenstein, Sonia Bunting, Hymie Barsel oder Sidney Shall inhaftiert.[602]

Nach zwei Wochen Haft – nach »Rasse« und Geschlecht getrennt – begann die Voruntersuchung in Johannesburg. Tausende von Demonstranten hatten sich mit Plakaten und Bannern eingefunden, um die Angeklagten zu unterstützen.[603] Die Stimmung war durchaus gereizt und die Polizei verhielt sich den Schilderungen Sampsons und Formans nach provokativ, sodass es sogar zu Schüssen auf die Demonstranten kam.[604] Der Prozess war der Sache nach von wenigen Höhepunkten geprägt, langatmig wurden Beweisdokumente und ab und an ein exzentrischer Zeuge präsentiert, dessen Aussage die Verteidigung mühelos widerlegte.[605] Die Voruntersuchung nahm das ganze Jahr 1957 ein, an dessen Ende die Freilassung von 61 Angeklagten stand. Gegen drei weitere wurde die Anklage etwas später fallen gelassen. Anfang 1958 wurde durch den neu bestellten Staatsanwalt Oswald Pirow, der als ehemaliger Anführer der Nazi-Organisation »Nuwe Orde« bekannt war, gegen die verbliebenen 92 Männer und Frauen Anklage erhoben. »Die Ernennung Pirows bewies erneut, daß der Staat über den Ausgang des Prozesses besorgt war und einem Sieg enorme Bedeutung beimaß.«[606] Der Gerichtsort wurde nach Pretoria in die »Alte Synagoge« verlegt, was es den Demonstranten und Angeklagten erschwerte, an dem Prozess im Zentrum der weißen politi-

601 Siehe Saks, Jewish Memories of Mandela, S. 45 (der abweichende Zahlen der Weißen und Juden gab); David Saks: The Jewish Accused in the South African Treason Trial, in: Jewish Affairs Jg. 52 (1997) H. 1, S. 43–47; Azila Reisenberger, in: The Status of Jewish Women, in: Abdulkader Tayob / Wolfram Weiße: Religion and Politics in South Africa. From Apartheid to Democracy, S. 43–50, hier S. 47.

602 Vgl. Sampson, Treason Cage, S. 225–234; Saks, The Jewish Accused, S. 43.

603 Siehe Bernstein, Memory, S. 157.

604 Vgl. Forman/Sachs, Treason Trial, S. 53 f.; Sampson, Treason Cage, S. 13.

605 Vgl. Sampson, Treason Cage, S. 29–37.

606 Mandela, Der lange Weg, S. 289.

schen Macht teilzunehmen.[607] Die Zahl der Angeklagten nahm weiter ab, nachdem neue Anklagepunkte von der Verteidigung widerlegt worden waren, sodass am 1. August 1959 letztlich 30 Angeklagte übrig blieben. Unter ihnen waren nur noch zwei Weiße, die Schriftstellerin und Aktivistin der FEDSAW Helen Joseph[608] und Leon Levy, Mitglied des *African Education Movement* und des COD.[609]

Viele hatten große finanzielle Bürden zu tragen, die durch die Organisation eines *Treason Trial Defence Fund* aufzufangen versucht wurden.[610] Doch Jobs gingen verloren, Geschäfte bankrott und Schulden häuften sich.[611] Die Trennung von den Ehegatten und Eltern(teilen), die in Johannesburg auf ein Urteil warteten, bedeutete für die zurückgebliebenen Familien auch emotionale Belastungen.[612]

Im Oktober 1959 verstarb Pirow, durch dessen Anwesenheit (obwohl Mandela ihm Fair Play und Großzügigkeit attestierte) der Prozess die Art eines Showdowns zwischen fortschrittlicher Opposition und reaktionärem Staat angenommen hatte.[613] Der Prozess zog sich mit langen Unterbrechungen noch zwei Jahre hin. Mit seinem Urteil sprach der Richter die letzten 28 Angeklagten am 29. März 1961 frei.[614]

Saul Dubow schätzt, dass der Hochverratsprozess zu schwerwiegenden Problemen der Opposition und zu Brüchen in der Kongress-Allianz geführt habe. Vor allem der Schwung, den der *Congress of the People* auf die Widerstandsbewegung ausgelöst habe, sei in einer kontinuierli-

607 Zur Geschichte und Gegenwart des Gebäudes siehe Buntman/Buntman, »Old Synagogue« and Apartheid Court.

608 Siehe Joseph, Side by Side, S. 54–101.

609 Siehe Levy, Engagements, S. 53 ff.; Saks, The Jewish Accused, S. 46 f.

610 Vgl. Sampson, Treason Cage, S. 15, S. 29 f.; Herbstein, White Lies, S. 26–39; Fieldhouse, Anti-Apartheid, S. 7 f.

611 Vgl. Saks, The Jewish Accused, S. 45.

612 Siehe Carneson, Red, S. 144 f.

613 Vgl. Bernstein, Memory, S. 183 f.; Mandela, Der lange Weg, S. 289 f., S. 316.

614 Vgl. Saks, The Jewish Accused, S. 45. Ein Angeklagter war inzwischen verstorben, ein weiterer – Wilton Mkwayi – war während des Ausnahmezustands untergetaucht (siehe Mandela, Der lange Weg, S. 329).

chen Solidaritätsbekundung verebbt.[615] Die politischen Aktionen wie der Alexandra Bus-Boykott 1959 oder die Planungen zur Anti-Pass-Kampagne – mit dem zentralen Ereignis von Sharpeville und seinen Folgen[616] – gingen zwar weiter, aber als weitaus prägender erfuhren die Aktivisten die anti-rassistische Realität der Kongress-Allianz durch die gemeinsame Zeit auf der Anklagebank und den gemeinsam verbrachten Pausen, die Nelson Mandela als »winzige Urlaube vom Prozeß« erinnert.[617] Ihrer Wahrnehmung und Einschätzung nach war der *Treason Trial* ein entscheidendes Moment, das die Mitglieder der Opposition sehr eng zusammenbrachte und sie alle Vorurteile, über Bord werfen ließ.[618] Rusty Bernstein äußerte sich noch Jahre später begeistert über die »fantastischen Implikationen« des Prozesses.[619] Der südafrikanische Staat schuf unintendiert einen Raum, in dem keine »Rassen«- und provinzielle Trennung vorherrschte. Auch aufgrund der Dauer und des Charakters des Alltäglichen, welchen der Prozess annahm, vertieften sich die sozialen Bindungen zwischen den Mitgliedern, die sich vorher nur über politische Treffen gekannt hatten. Gemeinsam zu essen, zu diskutieren und auch über die familiären Bürden zu sprechen, sich bei trivialem Zeitvertreib beiseite zu stehen, half die Nervosität, mit der der Kontakt vor-

615 Vgl. Dubow, Apartheid, S. 71 ff.

616 Weil der Ausnahmezustand eine ordentliche Konsultation der Angeklagten mit ihren Anwälten verhinderte, wurde beschlossen, dass die Verteidiger für die Dauer des Ausnahmezustands von ihrem Mandat entbunden und die Angeklagten sich selbst verteidigen sollten (siehe ebd., S. 333–344, S. 346 f., S. 350–354); s. a. Forman/Sachs, Treason Trial, und Sampson, Treason Cage, für eine detaillierte Schilderung der Voruntersuchung und Bernstein, Memory, S. 163–181. — Als Nebenbemerkung: Die Bedeutung von *Drum* lässt sich auch aus Details ersehen, bspw. dass alle Fotos, die Sampson in seinem Buch abbildete, (Einschub zwischen S. 164 und 165) der *Drum* entnommen waren oder von *Drum*-Fotografen stammten. *Drum*-Fotografen wie Peter Magubane waren Ziel polizeilicher Attacken auf die Presse (siehe Enwezor/Bester, Rise and Fall, S. 121).

617 Vgl. Mandela, Der lange Weg, S. 315 f., Zitat S. 316.

618 Vgl. Rusty und Hilda Bernstein, SAHA AL2460, A.2.9, S. 14 f.; Leon Levy, in: Saks, The Jewish Accused, S. 46 f.

619 Vgl. ebd., S. 14.

her behaftet gewesen war, zu überwinden.[620] Die Erfahrung der Gemeinsamkeit schätzte Rusty Bernstein als das Fundament ein, von dem aus die Oppositionsbewegung die kommenden vierzig Jahre operieren und die Einheit der Bewegung gewährleisten sollte.[621]

Der Prozess fand weite nationale Resonanz, was die Organisation des *Treason Trial Defence Fund* durch den Bischof von Johannesburg, Ambrose Reeves, zur Folge hatte. Nationale, lokale wie auch internationale Spender gaben große Summen für die Kaution und Kosten der Verteidigung.[622] Rica Hodgson, deren Gatte Jack ebenfalls angeklagt war, begann als Fundraiserin für den Fond zu arbeiten. Sie registrierte, das die Zeiten sich geändert hatten und die englischen und jüdischen Geschäftsleute und Unternehmer, die kurz zuvor noch bereitwillig für progressive Projekte Geld gegeben hatten, aus Angst vor Repression weniger Bereitschaft zur monetären Solidarität zeigten.[623] Der Londoner Zweig des *Treason Trial Defence Fund* versuchte einige finanzielle Ausfälle zu kompensieren und erwies sich als ein Baustein des späteren *Anti-Apartheid Movements*.[624]

Das Team der Verteidiger bestand aus einer Reihe hochkarätiger progressiver, liberaler – und mehrheitlich jüdischer – Anwälte, deren Aggressivität Mandela sehr schätzte.[625] Maurice Franks und Norman Rosenberg waren während der Voruntersuchung Teil des Verteidigungsteams. Dabei tat sich Franks wegen seiner starken Worte gegen den »Käfig«, in dem die Angeklagten sitzen mussten, hervor.[626] Sie traten nach der Voruntersuchung zugunsten eines gemischten weiß-jüdischen Verteidigungsteams zurück, dem Israel »Issie« Maizels und Sidney Kentridge

620 Vgl. ebd., S. 14 f.
621 Vgl. Bernstein, Memory, S. 181.
622 Vgl. Segal, Into Exile, S. 139; Levy, Engagements, S. 54; Hogdson, Foot Soldier, S. 75 f.
623 Vgl. Hogdson, Foot Soldier, S. 76.
624 Vgl. Dubow, Apartheid, S. 72 f.
625 Vgl. Mandela, Der lange Weg, S. 304.
626 Vgl. Saks, The Jewish Accused, S. 45; Saks, Jewish Memories of Mandela, S. 45; Forman/Sachs, Treason Trial, S. 51 f.; Sampson, Treason Cage, S. 12 f.

angehörten. Maizels erinnerte sich auch später noch an diesen für ihn sehr bedeutsamen Prozess, in welchem er auf dem Boden des Rechts die unrechtmäßige Anklage erfolgreich widerlegen konnte.[627]

Sabotage: Rivonia Trial, 1963–1964

Kaum war der *Treason Trial* vorbei, kündigte sich nach der Razzia von Rivonia ein weiterer Prozess gegen die Opposition an. Hilda Bernstein nahm dieses neuerliche Verfahren nicht mehr nur als ein Kräftemessen zwischen Regierung und Widerstandsbewegung wahr, sondern als Ringen um die Legitimität der Apartheid überhaupt:

> The court was an ultimate court of morality: the issues were not the guilt or innocence of the accused, but the guilt of innocence of those who opposed apartheid.[628]

Wieder mussten die Angeklagten um ihr Leben bangen, denn ebenso wie auf Hochverrat stand auch auf Sabotage die Todesstrafe.

Auch im *Rivonia Trial* war die jüdische Präsenz in der Opposition wie auch bei der Verteidigung wahrnehmbar. Der afrikaanische Kommunist Bram Fischer organisierte das Verteidigungsteam, dem neben dem Strafverteidiger Vernon Berrangé der Menschenrechtsanwalt George Bizos wie auch die beiden jüdischen Anwälte Joel Joffe und Arthur Chaskalson angehörten.[629] Chaskalson, der von Fischer als »neuer

627 Vgl. Isie Maizels, in: Suttner, Cutting, S. 309–323. Eines der bekanntesten Bilder des *Treason Trials* zeigt eine Szene nach dem Freispruch, in der der ältere, weiße Maizels auf den Schultern jubelnder schwarzer Unterstützer getragen wird (siehe bpsw. Suttner, Cutting, S. 310; Saks, Jewish Memories of Mandela, S. 64).

628 Bernstein, World, S. 123.

629 Vernon Berrangé, ein berühmt-berüchtigter Strafverteidiger, der schon im *Treason Trial* die 156 Angeklagten vertreten hatte, kehrte für den Rivonia-Prozess aus dem Ruhestand zurück. George Bizos war als Kind mit seinem Vater vor der Besetzung Griechenlands durch die Nazis geflohen (siehe Joel Joffe: The State vs. Nelson Mandela. The Trial that Changed South Africa, Oxford 2007, S. 16 ff.; zu Fischer siehe Clingman, Bram Fischer).

Issie Maizels« vorgestellt wurde,[630] stand noch am Anfang seiner Karriere als Menschenrechtsanwalt. Joel Joffe war über Umwege in das Verteidigungsteam gelangt. Er war im Begriff gewesen auszuwandern, als James Kantor nach dem 90-Tage-Gesetz inhaftiert wurde und Joffe es auf sich nahm, die anwaltslose Praxis von Kantor und Wolpe abzuwickeln. Von Hilda Bernstein und anderen Frauen der Angeklagten sowie Denis Goldbergs Mutter wurde Joffe aufgesucht und gebeten, an der Verteidigung mitzuwirken, nachdem sich die Johannesburger Anwaltschaft dagegen gesperrt hatte.[631]

Alle weißen Angeklagten wie auch der Ankläger, Percy Yutar, stellvertretender Generalstaatsanwalt des Transvaal, hatten einen jüdischen Familienhintergrund.[632] Dieser Umstand sollte die nationalistische Presse in Wallung und große Unruhe in die jüdische Community bringen und Percy Yutar zu einer der schillerndsten Persönlichkeiten Südafrikas werden lassen. Dass Yutar jüdisch war, war im Polizeiapparat bekannt und verleitete einen Gefängniswärter gegenüber Denis Goldberg zu der Bemerkung, dass einer von »seinen Leuten« dafür sorgen werde, dass die Angeklagten gehängt würden.[633] Yutar hatte den Ruf, auf die Wünsche der Sicherheitspolizei bereitwillig einzugehen.[634] Schon beim ersten Zusammentreffen dämmerte es Joel Joffe, dass Yutar etwas anderes im Schilde führte als einen Strafprozess.[635]

Die erste Anklageschrift, die Yutar spektakulär im staatlichen Rundfunk verbreiten wollte, wurde vom Richter mit der Begründung, dass diese gegenstandslos sei, zurückgewiesen. Der Staatsanwalt war blamiert und die Verteidigung hatte erreicht, dass alle Angeklagten frei waren – doch die Sicherheitspolizei verhaftete sie noch im Gerichts-

630 Vgl. Kathrada, Memoirs, S. 166.
631 Vgl. Bernstein, World., S. 112 f.; Bernstein, Memory, S. 284 f.; Joffe, State, S. 10–13.
632 Vgl. Joffe, State, S. 14. Biographische Angaben bei Frankel, Rivonia's Children, S. 187–192.
633 Vgl. Goldberg, The Mission, S. 115.
634 Vgl. Bernstein, World, S. 135; Frankel, Rivonia's Children, S. 189.
635 Vgl. Joffe, State, S. 15.

saal.[636] Als Yutar eine neue und, wie Goldberg erinnerte, ähnlich löchrige Anklage vorlegte, ließ der Richter den Prozess dennoch beginnen.[637] Yutar kündigte zugleich an, alle Anklagepunkte gegen Bob Hepple fallenzulassen, da er als Zeuge der Anklage aussagen würde. Doch Hepple floh nach seiner Freilassung auf Kaution mit seiner Frau außer Landes, bevor er in den Zeugenstand gerufen werden konnte. Auch Arthur Goldreich und Harold Wolpe konnten aus dem Gefängnis entkommen.[638] Neben den übrigen politischen Angeklagten wurde noch der Schwager Wolpes und Kanzleikollege James Kantor auf die Anklagebank gesetzt. In Haft genommen wurde er aus Rache über Wolpes Flucht, wie allseits vermutet wurde.[639] Während James Kantor separat vertreten wurde,[640] hatten die übrigen Angeklagten – Nelson Mandela, Walter Sisulu, Denis Goldberg, Govan Mbeki, Ahmed Kathrada, Rusty Bernstein, Raymond Mhlaba, Elias Motsoaledi und Andrew Mlangeni – ein gemeinsames Team. Zentral wurde im Laufe des Verfahrens die Frage, ob die Entscheidung zum Guerilla-Krieg schon gefallen war oder noch diskutiert wurde.[641]

Immer wieder wurden in dem ein Jahr andauernden Prozess durch den Staatsanwalt hinterlistige Attacken gegen die Angeklagten ausgeübt, Beweismittel gefälscht und (Belastungs-)Zeugen beeinflusst.[642] Die Ablehnung gegenüber Yutar reichte auch bis in die Synagoge, der er lange Jahre vorstand. Der Oberrabbiner Johannesburgs, Louis Rabinowitz,

636 Siehe Joffe, State, S. 41–57.

637 Vgl. Goldberg, The Mission, S. 127.

638 Hepple, Young Man, S. 121–127, 131 f., S. 143–148, gab detailliert Auskunft über seinen Weg zu einer Zusage an Yutar, dass er als Zeuge aussagen werde, was ihm die Freilassung aus dem Gefängnis und so die Flucht ermöglichte. Nachfolgend wurde Hepple trotz einer unverfänglichen Aussage als Verräter angesehen (s. ebd, S. 149–157; siehe für eine andere Sicht Kathrada, Memoirs, S. 166–169; Goldberg, The Mission, S. 117, S. 127). Zur Flucht Goldreichs und Wolpes siehe oben.

639 Vgl. Goldberg, The Mission, S. 128; Kathrada, Memoirs, S. 171; Bernstein, Memory, S. 282; Kantor, Grave, S. 43–47.

640 Vom in Deutschland geborenen jüdischen Anwalt George Lowen, siehe Bernstein, World, S. 127 f.

641 Vgl. Mandela, Der lange Weg, S. 499.

642 Vgl. Bernstein, World, S. 145 f.; Frankel, Children, S. 218.

war als entschiedener Gegner der Apartheid so erzürnt über Yutars Einmischung in Einstellungsfragen seines Stellvertreters Ben Isaacson, welcher sich aktiv mit der Opposition identifizierte, dass er Yutar als »Percy Cuter« (*persecutor*, Verfolger) beschimpfte.[643]

Doch Yutar schien seine Rolle als *shtadlan* der jüdischen Gemeinschaft gegenüber dem Apartheidstaat zu begreifen – ein Vermittler jedoch, der die Sicherheit der Mehrheit der Juden durch die unnachgiebige Verfolgung der abweichenden Minderheit zu sichern suchte.[644] Glenn Frankel mutmaßte nach Gesprächen mit Yutar zwar, dass dieser zu der Überzeugung gekommen sei, er hätte durch den Anklagepunkt der Sabotage statt des Hochverrats den Angeklagten das Leben gerettet, jedoch sieht Frankel nur wenige weitere Belege für solch eine Einschätzung.[645]

Dass Nelson Mandela sich nach der Transition in Südafrika Yutar gegenüber versöhnlich zeigte, stieß bei anderen ehemaligen *Rivonia-Trialists* auf Unmut.[646]

Seit Sharpeville waren die polizeilichen Befugnisse mit dem 90-Tage-Gesetz enorm erweitert worden. Das Verbot des ANC und die anhaltende Repression hatten für eine andauernde Fluchtbewegung von hochrangigen Kadern der Kongress-Bewegung und weitere Einschränkung der politischen Betätigung überhaupt zur Folge. Auch externe Faktoren wirkten im Umfeld des Prozesses und auf ihn direkt ein. Denn der *Defence and Aid Fund* sicherte zu, eine Summe von £19.500 für die

643 Vgl. Ben Isaacson, in Suttner, Cutting, S. 570 f.

644 Siehe Frankel, Rivonia's Children, S. 191 f. S. a. Saks, Jewish Memories of Mandela, S. 96 f., S. 180.

645 Vgl. ebd., S. 8 ff., S. 336 f. In diesem Zusammenhang sei darauf hingewiesen, dass Yutar und seine Familie anscheinend seitens israelischer Aktivisten Todesdrohungen erhalten hatten, deren Ziel es gewesen sei, dass die afrikanischen Staaten Israel in den Vereinten Nationen unterstützten. Ein jüdischer Staatsanwalt, der für das Apartheidregime afrikanische Freiheitskämpfer anklagte, lief diesem Ansinnen nach der Sicht des *Sherut Habitachon Hatzair* (Der junge Sicherheitsdienst) zuwider (siehe Broun, Saving Nelson Mandela, S. 107 f.).

646 Vgl. ebd., S. 336.

Verfahrenskosten bereitzustellen.[647] In London organisierte die junge Anti-Apartheid-Bewegung (AAM) vor Prozessbeginn im November 1963 eine internationale Protestkampagne zur Unterstützung der Angeklagten, die *World Campaign for the Release of South African Political Prisoners.* Durch die Aussendungen und die Flucht aus Südafrika hatte sich in London ein Zentrum des Exils gebildet, von welchem das AAM jetzt profitierte. Mindestens fünf der auf den Gründungstreffen Anwesenden waren südafrikanischer Herkunft. Unter ihnen waren Arthur Goldreich, Leon Levy, Abdul Minty und Harold Wolpe.[648] Hauptamtliche Organisatorin der Kampagne wurde Sonia Bunting, jüdische Südafrikanerin, bekannte Kommunistin und Ehefrau des ZK-Mitglieds der SACP, Brian Bunting.[649] Auch ihr Genosse Joe Slovo wurde schnell ein Repräsentant des Komitees.[650] Unterstützung sollte von den Präsidenten der jüngst unabhängig gewordenen afrikanischen Staaten Jomo Kenyatta, Julius Nyerere und/oder Ahmed Ben Bella sowie von je einem Parlamentsabgeordneten der Parteien Großbritanniens erboten werden. Als Basis der Deklaration galt die Resolution 1881 der UNO, die unzweideutig dem rassistischen Regime die Verantwortung für die Eskalation des Konflikts in Südafrika anlastete und es zu einer Gefahr für Frieden und Sicherheit in der Welt erklärte. Aber vor allem machte sich die UNO für die bedingungslose Freilassung der inhaftierten Oppositionellen stark.[651] Bald waren als Institutionen auch der ANC und der SAIC eingebunden.[652]

647 Vgl. Joffe, State, S. 16. Diese Zusicherung kam, obwohl der *Defence and Aid Fund* der Erinnerung Hilda Bernsteins nach dem gewaltlosen Widerstand verpflichtet war (Bernstein, World, S. 112).

648 Vgl. Minutes of the first Committee Meeting of the WORLD CAMPAIGN FOR THE RELEASE OF SOUTH AFRICAN POLITICAL PRISONERS [i. F. World Campaign; H. P.], 28.10.1963, MSS AAM 1778.

649 Vgl. Minutes of the Committee Meeting of the World Campaign, 27.41964; Minutes of the Committee Meeting of the World Campaign, 28.5.1964, MSS AAM 1778.

650 Vgl. Minutes of the World Campaign, 27.4.1964, MSS AAM 1778.

651 Vgl. Minutes of Committee Meeting of the World Campaign, 6.11.1963, MSS AAM 1778.

652 Vgl. Minutes of the Committee Meeting, 13.3.1964, MSS AAM 1778.

Die Kampagne konzentrierte sich auf das Lobbying von Politikern und auf breite Öffentlichkeitsarbeit. Es wurde versucht, durch den Kontakt zu Politikern, vornehmlich der *Labour Party*, Druck durch das britische Parlament auf die südafrikanische Regierung auszuüben. Außerdem brachte die *World Campaign* ein monatliches Nachrichtenbulletin mit einer Auflage von 5.000 Stück heraus.[653] Auch wurden verschiedene Delegationen zu Gewerkschaftskongressen, Botschaften in London und anti-kolonialen Kongressen geschickt.[654] Die Arbeit der *World Campaign* reichte bis in die Vereinten Nationen.[655]

Innerhalb des Kampagnen-Komitees wurde die Lage in Südafrika als sehr brisant eingeschätzt. Im Protokoll vom März 1963 wurde vermerkt: »it was felt that meetings alone were not enough at this time and that more dramatic gestures were needed.«[656] Dennoch zeigte sich der ANC sehr zufrieden mit der Arbeit der Kampagne. Er betonte, dass es nie zuvor eine Solidaritätskampagne dieses Ausmaßes gegeben habe.[657] Nachdem das Urteil des Rivonia-Prozesses gesprochen worden war, nahm das Komitee noch Joel Joffe auf, der nach polizeilichen Schikanen nach England geflüchtet war.[658] Die Aktivität des Komitees verringerte sich jedoch deutlich.[659] Bei ihren Bemühungen, sich für alle politischen Gefangenen, nicht nur die Mitglieder von MK,[660] einzusetzen, konnten sie wenig ausrichten. In Südafrika bedeutete der Prozess für die Familien der Angeklagten eine außergewöhnliche Belastung, da die Ehefrauen ebenfalls ins Visier der Polizei gerieten. Hazel Goldreich wurde wie ihr

653 Vgl. Minutes of the Committee Meeting of the World Campaign, 13.3.1964, MSS AAM 1778.

654 Vgl. ebd.; Minutes of the Committee Meeting, 27.4.1964, MSS AAM 1778.

655 Vgl. Minutes of the Committee Meeting, 14.9.1964, MSS AAM 1778.

656 Minutes of the Committee Meeting of the World Campaign, 13.3.1963, MSS AAM 1778.

657 Vgl. Minutes of the Committee Meeting, 2.7.1964, MSS AAM 1778.

658 Vgl. Minutes of the Committee Meeting, 8.11.1964, MSS AAM 1778.

659 Vgl. Minutes of the Committee Meeting, 9.4.1965, MSS AAM 1778. S. a. Klein, The British Anti-Apartheid Movement.

660 Vgl. Minutes of the Committee Meeting, 26.10.1964; Minutes of the Committee Meeting, 8.11.1964, MSS AAM 1778.

Mann unter dem 90-Tage-Gesetz in Schutzhaft genommen, weil sie in Rivonia gewohnt hatte.[661] Auch AnnMarie Wolpe und Fubeida, die Frau Mosie Moollas, wurden von der Polizei festgehalten[662] ebenso wie Esmé Goldberg, die über einen Monat lang in Haft gehalten und verhört wurde.[663] Goldberg wohnte danach bei Hilda Bernstein, bis ihr Gatte Denis ihr riet, das Land zu verlassen.[664] Perfide war das Vorgehen der Sicherheitspolizei, erst den einen und dann den anderen Elternteil zu verhaften und die Kinder allein zurückzulassen.[665]

Die Frauen der Inhaftierten, die sich auf freiem Fuß befanden, versuchten, Kontakt zu ihren Gatten gestattet zu bekommen, was jedoch erst nach einen vehementen emotionalen Ausbruch gestattet wurde, da die Frauen um das Leben ihrer Männer fürchteten.[666] Zusehends fiel es Hilda Bernstein schwer, ihr Leben als kohärent zu erfahren.[667] Besonders schmerzlich war für AnnMarie Wolpe die Isolation durch die weiße Community. Sie sah im Gegensatz dazu das schwarze Südafrika, wo mehr Solidarität für die Angeklagten von Rivonia spürbar gewesen sei.[668] Dennoch blieben die Frauen nicht ohne Hilfe: eine Freundin überließ AnnMarie Wolpe ein großzügiges Geldgeschenk, um den Gefangenen helfen zu können, andere vermittelten ihr Kontakte, die ihr helfen sollten, die Flucht für Wolpe und Goldreich zu planen.[669] Doch die Verbindungen blieben beschränkt.[670] Vor allem für die Kinder erwiesen sich die Razzia von Rivonia und die nachfolgenden Wochen als traumatisierend und sie litten jahrzehntelang an den Auswirkungen.[671] Gideon Shimoni schätzte die Bedeutung des Rivonia-Prozesses für die jüdische Commu-

661 Vgl. Bernstein, World, S. 114.
662 Vgl. Joffe, State, S. 9; Bernstein, World, S. 94; Wolpe, Way, S. 152 f., S. 185–199.
663 Vgl. Goldberg, The Mission. S. 118.
664 Vgl. Bernstein, World, S. 78, S. 118.
665 Vgl. Frankel, Rivonia's Children, S. 119, S. 213.
666 Vgl. Bernstein, World, S. 106.
667 Vgl. ebd., S. 89.
668 Vgl. Wolpe, Way, S. 168.
669 Vgl. ebd., S. 146, S. 169 f.
670 Vgl. Bernstein, World, S. 75.
671 Vgl. Frankel, Rivonia's Children, S. 324–328.

nity ähnlich wie den Prozess gegen Julius und Ethel Rosenberg in den USA ein, wo sich ebenfalls ein jüdischer Verteidiger und ein jüdischer Staatsanwalt gegenüberstanden und die Einschüchterung durch die öffentliche Spekulation über eine quasi-natürliche Verbindung von Juden mit subversiven Aktivitäten in der McCarthy-Ära nachwirkte.[672] In Südafrika sahen sich nationalistische Juden genötigt, öffentlich zu erklären, dass die jüdische Minderheit des Landes keinesfalls hinter den angeklagten Aktivisten stünde.[673]

Die Erfahrungen der Angehörigen und Angeklagten während des *Rivonia Trials* unterschieden sich grundlegend von denen während des *Treason Trials*. Während 1956 eine breite, wahrnehmbare Solidarisierung einsetzte, blieb diese nun, vor allem wegen des Verbots des ANC und der massiven Einschränkung der politischen Meinungsäußerung, aus. Die Inhaftierten wie auch ihre Familien lebten in größerer Isolation.[674] Das massive Aufgebot von Polizei und Militär wirkte auf die Opposition einschüchternd und die Verlegung des Gerichtsstandes nach Pretoria zeigte dieses Mal eine demoralisierende Wirkung.[675]

Die Beachtung aber, die Südafrika dadurch in der internationalen Öffentlichkeit fand, blieb nicht unbemerkt.[676] Als der Richter sein Urteil sprach, wies er explizit auf die ausländische Berichterstattung hin, die in sein Urteil eingeflossen sei. Das Urteil lautete: lebenslange Haft, das Mindestmaß, was er sich zu verhängen im Stande sah.[677] Die Angeklagten reagierten erleichtert. Sie hatten entschieden, im Falle der Todesstrafe keinen Einspruch einzulegen und, so der Plan, der Wut gegen das Unrecht der Apartheid nicht im Wege zu stehen – kurz: Märtyrer zu werden.

672 Vgl. Shimoni, Community, S. 67.

673 So Joseph Nossel, Manuscripts and Archives, UCT, BC 792 South African Jewish Board of Deputies, E1.6 Goldreich Wolpe. Zu Nossel siehe Shimoni, Jews and Zionism, S. 163, S. 209 f.

674 Vgl. Bernstein, Memory, S. 260; Bernstein, World, S. 75, S. 107, S. 113 f.

675 Vgl. Bernstein, World, S. 113, S. 115.

676 Siehe Broun, Saving Nelson Mandela, S. 100–115.

677 Siehe Shimoni, Community, S. 66; Goldberg, Mission, S. 137. Siehe zum internationalen Druck auch Broun, Saving Nelson Mandela, S. 109–115.

Gegen das Urteil der lebenslangen Haft legte keiner der Angeklagten Einspruch ein, denn niemand wollte riskieren, dass die Höchststrafe verhängt würde.[678] Das Resultat des Rivonia-Prozesses war eine große Hoffnungslosigkeit im Lande.[679]

Beide Prozesse markierten Wegmarken der Auseinandersetzung zwischen der Opposition und dem Apartheidregime. Das Interesse an ihnen war immens und sowohl der *Treason Trial* wie auch der *Rivonia Trial* fanden internationalen Widerhall, der sich auch langfristig auf die Widerstandstätigkeit auswirken sollte. Zudem transportierten beide das Bild eines multi-»rassischen« einmütigen Widerstands. Das Ende des *Treason Trial*, wenngleich er nicht der letzte politische Prozess in Südafrika war, markierte vorerst das Ende einer organisierten Opposition. Weitergeführt werden konnte die Arbeit nur noch vom Exil aus.

678 Vgl. Goldberg, The Mission, S. 137.

679 So Arthur Chaskalson, in: Suttner, Cutting, S. 338; im Nachklang des Rivonia-Prozesses durchsuchte die Polizei Hunderte von Häusern und Wohnungen »respektabler, verdienter Menschen«, die bisher nicht durch oppositionelle Aktivität aufgefallen waren, was eine massive Einschüchterung gegen jede noch mögliche Opposition im Land darstellte (siehe Bernstein, World, S. 195 f.).

5. RÜCKKEHR

Sabotage und Guerillakrieg, die zu einer Massenerhebung führen sollten: diese Formen des antikolonialen Kampfes schwebten dem ANC und der SACP vor, als sie die Waffen aufnahmen. Nachdem aber die Erhebung im Lande gescheitert und viele Aktivisten ins Exil getrieben worden waren oder flohen, erklärte die SACP die Rückkehr nach Südafrika zu einem obersten Ziel. Aber die Versuche, Kader ins Land zu schleusen, misslangen und MK-Aktivisten konnten nur in einem geringen Maße dort installiert werden. Keinem der Aktivisten der »Rivonia-Kohorte« gelang dies und einige der von ihnen rekrutierten Aktivisten jüngerer Jahrgänge wurden verhaftet und zu Gefängnisstrafen verurteilt. Unter ihnen waren Raymond Suttner und David und Sue Rabkin – jüdische Freiwillige, die Ronnie Kasrils ausgebildet hatte – sowie Jeremy Cronin, stellvertretender Vorsitzender der SACP.[1] Nach dem Aufstand von Soweto und der Unabhängigkeit der portugiesischen Kolonien Angola und Mosambik hatte sich die Lage im südlichen Afrika dramatisch zugunsten der Befreiungsbewegungen verlagert. Der ANC war als Verbündeter der *Frente de Libertação de Moçambique* (Frelimo) und *Movimento Popular Libertação de Angola* (MPLA) Teil der Bürgerkriege in den jeweiligen Ländern.[2] Todesschwadronen der Sicherheitspolizei griffen Aktivisten des ANC in den sogenannten Frontstaaten wiederholt an und versuchten die externe Opposition zu destabilisieren.

1 Vgl. Keable, London Recruits, S. 21–24; Interview mit Sue Rabkin, 21.8.2014, Johannesburg.

2 Vgl. Shubin, ANC, S. 186 f., S. 260.

5.a Legalisierung des ANC und Remigration

Ein militärischer Weg zurück nach Südafrika, der in den 1960er Jahren anvisiert wurde, erwies sich jedoch angesichts der militärischen Macht und der westlichen Rückendeckung Südafrikas als illusorisch.[3] Eine Rückkehr aus dem Exil war nur im Falle des Endes der Apartheid oder zumindest ihrer Repressionspolitik möglich. Eine Änderung erfolgte durch die Ankündigung des damaligen Präsidenten Frederik Wilhelm de Klerk, er werde nicht nur Nelson Mandela (den letzten noch in Haft verbliebenen alten Anführer des ANC) entlassen, sondern auch den ANC und die SACP – 40 (SACP) bzw. 30 Jahre (ANC) nach ihrem Verbot – zu legalisieren.[4] In den 1980er Jahren war der Aufruhr in Südafrika nicht abgeflaut und eine neue Protestbewegung hatte sich aus politischen Initiativen, schwarzen Gewerkschaften, Kirchen und zivilgesellschaftlichen Gruppierungen gebildet. Die Reaktion der Regierung, mit verschärfter Repression gegen die Opposition vorzugehen, schadete der sowieso schon geringen Reputation Südafrikas und sorgte für ökonomische Verunsicherung. Zu dieser trugen die immensen Kosten des Repressionsapparates bei, denn mittlerweile wurde das Militär im Innern eingesetzt. International hatte Südafrika mit dem Ende des Kalten Krieges seine Rolle als »Bollwerk gegen den Kommunismus in Afrika« verloren. Und auch der Nimbus der Unbesiegbarkeit war mit dem Patt, welches kubanische Einheiten der südafrikanischen Armee im angolanischen Cuito Cuanavale aufzwangen, angekratzt worden. Zudem hatte es schon erste Gespräche sowohl seitens der NP mit Mandela wie auch seitens einiger Wirtschaftsvertreter mit dem ANC in Lusaka gegeben. Diese Gemengelage brachte Teile der NP zu einer Abkehr von ihrer Politik von Kontrolle und Zwang.[5]

3 Vgl. Adam/Moodley, The Negotiated Revolution, S. 46–52.

4 Vgl. F. W. de Klerk announces the release of Nelson Mandela and unbans political organisations, www.sahistory.org.za/dated-event/fw-de-klerk-announces-release-nelson-mandela-and-unbans-political-organisations (letzter Zugriff: 20.7.2016).

Die Nachricht der Legalisierung von SACP und ANC traf viele der Exilanten unerwartet:

> Before 2 February [1990] »going home« was a dream deferred over the years, all the more sweet because of its remoteness. Return was insubstantial, while the longing for it remained clear and unconditional.[6]

Die Frage nach der Rückkehr brachte viele Exilanten in die Situation, ihr über Jahre und mit großen Mühen im Exil aufgebautes Leben zurücklassen zu müssen. Für die ersten politischen Aktivisten, die Südafrika 1960 verlassen und dreißig Jahre außerhalb des Landes gelebt hatten, war es fast die Hälfte ihrer Lebenszeit. Sie hatten Wurzeln im Exil geschlagen und ihre »Koffer ausgepackt«, wie Hilda Bernstein bemerkte. Sie dürfte auch sich selbst im Blick gehabt haben, als sie schrieb:

> Those who stay must part with those who will return. And those who return will leave families and friends who have grown into communities around them. The wound of that second separation can be as sharp and painful as the first.[7]

Obwohl weder sie noch ihr Ehemann Rusty Bernstein nach Südafrika zurückkehrten, traf Bernsteins Beschreibung ziemlich genau das, was Lorna Levy bei ihrer Rückkehr nach Südafrika 1997 als zweites »Trauma« erlebte.[8] Norma Kitson drückte dies in einem späteren Interview mit Hilda Bernstein noch drastischer aus: »Es gibt keine Rückkehr aus dem Exil«, sagte sie, weil sich die Welt, aus der man gegangen war, verändert habe.[9] Es waren zumeist politisch aktive Juden, die nach Südafrika zurückkehrten, um sich dort am Aufbau des Landes zu beteiligen. Je nachdem wie die Haltung der Familie war, wurde zügig oder zögernd auf den

5 Vgl. Marx, Südafrika, S. 275–278, S. 280 ff.; Dubow, Apartheid, S. 226–249.
6 Bernstein, The Rift, S. xxiii.
7 Ebd., S. xxv. Bernstein verwies mit dem Bild der »ausgepackten Koffer« auf den ungarisch-jüdischen Exilanten Paul Tabori.
8 Vgl. Interview mit Leon und Lorna Levy, 16.7.2014, Kapstadt.
9 Vgl. Norma Kitson, Mayibuye Archives, MCA 7-1536.

Rückkehrwunsch reagiert.[10] Zudem rief die Möglichkeit, nach Hause zurückkehren zu können, unter den Exilanten gemischte Gefühle hervor.[11] Sie reichten von unbedingter Begeisterung und der Einleitung schneller Schritte, über zögerliche Überlegungen, detaillierte Planungen bis hin zu der Entscheidung nach einem kurzzeitigen Aufenthalt, sich nicht wieder in der ehemaligen Heimat niederzulassen. Die Unsicherheit bezog sich nicht nur auf die Politik des Regimes, sondern auch auf die Frage, inwieweit man bereit wäre, sich nochmals ein neues Leben aufzubauen. Damit hing auch die Selbstverortung zusammen: als südafrikanischer Exilant war das Leben auf Rückkehr ausgerichtet; hatte man sich aber niedergelassen und situiert, war es schwieriger, den Gedanken der Rückkehr zu konkretisieren.[12] Diese Konkretion hing für Mitglieder des ANC von der Entscheidung der Organisation ab, wann wer zu welchen Bedingungen nach Südafrika zurückkehren sollte. Die Disziplin erlaubte in der Regel keine eigenmächtigen Entscheidungen, sondern erforderte eine Rückbindung und Abstimmung mit der Befreiungsbewegung. Der ANC entschied, auf die Verlautbarung de Klerks mit Vorsicht und Zurückhaltung zu reagieren und weitere Schritte abzuwarten. Dies sorgte für beträchtlichen Unmut bei einzelnen Freiheitskämpfern.[13]

Wer geht und wer geht wann?

Weil sie die Zurückhaltung des ANC ahnten, buchten Ben Turok und seine Frau drei Tage nach der Verkündung der Entbannung ohne dessen Wissen ihren Flug. Einzig ihre Familie und ihren Johannesburger Anwalt

10 Vgl. Israel, Political Exile, S. 214 f.

11 Siehe zu den Belastungen der Rückkehr aus dem Exil León Grinberg / Rebeca Grinberg: Psychoanalyse der Migration und des Exils, München/Wien 1990, S. 215–222.

12 Vgl. Caplan, South African Jews in London, S. 43–48.

13 Vgl. Israel, Political Exile, S. 204–207.

ließen sie von ihren Plänen wissen. Nachdem beide von den Grenzbeamten aufgehalten wurden, intervenierte dieser und ihnen wurde ein einwöchiger Aufenthalt gestattet.[14] Unter den rückkehrwilligen ANC-Mitgliedern waren Ray und Jack Simons, die in Lusaka für den ANC und an der Universität gearbeitet hatten. Noch am Tag der Aufhebung der Bannung erbat das Ehepaar im ANC-Hauptquartier die Erlaubnis, die Heimreise antreten zu dürfen – diese wurde ihnen aber aus Sicherheitsgründen verweigert.[15] Anstatt sich der Parteidisziplin zu beugen, stritt sich das Ehepaar erbittert mit dem ANC.[16] Nach der Nachricht von der Freilassung Nelson Mandelas, erhöhte Ray Simons den Druck: Wenn ihnen nicht erlaubt werden würde, zurückzukehren, würden sie Mandela noch auf dem Rollfeld in Lusaka von der Weigerung des ANC berichten. Schließlich wurde ihre Ausreise genehmigt. Am Tag von Mandelas Ankunft saßen die Simons mit Gepäck am Flughafen Lusakas. Sie verabschiedeten sich energisch:

> We go home. [...] The comrades didn't want us to go, but they cannot stop us. We are old now and we want to go home. We have so often shouted »Freedom in our lifetime« – and now we are going to have this. We must not waste any further day.[17]

Während Jack und Ray Simons im Handumdrehen ihre Entscheidung gefasst hatten, brauchten AnnMarie Wolpe und ihre Familie einige Überlegungen und organisierte Anreize zur Rückkehr. Wenngleich ihre erste Reaktion nicht minder eindeutig war, denn nachdem ihr Kollege und Ko-Exilant Norman Levy ihr auf der Arbeit am *Middlesex Polytechnic* freudestrahlend die Neuigkeiten der Aufhebung des Verbots berichtete, reklamierte Wolpe ihre Verbindung zum bis dato verhassten Südafrika.

14 Vgl. Turok, Truth, S. 250 ff.
15 Vgl. Simons, All My Life, S. 344.
16 Vgl. Macmillan, The Story of a House, S. 23.
17 Simons, All My Life, S. 345. Nach den Erinnerungen Hugh Macmillans kehrte das Ehepaar jedoch erst einen Tag nach der Ankunft Mandelas nach Südafrika zurück (vgl. Macmillan, The Story of a House, S. 23).

Sie hatte bis dahin nicht mit einer Rückkehr gerechnet[18] Im Gegensatz dazu war die Perspektive anderer Exilanten durch ihre Arbeit in MK, dem ANC oder der SACP ganz auf die Rückkehr ausgerichtet gewesen.

So hatte sich auch Joe Slovos Leben stetig um eine mögliche Rückkehr gedreht. Slovo war einer der Delegierten des ANC, der mit Wirtschaftsvertretern und dem oppositionellen *Five Freedoms Forum* erste Gespräche über eine Transition führte.[19] »Wie ich sagte, bevor ich vor 27 Jahren so unhöflich unterbrochen wurde«[20], diese lässige Bemerkung überbrückte die Zeit des Exils mit einem Satz und brach einiges Eis. Doch es herrschte Misstrauen gegenüber der NP-Regierung, da ihr vorgeworfen wurde, die Entscheidungen über die Anträge auf Straffreiheit, die rückkehrwillige Exilanten stellen mussten, sofern ihnen andere Vergehen als die Mitgliedschaft in SACP und ANC zur Last gelegt wurden, auf Kosten des ANC und zur Steigerung interner Unruhe zu verzögern.[21] Das Misstrauen riss auch wegen der Spannungen im Land nicht ab, so dass Exilanten in London zur Wahl 1994 vorschlugen, den Transport der mit ANC-Siegel versehenen Wahlurnen zum Flughafen Heathrow zu überwachen, damit sie nicht »verlorengingen«.[22]

Ähnlich positiv wie die quasi hauptamtlichen Aktivisten, wenngleich mit größerem Bedacht, reagierte Harold Wolpe, der auf die Frage, ob er überlege, zurück nach Südafrika zu gehen, antwortete, er ginge davon aus, dass er dies tun solle.[23] »Going home« und die damit verbundene Frage, ob man nicht Gefahr laufen würde, inhaftiert zu werden, waren von nun an das Thema des ANC-Exils.[24] Wieder ins Land ein-

18 Vgl. Wolpe, Long Way, S. 3 f. In den überlieferten Reaktionen, die mit dem Ende der Bannung verbunden sind, treten Geschlechterstereotype zutage: Jack Simons reagierte auf die Weigerung des ANC, ihm und seiner Frau sofort zu erlauben nach Südafrika zu reisen, mit Wut (vgl. Macmillan, The Story of a House, S. 23), während AnnMarie Wolpe nach der Nachricht der Verbotsaufhebung Tränen in den Augen hatte (Long Way, S. 3).

19 Vgl. Saks, Jewish Memories of Mandela, S. 156.

20 Helena Dolny: Introduction, in: Slovo, Unfinished, S. xi–xvii, hier S. xiii.

21 Vgl. Israel, Political Exile, S. 207.

22 Vgl. Levy, Engagements, S. 189.

23 Vgl. Wolpe, Long Way, S. 5.

zureisen gestaltete sich somit auf andere Art ähnlich kompliziert wie die Ausreise. Dieses Mal wurde in der Regel nicht klandestin gearbeitet, sondern man sorgte für offizielle Zusicherungen, Einladungen, Berufsmöglichkeiten und auch die Sicherheit.[25] Die emotionale Lage der Exilanten auf Abruf wog weitaus schwerer, wie AnnMarie Wolpe drastisch ausdrückte:

> ... twenty-seven years of accumulated jumble has to be sorted and dealt with. It was much more straightforward leaving South Africa: I packed a suitcase and left. Moving like a refugee, without any thought or any baggage or any planning, is simpler. Sometimes returning feels like death.[26]

Das Gefühl viel, und nicht nur Ballast, zurücklassen zu müssen, hatten auch Remigranten, die noch enger in offizielle Strukturen eingebettet waren wie beispielsweise Barry Feinberg, der Leiter der Informationsabteilung des IDAF. Er organisierte, dass dessen Archiv von London an die Universität des Westkaps (UWC)[27] umgelagert wurde, und er sollte den Aufbau des Bewegungsarchivs *Mayibuye* dort betreuen.[28] Aber auch ihm fiel eine Trennung von London, der Stadt in der er die letzten 30 Jahre gelebt hatte, in der seine Söhne groß geworden und seine Partnerin sich ebenfalls niedergelassen hatte, nicht leicht. Denn, so bemerkte er rückblickend, er hatte sich dort so eingelebt, dass ohne die politische

24 Vgl. ebd., S. 8.

25 Vgl. ebd., S. 15–21, S. 32. Auch bei der Rückkehr erwiesen sich alte Kontakte zu der im Land gebliebenen liberalen und radikalen Opposition als nützlich und wichtig. Harold Wolpe blieb bei seinem ersten Aufenthalt nach 27 Jahren bei dem Vater seiner ANC-Genossin und Kollegin Elaine Unterhalter, Jack Unterhalter, der selbst ein Mitbegründer der *Liberal Party* gewesen war und auch während der Bannungen den Kontakt mit den radikalen Aktivisten gehalten hatte.

26 Ebd., S. 31.

27 Die den Ruf hatte, die intellektuelle Heimat der Linken im Südafrika der 1970er und 1980er Jahre gewesen zu sein; diesen Ruf unterstrich die UWC als sie Ray Simons mit einem Ehrendoktor auszeichnete (Feinberg, Time, S. 133; Simons, All My Life, S. 349).

28 Vgl. Feinberg, Time, S. 128.

Arbeit seine Verbindung zu Südafrika deutlich geschwunden wäre.[29] Zwar endete 1990 die Bannung der Befreiungsbewegungen und die Rückkehr nach Südafrika begann – oftmals verbunden mit einer Einbindung in die Arbeit des ANC, der SACP oder des SACTU im Land –, doch das Exil endete für andere erst mit der ersten freien und gleichen Wahl 1994.[30]

Der wieder in Südafrika angesiedelte Apparat des ANC unterstützte seine zurückkehrenden Mitglieder, aber auch internationale Institutionen gaben neue Gelder frei. So wurde Feinberg ein Rücksiedelungsstipendium aus Mitteln des UNHCR bewilligt und seine Partnerin erhielt Hilfe durch das *Legal Resource Centre*.[31] Das UNHCR willigte während der Verhandlungen zwischen dem Regime und dem ANC ein, die Kosten für 40 000 angenommene südafrikanische rückkehrwillige Exilanten zu tragen.[32] Rica Hodgson kehrte im Sommer 1990 mit 70 Jahren zurück nach Johannesburg und freute sich außerordentlich, wieder in ihrer »Heimatstadt« zu sein.[33] Ihrer Erinnerung nach gewöhnte sie sich problemlos an das Leben in Südafrika, so begeistert war sie.[34] Entgegen ihrer Erwartungen wurde ihr von Walter Sisulu, gerade aus Robben Island freigelassen und damaliger Vizepräsident des ANC, ein Posten als Sekretärin angeboten, den sie voller Tatendrang annahm.[35]

Der Wiederaufbau von Partei- und Kongressgruppen auf lokaler, regionaler und nationaler Ebene gab den Remigranten eine eindeutige Aufgabe und Struktur, wob sie aber zugleich in das oppositionelle Südafrika ein, in welches sie solange nur eingeschränkte Kontakte gehabt hatten.[36]

29 Vgl. ebd.
30 Vgl. Levy, Engagements, S. 189.
31 Vgl. Feinberg, Time, S. 131.
32 Vgl. Israel, Political Exile, S. 210 ff. Nach seinen Angaben kehrten während der Laufzeit der UNHCR-Mittel nur an die 7 000 Exilanten nach Südafrika zurück, davon 600 aus England.
33 Vgl. Hodgson, Foot Soldier, S. 238 f., Zitat S. 239.
34 Vgl. ebd., S. 239.
35 Vgl. ebd., S. 241.
36 Vgl. Simons, All My Life, S. 350.

Die Einreise verlief nicht unbedingt komplikationslos. Wie auch Ben und Mary Turok wurde Ray und Jack Simons zuerst die Einreise verweigert, ihre Dokumente beschlagnahmt und erst durch die Intervention von Freunden ein mehrmonatiger Aufenthalt gewährt.[37] Demgegenüber gelang Harold Wolpe seine erstmalige Einreise relativ störungsfrei, wenngleich die Grenzbeamten ihm gegenüber bemerkten, sie wüssten, wer er sei.[38] Gill Marcus hingegen wurde die Einreise bis Mai 1990 verweigert, obwohl sie vom ANC mit offiziellen Aufgaben betraut worden war.[39] Die Rückkehrer wurden – je nach Grad der Prominenz und Status der Aufgabe – von Oppositionellen aller Hautfarben begeistert willkommen geheißen.[40] In manchen Fällen erwies sich die Repräsentation des ANC am Flughafen von Johannesburg als entscheidend, damit Rückkehrer die Grenzkontrolle passieren konnten.[41]

Eine wesentliche Differenz in der Perspektive auf die zu erwartenden Lebensverhältnisse in Südafrika nahm AnnMarie Wolpe wahr. Weiße Remigranten konnten die Lebensweise der weißen Minderheit annehmen, sie kannten sie im Prinzip schon aus ihrem Leben in Südafrika und sie war dem Leben in England mitunter nicht unähnlich. Nicht-weißen Remigranten wäre es weitaus schwerer gefallen oder gar unmöglich gewesen, von dem bisherigen Leben in der Themse-Metropole zu einem Leben in Soweto zu wechseln.[42]

Während AnnMarie und Harold Wolpe ihren Weg zurück nach Südafrika gemeinsam ausarbeiteten, war die Frage, ob und inwiefern Denis Goldberg mit seiner Familie zurückkehren werde, hochgradig konfliktbeladen, denn seine Gattin wollte in London bei den Kindern und Enkelkindern bleiben. Goldberg befand sich also im Zwiespalt zwischen seiner familiären und politischen Loyalität.[43] Wie auch die meisten anderen

37 Vgl. ebd., S. 345.
38 Vgl. Wolpe, Long Way, S. 21; vgl. auch Press, To Change The World, S. 171.
39 Vgl. Gill Marcus, in: Suttner, Cutting, S. 254.
40 Vgl. Simons, All My Life, S. 345 f.; Wolpe, Long Way, S. 23.
41 Vgl. Levy, Prize, S. 423.
42 Vgl. Wolpe, Long Way, S. 33.
43 Vgl. Goldberg, The Mission. S. 337.

politisch aktiven Exilanten wartete Goldberg auf die Entscheidungen des ANC und der SACP. Für ihn, der hauptamtlich für den ANC, aber in gänzlich anderen Bereichen als Slovo oder Kasrils, arbeitete, stand vor einer möglichen Rückkehr eine (weitere) Verwaltungsfachausbildung an.[44] Lorna Levy wurde vom ANC auf einen diplomatischen Schulungskurs geschickt.[45] Sie trat den diplomatischen Dienst für das neue Südafrika letztlich jedoch nicht an und auch andere Aktivisten hatten das Gefühl, dass ihre Fähigkeiten nicht erschöpfend genutzt würden.[46]

Die Kader des ANC wurden von ihren neuen Aufgaben vollständig aufgesogen. Gill Marcus bemerkte, dass sie andere Facetten des Lebens gar nicht mehr erfassen konnte, so einnehmend war ihre Arbeit beim Wiederaufbau der ANC-Strukturen im Land.[47] Goldberg hingegen blieb bei seiner Frau Esmé in London und baute dort nach der Verwandlung des AAM in eine Lobbyorganisation eine eigenständige Stiftung auf, die neue Mittel durch Massenbeteiligung generieren wollte.[48] Erst 2002 kehrte er nach dem Tod von Frau Esmé nach Südafrika zurück und arbeitete unter Ronnie Kasrils im Forst- und Wasserministerium.[49]

Operation Vula – Absicherung der Veränderung und Selbstverteidigung des ANC?

Kasrils war auf einem anderen Weg nach Südafrika zurückgegangen. Er war Teil einer seit Mitte der 1980er Jahre laufenden verdeckten Operation, die leitende Kader installieren sollte. Ihre Aufgabe sollte es sein,

44 Vgl. ebd., S. 323. Goldberg hatte schon im Gefängnis Examina der Fernuniversität *University of South African* (UNISA) absolviert, unter anderem einen Abschluss in Verwaltungsangelegenheiten (Goldberg, in: Suttner, Cutting, S. 485).

45 Vgl. Levy, Engagements, S. 168–184.

46 Vgl. Wolpe, Long Way, S. 277; Simons, All My Life, S. 350.

47 Vgl. Marcus, in: Suttner, Cutting, S. 254; s. a. Milton Shain / Miriam Pimstone: Marcus, Gill, Jewish Women's Archive, jwa.org/encyclopedia/article/marcus-gill (letzter Zugriff: 24.7.2016).

48 Vgl. Goldberg, The Mission, S. 337 f.

49 Vgl. ebd., S. 358.

in den eskalierenden Auseinandersetzungen zwischen dem Regime und dem ANC Leitungsfunktionen zu übernehmen und – so der Marschbefehl der SACP, der die meisten Agenten angehörten – die Basis der SACP zu stärken.[50]

Unter strikter Geheimhaltung innerhalb des ANC-Apparats wurde die Operation Vula von Joe Slovo und dem ANC-Präsidenten Oliver Tambo geleitet.[51] Wahrscheinlich ist die direkte Untergrundoperation und der Aufbau eines verdeckten Leitungsapparats auf die Entscheidung der SACP im November 1984 zurückzuführen, ihre interne Aktivität auszudehnen.[52] Der Verfechter dieser Strategie, Joe Slovo, war auf dem sechsten Kongress der SACP zum Nachfolger des im Jahr zuvor verstorbenen Parteivorsitzenden Yusuf Dadoo gewählt worden.[53]

Letztlich scheiterte der insurrektionalistische Teil der Operation, denn sie wurde im Juli 1990 von der südafrikanischen Polizei aufgedeckt. Dennoch erwies sich Operation Vula als wertvoll, weil es gelang, einen sicheren Kommunikationsweg zwischen Mandela und der ANC-Führung herzustellen. Dies stärkte nicht nur Mandelas Position in den Gesprächen mit der Regierung, die geheime Kommunikation half auch, Versuche, den Weg zu den Wahlen zu sabotieren, aufzudecken und unschädlich zu machen.[54]

Der ehemalige politische Gefangene Tim Jenkin, dem zusammen mit Stephen Lee und Alex Moumbaris eine spektakuläre Flucht aus dem Hochsicherheitsgefängnis von Pretoria gelungen war,[55] betreute in London gemeinsam mit dem langgedienten SACP- und AAM-Mitglied Ronnie Press die Geräte, mit der die neuen Kommunikationswege zwischen Johannesburg, London und Lusaka hergestellt werden sollten.[56]

50 Vgl. Ellis, External Mission, S. 234; O'Malley, Shades, S. 244, S. 262, S. 271, S. 283.
51 Vgl. O'Malley, Shades, S. 244.
52 Vgl. Ellis, External Mission, S. 233 f.
53 Vgl. Kasrils, Armed, S. 227.
54 Vgl. O'Malles, Shades, S. 395 f.
55 Vgl. Goldberg, The Mission, S. 190–219.
56 Vgl. O'Malley, Shades, S. 246.

In Südafrika war Janet Love mit Mac Maharaj und Siphiwe Nyanda aktiv. Sie war Kind einer Shoah-Überlebenden, in Johannesburg aufgewachsen und in London im ANC und im SACTU involviert.[57] In ihrer Familie wurde nach den Erfahrungen des Zweiten Weltkriegs darauf Wert gelegt, dass Love mit der Einstellung aufwuchs, dass niemand wegen Hautfarbe, Religion oder »Rasse« diskriminiert werden dürfe.[58] Sie war schon 1987 nach Südafrika geschickt worden und wartete auf ihren Einsatz. Für Mac Maharaj, der als dienstältester MK-Militanter die Operation Vula leitete, war sie sein Nachrichtenoffizier mit einer hohen Verbindlichkeit. »Without Janet I would have been lost«[59], urteilte er später.

Durch den Kontakt zum ANC-Hauptquartier in Lusaka verhandelte Mandela mit führenden Vertretern des Apartheidstaats nicht mehr nur als Einzelperson, sondern konnte die Linie des ANC vertreten.[60] Zugleich befähigte der nahezu tägliche Austausch mit den Kadern im Untergrund die Führung in Lusaka, namentlich Tambo und Slovo, die Lage vor Ort zu analysieren und die internen wie externen Entwicklungen zeitnah miteinander zu koppeln.[61] Außerdem war die Führung im Land in die taktischen wie strategischen Planungen mit dem *Mass Democratic Movement*, der Massenopposition dieser Tage, eingebunden und brachte Propaganda des ANC in Umlauf.[62]

Die Führungsspitze der Operation Vula war 1990 noch durch Ronnie Kasrils verstärkt worden, was eine Entscheidung war, die mit der höchsten Führungsebene des ANC abgestimmt worden war.[63] Kasrils

57 Siehe Interview mit Janet Love, 8.8.2014, Johannesburg; FZH/WdE 1177, Diana Life; Press, To Change The World, S. 144; Connie Braam: Operation Vula, Kapstadt 2004, S. 116.

58 Vgl. FZH/Wde 1177.

59 O'Malley, Shades, S. 278.

60 Vgl. ebd., S. 262, S. 265.

61 Vgl. ebd., S. 272, S. 280.

62 Vgl. ebd., S. 281 f. Mac Maharaj gab in seinen Memoiren detailliert Auskunft über die einzelnen Phasen der Operation Vula.

63 Vgl. ebd., S. 331.

und Mac Maharaj wurden im Mai desselben Jahres vom Regime amnestiert und verließen das Land illegal, um wieder legal einzureisen. Sie verstärkten nun öffentlich die Opposition und leiteten klandestin die Operation Vula weiter.[64]

Nachdem die Polizei die Operation im Juli 1990 aufgedeckt hatte, wurden die Aktivisten inhaftiert oder befanden sich auf der Flucht. In Johannesburg knüpfte der untergetauchte Kasrils Kontakt zu Rabbi Ben Isaacson, traf ihn als orthodoxer Jude verkleidet in einem koscheren Restaurant und bat ihn, eine sichere Unterkunft für seine Waffengefährtin Love zu organisieren, was Isaacson binnen Stunden gelang.[65]

Die fieberhafte Jagd der Polizei auf die Untergetauchten, vor allem nach Kasrils und Love, blieb erfolglos.[66] Sie wurden während ihres Abtauchens im Gegensatz zu acht anderen Mitstreitern, die im November 1990 angeklagt wurden, nicht gefasst.[67] Diese wurden jedoch auf Kaution freigelassen und die Anklage wurde kurz darauf fallengelassen.[68]

Angesichts ihrer Rhetorik und Verlautbarungen die SACP weckte den Eindruck, es sei ihr um eine militärisch-revolutionäre Übernahme der Staatsmacht gegangen.[69] Doch eigentlich verfolgten ANC und SACP eine andere Strategie: mittels einer militanten Offensive sollte der Weg für Verhandlungen bereitet werden, da das Apartheidregime Slovos Einschätzung nach unter P. W. Botha noch zu stark sei und daher Bedingungen für Verhandlungen diktieren könne. Zudem hätte der ANC sein Prestige verlieren und während der Verhandlungen an die Wand gedrängt werden können, was sich ändern würde, wenn der Druck auf Pretoria von innen wie außen höher werde. Hintergrund dieser Analyse waren die Veränderungen in der Sowjetunion unter Michail Gorbatschow, welche der SACP diese neue Form der Strategie nahebrachten:

64 Vgl. ebd., S. 359 f.
65 Vgl. Isaacson, in: Suttner, Cutting, S. 592.
66 Vgl. O'Malley, Shades, S. 369.
67 Unter ihnen der Leiter der gesamten Operation, Mac Maharaj, siehe ebd., S. 383 ff.
68 Vgl. Braam, Operation Vula, S. 269.
69 Vgl. Ellis, External Mission, S. 234 f.

Veränderung durch Verhandlung.[70] Zugleich war diese Einsicht auch von Slovos persönlicher Zurückhaltung gegenüber den Verhandlungen gefärbt, denn er hoffte noch darauf, dass die Operation Vula das »real thing«, den Volkskrieg gegen das Regime in Gang setzen würde.[71]

Jedoch waren Verhandlungen und die Eindämmung der Gewalt zunächst wichtiger als die Vorbereitung eines landesweiten Aufstands.[72] Slovo sorgte für einen weiteren Konflikt zwischen den Verhandlungsparteien, als ihm ein Konzeptpapier zugeschrieben wurde, das die handstreichartige Übernahme der Staatsmacht durch die SACP diskutierte. Präsident de Klerk forderte von Mandela, Slovo aus dem Verhandlungsteam zu werfen und der ANC wurde als bloße Fassade der SACP erachtet. Erst als Mandela sich für Slovo und eine gemäßigte Politik einsetzte, legte sich die Aufregung.[73] Die Operation Vula, so rechtfertigte sich der ANC, wäre eine Rückversicherung im Falle gescheiterter Verhandlungen.[74]

Slovo brachte in den dreijährigen Verhandlungsprozess den elementaren Vorschlag eines »Ablaufdatums« ein, bis zu dessen Ende die Teilung der Macht zwischen NP und ANC eine Transition gewähren sollte.[75] Überdies bot die »rechte Hand Mandelas«[76] Beamten den Erhalt ihrer Arbeitsplätze im neuen Südafrika oder ein Ausscheiden aus dem Staatsdienst durch Kompensation oder Frühverrentung an.[77] Dieses Verfahren sollte den Wandel für eine einflussreiche und große Gruppe an Weißen

70 Vgl. Shubin, ANC, S. 328. Vladimir Shubin selbst war kein neutraler Beobachter im Kampf gegen die Apartheid, sondern er war Sekretär des Afro-Asiatischen Solidaritätskomitees und in der Internationalen Abteilung der KPdSU für Afrika zuständig. In seiner Position war er auch sowjetischerseits der Betreuer und Kontaktmann für den ANC (vgl. O'Malley, Shades, S. 251, S. 272).

71 Siehe O'Malley, Shades, S. 318; Kasrils, Armed, S. 331 f.

72 Vgl. O'Malley, Shades, S. 383.

73 Vgl. ebd., S. 366.

74 Vgl. Dubow, Apartheid, S. 270.

75 Vgl. Adam/Moodly, Negotiated Revolution, S. 62; Suttner, Cutting, S. 222 f.; Joe Slovo: Negotiations: What Room for Compromise, in: African Communist, No. 130 (1992), S. 36–40.

76 Ebd., S. 80.

77 Vgl. Slovo, Negotiations, S. 40.

erträglich machen.[78] Neben Slovo nahmen auch Janet Love und Ronnie Kasrils an den mehrstufigen Verhandlungen teil.[79]

Aufbau des »neuen« Südafrikas und Regierungsverantwortung

An der Regierung Mandelas 1994 bis 1999 waren einige der jüdischen Mitstreiter als Minister und Staatssekretäre beteiligt.[80] Kasrils wurde zuerst als stellvertretender Verteidigungsminister des »neuen« Südafrikas vereidigt, dann wurde er Minister für Wasser- und Forstangelegenheiten. In dieser Funktion bat er Denis Goldberg als »Spezieller Berater« tätig zu sein,[81] bevor dieser wenig später zum Minister für den Nachrichtendienst ernannt wurde.[82] Janet Love diente dem ANC im Parlament für zwei Amtszeiten. Nach ihrem Ausscheiden wurde auch sie Beraterin von Ronnie Kasrils im Ministerium für Forst- und Wasserangelegenheiten. Mittlerweile ist sie die Direktorin des renommierten *Legal Resource Centre*, einer Rechtshilfeorganisation, die von Menschenrechtsanwälten wie Arthur Chaskalson nach dem Rivonia-Prozess ins Leben gerufen wurde, und Mitglied der Menschenrechtskommission Südafrikas.[83] Jüngst wurde Love in die Unabhängige Wahlkommission berufen.[84]

78 Vgl. Marx, Südafrika, S. 287.

79 Vgl. Kasrils, Armed, S. 347 f.

80 Vgl. Saks, Jewish Memories of Mandela, S. 173.

81 Vgl. Goldberg, The Mission, S. 358–361.

82 Siehe Suttner, Cutting, S. 267; N. N.: Kasrils, Ronnie (Ronald), www.nelsonmandela.org/omalley/index.php/site/q/03lv02424/04lv02426/05lv02533.htm (letzter Zugriff: 26.7.2016). Er diente außerdem im Nationalen Exekutivkomitee des ANC und im ZK der SACP.

83 Siehe Shubin, ANC, S. 328; South African Human Rights Council: Janet Love, Commissioner, www.sahrc.org.za/home/index62fd.html?ipkContentID=79&ipkMenuID=61 (letzter Zugriff: 26.7.2016).

84 Vgl. Janet Heard: Rare Show of Unity as Janet Love Cracks the Nod for IEC Post, in: City Press, 16.3.2016, city-press.news24.com/News/rare-show-of-unity-as-janet-love-cracks-the-nod-for-iec-post-20160316 (letzter Zugriff: 26.7.2016).

Joe Slovo, Vorsitzender der SACP und ein Mastermind des MK, war eine Schreckgestalt für das weiße Südafrika. In der regierungsfreundlichen Presse war er als KGB-Oberst präsentiert worden und er und seine Frau Ruth First hatten die Spitznamen »Die Hexe und der General« erhalten.[85] Im »neuen« Südafrika unter der Präsidentschaft Mandelas war Slovo bis zu seinem frühen Tod 1995 Minister für Hausbau.[86] Sein Einsatz für die Befreiung wurde mit der Umbenennung einer Hauptstraße in den Johannesburger Stadtteilen Doornfontein und Berea gewürdigt, die mitten durch das historische jüdische Zentrum der Stadt verlief.[87]

Die Brüder Leon und Norman Levy engagierten sich hauptsächlich gewerkschaftlich. Leon war für den COSATU, den *Congress of South African Trade Unions,* tätig[88] und Norman war in die Verhandlungen über ein Abkommen für ein Demokratisches Südafrika (*Convention for a democratic South Africa*, CODESA) einbezogen.[89] Lorna Levy war hingegen als ANC-Mitglied in einer Mittlerstelle zwischen Polizei und Bürgern aktiv.[90]

Ben Turok ließ sich ebenfalls schnell wieder in Johannesburg nieder, geriet aber in ANC-interne Auseinandersetzungen, weshalb er nach Kapstadt übersiedelte, wo seine Frau für den ANC im Parlament saß. Bei den zweiten Wahlen 1999 trat er im Bezirk Muizenberg für den ANC an.[91]

Als einer der prominentesten jüdischen Aktivisten der »Rivonia-Kohorte« gilt heute sicherlich Albie Sachs, der 1994 von Nelson Man-

85 Vgl. Slovo, Every Secret Thing, S. 307 f.

86 Vgl. Suttner, Cutting, S. 222 f.; Shubin, ANC, S. 275.

87 Vgl. N. N.: Major Street in Johannesburg is Renamed After Veteran Freedom Fighter, in: Sunday Times, 12.2.2006, amadlandawonye.wikispaces.com/Major+Joburg+street+renamed+after+Joe+Slovo,+S+Times (letzter Zugriff: 27.7.2016).

88 Vgl. Interview Leon und Lorna Levy, 16.7.2014, Kapstadt; www.sahistory.org.za/people/leon-levy (letzter Zugriff: 26.7.2016).

89 Vgl. Levy, Prize, S. 426 f.

90 Vgl. Levy, Engagements, S. 207–212.

91 Vgl. Turok, Truth, S. 264–270, 273 f.; ders.: With My Head above the Parapet. An Insider Account of the ANC in Power, Johannesburg 2014, S. 29 ff.

dela zum Richter am neuen südafrikanischen Verfassungsgericht ernannt wurde. Schon vier Jahre zuvor war er nach Südafrika zurückgekehrt und hatte in der *Consitutional Commission* an der Verfassung mitgearbeitet.[92] Seine Genossin Gill Marcus aus dem ANC, die wie er auch in die Nationale Exekutive des ANC gewählt worden war, diente der Regierung Mandelas erst als stellvertretende Finanzministerin[93] und danach als stellvertretende Gouverneurin der südafrikanischen Zentralbank.[94]

5.b Verbleib im Exil

Die Mehrheit der über zehntausend südafrikanisch-jüdischen Exilanten, unter ihnen viele Aktivisten, ging nicht zurück in ihre alte Heimat. Entscheidend dafür war, dass sie sich in England niedergelassen hatten und ihre Kinder oftmals dort lebten. Zudem gab es nach 1990/1994 wegen der politischen Gewalt, die zwischen ANC, Inkatha Freedom Party und den Polizeikräften eskalierte, aber auch dem Gefühl einer unsicheren Zukunft eine deutliche Auswanderungswelle weißer (und damit auch jüdischer) Südafrikaner aus dem Land.[95] Von den südafrikanischen Juden in London, die Andrew Caplan 2011 Auskunft gaben, gingen zu diesem Zeitpunkt zwei Drittel davon aus, ihr Leben dort weiterzuführen.[96]

Auch einige prominente Aktivisten blieben im Exil. Rusty und Hilda Bernstein waren nach der Pensionierung Rusty Bernsteins in ein Haus im ländlichen Kidlington, nördlich von Oxford, gezogen. Dort verfassten sie Retrospektiven auf den Befreiungskampf und arbeiteten weiter für die SACP und den ANC, wie im Wahlkampf 1994. Erst nach

92 Siehe www.constitutionalcourt.org.za/site/judges/justicealbiesachs/index1.html (letzter Zugriff: 26.7.2016).
93 Vgl. Shimoni, Community, S. 88.
94 Vgl. Shain/Pimstone, Marcus, Gill.
95 Vgl. Mendelsohn/Shain, The Jews in South Africa, S. 201.
96 Vgl. Caplan, South African Jews in London, S. 47.

Rustys Tod 2002 kehrte Hilda Bernstein nach Südafrika zurück und lebte vier weitere Jahre in Kapstadt in der Nähe ihres Sohnes.[97]

Immerhin hatten die Bernsteins teil an der Gestaltung des neuen Südafrikas – andere fanden darin keinen Platz. Baruch Hirson kehrte zwar 1991 kurzzeitig zurück, blieb aber auf Distanz zum ANC und zur SACP.[98] Und auch die *Searchlight South Africa* stand den Plänen, Verhandlungen mit dem Regime zu führen, hochgradig kritisch gegenüber.[99] Hirson starb 1999.

Bob Hepple wirkte als kritischer Kommentator an der Veränderung mit.[100] Er hatte als Jurist in Großbritannien Karriere gemacht und war als Anwalt für Menschen- und Arbeitsrecht bekannt, weshalb er Reformvorschläge für das Rechtswesen Südafrikas einbrachte.[101]

Ein zweites Exil hatten sich David und Norma Kitson nach ihrem Ausschluss aus dem ANC gewählt. Sie waren ins südliche Afrika nach Simbabwe zurückgekehrt. Immerhin wurden sie vom ANC noch als »Helden des Kampfes« geehrt. In der Hauptstadt Harare engagierte sich Norma Kitson in der *Women's Writers Group*. Nachdem sie 2002 verstarb, kehrte David Kitson für seine letzten Lebensjahre nach Johannesburg zurück.[102]

97 Vgl. Sampson, Lionel Bernstein Obituary; Herbstein, Hilda Bernstein Obituary.

98 Vgl. Ian Hunter: Baruch Hirson Biography, November 1999, www.marxists.org/archive/hirson/biography.htm (letzter Zugriff: 27.7.2016); Baruch Hirson: Return of an Exile: September 1991, in: Searchlight South Africa, Jg. 2 (1992), H. 4 (=Nr. 8), S. 33–61.

99 Vgl. N.N.: The ANC On The Road To Negotiations, in: Searchlight South Africa, Jg. 2 (1990), H. 1 (=No. 5), S. 3–13; Editors: The Dogs of War, in: Searchlight South Africa, Jg. 2 (1991), H. 3 (=Nr. 7), S. 19–31; Baruch Hirson: Return of an Exile: September 1991, in: Searchlight South Africa, Jg. 2 (1992), H. 4 (=Nr. 8), S. 33–61; Baruch Hirson: The Election of a Government, in: Searchlight South Africa, Jg. 3 (1995), H. 4 (=Nr. 12), S. 6–13.

100 Vgl. Catherine Barnard / Simon Deakin: Sir Bob Hepple Obituary, in: The Guardian, 27.8.2015, www.theguardian.com/law/2015/aug/26/sir-bob-hepple (letzter Zugriff: 27.7.2016).

101 Vgl. Hepple, Young Man, S. 164 f.

102 Vgl. Herbstein, Norma Kitson Obituary; ders., David Kitson Obituary.

Ironischerweise konnten die gealterten Aktivisten aus dem während der Apartheid privatisierten Gesundheitswesen nach der Remigration Nutzen ziehen, da sie teilweise gut dotierte Posten in Südafrika innehatten, aber auch von den Einkünften ihrer Berufe im Exil profitierten.[103]

5.c Umkämpfte Vergangenheit – umkämpfte Gegenwart?

Ihre mit der Rückkehr verbundene Hoffnung, das Unrecht der Apartheid endlich zu einem Ende zu bringen und dessen Auswirkungen zu verändern, brachte ihnen keine Ablehnung, sondern war nach den Jahren der Distanzierung eine Art der Re-Integration in die jüdische Gemeinschaft. Gerade dieser Schritt der Community auf die Aktivisten zu, der vielfach als illegitime Vereinnahmung erachtet wurde, sollte für erhebliche Kontroversen sorgen, in welchen das Verhalten der offiziellen jüdischen Organe während der Zeit der Apartheid zur Debatte stand.

Mit der Freilassung Mandelas brach auch für die Juden Südafrikas ein neues Kapitel an. Schon zuvor hatten sich Veränderungen innerhalb der Community gezeigt, waren Konflikte um die Position des SAJBD und südafrikanischer Juden generell ausgebrochen und alte Standpunkte revidiert worden. Nach jahrelangen inneren Auseinandersetzungen hatte das SABJD erstmals 1985 die Apartheid unzweideutig verurteilt, sich zu Gerechtigkeit und Gleichberechtigung bekannt und die Rücknahme aller diskriminierenden Gesetze gefordert.[104] Auch hatten sich liberale jüdische Südafrikaner daran beteiligt, die unnachgiebige Haltung der Regierung aufzuweichen und den Weg zu Verhandlungen mit dem ANC zu bahnen.

103 Vgl. Wolpe, Interview, 22.7.2014, Kapstadt. Vgl. Caplan, South African Jews in London, S. 48.

104 Vgl. Mendelsohn/Shain, Jews in South Africa, S. 181.

In dem Jahr, in dem sich das SAJBD dazu entschloss, die Apartheid zu verurteilen, hatte der jüdische Präsident der Kapstädter Handelskammer sich für die Entbannung des ANC ausgesprochen und trotz Morddrohungen und öffentlicher Angriffe verdeckte Treffen zwischen ANC-Mitgliedern und führenden Politikern in seinem Haus arrangiert.[105] Kurz darauf verkündete die *Progressive Party*, für die Helen Suzman lange Jahre im Parlament gesessen hatte, ihre Abkehr vom qualifizierten Wahlrecht und schloss sich der Forderung nach allgemeinen, gleichen Wahlen, der Aufhebung der Apartheid-Gesetze und einer demokratischen Verfassung an.[106]

Der jüdische Beitrag zum Kampf gegen die Apartheid in Südafrika

In der sich abzeichnenden Zeitenwende wiesen führende Gemeindevertreter eindringlich darauf hin, dass sich die Juden des Landes auch um ihrer selbst willen in den Veränderungsprozess einbringen müssten.[107] Mit der Rückkehr der jüdischen Radikalen wurde ihre Stellung innerhalb der Community Teil eines Aushandlungsprozesses um die generelle Stellung der Juden im neuen Südafrika. Nicht nur deren Beitrag zum quasi von außen kommenden Befreiungskampf spielte in die politische Gemengelage hinein. So hatten sich Mitte der 1980er Jahre explizit jüdische Oppositionsgruppen wie *Jews For Justice* (JFJ) in Kapstadt und *Jews for Social Justice* (JSJ) in Johannesburg gebildet. Auch sie standen am Rande der etablierten Community, doch sie brachten dezidierte Kritik am Apartheidregime vor und repräsentierten jüdische Dissidenten *als Juden* im Spektrum der nationalen Opposition. Zwar hatte es in den 1950er Jahren kurzlebige oppositionelle Gruppen innerhalb der Community gegeben,[108] doch Mitte der 1980er Jahre war die Situation soweit

105 Vgl. Saks, Jewish Memories of Mandela, S. 122.
106 Vgl. ebd., S. 128.
107 Vgl. Saks, Jewish Memories of Mandela, S. 160.
108 Vgl. Shimoni, Community, S. 109–114.

gediehen, dass sich diese außerparlamentarischen Oppositionsgruppen innerhalb der jüdischen Gemeinschaft dauerhaft etablieren konnten.[109] Zuvor hatte es schon unter den jüdischen Studenten gegärt, die in der Akzeptanz der Apartheid durch Juden eine Verkehrung jüdischer Ethik sahen.[110]

In gleicher Weise wurden auch jüdische Kandidaten der NP, die sich 1987 zur Wahl aufstellten, heftig kritisiert.[111]

Seit den 1950er Jahren hatten sich die inneren kommunalen Auseinandersetzungen verstärkt. Nun sprachen sich selbst orthodoxe Rabbiner gegen die Apartheid aus, die dafür seitens konservativer Gemeindemitglieder wiederum kritisiert oder gar bei der Polizei diffamiert wurden. In den 1950er und 1960er Jahren war dies für viele ein Anlass gewesen, Südafrika den Rücken zu kehren.[112] Eine jüngere Generation jüdischer Südafrikaner sah sich trotz eines Wandels in den Gemeinden ausgegrenzt und geschasst.[113]

JFJ und JSJ traten in der Geschichte der jüdischen Community besonders hervor, weil sie eigens gegründet worden waren, um der Opposition gegen die Apartheid innerhalb der jüdischen Gemeinschaft einen organisatorischen und kollektiven Ausdruck zu verleihen. Erstmals verbanden sie zwei Ziele miteinander: »Lautstarken öffentlichen Protest

109 Zur gleichen Zeit hatte sich in London die ans AAM angebundene Gruppe *Jews Against Apartheid* unter der Leitung Shalom Charikars, eines Mitglieds der *Jewish Socialists' Group* gegründet, die unter anderem Denis Goldberg, Esther Levitan, Raymond Suttner und Amy Thornton als Redner einluden, spezifische Pessach-Sedern ausrichteten und sich innerhalb des AAM engagierten. (Vgl. MSS AAM 155; Shalom Charikar: Confronting Rascism – A Role for Jews, in: Jewish Socialist Nr. 1 [1985], S 15 f., S. 24; Raymond Suttner: Apartheid's Day Are Numbered, in: Jewish Socialist, Nr. 19 [1990], S. 15 ff.; Amy Thornton: Fair Weather Friends, in: ebd., S. 18 f. Ich danke David Rosenberg für die Übersendung der Artikel.).

110 Vgl. Shimoni, Community, S. 127.

111 Vgl. ebd., S. 129 f.

112 Vgl. ebd., S. 143–149.

113 Vgl. The Coleman Familiy, in: Suttner, Cutting, S. 16–217, hier bspw. S. 205 ff. (die Familie umfasste die Eltern Max und Audrey Coleman und ihre vier Söhne, von denen drei – Colin, Keith und Neil – an dem Interview teilnahmen).

gegen das Apartheidsystem und zugleich eine selbstbekräftigende jüdische Identifikation«.[114] Trotz nur weniger hundert Mitglieder zogen ihre Veranstaltungen eine große Zahl von Sympathisanten an.[115] Als Teil des *Five Freedom Forums* nahmen JSJ auch an den Gesprächen mit dem ANC 1989 in Lusaka teil.[116] Sie zeigten sich besorgt über die Nähe des ANC zur palästinensischen Befreiungsorganisation PLO, der sie ein geringes Problembewusstsein für Antisemitismus attestierten. Ihnen wurde versichert, dass Antisemitismus in den Reihen des ANC keinen Platz habe und verurteilt werde.[117] Die Wirkung von JFJ / JSJ war nicht auf Südafrika beschränkt, sondern reichte bis nach England, wo ihre Appelle und Forderungen in liberalen jüdischen Gemeinden Widerhall fanden.[118] Franz Auerbach, ein aus Deutschland geflohenes Mitglied der JSJ, war jedoch der Meinung, dass trotz ihrer Bemühungen erst die Rede Nelson Mandelas auf dem Kongress des SAJBD 1993 eine grundlegende Wende in den Einstellungen der jüdischen Community gebracht habe.[119]

Dafür hatte auch der Oberrabbiner Cyril Harris gesorgt, der kompromisslos gegen die Apartheid eintrat und für einen politisch-gesellschaftlichen Wandel warb – und dabei auf die eigene Community abzielte.[120]

All diese Aktionen waren Teil einer Umorientierung der jüdischen Gemeinschaft. Hatten sie sich bisher an die Verhältnisse der rassistischen Gesellschaft angepasst, davon sogar teilweise enorm profitiert und selbst

114 Shimoni, Community, S. 196 f., Zitat S. 197.

115 Vgl. ebd.

116 Vgl. ebd., S. 197 f.; Franz Auerbach: No Single Loyalty. Many Strands One Design: A South African Teacher's Life, Münster 2002, S. 201–204.

117 Vgl. Auerbach, No Single Loyalty, S. 203, S. 209; s. a. ebd., S. 207 f.

118 Vgl. Raymond Goldman / Reform Synagogues of Britain an AAM, 26.6.1987; Marcus H. Bower / Reform Synagogues of Great Britain an AAM, 30.6.1989, MSS AAM 155.

119 Vgl. Auerbach, No Single Loyalty, S. 229 f.

120 Siehe zu Harris und seiner Gattin Anne: Saks, Jewish Memories of Mandela, S. 122, S. 160 f.; Shimoni, Community, S. 149, S. 248 u. ö.; s. a. Michael Freedland: Rabbi Cyril Harris, in: The Guardian, 16.9.2004, www.theguardian.com/news/2005/sep/16/guardianobituaries.southafrica (letzter Zugriff: 28.7.2016).

aktiv rassistische Sichtweisen angenommen [121], so dämmerte ihnen ein Südafrika, in dem der Platz der jüdischen Community neu zu verhandeln war. Teil dieser Verhandlungen war die Frage des Umgangs mit den jüdischen Aktivisten, die mit dem ANC ins Land zurückkehrten oder am äußersten Rand der Community im Land geblieben waren. Waren sie zuvor ausgegrenzt worden und ohne sichtbare Unterstützung durch die Selbsthilfe- und Selbstverwaltungsorgane der Juden Südafrikas geblieben, so wurden sie jetzt sozusagen zu Trümpfen in den Händen des Establishments: die Aktivisten waren Juden, die bereit gewesen waren, ihr Leben zu riskieren, um die Apartheid abzuschaffen; sie wurden als Repräsentanten des jüdischen Beitrags zum Kampf gegen die Apartheid gesehen. Dies sollte für erbitterten Streit sorgen.

Das SAJBD und die jüdischen Radikalen

Nelson Mandela wandte sich nach seiner Freilassung mehrfach persönlich an die jüdische Gemeinschaft,[122] deren offizieller Repräsentant, das SAJBD, in einem 1992 von der NP initiierten Referendum empfahl, für die Aufnahme von Verhandlungen zwischen der Regierung und dem ANC zu stimmen.[123] Mit der Aufweichung der Apartheid und der offenen Thematisierung des jahrzehntelangen Unrechts durch die *Truth and Reconciliation Commission* ab 1994 stellte sich innerhalb der jüdischen Gemeinschaft die Frage nach dem Verhältnis der Juden Südafrikas zur Apartheid.[124] En gros stellte man sich selbst ein positives Zeugnis aus: Juden seien ihrer Mehrheit nach der legalen Opposition zugeneigt gewesen und hätten sich aufgeschlossener und mitfühlender gegenüber

121 Siehe die Erfahrungen Ronnie Kasrils (Armed, S. 6) oder Rica Hodgsons (Foot Soldier, S. 240) oder das Interview mit »Rita Sassen«, FZH/WdE 143.

122 Vgl. Sacks, Jewish Memories, S. 160 ff., S. 187 ff.

123 Vgl. Shimoni, Community, S. 247.

124 Es gab zwei offizielle Eingaben seitens der jüdischen Community, die beide anerkannten, dass auch die Juden von der Apartheid profitiert und sich zu wenig gegen sie geäußert hatten (siehe Pollak, The Kasrils Affair, S. 51).

der unterdrückten schwarzen Mehrheit gezeigt.[125] Gereizt reagierten führende Gemeindevertreter auf harsche und in ihren Augen selbstgerechte Kritik am Verhalten des Rabbinats und der jüdischen Minderheit.[126] Zwar gestand man ein, dass seitens des Establishments zu wenig Opposition vernehmbar gewesen sei. Doch um die kollektive Sicherheit der jüdischen Minderheit in einer ihnen wenig gewogenen (weißen) Gesellschaft zu sichern, wäre eine aktive(re) Rolle in der Opposition wenig dienlich gewesen, unterließ es der Apartheidstaat doch nicht, auf die Sichtbarkeit jüdischer Radikaler hinzuweisen.[127] In die Debatte um die Verwicklung und Schuld der jüdischen Minderheit als Teil der weißen Gruppe wurden die jüdischen Aktivisten hineingezogen. Sie galten als die Verkörperung einer radikalen, linken Tradition im südafrikanischen Judentum und durch ihren herausragenden individuellen Einsatz als Gegenbild zur Mehrheit der jüdischen Community.[128] Die Würdigung Joe Slovos durch den Oberrabbiner Harris bei dessen Begräbnis zeugte von dieser späten Wiedereinbindung in den Orbit des offiziellen Judentums.[129] Aber an der hitzigen Diskussion innerhalb der jüdischen Community waren die (zurückgekehrten) Radikalen gar nicht aktiv beteiligt. Sie beschwichtigten vielmehr die Sorgen und Ängste der jüdischen Minderheit über die Auswirkungen des Wandels. Gill Marcus, Ronnie Kasrils und Albie Sachs trafen sich wiederholt mit Vertretern des SAJBD, um die mit dem Umbruch verbundenen Hoffnungen und Sorgen zu

125 Vgl. Franz Auerbach: Do We Apologise? South African Jewish Community Responses to Apartheid, in Jewish Affairs, Jg. 52 (1997), H. 1, S. 31–35.

126 Vgl. Hanns Saenger / Joseph Sherman: Shouting from the Grandstand, in: Jewish Affairs, Jg. 52 (1997), H. 1, S. 80–83.

127 Vgl. Shain/Frankental, Accomodation, Activism and Apathy. Vgl. die Kritik, die vor allem Claudia Braude artikulierte: Braude, From the Brotherhood of Man, S. 259–289; dies.: Yutar and »holy disbelief«, Mail & Guardian, 27.3. 1997, mg.co.za/article/1997-03-27-yutar-and-holy-disbelief (letzter Zugriff: 21.4.2016); dies.: Commissioning, Community, and Conscience, in: Safundi, Jg. 10 (2009), H. 1, S. 77–90. S. a. Oren Baruch Stier: South Africa's Jewish Complex, in: Jewish Social Studies, Jg. 10 (2004) S. 3, S. 123–142.

128 Vgl. ebd.

129 Vgl. [Cyril Harris:] A Jewish Tribute, in: Slovo, Unfinished, S. 201 f.

besprechen.[130] Wenn sie sich überhaupt der jüdischen Gemeinschaft zurechneten und sich nicht primär individuell zu einer jüdischen Herkunft bekannten, so standen sie auch jetzt an deren Rand.

Den Veröffentlichungen aus der Community, welche die jüdischen Radikalen beschrieben oder sie interviewten, ist anzumerken, wie wichtig die Herstellung einer ethnischen Brücke war. Nicht nur ihr jüdischer Beitrag zum Befreiungskampf wurde affirmiert, sondern sie galten im Moment der Unruhe – die zwischen 1990 und 1994 den Rand des Bürgerkrieges touchierte – als Stimmen der Mäßigung.[131]

Aktivisten wie Gill Marcus erinnerten sich an die immense Angst vor dem Apartheidregime, die unter der jüdischen Minderheit geherrscht hatte.[132] Sie fand verständnisvolle Worte dafür, dass die jüdische Minderheit nach innen gerichtet und auf den eigenen Fortbestand bedacht gewesen war[133] und erkannte in dem Umstand, dass die »nicht-jüdischen Juden« wieder als Teil der Gemeinschaft reklamiert wurden, eine positive Änderung des Denkens.[134] Albie Sachs dagegen sah die jüdische Minderheit als Teil der weißen privilegierten Gruppe.[135] Er sprach nach seiner Rückkehr zu einer Reihe jüdischer Verbände – das SAJBD eingeschlossen – wobei er deutlich machte, dass er weder der Vertrauensmann des SAJBD im ANC noch der Vertrauensmann des ANC beim SAJBD sei: »I was just Albie who'd been with the ANC for many decades and who was a Jew.«[136] Seiner Erfahrung nach verlief die wechselseitige Kommunikation aufgrund seines Judentums in dieser Umbruchsphase weitaus einfacher.[137] Sein Interesse war es, dabei zu helfen, dass südafrikanische Juden sich als Teil der Nation begreifen konnten.[138] Für Sachs war

130 Vgl. Shimoni, Community, S. 257.
131 Vgl. Pimstone/Shain, Marcus, Gill.
132 Vgl. Marcus, in: Suttner, Cutting, S. 248.
133 Vgl. ebd., S. 257.
134 Vgl. ebd., S. 265.
135 Vgl. Sachs, in: Suttner, Cutting, S. 369.
136 Ebd., S. 357.
137 Vgl. ebd., S. 357.
138 Vgl. ebd., S. 356.

die Mitgliedschaft von Juden im ANC ein Faktor, um zu verhindern, dass Kritik an Israel in Antisemitismus umschlage, wenngleich er auch einer Israel-zentrierten Sicht nur wenig abgewinnen konnte.[139] In Kapstadt drängte er das *Kaplan Centre* darauf, eine Ausstellung über die Rolle der Juden im Kampf um die Befreiung zu konzipieren.[140] Die Ausstellung »Jews in the Struggle for Democracy and Human Rights in South Africa« wurde 1998 eröffnet. An dieser war nicht nur Sachs, sondern auch der zurückgekehrte Barry Feinberg beteiligt.[141] Dieser blickte auf die große mediale Aufmerksamkeit und das Interesse der ehemaligen Aktivisten skeptisch zurück.[142] Er zweifelte am Narrativ der Ausstellung, dass die abgebildeten Juden *als Juden* am Kampf gegen die Apartheid teilgenommen hatten. Feinberg deutete die Ausstellung weniger als Gesinnungswandel denn als einen Versuch der Bereinigung der vergangenen und gegenwärtigen Rolle der jüdischen Community.[143]

Bruchstellen – Konflikte zwischen linken Aktivisten und der Community

Während eine Reihe der jüdischen Aktivisten wegen ihres Alters in den Jahren der Regierung Mandelas – oftmals hoch dekoriert – in Rente ging oder starb, standen die jüngeren Mitglieder der »Rivonia-Kohorte« weiter in der Öffentlichkeit.

Wie im Falle der sogenannten »Kasrils-Affäre« deutlich wurde, nutzten sie ihre Prominenz, um abweichende Positionen in die Öffentlichkeit zu tragen. Die Affäre entzündete sich im Oktober 2001 an einer

139 Vgl. ebd., S. 368, S. 356.
140 Vgl. ebd., S. 343.
141 Vgl. Shain u. a. Looking Back; Shimoni, Community, S. 276.
142 Vgl. Pollak, The Kasrils Affair, S. 52; Feinberg, Time, S. 149.
143 Vgl. Feinberg, Time, S. 149. Zudem wurde das Buch zur Ausstellung während der UN-Weltkonferenz gegen Rassismus 2001 in Durban vom SABJD mitsamt proisraelischem Propagandamaterial an alle Parlamentarier verteilt; diese Entscheidung wurde von Mitgliedern des SAJBD später bereut (siehe Feinberg, Time, S. 149; Pollak, Kasrils Affair, S. 93).

Erklärung, die Kasril im Parlament verlesen hatte und welche die israelische Regierung und ihre Politik gegenüber den Palästinensern kritisierte. Der Text wurde zu einer »Deklaration des Gewissens über den Israelisch-Palästinensischen Konflikt von Südafrikanern jüdischer Herkunft« umformuliert und in Umlauf gebracht.[144] Mitverfasser war Max Ozinsky, ANC-Abgeordneter im Westkap und ehemaliges Mitglied der Operation Vula.[145] Sie konnten 300, bisweilen prominente, Unterschriften sammeln. Die sich um die inhaltlichen Vorwürfe, Einschätzungen und Forderungen drehende Debatte hielt Monate an.[146] Bezeichnenderweise kamen beide Seiten dabei nicht ohne historische Analogien und Vergleiche aus den Auseinandersetzungen während der Apartheid aus. Oberrabbiner Harris erklärte, dass die Unterzeichner der Deklaration gar nicht Teil der jüdischen Community seien.[147] Einige Kritiker verglichen Kasrils' und Ozinskys Verhalten mit dem Percy Yutars, da sie sich der Regierungspolitik andienen würden und eine Haltung einnähmen, die Antisemiten (unter dem Deckmantel des Anti-Israelismus) einen Freifahrtsschein ausstellen würde.[148] Verteidiger der Verfasser wiederum zogen den afrikaanischen Kommunisten Bram Fischer heran, um die Vorwürfe gegen Kasrils und Ozinsky zu delegitimieren.[149] Dass Kasrils seine persönliche Sichtweise mit dem Amt eines Ministers verbunden hatte und quasi eine regierungsamtliche Position vertreten habe, löste beim SAJBD Besorgnis aus – auch weil sie das Gefühl hatten, dadurch die noch junge Verbindung in die Regierung verloren zu haben.[150] Kasrils sah sich selbst zu Unrecht angegriffen, hatte er doch eine auch von anderen Juden – und damit doppelt legitimierte – Sicht auf den Konflikt

144 Vgl. Pollak, Kasrils Affair, S. 172–176, S. 66.
145 Siehe Ronnie Kasrils: Armed and Dangerous. From Undercover Struggle to Freedom, Johannesburg 2013 (i. F. Armed II), S. 342; Pollak, Kasrils Affair, S. 3; Braam, Operation Vula 269.
146 Vgl. Pollak, Kasrils Affair, S. 5, S. 60.
147 Vgl. ebd., S. 69.
148 Vgl. ebd., S. 74.
149 Vgl. ebd., S. 76.
150 Vgl. ebd., S. 92.

zwischen Palästinensern und Israelis artikuliert und Namen einer Reihe prominenter Mitglieder der Community unter der »Gewissenserklärung« versammeln können. Er habe in der Folge mehr Schmähungen und Herabwürdigungen erlebt als während der Apartheid.[151] Diese Affäre wurde als erste große Krise der jüdischen Community nach der Apartheid angesehen.[152] Denn erstmals hatte ein südafrikanischer Jude auf einem hohen Ministerposten die Unterstützung Israels durch die Gemeinschaft in Frage gestellt.[153]

Die (selbst-)kritische Diskussion um das Verhalten der südafrikanischen Juden während der Apartheid riss bis heute nicht ab.[154] Noch zehn Jahre nach Kasrils Erklärung wurde auf einer Konferenz des SAJBD eine der zentralen Veranstaltungen dieser Reflexion gewidmet. Dort äußerten sich Claudia Braude, deren Kritik am Verhalten des Rabbinats und der Community schon 1997 eine heftige Kritik hervorgerufen hatte, und Howard Sackstein, ein ehemaliger studentischer Aktivist der 1980er Jahre, kritisch zur Haltung des SAJBD. Sackstein warf ihm explizit vor, die Geschichte zu seinen Gunsten umzuschreiben. Die Kapstädter Soziologin Deborah Posel betonte, dass es eine Tendenz unter weißen und damit auch jüdischen Südafrikanern gebe, ihre Komplizenschaft mit der Apartheid zu verleugnen, und bemerkte, dass zudem sich angesichts der sich vertiefenden Ungleichheit wiederum eine neue Form der Komplizen-

151 Siehe Kasrils, Armed II, S. 339–344. Da es ihm möglich war, die Feindseligkeit mit Oberrabbiner Harris auf Mandelas 85. Geburtstag zu überwinden, schloß Kasrils seinen Bericht über diese Episode versöhnlich.

152 Vgl. Pollak, Kasrils Affair, S. 5.

153 Vgl. Pollak, Kasrils Affair, S. 61.

154 Siehe bspw. Milton Shain / Sally Frankental: »Community with a Conscience«: Myth or Reality, in: Glenda Abramson (Hg.): Modern Jewish Mythologies, Cincinnati 2000, S. 57–67; Benjamin Pogrund: A Deafening Silence, in: Haaretz, 26.12.2003, www.haaretz.com/jewish/books/a-deafening-silence-1.109857 (letzter Zugriff: 28.7.2016); aber auch Gideon Shimonis Studie *Community and Conscience* aus dem Jahr 2003 kann als Teil der Debatte um das Verhalten der jüdischen Community gelten (vgl. die Anschuldigung von Claudia Braude, das Buch färbe die Geschichte der jüdischen Minderheit schön und sei seitens des SAJBD finanziert worden: Braude, Commissioning, S. 89; dies.: Reply, in: Safundi, Jg. 10 [2009], H. 1, S. 95–98, hier S. 97).

schaft auftue, auf welche die Juden ethisch angemessen reagieren müssten.[155]

Die Schärfe in der Auseinandersetzung scheint bis heute kaum abgeklungen zu sein – zumindest bei denjenigen, die in den 1980er Jahren politisch aufgewachsen sind. Denis Goldberg, Albie Sachs und Ann-Marie Wolpe hingegen zeigten sich trotz scharfer Worte gegenüber der Entschuldigung des SAJBD versöhnungsbereit.[156] Auf einer Podiumsdiskussion im Juli 2013 mit dem Titel »What do we Remember«, die das *Liliesleaf Museum*, das Johannesburger *Holocaust & Genocide Centre* und das SAJBD ausrichteten, sollte die Rolle jüdischer Südafrikaner im Befreiungskampf diskutiert werden. Es waren neben Goldberg und Wolpe auch Albie Sachs und der Vorsitzende des SAJBD, Zev Krengel, eingeladen. Die Notwendigkeit einer solchen Diskussion machte der Geschäftsführer des *Liliesleaf Museums,* Nicholas Wolpe, deutlich: Es gehe darum, den Befreiungskampf nicht nach den politischen Erfordernissen der Gegenwart zu erinnern. Vielmehr müsse man den Freiheitskämpfern, von denen die meisten heute an den Rand und aus der Sicht gedrängt wurden, weiterhin den ihnen gebührenden Platz im Bewusstsein Südafrikas erhalten, damit weder das Unrecht der Apartheid noch die Errungenschaften der Gegenwart vergessen werden.[157] Neben Wolpes Bewertung der erinnerungspolitischen Lage kamen auf der Veranstaltung die Konfliktlinien der Diskussion um südafrikanische Juden im Befreiungskampf zum Ausdruck.

155 Vgl. N.N.: Cape Conferenz 2011, in: Cape Jewish Chronicle, Dezember 2011, S. 10 f., hier S. 10.

156 Vgl. Liliesleaf Trust, South African Jewish Board of Deputies, Johannesburg Holocaust and Genocide Centre: What do we Remember? Reflecting the Roles of Jewish People in the Liberation Struggle, Podiumsdiskussion mit Albie Sachs, Denis Goldberg, AnnMarie Wolpe und Zev Krengel, 24.7.2013. Die Aufzeichnung der Diskussion wurde mir dankenswerterweise auf Vermittlung Denis Goldbergs und Nicholas Wolpes von Gavin Olivier zugänglich gemacht.

157 S. a. Armin Osmanovic: A Place of Liberation For Young People. An Interview with Nicholas Wolpe, Founder & CEO Of The Liliesleaf Museum, Rosa Luxemburg Stiftung Southern Africa, 02/2015.

In seiner Funktion als SAJBD-Vorsitzender entschuldigte sich Krengel als erster Sprecher bei den anwesenden Aktivisten, denn das SAJBD habe die Juden, die gegen die Apartheid kämpften, im Stich gelassen:

> As a Jewish Board of Deputies we let our own people down by not fighting for them«, »I think we failed in our mandate« – die Juden Südafrikas zu schützen – »and I make a sincere apology for that.[158]

Denis Goldberg erkannte die Entschuldigung an, wies sie aber zugleich zurück. Nicht er, sondern die Massen des südafrikanischen Volkes, die unter der Apartheid gelitten hatten, hätten eine Entschuldigung verdient. Da Juden, weil sie weiß waren, von der Apartheid profitiert hätten, erschien es ihm unglaubwürdig, wenn sich das SAJBD nur bei ihm entschuldige. Eine Entschuldigung könne nur für alle gelten, nicht selektiv sein. Dem politischen Bewusstsein seiner Eltern sprach er mehr Einfluss zu als seiner Jüdischkeit.[159]

Sein Hauptproblem mit der Ausstellung »Jews in the Struggle« führte Goldberg weiter aus, läge darin, dass die jüdische Gemeinschaft sich nicht gegen die Apartheid ausgesprochen hatte und nun diejenigen der südafrikanischen Juden, die das getan hatten, für sich reklamierte, um sich somit als Community eine apartheidkritische Haltung zu bescheinigen: »Don't claim us and therefore say: We as a Community fought apartheid! Don't even pretend it because then you'll lack integrity. And that I can't stand.«[160]

158 Vgl. Liliesleaf Trust, South African Jewish Board of Deputies, Johannesburg Holocaust and Genocide Centre: What do we Remember? Reflecting the Roles of Jewish People in the Liberation Struggle, Podiumsdiskussion mit Albie Sachs, Denis Goldberg, AnnMarie Wolpe und Zev Krengel, 24.7.2013.

159 Wenngleich Goldberg eingestand, solange Jude zu bleiben, wie es Antisemitismus gebe – denn zum einen könne er nicht aus seiner Haut und würde zum anderen mindestens wegen seines Namens als Jude identifiziert.

160 Vgl. Liliesleaf Trust, South African Jewish Board of Deputies, Johannesburg Holocaust and Genocide Centre: What do we Remember? Reflecting the Roles of Jewish People in the Liberation Struggle, Podiumsdiskussion mit Albie Sachs, Denis Goldberg, AnnMarie Wolpe und Zev Krengel, 24.7.2013.

Sein alter Weggefährte Albie Sachs betonte, nicht das Gefühl gehabt zu haben, ausgegrenzt gewesen zu sein: »I hadn't the feeling that I was shunned.«[161] Er habe sehr unterstützende und freundliche Erlebnisse in seinem sozialen Umfeld in Kapstadt gehabt. Auf dem Podium erachtete Sachs es als größten Fehler des SAJBD, dem Rassismus in Südafrika nicht entgegengetreten zu sein. Sein Interesse an der Ausstellung über Juden im Befreiungskampf habe darin gelegen, der jüdischen Community ihre Ängste vor einem neuen Südafrika zu nehmen und zu zeigen, dass der Kampf gegen Rassismus auch Teil der Geschichte der Juden des Landes sei – auch wenn diese antirassistischen Juden eventuell nun als Alibi verwendet würden, um das SAJBD aus der Verantwortung zu nehmen.

AnnMarie Wolpe bestätigte den Eindruck, die Mehrheit der Community habe sich gegen die Aktivisten gestellt: »We were made to feel we were betrayers, we were outsiders, terrible, terrible people«.[162] Erst jetzt auf diesem Podium habe sie erstmals das Gefühl, auch nach ihrer Rückkehr angenommen zu werden.

In der Diskussion gingen Sachs und Goldberg der Frage nach einer Verbindung von Jüdischkeit und politischer Opposition nach. Goldberg gestand eine geringe Verbindung beider Elemente zu, auch wenn er als Kind viel aus dem Heroismus der Aufständischen der jüdischen Ghettos gewonnen hatte und ebenfalls ein »Soldat gegen die Tyrannei«[163] sein wollte.

Sachs hingegen zog eine Linie von den Propheten, die gegen Unrecht gewettert hatten, über seine Großeltern und Eltern bis zu ihm. Er paraphrasierte die Worte des Oberrabbiners Cyril Harris über Joe Slovo: »Joe Slovo was a good Jew because he fought injustice and hated oppression.«[164] Als soziale Komponente sei der Ausschluss der südafrikanischen Juden von der Führung des Landes wirksam gewesen, der die Versuchungen der Macht, die eigene Herkunft zu vergessen, eingedämmt

161 Ebd.
162 Ebd.
163 Ebd.
164 Ebd.

habe. Goldberg drängte darauf, den ethnischen Rahmen des Abends zu überschreiten: wenn auch Afrikaaner oder Griechen sich der Frage nach ihrer Komplizenschaft mit der Apartheid stellen sollten, weshalb nicht auch Berufsgruppen, die immer noch Vorteile hätten. Er sei nicht zurückhaltend oder eingeschüchtert, wenn es darum gehe Machtmissbrauch anzuprangern und zu kritisieren, denn natürlich sei der Kampf gegen die Apartheid nicht vorüber. Goldberg lud die Teilnehmer ein:

> ... we need to be activists because the struggle is not yet over. It was easier to defeat apartheid than to build a new society where we can live together as brothers and cousins and sisters in our new South Africa. So join us, please.[165]

Die Debatte endete offen. Gastgeber Nicholas Wolpe schloss, dass sie erst am Anfang einer tiefergehenden Auseinandersetzung stünden. Es kämen ihm viele Fragen in den Sinn: nach dem Einfluss der jüdischen Herkunft der Aktivisten auf ihre politischen Entscheidungen, ob ein universelles Ethos in der Community gelten solle, wie sich eine Minderheit in einer feindlichen Umwelt verhalte, wie es um Kollaboration und Integration stünde, welche Aufgaben der Wandel Südafrikas auch für die jüdische Gemeinschaft bedeute. Zudem wohne dem gesamten Thema von »Juden im Befreiungskampf« die Frage inne, wer eigentlich Jude sei.

Über 15 Jahre nach den ersten heftigen Kontroversen um den Platz der Juden im Befreiungskampf konnte diese Diskussion zeigen, wie unabgeschlossen die Auseinandersetzungen und eindringlich die Erfahrungen im Bewusstsein der Protagonisten sind. Die Diskussion zeigte auch, wie selbstkritisch und moralisch aufgeladen der Versuch der jüdischen Community ist, ihren Platz im Südafrika der Post-Apartheid zu finden.

Das Credo, uneingeschüchtert den Machtmissbrauch im Südafrika der Post-Apartheid zu kritisieren und an den Pranger zu stellen, zeichnete (nicht nur, aber auch) die Aktivisten der »Rivonia-Kohorte« aus. Goldberg war ausgesprochen kritisch gegenüber den Versäumnissen des

165 Ebd.

ANC.[166] und Goldbergs Weggefährte Ben Turok sorgte für Aufsehen, als er erklärte, im Parlament nicht für das sogenannte »Geheimhaltungs-Gesetz« zu stimmen. Der ANC drohte ihm mit disziplinarischen Maßnahmen, trotz derer Turok seine Entscheidung mehrmals verteidigte.[167]

Nachdrücklich kritisierte Ronnie Kasrils (im Nachhinein) die Entscheidung des ANC, Darlehen des Internationalen Währungsfonds angenommen zu haben und eine neoliberale Wirtschaftspolitik verfolgt zu haben. Diese sei letztlich für eine Zuspitzung der gesellschaftlichen Verhältnisse verantwortlich gewesen, die 2012 zu einer Konfrontation zwischen Streikenden und der Polizei in Marikana geführt hatten. In dieser Konfrontation starben 34 Minenarbeiter durch die Kugeln der Polizei. Das »Marikana Massaker« symbolisierte das Scheitern sozialer und progressiver Politik des ANC.[168] Für einen weiteren Eklat sorgte wiederum Kasrils, als er anlässlich der Wahlen im Jahr 2014 gemeinsam mit über hundert altgedienten ANC-Mitgliedern dazu aufrief, nicht für den ANC zu stimmen.[169] Grund dafür war die Krise des ANC, der vor allem mit Korruption, Missmanagement und Mangel an demokratischen Entscheidungsfindungen in Verbindung gebracht wurde. Im Verbund mit seinen

166 Vgl. bspw. Denis Goldberg: »Ich glaube, dass der ANC einen Weckruf braucht«, in: Sozialismus, 41. Jg. (2014), H. 3, S. 35–41; Christa Schaffmann: Südafrika zwischen Zagen und Zorn. Vor den Kommunalwahlen spitzt sich die politische Situation zu, Rosa-Luxemburg-Stiftung, Standpunkt 16/2016.

167 Siehe Sarah Evans: Secrecy Bill: Ben Turok won't defy ANC this time, Mail & Guardian, 25.4.2013, mg.co.za/article/2013-04-25-secrecy-bill-turok-wont-defy-anc-orders-this-time; Andisiwe Makikana: Secrecy Bill: ANC investigates »defiant« MPs, in: Mail & Guardian, 15.12.2011, mg.co.za/article/2011-12-15-anc-investigates-defiant-mps; Sipho Hlongwane: Damned if you do, Damned if you don't, in: Daily Maverick, 4.5.2012, www.dailymaverick.co.za/article/2012-05-04-anc-vs-turok-borman-damned-if-you-do-damned-if-you-dont/#.V5zFHq4iNFU (letzter Zugriff: 30.7.2016); s.a. Turok, Head, S. 141–144. — Das »Geheimhaltungs-Gesetz« enthielt weitreichende Strafandrohungen gegen *whistleblower* bei einer unklaren Bestimmung »nationaler Interessen«, die zu schützen seien.

168 Vgl. Ronnie Kasrils: How the ANC's Faustian pact sold out South Africa's poorest, in: The Guardian, 24.6.2013, www.theguardian.com/commentisfree/2013/jun/24/anc-faustian-pact-mandela-fatal-error (letzter Zugriff: 30.7.2016).

169 Vgl. Verashni Pillay: »Vote No«, say ANC veterans at campaign launch, in: Mail & Guardian, 15.4.2014, mg.co.za/article/2014-0415-vote-no-say-anc-veterans-at-campaign-launch/ (letzter Zugriff: 30.7.2016).

alten Genossen rief er 2016 öffentlich dazu auf, dass Präsident Zuma zurücktreten solle,[170] ein Schritt, zu dem sich auch Denis Goldberg entschlossen hatte.[171]

5.d Die Rolle der »weißen« jüdischen Anti-Apartheid-Aktivisten – eine Bilanz

In allen Bereichen der Opposition gegen die Apartheid fanden sich kommunistisch oder sozialistisch gesinnte jüdische Südafrikaner in wichtigen Positionen und bei wesentlichen Konflikten wieder. Auch wenn sie selbst ihre Rolle herunterspielten, nahmen sie doch zentrale Funktionen innerhalb der Bewegung, sei es innerhalb des Landes oder im Exil, wahr. Sie zogen ihre Kreise weit über das politische Feld hinaus und bildeten eine engmaschige Gemeinschaft. Wenngleich sie als exilierte Gruppe in England kaum auffielen,[172] hielten sie Schlüsselpositionen in allen Angelegenheiten, die den südafrikanischen Befreiungskampf betrafen.

170 Vgl. African News Agency: ANC veterans tell President Zuma to step down, in: Mail & Guardian, 6.4.2016, mg.co.za/article/2016-04-06-anc-veterans-tell-president-zuma-to-step-down; Monique Mortlock: ANC Stalwart Ronnie Kasrils Publicly Blasts President Jacob Zuma, in: Eye Witness News, 21.4.2016, ewn.co.za/2016/04/21/Ronnie-Kasrils-blasts-current-govt (letzter Zugriff: 30.7.2016).

171 Vgl. Ilze-Marie Le Roux: Struggle Stalwart Denis Goldberg Optimistic About SA's Future, in: Eye Witness News, 19.4.2016, ewn.co.za/2016/04/19/Struggle-stalwart-Denis-Goldberg-optimistic-about-SAs-future (letzter Zugriff: 30.7.2016).

172 Inwieweit sie aber eine wirklich »unsichtbare« Gruppe waren, wie Mark Israel beschrieb, lässt sich anzweifeln. Zum einen durch die Erfahrung, als Südafrikaner wahrgenommen bzw. erkannt zu werden, welche die Interviewten Andrew Caplan mitteilten, zum anderen durch ihre hohe Präsenz im AAM, das selbst das britische Außenministerium aufhorchen ließ (vgl. Israel, Political Exile, S. 1; Caplan, South African Jews in London, S. 38; Fieldhouse, Anti-Apartheid, S. 215).

Sonia Bunting spielte diese Rolle herunter. Weiße, so sagte sie in einem späteren Interview, hätten keine besondere Rolle gespielt und nicht in signifikanter Weise zum Befreiungskampf beigetragen. Weder hinsichtlich ihrer materiellen oder professionellen Möglichkeiten seien sie bereit gewesen, ihre Privilegien für den Befreiungskampf einzusetzen.[173] Für Norma Kitson hingegen war das Ehepaar Bunting selbst die entscheidende Größe der Londoner »chevra«, quasi ihre Manifestation, welche die Geschicke der Exilorganisationen bestimmte.[174] Beide Sichtweisen treffen nicht zu, sondern sind wiederum von eigenen Interessen und Erfahrungen geleitet.

Bei einem Blick auf die Aktivitäten dieser Gruppe fällt auf, dass sie nicht nur im Exil, massiv zur Internationalisierung und Popularisierung des Kampfes gegen die Apartheid beitrugen. Um eine Wirkung zu entfalten, war es wichtig, nicht isoliert aufzutreten, sondern im Verbund mit Gleichgesinnten, die eine Organisation oder einen Interessensverband vertraten. Das Image eines erfolglosen und von Moskau finanzierten Unterfangens versuchte das AAM – als die zentrale, öffentlich wahrnehmbare Instanz des Kampfes gegen die Apartheid – während der gesamten 1970er Jahre abzuschütteln. Dazu half es, breite Allianzen innerhalb der britischen Gesellschaft aufzubauen und nicht nur auf das südafrikanische »Fachpersonal« zu setzen.[175] Dieses war in den späten 1960er und frühen 1970er Jahren jedoch unersetzlich gewesen.

173 Vgl. Sonia Bunting, SAHA AL2460, E1. Wobei Bunting an dieser Stelle nach einer generellen Zurückweisung der Frage sich genötigt sah, einzulenken: durch SACP-Mitglieder sei es zu beträchtlicher Unterstützung gekommen; dies sei aber die Ausnahme gewesen, nicht die Regel. Als negatives Beispiel diente Bunting Arthur Goldreich, der sich nach einem Aufenthalt in England in Israel niedergelassen hatte. Er soll ihr für die angebliche Unzuverlässigkeit weißer Aktivisten herhalten, die sich zu einem Zeitpunkt engagieren würden, bei denen man aber nicht wisse, was »am nächsten Tag« passieren würde.

174 Vgl. Kitson, Sixpence, S. 214.

175 Gurney, Difficult Decade, S. 484. Vgl. Conference Liberation and Guerilla Warfare, London, Juli 1969, MSS AAM 2032, auf der neben Ruth First die britischen Akademiker Basil Davidson und Stuart Hall neben Vertretern der Befreiungsorganisationen ANC und SWAPO auftraten.

Harold Wolpe und Arthur Goldreich hielten von Ende 1963 an Vorträge im Vereinigten Königreich und auf dem europäischen Festland, von Italien bis Norwegen – einschließlich der DDR.[176] Ähnlich gefragt war Zeit ihres Lebens Ruth First, die erst nach Schweden und Dänemark[177] oder in die Niederlanden,[178] 1974 als Rednerin auch in die USA reiste.[179] Anfragen an sie wurden von christlichen und jüdischen Organisationen, afro-asiatischen Freundschaftsgesellschaften, *Amnesty International*, der *United Nations Association*, Universitäten, Gewerkschaften und studentischen Vereinigungen gestellt. Mit ihrer eigenen zunehmenden Professionalisierung wuchs das Interesse von Universitäten und NGOs.[180]

176 Siehe die umfängliche Korrespondenz in MSS AAM 1780 sowie Meetings arranged so far, o. D. [November 1963], ebd.

177 Vgl. Ruth First Papers 117/1/12/1-3 (Schweden Januar 1966, Dänemark Oktober 1971, USA April 1974).

178 Vgl. The Nijmegen Political Science Students Organisation an Ruth First, 16.7.1970, 24.8.1970, 7.10.1970; Ruth First Papers 117/1/11/2.

179 Vgl. Ruth First Papers 117/1/12/1-3 (Schweden Januar 1966, Dänemark Oktober 1971, USA April 1974).

180 Vgl. bspw. Student Christian Movement an Ruth First, 8.12.1964; Cardiff University Afro-Asian Friendship Association an Ruth First, 5.1.1965; Amnesty International, British Section, an Ruth First, 25.8.1965; Dorothy Isaacs / The Liberal Jewish Synagogue an Ruth First, 6.12.1965; Ronald Channing / London Jewish Graduates Association an Ruth First, 8.7.1966; Hadassim Women's Zionist Society an Ruth First, o. D. [1966]; Oxford University Jewish Society an Ruth First, o. D. [1969]; Ruth First Papers 117/1/11/1; School of extra-mural Studies, University of Khartoum, 1.7.1971; Ruth First Papers 117/1/11/2; Afrika-Studiecentrum, Leiden, an Ruth First, 5.2.1973; Kooniklijk Instituut Voor De Tropen, Amsterdam, an Ruth First, o. D.; Dick Day / Amalgated Union of Engineering Workers an Ruth First, 10.2.1973; Eduardo de Sousa Ferreira / Informationsstelle südliches Afrika an Ruth First, 13.11.1973; Kjetil Paulsen / Fellesrådet for det sørlige Afrika (Norwegen) an Ruth First, 24.8.1977; Anti-Apartheid-Bewegung in der Schweiz an Ruth First, 24.2.1978; Knud Erik Svendsen / Centre for Development Research (Kopenhagen) an Ruth First, 30.6.1978; Ruth First an Erich Erichsen / Mellemfolkeligt Samvirke, 18.7.1978; Erich Erichsen / Mellemfolkeligt Samvirke an Ruth First, 25.8.1978; Knud Erik Svendsen / Centre for Development Research (Kopenhagen) an Ruth First, 2.8.1978; Erich Erichsen / Mellemfolkeligt Samvirke an Ruth First, 28.9.1978, Ruth First Papers 117/1/11/2.

Durch ihre langjährige inhaltliche Arbeit kannten die Aktivisten Daten, Fakten und Abläufe der Apartheid genau. Viele der Maßnahmen und Gesetze hatten sie ans Licht der Öffentlichkeit gezerrt und angeprangert, die Repression selbst zu spüren bekommen. Sie waren Experten, von welchen das junge AAM zehren konnte, und sie waren als politische Verfolgte authentisch. Zudem waren sie das »weiße Gesicht«, das das AAM brauchte, um in der britischen Gesellschaft Einfluss gewinnen zu können.[181] Der damit begründeten Popularisierung des AAM schrieb Stuart Hall zu, dem Beginn eines multi-kulturellen und multi-ethnischen Großbritanniens weitreichende positive Aufmerksamkeit verschafft zu haben.[182] Die Aktivisten wiederum fanden darin eine Organisation vor, in der sie ihre Arbeit gegen den Apartheidstaat fortführen konnten.[183]

Zu ihrem Umfeld gehörten außerdem eine ganze Reihe sogenannter *committed scientists*, Wissenschaftler, die sich selbst als Teil der Opposition zur Apartheid begriffen, aber nicht unbedingt Teil der Organisationen waren, sondern mit grundlegenden Untersuchungen historischer, politischer und soziologischer Art Hintergrundwissen in die Bewegung trugen.[184] Andere beteiligten sich intensiv durch ihre wissenschaftliche

181 Vgl. Thörn, Emergence, S. 74. Diese Schlussfolgerung diskutierte Håkan Thörn mit mir am 15.09.2018 in Hamburg. Er verwies auf Gurney, »A Great Cause« S. 137 f., wo seitens des südafrikanisch dominierten AAMs die Einsicht beschrieben wird, die Bewegung müsse »Britische Wurzeln schlagen«. Thörn interpretierte dies 2006 als Erkenntnis, die Bewegung brauche ein »weißes Gesicht« – dieses waren die jüdischen Aktivisten (Email Håkan Thörn, 20.10.2018).

182 Vgl. Stuart Hall: The AAM and the race-ing of Britain, (Beitrag zum Symposium: The Anti-Apartheid Movement: A 40-year Perspective, London 25.–26.06.1999), www.sahistory.org.za/archive/aam-and-race-ing-britain (letzter Zugriff: 18.09.2018).

183 Vgl. Sharpeville Commemoration 1965, MSS AAM 2031 (Brian Bunting, Marion Friedmann, Leon Levy, Mervyn Bennun und anfangs auch Hilda Bernstein waren mit Recherchen für eine Dramatisierung des Massakers beauftragt gewesen).

184 Vgl. Interview mit Shula Marks, 3.3.2012. London. Vgl. auch The South African Economy and the Future of Apartheid, Konferenz in York, 30.3. und 1.4.1973 (Ruth First Papers 117/1/13/3) an der neben Ruth First und ihrem

Arbeit am Befreiungskampf, wie Ruth Firsts Beispiel zeigt.[185] Ihr gelang es von der Gruppe der politischen Exilanten am besten, eine eigenständige akademische Karriere auf die Beine zu stellen und dies mit ihrem politischen Interesse zu verbinden.

Für das AAM stellte es ein Problem dar, aktuelle und zuverlässige Nachrichten aus Südafrika zu erhalten. Hier halfen zumindest temporär die Kontakte der südafrikanischen Exilanten zu Freunden und Familienmitgliedern im Land.[186] Ein Vorteil der jüdischen Aktivisten war neben ihrer politischen Erfahrung ihre größtenteils akademische Ausbildung. Wenngleich einige, wie Joe Slovo, ihr Einkommen mit der Arbeit für ihre politischen Organisationen und den AAM, IDAF, der SACP und dem ANC verbanden, arbeiteten die meistens in ihren erlernten oder diesen nahestehenden Berufen. Brian Bunting verdiente sein Geld als Korrespondent für die Nachrichtenagentur TASS, was ihm Zeit für seine Arbeit in der SACP und im AAM ließ.[187] Rica Hodgson und Sonia Bunting führten ebenfalls ihre Arbeit fort. Andere wiederum, wie Leon Levy, arbeiteten nur in der Anfangsphase ihres Exils im AAM, bevor sie sich beruflich neu orientierten.[188] Das geradezu ins Exil verpflanzte Netzwerk von Aktivisten bestand auch in privaten Angelegen-

... Freund und Genossen Harold Wolpe auch Norman Bromberger, ein weiterer jüdischer Südafrikaner und ehemaliger politischer Gefangener (des ARM) sowie Ralph Horwitz (The Political Economy of Apartheid, London 1967) teilnahmen. Shula Marks' Seminar an der Londoner *School of Oriental and African Studies* war bisweilen ein Stelldichein dieser *committed scientists* (siehe bspw. Shula Marks an Ruth First, 31.3.1978, Ruth First Papers 117/1/11/3). Eine Reihe ihrer Kollegen und Doktoranden waren selbst Teil der Gruppe oppositionell gesinnter Akademiker wie Robin Cohen und sein Bruder Stan Cohen, Saul Dubow, William Beinart, David Simon.

185 Bei der Durchsicht der Anfragen nach Referaten und Vorträgen in ihrem Nachlass fällt auf, wie sorgsam First darauf achtete, respektable Anfragen von wissenschaftlichen Einrichtungen anzunehmen. Die Verbreitung des oppositionellen Standpunkts ging mit ihrer Profilierung als akademisch versierter Expertin einher (vgl. Ruth First Papers 117/1/11/1-3).

186 Vgl. National Committee Minutes, 17.11.1970; National Committee Minutes, 11.9.1971, MSS AAM 43.

187 Vgl. Brian Bunting, Mayibuye Archives MCA 6-249, S. 23.

188 Vgl. Levy, Engagements, S. 112.

heiten.[189] Gegenseitige Besuche und Freizeitaktivitäten waren die Regel.[190] Oftmals, wie im Falle der Familie First, war ihr Freundeskreis politisch bestimmt und dominiert von jüdischen Südafrikanern, aber auch andere, wie Ralph und Marion Miliband – jüdische Kommunisten mit Fluchterfahrung – zählten zu den ethnisch nicht exklusiven Gästen.[191]

Aufgrund ihres Engagements in SACP, AAM und MK konnten die jüdischen Exil-Südafrikaner ihre Organisationen im Exil mit internationalen Institutionen, Regierungen und anderen Solidaritätsgruppen in Verbindung bringen.[192] Sie verknüpften die einzelnen, durchaus konträren Akteure zu einem tragfähigen Solidaritätsnetzwerk, das dem ANC seine Arbeit auf dem afrikanischen Kontinent über Jahre hinweg ermöglichte.

Die jüdischen Radikalen brachten die Sprache des Antifaschismus in die Bewegung gegen die Apartheid ein. Geprägt durch den Krieg gegen Nazideutschland gehörte diese Rhetorik zu ihrer Ausstattung in der politischen Bildungseinrichtung in der südafrikanischen Armee, dem *Army Education Scheme*, in welchem unter anderen Brian Bunting und Wolfie Kodesh mitgewirkt hatten.[193] Zudem hatten sie in den linken und kommunistischen Organisationen den Kampf gegen den originär südafrikanischen Faschismus geführt.[194] Nach dem Sieg in Europa und

189 Vgl. Hodgson, Foot Soldier, S. 161.

190 Vgl. Diary 1964; Diary 1973, Ruth First Papers, 117/1/2/15. Vgl. Wieder, Ruth First and Joe Slovo, S. 216 f.

191 Vgl. Hall, The AAM. Stuart Hall zählte Harold und AnnMarie Wolpe zu seinen lebenslangen Freunden (Hall, The AAM).

192 Vgl. bspw. National Committee Minutes, 31.5.1967, MSS AAM 43; Executive Minutes 6.7.1967; Executive Committee Minutes, 1.4.1968, MSS AAM 66; National Committee Minutes, 8.2.1969, MSS AAM 43; National Committee Minutes, 6.3.1971, MSS AAM 43; Executive Committee Minutes, 6.4.1971, MSS AAM 67; National Committee Minutes, 14.7.1974; Executive Committee Minutes 10.3.1975; Executive Committee Minutes 13.10.1975, MSS AAM 67; Executive Committee Minutes, 14.2.1978; Executive Committee Minutes, 11.6.1979; Executive Committee Minutes, 10.2.1981; Executive Committee Minutes, 10.3.1981; Executive Committee Minutes 14.7.1981; Executive Committee Minutes, 8.12.1981, MSS AAM 68; vgl. a. MSS AAM 1782.

193 Vgl. Roos, Education, Sex and Leisure, S. 821; ders., Ordinary Springboks, S. 53 f.; Bernstein, Memory, S. 78; Lazerson, Against the Tide, S. 55, S. 57.

194 Vgl. Adler, Lithuania's Diaspora, S. 85 ff.

Asien überlebte diese antifaschistische Rhetorik in Südafrika aus zwei Gründen: zum einen, weil ein großer Teil der (ursprünglich weißen) Opposition aus ehemaligen Soldaten, der *Springbok Legion*, bestand und zum anderen, weil die CPSA diesem Kampf gegen das rassistische System im Land Stimme und Ausdruck gab, denn die Partei (und ihre Vorfeld- und »Umfeld«-Organisationen) hatten den Kampf gegen die *Greyshirts* angeführt und deren Geistesverwandte sollten 1948 nun an die Macht gelangen. Spätestens mit dem Wahlsieg der NP gehörte die Charakterisierung Südafrikas als faschistischer Staat zur grundsätzlichen Kennzeichnung.[195] Ihre düstere Vision der Zukunft hatte die CPSA so ausgedrückt:

> Wenn die Regierung nicht gezügelt wird, wird das Land in eine waffenstarrende Festung verwandelt werden, in der die große Mehrheit der Bevölkerung durch Ministererlässe, die Oppositionsparteien verbieten und einzelne Gegner bannen, durch Pressezensur, Polizeirazzien und einen mit Regierungsanhängern besetzten Staatsdienst, durch Aufhetzung zu Rassenunruhen, durch Konzentrationslager und durch alle anderen Fallen des faschistischen Nazistaats in Ketten gehalten wird.[196]

Die Verlautbarung der SACP stammte aus dem Jahr 1950 – noch vor der eskalierenden Repression und dem Massaker von Sharpeville. Im Exil arbeitete Harold Wolpe an einer Kritik des Gebrauchs des Begriffs »Faschismus« für die südafrikanischen Verhältnisse, da die bisherige wissenschaftliche Literatur seines Erachtens nach keine substantiellen Ergebnisse geliefert habe, die es rechtfertigten, von einem »südafrikanischen Fa-

195 Vgl. SACP: Gebietet dem faschistischen Kurs Einhalt«, in: SACP, Dokumente, S. 281–4; dies.: »Freiheitskampf, in: ebd., S. 299 ff.; R[oy] Cousins: I Fought for My Country, in: Fighting Talk, Jg. IX (1953) H. 4, S. 1; N. N.: Time To Speak Out, in: Fighting Talk, Jg. 11 (1955), H. 7, S. 2; N. N.: Beware! Danger!, in: Fighting Talk, Jg. 11 (1953), H. 10, S. 1; South African Congress of Democrats: The Threatened People. The Case for a South African Democracy, Johannesburg o. J.; N. N.: The Swastika Returns, in: Counterattack, Jg. 8 (1960) H. 2, S. 1 und 4; Newsletter, June 1964, MSS AAM 1779; N. N.: Intensify The Revolution!, in: Sechaba, Jg. 3 (1969), H. 7, S. 4–10; Alfred Nzo: African / Arab Unity, in: Sechaba, Jg. 13 (1979), H. 1, S. 2–6.

196 SACP, Freiheitskampf, in: SACP, Dokumente, S. 299 ff., hier S. 300.

schismus« zu sprechen. Wolpe betonte, dass es nicht gelänge, über die Charakterisierung von übermäßiger Repression hinauszugelangen und die »Form des faschistischen Staates« Südafrika zu bestimmen.[197]

Aber das Wort Faschismus, der auch Rassismus enthalte und welcher auch eine ökonomische Triebfeder habe, verlieh dem Radikalismus der ANC Jugendliga eine inhaltliche Orientierung, die für die Generation Nelson Mandelas, Walter Sisulus und Oliver Tambos richtungsweisend war. Nicht mehr der Appell an die Humanität der Weißen und die Anprangerung des Unrechts, das nicht-weißen Südafrikanern angetan werde, waren der Ausgangspunkt für politische Forderungen, sondern ein analytisches Gerüst, in welchem die rassistische Unterdrückung einen Begriff, eine Geschichte und eine gesellschaftliche Dimension bekam.[198] Zuletzt war es der Kontakt über die »Rassen«-Grenzen hinweg, der den *Young Lions* des ANC die afrikanistische, rassistische Spitze nahm und eine gemeinsame, nicht-»rassische« Politik ermöglichte, die in der *Freedom Charter* ihren Ausdruck fand.[199] Der Befreiungskampf konnte so nicht zum »race war« werden, den Ronald Segal perhorreszierte.[200]

197 Vgl. Harold Wolpe: Some Comments on »South African Fascism«, Manuscript and Archives, UCT, BC 1105 Wolpe, A 26 Manuscripts, B3.33 (unvollendetes Manuskript, nach 1980).

198 Vgl. Forward to the Congress of the People. Special Issue, Mai 1955, Historical Papers AD1812, Eg2.3.3. Hinzu kam die selbständige Verbindung, die afrikanische Aktivisten aus der Erfahrung des Faschismus und der Naziherrschaft in Europa zogen (vgl. Denis Goldbergs Bemerkung über Govan Mbeki, der zufällig in einem Buchladen auf einen Band über die europäischen Konzentrationslager stieß und daran ermaß, wohin Rassismus führen könne: »... and when he saw these photographs it made him realise that he could never be involved in any kind of racism whatsoever. Because that was the inevitable consequence.« [SAHA AL2460, E3].

199 So Hilda Bernstein, SAHA AL2460, A2.9.

200 Vgl. Ronald Segal: The Race War. The World-Wide Conflict of Races, Harmondsworth 1967. Ben Turok hob hervor, dass es auch für Afrikaner zum Vorteil gereichte, mit Weißen zusammenzuarbeiten, da man ein gegenseitiges Verständnis füreinander und einen Plan zum den gemeinsamen Befreiungskampf entwickelte, wodurch sich Freundschaften entwickelt hätten. Vgl. Ben Turok, SAHA AL2460, E5.

6. SCHLUSS

Die Diskussion um die moralische Dimension der Verstrickung der jüdischen Gemeinschaft und ihr Verhältnis zu den radikalen Aktivisten dauert bis heute an und, so konstatiert Milton Shain, »wird wohl noch lange Gegenstand historischer Debatten bleiben.«[1] Anlässe, das Verhalten der Community zu betrachten und zu beurteilen, sind immer wieder Nachrufe auf und Ehrungen von Beteiligten des Befreiungskampfs.[2] Auch durch Todesanzeigen, sind Angehörige der »Rivonia-Kohorte« in der Öffentlichkeit präsent.[3] Zeitgeschichtlich relevant ist diese Generation der Aktivisten, weil in Südafrika in den 1980er Jahren jüngere

1 Milton Shain: Vom Opfer zum Nutznießer?, in: Imtrud Wojak / Susanne Meinl (Hg.): Grenzenlose Vorurteile. Antisemitismus, Nationalismus und ethnische Konflikte in verschiedenen Kulturen, Jahrbuch des Fritz-Bauer-Instituts 2002, S. 143–165, hier S. 161.

2 Siehe Denis Goldberg: Appraisal: Suzman's Courage Failed Her, in: Forward, 8.1.2009, forward.com/news/14902/appraisal-suzman-s-courage-failed-her-03129/; Claudia Braude: South African Jews Struggle With Legacy of Apartheid, in: Forward, 22.9.2011, forward.com/news/143231/south-african-jews-struggle-with-legacy-of-aparthe/ (letzter Zugriff: 1.8.2016).

3 Vgl. Denis Herbstein: Arthur Goldreich Obituary, in: The Guardian, 29.6.2011, www.theguardian.com/world/2011/jun/29/arthur-goldreich-obituary; Amon and Della Cohen, Percy Cohen Obituary; William Yadley: Mervyn Susser, 92, Dies; Studied Illness and Society, in: New York Times, 26.8.2014, www.nytimes.com/2014/08/27/us/mervyn-susser-92-dies-studied-illness-and-society.html?_r=0; Bell, Farewell to a loveable revolutionary; Barnad/Dearkin, Sir Bob Hepple Obituary; Denis Herbstein: Sylvester Stein Obituary, in: The Guardian, 3.1.2016, www.theguardian.com/media/2016/jan/03/syl vester-stein (letzter Zugriff: 1.8.2016).

jüdische Oppositionelle in ihre Fußstapfen traten, die die gleichen Fragen stellten und ähnliche Konfliktlinien vor sich sahen. Interesse an sozialer Gerechtigkeit, universellem Humanismus und einem Commitment für Südafrika standen jüdischem Partikularismus bzw. einer engen Vorstellung von Jüdischkeit sowie einer zionistisch orientierten Erziehung entgegen.[4]

Bis heute sind die ehemaligen Aktivisten gefragte Gesprächspartner oder Referenzen, wenn es um die moralische Orientierung der jüdischen Community geht. Dennoch gibt es Stimmen, die die Historiographie des Befreiungskampfes als zu einseitig erachten und ihr vorwerfen, den Beitrag jüdischer Südafrikaner herauszuschreiben.[5] Droht ihnen das »schwarze Loch unterdrückter jüdischer Identität«, in welchem auf lange Jahre die Namen jüdischer Linker im westlichen wie östlichen Europa verschwanden?[6] Immerhin werden die radikalen und liberalen Oppositionellen bei Mendelsohn und Shain sowie Shimoni, Pennybacker, Israel und Adams als Juden gewürdigt.[7] Andere Wissenschaftler ordnen sie hingegen gemäß der vier großen Gruppen der Apartheid als Weiße dem multi-kulturellen Befreiungskampf zu.[8] Angesichts der Vielzahl von Biographien und Autobiographien kann nicht die Rede davon sein, dass jüdische Freiheitskämpfer im Hinterzimmer der Geschichte verschwänden. Wohl aber ist die Rezeption ihres Beitrages zumeist auf die Wissenschaft und die jüdische Community begrenzt und in der Feststellung schwingt Sorge über den Zustand Südafrikas und seiner ethnischen

4 Vgl. bspw. Dennis Davis, in: Hellmann/Talmud, Ideally Speaking, S. 47–54; Johnny Copelyn, in: ebd., S. 37–46; Ilona Tip, in: ebd., S. 90–97; Louise Bethlehem, in: ebd., S. 128–139.

5 Vgl. Milton Shain, Interview 28.7.2014, Kapstadt; ähnlich auch Nicholas Wolpe in: Liliesleaf Trust u. a., What do we Remember? 24.7.2013; Gespräch mit Jake Matlhong, 21.8.2014, Johannesburg.

6 Vgl. Arno Lustiger: German and Austrian Jews in the International Brigade, in: LBIYB XXXV (1990), S. 297–320, hier S. 298.

7 Siehe Mendelsohn/Shain, The Jews in South Africa, S. 146 f.; Shimoni, Community, S. 73–93; Pennybacker, Anti-apartheid testimony; Israel/Adams, Trouble.

8 Vgl. Frederikse, Unbreakable Thread; Drew, Discordant Comrades.

Zerklüftung mit.[9] Diese ist bis heute nicht überwunden und seit sie ihrer rassistischen Legitimationsideologie beraubt ist, schreibt sie sich durch den »stummen Zwang der ökonomischen Verhältnisse« (Karl Marx) fort.[10] In eben diese Gegenwart Südafrikas reicht die vorliegende Arbeit sowohl wegen der als unbewältigt geltenden Vergangenheit als auch wegen der zum Teil Aufsehen erregenden Kampagnen im Vorfeld der letzten Wahlen auf nationaler wie kommunaler Ebene, an denen sich auch jüdische Veteranen des ANC beteiligt hatten, hinein.[11]

Innerhalb der jüdischen Gemeinschaft spiegelt sich die Auseinandersetzung um das Zeitgeschehen wider. Trotzdem sie gewürdigt und als Juden reklamiert werden, stehen die Aktivisten immer noch am Rande dieser Community. Eine Art »Heimkehr« ist ihnen kaum möglich, da sich der hegemoniale Diskurs und das zentrale Selbstverständnis, wie Chaya Herman herausgearbeitet hat, in der Post-Apartheid zwar geändert haben, aber liberalen und dissidenten Stimmen dennoch nur wenig Raum gegeben wird:[12] Waren während der Apartheid Zionismus und religiöse Orthodoxie die Grundpfeiler der jüdischen Gemeinschaft – zwei Richtungen, aus denen die liberalen, säkularen, anti-/nicht-zionistischen, linken Juden herausfielen – so hätte in der Gegenwart Ultraorthodoxie den Platz des zionistischen Bekenntnisses eingenommen, während zugleich die repressiven Diskursmuster bestehen geblieben wären. Hermans Urteil nach habe die jüdische Community sich nicht den Möglichkeiten gegenüber geöffnet, die sich ihr mit der Transformation in Südafrika aufgetan hätten. Die Auswanderung ihrer kritischen und intellektuellen Mitglieder während der Apartheid habe den Trend

9 Vgl. Milton Shain: Radical to be liberal, in: Mail & Guardian, 31.8.2005, mg.co.za/article/2005-08-31-radical-to-be-liberal (letzter Zugriff: 4.8.2016).

10 Vgl. Seekings/Natrass, Class, Race, and Inequality in South Africa.

11 Die Parlamentswahlen 2014, die erste Wahl, bei der die sogenannte »born free«-Generation wählen durfte, und die Kommunalwahlen 2016 – beides Wahlen, die dem ANC deutliche Stimmverluste brachten. S. a. Goldberg, Weckruf.

12 Vgl. Tali Feinberg: Herzlia pupils face discipline over Israel Protest, in: South African Jewish Report, Jg. 22, Nr. 40, 16.11.2018, S. 8; s. a. Julie Leibowitz: Right to protest is enshrined in our constitution, ebd.

zum Konservatismus weiter verstärkt. Es sei eine Gemeinschaft zurückgeblieben, die mehrheitlich insular und selbstbezüglich sei.[13] Derart konstituiert falle es ihr schwer, den kritischen, nonkonformistischen und jüdischer Religiosität abgewandten Aktivisten einen Platz zu verschaffen, während sie zeitgleich für eine Integration der jüdischen Gemeinschaft herangezogen werden.[14]

Das jüdische Selbstverständnis der Aktivisten war durchweg kulturell geprägt, nicht religiös oder politisch. In der Regel war der Umstand, jüdischer Herkunft zu sein, kein expliziter Signifikant im politischen Bewusstsein der Radikalen. Ihre politische Orientierung führte sie weit aus dem Bannkreis des Establishments hinaus.[15] Dabei hatten ihre Eltern ihnen oftmals auf direkte oder auch subtile Weise, sei es durch ihre eigene politische Aktivität, ein kritisches Verhältnis zum rassistischen Südafrika oder einer – oftmals mit einer politischen Haltung verbundenen – alternativen Lebensweise den Weg *in politicis* eröffnet. Auf den zweiten Blick wird deutlich, wie Herkunft und Milieu entscheidend auf die Aktivisten einwirkten: zum einen durch die Haltung und Werte der Eltern und des Milieus, in dem sie aufwuchsen, wie beispielsweise bei Denis Goldberg, Gill Marcus oder Joe Slovo. Dieses Aufwachsen und der »rasse«-übergreifende Kontakt waren für südafrikanische Verhältnisse ungewöhnlich und eröffneten den späteren Aktivisten eine andere Welt, eine andere Erfahrung ihrer Gegenwart. In einer gewissen Weise lebten sie in einer Tradition der Hinwendung zur politischen Linken

13 Vgl. Chaya Herman: The Jewish Community in the Post-Apartheid Era: Same Narrative, Different Meaning, in: Transformation Nr. 63 (2007), S. 23–44. Die Veränderungen, die Herman aufzeigt, decken sich mit den Ergebnissen der nationalen Befragungen, die das Kaplan Centre durchgeführt hat (siehe Shirley Bruk: Jews of the »new South Africa«. Attitudes, Believes and Behaviour Patterns: Religiosity, Occasional Report 1, Kapstadt 2003; dies. / Milton Shain: Jews in A Changing South Africa. Highlights of the 2005 National Survey, with comparison to the 1998 and earlier surveys, Kapstadt 2010).

14 Vgl. Geoff Sifrin: Which Jews to be Proud of after 175 Years, in: South African Jewish Report, 19.–26.8.2016, S. 7.

15 S. a. Detlev Claussen: Weiter als Auschwitz. Eine Einführung, in: Deutscher, Der nicht-jüdische Jude, S. 7–27.

im (osteuropäischen) Judentum, in der die Schwelle des ethnischen und religiösen Partikularismus hin zur universellen Utopie einer gemeinsamen, harmonischen und friedlichen Zukunft überschritten wurde.[16] Zugleich hallt in ihrem starken Bekenntnis, zuallererst Südafrikaner zu sein, noch die Insistenz des Bunds auf *doigkeit* nach, dem Beharren darauf, im Land in dem man oftmals seit Generationen lebte, »da« zu sein.[17] Während die Elterngeneration in der politischen Linken selten den Kampf um sozialistische Befreiung aus Osteuropa in Südafrika fortführte – sei es, weil das Trauma des Exils und eine Ortlosigkeit sie paralysierte,[18] sei es, weil sie in Südafrika nur partiell diesen Kampf zu führen hatten, da sie letztlich als weiß eingruppiert wurden und ökonomische Aufsteiger waren, die zumeist eigene Geschäfte führten –, übersetzten ihre Kinder die geteilten Werte, Normen und Sichtweisen auf die Situation in dem Land *ihres* Aufwachsens, Südafrika.

Sie teilten einen gemeinsamen Erfahrungsraum, der sich durch ihre jüdische Herkunft, eigene antisemitische Erfahrungen und die Wahrnehmung rassistischer Diskriminierung anderer sowie den Kampf gegen den Faschismus und Nationalsozialismus konstituierte. Niemand aus der »Rivonia-Kohorte« hatte keine antisemitischen Anfeindungen erdulden müssen. Jeder konnte Jahrzehnte später noch mindestens ein eindrückliches Ereignis erinnern, in dem er als Jude angegriffen, beschimpft oder geschmäht wurde. Die Angreifer waren weiße Südafrikaner, englisch- wie afrikaanssprachig, die damit eine Identifikation mit dem Mainstream des weißen Südafrika verhinderten. Wenngleich die Juden des Landes der äußeren Form nach mehrheitlich das Leben der privilegierten Minderheit lebten und von ihrem Status profitierten, so waren sie von den entscheidenden Spitzen sowohl des ökonomischen wie politischen Lebens ausgeschlossen und in der hochgradig ethnisierten Gesellschaft

16 Siehe Mendes, Jews and The Left. Siehe auch Yuri Slezkine: Das jüdische Jahrhundert, Göttingen 2007. Ich danke Sebastian Voigt für den Hinweis auf den Essay von Slezkine.

17 Vgl. Mendelsohn, On Modern Jewish Politics, S. 76.

18 Vgl. Grinberg/Grinberg, Psychoanalyse, S. 106.

des Landes eine kleine und enggestrickte Minderheit, die tendenziell – nicht alle und zu jeder Zeit – liberalen und oppositionellen Kräften zugeneigt war. Die militanten und radikalen jüdischen Aktivisten waren eine verschwindende Minderheit innerhalb dieser jüdischen Community, aber deutlich mehr als die Zahl anderer weißer Aktivisten gegen die Apartheid.[19] Vor allem waren sie in der Öffentlichkeit hochgradig sichtbar, da sie auch innerhalb der weißen Minderheit agitierten und in personam eine Alternative zur Apartheid verkörperten: Solidarität und Freundschaft jenseits der rassistischen Trennungen, welche das Apartheidsystem ihnen auferlegte, eine gemeinsame Zukunft jenseits der verabsolutierten Grenzen von Herkunft und Ethnie. Der »rasse«-übergreifende Kontakt, durch den die Bedeutung der unterschiedlichen Herkunft in der gemeinsamen Arbeit nivelliert und unschädlich gemacht werden sollte, bedeutete einen neuen Erfahrungsschritt. Sie bewegten sich nicht mehr ausschließlich innerhalb der jüdischen oder weißen Minderheit, sondern schlugen Brücken zur Mehrheit der südafrikanischen Bevölkerung. Dieser Schritt prägte das Erlebnis der Zugehörigkeit wie auch die Hoffnung auf eine egalitäre, demokratische Zukunft. Das politische Bekenntnis diente dabei als *entrée billet* und gemeinsame Grundlage für die Beziehungsbildung. Nach dieser ersten Hürde begannen die Übergänge zwischen politischem Aktivismus und sozialem Leben zu verschwimmen. Feierlichkeiten, Organisations- oder Diskussionstreffen, öffentliche Veranstaltungen stellten Schnittpunkte dar, an denen sich die Wege weißer und nicht-weißer Südafrikaner entgegen den Intentionen

19 Im Laufe dieser Arbeit wurden die Biographien von und Hinweise auf insgesamt knapp 250 jüdische Aktivisten gesichtet. Bei einer jüdischen Minderheit, die zu ihren Hochzeiten an die 118.000 Mitglieder zählte, waren dies nicht viele: 0,02 Prozent, selbst wenn ich annähme, dass meine Zahl alle jüdischen Aktivisten umfasst. Verglichen mit der Zahl mir bekannter afrikaanischer Aktivisten sind selbst 0,02 Prozent beachtlich, jedoch minimal angesichts der Anzahl aktiver schwarzer, *coloured* und indischer Aktivisten. S. a. Shimoni, Community, S. 268 ff.; Lazerson, Against the Tide, S. 82–114, der auf S. 99 feststellt: »The numbers of Afrikaaners who chose to identify with the struggle for liberation and democracy through the 1960s was small relative to the Jewish participation.«

des Apartheidregimes kreuzten. Hatte sich nach anfänglichem Befremden der Kontakt über die Farbschranke hinweg etabliert, wurde er als quasi-natürlich angesehen – auch wenn die Gesetze der Apartheid ihn zusehends verhinderten. Dieser gleichberechtigte Kontakt zwischen den »Rassen«, der sich nicht nur auf Arbeitsbeziehungen beschränkte, stellte die jüdischen Aktivisten aus der weißen Minderheit heraus. Sie verstießen nicht nur gegen die Apartheidgesetze, sondern auch gegen den *South African Way of Life*, was durchaus zu Konflikten in den Familien führte, vor allem, wenn Liebesbeziehungen über die »Rasse«-Grenzen hinweg geführt wurden. Solche Beziehungen konnten wegen der Gesetzeslage in der Regel nur im Ausland fortgeführt werden.

Daneben wirkte die Aufmerksamkeit, mit welcher der Zweite Weltkrieg innerhalb ihrer Familien und ihres Umfeldes verfolgt wurde, sowie die quasi-natürliche Parteinahme für die Alliierten auf die jungen Menschen. Die Parteilichkeit für die englischsprachige Gruppe, welche en gros auf der Seite Großbritanniens stand, paarte sich mit der Sympathie für die Sowjetunion, die selbst menschewistische Immigranten ihre ehemalige Opposition vergessen ließ. Der Antisemitismus der Nazis und ihre Vernichtungspolitik ließen nichts anderes zu als eine antifaschistische Haltung. Seit dem Überfall auf die Sowjetunion galt diese auch in Südafrika als entschiedenste Gegnerin der Deutschen. Ihre Kriegsanstrengungen verschafften den Kommunisten in Südafrika weitreichende Sympathien, auch weil das östliche Europa für die große Zahl immigrierter Ostjuden ein Stück alte Heimat, *der heim*, war. Seitens Autoren jiddischer Prosa bestand ein großes Problembewusstsein hinsichtlich des Rassismus der Apartheid – und zugleich eine große Verwirrung, da die Kategorien und die lebensweltlichen Bestimmungen aufgrund des sozio-ökonomischen Aufstiegs von proletarischen und armen Juden aus Osteuropa zu Weißen in Südafrika nicht mit den überlieferten Kategorien greifbar waren.[20] Die Abneigung gegen Rassismus war innerhalb der jiddisch-sprachigen Gruppe von Juden aufgrund ihrer Nähe zum

20 Vgl. Sherman, The Image of Apartheid S. 301.

Bund größer als in anderen Kreisen, jedoch durch ihre neue Klassenposition stillgelegt und verstummt.[21] Die sich in Südafrika durch den bundistischen Einfluss auf die jüdische Linke der 1930er Jahre etablierende Tradition war weder notwendigerweise jiddisch-sprachig (eine Sprache, die unter anderem Joe Slovo verlor) noch auf Südafrika beschränkt. Juden, als gewichtiger Teil der emanzipatorischen Bewegungen auf der ganzen Welt, stellten bis zur Mitte des 20. Jahrhunderts ein sichtbares Phänomen dar.[22] Ein Grund für diese überproportionale Anziehungskraft der kommunistischen Bewegung lag in dem Versprechen, »eine Ausflucht von den Realitäten des Lebens einer Minderheit, die durch verschiedene ethnische, religiöse und sozioökonomische Beschränkungen gekennzeichnet war, in eine neue Welt, in der all diese Begrenzungen eliminiert seien«[23], zu sein. In dieser Hinsicht entspricht die Gruppe der jüdischen Aktivisten in Südafrika diesem Muster, wobei die Dauer ihres Engagements zu betonen ist. War in der westlichen Welt nach dem Aufflammen der *New Left* die Verbindung zwischen Juden und Linken spätestens mit dem israelischen Sechs-Tage-Krieg von 1967 gestört und lose geworden,[24] so hielten die südafrikanischen jüdischen Kommunisten an ihrem Befreiungskampf fest.

Die Aktivisten, Liberale wie Radikale, waren jedoch nicht, wie Gideon Shimoni behauptete, »simply born that way«[25], sondern sie trafen in einem konkreten gesellschaftlichen Verhältnis Entscheidungen, die durch bestimmte Erfahrungen, Sicht- und Denkweisen geprägt waren. Sie reagierten auf die Fragen und Probleme ihrer Zeit mit Antworten, die ihnen sinnhaft erschienen. Durch die Orientierung an der Sowjetunion, welche durch den Zweiten Weltkrieg befördert wurde, deren Grundstein aber in einer antifaschistischen Haltung gegenüber dem süd-

21 Vgl. ebd., S. 310 f.
22 Vgl. Mendelsohn, On Modern Jewish Politics, S. 94 ff.
23 Dan Diner / Jonathan Frankel: Introduction, in: dies. (Hg.): Dark Times, Dire Decisions. Jews and Communism, Studies in Contemporary Jewry XX, Oxford 2004, S. 3–12, hier S. 4.
24 Vgl. Mendes, Jews and the Left, S. 235–243.
25 Shimoni, Community, S. 104.

afrikanischen Faschismus und Nazismus der *Grey Shirts* und anderer Gruppierungen lag, standen diese Juden politisch links. Dergestalt fielen auch ihre Interpretationsweisen aus – ob sie nun den Doktrinen des Sowjetkommunismus, der CPSA/SACP oder anderer linker Strömungen anhingen. Gegen Rassismus, Faschismus und Ausbeutung zu sein und diese Übel überwinden zu müssen, um das gesellschaftliche Unrecht zu beenden, war allen hier untersuchten Aktivisten gemein. Implizit half diese Positionierung ihnen, sich als Juden einen Platz in der (künftigen) südafrikanischen Gesellschaft zu verschaffen. Eine vollkommene Identifikation mit der weißen Minderheit war wegen deren Antisemitismus und Rassismus nicht möglich, denn ersterer hätte sie angegriffen, zweiterer ihre nicht-weißen Freunde und Genossen. In der schwarzen Mehrheit konnten sie wegen des Faktums, als weiß zu gelten, ebenfalls nicht aufgehen. Von den gesellschaftlich gegebenen Privilegien konnten sie nur schwer und unter beträchtlichen Einbußen zurücktreten.[26] Der »rasse«-übergreifende Kontakt, der Teil der politischen und sozialen Praxis war, stellte für die Aktivisten nicht nur eine logische Konsequenz ihrer Einstellung dar, sondern repräsentierte auch aufgrund seines ganzheitlichen, privates wie politisches Leben umfassenden Charakters den Vorschein einer möglichen Zukunft. Die Bereitschaft, die ihnen gewährten Privilegien zu riskieren, für lange Zeit in Haft zu gehen oder gar ihr Leben zu verlieren, speiste sich daraus, dass die Widerstandstätigkeit nicht von einer Lebenseinstellung und Haltung zu trennen war. Sich zurückzuziehen wäre einer Selbstverleugnung gleichgekommen – und da sie durch ihre Arbeit Freunde jenseits der ethnischen Begrenzungen, Glück und andere Privilegien fanden, war die Überwindung des rassistischen Systems in ihrem eigenen Interesse.[27]

Wie auch liberale Aktivisten antworteten die radikalen auf die Spannungen und ungerechten Verhältnisse ihrer Zeit. Situiert in der jüdischen

26 Vgl. bspw. die Lebenswege von Pauline Podbrey, Vera Ponnen (Alberts), Winnie Dadoo (Kramer).

27 Vgl. Phyllis Altman, SAHA AL2460 A1.5.

Geschichte stellen beide aber keine Anomalie dar;[28] denn jüdische Radikale, wie neben Mendes[29] auch Percy Cohen feststellte, fielen nicht aus einem Muster politischer Identifikationen heraus.[30] Neben dem geringen Einfluss eines messianischen oder religiösen Zugs, der das Engagement der jüdischen Aktivisten anstieß,[31] ist weitaus relevanter, dass sie in politischer Gleichheit, Universalismus und einer sozialistischen Gesellschaftsordnung den Weg sahen, um nicht nur Ungleichheit, Armut, Ausbeutung, Unterdrückung und Herrschaft zu beenden, sondern auch die rassistischen Verhältnisse in Südafrika. Zudem würde eine so umgestaltete Gesellschaft die Sicherheit der jüdischen Gemeinschaft erhöhen, argumentierten sie mit Verweis auf die Sowjetunion.[32] In der Überzeugung, einen historischen Auftrag zu erfüllen, ähnelten die Kommunisten jedoch immer noch Anhängern eines jüdischen Messianismus.[33] Die spirituelle, intellektuelle, ja mythische Seite einer Verbindung zwischen einer potentiell revolutionären jüdischen Religion und sozialer Emanzipation[34] stieß das politische Denken und Handeln der Aktivisten jedoch

28 Siehe für den Liberalismus bspw.: Steven Aschheim: At The Edges of Liberalism. Junctions of European, German und Jewish History, New York 2012; Jan Palmowski: Between Dependence and Influence: Jews and Liberalism in Frankfurt a. M., 1864–1933, in: Henning Tewes / Jonathan Wright (Hg.): Liberalism, Anti-Semitism, and Democracy. Essays in Honour of Peter Pulzer, Oxford 2001, S. 76–101; Werner E. Mosse: Integration and Identity in Imperial Germany: Towards a Typlology, in: LBIYB XXXVII (1992), S. 83–93; Reinhard Rürup: Jewish Emancipation and the Vision of Civil Society in Germany, in: LBIYB LI (2006), S. 43–50; Jakob Katz: Varianten des jüdischen Aufklärungserlebnisses, in: ders.: Zwischen Messianismus und Zionismus. Zur jüdischen Sozialgeschichte, Frankfurt a. M. 1993, S. 51–61.

29 Siehe Mendes, Jews and the Left, S. 258–265.

30 Siehe Cohen, Jewish Radicals, S. 178 f.

31 Vgl. ebd., S. 173–177. Diner und Frankel hingegen sprechen von einem »quasi-messianic faith« jüdischer Kommunisten (Diner/Frankel, Introduction, S. 3).

32 Daher auch der Tenor in der Lobpreisung des Judentums in der UdSSR in: Sam Kahn: Jewry in the Soviet Union, in: [Ruth First (Hg.)]: South Africans in the Soviet Union, o. O., o. J. [1953–1954]. 24 ff.

33 Vgl. Jason L. Heppel: Party Recruitment: Jews and Communism in Britain, in: Diner/Frankel, Dark Times, S. 148–167, hier S. 156.

34 Siehe dazu Michael Löwy: Erlösung und Utopie. Jüdischer Messianismus und libertäres Denken. Eine Wahlverwandtschaft, Berlin 2002.

kaum an.[35] Nicht nur, weil sie der Bedeutung des Judentums in ihrem politischen Leben einen geringen Stellenwert beimaßen, sondern auch weil – aus der Logik des universellen Emanzipationsanspruchs, dem sich die Aktivisten verschrieben hatten – eine Konstruktion, die sich aus exklusiven Gründen speist, keine Legitimation besitzen könne.

Einflussreicher als eine Übertragung des religiösen Gehaltes (einer überwiegend orthodox-konservativen jüdischen Gemeinschaft) war der Faktor, dass viele von ihnen »Red Diaper Babies« waren, also auf eine bestimmte Art politische Ansichten und Haltungen ihrer Eltern fortführten – ein Prozess, den Cohen für die »1968er«-Generation jüdischer Radikaler genauso treffend beschreibt –, diese jedoch modifizierten und ihrer Zeit und ihren Gegebenheiten anpassen mussten.[36] Auch wenn die jüdischen Aktivisten häufig eine Zeit lang Teil der jüdischen Jugendbewegung, vor allem des sozialistisch-zionistischen *Hashomer Hatzairs,* gewesen waren, so gaben eigentlich alle ihre zionistische Orientierung auf.[37] Wenngleich viele dissidente Juden nach Israel emigrierten, findet sich weder bei Arthur Goldreich noch bei Esther Levitan, zwei in Israel zu Prominenz gekommenen Anti-Apartheid-Aktivisten, ein Bekenntnis zum Zionismus.[38] Doch für die jüdischen Apartheidsgegner war Israel als potentieller Zufluchtsort – wegen ihres Rechts *als Juden* einzureisen – und als Sprungbrett aus Südafrika heraus relevant.

Zwischen Partikularismus und Universalismus herrschte ein schwer zu bereinigender Konflikt, wie Percy Cohen aufzeigte. Ihm zufolge ver-

35 Es ist Rabbi Ben Isaacson, der sich auf die Theologie beruft, um seinem Aktivismus einen Grund zu geben (siehe Ben Isaacson, in: Suttner, Cutting, S. 568 f.). Daher geht auch der Schluss von Alana Pugh-Jones fehl.

36 Vgl. Cohen, Jewish Radicals, S. 179 f.

37 Auch der *Hashomer Hatzair* und seine Mutterpartei *Poale Zion* konnten ihren Anspruch, eine Symbiose zwischen Sozialismus/Kommunismus und Zionismus herzustellen, nicht halten.

38 Vgl. Goldberg, Arthur Goldreich, 1929–2011; Levitan, Book of Esther, S. 214. S.a. Shany Littmann: The Anti-Apartheid Fighter Who Turned Palestinian Ruins into Jewish Tourist Sites, in: Haaretz Magazine, 20.08.2018, www.haaretz.com/israel-news/MAGAZINE-the-anti-apartheid-fighter-who-turned-palestinian-ruins-into-jewish-tourist-sites-1.6364020 (letzter Zugriff: 7.11.2018).

suchten Juden ihr Überleben in einem sozialen und kulturellen, aber auch existenziellen Sinne zu sichern und nahmen universalistische Ideologien als Bedrohung ihres Partikularismus, der wiederum als notwendige Konstituante ethnischer Zugehörigkeit gesehen wurde, wahr. Zudem beförderte der jüdische Staat eine Profilierung jüdischer Zugehörigkeit in einem weltlichen Sinne – abseits religiöser oder kultureller Grenzziehungen. Weiterhin würden die Juden, die keine gesicherte Existenz zu führen meinten, äußerst sensibel auf ideologische Bedrohungen (oder auch Kritik) am Zionismus reagieren, weil dieser eben den Sinn ihres Jüdisch-Seins stärke. Zudem sähen Vertreter eines ethnischen Partikularismus – welcher ein Krisenphänomen sei – auf eine über hundert Jahre reichende herausragende Stellung jüdischer Liberaler und Radikaler zurück und erkannten in dieser universalistischen Haltung eine größere Bedrohung für die Verbundenheit mit dem Judentum und dem jüdischen Volk.[39] Angesichts dieses Konflikts wird die geradezu idiosynkratische Reaktion südafrikanischer Juden auf die exponierten Radikalen doppelt erklärbar: In einer durchaus feindlichen Umgebung (Afrikaaner-Antisemitismus, christliche Staatsreligion, rassistische Herrschaftsdoktrin) zogen die jüdischen Oppositionellen die gesamte Gemeinschaft in den Blick der Autoritäten und griffen somit die nur relativ sichere Lage der jüdischen Community an. Das starke zionistische Bekenntnis der jüdischen Community stellt(e) eine Reaktion auf die ethnisierte Gesellschaft Südafrikas dar (die ein Jahrhundert lang keine einheitliche Nation war) – und war auch eine Rückversicherung gegenüber möglicher antijüdischer Maßnahmen.[40] Zugleich unterminierte das universelle Ethos der Radikalen das ethnisch-partikulare Selbstverständnis der Juden des Landes, die versuchten, sich den vorgefundenen Bedingungen anzupassen.

Nur wenige der jüdischen Aktivisten lehnten es ab, als jüdisch identifiziert zu werden, aber ihre Identifikation mit der Community war sehr

39 Vgl. Cohen, Jewish Radicals, S. 167 f.

40 Diese Maßnahmen wurden befürchtet, waren aber Nebelkerzen, die die proisraelische Haltung des Apartheidregimes und deren gemeinsame Waffengeschäfte verschleierten, vgl. Polakow-Suransky, The Unspoken Alliance, S. 203.

problematisch. Denn diese verhielt sich ihnen gegenüber mehrheitlich mindestens ambivalent, wenn nicht sogar offen ablehnend. Als bezeichnend für den Grad des Konformismus kann der Konflikt um Percy Yutar gelten, der auch während und nach dem Rivonia-Prozess Vorsitzender der *United Hebrew Congregation* war und trotz der Kritik des Oberrabbiners Rabinowitz im Amt blieb.[41] Dass seine führende Position im Gemeindeleben akzeptiert war, stieß Aktivisten wie Denis Goldberg, aber auch Ben Isaacson zutiefst ab.[42] Mit gutem Willen könnte man Yutars Verhalten in historischer Perspektive – geradezu als extremes Beispiel – als Ausdruck einer aus dem Mittelalter herrührenden konservativ-traditionellen und obrigkeitsorientierten Politik sehen.[43] Von dieser Verhaltensweise wichen die politischen jüdischen Aktivisten, in einem Moment ab, in dem in der Moderne nicht mehr nur gemeinschaftliche Zugehörigkeiten und theologisch geprägte Ordnungsvorstellungen das Leben systematisierten, sondern individuelle Entscheidungen und rationalistische Erwägungen handlungsleitend wurden.

Aus dem Eindruck, dass Juden zu jeder Zeit in Südafrika überproportional zu ihrer Zahl in der südafrikanischen Gesellschaft in den vordersten Reihen der Opposition gestanden hätten, entwickelten gegenwärtige Forscher ihr Interesse an dem Phänomen.[44] Aber die Untersuchungen brechen zumeist mit der Krise in der Folge von Sharpeville und dem Exil ab und werden undeutlich, auch weil die Opposition und der Widerstand gegen die Apartheid notgedrungen international wurden. Für die Aktivisten bedeutete das Exil einen heftigen, prägenden Einschnitt, aber auch ein Entrinnen aus der Falle, die Südafrika geworden war. Die Alternative zur Flucht war das Gefängnis, das wurde in den vorangegangen Ausführungen allzu deutlich.[45] Sie fanden Orientierung

41 Vgl. Isaacson, in: Suttner, Cutting, S. 571.

42 Vgl. Goldberg, The Mission, S. 134; Denis Goldberg, Interview 8.5.2011, Hamburg. S. a. Braude, Yutar and »holy disbelief«.

43 Vgl. Frankel, Rivonia's Children, S. 191. S. a. Guesnet, Die Politik der »Fürsprache«.

44 Vgl. Pennybacker, Anti-apartheid testimony; Shain/Frankental, Accomodation, S. 53 f.

und Sinn durch die Fortführung des Kampfes gegen die Apartheid, wenngleich es oftmals Jahre brauchte, um das Trauma des Exils und das Gefühl der Schuld, die Kampfgefährten zurückgelassen zu haben, zu überwinden.[46] »Englisch zu werden«, wie Lorna Levy sich ausdrückte, sollte auch in emotionaler Hinsicht eine gewisse Distanz schaffen, die es dann wieder ermöglichen sollten, sich dem südafrikanischen Befreiungskampf zuzuwenden. Im Exil galt es neben den psychologischen Hürden auch die alltäglichen von Beruf und Familie zu meistern. Die Geschichte des AAM ist nicht denkbar ohne den Einfluss der jüdischen und südafrikanischen Exilanten, die maßgeblich die britischen Organisationen verstärkten und einflussreiche Posten in den Apparaten der Solidaritäts- und Lobbyorganisationen einnahmen. Das Ziel, die gesellschaftliche Aufmerksamkeit für das Unrecht der Apartheid zu wecken, erreichten sie in den 1980er Jahren, als auch die Opposition im Inneren des Landes an Kraft gewann. Mit der Verbreiterung der Anti-Apartheid-Bewegung wurde diese zugleich britischer, wenngleich altgediente Kader der südafrikanisch-jüdischen Exilgruppe eng mit dem AAM und IDAF verbunden blieben sowie einen Großteil der Londoner Gruppes des ANC und der SACP stellten. Die organisatorische Einbindung war nicht immer automatisch gegeben. Viele Frauen der Aktivisten litten darunter, keinerlei Unterstützung durch die Auslandsorganisationen bekommen zu haben.[47] Und auch die Bedingungen im Londoner Exil – das »London Problem« – sorgten immer wieder für Friktionen in der Exilgemeinschaft.[48]

Hatten sie in Südafrika am Rande der jüdischen Community gestanden, so bildeten sie in England den Kern der politischen Anti-Apartheid-Szene. Ihre jüdische Herkunft spielte in diesem Zusammenhang kaum eine Rolle mehr, waren sie von der Community im Exil doch noch

45 Vgl. Bernstein, World, S. 199 f.

46 Vgl. Percy Cohen, Mayibuye Archives, MCA 6-259.

47 Vgl. Kitson, Sixpence, S. 190; Esmé Goldberg, Mayibuye Archives, MCA 6-280.

48 Das »London Problem« wurde gespiegelt im Bild der »indischen Kabale« (siehe O'Malley, Shades, S. 286).

weiter entfernt als zuvor im Land.[49] Wenn Festtage begangen wurden, gab es einen Bezug zu Südafrika – wenn z. B. an Pessach die Befreiung der Juden aus Ägypten mit der zukünftigen Befreiung in Südafrika verknüpft wurde.[50] Dennoch stellte die Kontinuität der politischen Arbeit für diejenigen Aktivisten, die schon in Südafrika in die Organisationen der Opposition eingebunden gewesen waren, eine Art der Selbstverständlichkeit dar. Zugleich änderten sich im Exil die Positionen innerhalb der Struktur der Opposition. Es scheint nicht die Frage gewesen zu sein, ob man gegen die Apartheid war, sondern vielmehr, inwieweit man es schaffte, im Apparat der Exilorganisationen und des AAM aktiv werden zu können. Angesichts der Anzahl von mehreren Tausend jüdischen Südafrikanern in London war es auch hier nur eine distinkte Minderheit, die in den Oppositionsorganisationen einen prominenten und funktionell wichtigen Platz einnahm. Doch während einige von ihnen über die gesamte Zeit ihres Exils die Arbeit von ANC, AAM, IDAF und der SACP prägten, war es vor allem die Anfangszeit der Anti-Apartheid-Bewegung, die als maßgeblich von südafrikanischen und südafrikanisch-jüdischen Exilanten gesteuert wurde. Die politische Verbindung hatte sich insofern als Realität durchgesetzt, dass zwischen den Südafrikanern, die in den verschiedenen Gremien des AAM arbeiteten, die politische Zugehörigkeit wichtiger war als die ethnische Herkunft.

Mit der Aufhebung des Verbots der südafrikanischen Widerstandsorganisationen eröffnete sich für die mittlerweile gealterten Aktivisten die für unrealistisch gehaltene aber abstrakt gehegte Möglichkeit, in ihr Heimatland zurückzukehren – eine Option, die eine ganze Reihe der Aktivisten wahrnahm. Ihnen wurde es damit möglich, vor Ort ihren Kampf für ein befreites Südafrika, der oftmals identitätsbildender Kern ihres Lebens war, weiterzuführen. Die Rückkehr nach Südafrika schloss für viele hochrangige Aktivisten einen Lebenskreis.[51] Sie kehrten sieg-

49 Vgl. AnnMarie Wolpe, in: Liliesleaf Trust u.a., What do we Remember? 24.7.2013.

50 Vgl. Interview mit Judith Suissa, 23.7.2013, London.

51 Vgl. Denis Goldberg, Mayibuye Archives MCA 7-1506, S. 34.

reich in das Land zurück, welches sie gebannt, eingesperrt und bisweilen auch erfolgreich versucht hatte, sie zu Tode zu bringen. Doch die Rückkehrer waren meistens diejenigen, die sich schon im engeren Apparat des ANC befanden; Andere zögerten die Rückkehr hinaus, hatten sie doch in England so lange gelebt wie zuvor in Südafrika. Die Rückkehr bedeutete so manchmal geradezu ein zweites Exil, eine zweite Entwurzelung.[52]

Weil die Situation im Lande sich nicht nur für die (jüdischen) Aktivisten, sondern auch für die gesamte jüdische Gemeinschaft sehr stark geändert hatte, konnten die Remigranten nicht aufgefangen werden. Die Community war von den Umbrüchen und militanten Auseinandersetzungen stark verunsichert.[53] Dennoch stellte Tony Leon, der damalige (jüdische) Oppositionsführer 1997 im Parlament fest, es ginge ihnen – drei Jahre nach dem Wahlsieg Mandelas – besser als noch unter der Herrschaft der NP.[54] Der inklusive Nationalismus der »Regenbogen-Nation«, ihr Pluralismus, Multikulturalismus und Widerstand gegen Rassismus hemmten im Gegensatz zum exklusiven Ethnonationalismus der Apartheid den Antisemitismus.[55]

Auch wenn es aufgrund militanter anti-zionistischer Statements aus dem Umfeld des ANC immer wieder zu besorgten Fragen nach einer möglichen Zukunft der jüdischen Gemeinschaft im Land kam, wurden die jüdischen Aktivisten dabei nicht mehr als »destabilisierende« Faktoren wahrgenommen. Den Vorwurf, die jüdische Gemeinschaft zu gefährden, hatten sie damals brüsk zurückgewiesen. Heute treten Konflikte in der jüdischen Gemeinschaft nicht mehr bezüglich eines politischen Aktivismus *innerhalb* Südafrikas auf, sondern hauptsächlich in Bezug auf die israelische Politik. Die Kasrils-Affäre kann dafür exemplarisch

52 So Lorna Levy im Interview, 16.7.2014, Kapstadt; AnnMarie Wolpe, in: Liliesleaf Trust u.a., What do we Remember? 24.7.2013.

53 Vgl. Milton Shain / Sally Frankental: South African Jewry and Political Change, in: Patterns of Prejudice, Jg. 25 (1991), H. 1, S. 62–74.

54 Vgl. Shain, Antisemitism and South African Society, S. 143.

55 Vgl. ebd., S. 141 ff.

stehen, aber sie steht nicht allein.[56] Dabei nehmen viele Aktivisten, die vermittelnd und engagiert im Konflikt zwischen Israelis und Palästinensern wirken wollen, den südafrikanischen Versuch einer Aussöhnung der gesellschaftlichen Gruppen zum Vorbild.[57]

Aufgrund der prägenden Konstituanten der jüdischen Community ist es nicht verwunderlich, dass das Verhältnis jüdischer Radikaler zu Israel auch in der Gegenwart für Konfliktstoff sorgt. Während andere Faktoren wie das religiöse Bekenntnis und die gesellschaftliche Exklusivität durch ethnische Zugehörigkeit mittlerweile keine politische Rolle mehr spielen und die Situierung der Community als gesichert angenommen werden kann, ist die Auseinandersetzung um die Politik des jüdischen Staates immer wieder Ursache erbitterter Kontroversen.[58]

Auch in diese Auseinandersetzung spielt die Unabgeschlossenheit der Geschichte des Landes hinein, denn, wie ein Teilnehmer der Diskussion im *Liliesleaf Museum* 2013 um die Erinnerung an die Rolle der Juden im Befreiungskampf anmerkte, ist die Frage nach den Tätern und Kollaborateuren der Apartheid noch offen. Auch ist nach einer Reihe unglaubwürdiger und unaufrichtiger Schuldeingeständnisse in der Wahrheits- und Versöhnungskommission eine Entschädigung der Opfer der Apartheid ausgeblieben. Beides macht das Fortleben des Unrechts und der Ungleichheit zu einem wirkmächtigen Problem.[59] In der gesellschaft-

56 Vgl. N.N.: Displaced Palestinians get apology, edition.cnn.com/videos/world/2015/05/15/pkg-lee-israel-trees-of-regret.cnn (letzter Zugriff: 30.7.2016).

57 So hat die israelisch-arabische NGO *Zochrot* eine Wahrheitskommission eingesetzt, welche die Gewalttätigkeit gegenüber der palästinensischen Bevölkerung hör- und sichtbar machen soll. Unter anderem verweist *Zochrot* dabei auf das südafrikansiche Beispiel (zochrot.org/en/keyword/45328, letzter Zugriff: 1.8.2016). S.a. Heribert Adam / Kogila Moodley: Seeking Mandela. Peacemaking Between Israelis and Palestinians, Philadelphia 2005.

58 Vgl. bspw. Pollak, Kasrils Affair; Allan Horwitz: Yom Ha'atzmaut Concert: »Stop the JNF« Endorsed Outside Demonstration, in: South African Jewish Report, 26.4.–3.5.2013, S. 8.

59 Vgl. auch Bell, Unfinished Business, S. 343 ff.; Jeremy Sarkin: The Legacy of Nuremberg and the Truth an Reconciliation Commission in South Africa, Occasional Paper Series 4, Kapstadt 2001.

lichen Unsicherheit, die auch in den xenophoben Angriffen gegen Arbeitsmigranten der Nachbarländer von 2008 und 2015, die die rassistische Gewalt als immanentes Problem Südafrikas sichtbar macht(e)n, einen Ausdruck fand, bleibt der Status von Minderheiten erschütterbar.[60]

Der hohe Grad an ethnischem Bewusstsein, der die südafrikanische Gesellschaft bis heute durchzieht, steigert die Bedeutung der vorliegenden Arbeit. Der Beitrag aller »Rasse«-Gruppen zur Befreiung sollte gerade die Forderungen der *Freiheitscharta* umsetzen. Die Arbeit zeigt zudem, wie es möglich war, trotz unterschiedlicher Erfahrungsräumen und kulturell-biographischer Prägung, die geradezu fetischisierten ethnischen Grenzen zu überwinden. Diese Überwindung eröffnete nicht nur den jüdischen/weißen Aktivisten wesentliche, in Südafrika für ihre »Rasse«-Gruppe außergewöhnliche Erfahrungen außerhalb der ethnischen Einhegung – was als Befreiung wahrgenommen wurde –, sondern ermöglichte es auch in der gemeinsamen politischen Praxis die Utopie eines vereinten, nicht-rassistischen Südafrikas zu demonstrieren. Durch die wechselseitigen Liebesbeziehungen wurden die »Rasse«-Schranken überdies auf eine deutliche und geradezu existenzielle Weise in Frage gestellt. Nicht weniger kann für die Bereitschaft gelten, auf die weißen Privilegien durch polizeiliche Repression und gesellschaftliche Ächtung zu verzichten oder gar im bewaffneten Kampf das eigene Leben zu riskieren. Diese Opfer, die sie als Weiße brachten, verhinderten Joe Slovos Erachtens nach, dass der Befreiungskampf anti-weiße Ressentiments hervorbrachte.[61]

60 Vgl. Heribert Adam / Kogila Moodley: Imagined Liberation. Xenophobia, Citizenship and Identity in South Africa, Germany, and Canada, Philadelphia u.a. 2015, S. 92 f., S. 159 f. Vgl. auch die publizistische Attacke auf die altverdienten Anti-Apartheid-Aktivisten Ahmed Kathrada und Barbara Hogan durch den ANC, die rassistische, anti-indische und anti-weiße Züge trug (Marianne Thamm: The New Age, indeed: Self-appointed Zuma hatchet man pens racist attack on Ahmed Kathrada, 6.4.2016, www.dailymaverick.co.za/article/2016-04-06-the-new-age-indeed-self-appointed-zuma-hatchet-man-pens-racist-attack-on-ahmed-kathrada/#.V6R80a4iNFV [letzter Zugriff: 5.8.2016]).

61 Vgl. Frederikse, Unbreakable Thread, S. 123.

Die vorliegende Studie unterstreicht, dass die jüdische Geschichte zugleich auch die der gesellschaftlichen Mehrheit und ihrer Relationen ist, aus welchen heraus Entscheidungen getroffen werden.[62] In der Spannung von Herkunft, Gegenwart und einer utopisch gefärbten Vision einer besseren Zukunft gaben die jüdischen Aktivisten Antworten auf die rassistische und autoritäre Herrschaft des Apartheidstaates; ihre Antworten waren nicht zufällig oder willkürlich, sondern durch den historischen Moment bestimmt. Neben der biographischen Erfahrung, potentielle Opfer antisemitischer Gewalt und keine Mitglieder der herrschenden Schicht zu sein, waren die Affinität und die Nähe zur Kommunistischen Partei, die in den formativen Jahren der Aktivisten die einzige Partei war, die keine Farbschranke aufwies und kompromisslos den Rassismus anprangerte, von großem Einfluss. Die geteilte Utopie aller kommunistischen und linken Aktivisten – Richtungsstreitigkeiten beiseite – wies einen Weg aus den Partikularitäten der einzelnen heraus, seien sie schwarz, *coloured*, indisch oder weiß. Lautete der Wahlspruch des ANC »Einheit in der Aktion«, so war die Praxis der SACP eine der »Einheit in der Differenz«. Yusuf Dadoo wünschte sich, nach muslimischem Ritus beerdigt zu werden und ein afrikanischer Genosse frönte dem christlichen Bekenntnis, da er darin etwas erfüllt sah, was ihm der Kommunismus nicht zu geben vermochte.[63] Nur die jüdischen Mitstreiter stachen in ihrer Abkehr von der Synagoge hervor, auch wenn einige von ihnen mittlerweile auf jüdischen Friedhöfen beerdigt sind. Sie schworen in der Regel einer religiösen Jüdischkeit vollauf ab. Damit spiegelten sie die starke Verleugnung jüdischer Identität im (Sowjet-)Kommunismus.[64] Die Angriffe Lenins auf seine bundistische Konkurrenz hallten wider in der Selbstaufgabe jüdischer Kommunisten an die Partei, was eine Tendenz darstellte, die in der Legitimationsideo-

62 Vgl. Dan Diner: Geschichte der Juden – Paradigma einer europäischen Historie, in: Gerald Stourzh (Hg. unter der Mitarbeit von Barbara Haider und Ulrike Harmat): Annäherungen an eine europäische Geschichtsschreibung, Archiv für österreichische Geschichte 137, Wien 2002, S. 85–103.

63 Siehe Sachs, in: Suttner, Cutting, S. 367.

64 Siehe Slezkine, Jahrhundert, S. 237.

logie des Marxismus-Leninismus, die die »Lehren« der Altvorderen sakrosankt machte, als Anpassungsdruck an die jüdischen Kommunisten reproduziert wurde.[65] Zugleich – auch hier eine Spiegelung – galten die jüdischen Sowjetbürger, gerade weil sie mit ihrer partikularen Herkunft gebrochen hatten, als neue Menschen par excellence.[66]

Doch der Boden, auf dem ihre Politisierung gedieh, war bereitet worden durch die Erfahrung der 1930er und 1940er Jahre in Südafrika, als Antisemitismus und Faschismus in der weißen Minderheit ebenso geläufig waren wie die rassistische Sichtweise auf und Behandlung von nicht-weißen Südafrikanern. Durch die Erfahrung, nicht vollends dazuzugehören, nicht naturwüchsiger Teil, sondern potentiell bedrohter Fremdkörper in der weißen Gruppe zu sein, wurde das Bewusstsein der politischen Aktivisten geprägt. Die Erfahrung des Antisemitismus und der Kampf gegen die südafrikanischen Nationalsozialisten und Faschisten brachten den jungen Aktivisten die politischen Interpretationsmuster nahe, mit denen sie ab 1948 auf die Frage der systematisierten »Rassen«-Herrschaft reagierten. Jüdisch zu sein, spielte in der politischen Entscheidung eine untergeordnete Rolle, aber jüdischer Herkunft zu sein, bereitete den Resonanzboden, auf dem die Erfahrungen der Jahre des Nationalsozialismus widerhallten.[67] Zugleich transzendierte der ratio-

65 In den stalinistischen Kampagnen gegen den »Kosmopolitismus« etc. war ein antisemitischer Zug auch deshalb immanent, weil die Juden nicht als eigenständiges Volk der Sowjetunion anerkannt waren. Verwurzeln konnten sie sich damit rein rechtlich nur als individuelle Sowjetbürger. Vgl. Haury, Antisemitismus von links.

66 Vgl. Slezkine, Jahrhundert, S. 237, S. 245 f. Alana Pugh-Jones schlussfolgert, die »nicht-jüdischen Juden« Südafrikas seien »in fact Jews in the deepest Talmudic sense« (Alana Pugh-Jones: Justice and Identity. The »Non-Jewish Jew«, Cosmopolitanism and Anti-Apartheid Activism in Twentieth Century South Africa, in: Jewish Affairs, Jg. 65 [2019] Nr. 3, unpag.). Diese Rückführung greift wegen der Übertragung religiöser Motive auf die moderne Gegenwart zu kurz.

67 Damit greift Karin Hartewig zu kurz, wenn sie schlicht festhält, dass es keine besondere Verbindung zwischen Judentum und Kommunismus gebe (dies., Zurückgekehrt, S. 4). Wenngleich Gershom Scholems Darstellung des messianisch-revolutionären Gehalts im Judentum (Gershom Scholem: Zum Ver-

nalistische und universalistische Anspruch des Sozialismus die Enge des ethnischen Partikularismus und bisweilen muffigen Elternhauses – es eröffnete sich den jungen Aktivisten buchstäblich eine neue Welt.

Diese war jedoch noch nicht das sozialistische Utopia, das sie sich erträumten; denn Konflikt, Auseinandersetzung und existenzielle Bedrohung – ja, Folter, bewaffneter Kampf, Gewalt und Krieg – waren das Geschäft des Befreiungskampfes. Nicht selten waren Juden im 20. Jahrhundert Verlierer und Opfer dieser Konflikte – vor allem dann, wenn es ein Kampf mit nationalem und nationalistischem Inhalt war. Im Falle des Kampfes gegen das letzte Regime, das sich durch eine »Rassen«-Ideologie und als Bollwerk gegen den Kommunismus legitimierte, gingen die jüdischen Aktivisten trotz der Opfer, die sie brachten, als Sieger hervor: ihre Lebensaufgabe, die Apartheid zu beenden, erfüllte sich – ein Abschnitt jüdischer Geschichte mit positivem Ausgang – nicht nur für die liberalen und radikalen jüdischen Aktivisten, sondern auch für die gesamte jüdische Gemeinschaft des Landes –, der durchaus einen Seltenheitswert besitzt.

Ihre Geschichte kann als Nachweis gelten, dass die Möglichkeit gemeinsamer Interessen, universeller Werte, Normen und Prinzipien und einer demokratischen, gleichberechtigten Praxis nicht nur theoretisch, sondern auch praktisch besteht und ein historisches Fundament besitzt. Der Zufall des Geburtsortes kann nicht durch ethnische Exklusivität hypostasiert werden, er bleibt arbiträr, wie sehr auch die Ideologie und Praxis des Status quo eben jene Verdinglichung fortzuschreiben versuchen. Denis Goldberg schloss die Podiumsdiskussion in Johannesburg im

... ständnis der messianischen Idee im Judentum. Mit einer Nachbemerkung: Aus einem Brief an einen protestantischen Theologen, in: ders.: Über einige Grundbegriffe des Judentums, Frankfurt a. M. 1970, S. 121–170) nur wenig Anklang bei religiösen Autoritäten fand und eine Interpretation jüdischer Religion darstellt, so waren es doch Erfahrungen *als Juden,* die die Aktivisten aus dem Partikularismus hinauszogen. Vgl. auch Slezkin, Jahrhundert; Sebastian Voigt: Der jüdische Mai '68. Pierre Goldman, Daniel Cohn-Bendit und André Glucksmann im Nachkriegsfrankreich, Schriften des Simon-Dubnow-Instituts 22, Göttingen 2016.

Jahr 2013 mit einem Slogan des mosambikanischen Befreiungskampfes: »A Luta Continua«, der Kampf gegen die Apartheid und ihre Folgen sei noch nicht beendet. Was für die konkreten gesellschaftlichen Bedingungen Südafrikas gilt, trifft auch allgemein für den Rest der Welt zu: »Der Kampf um Recht und Freiheit dauert fort.«[68]

68 Arnold Paucker: Erfahrungen und Erinnerungen, in: ders.: Deutsche Juden im Kampf um Recht und Freiheit. Studien zu Abwehr, Selbstbehauptung und Widerstand der deutschen Juden seit dem Ende des 19. Jahrhunderts, Teetz 2003, S. 355–385, hier S. 385.

7. DANK

Zu danken habe ich vielen. Nicht allen werde ich gerecht werden können, vor allem jenen nicht, die mein Denken und Leben über Umwege befruchtet haben.

Uwe Granzow (1942–2011), Arno Paucker (1921–2016), Christian Hartz (1961–2017), Axel Schildt (1951–2019) und Denis Goldberg (1933–2020) haben mich lange Zeit begleitet und ermutigt, in der akademischen und in der wirklichen Welt aufrecht zu gehen. Ich fürchte den Gedanken, ihre Unterstützung und Freundschaft zu wenig erwidert zu haben. Ich vermisse sie.

Meine Doktormutter Stefanie Schüler-Springorum steht an erster Stelle, weil sie das Thema an mich herangetragen und mich immer wieder auf den Boden der konkreten Wirklichkeit geholt hat. Auch für alles andere danke ich von Herzen!

Axel Schildt hat mich lange Jahre in seiner kontinuierlichen unprätentiösen Zugänglichkeit unterstützt und mich durch seine Anmerkungen zu mehr Klarheit gezwungen.

Der Rosa-Luxemburg-Stiftung verdanke ich ein Studienstipendium und ein Promotionsstipendium. Ohne letzteres hätte das Thema wohl kaum von mir untersucht und diese Arbeit nicht abgefasst werden können. Besonders möchte ich Hella Hertzfeldt, Katrin Schäfgen, Florian Weis und Marcus Hawel danken. Die Kolleginnen und Kollegen der Rosa-Luxemburg-Stiftung Hamburg zeigten sich immer interessiert und unterstützend: Meinhard Meuche-Mäker, Andreas Merkens, Klaus Bullan, Kathrin Deumelandt, Axel Lochner.

Den Kollegen des Arbeitskreises »(Western)European Perceptions of Apartheid« fühle ich mich auch durch die jahrelange Zusammenarbeit sehr verbunden. Axel Schildt, Detlef Siegfried, Knud Andresen, Sebastian Justke, Andreas Kahrs und Jakob Skovgaard waren bereichernde Mitreisende in die Geschichte des südlichen Afrikas.

Ohne die Unterstützung dieser Institutionen und ihrer Mitarbeiterinnen und Mitarbeiter wäre es mir nicht möglich gewesen, zu forschen:

University of Cape Town: André Landmann; Mayibuye Centre, University of the Western Cape: André Mahommed und Stanley Sello; Wits Historical Papers, Johannesburg: Gabriele Mohale, Zofia Sulej; SAHA, Johannesburg: Deborah Matthews, Nonhlanhla Ngwenya; Liliesleaf Museum, Johannesburg: Nic Wolpe, Gavin Olivier; Rhodes House Library, Oxford: Lucy McCann, Hedy Gowland; Special Collection, Senate House Library, London: Charles Harrowell, David Clover, Tansy Barton; Werkstatt der Erinnerung, Forschungsstelle für Zeitgeschichte, Linde Apel; German Institute for Global Area Studies, Christine Hoffendahl. Außerdem danke ich Tina Jerman und Davina Donaldson, EXILE-Kulturkoordination, Essen.

Die große Zahl an Kolleginnen, Kollegen und Freunden, die mir Zeit, Gedanken und ihr Ohr gewidmet haben oder mich mit Interesse und Hinweisen bedachten sei nicht vergessen, so danke ich: Rolf Tiedemann (1931–2018) für die lange Zeit des Briefwechsels und seine Hinweise auf Michaela von Freyhold; Burkhard Leber, Hamburg; Theo Bruns, Assoziation A, Hamburg; Milton Shain, Kapstadt; Leo Zeilig, London; Miriam Rürup, Susanne Küther, Institut für die Geschichte der deutschen Juden, Hamburg; Rainer Nicolaysen und Jan Feddersen, Hamburg/Berlin; Michael Thomas Greven (1946–2012), Hamburg; Saul Dubow, Cambridge; Håkan Thörn, Göteborg; William Beinart, Oxford; Sebastian Sudrow, Hamburg; David Simon, London; Michael Studemund-Halevy, Hamburg; Judith Suissa, London; Andrew Caplan, London; Christian Mull, Hamburg; Anja Schade, Hannover; David Rechter, Oxford; Don Pinnock, Kapstadt; Werner Pomrehn, Hamburg; Helmut Bley, Hannover; Christabel Gurney, London; Ingrid Laurien, Göttingen;

Gillian Slovo, London; Gaby Fenyes, Hamburg; Margret Lindenberg, Rendsburg; Christoph Marx, Essen/Duisburg; Philipp Rödiger, Berlin; Ina Dinslage, Hamburg; Sabine Panzram, Hamburg; Markus Günnewig, Dortmund; Jörn Kreuzer, Hamburg; Veith Selk und Lisa Oppermann, Darmstadt / Frankfurt M.; Kim Todzi, Hamburg; Karina Simonson, Wilna; Lutz Fiedler, Berlin; Sebastian Voigt, München/Leipzig; Marcel Bois, Hamburg; Sir Sidney Kentridge KCMG, QC, London; Manfred und Irene Warns, Pinneberg; Jan Henning Bode und Sabine Herold, Bremen; Ronnie Kasrils und Amina Frense, Johannesburg; Tali Nates, Johannesburg; Rene Pozniak, Johannesburg; Gavin Morris Kapstadt; Richard Freedman, Kapstadt; Larissa Denk, Hamburg; Stefan Vogt, Frankfurt M.; Christian Zech, Hamburg; Armin Osmanovic, Dakar; Rüdiger Rodrigo Dikty-Daudian, London; Shirli Gilbert, Southampton; Heidi Grunebaum, Kapstadt; Neil Roos, Bloemfontein; Andrea Thorpe, Makhanda (Grahamstown); Tal Zalmanovich, Tel Aviv; Tal Sela, Tel Aviv-Jaffa; Ruth Wenske, Haifa; Viola Rautenberg-Alianow, Philadelphia; Susan Pennybacker, Chapel Hill; Mohammad Sarhangi, Berlin; Amir Teilhaber, Berlin; Christian und Judith Kohn, Leipzig; Bettina Hess, Hamburg; Michael Hagemeister, Bochum; Matthias Middell, Leipzig; Christian Høgsbjerg, Brighton; den Teilnehmerinnen und Teilnehmern der Workshops in Kopenhagen 2015 und Hamburg 2018. Zusätzlich danke ich Jörg Sundermeier und Kristine Listau für die wunderbare verlegerische Arbeit und Theresa Meschede für das unbestechliche Lektorat.

Spezieller Dank geht an Elaine Unterhalter, London, Amanda Hammar, Kopenhagen, Louise Bethlehem, Jerusalem, und Peter Pulzer, Oxford.

Ohne Shula Marks' Ermutigung und die Gastfreundschaft von ihr und Isaac Marks wären mir viele Kontakte verwehrt geblieben. Yael Hirson, London, war eine geduldige und aufmunternde Gesprächspartnerin und sehr großzügig darin, mir ein Set von *Searchlight South Africa* zu überlassen.

Besonders möchte ich den ehemaligen Aktivistinnen und Aktivisten und deren Familien danken, die stets Zeit für mich gefunden haben, mir bereitwillig Auskunft und auf alle Fragen ihre Antworten gaben – meistens auch mehr als das:

Robin und Selina Cohen, Oxford; Leon und Lorna Levy, Kapstadt; AnnMarie Wolpe (1930–2018), Kapstadt; Nic Wolpe, Johannesburg; Dawn Goodman, Kapstadt; Tessa van Royen, Kapstadt; Tanya Barben, Kapstadt; Hillary und Tony Hamburger, Johannesburg; Sue Rabkin, Johannesburg; Ruth Weiss, Lüdinghausen/Skørping.

Ganz besonders habe ich Denis Goldberg, Kapstadt, zu danken, der mir das erste Interview gegeben und meine Forschung mit Interesse und Ermutigung bis zuletzt begleitet hat. Seine Wärme und Zuneigung berühren mich sehr. Sein Vermögen, meinem damals dreijährigen Sohn zu erklären, weshalb er im Gefängnis gesessen hat, möchte ich an dieser Stelle hervorheben.

Größten Wert hatte mein Kontakt zu Grant Gochin, Los Angeles, der mich mit seinen weiteren Verwandten zusammenbrachte: Sunny Lubner, Fort Myers, Linda Shapiro und Merle Barsel Ruff, Johannesburg. Diese Wahlverwandten zeigten mir, wie gegenseitiges Verstehen über die Grenzen von Alter, Geschlecht, Sprache und Herkunft möglich ist. Ihnen allen meine Zuneigung und mein Dank.

Meine Eltern und Schwiegereltern haben mich kontinuierlich, großzügig und überraschend unterstützt, weshalb ich ihnen von Herzen danke.

Pauline Paucker ist als *special dear friend* meine erste Anlaufstelle für viele Dinge, auch bei allem, was mit London zu tun hat.

Mittelbar sind in ein solches Projekt, das eine nicht unbeträchtliche Zeit des Lebens einnimmt, auch Freundinnen und Freunde eingespannt, weil sie Gesprächspartner sind, das Manuskript lesen oder andere Gedanken anstoßen.

Regelhaft steht im Dank von Dissertationen auch der Dank an Frau oder Mann und eventuell auch Kinder. Zusätzlich wird auf die Unterstützung verwiesen, die sie geboten haben, oder die (erfreuliche) Ablenkung, für die sie sorgten. Im Rückblick erscheinen mir diese Sätze sehr dünn im Verhältnis zu den Leistungen und dem Verzicht, den meine Herzensdame Vanessa und unser Sohn Lion erbracht haben. Ohne ihre

Bereitschaft, auch buchstäblich mit mir auf diese Reise zu gehen, wäre diese Studie nicht geworden. Ihre Unterstützung bedeutete, dass in den letzten Jahren viel der Reproduktionsarbeit an ihr hängengeblieben ist, ihr Urlaub meine Arbeit gewesen ist und beide auch an Wochenenden wenig von mir hatten. Eine einfache Würdigung kann ihren Beitrag zu dieser Arbeit nicht ausreichend beschreiben.

Forschungen fordern einen Preis, sowohl familiär wie persönlich. Familiär weiß ich, dass die Erleichterung groß ist, dass endlich diese, die gesamte bisherige Lebensspanne meines Sohnes umfassende Arbeit vom Schreibtisch ist. Manche Arbeiten enden nie, weil dies das Ende eines Lebensabschnitts signalisiert. Persönlich sind die Konjunkturen der emotionalen und psychischen Belastung somatisch zu spüren – auch wenn sie, das ist hinterher zu erkennen, der Sache der akademischen Qualifikationsarbeit geschuldet und äußerlich sind.

Zugleich ist die intensive Bearbeitung des Themas ein Privileg gewesen, weil sie mir und meiner Familie eine neue Welt eröffnet und eine Vielzahl neuer Freundschaften geschenkt hat. Dafür bin ich sehr dankbar. Die Liebe und Zuneigung, die ich habe erfahren dürfen, wünsche ich entsprechend erwidern zu können.

Auch wenn im Rahmen der sieben Jahre dieser Studie nicht nur von mir allein menschliches Hirn, Muskel, Nerv, Hand, usw. produktiv verausgabt wurden, so bin ich doch allein für alle Fehler, Kurzschlüsse und Missinterpretationen verantwortlich.

8. QUELLEN UND LITERATUR

8.a Interviews

Merle Barsel Ruff, 22.8.2014, Johannesburg
William Beinart, 10.7.2013, Oxford
Helmut Bley, 6.9.2013, Hannover
Andrew Caplan, 26. Juli 2013, London
Robin and Selina Cohen, 10.7.2013, Oxford
Saul Dubow, 27.11.2013, London
Denis Goldberg, 8.5.2011, Hamburg
Dawn Goodman, 25.7.2014, Kapstadt
Hillary Hamburger, 21.8.2014, Johannesburg
Yael Hirson, April 2012; 25.11.2013, London
Leon und Lorna Levy, 16.7.2014, Kapstadt.
Norman Levy, November 2013, London
Shula Marks, 3.4.2012; 27.3.2012, London
Jake Matlhong, 21.8.2014, Johannesburg
Sue Rabkin, 21.8.2014, Johannesburg
Milton Shain, 10.7.2014; 28.7.2014, Kapstadt
David Simon, 29.7.2013, London
Gillian Slovo, 15.7.2013, London
Judith Suissa, 23.7.2013, London
Elaine Unterhalter, 13.7.2013, London
Ruth Weiss, 25.1.2012, Lüdinghausen; 8.7.2015, Hamburg
AnnMarie Wolpe, 22.7.2014, Kapstadt
Nicholas Wolpe, 14.8.2014, Johannesburg

8.b Archivquellen, Privatarchive und E-Mail-Korrespondenz

Archivquellen

Anti-Apartheid Movement Archives, Bodleian Library, Rhodes House, Oxford

MSS AAM 14 Annual General Meeting 1963.

MSS AAM 20 Annual General Meeting 1984.

MSS AAM 21 Annual General Meeting 1985.

MSS AAM 22 Annual General Meeting 1986.

MSS AAM 43 National Committee Minutes 1960–1981.

MSS AAM 66 Executive Committee Minutes 1960–1969.

MSS AAM 67 Executive Committee Minutes 1970–1977.

MSS AAM 68 Executive Committee Minutes 1978–1985.

MSS AAM 155 Jews Against Apartheid.

MSS AAM 502–3 Correspondence with local anti-apartheid groups and regional committees, 1962–95, City of London AA.

MSS AAM 1778, Political Prisoners, Committee Minutes and Papers, 1963–9.

MSS AAM 1778 World Campaign for the Release of South African Political Prisoners, Committee minutes and papers, 1963–9.

MSS AAM 1779 Political Prisoners, Newsletters and Press Releases, 1963–9.

MSS AAM 1780 Meetings attended by Harold Wolpe, Raymond Kunene and Arthur Goldstein [recte: Goldreich; H. P.].

MSS AAM 1782 Political Prisoners, UN Working Group on South African Political Prisoners and Detainees, 1967–9.

MSS AAM 1786, Political Prisoners, Correspondence with Britain.

MSS AAM 1801, General correspondence concerning political prisoners and detainees, 1960–73.

MSS AAM 1874, Political Prisoners, Kitson, David.

MSS AAM 1888, Political Prisoners, Raymond Suttner, 1970–1990.

MSS AAM 2031 Sharpeville Day, 1965–75.

MSS AAM 2032 Conference: Liberation in Southern Africa and Guerrilla Warfare, July 1969

Historical Papers, University of the Witwatersrands, Johannesburg

A2181 Heymann, Isaac

A3299 Bernstein Papers

A3300 Harmel, Michael Papers

A3239 Ron(ald) Press

AD1137 South African Federation of Women

AD1646 South African Institute of Race Relations, Unrests, banishments, removals, 1950–1969

AD1812 1956 Treason Trial

AD1844 State vs Nelson Mandela and 9 Others (Rivonia Trial)

AD2951 South African Institute of Race Relations [SAIRR]: Detentions, Bannings, House Arrests

Liliesleaf Museum, Rivonia, Johannesburg

Liliesleaf Trust, South African Jewish Board of Deputies, Johannesburg Holocaust and Genocide Centre: What do we Remember? Reflecting the Roles of Jewish People in the Liberation Struggle, Podiumsdiskussion mit Albie Sachs, Denis Goldberg, AnnMarie Wolpe und Zev Krengel, 24.7.2013.

Manuscript and Archives, University of Cape Town (UCT)

BC 614 Defence and Aid Fund Papers

BC 792 South African Jewish Board of Deputies

BC 1003 African Resistance Movement

BC 1150 Harold Wolpe Papers

Mayibuye Archives, University of the Western Cape, Kapstadt

MCH Mayibuye Centre of History Archive

MCH02: African National Congress (ANC) Papers, 1960–1990

MCH95: Kitson, Norma and David

MCH229: Congress of Democrats

MCH267: Eli Weinberg

MCA 6: Oral History of Exiles Project

MCA 6-249: Brian Bunting

MCA 6-255: Fred Carneson

MCA 6-259: Percy Cohen

MCA 6-280: Esmé Goldberg

MCA6-359: Albie Sachs
MCA 6-384: Harold Wolpe
MCA 7: Hilda Bernstein Collection
MCA 7-1470: Joel Carlson
MCA 7-1499: Basil Freedman
MCA 7-1528: Ronnie Kasrils
MCA 7-1536: Norma Kitson
MCA 7-1672: Albie Sachs
MCA 7-1722: Anne-Marie Wolpe
MCA 7-1723: Harold Wolpe

Ruth First Papers, Institute of Commonwealth Studies, Senate House, University of London

Ruth First Papers 117/1/1/2 Copies of First's curriculum vitae.
Ruth First Papers 117/1/1/3 Tributes and Obituaries
Ruth First Papers 117/1/2/4 Not Yet Uhuru: The Autobiography of Oginga Odinga
Ruth First Papers, 117/1/2/15 Day diaries.
Ruth First Papers 117/1/3/1/2 Before and after First's detention 12/7/1963–03/03/1964
Ruth First Papers 117/1/3/1/3 Joe Slovo, 1965–1978
Ruth First Papers 117/1/3/1/5, First at the University of Durham, 1973
Ruth First Papers 117/1/3/1/6, First at the University of Dar es Salaam, 1975
Ruth First Papers 117/1/3/1/7, First in Durham and London, 1976–1978
Ruth First Papers 117/1/11/1 Non-academic conferences and seminars
Ruth First Papers 117/1/11/2 Non-academic conferences and seminars
Ruth First Papers 117/1/11/3 Non-academic conferences and seminars
Ruth First Papers 117/1/12/1-3 Lecturing Tours, 1965–1974
Ruth First Papers 117/1/12/1 Sweden, Nov. 1965–Jan. 1966
Ruth First Papers 117/1/12/2 Denmark, 1971
Ruth First Papers 117/1/12/3 United States, 1974
Ruth First Papers 117/1/13/3 International Conference on South West Africa, Administrative Material, 1966
Ruth First Papers 117/1/17/2/6 African National Congress [1959–1982], Discussion Guides [1969–1970]

Ruth First Papers 117/1/17/3 South African Communist Party |1965–1971]

Ruth First Papers 117/2/39/27 The Politics and Strategy of Guerilla Warfare, 26.6.1969

Ruth First Papers, 117/6/3 Myrtle Berman, Interview von Don Pinnock,

Ruth First Papers 117/6/8 Ronald First, Interview mit Don Pinnock,

Ruth First Papers 117/6/9 Sadie Forman, Interview von Don Pinnock

Ruth First Papers 117/6/20 Hilda Watts and Rusty Bernstein, Interview von Don Pinnock

South African History Archive (SAHA), Johannesburg

AL 2457 The Original SAHA Collection

O7. Judaism

AL 2460 The Julie Frederikse Collection

A1.4 Ray Alexander Simons

A1.5 Phyllis Altman

A2.6.1–2 Esther and Hymie Barsel

A2.7.1–3 Hymie Barsel

A2.9 Bernstein, Hilda and Rusty

A8.5 Hodgson, Rica

A11.10 Wolfie Kodesh

A12.4 Esther Levitan

A19.1 Albie Sachs

A19.18 Slovo, Joe

A19.24 Suttner, Raymond

AL 2461 The SAHA Exiles Project

AL 3295 The Constitution Hill Collection

B04.3.2.07 Female Isolation Cells interviews, Ester [recte: Esther; H. P.] Barsel, Linda Shapiro, Merle Ruff.

H01.01 Esther Barsel Papers, 1964–1968.

H01.3 Weinberg Papers

E: Interviews By Joshua Lazerson

E1 Sonia Bunting

E3 Dennis [sic!] Goldberg

E5 Ben Turok

South African Jewish Board of Deputies, Rochlin Archives, Johannesburg

303 Goldreich, Arthur 1955–1963, Rivonia Trial

303 Segal, R.

703 (Dual Loyalty)

Werkstatt der Erinnerung, Forschungsstelle für Zeitgeschichte, Hamburg

FZH/WdE 55, Itzchak Unna

FZH/WdE 143, Rita Sassen

FZH/WdE 1177, Diana Life

Privatarchive

Merle Barsel Ruff: Jews In The Struggle Bus Tour, Manuskript

dies. (für Johannesburg Heritage Foundation): Jewish Struggle Tour, 23.6.2013

dies.: Jewish Struggle Tour, 18.3.2014

E-Mail-Korrespondenz

Merle Barsel Ruff

Grant Gochin

Denis Goldberg

Dawn Goodman

Hillary Hamburger

Mark Israel

Sonya Lubner

Tessa van Rooyen

Colin Tatz

Håkan Thörn

Toni Strasburg

Milton Shain

8.c Onlineartikel, -dokumente und Filme

African News Agency: ANC veterans tell President Zuma to step down, in: Mail & Guardian, 6.4.2016, mg.co.za/article/2016-04-06-anc-veterans-tell-president-zuma-to-step-down (letzter Zugriff: 30.7.2016).

American Girl, www.americangirl.com/shop/dolls (letzter Zugriff: 5.5.2016).

American Girl, www.americangirl.com/corporate/archives (letzter Zugriff: 5.5.2016).

American Girl, www.americangirl.com/shop/dolls/rebecca-doll-book-accessories-02bun41 (letzter Zugriff: 5.5.2016).

Anti-Apartheid Movement Archives Online, www.aamarchives.org/.

Interview Elaine Unterhalter, 3.10.2013, AAM Archives Online, aamarchives.org/interviews/elaine-unterhalter.html?download=7836:int22t-elaine-unterhalter (letzter Zugriff: 9.2.2016).

Barnad, Catherine / Simon Dearkin: Sir Bob Hepple Obituary, in: The Guardian, 26.8.2015, www.theguardian.com/law/2015/aug/26/sir-bob-hepple (letzter Zugriff: 27.7.2016).

Barsel, Esther, www.youtube.com/watch?v=_QnkHsnmhlc (letzter Zugriff: 16.2.2016).

Bell, Terry: Farewell to a loveable revolutionary, www.groundup.org.za/article/farewell-lovable-revolutionary_2563/ (letzter Zugriff: 24.3.2016).

Bennun, Mervyn: EFF ejection a shameful event in history of ANC, in: Cape Argus, 11.3.2015, www.pressreader.com/south-africa/cape-argus/20150311/281844347106456/TextView (letzter Zugriff: 16.11.2015).

Berkenwald, Leah: What is Jewish Hair?, Jewish Women's Archive, 26.10.2009, jwa.org/blog/jewish-hair (letzter Zugriff: 5.5.2016).

Bernstein, Hilda: Interview mit Padraig O'Malley, www.nelsonmandela.org/omalley/index.php/site/q/03lv00017/04lv00344/05lv01461/06lv01476.htm (letzter Zugriff: 27.10.2015).

Braude, Claudia: South African Jews Struggle With Legacy of Apartheid, in: Forward, 22.9.2011, forward.com/news/143231/south-african-jews-struggle-with-legacy-of-aparthe/ (letzter Zugriff: 1.8.2016).

Dies.: Yutar and »holy disbelief«, in: Mail & Guardian, 27.3.1997, mg.co.za/article/1997-03-27-yutar-and-holy-disbelief (letzter Zugriff: 27.6.2016).

Coming Home (1990), Clip auf der zu »Denis Goldberg Mission« beigelegten DVD.

Chachalia, Amnia and Rica Hodgson, interviewed by John Carlin, www.pbs.org/wgbh/pages/frontline/shows/mandela/interviews/cachalia2.html (letzter Zugriff: 17.6.2016).

Cohen, Amon / Della Cohen: Obituary Percy Cohen, The Guardian 15.12.2012; online unter www.theguardian.com/theguardian/2012/nov/07/percy-cohen-obituary (letzter Zugriff: 14.3.2016).

Dadoo, Yusuf: Michael Harmel, 24.6.1974, www.sacp.org.za/main.php?ID=2330 (letzter Zugriff: 5.10.2015).

Drew, Allison: Dies.: Non-racialism, non-collaboration and Communism in South Africa: The contribution of Yusuf Dadoo during his exile years (1960–1983), Paper presented at the Conference on »Yusuf Dadoo, 1909–2009: Marxism, non-racialism and the shaping of the South African liberation struggle«, University of Johannesburg, 4.–5. September 2009, online abrufbar unter: www.sahistory.org.za/archive/non-racialism-non-collaboration-and-communism-south-africa-contribution-yusuf-dadoo-during-h (letzter Zugriff: 8.4.2016).

Evans, Greame: Miriam Makeba, Obituary, in: The Guardian, 11.11.2008, www.theguardian.com/music/2008/nov/11/miriam-makeba-obituary (letzter Zugriff: 19.6.2016).

Evans, Sarah: Secrecy Bill: Ben Turok won't defy ANC this time, Mail & Guardian, 25.4.2013, mg.co.za/article/2013-04-25-secrecy-bill-turok-wont-defy-anc-orders-this-time (letzter Zugriff: 30.7.2016).

Filatova, Irina: Mandela and the SACP. Time to Close the Debate, 24.6.2015, www.politicsweb.co.za/news-and-analysis/mandela-and-the-sacp-time-to-close-the-debate?utm_source=Politicsweb+Daily+Headlines&utm_campaign=9fff469745-DHN_June_25_2015&utm_medium=email&utm_term=0_a86f25db99-9fff469745-130052781 (letzter Zugriff: 27.10.2015).

Dies.: The ANC and the Soviets, Politicsweb.co.za, 10.8.2011, www.politicsweb.co.za/news-and-analysis/the-anc-and-the-soviets (letzter Zugriff: 19.11.2015).

Goldberg, Denis: Arthur Goldreich, 1929–2011. An Appreciation, www.dafrig.de/denis-goldberg-erinnert-an-arthur-goldreich/ (letzter Zugriff: 30.7.2016).

Ders.: Appraisal: Suzman's Courage Failed Her, in: Forward, 8.1.2009, forward.com/news/14902/appraisal-suzman-s-courage-failed-her-03129/ (letzter Zugriff: 1.8.2016).

Greenstein, Ran: Did Mandela actually receive training from the Mossad?, (online abrufbar unter: 972mag.com/did-mandela-actually-receive-training-from-the-mossad/84393/ [letzter Zugriff: 24.11.2015]).

Gurney, Christabel: Obituary Sonia Bunting, The Guardian 7.6.2001, www.theguardian.com/news/2001/jun/07/guardianobituaries (letzter Zugriff: 26.2.2016).

Hall, Stuart: The AAM and the raceing of Britain, (Beitrag zum Symposium: The Anti-Apartheid Movement: A 40-year Perspective, London 25–26.06.1999), www.sahistory.org.za/archive/aam-and-race-ing-britain (letzter Zugriff: 18.09.2018).

Heard, Janet: Rare Show of Unity as Janet Love Cracks the Nod for IEC Post, in: City Press, 16.3.2016, city-press.news24.com/News/rare-show-of-unity-as-janet-love-cracks-the-nod-for-iec-post-20160316 (letzter Zugriff:: 26.7.2016).

Herbstein, Denis: Sylvester Stein Obituary, in: The Guardian, 3.1.2016, www.theguardian.com/media/2016/jan/03/sylvester-stein, (letzter Zugriff: 1.8.2016).

Ders.: Arthur Goldreich Obituary, in: The Guardian, 29.6.2011, www.theguardian.com/world/2011/jun/29/arthur-goldreich-obituary (letzter Zugriff: 1.8.2016).

Ders.: David Kitson Obituary, The Guardian, 17.1.2011, www.theguardian.com/world/2011/jan/17/david-kitson-obituary (letzter Zugriff: 20.7.2016).

Ders.: Obituary Brian Bunting, The Guardian 9.7.2008, www.theguardian.com/world/2008/jul/09/southafrica.pressandpublishing/print (letzter Zugriff: 26.2.2016).

Ders.: Obituary Ike Horvitch, in: The Guardian 26.1.2006, www.theguardian.com/news/2006/jan/26/guardianobituaries.arts (letzter Zugriff: 12.1.2016).

Ders.: Hilda Bernstein Obituary, in: The Guardian, 18.9.2006, www.theguardian.com/news/2006/sep/18/guardianobituaries.southafrica (letzter Zugriff: 27.7.2016).

Ders.: Obituary Norma Kitson, in: The Guardian, 12.7.2002, www.theguardian.com/news/2002/jul/12/guardianobituaries (letzter Zugriff: 20.7.2016).

Ders.: Legal Pimpernel Smuggled Millions into the Struggle, in: Mail & Guardian, 16.1.1998, mg.co.za/article/1998-01-16-legal-pimpernel-smuggled-millions-into (letzter Zugriff: 5.7.2016).

www.hineni.org.uk

Hlongwane, Sipho: Damned if you do, Damned if you don't, in: Daily Maverick, 4.5.2012, www.dailymaverick.co.za/article/2012-05-04-anc-vs-turok-borman-damned-if-you-do-damned-if-you-dont/#.V5zFHq4iNFU (letzter Zugriff: 30.7.2016).

Hunter, Ian: Baruch Hirson Biography, November 1999, www.marxists.org/archive/hirson/biography.htm (letzter Zugriff: 27.7.2016).

Internet Movie Database, www.imdb.com/title/tt0049087/fullcredits?ref_=tt_ov_st_sm (letzter Zugriff: 17.6.2016).
Kasrils, Ronnie: How the ANC's Faustian pact sold out South Africa's poorest, in: The Guardian, 24.6.2013, www.theguardian.com/commentisfree/2013/jun/24/anc-faustian-pact-mandela-fatal-error (letzter Zugriff: 30.7.2016).
Keller, Bill: Nelson Mandela, Communist, in: New York Times, 7.12.2013, www.nytimes.com/2013/12/08/opinion/sunday/keller-nelson-mandela-communist.html?_r=0 (letzter Zugriff: 27.10.2015).
Koebl, Herlinde, im Interview mit Jenny Hoch, www.spiegel.de/kultur/gesellschaft/herlinde-koelbls-haare-schoenheit-allein-ist-langweilig-a-502784.html (letzter Zugriff: 2.5.2016).
Lane, Megan / Brian Wheeler: The real victims of sleep deprivation, BBC News Online Magazine, 8.1.2008, news.bbc.co.uk/1/hi/3376951.stm (letzter Zugriff: 20.1.2016).
Lessing, Clemens, »Lessing, Anton« in: Neue Deutsche Biographie 14 (1985), S. 349 f. [Onlinefassung]; URL: www.deutsche-biographie.de/pnd101821670.html (letzter Zugriff: 13.6.2016).
Le Roux, Ilze-Marie: Struggle Stalwart Denis Goldberg Optimistic About SA's Future, in: Eye Witness News, 19.4.2016, ewn.co.za/2016/04/19/Struggle-stalwart-Denis-Goldberg-optimistic-about-SAs-future (letzter Zugriff: 30.7.2016).
Lewandowska Cummings, Basia: Classic African Films N°3: »Come Back, Africa« by Lionel Rogosin, 5.5.2012, africasacountry.com/2012/05/classic-african-films-n3-come-back-africa-by-lionel-rogosin/ (letzter Zugriff: 18.6.2016).
Littmann, Shany: The Anti-Apartheid Fighter Who Turned Palestinian Ruins into Jewish Tourist Sites, in: Haaretz Magazine, 20.08.2018, www.haaretz.com/israel-news/MAGAZINE-the-anti-apartheid-fighter-who-turned-palestinian-ruins-into-jewish-tourist-sites-1.6364020 (letzter Zugriff: 7.11.2018).
Lodge, Tom: Mandela's Membership of the Communist Party: what needs to be reassessed, 2004, www.sahistory.org.za/archive/mandela%E2%80%99s-membership-communist-party-what-needs-be-reassessed-tom-lodge-2004-south-africa (letzter Zugriff: 27.10.2015).
Lowenfeld, Jonah: African Stamps Honor Jews who Fought Apartheid, Jewish Journal, 12.04.2011, www.jewishjournal.com/passover/article/african_stamps_honor_jews_who_fought_apartheid_20110412 (letzter Zugriff: 28.5.2013).

Lush, David: In Search of Light: Uncovering the Exile History of the ANC and SWAPO, Interview mit Paul Trewhela, 12.3.2010, abahlali.org/node/6351/ (letzter Zugriff: 12.7.2016).

Macmillan, Hugh: Hilda Bernstein, Anti-Apartheid Campaigner, Obituary, The Independent, 20.9.2006, www.independent.co.uk/news/obituaries/hilda-bernstein-416691.html (letzter Zugriff: 16.3.2016).

Makikana, Andisiwe: Secrecy Bill: ANC investigates »defiant« MPs, in: Mail & Guardian, 15.12.2011, mg.co.za/article/2011-12-15-anc-investigates-defiant-mps (letzter Zugriff: 30.7.2016).

Mandela & Communism: An Exchange, in: New York Review of Books, www.nybooks.com/articles/archives/2013/jun/06/mandela-communism-exchange/ (letzter Zugriff: 27.10.2015).

McPherson, Sue: Life Story of Hillel H. Ticktin, www.diversityinretirement.net/DMR/HillelTicktin.html (letzter Zugriff: 12.7.2016).

Mendelsohn; Ezra: Closing Remarks der Konferenz des YIVO »Jews and the Left« (6. und 7.5.2012) www.youtube.com/watch?v=R1sH2LKrnss&list=PLtPOkhh8R4wyF-e4y8drrST_5azI-UOyY&index=8 (letzter Zugriff: 29.8.2016).

Mortlock, Monique: ANC Stalwart Ronnie Kasrils Publicly Blasts President Jacob Zuma, in: Eye Witness News, 21.4.2016, ewn.co.za/2016/04/21/Ronnie-Kasrils-blasts-current-govt (letzter Zugriff: 30.7.2016).

Myburgh, James: Mandela and the Communist Party, politicsweb.co.za, 25.2.2015, (online abrufbar unter: www.politicsweb.co.za/news-and-analysis/mandela-and-the-communist-party [letzter Zugriff: 27.10.2015]).

MyJewishLearning.com: How Jews Look, 27.2.2009, vimeo.com/3396883 (letzter Zugriff: 5.5.2016).

Namerow, Jordan: A Look at »How Jews Look« and »The Colors of Water«, Jewish Women's Archive, 17.3.2009, jwa.org/blog/colors-of-water (letzter Zugriff: 5.5.2016).

Ders.: Musings on Rebecca Rubin, Our Jewish American Girl, Jewish Womens Archive, 3.6.2009, jwa.org/blog/rebecca-rubin-american-girl-doll (letzter Zugriff: 5.5.2016).

The Nelson Mandela Foundation sends condolences after the passing of Ismail »Issy« Dinat, 11.12.2015, www.nelsonmandela.org/news/entry/the-nelson-mandela-foundation-sends-condolences-after-the-passing-of-ismail (letzter Zugriff: 9.3.2016).

N. N.: Arts and Culture, o. D., www.southafrica.info/about/arts/615831.htm (letzter Zugriff: 19.6.2016).

N. N.: Barenblatt, Yetta, www.sahistory.org.za/people/yetta-barenblatt (letzter Zugriff: 2.10.2015).
N. N.: Bernstein, Lionel Rusty, www.sahistory.org.za/people/lionel-rusty-bernstein (letzter Zugriff: 2.4.2016).
N. N.: Harmel, Michael Alan, www.sahistory.org.za/people/michael-alan-harmel (letzter Zugriff: 5.10.2015).
N. N.: Kasrils, Ronnie (Ronald), www.nelsonmandela.org/omalley/index.php/site/q/03lv02424/04lv02426/05lv02533.htm (letzter Zugriff: 26.7.2016).
N. N.: Lessing, Gottfried, www.bundesstiftung-aufarbeitung.de/wer-war-wer-in-der-ddr-%2363%3B-1424.html?ID=2082 (letzter Zugriff: 29.8.2016).
N. N.: Nokwe, Philemon (Duma) Pearce Dumasile, v1.sahistory.org.za/pages/people/bios/nokwe,duma.htm (letzter Zugriff: 22.9.2015).
N. N.: Personal Reminescences: Winnie Dadoo, www.sacp.org.za/docs/history/winniedadoo.html (letzter Zugriff: 24.2.2016).
N. N.: Ponnen, Vera, www.sahistory.org.za/people/vera-ponnen (letzter Zugriff: 13.6.2016).
N. N.: Displaced Palestinians get apology, 15.5.2015, edition.cnn.com/videos/world/2015/05/15/pkg-lee-israel-trees-of-regret.cnn (letzter Zugriff: 30.7.2016).
N. N.: Major Street in Johannesburg is Renamed After Veteran Freedom Fighter, in: Sunday Times, 12.2.2006, amadlandawonye.wikispaces.com/Major+Joburg+street+renamed+after+Joe+Slovo,+S+Times (letzter Zugriff: 27.7.2016).
N. N.: I Was A Teenage Gun Runner, 13.2.2001, in: The Guardian, www.theguardian.com/theguardian/2001/feb/13/features11.g21 (letzter Zugriff: 8.7.2016).
N. N.: Farewell to saints, sinners, Diana, 23.12.1997, mg.co.za/article/1997-12-23-farewell-to-saints-sinners-and-diana (letzter Zugriff: 3.11.2015).
N. N.: ANC admits killing of spies, 12.5.1997, in: Mail & Guardian, mg.co.za/article/1997-05-12-anc-admits-to-killing-spies (letzter Zugriff: 21.7.2016).
N. N.: Banned August 1968-August 1973: v1.sahistory.org.za/pages/people/lives-of-courage/pages/wall/banned/banned_s.html (letzter Zugriff: 3.11.2015).
N. N.: Johannesburg, South Africa's Largest City, Elects Jew As Mayor; Tenth to Serve, 13.3.1968, www.jta.org/1968/03/13/archive/johannesburg-south-africas-largest-city-elects-jew-as-mayor-tenth-to-serve (letzter Zugriff: 19.1.2016).
N. N.: Judge Kuper, South African Jewish Leader, Dies from Assassin's Bullet, 21.3.1963, www.jta.org/1963/03/22/archive/judge-kuper-so-african-jewish-leader-dies-from-assassins-bullet (letzter Zugriff: 15.1.2016).

N. N.: South Africa: Honorary Whites, in: Times, 19.01.1962, content.time.com/time/magazine/article/0,9171,895835,00.html (letzter Zugriff: 6.5.2015).

O'Malley, Padraig: South African Indian Congress, www.nelsonmandela.org/omalley/index.php/site/q/03lv03445/04lv03446/05lv03502.htm (letzter Zugriff: 28.4.2015).

Palmer, Jeanne: From Budapest to Woodcliff Lake, jewishstandard.timesofisrael.com/from-budapest-to-woodcliff-lake/ (letzter Zugriff: 25.4.2016).

People's Collection Wales, www.peoplescollection.wales

Piepenburg; Erik: »Bad Jews« and Its Hair Club for Women, New York Times, 23.4.2015, www.nytimes.com/2015/04/26/theater/bad-jews-and-its-hair-club-for-women.html?_r=0 (letzter Zugriff: 5.5.2016).

Pillay, Verashni: »Vote No«, say ANC veterans at campaign launch, in: Mail & Guardian, 15.4.2014, mg.co.za/article/2014-04-15-vote-no-say-anc-veterans-at-campaign-launch/ (letzter Zugriff: 30.7.2016).

Pogrund, Benjamin: A Deafening Silence, in: Haaretz, 26.12.2003, www.haaretz.com/jewish/books/a-deafening-silence-1.109857 (letzter Zugriff: 28.7.2016).

Potgieter, Deon: The Life and Times of King Kong, www.thesweetscience.com/article-archive/2006/4222-the-life-and-times-of-king-kong (letzter Zugriff: 19.6.2016).

The Presidency of South Africa, Award of the Order of Luthuli in Silver to Sonia Beryl Bunting, 27.4.2010, www.thepresidency.gov.za/pebble.asp?relid=7963&t=79 (letzter Zugriff: 30.10.2015).

Revolutionary Communist Group: Obituary David Kitson, in: Fight Racism! Fight Imperialism! 218, Dezember 2010 / Januar 2011, www.revolutionarycommunist.org/index.php/international/2008-obituary-david-kitson-principled-communist-and-freedom-fighter-frfi-218-dec-2010--jan-2011.html (letzter Zugriff: 15.7.2016).

Ruth First Papers Project, www.ruthfirstpapers.org.uk/

Albie Sachs, www.constitutionalcourt.org.za/site/judges/justicealbiesachs/index1.html (letzter Zugriff: 26.7.2016)

Ders., in: The Man who drove with Mandela, www.youtube.com/watch?v=zvm_s1MAK9E&feature=player_embedded (letzter Zugriff: 22.3.2016).

Saks, David / Louis Hotz / Gustav Saron: Johannesburg, South Africa, in: Jewish Virtual Library, www.jewishvirtuallibrary.org/jsource/judaica/ejud_0002_0011_0_10219.html (letzter Zugriff: 9.7.2016).

Sampson, Anthony: Lionel Bernstein Obituary, in: The Guardian, 26.6.2002, www.theguardian.com/news/2002/jun/26/guardianobituaries1 (letzter Zugriff: 27.7.2016).

Segal, Ronald: Vella Pillay, Obituary, in: The Guardian, 3.8.2004, www.theguardian.com/news/2004/aug/03/guardianobituaries.southafrica (letzter Zugriff: 13.6.2016).

Shain, Milton: Radical to be liberal, in: Mail & Guardian, 31.8.2005, mg.co.za/article/2005-08-31-radical-to-be-liberal (letzter Zugriff: 4.8.2016).

Ders.: Memories, Realities and Dreams. Aspects of the South African Jewish Experience, Johannesburg 2000.

Ders. / Miriam Pimstone: Ruth First, jwa.org/encyclopedia/article/first-ruth (letzter Zugriff: 7.3.2016).

Ders./dies.: Marcus, Gill, Jewish Women's Archive, jwa.org/encyclopedia/article/marcus-gill (letzter Zugriff: 24.7.2016).

Sherwood, Harriet: Nelson Mandela »received weapons training from Mossad agents in 1962«, in: The Guardian, 20.12.2013, www.theguardian.com/world/2013/dec/20/nelson-mandela-weapons-training-mossad-agents (letzter Zugriff: 24.11.2015).

Shokin, Samantha: Locks of Love, Tablet Magazin, 30.1.2014, www.tabletmag.com/jewish-life-and-religion/159313/love-my-jewish-hair (letzter Zugriff: 5.5.2016).

Sifrin, Geoff: Ders.: Copelyn - SA Jews must remember their apartheid past, in: South African Jewish Report, 9.4.2016, www.sajr.co.za/news-and-articles/2014/04/09/copelyn---sa-jews-must-remember-their-apartheid-past (letzter Zugriff: 11.11.2015).

South African History Online, www.sahistory.org.za.

South African Human Rights Council: Janet Love, Commissioner, www.sahrc.org.za/home/index62fd.html?ipkContentID=79&ipkMenuID=61 (letzter Zugriff: 26.7.2016).

Thamm, Marianne: The New Age, indeed: Self-appointed Zuma hatchet man pens racist attack on Ahmed Kathrada, 6.4.2016, www.dailymaverick.co.za/article/2016-04-06-the-new-age-indeed-self-appointed-zuma-hatchet-man-pens-racist-attack-on-ahmed-kathrada/#.V6R8oa4iNFV (letzter Zugriff: 5.8.2016).

Trewhela, Paul: Hamas: The ANC has shamed South Africa, PoliticsWeb, 27.10,2015, www.politicsweb.co.za/news-and-analysis/hamas-the-anc-has-shamed-south-africa (letzter Zugriff: 16.2.2016)

Ders.: Mandela: A nationalist and a Marxist, in: Mail & Guardian, 24.1.2014, mg.co.za/article/2014-01-23-mandela-a-nationalist-and-a-marxist (letzter Zugriff: 27.10.2015).

Ders.: The Murder of Tennyson Makiwane, 29.9.2008, www.politicsweb.co.za/news-and-analysis/the-murder-of-tennyson-makiwane (letzter Zugriff: 21.7.2016).
Ders.: Ethel de Keyser, Obituary, in: The Independent, 31.7.2004, www.independent.co.uk/news/obituaries/ethel-de-keyser-550197.html (letzter Zugriff: 28.6.2016).
Wildgen, Michelle: The Rise of American Girl Rebecca Rubin, Forward 2.1.2013, forward.com/culture/168334/the-rise-of-american-girl-rebecca-rubin/ (letzter Zugriff: 5.5.2016).
Yadley, William: Mervyn Susser, 92, Dies; Studied Illness and Society, in: New York Times, 26.8.2014, www.nytimes.com/2014/08/27/us/mervyn-susser-92-dies-studied-illness-and-society.html?_r=0 (letzter Zugriff: 1.8.2016).
Zubrycki, Tom: »Secret Safari«, 2001, www.youtube.com/watch?v=foqURw31gmc (letzter Zugriff: 7.7.2016).
Zuma, Jacob: Rede zum 60. Jubiläum der Freedom Charter am 27.6.2015, anceasterncape.org.za/celebration-of-60th-anniversary-of-the-freedom-charter/ (letzter Zugriff: 14.12.2015).
Zoominfo, www.zoominfo.com

8.d Periodika

Einige Zeitschriften sind als Teil des Programms »Digital Innovation South Africa« der Universität von KwaZuluNatal online unter www.disa.ukzn.ac.za/Journals abzurufen.

Africa South / Africa South in Exile
African Communist
Cape Argus
Concord (Newsletter of the Alan Paton Centre)
Dawn
Fighting Talk
The Guardian / Clarion / New Age / Spark (Südafrika)
The Guardian (London)
The Independent
Lakeland Ledger
Searchlight South Africa
Sechaba
Jewish Report / South African Jewish Report
Cape Jewish Report
Jewish Affairs
Mail & Guardian (mg.co.za)
Daily Maverick (dailymaverick.co.za)

8.e Literatur und gedruckte Quellen

Adam, Heribert: Südafrika. Soziologie einer Rassengesellschaft, Frankfurt a. M. 1969.

Ders.: Einheimischer Kolonialismus: Das Beispiel Südafrika, in: Das Argument, 12. Jg. (1970), H. 59, S. 518–529.

Ders. / Kogila Moodley: Imagined Liberation. Xenophobia, Citizenship and Identity in South Africa, Germany, and Canada, Philadelphia u. a. 2015.

Ders./dies.: Seeking Mandela. Peacemaking Between Israelis and Palestinians, Philadelphia 2005.

Ders./dies.: The Negotiated Revolution. Society and Politics in Post-Apartheid South Africa, Kapstadt 1993.

Adams, James: The Unnatural Alliance. Israel and South Africa, London u. a. 1984.

Adler, Taffy: Lithuania's Diaspora. The Johannesburg Jewish Worker's Club, 1928–1948, in: Journal of Southern African Studies, Jg. 6 (1979), H. 1, Special Issue on Urban Social History, S. 70–92.

Adler, Franklin Hugh: South African Jews and Apartheid, in: Patterns of Prejudice, Jg. 34 (2000), H. 4, S. 23–36.

Ders.: South African Jews and Apartheid, in: Macalester International, Jg. 9 (2000), H. 1, S. 185–197 (online abrufbar unter digitalcommons.macalester.edu/macintl/vol9/iss1/12 [letzter Zugriff: 10.6.2016]).

Adorno, Theodor W.: Negative Dialektik, Gesammelte Schriften 6, Frankfurt a. M. 1997, S. 7–412.

Ainslie, Rosalynde: The Unholy Alliance, o. O., o. D. [London 1962].

Anderl, Gabriele: Österreichisches Exil in Südafrika am Beispiel von Fred Prager, Vortrag im Rahmen der Konferenz »Going East – Going South: Österreichisches Exil in Asien und Afrika«, Graz, 19 und 20.10.2012, www.clio-graz.net/index.php?option=com_content&view=article&id=50&Itemid=52 online ist der Vortrag hör- und herunterladbar unter cba.fro.at/250370 (letzter Zugriff: 3.12.2015).

Anderson, Benedict: Imagined Communities, London 2006.

Andresen, Knud / Linde Apel / Kirsten Heinsohn: Es gilt das gesprochene Wort. Oral History und Zeitgeschichte heute, in: dies.: Es gilt das gesprochene Wort. Oral History und Zeitgeschichte heute, Göttingen 2015, S. 7–22.

Ansell, Gwen: Soweto Blues. Jazz, Popular Music, and Politics in South Africa, New York 2005.

Arendt, Hannah: Elemente und Ursprünge totaler Herrschaft, Frankfurt a. M. 1955.
Aschheim, Steven: At The Edges of Liberalism. Junctions of European, German und Jewish History, New York 2012.
Ders.: Spiegelbild, Projektion, Zerrbild. »Ostjuden« in der jüdischen Kultur in Deutschland, in: Osteuropa 58 (2008), S. 67–81.
Auerbach, Franz: No Single Loyalty. Many Strands One Design: A South African Teacher's Life, Münster 2002.
Ders.: Do We Apologise? South African Jewish Community Responses to Apartheid, in Jewish Affairs, Jg. 52 (1997), H. 1, S. 31–35.
Badat, Saleem: The Forgotten People. Political Banishment under Apartheid, African Social Studies Series 29, Leiden/Boston 2013.
Barben, Tanya: »Etabeni«: A Home in Lusaka Away From Home, in: Robin Palmer (Hrsg.): A House in Zambia. Recollections of the ANC and Oxfam at 250 Zambezi Road, Lusaka, 1967–97, Lusaka 2008, S. 29–34.
Bartusevicius, Vincas / Joachim Tauber / Wolfram Wette (Hg.): Der Holocaust in Litauen. Krieg, Judenmord und Kollaboration im Jahre 1941, Köln u. a. 2003.
Bauer, Yehuda: Der Tod des Schtetls, Frankfurt a. M. 2013.
Basner, Miriam (Hg.): Am I an African? The Political Memoirs of HM Basner, Johannesburg 1993.
Beinart, William: Twentieth-Century South Africa, Oxford 2001.
Ders.: Chieftancy and the Concept of Articulation, in: ders. / Saul Dubow, Segregation and Apartheid, S. 176–188.
Ders.: / Saul Dubow, Introduction, in: dies. (Hg.): Segregation and Apartheid in Twentieth Century South Africa, S. 1–24.
Ders./ders. (Hg.): Segregation and Apartheid in Twentieth Century South-Africa, Rewriting Histories, London / New York 1995.
Bell, Terry (mit Dumisa Buhle Ntsebeza): Unfinished Business. South Africa, Apartheid and Truth, London 2003.
Benson, Mary: The Sun Will Rise, London 1974.
Benneyworth, Garth: Bechuanaland's Aerial Pipeline: Intelligence and Counter Intelligence Operations against South African Liberation Movements, 1960–1965, in: South African Historical Journal, 70. Jg. (2018), H. 1, S. 1–16.
Ders.: Rolling up Rivonia: 1962–1963, in: South African Historical Journal, Jg. 69 (2017), H. 3, S. 404–417.
Berg, Nicolas: Luftmenschen. Zur Geschichte einer Metapher, Göttingen 2008.
Bergbauer, Knut / Stefanie Schüler-Springorum: »Wir sind jung, die Welt ist offen …«. Eine jüdische Jugendgruppe im 20. Jahrhundert, Berlin 2002.

Bernstein, Rusty [Lionel]: Memory Against Forgetting. Memoirs of a Life in South African Politics, 1938–1964, Johannesburg 1999.
Ders.: I Think of Bram Fischer, in: Fighting Talk, September 1953, S. 2.
Ders.: In Defence of Liberals, in: Fighting Talk, September 1953, S. 14.
Ders.: Letters to the Editor: In Defence of Liberals, in: Fighting Talk, September 1953, S. 14.
Ders.: Federal Futility, in: Fighting Talk, Juni 1953, S. 4.
Bernstein, Hilda: A Life of One's Own, Johannesburg 2002.
Dies.: The Rift. The exile Experience of South Africans, London 1994.
Dies.: South Africa. The Terrorism of Torture, London 1972.
Dies.: For their Triumph and their Tears, London 1975.
Dies.: The World that was Ours, London 1967.
Dies.: Don't Look Now, But ..., in: Fighting Talk, August 1955, S. 3 f.
Berth, Christiane: Die Kindertransporte nach Großbritannien 1938/39. Exilerfahrung im Spiegel lebensgeschichtlicher Interviews, Hamburger Zeitspuren 3, Hamburg 2005.
Bethlehem, Louise: Membership, Dismemberment and the Boundaries of the Nation – Manfred Nathan's Sarie Marais: A Romance of the Anglo-Boer War, in: African Studies, Jg. 63 (2004), H. 1, S. 95–117.
Black, David / John Nauright: Rugby and the South African nation. Sport, cultures, politics and power in the old and new South Africa, Manchester / New York 1998.
Bloom, Harold / Pat Williams, King Kong. The African Jazz Opera, London 1961.
Bornstein. Heini: Von Basel bis zum Kinnuz Lehavot Habaschan. Der Lebensweg eines sozialistischen Zionisten, Köln u.a. 2015.
Borochow, Ber: Klassen und Nation. Zur Theorie und Praxis des jüdischen Sozialismus, Berlin 1912.
Braam, Connie: Operation Vula, Kapstadt 2004.
Braude, Claudia: Commissioning, Community, and Conscience, in: Safundi, Jg. 10 (2009), H. 1, S. 77–90.
Dies.: Reply, in: Safundi, Jg. 10 (2009), H. 1, S. 95–98.
Dies.: Introduction, in: dies. (Hg.): Contemporary Jewish Writing in South Africa, Kapstadt 2001, S. ix–lxxvi.
Dies.: From the Brotherhood of Man to the World to Come: The Denial of the Political in Rabbinic Writing under Apartheid, in: Sander L. Gilman / Milton Shain (Hg.): Jewries at the Frontier. Accommodation, Identity, Conflict, Urbana/Chicago 1999, S. 259–289.

Breier, Mignonne: The Death that Dare(d) Not Speak its Name: The Killing of Sister Aidan Quinlann in the East London Riots of 1952, in: Journal of Southern African Studies, Jg. 41 (2015), H. 6, S. 1151–1165.

Brenner, Michael / Gideon Reuveni (Hg.): Emanzipation durch Muskelkraft. Juden und Sport in Europa, Jüdische Geschichte, Religion und Kultur 3, Göttingen 2006.

Brinkmann, Tobias: »Mit Ballin unterwegs«. Jüdische Migration aus Osteuropa im Transit durch Deutschland, in: Aschkenas, Jg. 17 (2007), H. 1, S. 75–96.

Broun, Kenneth S.: Saving Nelson Mandela. The Rivonia Trial and the Fate of South Africa, Oxford 2012.

Bruk, Shirley: Jews of the »new South Africa«. Attitudes, Believes and Behaviour Patterns: Religiosity, Occasional Report 1, Kapstadt 2003.

Dies. / Milton Shain: Jews in A Changing South Africa. Highlights of the 2005 National Survey, with comparison to the 1998 and earlier surveys, Kapstadt 2010.

Bunting, Brian: The Rise of the South African Reich, Harmondsworth 1964.

Buntman, Fran / Barbara Buntman: »Old Synagogue« and Apartheid Court: Constructing a South African Heritage Site, in: South African Historical Journal Jg. 62 (2010) H. 1, S. 183–201.

Burawoy, Michael: From Liberation to Reconstruction: Theory & Practice in the Life of Harold Wolpe, in: Review of Political Economy, Jg. 31 (2004) H. 102, S. 657–675.

Campbell, James T.: Beyond the Pale. Jewish Immigration and the Left, in: Shain/Mendelsohn, Memories, Realities and Dreams, S. 96–162.

Caplan, Andrew S.: South African Jews in London, London 2011.

Carneson, Lynn: Red in the Rainbow. The Life and Times of Fred and Sarah Carneson, Kapstadt 2010.

Carsten, F. L.: The Court Jews. A Prelude to Emancipation, in: Leo Baeck Institute Yearbook (LBIYB) III (1958), S. 140–156.

Chandler, Timothy J. L.: The Structuring of Manliness and the Development of Rugby Football at the Public Schools and Oxbridge, 1830–1880, in: ders./Nauright, Making Men, S. 13–31.

Ders. / John Nauright: Introduction, in: dies (Hg.): Making Men. Rugby and Masculine Identity, London/Portland 1996, S. 1–12.

Ders./Ders. (Hg.): Making Men. Rugby and Masculine Identity, London/Portland 1996.

Charikar, Shalom: Confronting Rascism – A Role for Jews, in: Jewish Socialist Nr. 1 (1985), S 15 f., S. 24.

Christopher, A. J.: The Atlas of Apartheid, London / New York 2001.
Claris: Conference Expells »Left-Wing« Deviationists, in: Sechaba, August 1985, S. 18–24.
Claussen, Detlev: Weiter als Auschwitz. Eine Einführung, in: Deutscher, Der nicht-jüdische Jude, S. 7–27.
Clingman, Stephen: Bram Fischer. Afrikaner Revolutionary, Johannesburg 2013.
Coetzee, Linda / Myra Osrin / Millie Pimstone: Seeking Refuge. German Jewish Immigration to the Cape in the 1930s, Kapstadt 2003.
Cohen, Percy: Jewish Radicals and Radical Jews, London 1980.
Cohen, Robin: Frontiers of Identity. The British and the Others, London / New York 1994.
Ders.: Global Diasporas. An Introduction, London 1997.
Cohen, Rina: From Ethnonational Enclave to Diasporic Community: The Mainstreaming of Israeli Jewish Migrants in Toronto, in: Diaspora, Jg. 8 (1999), H. 2, S. 121–136.
Cohen, Roger: The Girl from Human Street, London 2015.
Cohen, Stephen: The South African Zionist Federation and the South African Jewish Board of Deputies: Samuel Goldreich and Max Langermann, in: Kaplan/Robertson, Founders and Followers, S. 197–210.
[Cohn, Gerhard]: Letters to the Editor: In Defence of Liberals, in: Fighting Talk, September 1953, S. 14.
Cole, G. D. H.: The Anatomy of Revolution, in: Africa South, Jg. 3 (1959), H. 3, S. 7–11.
Cook, Allen: South Africa: The Imprisoned Society, London 1974.
Cook, Al[len]: The International Defence and Aid Fund for Southern Africa or IDAF, in: SADET, The Road to Democracy, Bd. 3/1, S. 141–25.
Cousins, R[oy]: I Fought for My Country, in: Fighting Talk, Jg. IX (1953) H. 4, S. 1.
Cronin, Jeremy: Inside, Johannesburg 1983.
Dalama, Lindelwa: »Om 'n Gifsak te Versteek«. »King Kong«, the Apartheid State and the Politics of Movement, 1959–1961, in: SAMUS South African Music Studies, Jg. 33 (2013), H. 1, S. 61–81.
Danziger, Kurt: Confessions of a Marginal Psychologist, in: Lendeert P. Mos [Hg.]: History of Psychology in Autobiography, Path in Psychology, Dordrecht u. a. 2009, S. 89–129.
Davidson, Donald: Handlungen, Grunde und Ursachen, in: ders.: Handlung und Ereignis, Frankfurt a. M. 1985, S. 19–42.
Daymond, Margret J./Corinne Sandwith: Introduction, in: dies. Africa South, S. 1–14.

Dies./Dies. (Hg.): Africa South. Viewpoints, 1956–1961, Durban 2011.
Diamond, Denis: South Africa in: American Jewish Yearbook 1980, S. 274–281.
Diner, Dan: Editorial, in: Behemoth, Jg. 1 (2008), H. 2, S. 1–3.
Ders.: Geschichte der Juden – Paradigma einer europäischen Historie, in: Gerald Stourzh (Hg. unter der Mitarbeit von Barbara Haider und Ulrike Harmat): Annäherungen an eine europäische Geschichtsschreibung, Archiv für österreichische Geschichte 137, Wien 2002, S. 85–103.
Ders.: Zweierlei Emanzipation, in: ders.: Gedächtniszeiten. Über jüdische und andere Geschichten, München 2003, S. 124–134.
Ders. / Jonathan Frankel: Introduction, in: dies. (Hg.): Dark Times, Dire Decisions. Jews and Communism, Studies in Contemporary Jewry XX, Oxford 2004, S. 3–12.
Demant, P.: Obituary Hilliard Festenstein, in: International Journal of Immunogenetics, Jg. 16 (1989), H. 4–5, S. 255f.
Delius, Peter: Sabatkgomo and the Zoutpansberg Balemi Association. The ANC, the Communist Party and Rural Organization, 1939–1955, in: The Journal of African History, Jg. 34 (1993), H. 2, S. 293–313.
Deutscher, Issac: Der nicht-jüdische Jude, in: ders.: Der nicht-jüdische Jude und andere Essays, Berlin 1988, S. 59–74.
Diepen, Maria van (Hg.): The National Question in South Africa, London 1988.
Dohrn, Verena / Ann-Christin Saß: Einführung, in: Verena Dohrn / Gertrud Pickhan: Transit und Transformation. Osteuropäisch-jüdische Migranten in Berlin 1918–1939, Charlottengrad und Scheunenviertel 1, Göttingen 2010.
Dolny, Helena: Introduction, in: Slovo, Unfinished, S. xi–xvii.
Drew, Allison: Govan Mbeki's Peasants' Revolt, in: Kepe/Ntsebeza, Rural Resistance, S. 67–89.
Dies.: Discordant Comrades. Identities and Loyalties on the South African Left, Aldershot 2000.
Dies.: The theory and practice of the agrarian question in South African socialism, 1928–60, in: Journal of Peasant Studies, Jg. 23 (1996), H. 2–3, S. 53–92.
Dubow, Saul: Apartheid, 1948–1994, Oxford 2014.
Ders.: The African National Congress, Stroud 2000.
Ders.: Scientific Racism in Modern South Africa, Cambridge 1995.
Ders.: Racial Segregation and the Origins of Apartheid in South Africa, 1919–1936, New York 1989.
Ders. / Alan Jeeves (Hg.): South Africa's 1940s. Worlds of Possibilities, Kapstadt 2010.
Dudley Edwards, Ruth: Victor Gollancz. A Biography, London 1987.

Ebrahim, Ebrahim Ismael: Contribution of Indians to the Struggle Against Apartheid: 1948–1994, in: Africa Quarterly, Jg. 39 (1999), Nr. 3, Special Issue: South Africans of Indian Origin, S. 119–135.

Eckel, Jan: Verschlungene Wege zum Ende der Apartheid. Südafrika in der internationalen Menschenrechtspolitik 1945–1994, in: Zeithistorische Forschungen, Jg. 13 (2016) H. 2, S. 306–313 (online unter www.zeithistorische-forschungen.de/2-2016/id=5362 [letzter Zugriff: 7.9.2016]).

Ders.: Die Ambivalenz des Guten. Menschenrechte in der internationalen Politik seit den 1940er Jahren, Göttingen 2014.

Ders.: Neugeburt der Politik aus dem Geist der Moral, in: ders./Moyn, Moral für die Welt?, S. 22–67.

Ders. / Samuel Moyn (Hg.): Moral für die Welt? Menschenrechtspolitik in den 1970er Jahren, Schriftenreihe der FRIAS School of History 5, Göttingen 2012.

Editors: The Dogs of War, in: Searchlight South Africa, Jg. 2 (1991), H. 3 (= Nr. 7), S. 19–31.

Egan, Anthony: Detention without Trial: the Experience of the Reverend Douglas Thompson in the South African State of Emergency, 1960, in: Studia Historiae Ecclesiaticae, Jg. 35 (2009), H. 1, S. 243–256.

Elazar, Daniel J.: Jewish Communities in Frontier Societies. Argentina, Australia, and South Africa, New York / London 1983.

Ellis, Stephen: External Mission. The ANC in Exile, 1960–1990, London 2012.

Ders.: The Genesis of the ANC's Armed Struggle in South Africa 1948–1961, in: Journal of Southern African Studies, Jg 37 [2011], H. 4, S. 657–676.

Ders.: Mbokodo: Security in ANC Camps, 1960–1990, in: African Affairs (1994), 93, S. 279–298.

Ders. / Tsepo Sechaba (d.i. Onyama Mabandla): Comrades against Apartheid. The ANC and the South African Communist Party in Exile, London u. a. 1992.

Enwezor, Okwui / Rory Bester (Hg.): The Rise and Fall of Apartheid. Photography and the Bureaucracy of Everyday Life, New York u.a. 2013.

Erasmus, Yvonne / Yoon Jung Park: Racial Classification, redress and citizenship: The case of Chinese South Africans, in: Transformation, Nr. 68 (2008), S. 99–109.

Erasmus, Zimitri: Apartheid race categories: daring to question their continued use, in: Transformation, Nr. 79 (2012), S. 1–11.

Erb, Cynthia Maire: Tracking King Kong. A Hollywood Icon in World Culture, Detroit 2009.

Everatt, James: The Origins of Non-Racialism. White Opposition to Apartheid in the 1950s, Johannesburg 2009.

Ders.: Alliance Politics of a Special Type. The Roots of the ANC/SACP Alliance, 1950–1954, in: Journal of Southern African Studies, Jg. 18 (1992), H. 1, Special Issue: Social History of Resistance in Southern Africa, S. 19–39.

Fachler, Dovidi: The John Schlapobersky Affair, in: Jewish Affairs, Jg. 68 (2013), H. 3, S. 10–14.

Fairbairn, James (d.i. Jack Halpern): Zeerust: A Profile of Resistance, in: Africa South, Jg. 2 (1958), H. 3, S. 30–38.

Ders.: The Sekhukhuneland Terror, in Africa South, Jg. 3 (1959), H. 1, S. 16–21.

Feinberg, Barry: Time to Tell. An Activist's Story, Johannesburg 2009.

Feinberg, Tali: Herzlia pupils face discipline over Israel Protest, in: South African Jewish Report, Jg. 22, Nr. 40, 16.11.2018, S. 8.

Feinstein, Charles H.: An Economic History of South Africa. Conquest, Discrimination and Development, Cambridge 2005.

Feld, Marjorie N.: Nations Divided. American Jews and the Struggle Over Apartheid, New York 2014.

Fieldhouse, Roger: Anti-Apartheid. A History of the Movement in Britain. A Study in Pressure Group Politics, London 2005.

Filatova, Irina / Apollon Davidson: The Hidden Thread. Russia and South Africa in the Soviet Era, Johannesburg/Kapstadt, 2013.

Dies.: The Lasting Legacy: The Theory of the national-Democratic Revolution and South Africa, in: South African Historical Journal, Jg. 64 (2012), H. 3, S. 507–537.

Fink, Katharina: »Africa's Leading Magazine«. Zur Geschichte von »Drum«, einer Ikone des Journalismus, in: Zeithistorische Forschungen, Online-Ausgabe, 13 (2016), H. 2, URL: www.zeithistorische-forschungen.de/2-2016/id=5366 (letzter Zugriff: 18.6.2016), Druckausgabe: S. 324–336.

First, Ruth: Gefangener Mut. 117 Tage in einem südafrikanischen Gefängnis, Frankfurt a. M. 1991.

Dies.: After Soweto: A Response, in: Review of African Political Economy, Jg. 5 (1978), H. 11, S. 93–100.

Dies.: Foreign Investment in Apartheid South Africa, Objective Justice, Jg. 5 (1973) H. 2.

Dies.: Portugal's Wars in Africa, London 1971.

Dies.: The Barrel of a Gun. Political Power in Africa and the Coup d'État, London 1970.

Dies.: Preface, in: Mbeki, The Peasants' Revolt, S. 9–14.

Dies.: South West Africa, Harmondsworth 1963.

Dies.: The Gold of Migrant Labour, in: Africa South in Exile, Jg. 5 (1961) H. 3,

S. 7–31, wiederveröffentlicht in: Review of African Political Economy, Jg. 9 (1982), H. 25, S. 5–21.
Dies.: Farm Slave Scheme Cracks, New Age 11. Juli 1959, in: Pinnock, Voices of Liberation, S. 62.
Dies. (Hg.): South Africans in the Soviet Union, o.O., o.J.
Dies. / Jonathan Steele / Christabel Gurney: The South African Connection. Western Investment in Apartheid, London 1972 (wiederveröffentlicht Harmondsworth 1973).
Dies. / Ann Scott: Olive Schreiner, London 1980.
Forman, Lionel: A Tumpet from the Housetops, London u.a. 1992.
Ders. / E. S. (Solly) Sachs: The South African Treason Trial, London 1957.
Forman, Sadie / André Odendaal: Introduction, in: Forman, Trumpet, S. xiii–xxxiii.
Franco, M.: Hair, in: Jewish Encyclopedia, Bd. VI, New York / London 1904, S. 157–160.
Frankel, Glenn: The Road to Rivonia: Jewish Radicals and the Cost of Conscience in White South Africa, in: Milton Shain / Richard Mendelsohn, Memories, Realities and Dreams, S. 187–198.
Ders.: Rivonia's Children. Three Families and the Cost of Conscience in White South Africa, New York 1999.
Freedland, Michael: Rabbi Cyril Harris, in: The Guardian, 16.9.2004, (online abrufbar unter: www.theguardian.com/news/2005/sep/16/guardianobituaries.southafrica [letzter Zugriff: 28.7.2016]).
Frederikse, Julie: The Unbreakable Thread. Non-Racialism in South Africa, London 1990.
Friedman, Steven: Race, Class and Power. Harold Wolpe and the Radical Critique of Apartheid, Pietermaritzburg 2015.
Ders.: Whose Liberation? A Partly-Forgotten Left Critique of ANC Strategy and Its Contemporary Implications, in: Journal of Asian and African Studies, Jg. 47 (2012), H. 1, S. 18–32.
Furlong, Patrick J.: Between Crown and Swastika. The Impact of the Radical Right on the Afrikaner Nationalist Movement in the Fascist Era, Hanover/London 1991.
Garuba, Harry: Race classifications, indicators and praxis: a response to Rugguman and Maré, Lefko-Everett, and Erwin, in: Transformation, Nr. 79 (2012), S. 114–118.
Gebhardt, Miriam: Das Familiengedächtnis. Erinnerung im deutsch-jüdischen Bürgertum 1890 bis 1932, Studien zur Geschichte des Alltags 16, Stuttgart 1999.

Gilbert, Shirli: Jews and the Racial State. Legacies of the Holocaust in Apartheid South Africa, in: Jewish Social Studies, n.s. Jg. 16 (2010) Nr. 3, S. 32–64.
Dies.: Singing Against Apartheid, in: Journal of Southern African Studies, Jg. 33 (2007) H. 2, S. 421–441.
Giles, Ben: Stalin. An Obituary, in: Fighting Talk, April 1953, S. 4.
Giliomee, Hermann: The Afrikaners. History of a People, Charlottesville 2003.
Gilman, Sander: The Jewish Nose, in: Ders.: The Jew's Body, New York / London 1991, S. 169–193.
Ders.: Jüdischer Selbsthass. Antisemitismus und die verborgene Sprache der Juden, Frankfurt/M. 1993.
Ders.: Thoughts on the Jewish Body, Baseball, and the Problem of Integration, in: Ezra Mendelsohn (Hg.): Jews and the Sporting Life, Studies in Contemporary Jewry XXIII, Oxford 2008, S. 5–16.
Glass, Ruth: Newcomers. The West Indians in London, London 1960.
Glasser, Mona: King Kong, A Venture in the Theatre, Kapstadt 1960.
Godley, Andrew: Jewish Immigrant Entrepreneurship in New York and London 1880–1914. Enterprise and Culture, Basingstoke 2001.
Goedertier, Wouter: Erst radikal, dann liberal? Die belgische Anti-Apartheid-Bewegung in den 1980er Jahren, in: Hanno Balz / Jan-Hendrik Friedrichs (Hg.): »All We Ever Wanted …«. Eine Kulturgeschichte europäischer Protestbewegung der 1980er Jahre, Rosa-Luxemburg-Stiftung Manuskripte 98, Berlin 2012, S. 224, S. 227.
Goldberg, Denis: »Ich glaube, dass der ANC einen Weckruf braucht«, in: Sozialismus 3/2014, S. 35–41.
Ders.: The Mission. A Life for Freedom in South Africa, Johannesburg 2010.
Greenberg, Stanley B.: Ideological Struggles within the South African State, in: Shula Marks / Stanley Trapido (Hg.): The Politics of Race, Class and Nationalism in Twentieth-Century South Africa, Harlow 1987, S. 389–418.
Grinberg, León / Rebeca Grinberg: Psychoanalyse der Migration und des Exils, München/Wien 1990.
Grözinger, Elvira: Die schöne Jüdin. Klischees, Mythen und Vorurteile über Juden in der Literatur, Berlin/Wien 2003.
Grundlingh, Albert: Playing for Power? Rugby, Afrikaner Nationalism and Masculinity in South Africa, c. 1900-c. 1970, in: Chandler/Nauright, Making Men, S. 181–204.
Guesnet, François: Die Politik der »Fürsprache« – Vormoderne jüdische Interessenvertretung, in: Dan Diner (Hg.): Synchrone Welten. Zeitenräume jüdischer Geschichte, Göttingen 2005, S. 67–92.

Guildford, Joshua: Turning Inwards: The Politics of Privacy in the New American Cinema, in: Timothy S. Brown / Andrew Lison (Hg.): The Global Sixties in Sound and Vision. Media, Counterculture, Revolt, New York 2014, S. 65–82.

Gurney, Christabel: The 1970s: The Anti-Apartheid Movement's Difficult Decade, in: Journal of Southern African Studies, Jg. 35 (2009), H. 2, 2009, S. 471–487.

Dies.: »A Great Cause«. The Origins of the Anti-Apartheid Movement, June 1959-March 1960, in: Journal of South African Studies, Jg. 26 (2000), H. 1, S. 123–144.

Gutman, Israel (Hg.): Die Enzyklopädie des Holocaust. Die Verfolgung und Ermordung der europäischen Juden, 3 Bde., Berlin 1993, Bd. II (hrsg. von Eberhard Jäckel u. a.): H-R, S. 869–873.

Harmel, Michael: Revolutions are not abnormal, in: Africa South, Jg. 3 (1959), H. 2, S. 12–17.

Harmel, Ray: Ray's Story (1993), in: Historical Papers A3300, C2.

Hartewig, Karin: Zurückgekehrt. Die Geschichte der jüdischen Kommunisten in der DDR, Köln u.a. 2000.

[Harris, Cyril:] A Jewish Tribute, in: Slovo, Unfinished Autobiography, S. 201f.

Harrison, Rob / Terry Newholm / Deidre Shaw (Hg.): The Ethical Consumer, London u.a. 2005.

Haumann, Heiko: Geschichte der Ostjuden, München 1998.

Haury, Thomas: Antisemitismus von links. Kommunistische Ideologie, Nationalismus und Antizionismus in der frühen DDR, Hamburg 2002.

Hellig, Jocelyn / Myra Osrin / Millie Pimstone: Seeking Refugee. German Jewish Immigration to Johannesburg in the 1930s, o.O. [Johannesburg] 2005.

Hellmann, Stephen / Lindsay Talmud (Hg.): Ideally Speaking. Interviews with South African and ex-South African Jews, London 2011.

Heppel, Jason L.: Party Recruitment: Jews and Communism in Britain, in: Diner/Frankel, Dark Times, S. 148–167.

Hepple, Alex: Workers under Apartheid, London 1971.

Hepple, Bob: Young Man with a Red Tie. A Memoir of Mandela and the Failed Revolution, 1960–1963, Johannesburg 2013.

Herbstein, Denis: White Lies. Canon Collins and the Secret War Against Apartheid, Kapstadt/Oxford 2004.

Herman, Chaya: The Jewish Community in the Post-Apartheid Era: Same Narrative, Different Meaning, in: Transformation Nr. 63 (2007), S. 23–44.

Hilferding, Rudolf: Das Finanzkapital. Eine Studie über die jüngste Entwicklung des Kapitalismus, Berlin 1947.

Hirson, Baruch: A History of the Left in South Africa. Writings of Baruch Hirson, London / New York 2005.
Ders.: Entryism and the CPSA: 1923–35, in ders., History of the Left, S. 44–52.
Ders.: The early Trotzkyist groups in South Africa, in ders., History of the Left in South Africa, S. 88–105.
Ders.: The Defiance Campaign, 1952, in: ders.: A History of the Left in South Africa, S. 133–155.
Ders.: A short history of the NEUM: an insider's view, in: ders.: A History of the Left in South Africa, S. 156–179.
Ders.: The Cape Town Intellectuals. Ruth Schechter and her Circle, 1907–1934, Kapstadt 2001.
Ders.: Revolutions in My Life, Johannesburg 1995.
Ders.: The Election of a Government, in: Searchlight South Africa Jg. 3 (1995), H. 4 (=Nr. 12), S. 6–13.
Ders.: Return of an Exile: September 1991, in: Searchlight South Africa, Jg. 2 (1992), H. 4 (=Nr. 8), S. 33–61.
Ders.: Yours for the Union. Class and Community Struggle in South Africa, London 1989/Johannesburg 1990.
Heyden, Ulrich van der: Zwischen Solidarität und Wirtschaftsinteressen. Die »geheimen« Beziehungen der DDR zum südafrikanischen Apartheidregime, Die DDR und die Welt 7, Münster u. a. 2005.
Hobsbawm; Eric / Terence Ranger (Hg.): The Invention of Tradition, Cambridge 2010.
Hodgson, Rica: Foot Soldier for Freedom. A Life in South Africa's Liberation Movement, Johannesburg 2010.
Horkheimer, Max / Theodor W. Adorno: Dialektik der Aufklärung. Philosophische Fragmente, in: Max Horkheimer: Gesammelte Schriften, Bd. 5, Frankfurt a. M. 1987, S. 11–290.
Horwitz, Allan: Yom Ha'atzmaut Concert: »Stop the JNF« Endorsed Outside Demonstration, in: South African Jewish Report, 26.4.–3.5.2013, S. 8.
Horwitz, Ralph: The Political Economy of Apartheid, London 1967.
Houston, Gregory: The post-Rivonia ANC/SACP underground, in: SADET, The Road to Democracy, Bd. 1, S. 601–660.
Howe, Irving: World of our Fathers, New York 1976.
Hudson, Peter: Images of the Future and Strategies in the Present: The Freedom Charter and the South African Left, in: Philip Frankel / Noam Pines / Mark Swilling (Hg.): State, Resistance and Change in South Africa, London u. a. 1988, S. 259–277.

Hyslop, Jonathan: Ghandi, Mandela, and the African Modern, in: Sarah Nuttall / Achille Mbembe (Hg.): Johannesburg. The Elusive Metropolis, Durham, N.C./London 2005, S. 119–136.

Israel, Mark: South African Political Exile in the United Kingdom, Basingstoke 1999.

Ders.: Crimes of the state: Victimisation of South African political exiles in the United Kingdom, in: Crime, Law & Social Change, Nr. 29 (1998), S. 1–29.

Ders.: The »strangest of minorities«: the shifting visibility of South African post-war migration to Britain, in: New Community, Jg. 22 (1996), H. 3, S. 479–493.

Ders. / Simon Adams: »That spells Trouble«. Jews and the Communist Party of South Africa, in: Journal of Southern African Studies, Jg. 26 (2000), H. 1, S. 145–162.

Jacobs, Jack: Bundist Counter Culture in Interwar Poland, Syracuse 2009.

Jensen, Steven L. B.: Embedded or Exceptional? Apartheid and the International Politics of Racial Discrimination, in: Zeithistorische Forschungen, Jg. 13 (2016) H. 2, S. 314–323 (online abrufbar unter www.zeithistorische-forschungen.de/2-2016/id=5364 [letzter Zugriff: 6.9.2016]).

Joffe, Joel: The State vs. Nelson Mandela. The Trial that Changed South Africa, Oxford 2007.

Joseph, Helen: Side by Side, London 1986.

Dies.: Tomorrow's Sun. A Smuggled Journal From South Africa, London 1966.

Kahn, Sam: Jewry in the Soviet Union, in: [Ruth First (Hg.)]: South Africans in the Soviet Union, o.O., o.J. [1953–1954]. 24 ff.

Kantor, James: A Healthy Grave, Berlin 1969.

Karis, Thomas / Gwendolen Carter (Hg.): From Protest to Challenge. A Documentary of African Politics in South Africa, 1882–1964, Bd. 2: Hope and Challenge, 1935–1952, Stanford 1973.

Ders./dies. (Hg.): From Protest to Challenge. A Documentary of African Politics in South Africa, 1882–1964, Bd. 3: Challenge and Violence, 1953–1964, Stanford 1977.

Kaplan, Mendel / Marian Robertson (Hg.) Founders and Followers. Johannesburg Jewry, 1887–1915, Kapstadt 1991.

Ders./dies.: Introduction, in: dies (Hg.): Founders and Followers, S. 10–16.

Ders./dies.: The Formation of the Johannesburg Jewish Community 1887–1915: An overview, in: dies., Founders and Followers, S. 17–34.

Karady, Victor: The Jews of Europe in the Modern Era. A Socio-Historical Outline, Budapest / New York 2004.

Kasrils, Ronnie: Armed and Dangerous. From Undercover Struggle to Freedom, Johannesburg 2013 (im Text als Armed and Dangerous II angegeben).

Ders.: Introduction, in: Ken Keable (Hg.): The London Recruits. The Secret War against Apartheid, Pontypool 2012, S. 1–20.

Ders.: Armed and Dangerous. My undercover Struggle against Apartheid, Oxford 1993.

Kathrada, Ahmed: Memoirs, Kapstadt 2004.

Katz, Jakob: Varianten des jüdischen Aufklärungserlebnisses, in: ders.: Zwischen Messianismus und Zionismus. Zur jüdischen Sozialgeschichte, Frankfurt a. M. 1993.

Keable, Ken (Hg.): London Recruits. The Secret War Against Apartheid, Pontypool 2012.

Kenny, Kevin: Diaspora. A very short Introduction, Oxford 2013.

Kepe, Thembela / Lungisilie Ntsebeza (Hg.): Rural Resistance in South Africa. The Mpondo Revolts after Fifty Years, Leiden/Boston 2011.

Keppel-Jones, Arthur: When Smuts Goes, London 1947.

Kessler, Mario: Zionismus und internationale Arbeiterbewegung, 1897 bis 1933, Berlin 1994.

Ketelo, Bandile, u.a.: A miscarriage of Democracy: The ANC Security Department in the 1984 Mutiny, in: Searchlight South Africa, Jg. 2, (1990) H. 1, (= Nr. 5), S. 35–65.

Dies.: Open Letter to Mr Mandela, in: Searchlight South Africa, Jg. 2, (1990) H. 1 (= Nr. 5), S. 66 ff.

Kiley, Denis: The Pondoland Massacre, in: Africa South, Jg. 5 (1960), H. 1, S. 7–12.

Kitson, Norma: Where Sixpence lives, London 1986.

Klein, Genevieve: The British Anti-Apartheid Movement and the Political Prisoners Campaign 1973–1980, in: Journal of Southern African Studies, Jg. 35 (2009, Nr. 2 (Special Issue on Exile), S. 455–470.

Koselleck, Reinhart: »Erfahrungsraum« und »Erwartungshorizont« – zwei historische Kategorien, in: ders.: Vergangene Zukunft. Zur Semantik geschichtlicher Zeiten, Frankfurt a. M. 1989, S. 349–375.

Kruger, Loren: The Drama of South Africa. Plays, Pageants and Publics Since 1910, London 1999.

Krut, Riva: The Making of a South African Jewish Community, in: Belinda Bozzoli (Hg.): Class, Community and Conflict. South African Perspectives, Johannesburg 1987, S. 135–159.

Kugelmass, Jack: Why Sports?, in: ders. (Hg.): Jews, Sports, and the Rites of Citizenship, Urbana/Chicago 2007, S. 3–30.

Landau, Paul S.: The ANC, MK and the »Turn to Violence« (1960–1962), in: South African Historical Journal, Jg. 64 (2012), H. 3, S. 538–563.

Ders.: Controlled by Communists? (Re)Assessing the ANC in its Exilic Decades, in: South African Historical Journal, Jg. 67 (2015) H. 2, S. 222–241.

Lazerson, Joshua: Against the Tide. Whites against the Struggle Against Apartheid, Mayibuye History 50, Boulder u.a. 1994.

Leftwich, Adrian: I Gave the Names, in: Granta, No. 78: Bad Company (2002), S. 9–31.

Legassick, Martin / Harold Wolpe: The Bantustans and Capital Accumulation in South Africa, in: Review of African Political Economy, Nr. 7 (1976), Special Issue on South Africa, S. 87–107.

Leibowitz, Julie: Right to protest is enshrined in our constitution, in: South African Jewish Report, Jg. 22, Nr. 40, 16.11.2018, S. 8.

Lenin: Kritische Bemerkungen zur nationalen Frage, in: Lenin Werke Bd. 20, S. 1–37.

Lerumo, A. [d. i. Michael Harmel]: Fifty Fighting Years. The South African Communist Party 1921–1971, London 1971.

Lessing, Theodor: Der jüdische Selbsthaß, Berlin 2004.

Levitan; Esther: The Book of Esther, Tel Aviv 1993.

Levy, Lorna: Radical Engagements. A Life in Exile, Johannesburg 2009.

Levy, Leon: African Trade Unionism in South Africa, in: Africa South in Exile, Jg. 5 (1961), H. 3, S. 32–43.

Ders.: Jewishness and the Liberation Movement – A Help or A Hindrance?, in: Jewish Affairs, Jg. 63 (2008), Nr. 3.

Levy, Norman: The Final Prize. My Life in the Anti-Apartheid Struggle, Kapstadt 2011.

Lewin, Hugh: Bandiet. Seven Years in a South African Prison, London 1981.

Ders.: Bandiet. Seven Years in a South African Prison, London 1974 (im Text als Bandiet II angegeben).

Lewin, Julius: No Revolution Round the Corner, in: Africa South, Jg. 3 (1958), H. 1, S. 50–55.

Ders.: Sex, Colour and the Law, in: Africa South, Jg. 4 (1960) Nr. 3, wiederabgedruckt in: Daymond/Sandwith, Africa South, S. 288–294.

Light, Richard / David Kirk: High School Rugby, the Body and the Reproduction of Hegemonic Masculinity, in: Sport, Education and Society, Jg. 5 (2000), H. 2, S. 163–176.

Lissoni; Arianna: Early international Networks of Solidarity with the South African Liberation Struggle, c. 1945–1970, Paper presented at the European Conference on African Studies, Leipzig 4.–7.6.2009.

Dies.: Transformations in the ANC External Mission and Umkhonto we Sizwe, c. 1960–69, in: Journal of Southern African Studies, Jg. 35 (2009) H. 2, S. 287–302.

Lodge, Tom: Secret Party: South African Communists between 1950 and 1960, in: South African Historical Journal, Jg. 67 (2015) H. 4, S. 433–464.

Ders.: Introduction, in: Hirson, History of the Left, S. xiii–xix.

Ders.: Black Politics in South Africa since 1945, London / New York 1983.

Löwy, Michael: Erlösung und Utopie. Jüdischer Messianismus und libertäres Denken. Eine Wahlverwandtschaft, Berlin 2002.

Lühe, Irmela von der / Axel Schildt / Stefanie Schüler-Springorum: Einleitung, in: dies. (Hg.): »Auch in Deutschland waren wir nicht wirklich zu Hause«. Jüdische Remigration nach 1945, Hamburger Beiträge zur Geschichte der deutschen Juden XXXIV, Göttingen 2008, S. 9–18.

Lustiger, Arno: German and Austrian Jews in the International Brigade, in: LBIYB XXXV (1990), S. 297–320

Macmillan, Hugh: Stephen Ellis, External Mission (Review), in: Africa 85 (2015), H. 1, S. 154 ff.

Ders.: Was Madiba co-opted into communism?, in: Mail & Guardian, 17.1.2014, (online abrufbar unter: mg.co.za/article/2014-01-16-was-madiba-co-opted-into-communism [letzter Zugriff: 27.10.2015]).

Ders.: The Lusaka Years. The ANC in Exile in Zambia, Johannesburg 2013.

Ders.: Shishita: A Crisis in the ANC in Exile in Zambia, in: Arianna Lissoni u.a. (Hg.): One Hundred Years of the ANC. Debating Liberation Histories Today, Johannesburg 2012, S. 233–253.

Ders.: The »Hani-Memorandum« – introduced and annotated, in: Transformation, Nr. 69 (2009), S. 106–129.

Ders.: After Morogo: the continuing Crisis in the African National Congress (of South Africa) in Zambia, 1969–1971, in: Social Dynamics, Jg. 35 (2009), H. 2, S. 295–311.

Ders.: The Story of A House – 250 Zambezi Road, Roma Township, Lusaka – The Simons, the ANC and Oxfam, in: Robin Palmer (Hrsg.): A House in Zambia. Recollections of the ANC and Oxfam at 250 Zambezi Road, Lusaka, 1967–97, Lusaka 2008, S. 9–27.

Mager, Anne: The First Decade of »European Beer« in Apartheid South Africa: The State, the Brewers and the Drinking Public, 1962–72, in: The Journal of African History, Jg. 40 (1999), H. 3, S. 367–388.

Magubane, Bernard: Introduction, in: SADET, The Road to Democracy, Bd. 1, S. 1–52.

Ders. u. a.: The turn to armed struggle, in: SADET, The Road to Democracy, Bd. 1, S. 53–146.

Maloka, Eddy: The South African Communist Party. In Exile and after Apartheid, Johannesburg 2013.

Mandela, Nelson: Conversations with Myself, London 2010.

Ders.: Bekenntnisse, München 2010.

Ders.: Der lange Weg zur Freiheit, Frankfurt a. M. 2004.

Mangan, James A.: Games Field and Battlefield: A Romantic Alliance in Verse and the Creation of Militaristic Masculanity, in: Chandler/Nauright, Making Men, S. 140–157.

Mantzaris, Evangelos A.: Radical Community. The Yiddish-speaking Branch of the International Socialist League, 1918–1920, in: Bozzoli, Class, Community and Conflict, S. 160–176.

Ders.: Jewish Trade Unions in Cape Town, South Africa, 1903–1907: A Socio-Historical Study, in: Jewish Social Studies, Jg. 49 (1987), H 3/4, S. 251–264.

Marks, Shula: »Bending the rules«: South African Refugees in the UK, 1960–1990, in: dies. / Paul Weidling / Laura Wintour (Hg.): In Defence of Learning. The Plight, Prosecution and Placement of Academic Refugees, 1933–1980s, Proceedings of the British Academy 169, Oxford 2011, S. 357–279.

Dies.: Afterword: Worlds of Impossibilities, in: Jeeves/Dubow, South Africa's 1940s, S. 267–282.

Dies.: Foreword, in: Baruch Hirson: A History of the Left in South Africa. Writings of Baruch Hirson, London / New York 2005, S. ix–xii.

Dies: Review Apartheid and the Jewish Question, Journal of Southern African Studies, Jg. 30 (2004), H.4: Special Issue: Writing in Transition in South Africa: Fiction, History, Biography, S. 889–90.

Dies. / Stanley Trapido (Hg.): The Politics of Race, Class and Nationalism in Twentieth-Century South Africa, Harlow 1987.

Marx, Christoph: Südafrikas Austritt auf dem Commonwealth 1961, in: Michaela Bachem-Rehm, Claudia Hiepel, Henning Türk (Hg.): Teilungen überwinden. Europäische und internationale Geschichte im 19. und 20. Jahrhundert, Festschrift für Wilfried Loth, München 2014, S. 361–372.

Ders.: Südafrika. Geschichte und Gegenwart, Stuttgart 2012.

Ders.: Zwangsumsiedlungen in Südafrika während der Apartheid, in: Isabel Heinemann / Patrick Wagner (Hg.): Wissenschaft – Planung – Vertreibung. Neuordnungskonzepte und Umsiedlungspolitik im 20. Jahrhundert, Beiträge zur Geschichte der Deutschen Forschungsgemeinschaft 1, Stuttgart 2006, S. 173–195.

Ders.: Ubu and Ubuntu, in: Politikon, Jg. 29 (2002) H. 1, S. 49–69.

Ders.: Im Zeichen des Ochsenwagen. Der radikale Afrikaaner-Nationalismus in Südafrika und die Geschichte der Ossewa Brandwag, Studien zur Afrikanischen Geschichte 22, Münster 1998.

Marx, Karl: Zur Kritik der Hegelschen Rechtsphilosophie. Einleitung, Marx-Engels-Werke, Bd. 1, S. 378–391.

Ders.: Einleitung [Zur Kritik der politischen Ökonomie], in: Marx-Engels-Werke, Bd. 13, S. 615–642.

Matoti, Sukude / Lungisile Ntsebeza: Rural Resistance in Mpondoland and Thembuland, 1960–1963, in: SADET, The Road to Democracy, Bd. 1, S. 17–208.

Matthews, Joe: Revolution: Further Reflections, in: Africa South, Jg. 3 (1959), H. 4, S. 12–17.

Maurer, Trude: Ostjuden in Deutschland 1918–1933, Hamburger Beiträge zur Geschichte der deutschen Juden XII, Hamburg 1986.

Mbeki, Govan: South Africa: The Peasants' Revolt, Harmondsworth 1964.

Meer, Fatima: South African Indians. A Historical Perspective, in: Africa Quarterly, Jg. 39 (1999), Nr. 3, Special Issue: South Africans of Indian Origin, S. 103–118.

Mendelsohn, Ezra: On Modern Jewish Politics, New York / Oxford 1993.

Ders.: Class Struggle in the Pale. The Formative Years of the Jewish Workers' Movement in Tsarist Russia, Cambridge 1970.

Mendelsohn, Richard / Milton Shain: The Jews of South Africa. An Illustrated History, Johannesburg/Kapstadt 2008.

Ders. / Milton Shain: Constructing a Usable Past: History, Memory and South African Jewry in an Age of Anxiety, in: Jewish Culture and History, Jg. 9 (2007), H. 2–3, S. 49–59.

Ders.: The Boer, The Great War and the Shaping of South African Jewish Loyalties, in: ders./Shain, Memories, Realities and Dreams, S. 50–59.

Mendes, Philip: Jews and The Left. The Rise and Fall of an Political Alliance, Basingstoke 2014.

Middell, Matthias (Hg.): The Invention of the European, in: Comparativ, Jg. 25 (2015), H. 5/6.

Middleton, Jean: Convictions. A Women Political Prisoner Remembers, Johannesburg 1998.

Mokgatle, Naboth: Autobiography of an Unknown South African, London 1971.

Morgan, Michael Cotey: The Seventies and the Rebirth of Human Rights, in: Niall Ferguson u.a. (Hg.): The Shock of the Global. The 1970s in Perspective, Cambridge, MA/London 2010, S. 237–250.

Morrell, Robert: Of Boys and Men: Masculinity and Gender in Souther African Studies, in: Journal of Southern African Studies; Jg. 24 (1998) H. 4, S. 605–630.
Mosse, Werner E.: Integration and Identity in Imperial Germany: Towards a Typlology, in: LBIYB XXXVII (1992), S. 83–93.
Mosse, George L.: German Jews Beyond Judaims, Bloomington/Cincinnati 1985.
Moyn, Samuel: Die Rückkehr des verlorenen Sohnes, in: Eckel/Moyn, Moral für die Welt?, S. 7–21.
Müller, Johann Alexander: »The Inevitable Pipeline Into Exile«. Botswana's Role in the Namibian Liberation Struggle, Basel 2012.
Murray, Sally-Ann: An Interview with Phyllis Altman, in: English in Africa, Jg. 15 (1988), H. 1, S. 97–105.
Mottiar, Shauna: Yusuf Dadoo: Bafa Begiya, MA-Thesis, University of the Witwatersrand 2000.
Ndangam, Lilian N.: »Lifting the Cloack of Manhood«. Coverage of Xhosa Male Circumcision in the South African Press, in: Egodi Uchendu [Hg.]: Masculinities in Contemporary Africa, CODESRIA Gender Series 7, Dakar 2008, S. 209–228, (online abrufbar unter: www.codesria.org/spip.php?article1381&lang=en [letzter Zugriff: 24.5.2016]).
Ndebele, Nhlanlha / Noor Nieftagodien: The Morogoro Conference: A Moment of Self-Reflection, in: SADET: The Road to Democracy, Bd. 1, S. 573–599.
Ndlovu, Sifiso Mxolisi: The ANC in Exile, 1960–70, in: SADET, The Road To Democracy, Bd. 1, S. 411–478.
Neavill, Gordon B.: Victor Gollancz and the Left Book Club, in: The Library Quarterly, Jg. 41 (1971) H. 3, S. 197–215.
Newman, Aubrey N. u.a. (Hg.): Jewish Migration to South Africa. The Records of the Poor Jews' Temporary Shelter, 1885 - 1914, o.O. (Kapstadt), o.J. (2007).
Nieftagodien, Noor: A Tribute to Martin Legassick, in: South African Historical Journal, Jg. 56 (2006), S. 9–13.
Nkosi, Lewis: Home and Exile and Other Selections, Harlow, 1983.
N. N.: Cape Conferenz 2011, in: Cape Jewish Chronicle, Dezember 2011, S. 10f.
N. N.: Vella Pillay (Obituary), Royal Economic Society Newsletter, No. 127 (October 2004).
N. N. [Paul Trewhela?]: Inside Quadro, in: Searchlight South Africa, Jg. 2, (1990) H. 1, (= Nr. 5), S. 30–34.
N. N.: The ANC On The Road To Negotiations, in: Searchlight South Africa, Jg. 2 (1990), H. 1 (= No. 5), S. 3–13.

N. N.: Intensify The Revolution!, in: Sechaba, Jg. 3 (1969), H. 7, S. 4–10.
N. N.: Hands off the Jews, New Age, Jg. 8, H. 6, 23.11.1961, S. 1 und 8.
N. N.: The Swastika Returns, in: Counterattack, Jg. 8 (1960) H. 2, S. 1 und 4.
N. N.: Heiß wie Semmeln, in: Der Spiegel 20/1960, S. 83f.
N. N.: Strijdom, You have Struck a Rock, *New Age*, 16.8.1956, S. 1 und 5.
N. N.: Time To Speak Out, in: Fighting Talk, Jg. 11 (1955), H. 7, S. 2.
N. N.: Beware! Danger!, in: Fighting Talk, Jg. 11 (1953), H. 10, S. 1.
N. N.: How Liberal are the Liberals?, in: Fighting Talk, Juni 1953, S. 8 f.
N. N.: Salute to Courage, in: Fighting Talk, December 1962, S. 1 und 7.
N. N.: Stalin – Leader of a New Type, in: Fighting Talk, März 1954, S. 10.
N. N.: The Way Forward, in: Fighting Talk, Mai 1953, S. 1.
Nordau, Max: Muskeljudentum, in: Zionistisches Aktionskomitee (Hg.): Max Nordau's zionistische Schriften, Köln/Leipzig 1909, S. 379–381.
Nzo, Alfred: African / Arab Unity, in: Sechaba, Jg. 13 (1979), H. 1, S. 2–6.
Oded, Arye: Africa in Israeli Foreign Policy – Expectations and Disenchantment: Historical and Political Aspects, in: Israel Studies, Jg. 15 (2010), H. 3, S. 121–142.
Odendaal, André: The Founders. The Origins of the ANC and the Struggle for Democracy in South Africa, Lexington 2013.
Odhiambo, Tom: Inventing Africa in the Twentieth Century: Cultural Imagination and Transnationalism in Drum Magazine, in: African Studies, Jg. 65 (2006), H. 2, S. 157–174.
Olszewska, Izabela: Ostjuden vs. Westjuden, in: Andrzej Katny / Izabela Olsweska / Aleksandra Twardoska (Hg.): Ashkenazim and Sephardim. A European Perspective, Frankfurt a. M. u.a. 2013, S. 113–126.
O'Malley, Padraig: Shades of Difference. Mac Maharaj and the Struggle For South Africa, New York u. a. 2007.
Oppenheimer, Gerald M./David Rosner: Two Lives, Three Legs, One Journey: A Retrospective Appreciation of Zena Stein and Mervyn Susser, in: International Journal of Epidemiology 2002, H. 31, S. 49–53.
Orkin, Martin: Drama and the South African State, Manchester 1991.
Ormond, Michael: The Apartheid Handbook. A Guide to South Africa's Everyday Racial Policies, Harmondsworth 1985.
Osmanovic, Armin: A Place of Liberation For Young People. An Interview with Nicholas Wolpe, Founder & CEO Of The Liliesleaf Museum, Rosa-Luxemburg-Stiftung Southern Africa, 02/2015.
Padayachee, Vishnu / John Sender: Vella Pillay. Revolutionary Activism and Economic Policy Analysis, in: Journal of Southern African Studies, Jg. 44 (2018), H. 1, S. 149–165.

Palmowski, Jan: Between Dependence and Influence: Jews and Liberalism in Frankfurt a. M., 1864–1933, in: Tewes, Henning / Jonathan Wright (Hg.): Liberalism, Anti-Semitism, and Democracy. Essays in Honour of Peter Pulzer, Oxford 2001, S. 76–101.

Parnass, Peggy: Kindheit, mit Holzschnitten von Tita do Rêgo Silva, Hamburg 2012.

Parsons, Neill: The Pipeline: Botswana's Reception of Refugees, 1956–68, in: Social Dynamics, Jg. 34 (2008) H. 1, S. 17–32.

Paucker, Arnold: Erfahrungen und Erinnerungen, in: ders.: Deutsche Juden im Kampf um Recht und Freiheit. Studien zu Abwehr, Selbstbehauptung und Widerstand der deutschen Juden seit dem Ende des 19. Jahrhunderts, Teetz 2003, S. 355–385.

Pennybacker, Susan D.: Anti-apartheid testimony. Unmaking the Histories of South African Jewish Communists, in: Simone Gigliotti u.a.: Ethics, Arts, and the Representation of the Holocaust. Essay in the Honor of Berel Lang, Lanham u.a.. 2014, S. 121–140.

Peters, Joel: Israel and Africa. The problematic Friendship, London, 1992.

Pieterse, Jimmy: Reading and Writing the Mpondo Revolts, in: Kepe/Ntsebeza (Hg.): Rural Resistance in South Africa, S. 43–66.

Pinnock, Don: Voices of Liberation: Ruth First, Kapstadt 2012.

Ders.: The Journalism of Ruth First and the Guardian, in: Switzer, South Africa's Alternative Press, S. 308–330.

Platzky, Laurine / Cherryl Walter: Surplus People. Forced Removals in South Africa, Johannesburg 1985.

Plaut, Martin: Why Mandela's Communist Party Membership is important, in: New Statesman, 10.12.2013, (online abrufbar unter: www.newstatesman.com/world-affairs/2013/12/why-mandelas-communist-party-membership-important [letzter Zugriff: 27.10.2015]).

Podbrey, Pauline: White Girl in Search of the Party, Pietermaritzburg 1993.

Polakow-Suransky, Sasha: The Unspoken Alliance. Israel's Secret Relationship with Apartheid South Africa, New York 2010.

Pollak, Joel B.: The Kasrils Affair. Jews and Minority Politics in Post-Apartheid South Africa, Kapstadt 2009.

Porter, Jack Nusan / Peter Dreier: Introduction: The Roots of Jewish Radicalism, in: dies. (Hg.): Jewish Radicalism. A Selected Anthology, New York 1973.

Posel, Deborah: What's in a name? Racial categorisations under apartheid and their afterlife, in: Transformation Nr. 47 (2001), S. 50–74.

Dies.: The Making of Apartheid, 1948–1961. Conflict and Compromise, Oxford 1991.

Dies.: Influx Control and Urban Labour Markets, in: Philip Bonner u. a. (Hg.): Apartheid's Genesis. 1935–1962, Johannesburg 1985, S. 411–430.

Press, Ronnie: To Change The World! Is Reason Enough?, Ron Press HisStory, Historical Papers A3239.

Ders.: Why Did the Russians Send Up a Dog?, in: New Age, 14.11.1957.

Pugh-Jones, Alana: Justice and Identity. The »Non-Jewish Jew«, Cosmopolitanism and Anti-Apartheid Activism in Twentieth Century South Africa, in: Jewish Affairs, Jg. 65 (2019) Nr. 3, unpag.

Raman, Parvathi: Yusuf Dadoo. A Son of South Africa, in: Dubow/Jeeves, South Africa's 1940, S. 227–266.

Dies.: Yusuf Dadoo. Transnational Politics, South African Belonging, in: South African Historical Journal, Jg. 50 (2004) H. 1, S. 27–48.

Ranger, Terence: The Invention of Tradition in Colonial Africa, in: Hobsbawm/Ranger. The Invention of Tradition, S. 211–262.

Recherche International (Hg.): »Unsere Opfer zählen nicht«. Die Dritte Welt im Zweiten Weltkrieg, Berlin/Hamburg 2009.

Reddy, Enuga S.: The United Nations and the Struggle for Liberation in South Africa, in: SADET, The Road to Democracy, Bd. 3/1, S. 40–139.

Reichardt, Sven / Detlef Siegfried: Das Alternative Milieu. Konturen einer Lebensform, in: ders./ders. (Hg.): Das Alternative Milieu. Antibürgerlicher Lebensstil und linke Politik in der Bundesrepublik Deutschland und Europa 1968–1983, Hamburger Beiträge zur Sozial- und Zeitgeschichte 47, Göttingen 2010, S. 9–26.

Reisenberger, Azila, in: The Status of Jewish Women, in: Abdulkader Tayob / Wolfram Weiße: Religion and Politics in South Africa. From Apartheid to Democracy, S. 43–50.

Rhoodie, N.J. / H.J. Venter: Apartheid. A socio-historical Exposition of the Origin and Development of the Apartheid Idea, Pretoria 1960.

Robertson, Marian: Investing in the Witwatersrand: Jewish Stockbrokers and property developers, in: Kaplan/Robertson, Founders and Followers, S. 35–53.

Dies.: Investing Talent in the Witwatersrand: Jewish Traders, Craftsmen and small entrepreneurs, in: Kaplan/Robertson, Founders and Followers, S. 115–132.

Dies. / Denis Diamond: Chemists, doctors and lawyers – some early Jewish professional men in Johannesburg, in: Kaplan/Robertson, Founders and Followers, S. 133–151.

Dies. / Mendel Kaplan: The Chevra Kadisha – Jewish Helping Hand and Burial Society. Johannesburg's first organised social welfare work, in: Kaplan/Robertson, Founders and Followers, S. 92–114.
Roos, Neil: Education, Sex and Leisure. Ideology, Discipline and the Construction of Race among South African Servicemen During the Second World War, in: Journal of Social History, Jg. 44 (2011), H. 3, S. 811–835.
Ders.: The Springbok and the Skunk. War Veterans and the Politics of Whiteness in South Africa during the 1940s and 1950s, in: Journal of Southern African Studies, Jg. 35 (2009), H. 3, S. 643–661.
Ders.: Ordinary Springboks. White Servicemen and Social Justice in South Africa, 1939–1961, Aldershot/Burlington 2005.
Ders.: The Second World War, the Army Education Scheme and the »discipline« of the white poor in South Africa, in: History of Education, Jg. 32 (2003) H. 6, S. 645–659.
Rosen, Rhoda: The Making of an Eastern European Jewish Legacy in Contemporary South Africa, in: Shofar, Jg. 25 (2006), H. 1, S. 78–89.
Round, Stuart: »Africa Hinterland«, in: Keable, London Recruits, S. 298–310.
Roux, Edward: Revolution in South Africa, in: Africa South, Jg. 3 (1959), H. 2, S. 18–20.
Ders.: Time longer than Rope. A History of the Black Man's Freedom in South Africa, London 1948.
Rürup, Miriam: Ehrensache, Jüdische Studentenvereinigungen an deutschen Universitäten 1886–1937, Hamburger Beiträge zur jüdischen Geschichte und Kultur XXXIII, Göttingen 2008.
Rürup, Reinhard: Jewish Emancipation and the Vision of Civil Society in Germany, in: LBIYB LI (2006), S. 43–50.
Sabrow, Martin: Der Zeitzeuge als Wanderer zwischen zwei Welten in: ders./Frei, Die Geburt des Zeitzeugen, S. 13–32.
Ders. / Norbert Frei (Hg.): Die Geburt des Zeitzeugen nach 1945, Geschichte der Gegenwart 14, Göttingen 2012.
Sachs, Albie: The Soft Vengeance of a Freedom Fighter, London 1990.
Ders.: South Africa. The Violence of Apartheid, London 1971.
Ders.: The Jail Diary of Albie Sachs, London u. a. 1966.
Saenger, Hanns / Joseph Sherman: Shouting from the Grandstand, in: Jewish Affairs, Jg. 52 (1997), H. 1, S. 80–83.
Saks, David (Hg.): Jewish Memories of Mandela, o.O. [Johannesburg] 2011.
Ders.: The Jewish Accused in the South African Treason Trial, in: Jewish Affairs Jg. 52 (1997) H. 1, S. 43–47.

Sampson, Anthony: The Treason Cage. The Opposition on Trial in South Africa, London u. a. 1958.
Sandwith, Corinne: »Yours for Socialism«. Communist Cultural Discourse in Early Apartheid South Africa, in: Safundi (2013), S. 1–23.
Dies.: »Entering the territory of incitement«: oppositionality and Africa South, in: Social Dynamics, Jg. 35 (2009), H. 1, S. 123–136.
Sarkin, Jeremy: The Legacy of Nuremberg and the Truth and Reconciliation Commission in South Africa, Occasional Paper Series 4, Kapstadt 2001.
Gustav Saron: Epilogue, 1910–1955, in: ders./Hotz (Hg.), The Jews in South Africa, S. 370–400.
Ders. / Louis Hotz (Hg.): The Jews in South Africa, Kapstadt u. a. 1955.
Schade, Anja: »Free Nelson Mandela« – Die Solidarität der DDR aus Sicht des African National Congress, Vortrag, 22.4.2016, Potsdam.
Schaffmann, Christa: Südafrika zwischen Zagen und Zorn. Vor den Kommunalwahlen spitzt sich die politische Situation zu, Rosa-Luxemburg-Stiftung, Standpunkt 16/2016.
Schleicher, Hans-Georg: Südafrikas neue Elite. Die Prägung der ANC-Führung durch das Exil, Hamburger Beiträge zur Afrika-Kunde 74, Hamburg 2004.
Schulze, Wolfgang: Luftfahrt in Bremen vom Neuanfang 1946 bis zur Gegenwart, in: Peter Kuckuk u. a. [Hg.]: Ein Jahrhundert der Luft- und Raumfahrt in Bremen. Von den frühesten Flugversuchen bis zum Airbus und zur Ariadne, Bremen 2016.
Scholem, Gershom: Zum Verständnis der messianischen Idee im Judentum. Mit einer Nachbemerkung: Aus einem Brief an einen protestantischen Theologen, in: ders.: Über einige Grundbegriffe des Judentums, Frankfurt 1970, S. 121–170.
Schüler-Springorum, Stefanie: Borderliners – Identitäten in einer Grenzregion, in: Elke-Vera Kotowski (Hg.): Das Kulturerbe deutschsprachiger Juden. Eine Spurensuche in den Ursprungs-, Transit- und Emigrationsländern, Berlin u. a. 2015, S. 273–287.
Dies.: »Dazugehören«. Junge jüdische Kommunisten in der Weimarer Republik, in: Yotam Hotam (Hg.): Deutsch-jüdische Jugendliche im »Zeitalter der Jugend«, Formen der Erinnerung 43, Göttingen 2009, S. 167–180.
Scott, Walter: Ivanhoe, Frankfurt a. M. 1975.
Searchlight Staff: Namibian Horror, in: Searchlight South Africa, Jg. 1 (1990), H. 4 (= Nr. 4), S. 78–94.
Seekings, Jeremy / Nicoli Natrass: Class, Race, and Inequality in South Africa, New Haven / London 2005.
Segal, Ronald: Interview, in: Daymond/Sandwith, Africa South, S. 15–28.

Ders.: The Race War. The World-Wide Conflict of Races, Harmondsworth 1967.

Ders.: Ders. (Hg.): Sanctions against South Africa, Harmondsworth 1964.

Ders.: Introduction, in: ders, Sanctions against South Africa, S. 7–14.

Ders.: Into Exile, New York u. a. 1963.

Ders.: First (Slovo), Ruth, in: ders.: Political Africa. A Who's Who of Personalities and Parties, London 1961, S. 92.

Ders.: Political Africa. A Who's Who of Personalities and Parties, London 1961.

Ders.: Revolution is Now, in: Africa South, Jg. 4 (1959), H. 1, S. 2–5.

Ders.: In Sight of the End, in: Africa South, Jg. 1 (1956), H. 1, S. 1–5.

Ders. / Ruth First (Hg.): South West Africa. Travesty of Trust. The expert papers and findings of the International Conference on South West Africa, Oxford 23–26 March 1966, London 1967.

Shain, Milton: A Perfect Storm. Antisemitism in South Africa, 1930–1948, Johannesburg/Kapstadt 2015.

Ders.: Anti-Semitism and the Far Right in South Africa, 1930–1994, in: Murray Baumgarten, Peter Kenez and Bruce Thompson (Hg.): Varieties of Anti-Semitism: History, Ideology, Discourse, Newark 2009, S. 277–291.

Ders.: Vom Opfer zum Nutznießer?, in: Imtrud Wojak / Susanne Meinl (Hg.): Grenzenlose Vorurteile. Antisemitismus, Nationalismus und ethnische Konflikte in verschiedenen Kulturen, Jahrbuch des Fritz-Bauer-Instituts 2002, S. 143–165.

Ders.: Antisemitism and South African Society, in: Jahrbuch für Antisemitismusforschung 9 (2000), S. 127–147.

Ders.: The Roots of Antisemitism in South Africa, Charlottesville u. a. 1994.

Ders.: From Pariah to Parvenu. The Anti-Jewish Stereotype in South Africa, 1880–1910, in: The Jewish Journal of Sociology, Jg. 26 (1984), H. 2, S. 111–127.

Ders. / Sally Frankental: »Community with a Conscience«: Myth or Reality, in: Glenda Abramson (Hg.): Modern Jewish Mythologies, Cincinnati 2000, S. 57–67.

Ders./dies.: Accomodation, Activism and Apathy. Reflections on Jewish Political Behaviour during the Apartheid Era, in: Jewish Affairs, Jg. 52 (1997), H. 1, Special Issue: Jews and Apartheid, S. 53–57.

Ders./dies.: South African Jewry and Political Change, in: Patterns of Prejudice, Jg. 25 (1991), H. 1, S. 62–74.

Ders. / Richard Mendelsohn: Introduction, in: dies (Hg.): Memories, Realities and Dreams, S. 7–14.

Ders. / Richard Mendelsohn / Vivan Beckford-Smith: Testing Cosmopolitan Tolerance: Port Jews in Cape Town during the Late Victorian and Edwardian Years, in: David Cesarani / Gema Romain (Hg.): Jews and Port Cities 1590–1990. Commerce, Community and Cosmopolitanism, London u.a. 2006, S. 235–246.

Ders. u.a. (Hg.): Looking Back. Jews in the Struggle For Democracy and Human Rights in South Africa, Kapstadt 2001.

Sherman, Joseph: The Image of Apartheid in South African Yiddish Prose, in: Gennady Estraikh / Michail Krutikov (Hg.): Yiddish and the Left. Papers of the Third Mendel Friedman International Conference on Yiddish, Legenda 3, Oxford 2001, S. 299–314.

Ders.: Between Ideology and Indifference: The destruction of Yiddish in South Africa, in: Shain/Mendelsohn, Memories, Realities and Dreams, S. 28–49.

Ders. (Hg.): From a Land Far Off. A Selection of South African Yiddish Stories, Kapstadt 1987.

Shimoni, Gideon: Community and Conscience. The Jews in Apartheid South Africa, Hanover/London 2003.

Ders.: Accounting for Jewish Radicals, in: Shain/Mendelsohn, Memories, Realities and Dreams, S. 163–186.

Ders.: The Jewish Response to Apartheid, in: Ezra Mendelsohn (Hg.): Jews and the State. Dangerous Alliances and the Perils of Privilege, Studies in Contemporary Jewry XIX, Oxford 2003, S. 17–49.

Ders.: Jews and Zionism. The South African Experience, 1910–1967, Kapstadt 1980.

Shubin, Vladimir: The ANC. A View From Moscow, Kapstadt 1999.

Siegfried, Detlef: Internationale Reaktionen auf Südafrikas Apartheid. Neuere Literatur zu einem globalen Konflikt in der zweiten Hälfte des 20. Jahrhunderts, Forschungsbericht, 11.2.2016, (online abrufbar unter: www.hsozkult.de/searching/id/forschungsberichte-1229?title=internationale-reaktionen-auf-suedafrikas-apartheid-neuere-literatur-zu-einem-globalen-konflikt-in-der-zweiten-haelfte-des-20-jahrhunderts&q=detlef%20siegfried&sort=&fq=&total=385&recno=16&subType=fdl [letzter Zugriff: 6.9.2016]).

Ders.: Das radikale Milieu. Kieler Novemberrevolution, Sozialwissenschaft und Linksradikalismus 1917–1922, Wiesbaden 2004.

Sieyès, Emmanuel Joseph: Was ist der dritte Stand? Ausgewählte Schriften, Berlin 2010.

Sifrin, Geoff: Which Jews to be Proud of after 175 Years, in: South African Jewish Report, 19.–26.8.2016, S. 7.

Simons, H. Jack: African Women. Their legal Status in South Africa, London 1968.

Ders.: An Addendum, in: Africa South, Jg. 3 (1958), H. 1, S. 55–60.

Ders. / Ray E. Simons: Class and Colour in South Africa, 1850–1950, Harmondsworth 1969.

Simons, Ray Alexander: All my Life and All my Strength, Johannesburg 2004.

Sisulu, Walter: Congress and the Africanists, in: Africa South, Jg. 3 (1959), H. 4, S. 27–34.

Sithole, Jabaluni / Sifiso Ndlovu: The Revival of the Labour Movement, 1970–1980, in: SADET, Road to Democracy, Bd. 2, S. 187–242.

Skinner, Rob: The Moral Foundations of British Anti-Apartheid Activism, 1946–1960, in: Journal of Southern African Studies, Jg. 35 (2009) H. 2, S. 399–416.

Slezkine, Yuri: Das jüdische Jahrhundert, Göttingen 2007.

Slovo, Gillian: Every Secret Thing. My Family, my Country, London 2009.

Slovo, Joe: The Unfinished Biography, Johannesburg 1995.

Ders.: South Africa – No Middle Road, in: Basil Davidson / Joe Slovo / Anthony R. Wilkonson: Southern Africa: The New Politics of Revolution, Harmondsworth, 1976, S. 103–210.

Ders.: Einleitung, in: First, Gefangener Mut, S. 7–13.

Ders.: Southern Africa: Problems of Armed Struggle, in: Socialist Register, Jg. 10 (1973), S. 319–340.

Ders.: Negotiations: What Room for Compromise, in: African Communist, No. 130 (1992), S. 36–40.

South African Communist Party [Michael Harmel] (Hg.): Dokumente zur Geschichte der Südafrikanischen Kommunistischen Partei, 1915–1980, Berlin 1984.

Dies.: Der revolutionäre Ausweg, in: dies., Dokumente, S. 442–459.

Dies.: »Nationalismus und Klassenkampf«, Auszug aus dem Bericht des Zentralkomitees an die nationale Konferenz der Kommunistischen Partei, die vom 6. bis 8. Januar 1950 in Johannesburg stattfand, in: dies., Dokumente, S. 285–299.

Dies.: Der Weg zur Freiheit Südafrikas, in: dies., Dokumente, S. 393–441.

Dies. [Joe Slovo]: »Der Feind der die gleiche Hautfarbe hat, wie wir«, in: dies., Dokumente, S. 548–570.

Dies.: Gebietet dem faschistischen Kurs Einhalt«, in: dies., Dokumente, S. 281–4.

Dies.: »Freiheitskampf, in: ebd., S. 299 ff.

Dies.: The Road to South African Freedom, London 1962.

South African Congress of Democrats: The Threatened People. The Case for a South African Democracy, Johannesburg o.J.
South African Democracy Education Trust [SADET] (Hg.): The Road To Democracy in South Africa, 6 Bde., Bd. 1: 1960–1970, Kapstadt 2004.
Ders. (Hg): The Road To Democracy in South Africa, Bd. 2: 1970–1980, Pretoria 2006.
Ders. (Hg.): The Road To Democracy in South Africa, Bd. 3/1: International Solidarity, Pretoria 2008.
Ders. (Hg.): South Africans Telling Their Stories, Bd. 1: 1950–1970, Johannesburg 2008.
Sperber, Manès: Churban oder die unfassbare Gewissheit, Wien 1983.
Spörk, Ingrid: Das Bild vom »Juden« in Texten Max Nordaus, in: Transversal 1/2001, S. 12–17.
Stapelfeldt, Gerhard: Globalisierung, Menschenrechte und das Problem der Gesellschaftkritik, in: ders.: Neoliberalismus – Autoritarismus – Strukturelle Gewalt. Aufsätze und Vorträge zur Kritik der ökonomischen Realität, Kritik und Reflexion 11, Hamburg 2010, S. 379–424.
Ders.: Der Imperialismus. Krise und Krieg 1870/73 bis 1918/29. Erster Band: Politische Ökonomie, Kritik und Reflexion 5, Hamburg 2008.
Stein, Sylvester: I Danced with Mrs Gandhi. An Autobiography, London 2012 (ebook).
Ders.: Who Killed Mr Drum?, Mayibuye History and Literature Series 93, Kapstadt 1999.
Stevens, Simon: Warum Südafrika? in: Eckel/Moyn, Moral für die Welt?, S. 316–342.
Stier, Oren Baruch: South Africa's Jewish Complex, in: Jewish Social Studies, Jg. 10 (2004) S. 3, S. 123–142.
Suttner, Immanuel: (Hg.): Cutting Through the Mountain. Interviews with South African Jewish Activists, Johannesburg 1997.
Ders.: Introduction, in: ders., Cutting, S. 2–4.
Ders.: Afterword, in: ders., Cutting, S. 597–628.
Suttner, Raymond: The (Re-)Constitution of the South African Communist Party as an Underground Organisation, in: Journal of Contemporary African Studies, Jg. 22 (2004) H. 1, S. 43–68.
Ders.: The African National (ANC) Congress Underground. From M-Plan to Rivonia, in: South African Historical Journal, 49 (2003), S. 123–146.
Ders.: Apartheid's Day Are Numbered, in: Jewish Socialist, Nr. 19 (1990), S. 15 ff.
Ders. / Jeremy Cronin: 30 Years of The Freedom Charter, Johannesburg 1986.

Susser, Ida: Preface – Southern Africa: A Personal Geography, History and Politics, in: dies.: AIDS, Sex, and Culture. Global Politics and Survival in Southern Africa, Chichester 2009.
Susser, Mervyn: A Personal History. Social Medicine in a South African Setting, 1952–5. Part 2, in: Journal of Epediomology and Community Health, Jg. 60 (August 2006), H. 60, S. 662–668.
Susser, Mervyn / Zena Stein: Eras in Epedimiology, the Evolution of Ideas, Oxford 2009.
Suzman, Helen: In No Uncertain Terms. A South African Memoir, New York 1993.
Swan, Maureen: Ideology in organised Indian politics, 1891–1948, in: Marks/Trapido, The Politics of Class and Nationalism, S. 182–208.
Switzer, Les: Socialism and the Resistance Movement: The Life and Times of the Guardian, 1937–1952, in: ders., South Africa's Alternative Press, S. 268–307.
Ders. (Hg.): South Africa's Alternative Press. Voices of Protest and Resistance, 1880s–1960s, Cambridge 1996.
Tatz, Colin / Peter Arnold / Gillian Heller: Worlds Apart. The Re-Migration of South African Jews, Dural 2007.
The Freedom Charter (with A Note by Hilda Bernstein), in: Third World Quarterly, Jg. 9 (1987), H. 2, S. 672–677.
Thomas, Scott: The Diplomacy of Liberation. The Foreign Relations of the ANC since 1960, International Library of African Studies 2, London / New York 1996.
Thörn, Håkan: Anti-Apartheid and the Emergence of a Global Civil Society, London 2009.
Thornton, Amy: Fair Weather Friends, in: Jewish Socialist, Nr. 19 (1990), S. 18f.
Trewhela, Paul: Introduction, in: ders.: Inside Quatro. Uncovering the Exile History of the ANC and SWAPO, Johannesburg 2010, S. ii–x.
Ders.: State Espionage and the ANC London Office, in: Searchlight South Africa, Jg. 3 (1995) H. 4 (= Nr. 15), S. 42–51.
Turok, Ben: With My Head above the Parapet. An Insider Account of the ANC in Power, Johannesburg 2014.
Ders: The Evolution of ANC Economic Policy. From The Freedom Charter to Polokwane, Kapstadt 2008.
Ders.: Nothing But The Truth. Behind the ANC's Struggle Politics, Johannesburg/Kapstadt 2003.
Ders.: South Africa: In Search of a Strategy, in: ebd., Jg. 10 (1973), S. 341–376.

Ders.: South Africa: The Violent Alternative, in: Socialist Register Jg. 9 (1972), S. 257–288.

Tölölyan, Khachig: The Nation-State and the Others: In Lieu of a Preface, in: Diaspora, Jg. 1 (1991), H. 1, S. 3–7.

[Toussaint (d. i. Rusty Bernstein)]: A Distant Clap of Thunder. Fortieth Anniversary of the 1946 Mine Strike, London 1986.

Thörn, Håkan: Anti-Apartheid and the Emergence of a Global Civil Society, Basingstoke 2009.

Ungar, André: The Abdiction of a Community, in: Africa South, Jg. 3 (1959) H. 2, S. 29–38.

Unterhalter, Elaine: The Work of the Nation: Heroic Masculinity in South African Autobiographical Writing of the Anti-Apartheid Struggle, in: The European Journal of Development Research, Jg. 12 (2000), H. 2, S. 157–178.

Voigt, Sebastian: Der jüdische Mai ’68. Pierre Goldman, Daniel Cohn-Bendit und André Glucksmann im Nachkriegsfrankreich, Schriften des Simon-Dubnow-Instituts 22, Göttingen 2016.

Walshe, Peter: The Rise of African Nationalism in South Africa. The African National Congress (1912–1952), London 1970.

Weaver, Frankie Nicole: Anti-Apartheid Solidarity Networks and the Production of *Come Back, Africa*, in. Safundi, Jg. 16 (2015), Nr. 2, S. 188–203.

Weinberg, Eli: Portrait of a People. A Personal Photographic Record of the South African Liberation Struggle, London 1981.

Weiss, Ruth: Wege im harten Gras. Erinnerungen an Deutschland, Südafrika und England, Wuppertal 1995.

Welzer, Harald: Vom Zeit- zum Zukunftszeugen, in: Sabrow/Frei, Die Geburt des Zeitzeugen, S. 33–48.

Wieder, Alan: Ruth First and Joe Slovo in The War Against Apartheid, New York 2013.

Wierling, Dorothee: Oral History, in: Michael Mauerer: Aufriß der Historischen Wissenschaften, Bd. 7: Neue Themen und Methoden der Geschichtswissenschaft, Stuttgart 2003, S. 81–151.

Wildmann, Daniel: Der veränderbare Körper. Jüdische Turner, Männlichkeit und das Wiedergewinnen von Geschichte in Deutschland um 1900, Schriftenreihe wissenschaftlicher Abhandlungen des Leo-Baeck-Instituts 73, Tübingen 2009.

Ders.: Jüdische Turner im Deutschen Kaiserreich, in: Brenner/Reuveni, Emanzipation, S. 29–50.

Williams, Cecil: I Call on Ex-Servicemen, in: Fighting Talk, April 1953, S. 1 und S. 2.

Williams, Donovan: A History of the University College of Fort Hare, South Africa – The 1950s: The Waiting Years, Studies in Local and Institutional History 4, Lewiston 2001.

Williams, Pat: King Kong – Our Knot of time and Music, London 2017.

Wistrich; Robert S.: Max Nordau: From Degeneration to »Muscular Judaism«, in: Transversal 2/2004, S. 3–21.

Wolfers, Michael: Ruth First Murdered in Maputo, in: SWAM, No. 6, S. 10 f.

Wolpe, AnnMarie: The long Way Home, London 1994.

Wolpe, Harold: Capitalism and Cheap Labour Power in South Africa: From Segregation to Apartheid, in: Economy & Society, Jg. 1 (1972), H. 4, S. 425–456.

Ders.: Capitalism and Cheap Labour, in: Beinart/Dubow, Segregation and Apartheid, S. 60–90.

Ders.: The Theory of Internal Colonialism: The South African Case, in: Ivar Oxaal / Tony Barnett / David Booth (Hg.): Beyond the Sociology of Development. Economy and Society in Latin America and Africa, London/Boston 1975, S. 229–252.

Zalmanovich, Tal: From Apartheid South Africa to Socialist Budapest and Back: Communism, Race, and Cold War Journeys, in: Stichproben, Jg. 18 (2018), Nr. 34, S: 111–134.

Zimmermann, Moshe: Muskeljuden versus Nervenjuden, in: Brenner/Reuveni, Emanzipation, S. 15–28.

Zonid, Siphamandle: Peasant Struggles of the 1950s: Gamatlala and Zeerust, in: SADET, The Road To Democracy, Bd. 1, S. 147–176.

Zug, James: The Guardian. The History of South Africa's Extraordinary Anti-Apartheid Newspaper, East Lansing / Pretoria 2007.

Ders.: »Far From Dead«. The Final Years of the Guardian, 1960–1963, in: Les Switzer / Mohamed Adhikari (Hg.): South Africa's Resistance Press. Alternative Voices in the Lase Generation under Apartheid, Athens, OH 2000, S. 128–175.

Zizek, Boris: Historische Biographieforschung als Umgangsforschung, in: Zeitschrift für Qualitative Forschung, Jg, 8 (2007), H. 2, S. 329–337.

Zukas, Simon: Into Exile and Back, Lusaka 2002.

Hanno Plass

KLASSE GESCHICHTE BEWUSSTSEIN

Was bleibt von Georg Lukács' Theorie?

320 Seiten
Broschur
20 €

ISBN 978-3-95732-005-6

Georg Lukács' »Geschichte und Klassenbewusstsein« ist ein Werk mit einer geradezu überzeitlichen Wirkung. Als Reaktion auf das Scheitern der deterministisch antizipierten proletarischen Weltrevolution nach dem Ersten Weltkrieg erschien diese Sammlung von Essays und Aufsätzen erstmals 1923.

Das Buch war aufgrund seiner scharfen Kritik am »orthodoxen Marxismus« für die Herausbildung des sogenannten westlichen Marxismus von zentraler Bedeutung, auch wenn Lukács es nach Kritik und Anfeindungen seitens des parteioffiziellen Marxismus widerrief. Eine emanzipatorische Linke rezipierte Lukács immer wieder, besonders wurde er 1968 wieder ins Gedächtnis gerufen. Die von ihm verwendeten Begriffe von Dialektik, Verdinglichung, Entfremdung und Totalität bieten Gelegenheit, die Notwendigkeit der Abschaffung der bestehenden Verhältnisse mit philosophisch geschliffener theoretischer Schärfe zu begründen.

Nach dem katastrophischen 20. Jahrhundert stellt dieses Buch die Frage nach der Aktualität von »Geschichte und Klassenbewusstsein«. Die Relevanz der genannten Begriffe wird hier betont, statt – wie im postmodernen Diskurs – kleingeredet. Die Beiträge des Bandes bewegen sich zwischen den Spannungspolen von Bewusstsein und Ideologie sowie Historizität und Geschichte.

VERBRECHER VERLAG

Zeev Sternhell

FASCHISTISCHE IDEOLOGIE

Eine Einführung

Überarbeitete Neuausgabe

120 Seiten
Broschur
15 €

ISBN: 978-3-95732-312-5

»Es gibt in unserem politischen Vokabular nur wenige Begriffe, die sich einer solch umfassenden Beliebtheit wie das Wort Faschismus erfreuen, ebenso aber gibt es nicht viele Konzepte im politischen Vokabular der Gegenwart, die gleichzeitig derart verschwommen und unpräzise umrissen sind.« Mit diesem Satz leitete der bedeutende israelische Historiker Zeev Sternhell 1976 seinen Aufsatz »Faschistische Ideologie« ein. Dieser Satz gilt bis heute – insbesondere für Deutschland. Daher nimmt Sternhell in dieser Einführung (die nun in überarbeiteter Neuausgabe vorliegt) eine genaue Bestimmung des Begriffes Faschismus aus seiner historischen und ideologischen Entwicklung heraus vor.
Übersetzt wurde das Buch von Volkmar Wölk.

Die Neuausgabe kommt zu einem passenden Zeitpunkt. Im weitesten Sinne »rechtes« Denken muss seit dem Aufstieg des Populismus wieder identifiziert und debattiert werden.
Gustav Seibt / Süddeutsche Zeitung

Glänzend geschriebene Darstellung, die kaum gealtert erscheint
Thomas Wagner / Welt

Verbrecher Verlag | Gneisenaustraße 2a | 10961 Berlin | info@verbrecherei.de
www.verbrecherei.de

VERBRECHER VERLAG

Andreas Stahl / Katrin Henkelmann / Christian Jäckel / Niklas Wünsch / Benedikt Zopes (Hg.)

KONFORMISTISCHE REBELLEN

Zur Aktualität des Autoritären Charakters

400 Seiten
Broschur
24 €

ISBN 978-3-95732-433-7

Zahlreiche Zeitdiagnosen kreisen um den gemeinhin unerwarteten Aufstieg autoritärer Parteien und Bewegungen, der gegenwärtig weltweit zu beobachten ist. Knüpft man indes an die Erkenntnisse der frühen Frankfurter Schule zum autoritären Charakter an, so überrascht die Attraktivität der neuen »falschen Propheten« keineswegs. In rund 20 Aufsätzen diskutieren die Autorinnen und Autoren dieses Sammelbandes das Erklärungspotenzial einer psychoanalytisch informierten kritischen Theorie des Autoritarismus angesichts veränderter gesellschaftlicher Bedingungen.

Mit Beiträgen von Jens Benicke, Simon Dämgen, Ingo Elbe, en arrêt! Berlin, Jan Gerber, Maurits Heumann, Christine Kirchhoff, Moritz Liewerscheidt, Miriam Mettler, Björn Milbradt, Oliver Nachtwey, Klaus Ottomeyer, Enrico Pfau, Ljiljana Radonic, Lars Rensmann, Samuel Salzborn, Michael Schüßler, Peter Schulz, Karin Stögner, Tom Uhlig, Jan Weyand und Sebastian Winter.

VERBRECHER VERLAG

Tom David Uhlig / Eva Berendsen / Katharina Rhein

EXTREM UNBRAUCHBAR

Über Gleichsetzungen von Links und Rechts

Broschur
304 Seiten
Edition Bildungsstätte Anne Frank 2
19 €

ISBN: 978-3-95732-408-5

Rechtspopulistische Strömungen finden auf ihrem Feldzug gegen die Demokratie ein mächtiges begriffliches Mittel vor: die Extremismustheorie. Gewonnen aus einer spezifischen Lesart totalitarismuskritischer Arbeiten, etwa von Hannah Arendt, hat sich im Sprechen über die Gesellschaft ein Hufeisenmodell durchgesetzt: Eine Mitte der Gesellschaft werde von ihren Rändern bedroht. Islamismus, Rechtsextremismus und Linksextremismus arbeiten daran, die Demokratie zu zerstören. Doch besonders die Gleichsetzung von Rechtsextremismus und Linksextremismus führt oft dazu, ersteres auf Kosten von letzterem zu verharmlosen. Zudem ist die Konstruktion einer gesellschaftlichen Mitte selbst problematisch. Was gehört zu dieser Mitte, was nicht? Gerade die aktuellen Erscheinungsformen rechter Ideologien zielen darauf ab, gerade noch anschlussfähig zum gesellschaftlichen Diskurs zu bleiben und ihn durch kalkulierte Grenzverletzungen nach rechts zu verschieben – mit einigem Erfolg, Stichworte: »Flüchtlingswelle«, »Genderismus« oder »political correctness«. Doch wenn selbst der positive Bezug auf das Grundgesetz teilweise als linksradikal diskutiert wird, desavouiert sich dieses Hufeisenmodell endgültig.

Mit Beiträgen von Eva Berendsen, Katharina Rhein, Tom Uhlig, Wolfgang Wippermann, Daniel Keil, Dana Ionescu, Ingolf Seidel, Meron Mendel und Deborah Krieg, Robin Koss, Kira Ayyadi, Maximilian Pichl, Sarah Schulz, Lillemor Kuht, Jonas Fedders, Charlotte Busch und Julia König, Paula Irmschler, Leo Fischer, Saba-Nur Cheema